고향에 계신 아버지께

이 책을 쥐어드릴 수 있음에 감사드리고

하늘나라로 가신 어머니께서

이 책 소식을 들으셨으면 좋겠습니다.

그리고

나로 인해 상처를 입었던 모든 사람들에게

합장으로 용서를 구합니다.

# 동서양
# 일이관지

(一以貫之 : 하나로 꿰뚫다)

오응탁 지음

나르샤

## 머리말

어릴 적 꿈은 비행기 조종사였습니다. 그런데 내 시력은 굉장히 나빴죠. 시력 때문에 군대도 방위로 갔으니까요. 이 시력 때문에 조종사의 꿈을 포기하게 되었고, 그렇다면 비행기를 만들어보자는 생각에 기계공학과에 입학하게 되었습니다. 그런데 막상 공학을 공부해보니 그다지 내 취향에 맞는 것 같지 않았습니다. 고등학교 때에는 과학이란 과목들에 매력을 느꼈었는데 좀 더 깊이 있게 하고 보니 뭔가 맞지 않는 신발을 신고 다닌다는 느낌을 지울 수가 없었죠. 그렇게 맞지는 않지만 그렇다고 걷지 못할 정도는 아닐 정도로 불편한 신발을 신고 그럭저럭 살다보니 어느덧 졸업반이 되었고, 어느 날엔가 자신에게 물어 봤습니다. '나는 남자이고 평생 일을 해야만 할 텐데, 하고 싶지 않은 일을 평생 하면서 살 수 있을까?' 고민 끝에 내가 하고 싶은 것을 하면서 살아야 한다는 결론을 내리게 됐고, 졸업하는 해에 대입수능을 치렀습니다. 한의대에 입학하기 위해서였죠. 왜냐하면 대학교에 들어와서 확실하게 알게 된 게 2가지가 있었는데 한 가지는 나는 왼손으로 젓가락질을 훨씬 잘 한다는 것이었고(발은 어릴 적부터 왼발을 위주로 썼지만 손은 오른손으로만 써왔는데 왼손으로 젓가락질 하는 사람을 서울에 올라오기 전에는 한 번도 보지 못했던 터라 왼손을 써볼 생각을 하지 못했었죠.), 다른 하나는 동양철학책을 읽을 때는 내가 참 재미있어 한다는 것이었습니다. 하지만 시험 결과는 탈락이었고 나는 다시 공학도로 돌아와야 했고, '나는 할 만큼 했으니 후회는 없을 거야'라고 자위하면서 중공업회사에 입사하게 되었으나 또 다시 공학 쪽의 설계업무는 나를 밀어내기만 했습니다. 결국 다시 도전하기로 마음먹었고 이번에는 합격하게 되었습니다. 회사에 사직서를 내고 기숙사를 나와 정문으로 나있는 길을 내려오던 날이 지금도 생생합니다. 앞에 바다가 보이는 그 길을 터벅터벅 내려오면서 자문했었죠. '이제는 지금까지와는 완전히 다른 길을 가게 되는데, 그럼 지금까지 살아온 길에서 내가 얻은 것은 뭐지?' 그때는 자신 있게 '이거다'라고 대답할 것이 없었습니다. 초중고등학교와 대학교를 거치면서 참 많은 것들을 배웠는데 딱히 '나는 이걸 얻었어!'라고 말할 수 있는 게 없었던 거죠. 배운 것들이 하찮거나 수준이 떨어지는 것들이 아니었는데도 뭐라 콕 집어서 얘기할 수가 없었죠. 이 질문을 28살 무렵에 했었고 20여 년이 지난 오늘 '나는 인생에서 이걸 얻은 거 같다'라고 말하려고 이 책의 머리말을 쓰고 있습니다. 이 책에서는 내가 한의학을 포함한 동양철학을 공부하면서 배운 것들을 소립자에서부터 인간, 우주에까지 적용하다 보니 이들을 일관되게 설명할 수 있는 이치가 있다는 것을 알게 되었고 그 이치를 설명하고자 합니다.

　나는 이 이치로 세상을 보면서부터 마음이 편안해지는 것을 느낍니다. 이것으로 설명되지 않는 것들이 별로 없어 보이기 때문이죠. 글재주가 없어서 제대로 설명할 수 있을지 모르겠지만, 내가 학창시절에 이것을 알았었더라면 좋았을 것 같다는 확신이 들기 때문에 세상을 보는 가치관을 세워보려고 대학도서관의 서가들 사이를 이리저리 기웃거리며 불안정했던 20대의 나와 닮은 사람들에게 작은 기준이나마 제시해보기 위해 하나하나 힘을 들여 써내려가 볼까 합니다.

　아, 우리 한민족의 찬란했던 고대사는 어느 날 우연히 굴러들어 온 호박덩어리였습니다. 물론 그것이 호박덩어리인지 똥덩어리인지를 구별할 수 있는 안목을 미리 마련해 둔 덕이긴 합니다만... 그 호박은 내 앞까지 굴러오기 전에 저 멀리서 그 모습을 보이자마자 그게 호박이라는 것을 단박에 알 수 있었습니다. 그래서 저는 그 찬란했던 우리의 고대사를 믿지 않습니다. 오늘 점심에 쌀밥과 된장국을 먹었다는 사실을 믿지 않듯이... 옛날에 현재의 오늘과 같이 그저 그런 날들로 있었을 그 날들의 연속에 굳이 뭔가를 해야 한다면 단지 잊지 않고 기억하는 것뿐이겠죠. 여러분들도 그 고대사 국뽕으로 가슴 속에 자신감을 채워서 이 지구라는 운동장을 당당하게 누비면서 살아가길 바랍니다.

　다른 책을 보면 이 끝에 '편집해 주신 ○○○님, 바쁘신 와중에도 교정작업에 신경 써주신 ○○○님 ... 감사드립니다'라고 쓰던데, 80여 군데에서 퇴짜 맞은 저는 감사해야 할 출판사가 없군요. 아... 생각해보니 퇴짜 맞은 후에 호박이 굴러들어 왔으니 출판사가 귀인이었군요. 그때 퇴짜 놔주신 출판사 관계자 분들께 감사드립니다.

2021/04/26

오응탁

1. 음양(陰陽) [9]
   1) 음양의 정의 [10]
   2) 음양의 적용 [13]
      ● 질량(음) 에너지(양) [13]
      ● 전기(양) 자기(음) [15]

2. 삼재(三才) [21]
    ● 원자 [24]
    ● 고체/액체/기체 [25]
    ● 탄수화물/단백질/지방 [26]

3. 오행(五行) [27]

4. 역(易) [41]
    ● 사상(四象) [44]
    ● 8괘(八卦) [45]
    ● 64괘 [56]
    ● 역은 유가사상인가 도가사상인가? [58]

5. 태극(太極) [61]

6. 결론 [65]

7. 결론의 검증 [67]
    ● 빛 [67]
    ● 원자 [68]
    ※ 기본힘 [74]
    ■ 무극(無極) ~ 64괘 [79]
    ● 우주 [94]

●DNA [101]

●인체 [109]

　○유식설/명리/사상의학 [113]

　○인체 생리 알아보기 [117]

　○육장(六臟) [120]

　○개합추는 어떻게 구분한 것일까? [133]

　○육부(六腑) [134]

　○소변과 대변 [142]

　○오행을 삼재의 변형으로 풀이 [156]

　※기백(岐伯)은 누구인가? [161]

8.한민족의 디아스포라 [163]

　●우리나라의 역사교육 현실 [183]

　●「신주 사기」 [190]

　●「환단고기」 [196]

　●체질 [202]

　●부도지(符都誌) [210]

　●언어(인도유럽어족/함셈어족) [267]

　●마고성에서 가지고 간 것들 [270]

　●백소씨의 여정 [274]

　●수메르 [275]

　●미탄니/우라르투/아르메니아 [290]

　●흑소씨의 여정 [295]

　●이집트 [299]

　●그리스 [310]

　●프리기아 [323]

　●히타이트 [325]

　●리디아 [332]

　●에트루리아 [334]

　●청궁씨의 여정 [338]

○三一신誥 [346]
　　●아메리카 [368]
　　●인도유입어족 [374]
　　●우랄어족 [377]
　　●황궁씨의 여정 [378]
　　※제주 4·3사건 [398]
　　●최종정리 [425]


9.흑인/황인/백인 [435]
　　●문자(한글과 알파벳) [436]
　　●그림(동양화와 서양화) [445]
　　●음악(거문고와 바이올린. 트롯/재즈/락) [447]
　　●식사(수저와 포크/나이프) [448]
　　●무용(한국무용과 발레) [450]
　　●음식(매운맛과 신맛) [452]
　　●머리털(흑발과 금발) [453]
　　●이름/날짜 [455]
　　●장부도(臟腑圖) [456]
　　●피부 [457]
　　●코 [458]
　　●때밀이 [460]
　　●물 [460]
　　●눈[찢어진 눈과 사백안(四白眼)] [462]
　　●서양문화에서 배울 점 [466]


10.맺음말 [468]


글을 마치며... [471]

참고문헌 [477]

# 음양(陰陽)

음양은 둘 사이에 작용하는 원리로서
둘은 정반대의 속성을 갖지만
그 다름이 상대방을 끊임없이 갈구하게 만들고
때로는 상대방으로 변신하기도 하는 마술을 부리기도 한다.

이 이야기를 풀어가려면 먼저 용어들을 설명할 필요가 있을 것 같다. 우리 민족은 과거에 아주 훌륭한 문화를 이뤘음에도 불구하고 현재의 교육체계에서는 이를 소홀히 다루고 있어서 초중고등학교를 수료했음에도 우리의 동양학에 대해 아는 것이 전혀 없기 때문이다. 공교육을 받았지만 태어나면서 자신의 피 속에 가지고 있는 것들이 얼마나 훌륭하고 귀중한 것인지 모르고 어느 순간 그것들을 다 벗어던지고 서양의 것만을 쫓기 바쁘니 참으로 안타까운 현실이 아닐 수 없다. 그러면 동양학의 기본이 되는 용어에 대한 설명으로 이 책을 시작한다.

## 1. 음양(陰陽)

### 1) 음양의 정의

동양학을 공부하면서 가장 답답했던 것이 '어떤 용어의 정의가 명확하게 내려져 있지 않다'는 점이었다. 개념이 명확하지 않으니 글을 읽어도 뜬구름 잡는 것 같은 느낌이 들고, 말하고자 하는 주제가 뭔지도 잘 모르게 되는 경우가 허다하다는 것이었다. 혹자는 동양학의 성격 자체가 그러하니 개념을 명확하게 정의할 수 없다고도 얘기하는데 그렇다고 지금과 같은 방법으로 나가서는 동양학은 쳇바퀴 돌 듯 발전 없이 제자리걸음을 하게 될 것이다. 본인은 개념이 명확한 과학용어들을 빌어 동양학 용어들을 설명하려고 노력해 보겠다. 먼저 동양학에서 가장 광범위하게 쓰이는 陰陽에 대해 설명해보자[1].

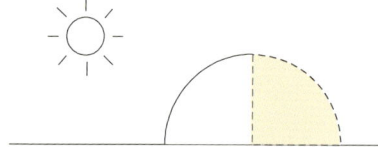

[해가 비치는 곳은 陽, 그늘진 곳은 陰]

처음 陰과 陽이라는 단어를 쓴 것은 해를 기준으로 한 것이었을 것이다. 해가 비치는 곳은 양이라 했고, 비치지 않는 그늘진 곳은 음이라 했다. 이후 점차 그 뜻을 넓혀서 천지(天地)/일월(日月)/주야(晝夜) 같은 자연현상이나 상하(上下)/좌우(左右)/내외(內外) 같은 방위공간과 동정(動靜)/승강(升降)/출입(出入) 같은 운

---

[1] 이 책의 그림들은 대부분 위키피디아에서 발췌하였으며 그 외에 직접 그린 것과 다른 책에서 복사한 것이 있습니다.

동상태 등에 확장하여 적용시키면서 사용해 나갔다. 그래서 다음 표에 나와 있는 것과 같이 외향(外向)/상승(上升)/온열(溫熱)한 것을 양이라 하고, 내향(內向)/하강(下降)/한냉(寒冷)한 것을 음이라 했다. 음양은 자연의 기본원리이기 때문에 이외의 모든 영역에 쓸 수 있는 개념이다.

| 범주 | 陽 | 陰 | 범주 | 陽 | 陰 |
|---|---|---|---|---|---|
| 자연<br>현상 | 하늘(天)<br>해(日)<br>낮(晝)<br>불(火) | 땅(地)<br>달(月)<br>밤(夜)<br>물(水) | 운동<br>상태 | 움직임(動)<br>전진(進)<br>올라감(升)<br>나감(出) | 고요함(靜)<br>후퇴(退)<br>내려옴(降)<br>들어옴(入) |
| 방위<br>공간 | 위(上)<br>바깥쪽(外)<br>남쪽(南)<br>동쪽(東) | 아래(下)<br>안쪽(內)<br>북쪽(北)<br>서쪽(西) | | | |

[고전적인 음양개념의 예들]

　이 음양을 정의하는데 유의할 것이 있는데, 음양은 동일 범주에서 상대적으로 정할 수 있는 것이지 다른 범주의 개념끼리는 적용하기 곤란하다는 것이다. 예컨대 하늘과 서쪽을 음양으로 구분하고자 한다면 하늘과 서쪽은 이 둘을 비교할 수 있는 기준이 없기 때문에 정하기 곤란하다는 것이다. 그리고 어떤 하나의 상태조건만을 가지고 이 상태가 음인지 양인지 가리지도 못한다. 예컨대 온도범주에서 100℃라는 하나의 상태를 음양으로 정하려면 100℃와 비교할 기준이 없기 때문에 음인지 양인지 알 수 없다는 것이다. 100℃는 90℃에 비해서는 양이지만 110℃에 비해서는 음이기 때문이다. 따라서 음양은 동일 범주의 두 개념을 비교할 때에만 정해질 수 있는 개념이라는 것이다. 이런 음양개념은 불교의 연기법(緣起法) 그리고 중도(中道)사상과 통하게 되는데, 예컨대 연필이 긴 것인지 짧은 것인지는 연필을 이쑤시개와 비교할 때와 전봇대와 비교할 때가 다른데 연필은 이쑤시개에 비해서는 길지만 전봇대에 비해서는 짧기 때문이다. 즉 연필은 이쑤시개란 인연을 만날 때는 길다고 할 수 있고 전봇대라는 인연을 만날 때는 짧다고 할 수 있으므로 연기법과 닿아있고, 어떤 인연도 만나지 않은 상태에서는 길다고 말할 수도 없고 짧다고 말할 수도 없으므로 길지도 짧지도 않다는 중도적 관점을 유지할 수밖에 없는 것이다.

  그렇다면 과거에 써왔던 음과 양의 속성들을 모두 아우를 수 있는 성질은 어떤 것이 있을 것인가? 물리량은 스칼라 아니면 벡터에 속한다. 스칼라는 크기만으로도 그 물리량을 온전히 표현할 수 있는 것인데 질량/에너지/온도/길이/면적/시간 등이 있다. 이에 반해 벡터는 크기만으로는 그 물리량을 온전히 표현할 수 없고 방향까지 알아야 하는 것들인데 속도/가속도/힘 등이 있다. 동양학에서는 음양 한 단어로 무수한 현상들을 설명해왔기 때문에 만약 그럴 수 있다면 음양을 정의하는 기준이 스칼라/벡터 개념 또한 포괄할 수 있어야 할 텐데, 그렇다면 스칼라에는 없는 벡터의 방향까지 포괄할 수 있어야 할 것이다. 그렇게 해서 본인이 내린 결론은 '원심성과 구심성으로 음양을 정의할 수 있다'는 것이다. 예를 들어 설명해보자.

  ①길이 : 일반적으로 전진을 陽으로 보고 후퇴를 陰으로 판단하므로, 100m는 양이고 10m는 음이다.
    이를 원심성/구심성으로 재해석해 보면, 100m는 원점에서 10m보다 원심적으로 멀리 있으므로 양이고, 10m는 원점에서 100m보다 구심적으로 가까이 있으므로 음이라고 풀이할 수 있다.

  ②온도 : 일반적으로 따뜻한 것을 陽으로 보고 차가운 것을 陰으로 판단하므로, 100℃는 양이고 10℃는 음이다.
    이를 원심성/구심성으로 재해석해 보면, 100℃의 원자상태는 10℃의 원자상태보다 더 활발하여 원심적으로 멀어지려 하므로 양이고, 10℃의 원자상태는 100℃의 원자상태보다 덜 활발하여 구심적으로 수렴하므로 음이라고 풀이할 수 있다.

  ③질량 : 일반적으로 경청(輕淸)한 것을 陽으로 보고 중탁(重濁)한 것을 陰으로 판단하므로, 10kg은 양이고 100kg은 음이다.
    질량이란 '운동상태 변화에 저항하는 관성의 크기'라고 정의할 수 있는데, 쉽게 말해서 100kg을 움직이려면 10kg을 움직이는 힘보다 더 많이 든다는 것이다. 어느 한 위치에서 움직인다는 것은 원심적으로 멀어지는 것이므로 더 쉽게 움직일 수 있는 10kg이 양에 해당하고, 원래 자리를 구심적으로 더 유지하려는

100kg이 음에 해당한다. 다른 방법으로 설명한다면 100kg은 10kg보다 물질이 구심적으로 더 많이 모여서 이뤄진 것이므로 음에 속하고, 10kg은 100kg보다 물질이 원심적으로 흩어져버린 것이므로 양에 속한다.

즉 "원심적으로 멀어지는 것이 陽의 속성이며, 구심적으로 수렴하는 것이 陰의 속성이다."라고 음양을 정의내릴 수 있게 된다. 아직까지는 이 개념을 적용해서 전통적인 음양개념과 상충하는 것은 찾지 못했으므로 이를 음양의 정의로 삼고 논리를 전개해 나가겠다.

2)음양의 적용
　그러면 물리현상 또는 물리량들 중에 어떤 것이 음에 속하고, 어떤 것이 양에 속하는지 알아보도록 하자.
●질량(음) 에너지(양)
①질량은[2] 음(陰)이다

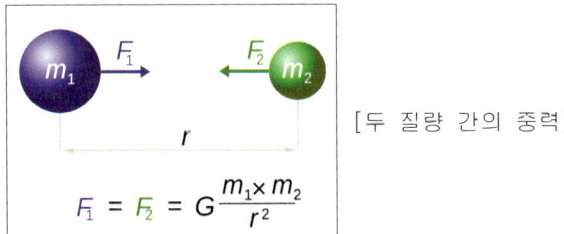

[두 질량 간의 중력]

만유인력법칙에 따르면 두 질량 $m_1$과 $m_2$ 사이에는 $F=G\dfrac{m_1 m_2}{r^2}$에 해당하는 힘이 작용한다. 그런데 중력에는 인력만 있고 척력은 없기 때문에 중력은 음에 해당한다고 할 수 있다. 그러나 일반상대성이론에 따르면 만유인력은 질량에 의해 뒤틀린 시공간으로 인한 현상으로서 만유인력이란 없는 것이고 질량이 인력

---

[2] 물질이란 사전적으로 일정한 공간을 점유하고 질량을 갖는 것을 의미하므로 물질이라고 말하면 어떤 때는 질량을 의미하기도 한다. 예컨대 특수상대성이론에 의하면 질량으로서의 물질과 에너지는 동등하다. 그러므로 "물질은 에너지로, 에너지는 물질로 변환될 수 있다"라고 통상적으로 쓰고 있다. 따라서 이 책에서도 질량을 의미하지만 물질이라고 표현한 구절이 이따금 있다.

의 원인이라고 밝혔다.3) 즉 두 물체 사이에 구심력이 작용하는 이유는 만유인력이 작용해서가 아니라 질량 때문에 시공간이 뒤틀리고 이 뒤틀린 공간을 따라 물체가 움직인다는 것이다. 따라서 질량 때문에 구심력이 작용하게 되었기 때문에 질량이 음에 속하게 되는 것이다. 위에서 설명했듯이 음의 속성은 구심적으로 중심을 향해 모이는 것이다. 그러니 음의 힘이 커지면 커질수록 중심을 향해 더욱 모이게 되는 것인데, 질량이 커지면 커질수록 만유인력 공식에 의해 인력이 질량의 곱에 비례하여 커진다는 것을 알 수 있다.

②에너지는 양(陽)이다

에너지라는 개념은 물리학의 모든 분야에 걸쳐 있어서 종류도 많고 각각의 개념을 확실히 이해하는 것도 쉽지 않다. 하지만 에너지의 음양속성을 유추할 수 있는 단서는 다행히 몇 가지가 있다.

첫 번째는 힘을 다루는 공학의 한 분야인 역학(力學)에서 에너지를 정의하기를 "일을 할 수 있는 능력"이라고 했다. 여기서 "한다"는 것은 수동적으로 무엇을 당하는 것이 아니라 능동적으로 무엇을 하는 것이므로 원심적인 개념이라는 것을 알 수 있다. 예컨대 달리는 자동차는 그 운동에너지로 길가의 난간을 부술 수 있고, 내리치는 번개는 그 전기에너지로 나무를 갈라 놓을 수 있으며, 높은 곳에 있는 물이 가지는 위치에너지로는 물레방아를 돌려 곡식을 빻을 수 있으며, 뜨겁게 달궈진 돌멩이가 가지는 열에너지로는 고기를 구울 수 있다.

두 번째로는 아인쉬타인이 유도한 공식인 E=mc$^2$을 들 수 있다. 이 공식이 말해주는 것은 '에너지가 곧 질량이요, 질량이 곧 에너지이다'라는 것이다. 예컨대 1kg의 물체가 가지는 에너지를 계산해보면 E = 1kg x (299792458m/s)$^2$ ≒ 9x10$^{16}$J = 9x10$^{10}$MJ이다. 그리고 TNT 폭약이 내는 에너지가 4.184MJ/kg이므로 1kg의 물체가 가진 에너지를 발생시키려면 x = 9x10$^{10}$MJ / 4.184MJ/kg = 21x10$^9$ kg = 21x10$^3$kton의 폭약이 필요하다.

나가사키에 떨어진 핵폭탄의 위력이 21kton 정도였으니, 1kg의 질량을 모두

---

3) 유튜브에서 '일반상대성이론 구슬'로 검색하면 질량에 의해 뒤틀린 시공간이 어떻게 물질을 잡아당기는지를 보여주는 동영상을 찾을 수 있다.
https://www.youtube.com/watch?v=2ir3aGmdCrY

에너지화 시킨다면 나가사키에 떨어진 핵폭탄 $10^3$개와 맞먹는 에너지가 발생한다는 뜻이 된다. 엄청난 에너지가 질량 속에 농축되어 있다는 뜻이다. 이 말은 곧 에너지가 수렴되고 수렴되어야 비로소 질량이 생긴다는 뜻이 되겠다.

질량은 음에 속하는데 에너지는 그런 질량과 동등하다고 했으므로 에너지도 음에 속할 것 같으나, 이 공식이 말하고 있는 것은 에너지가 구심적으로 중심을 향해 모인 것이 질량이고 그런 질량이 원심적으로 퍼져나간 것이 에너지라는 것이다. 즉 음양이 서로의 뿌리가 되어서 陰이 陽이 되고 陽이 陰이 될 수 있다는 상호전화(相互轉化)의 원리를 말하고 있는 것이다.

음인 질량과 양인 에너지의 상호전화의 법칙을 말해주고 있는 것이 아인쉬타인의 질량에너지 공식($E=mc^2$)이고, 질량이 나타내는 물리현상인 입자속성과 에너지가 나타내는 물리현상인 파동속성(파동은 에너지를 운반하는 하나의 수단이다.)의 상호전화의 법칙을 말해주는 것이 드 브로이의 파동입자 방정식[$\lambda=h/p$, $\lambda$(파장), $h$(플랑크상수), $p$(운동량)]이다. 여기서 광속(C)과 플랑크상수(h)가 두 陰陽세계를 연결해 주는 다리역할을 하고 있는 것을 볼 수 있는데 광속과 플랑크상수는 수치로 일정하게 고정되어 있는 것이므로 음양이 상호전화할 때는 아무렇게나 이뤄지는 것이 아니고 항상 일정한 비율로 이뤄진다는 것을 말해준다. 우주가 일정한 규칙을 가지고 변화하고 있다는 것이다.

● 전기(양) 자기(음)

① 전기는 양(陽)이다

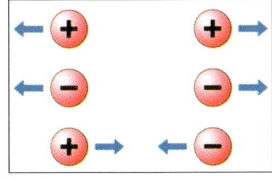

[전기력은 같은 부호 간에는 척력이 작용하고 다른 부호 간에는 인력이 작용한다.]

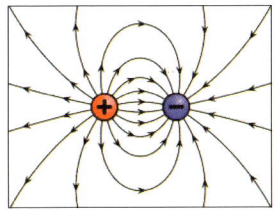

[두 전하 간의 전기력선은 양전하에서 시작해서 음전하로 끝나며 다시 양전하로 돌아오지 않는다. 음전하의 위치는 어느 곳이든 있을 수가 있으므로 전기력선은 한쪽 끝이 고정되지 않은 줄과 같다.]

전기력에는 인력도 있고 척력도 있다. 풀어 말하자면 같은 부호의 전하끼리는 척력이 작용하고 다른 부호의 전하끼리는 인력이 작용한다. 그래서 전기력의 음양을 구분하는 게 어려울 듯 보이지만 전기력의 세기와 방향을 나타내는 곡선인 전기력선을 그려보면 전기가 양에 속한다는 것을 알 수 있다. 전기력선은 전기력이 작용하는 공간인 전기장에 양전하를 놓았을 때 그 양전하에 힘이 가해져서 양전하가 움직이는 궤적을 그린 선이라고 할 수 있는데 양전하를 놓았으므로 양전하와는 척력이 작용하고 음전하와는 인력이 작용한다. 결과적으로 전기력선은 양전하에서 시작해서 음전하에서 끝나고 다시 양전하로 돌아오지 않는다. 중심인 양전하에서 원심적으로 멀어지면서 끝나고 말지 다시 구심적으로 자신에게 돌아오지 않는다는 말이다. 그래서 전기는 陽에 해당하는 것이다.

전기가 陽에 속한다는 한 가지 예를 들자면, 서로 다른 두 매질이 마찰시 만들어내는 전하량은 주변의 습도가 높으면 줄어들고, 반대로 습도가 낮으면 증가한다. 습도라는 것은 물을 의미하고 물은 음에 해당하므로 양에 속하는 전기가 습도가 높으면 중화되어서 전하량이 줄어드는 것이다(물이 음에 속한다는 것은 뒤에서 설명한다.).

②자기는 음(陰)이다

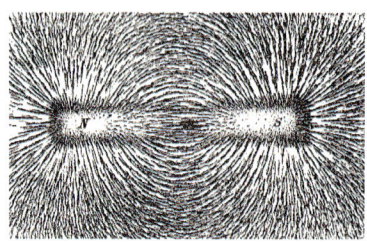 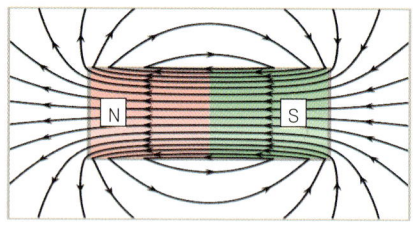

[자기력에 의한 철가루 분포. 철가루가 자석 몸통에도 있다.]  [자기력선은 자석의 몸통을 통과한다.]

자기력선을 그리는 방법은 자기력이 작용하는 공간인 자기장에 나침반을 놓았을 때 N극이 가리키는 방향을 그리는 것이다. 그래서 자기력선은 자석의 N극에서 나와서 S극으로 들어간다. 그런데 자기력선이 전기력선과 다른 점이 한 가지 있다. 전기력선과는 달리 자기력선은 N극에서 나오고 S극으로 들어간 뒤 자석의 몸통을 관통해서 다시 시작점인 N극으로 돌아오므로 시작도 끝도 없이 이어져 있다는 것이다. 따라서 자기력은 원심적으로 출발했으나 결국에는 구심적으로 출발했던 자신으로 돌아오므로 음에 해당하는 것이다. 그리고 이 자기력은 좀 더 깊이 이해할 필요가 있다. 물리를 좀 안다는 사람들도 왜 자기력이 생기는지를 제대로 알지 못하며 본인 또한 정확히 이해하지 못하고 있는 부분이기도 하기 때문이다.

자기력은 전류가 흐를 때 생긴다. 즉 전기가 생기고 나서 자기가 생기지, 자기가 전기보다 먼저 생겨나지는 않는다. 이것을 양선음후(陽先陰後)라고 말할 수 있는데 양의 성질은 원심적이므로 먼저 작용하고 음은 구심적이므로 원심적으로 나갔던 양을 다시 돌이키는 것이다. 양이 음보다 선행하는 것은 음양속성에 따라 자연적으로 생기는 것이므로 모든 물리현상에 적용된다는 것을 기억해두자. 영구자석의 자기력 또한 자석을 이루는 원자 속의 전자들의 운동에 의한 것이므로 전자가 먼저라는 것을 뒤의 설명을 읽으면 이해하게 될 것이다. 그리고 전류는 전하가 흐르는 현상을 말하므로 전하가 정지한 상태에서는 전기력은 작용하지만 자기력은 작용하지 않는다. 전하가 움직이는 순간 자기력이 동시에 생성되는 것이다. 더불어 자기장이 생기는 모양은 오른쪽 나사법칙에 따라 그림과 같이 생기게 된다.

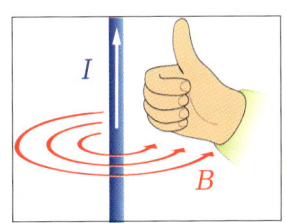

[앙페어의 오른손 나사법칙
(Ampère's right-hand screw(grip) rule)
전류가 위로 흐를 때 자기장은 네 손가락이 휘감은 방향으로 발생한다.]

즉 전류가 흐르는 방향을 엄지로 가리킨 채로 나머지 네 손가락으로 전선을 감싸 안으면 네 손가락이 만드는 원의 방향이 자기장의 방향이 된다. 그리고 이 도선을 원형으로 만들어서 반시계방향으로 전류를 흘리면 그림과 같은 자기장이 생기게 된다.

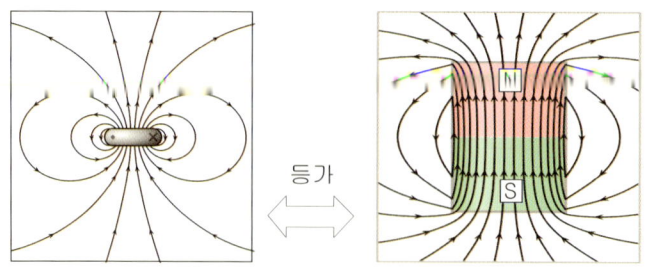

 전류는 자유전자의 운동으로 생기는 것이므로 자기력이 생기는 원인을 찾으려면 전자의 운동을 살펴봐야 한다. 지구가 공전하면서 자전하듯이 전자도 원자핵 주위를 공전하면서 자전한다. 이때 전자의 자전운동을 스핀(spin)이라고 부르는데, 오른쪽 방향과 왼쪽 방향으로의 자전운동을 각각 (+)스핀과 (−)스핀으로 구분한다.

 그럼 먼저 전자의 공전에 의해 생기는 자기장을 살펴보자. 전자가 시계방향으로 공전한다고 하면 공전궤도를 원형도선이라고 가정할 수 있고 이때 전류는 (전자의 운동방향과 반대방향으로 정의되므로) 반시계방향으로 흐르게 된다. 그리고 이 전류에 의해 생기는 자기장은 그림과 같다.

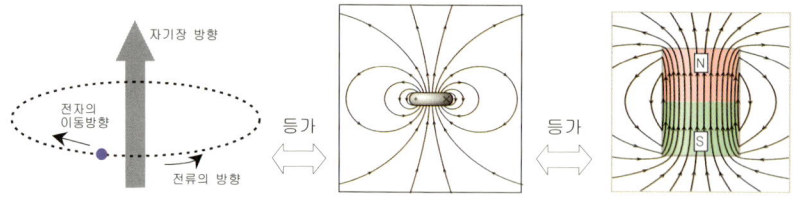

 이번에는 전자의 자전운동에 의한 자기장을 살펴보자. 전자가 반시계방향으로 자전한다고 하면, 전자의 적도선을 원형도선이라고 가정할 수 있고[4] 이때 전류는 시계방향으로 흐르게 된다. 그리고 이 전류에 의해 생기는 자기장은 그림과

---

[4] 전자의 회전축에 수직인 면으로 전자를 자르면 전자의 외곽이 나타난다. 이 외곽선들을 모두 원형도선이라고 간주하는 것 같다. 이 원형도선들을 모두 합하면 적도선 하나로 생각할 수 있는 것이다. 예컨대 사과를 수평으로 자르면 사과껍질에 해당하는 동그란 선이 생길 것인데, 무수히 많이 자르면 무수히 많은 껍질선이 생기는데 그 선들을 모두 합하면 적도선 하나로 간략화 할 수 있다는 것이다.

같다.

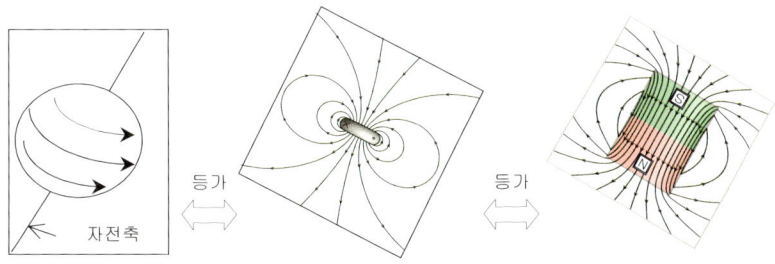

이와 같이 자기장은 전자의 자전과 공전운동 모두에서 발생할 수 있는데 공전에 의한 자기장은 약할 수밖에 없다. 왜냐하면 전자의 공전은 임의로 바뀌는 공전궤도를 따라 복잡하게 일어나므로 자기장의 방향이 수시로 바뀌게 되어 시너지효과를 내기 어렵기 때문이다.

또한 실제 원자들이 배열되었을 때 한 원자 내에서 공전하는 전자에 의해 발생하는 자기장의 방향을 인접한 원자 내의 동일한 궤도를 공전하는 전자에 의해 발생하는 자기장의 방향과 같도록 만들기가 곤란하다. 따라서 전자의 공전운동으로는 강한 자기장을 만들기 어렵기 때문에 자석의 특성은 바로 전자의 자전운동에 의해 결정된다고 볼 수 있다.

그럼 어떤 조건하에서 강한 자성을 가질 수 있는가? 첫째로 같은 원자 내에 있는 (+)스핀들이 같은 방향으로 정렬되어야 한다. 둘째로 인접한 원자 내에 있는 (+)스핀들도 모두 동일한 방향으로 정렬되어야 한다. 이러한 경우에는 물체 내의 모든 불완전한 궤도에 있는 전자들의 (+)스핀들이 동일한 방향을 갖게 되어 (+)스핀의 영향이 극대화되어 강한 자성을 띠게 되는데 그런 특성을 갖고 있는 물질로는 철(Fe)이 대표적이고 이것으로 영구자석을 만들 수 있다.

※음양개념 보충

원심성/구심성은 중심에 대한 방향성이 있을 때 적용할 수 있는 기준이다. 그렇다면 방향성이 없을 때는 어떻게 정할 수 있을까?

가장 많이 접할 수 있는 경우로 좌우문제가 있다. 왼쪽이 음인가 양인가? 이럴 때는 좌우가 가지는 성질이 구심성인지 원심성인지를 먼저 봐야 한다. 내가 남쪽을 바라보고 섰다고 치자. 그러면 왼쪽이 동쪽이 되고 오른쪽이 서쪽이 된다. 해는 동쪽에서 떠서 서쪽으로 지므로 동쪽은 에너지(해)가 생(生)하여 원심적으로 커나가는 자리이므로 왼쪽이 양이 되고, 서쪽은 에너지가 멸(滅)하여 구심적으로 작아지는 자리이므로 오른쪽이 음이 된다. 그러므로 반대로 북쪽을 보고 섰을 경우에는 오른쪽이 동쪽, 왼쪽이 서쪽이 되므로 오른쪽이 양, 왼쪽이 음이 된다.

왼팔과 오른팔은 어떨까? 팔은 견갑골을 보면 된다. 외회전은 몸중심에서 원심적으로 멀어지는 운동이므로 외회전을 많이 하는 팔은 양에 해당한다. 이런 팔은 양인 에너지를 많이 소모하는 쪽이므로 병이 들면 쉽게 낫지 않는다.[5] 이것은 남자가 여자보다 기초대사량이 많아서 수명이 상대적으로 짧은 이유와 같은 이치이다. 몸이 아무 것도 하지 않고 가만히 있는 상태에서 더 많은 에너지를 소비한다면 더 빨리 영양분을 보충해야 하고, 소화흡수시키는 과정 중에 수많은 노폐물들이 나와서 몸을 오염시킬테니 수명이 길어질 수 없는 것은 당연한 것이겠다.

다리도 마찬가지다. 다리의 경우에는 골반을 보고 판단한다. 골반이 외회전한 쪽이 양에 해당하고 그 반대쪽이 음이 된다. 다리도 팔과 마찬가지로 외회전한 쪽에 병이 들면 쉽게 낫지 않는다.

---

[5] 「전신조정술」(문상은, 정담) 참조

# 삼재(三才)

삼재는 셋 사이에 작용하는 원리로서
음양에 土라는 중간자가 추가되면서 작용한다.

신혼의 조용한 집안이 아이가 태어나면서 쑥대밭이 되는 것처럼
이 우주의 복잡다단함도 土가 탄생하면서 시작되었다.

하지만 아이가 있어서 집안에 생기가 돌듯이
土가 있어서 이 우주에도 생명력이 충만해지는 것이다.

## 2. 삼재(三才)

　삼재는 보통 천지인(天地人)을 말하는데, 이는 우주의 원리가 3의 원리로 이루어져 있다고 보는 사상이라고 말할 수 있다. 삼재사상은 가장 대표적인 자연물인 하늘과 땅에 인간을 참여시킨 것으로서, 인간의 위치를 천지와 동일한 수준으로 끌어올림으로써 인본주의 사상의 모태가 되었다. 하지만 중국에서는 주역을 해설한 공자의 십익(十翼)에서 삼재론이 본격적으로 나타난 이후 천(天)에 지(地)개념을 종속시켜서 천인론(天人論)으로 발전시켜 버리면서 삼재사상이 약화되었다. 그러나 우리나라에서는 건국신화에서부터 삼재사상을 뚜렷하게 드러내기 시작한 후 끊어질 듯하다가도 누군가에 의해 다시 계승되면서 명맥을 이어오고 있다. 먼저 단군신화를 보자.

　"옛날에 환인(桓因)의 서자 환웅(桓雄)이란 이가 있었는데 자주 천하에 뜻을 두어 사람 세상을 탐내고 있었다. 그 아버지가 아들의 뜻을 알고 삼위산과 태백산(三危太伯山)을 내려다보니 인간들을 널리 이롭게 해줄 만했다. 이에 환인은 천부인(天符印) 세 개를 환웅에게 주며 인간의 세계를 다스리게 했다. 환웅은 무리 3,000명을 거느리고 태백산 정상에 있는 신단수 밑으로 내려왔다. 이곳을 신시라 하고, 이분을 환웅천왕이라고 이른다. 그는 풍백(風伯)·우사(雨師)·운사(雲師)를 거느리고 곡식·수명·질병·형벌·선악 등을 주관하며 인간의 360여 가지 일을 주관하여 세상을 다스리고 교화했다. 이때 범 한 마리와 곰 한 마리가 같은 굴 속에서 살고 있었는데 그들은 항상 환웅에게 빌어 사람이 되기를 원했다. 이때 신웅이 신령스러운 쑥 한 줌과 마늘 20개를 주면서 말하기를 '너희들이 이것을 먹고 백 일 동안 햇빛을 보지 않으면 곧 사람이 될 것이다'고 했다. 이에 곰과 범이 이것을 받아서 먹고 삼칠일(21일) 동안 금기를 지켜 곰은 여자의 몸으로 변했으나 범은 금기를 지키지 못해 사람의 몸으로 변하지 못했다. 웅녀는 혼인해서 같이 살 사람이 없었으므로 날마다 신단수 밑에서 아기 배기를 축원했다. 환웅이 잠시 거짓 변하여 그와 혼인하니 이내 잉태해서 아들을 낳았다. 그 아기의 이름을 단군 왕검이라 불렀다."

　보다시피 '삼위태백산', '천부인 세 개', '3,000명', '풍백·우사·운사', '삼칠일(21일)'과 같이 중요한 요소에서는 모두 3이라는 숫자와 연관지어 표현하고 있어 그 옛날부터 우리민족은 삼재사상을 가장 중시해 왔다는 것을 알 수 있다. 중국에서는 삼재사상을 음양사상에 편입시켜 버리고 오행(五行. 뒤에 설명한다.)을 중시하여 음양오행으로 발전시킨 반면, 우리들은 음양과 더불어 삼재사상을 같이 가지고 감으로써 음양삼재로 발전하게 되었다.

이 삼재는 보통 2개의 서로 다른 성질의 것들과 이들의 다른 성질을 중간에서 중재하여 변화를 촉진하는 것으로 구성되어 있다. 대개의 경우 그 다른 성질은 음양이라는 속성을 지니게 된다. 한쪽이 음이면 한쪽이 양이 된다는 것이다. 그 때 양이 되는 요소는 보통 火라고 통칭하며 음이 되는 요소는 水라고 통칭한다. 그리고 이 水火 사이를 중재하며 변화를 생성하는 요소를 土라고 통칭하여 삼재는 보통 水火土라는 요소로 구성되어 있다. 원칙적으로 삼재를 표현하는 용어는 천지인(天地人)이지만 오행용어로 표현한다면 水火土라고 할 수 있는 것이다. 오행과 삼재는 분명히 다른 사상이지만 천지인이라는 말보다 水火土라는 말이 보다 쉽게 이해할 수 있고 크게 상충하는 면이 없어 보이므로 일단 오행에서 용어를 차용하기로 한다.

여기서 土는 水火를 중재한다는 의미만을 가지는 것은 아니고 水火의 중간단계를 의미하는 경우도 많다. 예컨대 풍백·우사·운사에 어떻게 水火土를 배정할 것인가를 생각해 보면 비는 수증기가 응결한 것들이 아주 많이 모여서 구심적으로 땅으로 떨어지는 상태이므로 가장 음적이어서 水에 해당하고, 바람은 공기분자들이 원심적으로 강하게 움직이는 것이므로 가장 양적이어서 火에 해당하고, 구름은 수증기가 응결하기는 했지만 떨어질 정도까지 질량을 키운 상태는 아니므로 중간단계인 土에 해당한다.

보통 중간단계를 의미하는 경우는 같은 대상이 변화할 때 쓸 때가 많고[예컨대 $H_2O$라는 물질이 고체일 때는 水, 액체일 때는 土, 기체일 때는 火라고 부를 수 있다], 중재를 의미하는 경우는 서로 다른 구성요소들이 하나의 더 큰 요소를 이룰 때 쓰는 경우가 많다[양성자/중성자/전자가 모여서 원자를 이루는 경우에 양성자는 水, 중성자는 土, 전자는 火라고 할 수 있다. 그 이유는 바로 뒤의 "원자"항목에서 설명한다.].

이렇게 우리민족은 예부터 삼재가 우주를 이루는 기본원리라고 보았는데 자연계에서는 구체적으로 어떻게 발현되고 있는지 알아보자.

● 원자

원자는 양성자/중성자/전자로 이루어진다. 양성자는 전기적으로 +이며, 전자는 -이고, 중성자는 전기적 성질이 없으나 양성자들이 전기적 척력으로 서로를 밀어내는 것을 중재해서 양성자들과 뭉쳐서 원자핵을 이룬다. 양자역학으로 들어가면 원자보다 작은 기본입자들이 나오지만 일단 원자단위에서 우주는 삼재를 바탕으로 이루어져 있다는 것을 알 수 있다.

여기서 한 가지 생각해 볼 것이 있는데 중성자는 양성자들의 척력을 중재하므로 土에 해당하겠다는 건 알겠는데 양성자와 전자는 水火 어디에 배속될까? 앞에서 질량은 구심적으로 모여서 이뤄진 물리량이기 때문에 음에 속하고 따라서 음이 클수록 음적인 것이라고 설명했다. 양성자의 질량은 $1.7 \times 10^{-27}$kg 정도이고 전자의 질량은 $9.1 \times 10^{-31}$kg 정도이므로 양성자가 전자보다 1800여 배나 무겁다. 그리고 전자는 중심인 원자핵으로부터 원심적으로 멀리 떨어진 전자껍질에서 빠른 속도로 공전하므로 양적이라고 할 수 있다. 그러면 저자의 주장대로라면 양성자가 -전하를 가졌다고 하고, 전자는 +전하를 가졌다고 정하는 것이 맞는 것이다. 하지만 현실은 그와 정반대인데 그 이유는 무엇일까?

그 이유는 2가지 정도로 유추해 볼 수 있다. 첫 번째는 이 문제에 대해 한창 고민하던 중에 「전자기학」(김세윤 저)이라는 책에서 저자와 뜻이 일치하는 설명을 읽게 됐는데 여기에 전문을 인용해 보겠다.

"앞에서 본 바와 같이 전하는 양전하와 음전하로 분류되는데, 동양에서는 어떤 사물이나 현상을 양과 음으로 분류하는 경향이 있다. 통상 양은 동적이고, 남성적이며, 적극적인 특성을 가리키는데 반해 음은 정적이고, 여성적이고, 수동적인 특성을 지칭한다. 그렇다면 전하를 양(+)과 음(-)이라고 나누어 부르게 된 데에는 어떤 특별한 이유가 있는가? 이 질문에 대한 답은 그렇지 않다는 것이다. 전하를 양(positive)와 음(negative)으로 나누어 부른 최초의 사람은 나중에 미국의 대통령이 된 프랭클린(Benjamin Franklin)이라고 알려져 있다. 그는 원자모델을 알지는 못했지만 유리막대와 탄성고무막대를 서로 비볐을 때 서로 잡아당기는 현상을 설명하면서 유리막대는 양전하로 대전되고, 탄성고무는 음전하로 대전되었다고 불렀다. 프랭클린의 실험은 유리막대의 전자가 탄성고무막대로 이동하였기 때문에 발생한 것임을 우리는 안다. 프랭클린의 정의 후에도 계속 따랐기 때문에 오늘날에 전자는 음전하, 양성자는 양전하를 갖는다고 부르게 된 것이다. 만약 프랭클린이 유리막대의 전하를 음, 탄성고무막대의 전하를 양이라고 불렀다면 지금과는 달리 전자는 양전하를 가지며 양성자는 음전하를 갖는다고 부를 것이다. 실제 양성자에 비해 전자는 동적이며 이동이 심하기 때문에 음양이론에 의하면 전자를 양전하로 부르는 것이 타당하며, 이렇게 정의한다면 전류의 흐름과 전자의 흐름이 동일해지는 효과까지도 있는데 참으로 애석한 일이라고 하지 않을 수 없다. 왜냐하면 오늘날 전류의 방향은 양전하가 흐르는 방향으로 정의되므로 음전하인 전자의 이동방향과는 반대가 되기 때문이다."

두 번째는 백인들의 사고방식에서 오는 착오 때문일 수 있다는 것이다. 백인은 양이 강하고 음이 약한 체질을 타고났으므로 양을 기준으로 세상을 보기 때문에 중심에 있는 양성자에 +기호를 부여했을 가능성이 있다. 비록 프랭클린은 원자모델을 알지 못한 상태에서 +-부호를 부여했지만 후에 원자모델을 알게 되고 프랭클린의 정의에 의하여 중심에 있는 양성자에 -부호를 부여해야만 했었다면 그들은 그것을 수정했을 가능성이 농후하다. 프랭클린의 부호작명이 우연히 백인의 사고방식에 부합했기 때문에 지금까지 그대로 사용해온 것이라는 것이다. 이렇게 백인은 음에 비해 양이 강해서 양위주의 잘못된 사고방식에 빠질 수밖에 없고 이 잘못된 사고방식에 의해 만들어진 것들을 세계의 기준으로 만들어 나가기 때문에 사람들로 하여금 자연을 보는 진리와 멀어지게 만들며 그래서 세상의 질서를 어지럽히는 일들을 아주 많은 분야에서 하고 있다. (이것을 이해하려면 많은 것들이 필요하나 지금은 그 모든 것을 설명할 수 없으므로 일단 책을 일독한 후에 다시 이 구절을 음미해 보길 바란다.)

●고체/액체/기체

예컨대 얼음이 열에너지(양)를 받으면 물이 되고, 물이 열에너지(양)를 받으면 수증기가 된다. 그러므로 기체가 에너지를 가장 많이 받은 상태이므로 양이 가장 많은 火에 해당하고, 액체가 그 다음으로 에너지를 받은 상태이므로 중간단계인 土에 해당하고, 고체가 에너지수준이 가장 낮으므로 水에 해당한다.

●탄수화물/단백질/지방

　인간이 살아가기 위해서는 음식물에서 에너지원을 흡수해야 하는데 대표적인 영양소가 탄수화물/단백질/지방으로서 이를 3대 영양소라고 한다. 이 중에서 탄수화물이 가장 에너지원으로 널리 쓰이므로 양적이어서 火에 해당하고, 단백질은 신체의 구조물들을 구성하는 역할이 가장 강하므로 土라고 할 수 있고, 잉여의 영양소들은 몸에 지방의 형태로 저장(저장이란 것은 구심적으로 뭉쳐서 질량을 크게 한다는 것이다.)되므로 지방이 가장 음적인 水에 해당한다.

　잉여의 영양소들이 어떻게 처리되는지 구체적으로 살펴보면, 에너지원으로 쓰이고 남은 탄수화물은 간과 근육에 글리코겐으로 저장되지만 그보다 더 많이 지방으로 저장된다. 에너지원으로 쓰이고 남은 단백질은 각 세포들의 구성물을 합성하는데 쓰이고, 약간은 지방으로 저장되며 단백질로는 저장되지 않는다. 고기를 많이 먹는다고 근육질이 되지 않는 이유가 된다. 그리고 에너지원으로 쓰이고 남은 지방은 지방으로 저장된다.

　이렇게 잉여 영양소가 지방으로 저장되는 이유는 1g당 생성되는 열량이 제일 많기 때문이다. 1g의 탄수화물이나 단백질은 4kcal, 지방은 9kcal의 에너지를 생성한다. 적은 질량으로 많은 에너지를 생성할 수 있으므로 에너지 저장효율이 좋다고 할 수 있는데, 이는 다시 말하자면 양인 에너지를 가장 강력하게 구심적으로 수렴시켜 놓은 형태가 바로 지방이라는 것이고 그렇기 때문에 지방이 가장 음적인 水에 해당한다는 것이다.

# 오행(五行)

오행은 다섯 사이에 작용하는 원리로서
동양학의 거의 모든 분야에서 사용되지만

마치 빨간 양복에 흰 구두를 신고 춤추러 다니는 노신사에게서
인생의 깊이보다는 가벼움이 느껴지는 것처럼

이 오행도 치장은 화려하지만 들춰볼수록 개살구만 같다.

하지만 누가 알랴!
그 노신사가 이 우주를 창조하고
막간에 기분 풀러 나온 조물주의 화신일 수도 있으니...

# 3.오행(五行)

　오행이란 木火土金水 5가지 기운의 유행을 말한다. 한족들은 理(이치)를 몰시해서 이 5가지 기운의 운행으로 자연을 인식하고 해석하려고 했던 것이다. 그러면 木火土金水 각각에 대해 간단히 살펴보도록 하자.

　①木 : "木曰曲直(木이라는 것은 구부러지고 펴지는 것이다.)" 때로는 구부러지게 자라고 때로는 곧게 뻗어나가는 기운을 木이라고 규정하는 것이다. 나무는 보통 이렇게 구부러지기도 하고 곧게 뻗기도 하면서 자라므로 이런 기운의 모습에 木이라는 이름을 붙인 것이다.

　②火 : "火曰炎上(火라는 것은 위로 타오르는 것이다.)" 타오르듯이 위로 솟아오르는 기운을 火라고 규정하는 것이다. 불이 보통 그렇게 위로 솟구쳐 오르므로 이런 기운의 모습에 火라는 이름을 붙인 것이다.

　③土 : "土曰稼穡[土라는 것은 씨를 심고(稼) 수확하는(穡) 것이다]" 심고 거두는 것이 土의 모습은 아니고 심고 거두는 땅을 의미한다. 땅은 보통 (씨를 뿌리면) 잘 키워서 (수확하게 해주므로) 이런 기운의 모습에 土라는 이름을 붙인 것이다. 씨를 발아시키고 열매를 맺게 하는 것은 변화를 일으킨다는 것을 의미한다. 씨라는 상태에서 싹이 나게 하고, 그 싹을 크게 하고, 그 줄기에서 꽃이 피게 하고 또 그 꽃에서 열매를 맺게 만들어 주는 것이 土의 모습인데, 한 상태에서 다른 상태로 변화시켜주는 기운이라고 이해하면 큰 어긋남이 없을 것이다.

　④金 : "金曰從革[金이라는 것은 의도에 따라(從) 바꾸는(革) 것이다.]" 의도에 따라 모양을 바꿀 수 있는 기운을 金이라고 규정하는 것이다. 금속이 보통 만들고자 하는 모양으로 만들고 나면 그 모양을 그대로 유지하므로 이런 기운의 모습에 金이라는 이름을 붙인 것이다.

　⑤水 : "水曰潤下(水라는 것은 윤택하게 하며 아래로 흐르는 것이다.)" 중력에 의해 아래로 흐르면서 만물을 윤택하게 하는 기운을 水라고 규정하는 것이다. 물이 보통 그렇게 아래로 흐르므로 이런 기운의 모습에 水라는 이름을 붙인 것이다.

　오행이론은 위와 같은 개념으로 이 우주에서 일어나는 자연현상들을 해석할 수 있다는 생각이다. 그래서 계절/방위/장부/색깔/맛 등에 이 오행을 배속했는데 이를 표로 정리해 보면 아래와 같고, 이 표를 "오행귀류표"라고 부른다.

|      | 木 | 火 | 土 | 金 | 水 |
| --- | --- | --- | --- | --- | --- |
| 계절 | 봄 | 여름 | 늦여름 | 가을 | 겨울 |
| 방위 | 동쪽 | 남쪽 | 중앙 | 서쪽 | 북쪽 |
| 오장 | 간 | 심 | 비 | 폐 | 신 |
| 색깔 | 청색 | 적색 | 황색 | 백색 | 흑색 |
| 맛 | 신맛 | 쓴맛 | 단맛 | 매운맛 | 짠맛 |
| 냄새 | 臊 | 焦 | 香 | 腥 | 腐 |

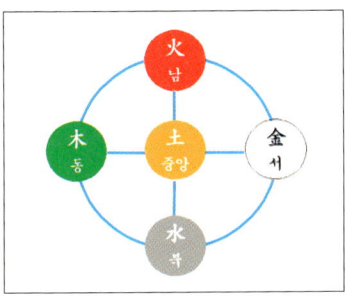

[동양의 방위도. 어두운 북쪽에서 남쪽을 바라보는 배치로 되어 있다. 우리가 평소에 보던 남쪽에서 북쪽을 보는 배치와 정반대이다. 이것은 황인과 백인의 가치관 차이에서 오는 것으로 모든 문화현상을 꿰뚫어 볼 수 있는 도구가 된다.]

　방위에 오행을 어떻게 배속하는지를 예로 들어 설명해보자. 동쪽은 땅을 뚫고 꾸불꾸불 자라 올라오는 새싹처럼 해가 올라와 양기를 퍼뜨리는 방위이다. 대낮보다는 양기가 약해서 쨍쨍 비치지는 않으나 이제부터는 공기가 덥혀져서 서시히 따뜻해질 것을 알 수 있고, 다시는 밤중 같이 추워지지는 않으리라는 것 또한 알 수 있다. 그래서 동쪽은 木에 배속할 수 있고 음중지양(陰中之陽)이므로 대낮에 배속되는 火보다는 양기가 적다. 음중지양이라는 것은 木이 원래는 水였었는데 土의 도움을 받아 기운이 좀 더 양적으로 변한 상태가 木이라는 또 하나의 기운상태로 진화한 것이라는 점을 말한다. 그래서 水와 木은 하나의 뿌리에서 자라난 2개의 가지라고 할 수 있으며 水는 음중지음(陰中之陰), 木은 음중지양(陰中之陽)이 된다. 간은 횡격막 아래에 있으므로 음에 해당하는데 혈액을 횡격막 위의 심장으로 공급하는 기능을 하므로 양의 기능을 겸하므로 음중지양이 되어 木에 해당한다.

　남쪽은 해가 중천에 걸려서 불타오르듯이 가장 많은 빛을 내뿜는 방위이다. 아침보다 훨씬 강한 빛을 비추지만 이제 시간이 지날수록 해가 서쪽으로 지면서 빛이 약해지리라는 것 또한 알 수 있다. 따라서 남쪽은 火에 배속할 수 있고, 火는 양에 속하며 木보다 양기가 많다. 오장육부에서는 심(心)이 火에 해당한다. 왜냐하면 심장은 평생 동안 쉬지 않고 펄떡거리면서 가장 많은 운동에너지를 소모하기 때문이다.

서쪽은 해가 그 위세를 잃어 그 빛이 서서히 약해지면서 결국 사라지는 방위인데, 그에 따라 기온은 서서히 떨어진다. 이제는 더 이상 낮과 같은 따뜻함을 찾을 수 없을 것이고, 시간이 지나면 지날수록 더욱 추워질 것이지만 한밤보다는 덜 춥다. 따라서 서쪽은 金에 배속할 수 있고, 양중지음(陽中之陰)이므로 한밤에 배속되는 水보다는 음기가 적다. 양중지음이라는 것은 金이란 것은 土가 火기운을 아래의 水로 수렴시키기 위해 만들어낸 수렴장치라는 말로서 火는 양중지양(陽中之陽), 金은 양중지음(陽中之陰)이 된다. 폐는 횡격막 위에 있으므로 양에 해당하는데 흉막강을 물로 채워 폐를 확장시켜서 산소가 혈액 속으로 잘 녹아들 수 있게 하고 폐 속의 사강을 수증기로 채워서 심장의 운동에너지에 의한 과열을 막기 때문에 음적인 역할을 하므로 양중지음이 되어 金에 해당한다 (더 자세한 것은 뒤의 '인체'편 참조).

북쪽은 해가 완전히 숨어서 빛이 하루 중 가장 적은 방위로서 기온이 가장 낮아진다. 해 질 녘보다 추위가 심해지지만 이제 시간이 지날수록 해가 동쪽으로 뜨면서 빛이 나오리라는 것 또한 알 수 있다. 따라서 북쪽은 水에 배속할 수 있고, 신(腎)이 수액대사를 주관하므로 水에 해당한다.

土는 중앙에 배속된다. 중앙에서 木이 火로, 火가 金으로, 金이 水로, 水가 木으로 잘 변화해갈 수 있도록 해준다. 중재자라고 할 수 있다. 마치 양성자들이 서로 간의 척력으로 멀어지려는 것을 붙잡아둬서 전자와 짝지워지게 되므로 결국 원자가 안정적으로 존재할 수 있게 해주는 중성자 같은 존재라고 보면 되겠다. 오장육부에서는 비(脾)가 土에 해당한다. 장부의 오행배속은 뒤에서 자주 언급되므로 외워두도록 하자.

자 그런데 여기서 독자들은 방위도가 거꾸로 되었다고 느낄 것이다. 아래쪽이 남쪽이 되어야 하는데 북쪽으로 돼 있어서 말이다. 이것은 동서양을 이해하는데 필수적이므로 이에 대한 설명을 하고 넘어가야겠다. 동양에서 방위도가 처음 나타난 것은 하도(河圖)라는 그림에서부터였다고 보통 설명한다.

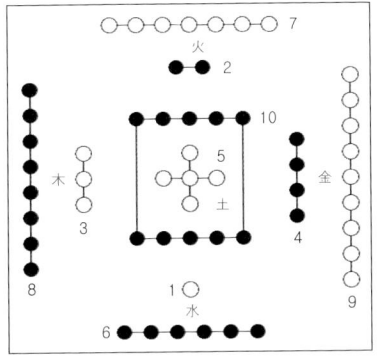

[하도(河圖)]

하도는 복희6)가 황하에서 얻었다는 그림으로서 이 그림을 보고 복희가 역(易)의 8괘(八卦)를 그렸다고 한다. (하지만 하도는 오행을 나타내는 그림이고, 易은 삼재사상을 나타내는 것인데 이 그림을 보고 8괘를 그렸다는, 즉 오행에서 삼재를 추출해냈다는 것은 이치에 맞지 않는다. 견강부회이다.)

하도에는 1~10까지의 숫자가 새겨져 있으며 배치는 동양의 방위도와 같다. 아래쪽에 1과 6이 있고, 위쪽에 2/7, 왼쪽에 3/8, 오른쪽에 4/9, 중앙에 5/10이 있다. (이 두 개의 숫자들이 짝이 되어 오행에 배속된다.) 그리고 중앙의 5가 사방의 1~4와 결합해서 1+5=6, 2+5=7, 3+5=8, 4+5=9, 5+5=10의 관계를 이룬다는 것도 유념하자.

자 이제 상상해보자, 이 그림을 보고 처음 오행을 배치했을 사람이 돼서... (사실 하도는 오행의 이치를 설명하기 위해 만들어진 그림이었고, 숫자를 오행 원리에 따라 배치해 놓고 보니 하도가 만들어진 것이었으리라 생각한다.) 숫자는 1부터 시작하니 오행 중에 맨 처음 시작하는 것을 배속하면 되지 않을까? 근본이 되는 오행... 오행이란 것이 우주의 이치를 나타내는 것이라 했으므로 그

---

6) 복희(伏羲) : 고대 전설상의 임금. 삼황(三皇) 중 한 사람으로 처음으로 백성에게 어렵(漁獵)·농경·목축 등을 가르치고 8괘(八卦)와 문자를 만들었다고 하며 동이족이다.

근본이 되는 오행은 만물의 근본이 되는 것이어야 하겠다. 그렇다면 답이 나오지 않았는가? 우주에서 외계생명체를 찾을 때 가장 먼저 그 존재유무를 찾는 것. 생존을 위해서 가장 필요한 것은 바로 물이다. 물에서 생명은 탄생한다. 그래서 水가 1에 배속된다. 水는 해가 완전히 사라진 밤중의 기운을 나타내므로 북쪽에 해당한다. 맨아래가 북쪽이면 자동적으로 위는 남쪽, 왼쪽은 동쪽, 오른쪽은 서쪽이 된다. 남쪽은 해가 가장 강렬할 때이므로 火에 해당한다. 동쪽은 해가 원심적으로 떠오르면서 빛이 비치기 시작하는 방향이므로 木에 해당하고, 서쪽은 해가 구심적으로 떨어지면서 빛이 사라지기 시작하는 방향이므로 金에 해당한다. 중앙은 土에 해당한다.

그런데 왜 2가 火에 배속됐으며, 3이 木에, 4가 金에 배속된 것일까? 1이 가장 최초의 것에 배속되었듯이 2~4도 생명탄생의 순서를 말해준다(고 가정하자). 즉 생명이 탄생하려면 가장 먼저 水가 필요하고(즉 1이다.) 그 다음 火가 필요하고(즉 2이다.) 水에서 木이 탄생하며(즉 3이다.) 火가 金에 의해 수렴되는데(즉 4이다.) 모든 변화를 만들어주는 것은 土이다(즉 5이다.). 1+5=6, 2+5=7, 3+5=8, 4+5=9, 5+5=10이 바로 土가 모든 변화를 주재한다는 것을 나타낸 표현이라 할 수 있다.

그러면 생명은 실제 그런 순서로 탄생한 것일까? 어떤 순서로 탄생한 것인가? 최초의 생명이 어떻게 탄생했는지는 아직도 정확하게 규명되지 않았다. 이에 대한 힌트를 얻기 위해 먼저 「기원의 탐구」(짐 배것)의 문장을 인용해보자. "다만 생명의 기원을 설명하는 모든 시나리오는 이산화탄소 같은 단순한 무기물에서 탄소가 고정(fixing. 무기물형태의 탄소가 유기물로 변환되는 과정)이 되고, 이들이 모여서 복잡한 화학구조를 생성한다는 공통점을 갖고 있다. 그런데 이산화탄소로부터 탄소가 고정되려면 수소[水]와 에너지[火]가 필요하다..... 개인적으로 원시지구의 해양지각에서 발생한 지열에 의해 유기물이 생성되고 누적되었다는 가설을 선호한다.....원시생명체가 산소가 거의 없는 암흑 속에서 태어난 것만은 확실하다. 이것은 최초의 생명이 깊고 어두운 바다 밑에서 시작되었음을 암시한다...... 생명이 열수분출공에서 시작되었다는 가설을 뒷받침한다."

오행에 자연현상들을 대입할 수 있다고 했는데 원소들에도 대입할 수 있다.

산소는 산화현상을 일으켜 불을 만들어내므로 火에 배속할 수 있고, 물은 구조식이 $H_2O$인데 산소가 火에 배속되므로 수소는 水에 배속되게 된다. 그리고 이 우주에서 원소들이 만들어질 때 수소가 가장 먼저 만들어졌으니 그 또한 수소가 水에 배속되어야 하는 이유가 되겠다. 그리고 탄소는 최외각전자가 4개여서 결합을 최대 4군데로 할 수 있다. 이것은 土가 木火金水의 변화에 관여하는 것과 의미가 유사하다. 즉 土는 水가 木으로 넘어가는 과정, 木이 火로 넘어가는 과정, 火가 金으로 넘어가는 과정, 金이 水로 넘어가는 과정에 개입해서 그 과정들이 순조롭게 이뤄지게 만들어주는 역할을 하는데 C는 원자가전자가 4개로서 4개의 가지를 내어 결합반응을 하는 것이 동서남북, 봄여름가을겨울에 모두 작용하는 土의 모습을 닮았다는 것이다. 그리고 무기물에서 유기물로 변화시키는 탄소고정이라는 의미와 변화를 주재하는 土의 의미는 정확히 부합한다. 이렇게 볼 때 생명이 탄생하기 위해서는 水(수소/바다)에 火(지열/에너지/빛)가 있는 상태에서 土(탄소고정)가 필요하다고 정리할 수 있겠다. 이것을 거꾸로 말하면 탄소고정이 일어나려면 수소(水)와 에너지(火)가 필요하다는 것과 비슷한 말이 되겠다.

그리고 木에는 어떤 원소가 배속될까? 생명활동에 관어하는 분지들은 굉장히 복잡한 구조를 이루지만 살아있는 세포를 구성하는 원소의 98%는 C, O, H, N이며 그 외 소량의 인(P)과 황(S) 철(Fe)이 있을 뿐이다. 여기서 COH는 土火水이고 남는 것은 木金인데, 질소(N)는 비료로 쓰인다. 생물이 잘 자라게 해준다. 金은 기운을 가위처럼 싹둑싹둑 재단하는 기운이고, 木은 거름처럼 쑥쑥 커가게 만들어 주는 기운이다. 그래서 질소(N)은 木에 배속된다고 할 수 있다.

그러면 金에는 어떤 원소가 배속될 것인가? 당연히 철 같은 금속류가 해당될 것인데 그러면 왜 구성비율이 다른 것들보다 훨씬 적은 것인가? 그 이유는 金이 너무 많으면 살아 움직이는 것이 힘들어지기 때문이다. 생물이란 것이 살아 움직여야 건강한 것이지 돌이나 쇠처럼 굳는다면 생명을 다한 것이라고 할 수 있을 것이다. 그래서 살아 움직이는 생물을 구성하는 기운은 陽이 陰보다 항상 커야 하는 것이고, 이것은 생물뿐만 아니라 동적인 것에는 모두 해당하는 것이라고 할 수 있다. 예를 들면 한글의 자음은 14개이고 모음은 10개로서 양인 자음이 음인 모음보다 조금 더 많다. 우리보다 좀 더 양적인 백인들의 알파벳의 경우 자음이 21개이고 모음은 5개에 불과하여 한글보다 더 크게 차이 난다.

　이와 같이 생명체는 살아 움직이는 존재이므로 木에 해당하는 질소가 金에 해당하는 금속류보다 많기 때문에 木의 생성이 金보다 더 이르고 많아야 할 것이라고 생각한다. 그렇다면 水가 1이 되고, 火가 2가 되고 土가 3이 되고 木이 4, 金이 5가 되어야 할 텐데 土가 5에 배속되어 있다. 왜 그런가? 그것은 土는 변화를 주재하는 것 이외에 동물에 있어서는 자신이 스스로 기운을 생성해내는 것을 뜻하기도 하기 때문이다. 전자가 광의의 土라면 후자는 협의의 土라고 할 수 있다. 후자의 土에 대해 한의학에서는 다음과 같이 설명하고 있다.

　根于中者 命曰神機 神去則機息, 根于外者 命曰氣立 氣止則化絶.
　[내부(中)에 근본을 둔 것을 신기(神機)라고 부르는데 신(神)이 없어지면 기틀도 멈춘다. 바깥에 근본을 둔 것을 기립(氣立)이라고 부르는데 기(氣)가 그치면 변화도 끝난다.]

　신기(神機)는 동물과 같이 자기 내부에서 기운을 스스로 만들어내는 생명체를 말하고, 기립(氣立)은 식물과 같이 외부에서 받은 기운으로만 살아가는 생명체를 말한다. 이 문장에서 중(中)은 내부를 뜻하지만 내부의 변화를 총칭하는 것으로 그 변화를 만들어내는 요소를 단 하나로 말한다면 土가 되므로 根于外의 외(外)자의 반대말인 내(內)를 쓰지 않고 土와 통하는 중(中)자를 쓴 것이다. 결론적으로 하도에는 동서남북과 중앙이 있으므로 하도는 오행을 모두 구비하고 스스로 기운을 일으키는 생명체를 말하고 있다. 그러므로 土를 3이 아니라 생명의 완성과 그 운행을 뜻하는 자리인 5에 놓은 것이다. 이렇게 본다면 하도의 숫자는 오행이 탄생한 순서를 나타내는 것이 아니고 오행이 탄생한 후에 어떤 원리로 운행하는지를 보여주는 그림이라고 봐야 할 것 같다. (오행/삼재가 탄생하는 순서는 빅뱅에서 가장 먼저 힘/에너지가 나타나므로 火가 1이 될 것이다.)
　그러면 12345만 있으면 됐지 왜 678910까지 그려놓았을까? 그것은 土가 木火金水의 중재자가 되어(1+5=6, 2+5=7, 3+5=8, 4+5=9) 각 오행을 음양혼합체로 만들어줘서(홀수는 양이고 짝수는 음이다.[7]) 이들이 현실세계에서 안정적으로 존재하게 만들어주는 것이고, 최후에 5+5=10으로 자신도 변화시키는 것이다.

하도에서 보다시피 고대동양에서는 水가 근본이 된다는 것을 알았고 근본이 기준이 되어야 하므로 水를 아래의 기준자리에 놓아서 세상을 보았다. 그러면 용(用)이 되는 남쪽이 위쪽에 있게 되는 것이다. 이렇게 세상을 봐야 하는 이유는 水가 근본이 되므로 기준으로 삼아야 한다고 말해도 충분하지만 좀 더 부연하자면, 水인 북쪽은 해가 져버린 한밤중이므로 어두운 곳이고 색으로는 검은색이다. 반면 火인 남쪽은 해가 중천에 떠있는 대낮이므로 밝은 곳이고 색으로는 붉은색이다. 자 그러면 고대동양의 시각처럼 어두운 곳에서 밝은 곳을 본다고 치자. 그러면 시간이 지나면서 동공이 확장되어 주위의 어두운 곳도 볼 수 있을 것이고 반대편에 있는 밝은 곳은 아주 선명하게 볼 수 있을 것이다. 그러면 (백인의 시각으로) 밝은 곳에서 어두운 곳을 보면 어떨까? 밝은 곳만 볼 수 있을 뿐 어두운 곳은 전혀 볼 수 없다. 볼 수 없어서 그곳에 무엇이 있는지 알 수 없으니 두려워서 어두운 곳을 악마의 소굴에 비유하거나 지옥에 비유하는 것이다. 어두운 곳은 모든 陽이 수렴된 곳으로 다시 생명이 잉태되는 공간이지 악마가 있는 곳이 아니다. 이것이 근본을 기준으로 세상을 보는 것과 말단을 기준으로 보는 것의 차이이다. (이렇게 관점이 갈리게 된 근본적인 이유는 바로 황인과 백인의 장부강약 때문이다. 이것에 대해서는 뒤에 서술한다.)

그러면 이 五行은 자연의 이치를 설명하는데 적합한 도구일까? 저자도 동양학을 배우기 시작한 몇 년 동안은 이 오행개념이 한의학과 동양학 분야에서 너무 광범위하게 쓰이고 있어서 아무런 의심 없이 받아들였다. 그런데 삼재사상이 좀 더 근본적인 것이 아닌가하는 생각이 들기 시작한 때부터 과연 삼재와 오행 중 어느 것이 더 과학적 발견들과 일치하는지 따져보게 되었고 시간이 지날수록 삼재사상이 과학지식에 더 근접한다고 생각하게 되었다. 왜냐하면 오행도 우주를 이해하는 좋은 방법론을 제공하기는 하지만 과학지식과 일치하지 않는 부분

---

7) 이를 가장 명확히 보여주는 것은 원자 속의 전자라고 할 수 있겠다. 원자는 물질을 이루는 기본단위이므로 원자 내의 모습은 자연을 이루는 기본적인 모습이라고 할 수 있을 것이다. 그런데 전자의 오비탈에는 2개의 전자가 들어갈 수 있는데 1개만 있을 때는 전자가 불안정하여 다른 전자와 결합하여 쌍을 이루려 한다. 그래서 홀수의 대표인 1은 불안정하여 陽에 속하고 쌍을 이룬 2는 안정적이어서 陰에 속한다.

이 있었고 아직도 그 해답을 찾지 못하고 있기 때문이다.

　그럼 오행의 어떤 것이 과학적 사실과 일치하지 않는지 살펴보자. 쉽게 예로 들 수 있는 것이 빛 또는 색깔이다. 색깔은 오행에 다음과 같이 배속된다. 靑(木) 赤(火) 黃(土) 白(金) 黑(水). 그리고 빛의 주파수에 따른 에너지는 E=hf(h는 플랑크 상수. f는 주파수)가 된다. h는 상수이므로 주파수가 높을수록 그 빛이 가진 에너지, 즉 陽이 크다는 뜻이 된다.

| 주파수(THz) | 빛 | 오행 |
|---|---|---|
| 400~484 | 빨강(赤) | 火 |
| 484~508 | 주황 | |
| 508~526 | 노랑(黃) | 土 |
| 526~606 | 초록 | |
| 606~630 | 청록 | |
| 631~668 | 파랑(靑) | 木 |
| 668~789 | 보라 | |

　표에 따르면 에너지가 "빨강(火)<노랑(土)<파랑(木)"이 되는데, 오행이론에 따르면 土는 중성이므로 양적인 木火보다는 양기가 낮고, 木은 火보다 낮으므로 土<木<火가 되어야 한다. 하지만 보다시피 두 결과는 일치하지 않는다. 하지만 이때 오행은 색깔을 말하고 E=hf는 빛을 말하므로 틀린 것이 아니냐고 반문할 수 있으므로 색깔을 따질 수 있는 것을 찾아보면, 별의 색에 따른 표면온도로 비교할 수 있다.

| 표면온도(℃) | 별의 색깔 | 오행 |
|---|---|---|
| 3500 이하 | 빨강색(赤) | 火 |
| 3500~5000 | 주황색 | |
| 5000~6000 | 노랑색(黃) | 土 |
| 6000~7500 | 황백색 | |
| 7500~10000 | 흰색(白) | 金 |
| 10000~30000 | 청백색 | |
| 30000 이상 | 파랑색(靑) | 木 |

색도 빛과 마찬가지로 "빨강(火)<노랑(土)<흰(金)<파랑(木)" 순으로 오행과는 동떨어진 결론이 나온다.

[빛의 삼원색]

[색의 삼원색]

그러면 삼재이론은 어떤가? 정말 간단하게도 빛의 삼원색은 빨강(R)/초록(G)/파랑(B)이고, 색의 삼원색은 마젠타색(Magenta)/노란색(Yellow)/사이안색(Cyan)인데 이 색들은 빛의 삼원색의 조합으로 만들 수 있다. 즉

　마젠타색(Magenta) = 빨강(R) + 파랑(B)

　노란색(Yellow) = 빨강(R) + 초록(G)

　사이안색(Cyan) = 초록(G) + 파랑(B)

빛의 3원색을 이리저리 갖가지 비율로 섞으면 수많은 빛을 만들어낼 수 있고, 색의 3원색을 이리저리 갖가지 비율로 섞으면 수많은 색깔을 만들어낼 수 있다. 그러니 빛과 색은 삼재로 구성되어 있다고 설명할 수 있는 것이다.

빛은 이 우주에서 기준과 같은 것이다. 자연의 속도한계이자 시간과 공간을, 질량과 에너지를 이어주는 개념으로 상대성이론의 기본상수이기 때문이다. 상대성이론에 의하면 어떤 물질도 빛보다 빠를 수 없으며, 관측자의 운동이나 광원의 운동과 무관하게 빛의 속도는 일정하다. 그래서 빛의 속도를 c(constant, 일정한)라고 쓰는 것이다. 우주를 설명하겠다는 논리체계가 그 우주의 기본이 되는 것마저 제대로 설명하지 못한다면 그 논리체계가 옳다고 할 수 있겠는가?

이제 C/H/O/N/Fe를 오행에 배속할 수 있다는 것을 알았으니 앞에서 설명한 3대 영양소를 원소수준에서도 앞에 설명한 것과 동일하게 구분되는지 추가적으로 한번 알아보자.

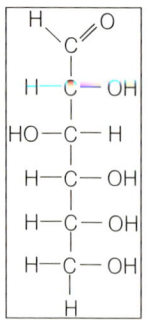
[탄수화물의 가장 간단한 형태인 단당류에 해당하는 포도당의 분자구조식이다.]

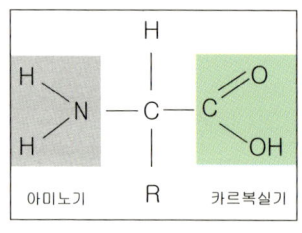
[단백질은 20여 가지 아미노산이 여러 배열로 결합해서 만들어지는데 아미노산의 일반적인 구조는 아미노기에 카르복실기가 결합되어 있는 형태이다. 가장 간단한 아미노산인 글리신의 경우, R에 수소원자가 있는 형태이다.]

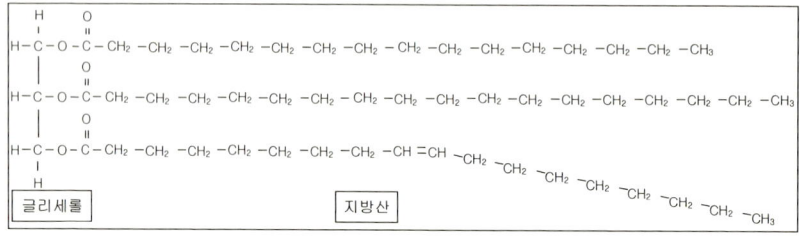
[지방은 지방산과 글리세롤이 결합하여 이뤄지는데 3개의 글리세롤 수산기에 탈수반응에 의해 3개의 지방산이 결합된 형태이다.]

탄수화물의 가장 간단한 형태인 포도당과 가장 간단한 아미노산인 글리신 그리고 지방을 구성하는 원소들을 세어보면 다음 표와 같다. O(산소) C(탄소) H(수소) N(질소)

|  | 탄수화물(포도당) | | | 단백질(글리신) | | | | 지방 | | |
|---|---|---|---|---|---|---|---|---|---|---|
|  | O | C | H | O | C | H | N | O | C | H |
|  | 6 | 6 | 12 | 2 | 2 | 5 | 1 | 6 | 55 | 104 |
| 'H=1' | 0.5 | 0.5 | 1 | 0.4 | 0.4 | 1 | 0.2 | 0.06 | 0.53 | 1 |
| 'O=1' | 1 | 1 | 2 | 1 | 1 | 2.5 | 0.5 | 1 | 9.2 | 17.3 |

앞에서 알아봤듯이 수소는 水에 속하고, 산소는 火, 탄소는 土, 질소는 木에 속한다. 이를 기준으로 포도당/글리신/지방의 원소수를 H(水)를 기준으로 계산해보면 탄수화물의 火(산소)가 가장 많고 지방의 火가 가장 적다. 그리고 O(火)를 기준으로 구해 봐도 지방의 水가 압도적으로 큰 것을 알 수 있다. 따라서 탄수화물은 火에 속하고 지방은 水에 속한다고 생각할 수 있다. 그러면 단백질은 土에 속하게 되는데 O에 치우치지도 H에 치우치지도 않기 때문이다.

그리고 영양소들의 결합물들을 보면 지방에는 CH만 있고 탄수화물에는 OH만 있으며 단백질에는 CH류와 OH류가 섞여 있다. 이것은 우주에서 가장 근원적인 원소인 H를 이용함에 있어 탄수화물은 火(O)로 水(H)를 끌어올려 사용하고, 지방은 土(C)로 水(H)를 가두어 이용하며, 단백질은 그 중간에 위치한다는 것을 말해준다. 이것을 보더라도 탄수화물은 火에 해당하고, 지방은 水, 단백질은 土에 속한다고 할 수 있다.

# 역(易)

易은 '바꿀 역'이다.

음양이 삼재로 포개지면 변화속도가 급속히 빨라진다.
이를 산수적으로 표현하면 '음양+삼재=易'이라고 할 수 있다.

易은 불교의 諸行無常과 그 뜻이 통하는데
그에 더해 無常(chaos)한 가운데 常(cosmos)한 원리가 있으며
그 원리는 곧 음양삼재라고 갈파하는 참 멋있는 책이다.

## 4. 역(易)

　지금까지 2인 陰陽과 3인 삼재(三才)를 설명했으므로 1인 태극(太極)을 말할 수 있는 단계에 도달했다. 이 태극이라는 말은 공자의 계사전[8]에 다음과 같은 문장으로 처음 나온다.

　易有太極 是生兩儀 兩儀生四象 四象生八卦
(그러므로 역에 태극이 있고, 태극이 양의를 내고, 양의가 사상을 내고, 사상이 8괘를 낸다.)

　이와 같이 태극을 설명하려면 易에 대해서 알아야 하므로 먼저 易이란 것이 무엇인지 알아보자. 易은 도마뱀의 모습을 본 뜬 상형문자이다. 하루에도 몇 번이고 몸색깔을 바꾸는 도마뱀을 빌어 "변화"라는 의미를 표현한 것이다. 한시도 가만히 있지 않고 변하는 것이 우주의 운동이고 그 운동의 법칙을 괘(卦)라는 수단으로 표현하고, (점을 친) 지금의 상황은 그 우주변화의 물결 중에서 어떤 상황에 있는 것인지를 괘와 글로 표현해준 책이다.

　역의 구성을 살펴보면 ①먼저 괘(卦)가 있고 ②그 괘에 대한 해설인 괘사(卦辭)가 있고(문왕이 지었다고 한다.) ③괘를 이루는 6개의 효(爻)에 대한 설명인 효사가 있고(문왕의 아들인 주공이 지었다고 한다.) ④괘와 괘사, 효사에 대해 공자가 부연 설명한 십익(十翼)이 있다. 이것을 64괘 중에서 둔괘(屯卦)로 설명해 보겠다.

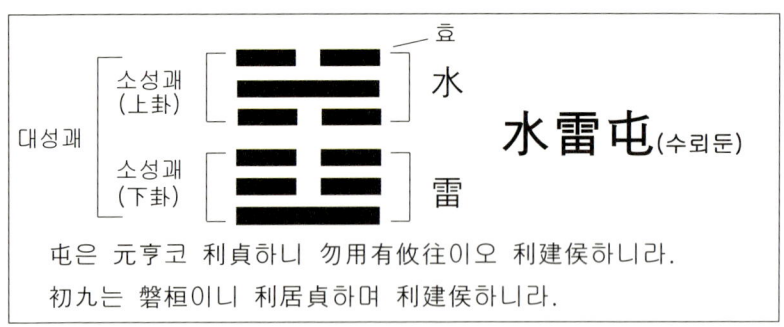

---

8) 주역(周易)에 대한 주석서로 십익(十翼)이 있는데 십익은 말 그대로 '주역을 이해하는 데 도움을 주는 10개의 날개'라는 뜻이다. 그 십익 가운데 한 권이 계사전이다. 이 십익을 공자가 지었다고 하는데 하도를 보고 복희가 易을 만들었다는 말과 비슷하게 그다지 신빙성 있는 얘기는 아니다.

이 괘의 이름은 "둔(屯)"인데 그냥 둔이라 읽지 않고 둔괘를 이루는 요소인 수괘와 뢰괘를 같이 읽어준다. 그래서 수뢰둔이라고 이름만 읽어도 둔괘가 어떻게 구성되어 있는지를 알 수 있게 된다.

"屯은 元亨코 ~ 利建侯하니라." 이 부분이 괘사이다.

"初九는 磐桓이니 ~ 利建侯하니라." 이 부분은 효사이다.

여기까지의 내용은 그냥 '아 주역이 이렇게 구성되어 있구나'하는 감만 잡는 것으로 충분하다. 이해가 안 되면 그냥 건너뛰어도 무방하다. 그러면 괘가 어떻게 만들어지는지 처음부터 알아보도록 하자.

[태극에서 8괘가 나오는 순서를 보여주는 그림이다. 즉 易有太極 是生兩儀 兩儀生四象 四象生八卦를 도식화한 것이다.]

(점을 치는 방법은 복잡하므로 생략한다.) 점을 치고 陽을 얻으면 "─"으로 표시하고, 陰을 얻으면 "--"으로 표시한다. ─은 선이 1개이고 --은 선이 2개이다, 앞에서 설명했듯이 전자궤도에는 2개의 전자가 들어갈 수 있는데 이것은 짝수인 2개가 있으면 안정된다는 것을 의미하고, 안정된다는 것은 구심적으로 핵 주변인 궤도 내를 벗어나지 않고 운행한다는 것이므로 짝수는 음에 해당한다. 전자궤도에 2개씩 채우다 남는 1개의 전자는 자유전자가 되어 원자핵을 벗어나 돌아다니며 전류를 만들 수 있으니 원자핵으로부터 원심적으로 멀어지므로 홀수는 양에 해당한다. 이 하나의 양획 또는 음획을 효(爻)라고 하고 맨 처음 나온

효를 초효(初爻)라고 한다. 그리고 점을 쳐서 나올 수 있는 경우의 수가 음효와 양효 2개가 있으므로 양의(兩儀)라고 한다. 양의가 나오기 전, 그러니까 점을 치기 전 상태를 태극(太極)이라고 하는데 이것의 의미는 뒤에서 설명하기로 한다. 효 1개가 나온 상태에서 다시 한번 더 점을 치게 되면 또 다시 양효 또는 음효를 얻게 되고 그 효를 이미 나온 효의 위에(동양학에서는 근본을 기준으로 시작한다. 6층 건물의 근본은 1층이므로 아래에서부터 획을 긋는 것이다.) 그리게 된다. 이것은 이효(二爻)가 된다. 그 경우의 수가 4개가 되니 사상(四象)이라고 이름한다. 또 다시 점을 쳐서 나온 효를 이미 나온 사상 위에 긋게 되면[삼효(三爻)가 되겠다.] 경우의 수가 8이 되니 이를 8괘(八卦)라고 한다. 이 8괘를 소성괘(小成卦)라고 하고 위와 같은 방법으로 점을 3번 더 쳐서 소성괘(즉 下卦)에 효를 3개 더 긋게 되면, 경우의 수가 64개가 되니 64괘라고 하고 대성괘(大成卦)라고도 한다. 이 대성괘가 최종적인 괘가 되겠다.

● 사상(四象. 4가지 형상)

그러면 다시 사상(四象)에 대해서 설명해보겠다. 효를 얻는 과정을 2번 하게 되면 2개의 효를 얻게 되고 총 2x2=4개의 경우의 수가 있으니 이를 사상이라고 한다.

▬▬ [태양(太陽)] : 이 상(象)의 이름을 태양(太陽)이라 지었는데 처음에 양이 나와서 밑에 있는 양획을 그었고 또 양이 나와서 위에 양획을 더한 모양인데, 양이 너무 커서(太) 태양이다. 그러나 양이 극한으로 치달은 여름이 시간이 가면 결국 양이 음으로 변하면서 가을이 되듯이 태양 뒤에는 소음이 올 것임을 짐작할 수 있다.

▬ ▬ [소음(少陰)] : 처음에는 양이 나왔으나 다음에는 음이 나왔다. 음이 이제 막 나왔으니 음이 어려서(少) 소음(少陰)이라 이름 지었다.

▬ ▬ [태음(太陰)] : 처음에 음이 나왔는데 또 다시 음이 나와서 음이 너무 커서(太) 太陰이다. 음이 극한으로 치달은 겨울도 시간이 가면 결국 음이 양으로 변하면서 봄이 되듯이 태음 뒤에는 소양이 올 것임을 알 수 있다.

▬ ▬ [소양(少陽)] : 처음에는 음이 나왔으나 다음에는 양이 나왔다. 양이 이

제 막 나왔으니 양이 어려서(少) 소양(少陽)이라 이름 지었다.

●8괘(八卦)

각 효에는 음양이라는 2가지 경우의 수가 있고 이를 3번 하게 되면 2x2x2=8, 총 8가지의 경우의 수가 있게 되므로 결국 8종류의 괘가 만들어질 수 있으니 8괘라고 한다. 획이 3개 그어진 8괘에 이르러서야 괘(卦)라는 말을 쓰게 되고, 이 8괘를 소성괘라고도 한다. 卦(걸 괘)라는 것은 "우주의 이치가 걸려 있다"라는 의미를 가진 것이고, 小成(작게 이루다)이라고 한 것은 이 3개의 효로 이뤄진 것도 나름의 의미를 갖지만 아직 미완이라는 의미를 가지고 있다.

| 일건천<br>一乾天 | 이태택<br>二兌澤 | 삼리화<br>三離火 | 사진뢰<br>四震雷 | 오손풍<br>五巽風 | 육감수<br>六坎水 | 칠간산<br>七艮山 | 팔곤지<br>八坤地 |
|---|---|---|---|---|---|---|---|
| ☰ | ☱ | ☲ | ☳ | ☴ | ☵ | ☶ | ☷ |

맨 앞의 一二三四五六七八은 괘가 나온 순서를 말한다.
그 다음 나오는 건태이진손감간곤(乾兌離震巽坎艮坤)은 괘의 이름, 즉 괘명(卦名)이다.
그 다음 나오는 천택화뢰풍수산지(天澤火雷風水山地)는 이 괘가 의미하는 것과 가장 가까운 자연현상을 써놓았다.
그러면 이 괘들이 갖는 의미에 대해 하나씩 알아보도록 하자.

1. 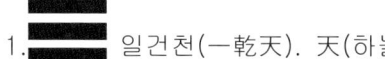 일건천(一乾天). 天(하늘 천)

3개의 효가 모두 양이니 이 괘가 의미하는 것은 양이 가장 극성한 것일 것이다. 이 지구에서 양이 가장 극성한 것은 원심성이 가장 큰 것일 테고 그러면 지구질량중심에서 가장 먼 곳에 있는 것, 바로 기체로 이루어진 하늘이라는 것이 이 괘의 의미라고 할 수 있다. 이 괘는 하늘이 온통 양에 속하는 기체로 이루어져 있다는 것을 나타낸다. 고체인 지구의 땅에 대비해서 말하자면 기체라는 것이지 항상 기체라는 것이 아니다. 요지는 상대와 비교했을 때 밀도가 작다는 것이다. 높은 고도의 하늘도 기체(三爻)요, 중간 고도의 하늘도 기체(二爻)요, 낮은 고도의 하늘도 기체(一爻-初爻)니는 것을 나타낸다.

이 괘라는 것을 너무 어렵게 생각할 필요가 없다. 왜냐하면 괘는 우리가 보는 자연현상을 그대로 그려놓은 것이기 때문이다. 즉 효가 그려진 것과 같이 삼효는 가장 높고 일효는 가장 낮은 곳의 상황을 나타낸다. 항상 고식적으로 이렇지는 않지만 대부분 이 범주를 크게 벗어나진 않는다. 그러므로 이후의 괘들도 이런 식으로 해석하게 될 것이다.

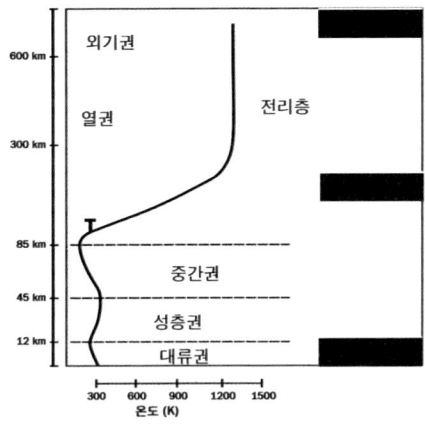

[대기권의 높이와 온도. 높은 고도의 하늘도 기체, 중간 고도의 하늘도 기체, 낮은 고도의 하늘도 기체로 이루어져 있으므로 모두 양으로 표현할 수 있다.]

그렇다면 정확히 어디까지가 하늘에 해당한다는 것일까? 이에 대한 답은 다음에 나오는 태괘(兌卦)와 진괘(震卦)를 서로 비교하면서 궁리하면 좀 더 정확히 알 수 있지만 건괘에서 하늘은 기체(밀도가 상대적으로 작은 것)로 이뤄져 있다고 말한 것으로 미루어 본다면 대기가 있는 곳까지가 하늘에 해당한다고 말할 수 있겠다.

대기권은 대류권/성층권/중간권/열권으로 나뉘고, 대류권에서는 올라갈수록 대기온도가 낮아지다가, 성층권에서는 오존 때문에 올라갈수록 온도가 높아진다. 중간권에서는 성층권 복사열의 감소로 인하여 다시 하강하다가, 열권에서는 온도가 다시 증가해서 1000℃를 초과하게 된다. 성층권에서는 올라갈수록 온도가 높아지므로 성층권의 아래에는 밀도가 높은 공기가 존재하고 위에는 밀도가 낮은 공기가 존재하게 되어 대류가 일어나기 힘들다. 따라서 고도가 증가할수록 온도가 낮아지는 대류권에서만 대류현상이 일어나며 그 결과 여러 기상현상이 나타나게 된다. 그리고 대기의 질량분포는 대류권이 약 80%, 성층권이 19.9%로서 두 층의 합이 지구대기 총질량의 99.9%를 차지한다. 이를 바탕으로 말한다면 공기는 중간권/열권에도 아주 약간 존재하므로 하늘은 열권까지라고 생각할 수 있는데 과연 그럴는지는 진괘까지 살펴 본 후 다시 결론내리도록 하자.

2. ☱ 이태택(二兌澤). 澤(못 택)

택(澤)을 사전에서 찾아보면 못, 습기, 땀, 비비다, 윤이 나다와 같은 뜻이 있다. 이 말들에는 공통점이 있는데 '표면으로 수분이 드러나는 현상'을 지칭한다는 것이다. 여기서 못은 인공적으로 만든 연못이 아니라 물이 솟는 샘을 말하며, 더 정확히 말하자면 지구내부의 열과 압력에 의해 물이 가열가압 되어 지표로 상승하면서 만들어진 연못을 말한다. 손을 비비면 열이 나면서 손바닥에 땀이 베어들게 되고 그 결과 손바닥에 윤이 나게 되듯이, 물은 중력에 의해 潤下(밑으로 미끄러져 내려감)해야 하는데도 불구하고 깊은 산 속 옹달샘에서 물이 퐁퐁 솟는 이유는 그 물을 위로 미는 힘이 존재하기 때문이다.

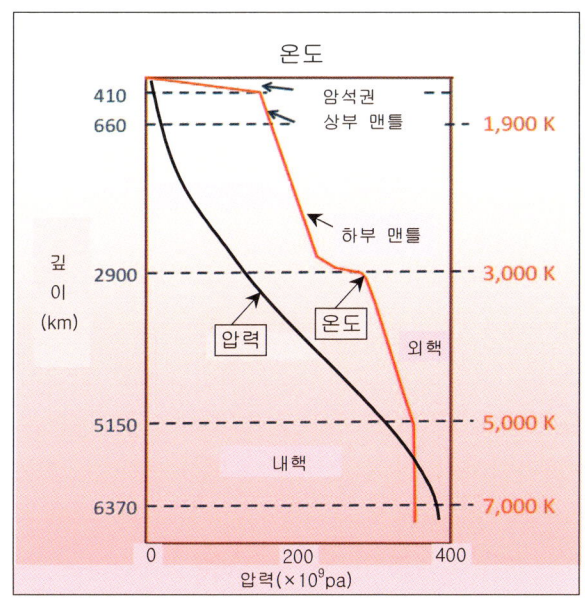

[지구 내부의 온도와 압력. 이 고온고압이 중력방향으로 내려오려는 물을 위로 밀어 올린다.]

보통 샘물이 솟는 이유를 설명할 때는 방수구의 높이보다 지하수가 쌓이는 고점이 높기 때문이라고 설명한다. 하지만 태괘(兌卦)에서는 물(三爻)이 위로 솟는 것은 양효(陽爻)인 초효와 이효, 즉 열(熱)과 압력 때문이라고 말하고 있다. 땅속으로 들어가면 들어갈수록 온도와 압력은 상승한다. 지구내부에서 올라오는 열기는 대기로 쉽게 방출되지 못해서 쌓이고, 방사선물질과 마그마가 방출하는 에너지들도 쌓이면서 온도는 상승한다. 그리고 사방이 막힌 공간에 있는 물은 위에서 짓누르는 암석의 무게에 의한 지구중심방향의 음적인 힘을 받음과 동시에 작용과 반작용의 법칙에 의해 물을 지구원심방향으로 미는 같은 크기의 힘도 받으므로 물은 정지된 상태에 있게 된다. 그러다가 위쪽으로 방수구가 열리게 되면 원심적으로 작용하는 압력과 상승하려는 열기에 밀려 물은 상승하게 된다. 따라서 물(三爻)이 상승하는 것은 깊이에 따른 온도/압력(二爻初爻)에너지에 의한 것이라는 게 태괘(兌卦)의 의미이다. 이효는 낮은 깊이에서의 온도/압력을 말하고, 초효는 더 깊은 곳에서의 온도/압력을 말한다.

3.  삼리화(三離火). 火(불 화)

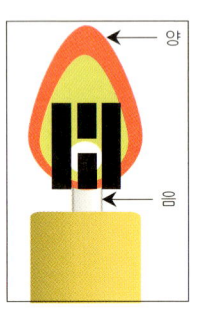

[촛불의 심지에서 타는 기름은 음으로, 밖으로 뻗어나가는 빛은 양으로 표현할 수 있다.]

리괘는 가운데에 음이 있고 위아래에 양이 있는 형태이다. 촛불을 보자. 바깥으로는 산소에 의해 발생한 빛(陽)이 광속으로 멀어지면서(離) 주위를 밝히지만 그 빛의 근원은 불꽃 안에 있는 심지를 타고 오르는 기름(앞에서 지방은 음에 속한다는 것을 설명했다.)이다. 따라서 초효와 삼효는 바깥에서 보이는 불빛을 말하고, 이효는 불속에 있는 기름을 말한다. 이 괘는 음양의 상호전화 중에서 음이 양으로 전화되는 것을 말하는 것이다. 즉 불이라는 양은 기름이라는 음이

형태를 바꾼 것이라는 사실을 말하고 있는 괘라는 것이다.

4. ☳ 사진뢰(四震雷). 雷(천둥 뢰)

　震은 '우레 진'으로 우레는 천둥을 말한다. 雷(뢰) 또한 천둥을 말한다. 그리고 번개는 電(번개 전)이라는 글자가 따로 있다. 하지만 천둥은 번개가 방전하면서 공기를 고온으로 과열시키므로 공기분자가 매우 빠르게 팽창하면서 만들어지는 소리로서 번개 없이는 흔히 만들어지지 않으므로 번개가 생성되는 원인 또한 진괘(震卦)의 의미에 포함된다고 볼 수 있다. 그러면 번개가 어떻게 만들어지는지 살펴보자.

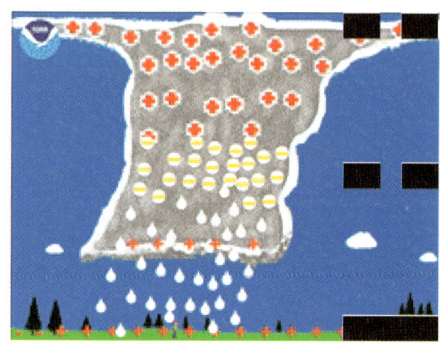

[번개가 치는 날의 하늘은 대기 중의 높은 자기장과 낮은 온도 그리고 높은 습도를 2개의 음효로 표현하고, 구름을 만들어주는 상승기류의 원인인 열에너지를 아래에 양으로 표현할 수 있다.]

　번개가 생성되려면 우선 상승기류가 있어야 하는데 보통 지표가 태양열로 덥혀지거나 전선 상의 온난공기의 상승 등이 원인이 되고 이것이 양인 초효(初爻)의 의미이다. 그리고 상승한다고 해도 습도가 높지 않으면 응결이 생기지 않고 번개도 생기지 않으므로 높은 습도가 있어야 하는데 이것이 음인 이효(二爻)의 의미이다. 이렇게 생성된 물방울이 0℃ 이하가 되는 고도로 상승하면 빙정(ice crystal)을 생성하게 되고, 더욱 상승하여 -15℃ 이하[이것이 삼효(三爻)의 의미이다.]가 되면 빙정에 '과냉각 물방울'이 합쳐져서 '싸라기눈(graupel)'이 된다. 이 싸라기눈이 하강하면서 빙정과 부딪치고 그 결과 싸라기눈은 전자를 얻어 -전하를 띠어 구름하부에 쌓이고, 빙정은 +전하를 띠어 구름상부에 쌓인다. 이렇게 구름상부에 많은 양의 양전하가 있고 하단부에 많은 양의 음전하가 쌓이면

(보통의 경우 이렇게 된다고 한다.) 하부의 음전하들이 구름과 지표 사이에 있는 공기분자들의 전자를 척력으로 밀어내서 전자와 양전하로 분리시키고, 더 나아가서 지표면까지 +전하로 유도한다. 그러면 구름하단의 전자분자들이 (보통) 지상 50m까지 빛을 내면서 천천히 지표의 +전하에 이끌려 내려오게 되고[이것을 선구낙뢰(leader)라고 한다.], 지표의 +전하가 내려온 전자에 이끌려 상승하면서 [이것을 귀환낙뢰(upward streamer)라고 한다.] -전하와 접합하게 된다.9) 이 연결된 경로를 따라 방전이 일어나면서 번개와 천둥이 발생하게 된다. 따라서 번개가 발생하기 위해서는 지표나 구름하부에서 상승기류(初爻)가 있고, 상부에 다량의 물분자(二爻)와 낮은 온도(三爻)가 존재해야 한다는 것이 진괘의 의미이다.

하지만 이 음효의 의미에 자기력(磁氣力) 또한 포함되어야 할 것이다. 구름 속에서 전하들이 분리되고 구름 속에 있는 전하들, 즉 陽인 전기를 땅으로 인도하는데 있어 陰인 자기력이 구심적으로 작용하는 것이 큰 역할을 한다는 것이다. 자기력은 전기의 흐름이 있으면 자동적으로 생겨나므로 플라즈마가 생기는 한 작용하지 않을 수는 없지만 만약 자기력이 작용하지 않는다면 구름 속의 전자는 전자의 원심성 때문에 하늘로 올라가거나 옆으로 흩어져 버릴 수 있다. 이것은 물이 없는 태양에서도 지구의 번개와 똑같은 자연현상인 플레어가 일어난다는 것을 생각해보면 잘 알 수 있다. 구름 속에서 전하를 띠는 것을 빙정과 싸라기눈의 충돌 때문인 것으로 이해하고 있는 것이나 구름 아래의 전자들이 지표면의 양전하에 이끌려 내려온다고 설명하는 것들이 사실 강한 자기장에 의한 것일 가능성이 농후하다는 말이다. 따라서 빙정과 싸라기눈이 있는 똑같은 상황에서 어떤 날엔 번개가 치고 어떤 날엔 번개가 안치는 이유는 그날의 자기력 때문일 것이라고 추측할 수 있다.

이제 하늘이 어디까지인가 하는 것에 대해 다시 생각해보자. 易이란 것은 자연의 운동변화를 괘로 표현한 것이다. 처음에는 괘라는 작대기만 있었는데 후에 여기에 여러 주석들을 붙여서 지금의 모습을 이루게 된 것인데 그 핵심은 괘 자

---

9) 위키백과의 'Lightning'에서 'Upward streamers' 항목에 나와 있는 동영상을 보면 이해가 쉽다.

체에 있다고 하겠다. 8괘의 하늘(天), 샘(澤), 불(火), 천둥(雷), 바람(風), 물(水), 산(山), 땅(地)들은 모두 자연물과 기상현상을 가지고 말하고 있다. 이것은 괘가 가지고 있는 뜻과 가장 비슷한 자연물이나 자연현상을 예로 들어준 것이지 괘와 이들이 바로 동격이라는 말은 아니다. 다만 지구는 우주의 이치와 아주 유사하게 운행되는 행성이므로 그 자연현상 또한 괘의 함의를 대변하기에 부족함이 없는 것들이라는 뜻으로 풀이할 수 있다. 이런 면에서 본다면 번개나 바람 같은 기상현상이 일어나는 무대가 하늘이고 기상현상은 대류권에서만 일어나므로 대류권이 하늘에 해당한다고 할 수 있다. 하지만 말했다시피 바람이나 번개는 이 괘의 의미와 비슷한 자연현상을 말하는 것일 뿐이지 그 괘의 진정한 의미는 아니다. 예컨대 진괘(震卦)의 의미는 아래에(初爻) 에너지가 축적되어 있고 위에(二爻/三爻) 수분과 저온상태 같은 陰이 두텁게 쌓여 있을 경우에는 陽인 에너지는 원심성에 의해 상승하려 하고 음은 구심성으로 하강하려 하는데 그 음이 양보다 더 두터울 경우를 나타내는 괘이다. 그럴 경우 나타나는 현상 중의 하나가 번개라고 하나의 예를 들어준 것이라 할 수 있겠다. 번개는 하나의 예일 뿐이므로 하늘 또한 대류권으로 한정지을 수는 없으며, 따라서 건괘(乾卦)의 의미는 가장 양적인 기체가 중력에 의해 층층이 쌓여 있는 모습을 나타내고 지구중력에 의해 기체기 쌓여있는 공간이 대기권이므로 열권까지가 하늘에 해당한다고 볼 수 있다. 이를 장(場)개념으로 더욱 확장하면, 하늘을 구성하는 것은 기체이지만 이 기체의 배열을 결정하는 것은 기체들이 압축된 고체의 중력이다. 중력이 하늘을 결정하는 근원이라는 의미에서 고체의 중력이 작용하는 범위까지가 하늘에 해당한다고 볼 수 있다. 그렇다면 지구중력이 작용하는 범위는 이론상 무한대이므로 하늘 또한 무한하다고 할 수 있겠다.

5.　　　　오손풍(五巽風). 風(바람 풍)

　바람은 고기압에서 저기압 방향으로 공기가 이동하는 자연현상이므로 고기압이 생기든 저기압이 생기든 기압차가 생기기만 하면 바람은 부는 것인데, 이 손괘는 바람이 불어오는 근본이 되는 고기압이 어떻게 생기는지를 보여주는 괘이다.

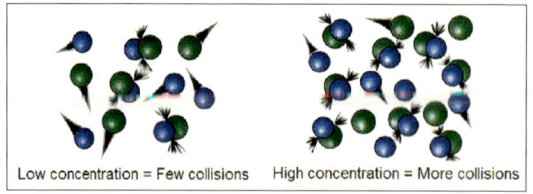

[좌측은 밀도가 낮은 높은 고도의 기체상태이고, 우측은 밀도가 높은 낮은 고도의 기체상태이다.]

기체는 자유롭게 움직이다가 주위에 있는 기체들과 부딪히면 튕겨져 나가고 다시 진행하다가 또 다시 부딪혀서 튕겨져 나가는 것을 반복한다. 그런 기체의 운동에너지는 $E_k=3/2*nRT$[n(몰수) R(기체상수) T(온도)]로 표현된다. 보다시피 운동에너지는 기체의 온도에 비례한다. 온도가 높아지면 운동에너지가 커지고 그러면 주변의 기체분자들과 더 격렬하게 부딪히면서 자신의 활동영역을 확장해 나간다. 그렇게 영역이 확장될수록 기압은 낮아진다. 왜냐하면 "기압=공기의 무게/면적[기압은 무게에 비례하므로 陰에 해당한다]"이기 때문이다. 따라서 가열된 기체들은 양인 에너지가 커지면서 음인 기압은 낮아져서 저기압이 되고, 냉각된 기체들은 양인 에너지가 낮아지면서 음인 기압은 높아져서 고기압이 된다.

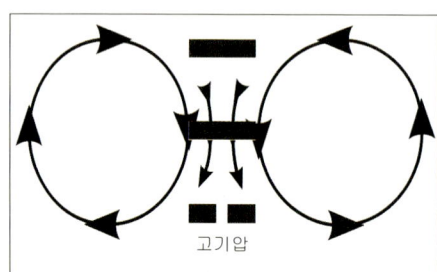

[고기압의 하부에는 공기분자들이 많이 쌓여 있어서 질량이 크므로 음으로 표현할 수 있다.]

여기서 고기압만을 떼어 보자. 상층부에는 가장 가벼운 기체가 있을 것이며 상층부에 축적된 공기의 무게 또한 가장 작으므로 陽인 삼효(三爻)를 나타낸다. 중간부분은 상부보다 좀 더 무거운 기체들이 많을 것이고 상층부와 중간부분을 채운 공기 무게는 하층부보다는 가벼우므로 역시 양인 이효(二爻)를 나타낸다. 하층부분은 가장 무거운 기체가 많을 것이고 상층과 중간 그리고 하층부분을 모두 합한 무게는 가장 무거우므로 음인 초효(初爻)를 나타낸다. 천(天)과 의미가 비슷하지만 틀린 점은 건괘는 하늘이란 것은 기체가 층층이 쌓여있는 것이라는 뜻이고, 손괘는 바람이란 것은 기체 중에서 맨 밑에 있는 것이 가장 무거우며 그것이 흐르면서 바람이 된다는 뜻이다.

손괘는 뒤에 나오는 간괘와 상대되는 괘이다. 그러므로 간괘와 비교해서 보는 것이 이해하는데 도움이 될 것이다. 간괘와 상대되는 괘로서 다시 한번 손괘를 풀어보면 손괘 역시 간괘와 마찬가지로 하늘을 이루는 기체 역시 밀도가 큰 기체분자는 아래에 위치하고 밀도가 작은 기체분자는 위에 위치하는데 가장 밀도가 큰 기체분자가 가장 밑에 쌓이게 되고 그것이 바람이 된다는 것을 의미한다. 그러나 양은 음보다 변화가 빠르다. 산이 만들어지려면 수백만 년이 필요하지만 바람은 시도 때도 없이 불어댄다. 비록 중력에 의해 무거운 분자가 밑에 쌓이지만 땅과는 다르게 대류현상에 의해 기체는 쉽게 뒤섞인다. 가벼운 분자가 일시적으로 밑에 있을 수도 있게 된다. 그래서 풍(風)에서는 초효가 반드시 간괘와 상대되게 '무거운 기체분자'라고 특정 지을 필요는 없다고 본다. 손괘가 말하고자 하는 것은 기체라는 양이 움직이는 원인은 질량에 작용하는 힘, 즉 음인 중력에 있다는 것이다. 중력(무게)이 무거운 것이 (옆으로) 가벼운 것들이 있는 곳으로 밀려들어가는 것이 바람이라는 것이다.

6.  육감수(六坎水). 水(물 수)

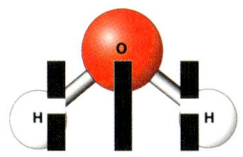

[물분자의 수소원자는 음으로, 산소원자는 양으로 표현할 수 있다.]

불이란 물질이 산소와 결합하여 연소하는 현상이므로 불을 일으키는 원인이 되는 산소는 陽인 火에 배속할 수 있다. 수소는 빅뱅 이후 가장 먼저 생겨난 원소이므로 陰인 水에 해당한다. 그러므로 감괘(坎卦)는 중앙에 산소원자가 자리 잡고(二爻) 그 양 옆에 수소원자가 결합하고(初爻/三爻) 있는 모습을 나타낸 것이라고 말할 수 있다. 물의 구조가 곧 감괘의 체현(體現)인 것이다. 이 괘는 음양의 상호전화 중에서 양이 음으로 전화되는 것을 말하는 것이다. 즉 물이라는 음은 산소라는 양이 형태를 바꾼 것이라는 사실을 말하고 있는 괘라는 것이다.

7. 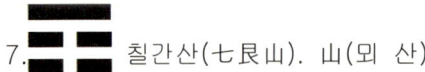 칠간산(七艮山). 山(뫼 산)

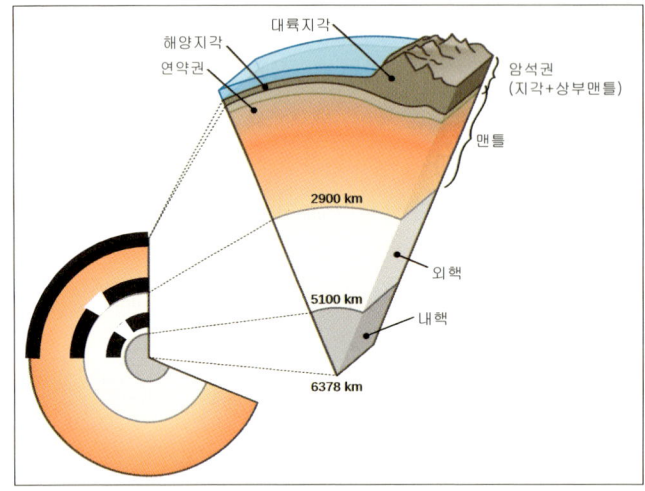

[산은 지구내부구조 중에서 가장 가벼우므로 양으로, 맨틀과 핵은 무거우므로 음으로 표현할 수 있다.]

|  | 주요구성성분 | 밀도(g/cm$^3$) |
|---|---|---|
| 대륙지각 | 화강암 | 2.7 |
| 해양지각 | 현무암 | 2.9 |
| 맨틀 | 감람암 | 3.4(상부)~5.6(하부) |
| 외핵 | 액체상태의 철과 니켈 | 9.9~12.2 |
| 내핵 | 고체상태의 철과 니켈 | 12.8~13.1 |
| 중심 | 귀금속 |  |

이 괘의 의미는 초기 지구가 겪은 "행성분화(지구내부가 내핵/외핵/맨틀/지각으로 분리된 것)"과정과 상통한다. 원시지구의 주성분은 규산염광물(현재의 맨틀과 지각의 주성분)과 금속물(현재의 외핵과 내핵의 주성분)이었다. 질량은 음에 속하여 속성상 구심적으로 모이게 되고 그 결과 중심부의 압력이 높아지게 되고 온도가 상승한다. 원시지구내부에서 반감기가 짧은 방사성원소가 다량의 에너지를 내면서 규산염광물과 금속물을 녹이게 되었고, 밀도가 높은 금속물들은 중심부로 이동하게 되고 가벼운 규산염광물들은 표면으로 떠오르게 된다. 그래서 밀도는 내핵>외핵>맨틀>지각 순으로 형성된다. 예컨대 상부맨틀을 이루는 감람암

이 녹으면 무거운 것은 가라앉고 가벼운 물질들만 굳어서 감람암보다 가벼운 현무암이 되어 맨틀 위의 해양지각을 이루게 되고, 이 현무암이 녹으면 그 구성분 중 무거운 것은 가라앉고 가벼운 물질들만 굳어서 현무암보다 가벼운 화강암이 되어 해양지각 위의 대륙지각을 이루게 되고, 이 화강암은 녹았다 굳어도 더 이상 성분이 분해되지 않기 때문에 최종결과물이 된다.10) 지구구성 고체 중에서 산을 이루는 가장 가벼운 화강암을 陽인 삼효(三爻)로 표현하고, 그 다음 맨틀과 해양지각을 이루는 감람암/현무암을 음인 이효(二爻)로 표현하고, 가장 무거워서 가장 깊은 곳에 있는 금속류를 초효(初爻)로 표현한 것이 간괘(艮卦)의 모습이다.

여자들이 귀금속을 좋아하는 이유를 여기서 알 수 있다. 여자는 양이 적고 음이 많은 존재이다. 그러므로 같은 음끼리 서로 마음이 맞는 것이다. 주파수가 맞는다고 말하는 것이 더 정확한 표현이 될 것이다. 왜냐하면 파동이라는 것이 陽인 에너지만의 속성이 아니라 陰인 물질에도 모두 물질파가 있기 때문이다. 지구중심에 있을 만큼 귀금속은 금속 중에서 가장 음적인 물질이므로 같은 음물(陰物)인 여자와 공명하므로 서로 끌리는 것이다.

8. ☷ 팔곤지(八坤地). 地(땅 지)

3개의 효가 모두 음이니 이 괘가 의미하는 것은 음이 가장 극성한 것일 것이다. 이 지구에서 음이 가장 극성한 것은 구심성이 가장 큰 것일 테고 그렇다면 지구질량중심과 가장 가까운 곳에 있는 것, 바로 고체로 이루어진 땅이 곤괘(坤卦)의 의미와 일치한다. 얕은 땅속도 음인 고체로 되어 있고(三爻), 좀 더 깊은 땅속도 음인 고체로 되어 있으며(二爻), 아주 깊은 땅속도 음인 고체로 되어 있다(初爻)는 것이 곤괘의 의미이다. 건괘에서 설명했듯이 지구에서는 고체이지만

---

10) 이 말은 화강암은 지구내부와 직접 연결되어 있다는 말이다. 이로부터 퇴적암은 화강암과 달리 지구내부와 직접 연결되어 있지 않은 것이라는 사실을 유추할 수 있다. 그러므로 화강암지역이 퇴적암지역보다 지구내부에서 올라오는 기가 센 것이며, 이 지구상에서 가장 약효가 좋은 기약(氣藥)인 인삼이 나는 충청도에서 하나의 화강암으로 되어 있다는 계룡산이 그래서 세계최고의 기를 자랑하고 있는 것이며 따라서 도통(道通)하기 쉬운 곳이라는 것을 알 수 있다.

다른 행성/항성의 중심부는 높은 온도와 압력 때문에 고체가 아니라 기체/액체 상태로 존재할 수 있다. 따라서 고체라고 말하는 것은 밀도가 큰 물질이라는 의미이다.

● 64괘

　효를 얻는 과정을 6번 하게 되면 6개의 효를 얻게 되는데 이를 대성괘라고 하고, 총 64개의 다른 모양이 나올 수 있으니 64괘라고도 한다. 이 64괘를 얻은 후에야 점괘를 볼 수 있는데 어떤 괘사나 효사로 점풀이를 할 것인가는 또 복잡한 절차를 거쳐 정해지는데 이보다 중요한 것은 64괘에 이르러서야 비로소 점괘를 볼 수 있다는 사실이다. 64괘가 우주의 이치를 설명할 수 있는 도구가 될 수 있다는 말은 64괘가 우주의 (변화하는) 모습을 나타낸다는 말이 된다. 그러면 64괘의 구조를 알아보자. 수뢰둔괘를 예로 들어보면

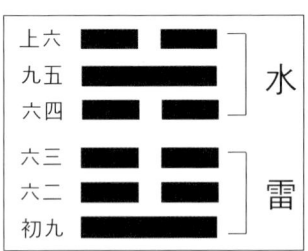

[효를 읽을 때는 기준이 되는 밑에서부터 위로 "初九 六二 六三 六四 九五 上六"이라고 읽는다.]

　효를 읽는 방법은 양효(陽爻)에는 9를 붙이고, 음효(陰爻)에는 6을 붙이는데 9와 6이 변화를 상징하는 수이기 때문이다. 하도(河圖)에서 보다시피 복희는 1에서 10까지의 숫자로 자연변화의 원리를 설명해 놨는데, 1~5까지의 수가 먼저 방위를 정해서 자리를 잡으므로 생(生)하는 수라고 해서 '생수(生數)'라고 하고, 6~10까지의 수는 1~5까지의 수와 짝이 되어 오행이 완성되므로 성(成)하는 수라고 해서 '성수(成數)'라고 한다. [이것을 陽이 生하고 陰이 成한다고 하는데 여기서 생성(生成)이라는 단어가 나온 것이다.] 그래서 내적인 생수는 체(体)가 되고 외적인 성수는 용(用)이 되는데, 체가 되는 생수 중에서 양수인 1·3·5를 합한 9가 양을 대표하는 태양(太陽)의 수가 되고, 음수인 2·4를 합한 6이 음을 대표하는 태음(太陰)의 수가 된다. 그리고 주역은 변화를 말하는 책이므

로 변화의 수를 중시한다. 소양(少陽)은 양이 한창 자라나는 상태이므로 계속 양이 왕성할 것이지만 태양(太陽)은 양이 가득 찬 상태로서 달도 차면 기울듯이 태양의 단계를 지나면 음이 강해질 것을 짐작할 수 있다. 그러므로 태양에 양을 대표하는 9를 배속하고, 같은 이유로 태음에 6을 배속한다. 그리고 맨 아래 효에는 처음 초(初), 맨 위에는 윗 상(上)을 붙여서 읽는다. 그래서 수뢰둔괘의 효를 읽어보면 "初九 六二 六三 六四 九五 上六"이 된다.

그러면 이 대성괘의 구조는 어떤지 한번 살펴보자. 이 대성괘에 이르러 비로소 우주의 이치를 모두 포괄하고 있다고 하니 이 괘의 구조를 알아보는 것은 매우 중요하다 할 수 있다. 일단 3개의 효로 이뤄진 소성괘는 천인지(天人地) 삼재(三才)로 구성되어 있다. 그리고 대성괘는 소성괘에 소성괘를 위에 하나 더 얹진 형태로서 아래의 소성괘는 내괘(內卦), 위의 소성괘는 외괘(外卦)가 되어 내괘는 음에 속하고 외괘는 양에 속하므로 음양구조를 이루게 된다. 따라서 64괘인 대성괘는 결국 음양삼재(陰陽三才)구조로 되어 있다는 것을 알 수 있다.

그리고 여기서 눈여겨 볼 또 다른 점은 64괘에서 오행은 보이지 않는다는 것이다. 오행은 하도에서 보이지 易에서는 보이지 않는다. 후대에 오행으로 모든 것을 설명하려다 보니 견강부회식으로 오행에 易을 끼워 맞추려고 했는데 억지라고 할 수 있을 것이다. 왜냐하면 위에서 설명했듯이 易은 음양삼재구조로 되어 있으므로 오각형구조인 오행과는 쉽게 부합할 수 없는 것이다. 왜 이런 억지스런 주장을 하게 되었는지는 이 역을 누가 만들었고 후에 누가 중원역사를 차지했는지를 살펴보면 알 수 있다. (사실 삼재의 기원은 1만 년 이상의 역사를 가지고 있는 마고성이므로 주역의 근원은 주나라가 아니고 머나 먼 옛날일 것이다. 그리고 하은주의 시조 또한 동이족이므로 주문왕/주공도 동이족일 가능성이 농후하므로 중국인들의 바람대로 그냥 놔둬도 무방하기는 한다.)

易은 점서다. 점을 치고 점괘를 보는 책이었다. 중국고대국가 중에서 점을 많이 쳤다는 기록이 있는 국가는 은나라다. 그래서 은나라 유적지인 은허(殷墟)에서는 수만 점의 갑골문이 출토되었다. 그래서 저자는 역은 은나라에서 만든 것이고 은나라는 동이족이 세운 나라이므로 우리의 고유사상인 음양삼재사상으로 역을 만든 것이라고 생각한다. 하나라에는 연산(連山), 은나라에는 귀장(歸藏),

주나라에는 주역(周易)이 있었다는 말이 있으나 그리 신빙성 있는 말은 아닙니다. 그리고 괘사는 주나라 문왕이 지었고, 효사는 주나라 주공이 지었다는 것도 믿기 어려운 말인데 그러한 점괘(괘사와 효사)는 오랜 세월 동안 수많은 짐을 지면서 시행착오를 거쳐 만들어진 것이라고 생각하는 것이 자연스러운 것이고 혹 다른 원저자가 있는데 한족을 대표하는 주나라를 높이기 위해 문왕·주공을 차용한 것일 가능성도 있으니 신뢰하기 어려운 말들이다.

따라서 역은 음양삼재사상을 가지고 있었던 우리민족이 만든 것으로 역의 구조가 음양삼재라는 것으로 확연히 알 수 있으며 후에 중원을 차지한 중국한족이 철학의 최고봉인 역을 자기들이 만든 것이라고 조작하기 위해 이름을 '주역'이라고 붙이고 자신들의 음양오행에 역을 끼워 맞췄던 것이다. 혹자는 이것은 한낱 저자의 근거 없는 주장일 뿐이라고 말하겠지만 뒤의 '한민족의 디아스포라' 항목에서 설명했듯이 본인은 이런 결론에 이르기까지의 추론에서 고고학적 발굴이나 유전자, 사상·문화적 요소들을 근거로 썼으며 큰 모순이나 비약이 있다고 생각하지 않는다. 다만 철학의 최고봉 중의 하나인 역을 우리가 만들었다는 역사적 사실도 잊어버리고, 되찾으려 하지도 않고, 자기 것을 버리고 남의 음양오행사상을 무슨 금과옥조인 냥 천여 년에 걸쳐 신봉시 해왔던 우리들의 모습에 안타까움/분노/수긍/슬픔 같은 복잡한 감정들을 느낄 뿐이다.

● 역은 유가사상인가, 도가사상인가?

역은 유가사상이 아니라, 도가사상이다. 먼저 유학에서 자신들의 경전으로 삼고 있는 <사서삼경>의 대체적인 내용을 살펴보자. 사서(四書) 중 「논어」는 공자와 그 제자들의 언행을 기록한 책으로 공자사상의 중심이 되는 효(孝), 충서(忠恕), 인(仁) 등에 대해 설명한 책이고, 「맹자」는 맹자와 그 제자들의 언행을 기록한 책이며, 「중용」은 공자의 손자인 자사(子思)가 지었다고 하는데 중용의 덕과 인간의 본성인 성(性)에 대해 설명한 책이며, 「대학」은 공부의 목표와 공부하는 방법에 대해 설명한 책이다. 삼경(三經) 중 「시경」은 작자 미상으로 가장 오래된 시집이며, 「서경」은 공자가 요순임금부터 주나라에 이르는 동안의 정치에 관한 문서를 수집하여 수록한 책이다.

유교는 인간의 본성이나 인간이 가져야 할 덕목 또는 현실정치를 연구했던 학문이었지 자연을 탐구한 학문이 아니었다. 하지만 역은 자연이 생성되고 운행되는 이치를 말하는 책이다. 역이 역경(易經)으로 불리게 된 것은 송나라 때부터였는데 주희가 송나라 사람인걸 보면 주희가 <예기>에서 일부를 떼어내 <대학>과 <중용>으로 만들어 사서의 체계를 세우고, 역을 역경으로 부르면서 삼경 속으로 편입시킨 것으로 추측할 수 있는데, 이것은 그저 주희가 자기 마음대로 꿰다 맞춘 것일 뿐 유교와 易은 전혀 성격이 맞는 것이 아니다. 마찬가지로 시경이 유교와 무슨 상관이 있겠는가? 유학자만이 시를 지을 수 있는 것도 아니고... 결국 삼경은 유학와 별개라고 보는 것이 맞을 것이다. 그저 주희가 가만히 앉아 생각해보니 사서만으로는 학문체계가 빈약해 보여서 이를 보완할 요량으로 삼경을 끌여다 앉혀놓은 것일 뿐이다.

역이 도가사상이란 것은 삼재사상 하나만 보더라도 알 수 있다. 노자가 "道生一 一生二 二生三 三生萬物(도는 하나를 낳고, 하나는 둘을 낳고, 둘은 셋을 낳고, 셋은 만물을 낳는다.)"고 말한 것은 삼재사상으로 易사상과 상통한다. 이후 많은 도가계열 서적에서 삼재사상이 표현되고 있는데 도가사상을 바탕으로 편집된 동의보감도 정기신(精氣神) 삼재사상으로 인체를 보고 있다.

역이 도가사상과 통해 있다면 역을 지은 동이족이 도가사상의 뿌리라고 할 수 있으며 그것은 현재 우리의 삶 속에서도 여전히 볼 수 있다. 중국의 국기는 오성홍기, 즉 빨강색 바탕에 다섯 개의 별이 있는데 오행과 통한다고 할 수 있다. 우리의 태극기에는 8괘가 네 모서리에 있으면서 그 8괘의 뿌리에 해당하는 태극이 가운데를 차지하고 있으니 태극기가 易 그 자체라고 말할 수 있겠고, 8괘가 삼재와 통한다는 것은 앞에서 말한 바와 같다. 그리고 중국의 상징은 용이다.[11] 용의 발톱 개수는 왕만이 5개를 그릴 수 있고 왕 밑의 제후나 세손은 4개

---

11) 중국인 중에는 소양인이 가장 많으므로 중국은 양인(陽人)집단이라고 할 수 있으므로 뱀의 변형인 용은 그들의 상징이 될 수 없다. 그들이 용을 그들의 상징으로 삼게 된 이유는 음인(陰人)집단인 동이족이 중국인의 조상이기도 하거니와 동이족이 당나라까지 왕위를 차지하면서 그 음인인 왕들이 음인이 숭상하는 뱀을 신격화시킨 용을 그들의 상징으로 삼은 것을 송나라 때부터 왕권을 차지하게 된 중국인들이 자기 정체성을 찾지 못하고 그냥 세습한 결과일 뿐이다. 사실 중국인들은 자신들의 뿌리가 누구인지 과거에도 몰랐으며 현재도 모르고 있는데 그들의 뿌리는 '감숙성에서 1만 년 전에 태어난 M122라는 유전자를 가진 혈(血)이 강한 양인(陽人)'일 가능성이 농후하다.

나 3개를 그릴 수 있다. 3개는 5개보다 천시되는 것으로 삼재보다 오행을 중시하는 것이다. 우리의 상징은 봉황이다. 봉황은 새 중의 왕이요, 그 새 중에서 우리는 예부터 삼족오를 유물로 많이 남겼는데 이 삼족오는 삼재와 통한다. 이외 우리의 일상 중에서 삼재사상을 보여주는 것을 예로 든다면 가장 먼저 들 수 있는 것은 물론 한글이겠다. 한글의 구성은 '자음+모음(음양)'이거나 '자음+모음+자음(삼재)'이다. 그리고 음악의 장단을 보자면 2마디 장단만 있는 일본과 다르게 3마디 장단도 있다. 2002년 목놓아 불렀던 '대~한민국'도 [따 따 따' 따' 따'] 정확히 음양삼재이다. 한의학의 경락이론도 정확히 음양삼재이다(이것은 뒤에 설명한다.).

# 태극(太極)

태극은 그 속에 음양, 삼재 또는 오행 등을 품고 있는
'하나의 우주'를 말한다.

## 5. 태극(太極)

그러면 태극은 무엇일까? 태극이란 (현실세계에 안정적으로 존재하는) 음양혼합체를 말한다. 꼭 물질이 아니라 에너지의 한 형태인 파동도 태극에 속할 수 있다. 사실 현실에서 보고 듣고 먹고 마시는 모든 것들이 태극에 속한다고 할 수 있다. 왜냐하면 태극체가 아니면 현실에서 안정적으로 존재할 수 없기 때문이다. 예컨대 어떤 단어를 발음하려면 자음과 모음이 섞여 있는 음양혼합체가 되어야만 현실세계에서 들을 수 있는 소리로 나타날 수 있다. 한글의 'ㄱ, ㄴ,…ㅎ'을 자음(子音)이라 이름붙이고, 'ㅏ, ㅑ,…ㅣ'를 모음(母音)이라 이름붙인 것도 다 이유가 있다. 자(子)는 아들을 말하고 양을 의미하고, 모(母)는 어머니를 말하고 음을 의미한다. 그리고 양은 원심적으로 나아가고 음은 구심적으로 들어오니, 양이 먼저 시작하면 음이 뒤에서 완성시키는 것으로 생성(生成)하는 것이다. 그런데 자음 'ㄱ' 하나만을 발음하거나, 모음 'ㅏ' 하나만을 발음할 수는 없다. '기억'이라고 말한다면 이미 '기' 자체가 'ㄱ+ㅣ'인 음양혼합체이므로 음만으로 또는 양 혼자만 현실세계에 안정적으로 존재할 수 없는 것이다(발음이 되지 않으니 현실세계에 존재할 수 없는 것이라고 말해야 더 정확한 것이겠다.). '안정적으로'라는 말을 하는 이유는 혹 음 또는 양이 단독으로 잠시 동안 존재할 수는 있을 것 같다는 생각이 들기 때문이다. 이런 것들을 순양체(純陽体), 순음체(純陰体)라고 하는데 빛보다 빨리 움직인다는 타키온[12]이 순양체가 아닐까 생각해본다.

[좌측은 이태극, 우측은 삼태극이다.]

태극에는 이태극(二太極)과 삼태극(三太極)의 2종류가 있다. 성리학이 자리 잡

---

12) 타키온은 빛보다 빠르게 움직이는 성질을 가진 가상적 입자이나 실제로 그 존재가 발견된 적은 없다.

은 송나라 이전까지는 삼태극이 대세였으나 그 이후에는 이태극이 주를 이루었다. 이것으로 한족(漢族)에게는 삼재사상이 빈약했다는 것을 다시 한번 확인할 수 있는데 성리학은 비록 동이족인 공자가 그 출발점이기는 하지만 한족인 주희가 자신의 사상을 첨가하여 그 체계를 세운 학문으로 중국사상의 본류라고 할 수 있는데 그 학문체계 이후로 삼태극이 힘을 잃었기 때문이다. 그러면 이태극이 맞을까, 삼태극이 맞을까?

주역 십익의 "易有太極 是生兩儀 兩儀生四象 四象生八卦"라는 말은 효(爻)에는 음효와 양효가 있고 그런 효를 하나씩 위로 덧붙여가면서 괘를 만들어가므로 상식적으로 생각해봤을 때 양의(兩儀)가 있기 전에 어떤 상태(즉 태극)가 있고 그것으로부터 음양이 분화되어 나온다고 말하는 것으로, 이렇게 본다면 태극은 안에 음양을 포태하고 있다고 보는 것이 자연스러우므로 이태극이 맞을 것으로 보인다. 하지만 태극은 현실에 안정적으로 존재할 수 있는 음양혼합체라고 표현은 했지만 실지 태극의 완전한 모습은 음양삼재로 이루어져 있지 음양만으로 이루어져 있지는 않다. 태극에서 음양이 나왔다는 것은 중국의 음양이원론의 관점으로 음양삼재론인 역을 재단하려는 데서 오는 무리수일 뿐이다. 점을 칠 때 효를 하나씩 노출해 내기 때문에 음효양효가 나와서 2 →4 →8 →16→32→64로 커져갈 수밖에 없지만 실제 현대물리학이 밝혀놓은 사실들을 종합해보면 태극에서 음양이 나오고 이 음양에서 삼재가 나오면서 만물이 만들어진다. 즉 노자의 '道生一 一生二 二生三 三生萬物'이 좀 더 자연을 정확하게 파악한 서술이 된다. 즉 도가의 우주론이 십익의 그것보다 물리학적 사실에 더 잘 부합한다는 것이다. 미리 뒤의 내용을 말한다면 '易有無極 是生陽而分化於陰陽三才 陽生陰而分化於陰陽三才 兩儀(즉 太極)生八卦 八卦生萬物'이라고 말할 수 있고 태극은 음양삼재로 분화한 음양이 결합한 것이므로 이태극과 삼태극을 모두 포함하고 있다고 할 수 있겠다. (상세한 설명은 '무극~64괘'항목 참조)

## 결론과 검증

소박한 나의 결론이다.

20대
햇살 좋았던 그 봄날
도서관에 앉아 책 읽고 있었던 나는 문득
'이 좋은 날에 여기 앉아 책이나 읽고 있다니…'
생각했었다.

40대 후반
이 결론에는
그 책의 다음 쪽에서 얻은 생각의 편린도 들어있다.

## 6. 결론

　음양, 삼재, 오행과 태극의 개념까지 개괄했으니 이제 나의 결론을 말할 때가 되었다. 본인은 이 결론이 소립자에서부터 대우주에 이르기까지 그 어떤 것에 적용해도 현대과학이 밝혀낸 사실과 큰 어긋남이 없는 원리가 될 수 있다고 생각한다. 따라서 대우주의 일부인 흑인/황인/백인을 이해할 수 있게 되고 결국에는 그들이 이룩한 동서양문화를 이 원리로써 꿰뚫어 볼 수 있게 되어 흔들리지 않는 가치관을 가질 수 있게 될 것이라 생각한다. 그 원리로서 내가 파악한 것은 다음과 같다.

**우주[13]의 구성은 陰陽三才로 되어 있고, 운동은 원운동과 표리운동을 동시에 한다.**

　○원운동 : 예컨대 지구는 자전하면서 태양 주위를 공전하고 있는데, 그 태양 또한 은하수 중심을 기준으로 공전하고 있으므로 지구의 공전모습은 단순한 타원궤도가 아니고 원통 비슷한 모양이 된다.[14] 그리고 그보다 작은 우주인 꽃과 같이 시작점이 고정된 경우에는 고깔콘 같은 모습이 된다. 자전과 공전의 이런 다양한 모습들을 편의상 원운동이라 통칭하겠다.
　○표리운동 : 우주의 중심을 기준으로 안에서 밖으로, 다시 밖에서 안으로 수축확장운동을 한다는 의미이다.

　그럼 이제부터 몇 가지 우주를 예로 들어서 위의 말이 사실인지 확인해보자.

---

13) 우주라 함은 현실세계에 안정적으로 존재하는 태극체를 말하며, 대우주와 소우주 모두를 포괄한다.
14) 유튜브에서 '지구의 실제 공전'을 치면 동영상을 찾을 수 있다.

## 7. 결론의 검증

●빛

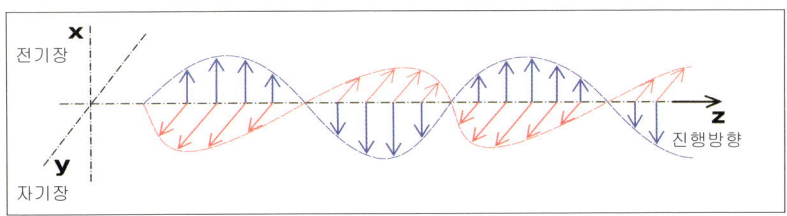

[빛은 전자기파의 일종으로서 x축과 y축 방향으로 전기장과 자기장이 서로 유도되면서 이들과 수직인 z방향으로 진행한다]

1.구조(음양삼재)

　태극이 음양삼재로 이루어져 있다는 사실을 검증할 수 있는 것 중 가장 크기가 작은 것은 바로 '빛'이다. 빛은 우리가 살고 있는 이 우주에서 기준이 되는 존재이다. 상대성이론의 기본상수로서 자연계에서의 속도한계를 정하며 시간과 공간을 그리고 질량과 에너지를 이어준다.

　빛이 음양으로 이루어져 있다는 것은 빛이 전자기파라는 사실에서 알 수 있다. 전기력은 陽에 속하고 자기력은 陰에 속하는데, 변화하는 전기장이 자기장을 유도하고 동시에 변화하는 자기장이 전기장을 유도하면서 빛을 만들어내는 것은 빛이 음양으로 이루어져 있음을 나타낸다.

　삼재로 되어 있다는 것은 빛에는 빨강/초록/파랑이라는 3원색이 존재해서 모든 종류의 색을 만들 수 있다는 사실에서 알 수 있다. 그러나 사실 빛이 3원색으로 이뤄져 있다는 것을 근거로 '빛이 구조적으로 삼재로 되어 있다'라고 말하는 것은 무리가 있다. 3원색으로 이뤄져 있다는 것은 다만 빛이 구조적으로 삼재로 구성되어 있을 것이란 추측을 할 수 있는 단서에 불과하다고 말하는 것이 더 정확한 말이 될 것이다. 빛이 구조적으로 삼재로 되어 있다는 것은 다음 유튜브영상을 참조하는 것이 좋겠다. 이 논문에서는 하나의 광자가 분명히 셋으로 나눠지고 있는 것을 말하고 있다.

https://www.youtube.com/watch?v=hrlyv7yAJos&t=34s
(상식을 벗어난 빛의 유령 같은 현상이 발견되다")

2.원운동

　미시세계를 연구하는 양자론에서는 빛을 이루는 입자를 광자라고 한다. 앞에서 보았듯이 빛은 전자기파인데 그 전자기파가 가진 에너지가 덩어리져 있는 상태를 광자라고 하는 것이다. 지구가 자전하면서 공전하듯이 물질을 근원적으로 구성하는 소립자들도(광자도 포함되겠다) 자전하면서15) 공전한다. 이때 공전함으로써 궤도각운동량(orbital angular momentum)을 가지며, 자전함으로써 스핀각운동량(spin angular momentum. 줄여서 spin)을 가지게 된다. 광자는 공전운동을 할 중심이 없으므로 궤도각운동량은 없으나 "1"의 스핀량을 가지고 있으므로 원운동(자전)을 하고 있다.

3.표리운동

　빛은 전자기파의 일종이고, 전자기파는 변화하는 전기장이 자기장을 유도하고 변화하는 자기장이 전기장을 유도하면서 전자기장과 수직인 방향으로 진행하는 파동이다. 여기서 전기장과 자기장은 파동이 진행하는 지점을 기준으로(x=0, y=0인 z축이 기준점들의 모임인 기준선이 된다.) 같이 멀어졌다가 기준선으로 돌아오고 또 다시 반대로 멀어졌다가 기준선으로 돌아온다. 이렇듯 중심인 기준선에서 멀어졌다가[표(表)로 나감] 다시 기준선으로 돌아오는[리(裏)로 돌아옴] 운동을 하고 있는 것이다.16)

●원자

1.구조(음양삼재)

---

15) 물리학 책을 보면 '이론적으로는 자전할 수 없다고 하지만 실험결과를 설명하려면 자전한다고 말할 수밖에 없다'고 쓰여 있다. 이것은 소립자가 너무 작기 때문에 인간이 측정하기에 한계가 있을 뿐만 아니라 거시적 세계의 자전과는 그 모습이 다를 수 있기 때문에 이런 표현을 쓰는 것일 것이다. 그러나 예컨대 태양 질량의 8~30배 정도 되는 별들이 폭발할 때는 별의 중심부의 밀도가 높아지면서 전자와 양성자가 결합하여 중성자가 매우 많은 심이 형성된다. 즉 중성자별이 생기는 것이다. 그리고 이 중성자별은 보통 0.001~10초 정도의 회전 주기를 갖는 것으로 알려져 있다. 중성자 하나는 작아서 회전하는 것을 측정하기 곤란하지만 작은 중성자들이 모여 지름이 10km에 이르는 중성자별을 형성하게 되면 그 회전주기를 측정할 수 있을 만큼 뚜렷이 볼 수 있는 것이다.
16) 영문 위키에서 'electromagnetic radiation'에 있는 "Properties" 항목의 동영상을 참조.

입자물리학의 표준모형에 따르면 입자는 크게 우리가 상식적으로 알고 있는 중성자/양성자/전자 같은 물질을 구성하는 기본입자와 그 입자들 사이의 상호작용(4가지의 힘)을 매개하는 매개입자로 나눌 수 있다.

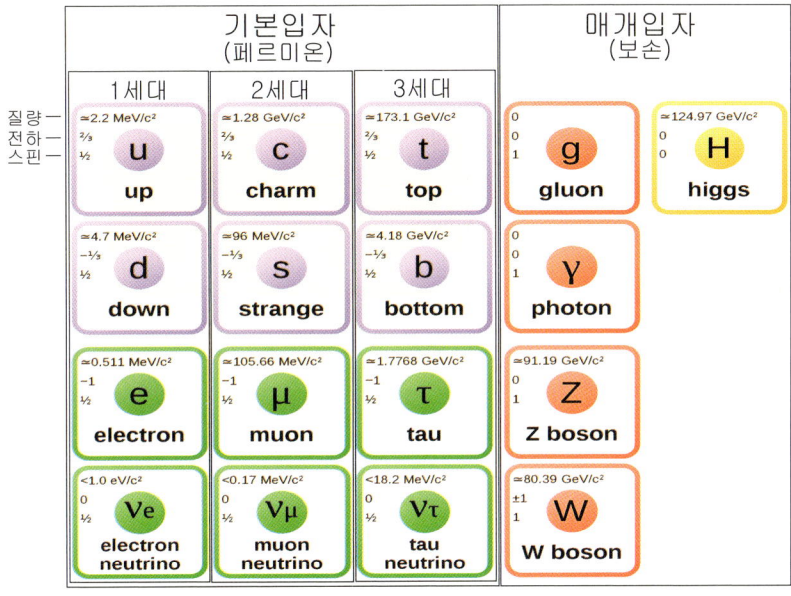

[입자물리학의 표준모형]

1)기본입자

원자는 원자핵과 전자로 이뤄져 있고, 원자핵은 중성자와 양성자로 이뤄져 있으며[17], 이 중성자와 양성자는 쿼크라는 물질로 이뤄져 있다. 그리고 전자는 더 이상 쪼갤 수 없다고 보고 있으니 전자가 그대로 전자를 구성한다. 결국 원자는 쿼크와 전자로 이뤄진 것이다. 이 쿼크나 전자와 같은 입자들을 찾아서 비슷한 물리적 성질들로 묶어서 나열한 것이 표준모형의 기본입자들이다.

즉 1세대 쿼크에는 up쿼크(u), down쿼크(d)가 있고,

렙톤에는 전자(e), 전자 중성미자($v_e$)가 있다.

2세대 쿼크에는 charm쿼크(c), strange쿼크(s)가 있고,

---

[17] 원자핵과 전자가 음양에 해당하고 양성자/중성자/전자가 삼재에 해당하므로 원자가 구조적으로 음양삼재로 이뤄져 있다고 말할 수도 있다.

렙톤에는 뮤온(μ), 뮤온 중성미자($v_μ$)가 있다.
3세대 쿼크에는 top쿼크(t), bottom쿼크(b)가 있고,
렙톤에는 타우(τ), 타우 중성미자($v_τ$)가 있다.

이 입자들의 특성에는 여러 가지가 있으나 기억할 것은 다음 2가지 정도가 되겠다.

①쿼크와 렙톤은 모두 spin이 1/2이다(즉 페르미온이다[18]).
②질량은 '1세대<2세대<3세대'이고, 같은 세대에서는 '쿼크>렙톤'이다.

그러나 쿼크에는 u, d, c, s, t, b 6종류만 있는 것이 아니다. 각각의 쿼크에는 r(red), g(green), b(blue)라는 색전하(color charge)가 있어서 3x6=18개의 쿼크가 있게 된다. 이 색전하라는 것은 처음에 파울리의 배타(排他, exclusion)원리에 의하여 제기된 문제점을 해결하기 위해서 제안되었다. 배타원리는 반정수 스핀을 갖는 입자(페르미온이라고 하며 쿼크와 렙톤도 여기에 속한다.)의 경우에는 2개 이상이 같은 양자상태를 취할 수 없다는 원리인데, 쉽게 얘기해서 자기하고 꼭 같은 소립자에게는 배타적이라는 것이다. 그래서 하나의 전자 오비탈에는 2개의 전자가 들어갈 수 있는데 모든 양자상태가 같은 전자 2개가 있을 수는 없고 하나의 스핀이 1/2이면 다른 하나는 -1/2이어야 하는 것이다. 쿼크에 이 배타원리를 적용하면 쿼크는 스핀이 1/2이므로 2개의 스핀이 반대인 쿼크가 합해져서 더 큰 입자가 만들어지는 것은 설명할 수가 있는데, sss로 이뤄진 오메가입자($Ω^-$)라는 것이 발견된 것이다. 이를 설명하려면 3개의 s쿼크들이 서로 다른 양자상태를 가져야 하는데 스핀만으로는 설명할 수가 없게 된 것이다. 그래서 이를 설명하기 위해 색전하라는 물리량을 상정하게 되었다. 즉 각 쿼크가 r, g, b라는 색전하를 가질 수 있으므로 오메가입자는 $s_r$, $s_g$, $s_b$라는 양자상태가 다른 3개의 쿼크가 결합한 것이라고 깔끔하게 설명할 수 있게 되는 것이다.

---

[18] 페르미온(fermion) : 반정수 스핀을 가진 입자들(쿼크/렙톤/바리온)로서, 물질을 구성한다.
보손(boson) : 정수 스핀을 가진 입자들(매개입자/메존)로서, 힘을 매개한다.
바리온(baryon) : 3개의 쿼크 또는 반쿼크로 이뤄져 있으면서 페르미온인 입자. 중입자라고 한다.
메존(meson) : 2개의 쿼크(하나의 쿼크와 하나의 반쿼크)로 이뤄져 있으면서 보손인 입자. 중간자라고 한다.

여기서 빨강/초록/파랑이라고 해서 이 쿼크들이 이런 색을 띤다는 것은 아니고 빛의 3원색과 유사한 면이 있어서 붙이게 된 이름이다. 그 유사성이란 것은 자유입자의 총 색전하는 "0(zero charge)" 또는 "흰색"을 만든다는 것이다. 이런 방식으로만 결합한다는 말이 되겠다. 예컨대 오메가입자는 $s_r s_g s_b$이므로 'r+g+b=white'가 되는 것이다. 그리고 중성자는 udd로 구성되는데 $u_g d_r d_b$ 식으로 구성되지 $u_r d_r d_b$ 같이 (r+r+b≠white이므로) white가 되지 못하는 식으로는 구성될 수 없다는 것이다.

파인만은 쿼크가 색을 띠는 것도 아닌데 색이라는 혼란을 일으키는 이름을 쓴 것에 대해 '멍청한 물리학자들'이라고 말했다고 하는데 저자는 약간의 혼란은 있지만 적절한 선택이었다고 생각한다. 왜냐하면 색을 대입하지 않았다면 어떻게 zero charge를 이루는 조합만이 가능하다는 것을 손쉽게 설명할 수 있겠는가? 앞에서 설명했듯이 빛이란 것은 음양삼재 원리가 작동하고 있는 이 우주의 가장 밑바탕을 이루는 태극체이다. 따라서 쿼크에 빛의 삼재원리를 채용한 것은 멍청한 생각이었다기보다는 오히려 빛의 특수성을 잘 이해한 현명한 판단이었다고 보는 것이 맞을 것이다. 그래서 결국 각 쿼크들은 rgb라는 색전하를 가진 3종류로 나뉠 수 있으므로 3x6=18 종류의 쿼크가 존재하는 것이다. 구체적으로 쓴다면 다음과 같다.

| $u_r$ | $d_r$ | | $c_r$ | $s_r$ | | $t_r$ | $b_r$ |
|---|---|---|---|---|---|---|---|
| $u_g$ | $d_g$ | | $c_g$ | $s_g$ | | $t_g$ | $b_g$ |
| $u_b$ | $d_b$ | | $c_b$ | $s_b$ | | $t_b$ | $b_b$ |

그리고 쿼크/렙톤과 쿼크의 합성입자들에 관한 물리량들은 다음 표와 같다.

| 이름 | 기호 | 전하($e$) | 질량(MeV) | 스핀($\hbar$) | 반입자 |
|---|---|---|---|---|---|
| **맛깔1** | | | | | |
| 전자 | e | -1 | 0.511 | 1/2 | $e^+$ |
| 전자 중성미자 | $v_e$ | 0 | $2\times10^{-6}$ 미만 | 1/2 | $\bar{v}_e$ |
| **맛깔2** | | | | | |
| 뮤온 | $\mu$ | -1 | 105.7 | 1/2 | $\mu^+$ |
| 뮤온 중성미자 | $v_\mu$ | 0 | 0.19 미만 | 1/2 | $\bar{v}_\mu$ |
| **맛깔3** | | | | | |
| 타우 | $\tau$ | -1 | 1,777 | 1/2 | $\tau^+$ |
| 타우 중성미자 | $v_\tau$ | 0 | 18 미만 | 1/2 | $\bar{v}_\tau$ |

[렙톤들의 물리량]

| 이름 | 기호 | 전하($e$) | 질량(MeV) | 스핀($\hbar$) | 반입자 |
|---|---|---|---|---|---|
| **집합1** | | | | | |
| 아래 | d | -1/3 | 3 ~ 7 | 1/2 | $\bar{d}$ |
| 위 | u | 2/3 | 1.5 ~ 3 | 1/2 | $\bar{u}$ |
| **집합2** | | | | | |
| 야릇한 | s | -1/3 | 70 ~ 120 | 1/2 | $\bar{s}$ |
| 맵시 | c | 2/3 | ~1,250 | 1/2 | $\bar{c}$ |
| **집합3** | | | | | |
| 바닥 | b | -1/3 | ~4,200 | 1/2 | $\bar{b}$ |
| 꼭대기 | t | 2/3 | ~174,000 | 1/2 | $\bar{t}$ |

[쿼크들의 물리량]

| 이름 | 기호 | 전하($e$) | 질량(MeV) | 쿼크조성 | 스핀($\hbar$) |
|---|---|---|---|---|---|
| **바리온들(페르미온들)** | | | | | |
| 양성자 | p | 1 | 938.3 | uud | 1/2 |
| 중성자 | n | 0 | 939.6 | ddu | 1/2 |
| 오메가 | $\Omega$ | -1 | 1,672 | sss | 3/2 |
| **메존들(보손들)** | | | | | |
| 파이온 | $\pi$ | 1,0,-1 | 139.6(+&-), 135.0(0) | $u\bar{d}(+), d\bar{u}(-)$, $u\bar{u}$ & $d\bar{d}(0)$ | 0 |
| 에타 | $\eta$ | 0 | 548 | $u\bar{u}$ & $d\bar{d}$ | 0 |
| 케이온 | K | 1,0,-1 | 494(+&-), 498(0) | $u\bar{s}(+), \bar{u}s(-)$, $d\bar{s}$ & $\bar{d}s(0)$ | 0 |

[합성입자들의 물리량]

빅뱅이 일어나고 얼마 지니지 않았을 때에는 극히 고에너지 상태였으므로 가장 무거운 3세대 쿼크와 렙톤이 탄생했다. 왜냐하면 $E=mc^2$에 의하면 고에너지가 변화한 질량은 그만큼 컸을 테니 말이다. 그러다 시간이 지나서 우주가 식기 시작하자 3세대 기본입자들은 2세대 기본입자들로 붕괴되었고, 우주가 더욱 식자 2세대 기본입자들은 1세대 기본입자로 또 다시 붕괴되었다. 지금 우주에너지 상태에서는 1세대 기본입자들이 안정적으로 존재할 수 있는 수준이고, 2·3세대 기본입자들은 우주선(cosmic rays)이나 양자가속기에서와 같이 고에너지를 얻을 수 있는 환경에서 잠시 존재했다가 급속히 1세대 입자로 붕괴한다. 즉 우주가 저에너지 상태에 있으면 질량이 작은 1세대 입자로 존재하고, 고에너지 상태에 있으면 질량이 큰 2·3세대 입자로 존재하는 것이다. 그리고 같은 세대에서 비교해보면 쿼크가 렙톤보다 무겁다. 질량은 구심성이 강하면 강할수록 커지는 것이므로 쿼크가 陰이고 렙톤이 陽이라고 할 수 있다. 즉 쿼크와 렙톤이 陰陽이 되고, 1/2/3세대로 구분되므로 삼재(三才)라고 할 수 있다.

2)매개입자
　소립자를 기본입자와 매개입자로 구분하는 것보다 더 정확하게 구분하는 것은 페르미온과 보손으로 나누는 것이다. 페르미온은 페르미-디랙 통계를 따르는 입자이고, 보손은 보스-아인슈타인 통계를 따르는 입자로 정의된다. 이는 입자의 대칭성과 반대칭성에 따라 나눈 것인데 개념이 어려우므로 생략한다(본인도 모름...). 통상적으로 페르미온은 스핀이 1/2, 3/2 같이 반정수인 입자로서 기본입자인 쿼크/렙톤 뿐만 아니라 이 기본입자들이 홀수 개 모여서 이뤄진 양성자/중성자 같은 바리온들을 말한다. 보손은 스핀이 0, 1, 2 같이 정수인 입자로서 매개입자인 광자/글루온/힉스입자/W/Z 뿐만 아니라 짝수개의 쿼크로 이뤄진 파이온/케이온 같은 메존들을 말한다. 그리고 이 페르미온과 보손개념의 핵심은 '페르미온은 물질을 구성하고 보손은 힘을 매개한다'는 것이다(메존은 중성자/양성자 사이의 강력을 매개한다.). 그런데 페르미온은 물질을 구성하므로 陰에 속하며 앞에서 설명했듯이 음양삼재(陰陽三才)로 나눌 수가 있다. 그렇다면 보손은 힘을 매개하므로 (그리고 힘은 에너지를 전달하는 과정이므로) 陽에 속하며 이것 또한 음양삼재로 나눌 수 있어야 할 것이다. 그러면 힘을 음양삼재로 나눠보자.

※기본힘

자연계에는 중력, 전자기력, 강력(강한 상호작용의 힘), 약력(약한 상호작용의 힘)이라는 4가지 기본힘이 있다. 이 힘들에 대해 간단히 설명을 하자면 아래와 같다.

1. 중력 : 두 질량 사이의 끌어당기는 힘을 말한다. 중력자라는 매개입자에 의해 매개된다고 보는데 아직 발견되지 않았다.
2. 전자기력 : 전기력과 자기력을 말한다. 전기력과 자기력은 서로 유도하는 관계에 있으므로 전자기력이라고 통합하여 부른다. 광자가 매개입자이다.
3. 강력 : 2가지로 나뉜다. ①쿼크끼리 글루온을 매개로 생기는 강력으로 양성자, 중성자나 기타 하드론(hadron)[19]을 형성한다. ②핵자[20])끼리 메존을 주고 받음으로써 생기는 강력으로 원자핵을 형성한다.
4. 약력 : 소립자를 다른 소립자로 변화시키는 힘을 말한다. 예컨대 up류 쿼크와 down류 쿼크가 상호전환된다. Z, W-, W+가 매개입자이다.

①음의 베타붕괴 : down쿼크를 up쿼크와 전자 그리고 전자 반중성미자로 변화시킨다.

$d \rightarrow u + e^- + \bar{v}_{e^-}$

여기서 베타는 전자 또는 양전자를 가리킨다. 앞에 "음의"라고 했으므로 양전자가 아니고 (음)전자가 된다. 따라서 반대로 양의 베타붕괴는 양전자를 방출하는 반응이라는 뜻이 된다. 중성자는 udd, 양성자는 uud이므로 음의 베타붕괴의 결과로 중성자가 양성자로 바뀐다.

②양의 베타붕괴 : up쿼크를 down쿼크와 양전자 그리고 전자 중성미자로 변화시킨다.

$u \rightarrow d + e^+ + v_{e^-}$

양성자는 uud, 중성자는 udd이므로 양의 베타붕괴의 결과로 양성자가 중성자로 바뀐다.

| 기본힘 | 중력 | 전자기력 | 강력 | 약력 |
|---|---|---|---|---|
| $10^{-15}$m 거리에서의 힘의 크기 | $1.37 \times 10^{-36}$ | 1 | 137 | $1.37 \times 10^{-4}$ |

---

19) 강력으로 반응하는 원자구성 입자로서 강입자(強粒子)라고도 한다. 강입자에는 중간자(파이온·케이온), 중입자(양성자·중성자·시그마 입자) 그리고 그들의 공명입자들이 포함된다.
20) 원자핵을 구성하는 원자구성 입자인 양성자와 중성자를 통칭하는 말이다.

이 기본힘들의 세기를 비교하면 표와 같은데 "강력>전자기력>약력>중력" 순으로 강하다. 쿼크는 렙톤보다 질량이 크므로 구심적으로 수렴하여 원자핵을 구성하고 렙톤은 가벼우므로 원심적으로 돌아다니는 전자와 같은 소립자를 이룬다. 그런데 만약 전자에 전자기력이 아니라 기본힘 중 가장 강한 강력이 작용한다면 어떻게 될까? 그렇게 되면 전자를 원자중심에 붙잡아두는 힘이 너무 커서 전자는 원심적으로 돌아다니지 못할 것이다. 즉 양의 성질을 제대로 발휘하지 못할 것이다.

이 기본힘들의 음양속성은 어떤지 알아보자. 전자기력은 전기력과 자기력으로 나눌 수 있는데 전기력은 원심적으로 작용하므로 양에 속하고, 자기력은 구심적으로 작용하므로 음에 속한다. 강력은 구심력이 강하므로 음에 속하고, 약력은 강력에 비해 약해서 강력에 비해 원심적이므로 양에 속한다(약력에 의해 발생하는 붕괴라는 것은 원심적으로 흩어지는 현상이다. '약한 폭발'이라고 할 수 있겠다.). 중력은 구심적으로만 작용하므로 음에 속한다. 그리고 전기력은 자기력과 짝이 되고 강력은 약력과 짝이 되므로 중력의 짝이 되는 어떤 힘이 존재해야 한다. 이 힘은(이 힘을 K라고 부르자.) 양에 속하므로 중력과는 반대로 원심적으로 작용해야 할 것이다. 현재 어떤 물리현상을 설명하려면 우리가 알 수 없는 정체 불명의 존재를 상정해야 하는데 아직 그 정체를 몰라서 '암흑'이라는 이름을 붙이고 있는 것이 2개가 있다. 바로 '암흑물질'과 '암흑에너지'이다. 암흑물질은 중력만을 발휘한다고 하니 K의 후보에서 탈락하고 이를 제외하면 남는 것은 암흑에너지이다. 우리가 모르는 것의 음적인 것은 암흑물질이라고 부르고, 양적인 것은 암흑에너지라고 부른다면 남아 있는 힘의 주인공은 바로 암흑에너지와 관계된 힘이 되어야 할 것이다(사실 아는 것이 전혀 없으므로 암흑물질을 완전히 배제할 수는 없을 것이다.).

그리고 강력과 약력은 미시세계에서 큰 작용을 하므로 水에 속하고, 중력과 K는 거시세계에서 큰 작용을 하므로 火에 속하며, 전자기력은 미시세계와 거시세계 모두에서 크게 역할을 하므로 土에 해당한다. 이렇게 양에 해당하는 힘(에너지) 또한 음양삼재로 나눌 수 있다는 것을 알 수 있다.

|   | 陰 | 陽 |
|---|---|---|
| 火 | 중력 | K(암흑에너지) |
| 土 | 자기력 | 전기력 |
| 水 | 강력 | 약력 |

입자물리학계의 가장 큰 목표는 세상에 존재하는 힘들을 하나의 원리로 설명하는 것이다. 빅뱅이 시작됐을 당시에는 이 힘들이 한데 모여 있는 원시힘으로 존재하다가 시간이 지나면서 힘들이 분리되어 나갔다고 보는 것이다. 일단 전기력과 자기력은 맥스웰이 전자기력으로 묶는데 성공했고, 전자기력과 약력도 글래쇼 등에 의해 초고에너지와 초고온의 상태(빅뱅이 일어난 뒤 1초도 지나지 않은 상태)에서 이 둘이 구별할 수 없는 '하나의' 역장(力場)이었음을 증명하였다. 하지만 아직 강력을 통합하지 못했고, 중력은 표준모형이론에서는 매개입자인 중력자를 발견하지 못했으므로 언급도 할 수 없는 상태이다.

이렇게 표준모형이 난관에 봉착하자 이를 타개하고자 나온 것이 바로 끈이론이다. 끈이론은 만물의 최소단위가 표준모형에서 말하는 페르미온 같은 점입자가 아니라 '끊임없이 진동하는 끈'이라고 말한다. 입자와 기본힘들은 이 끈의 모양과 진동에 따라 결정된다고 설명한다. 그 끈의 길이는 플랑크 길이와 비슷한데 대략 $1.6 \times 10^{-35}$m이다. 원자핵의 크기는 대략 $10^{-15}$m이고 쿼크는 $10^{-19}$m보다 크지 않다고 알려져 있는데 $1.6 \times 10^{-35}$m이면... 아주 아주 아주 작은 것이겠다. 이 끈이론에서는 $10^{28}$K 이상의 온도에서 전자기력/약력/강력을 정확하지는 않지만 매우 비슷하게 통합할 수 있었다. 그리고 이 매우 비슷한 상태에서 '초대칭성'이란 걸 도입하면 완벽하게 3개의 힘이 통합되는데, 이 초대칭성이란 가정은 '페르미온에는 반드시 보손 짝이 있고, 보손에게는 반드시 페르미온 짝이 있다'는 것이다. 예컨대 스핀이 1/2인 쿼크에는 그 짝으로 스핀이 0인 스쿼크(squark)가 있고, 스핀이 1인 W입자에는 그 짝으로 스핀이 1/2인 위노(wino)가 있다는 식이다. 그런데 문제는 아직까지 그 어떤 실험에서도 초대칭입자를 발견한 적이 없다는 것이고, 더하여 끈이론에 초대칭성을 도입하는 방법이 하나가 아니라 무려 다섯 가지나 있다는 것이다. 즉 "Ⅰ형이론, ⅡA형이론, ⅡB형이론, 이형O(32)이론, 이형$E_8 \times E_8$이론"이 그것이다.

이경숙은 「기의 여행」에서 五行이 이 5가지 이론에 대응할 것이라고 말한다. 예컨대 'Ⅰ형은 火로 자연을 풀이한 것이고, ⅡA는 金으로 풀이한 것이고...' 이런 식일 것이라는 주장일 것이다. 오행이 자연을 설명하는 궁극적인 요소라는 시각에서는 이런 대입도 의미가 있을 것이고, 오행이 음양삼재보다 더 근원적일 수도 있다. 하지만 끈이론은 실험적으로 검증이 거의 불가능한 이론이고, 이미 음양삼재로 자연이 이해가능하다면 일단 이를 좀 더 자세히 연구하는 것이 순서일 것이다. 그리고 앞에서 말했듯이 자연에는 전자기력/중력/강력/약력 이외에 중력의 짝이 되는 K라는 陽의 속성의 힘이 규명되지 않은 채 있다. 이 K를 규명하고 다른 힘들과 통합시킨 이후에야 비로소 '대통일장이론'이 완성될 것이다. 그런데 암흑물질과 암흑에너지가 우리와 전혀 동떨어진 채로 있을까? 본인은 그렇지 않다고 생각한다.

2. 원운동

○스핀각운동량

쿼크든 렙톤이든 모두 동일하게 스핀량 1/2을 갖고 있다. 물리학계에서는 이 스핀이 지구가 자전하듯이 자신의 무게중심을 기준으로 도는 것이 아니고 그저 질량과 같이 입자가 갖는 고유의 물리량이라고 설명하지만 거시세계의 자전과 비슷한 운동을 하고 있다고 말하는 것이 가능하다고 본다. 이 소립자들의 크기가 너무 작다보니 그 자전이란 것이 거시세계에서 나타나듯이 자신의 축을 중심으로 팽이처럼 뱅뱅 도는 모습은 아닐지라도 그에 상응하는 운동을 하고 있다고 보는 것이 합리적이라고 생각한다.

○궤도각운동량

쿼크는 원자의 중심인 원자핵을 이루기 때문에 원자의 중심(즉 원자핵의 중심)과 너무 가까워서 궤도각운동량은 무시할 수 있다. 그래서 원자의 궤도각운동량은 원자핵 주위를 마치 공전하듯이 돌고 있는 렙톤의 그것으로 대체할 수 있다. 물론 양자역학적으로 표현하자면 전자가 공전하듯 돌고 있는지는 알 수가 없고 단지 전자가 어디에 있을지를 확률로만 알 수 있다고 말하는 것이 더 정확하겠지만 실제 전자가 도는 것은 지구가 태양을 도는 것과 유사하지만 미시세계에 상응하는 어떤 모습일 것이라 하겠다. 그런데 만약 전자가 돌지 않는다면 원자핵의 +전하와 전자의 -전하 사이에 인력이 작용하기 때문에 전자는 원자핵으로 떨어져버릴 것이다. 그래서 전자는 회전에 의한 원심력으로 전기적 구심력을 이겨내서 전자와 원자핵이 서로 떨어져서 원자라는 구조를 안정적으로 유지하는 것이다.

3.표리운동

　전자가 에너지를 얻어 위에 있는 껍질로 이동하고, 에너지를 잃어 아래에 있는 껍질로 떨어지는 것도 표리운동이라고 할 수 있겠지만 이것은 정상상태에서 이뤄지는 것이 아니라 에너지를 얻거나 잃었을 때라는 특정한 상황에서의 반응이라고 말하는 것이 더 온당하다. 표리운동이 우주의 보편적 운동모습이 되기 위해서는 평상시에 늘 이 표리운동이 이뤄져야 할 것이다.

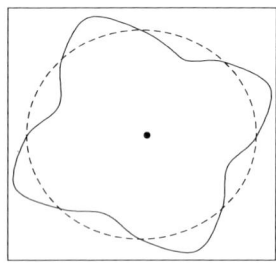

[보어의 수소원자모형]

　보어의 수소원자모형에서는 전자의 위치와 운동량을 동시에 정확히 측정할 수 있다는 고전역학에 근거하여 전자가 원자핵 주위의 정해진 궤도를 원운동하고 있는 것으로 표현했다. 그 궤도를 정하는 방법으로 전자가 공전하는 궤도의 둘레가 전자의 물질파 파장의 정수배가 되는 특정한 궤도 반지름을 계산해 냈고 이후 여러 계산을 거쳐 수소원자 스펙트럼을 잘 설명해냈다(즉 이렇게 전자가 궤도를 물결치듯이 원자핵과 가까워지고 멀어지면서 운동한다고 가정해도 전자는 표리운동을 한다.). 그러다 현대에 이르러서는 전자와 같이 질량이 매우 작은 입자들의 위치와 운동량은 동시에 정확히 측정할 수 없다는 불확정성의 원리에 의해 어느 위치에서 전자가 발견될 확률만을 슈뢰딩거의 파동함수를 통해 구할 수 있다고 말한다. 그 확률밀도를 나타내는 함수를 오비탈(orbital)이라고 한다. 쉽게 얘기해서 전자가 있을 수 있는 위치에 점을 찍는데 전자가 있을 확률이 높은 곳에는 점이 많이 찍혀서 진하게 보이고, 확률이 낮은 곳에는 점이 덜 찍혀서 연하게 보이게 된다는 것이다.

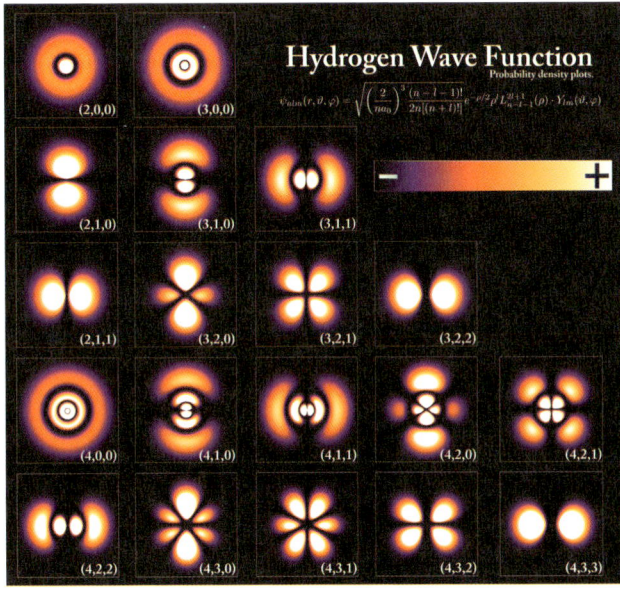

[수소원자 오비탈. 오비탈은 원자핵에 가까이 다가갈수록 0에 수렴하며 원자핵을 기준으로 대칭적이다.]

오비탈은 원자핵과 궤도간의 평균거리, 전자궤도의 비틀린 정도, 궤도형태에 따른 궤도의 개수에 따라 모양이 정해지는데 자세한 것은 알 필요가 없고, 중요한 것은 이 오비탈들이 공통적으로 갖고 있는 점이 무엇인가하는 것을 알아내는 것이다. 표리운동의 관점에서 그 공통점이라는 것은 원자핵을 기준으로 대칭적으로 되어있다는 것이다. 이것은 전자가 원자핵에 가까이 다가갔다가 멀어지고 다시 가까워지는 표리운동을 한다는 것을 뜻한다. 결론적으로 고전적 모형으로 보든, 현대적 모형으로 보든 전자는 원자핵과 가까워졌다가 멀어지고 또 다시 가까워지는 표리운동을 한다고 말할 수 있는 것이다.

■무극(無極) ~ 64괘(동양학의 우주론)
　태극에서 음양, 8괘 그리고 64괘에 이르는 과정은 빅뱅 이후 힘과 물질이 생기고 물이 탄생하여 생명체가 등장하며 미래에는 어떤 우주가 펼쳐질 것인가 하는 것까지 설명하는 것으로서 이른바 '동양학의 우주론'이라고 할 수 있다. 이러한 괘의 형성에 대한 설명으로는 십익의 '易有太極 是生兩儀 兩儀生四象 四象生八卦'라는 문장이 있고, 우주론에 관한 이외의 논점으로는 노자의 '道生一 一生二 二生三 三生萬物'이 있다. 십익의 문장은 음양이원론적인 입장을 보이고 있고 노자는 도가의 삼재사상을 기반으로 하고 있는데 어떤 관점이 더 진실에 근접한 것인가를 알아보기로 하자. 이를 위해 현대물리학에서 찾아낸 지식들을 바탕으로 하고 여기에 저자의 의견을 섞어가면서 우주론을 써내려가 보고자 한다.

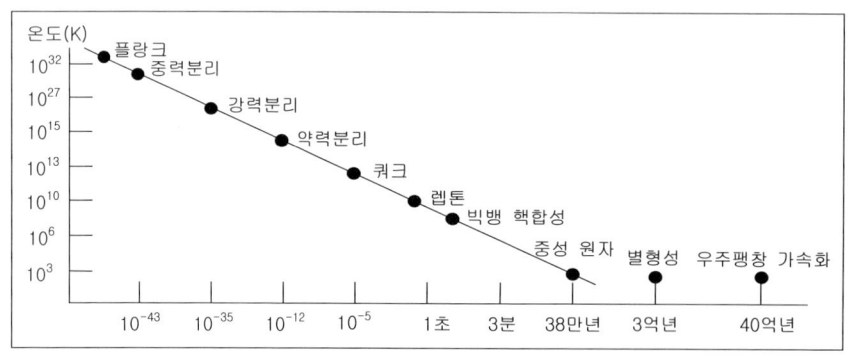

[우주의 중요한 사건들]

① ○ - 처음 빅뱅이 일어나기 전의 모습은 음양을 포태하고 있으나 아직 우주라는 것이 존재하지 않은 상태이므로 '무극(無極)'이라고 해야 맞을 듯하다. 왜냐하면 태극이란 것은 보통 현재 우주에서 음양을 구비하여 안정된 상태를 유지하고 있는 존재를 말하기 때문이다. 그러므로 易有太極이 아니라 易有無極이라고 해야 맞을 것이다.

한편 노자가 말한 도(道)란 것은 '자연이 운동변화하는 원리'를 말하는 것이고, 빅뱅 전의 모습은 음양을 뜻하는 '이(二)'를 포태하고 있는 '일(一)'로 표현한 것이라 생각해 볼 수 있으나, '일(一)'이라고 셀 수 있으려면 이미 우주에 생겨난 상태여야 하므로 빅뱅 전을 '일(一)'이라고 표현하는 것은 어불성설이 될 것이다. 따라서 빅뱅 전의 모습을 뜻하는 말은 도(道)라고 해석하던지 아니면 없다고 해야 할 것이다.

② ■■■■ (양효) - 현대물리학에 의하면 빅뱅 후 그림과 같은 과정을 거치면서

우주가 진화했다고 한다. 빅뱅이 일어나서 시공간이 생기고 난 직후인 플랑크시기는 물리학자 막스 플랑크의 이름에서 유래한 것인데 플랑크시간($5 \times 10^{-44}$초) 이전에 무슨 일이 일어났는지는 지금의 과학으로는 알 수 없다. 다만 4가지 힘인 중력/강력/약력/전자기력이 한데 합쳐진 원시힘이 있었을 것으로 보고 있다(제5의 힘인 K 또한 포함되어야 할 것이다.). 그 후 원시힘에서 중력이 갈라져 나와서 강력/약력/전자기력이 합쳐진 상태였던 대통일시기가 있었고, 또 다시 강력이 분리되어 약력과 전자기력만 합쳐진 약전자기시기가 되었다. 그 후 시공간을 일시에 쭈~욱 펼쳐버린 인플레이션시기가 있었고, 마지막으로 약력이 분리되어 현재의 힘의 모습이 완성되었다. 이때가 빅뱅 후 $10^{-12}$초에 해당한다. 이때까지 입자는 존재했으나 그 입자들은 질량을 가지지 못했다(그 입자들이 가진 에너지가 너무 컸기 때문에 그에 상응하는 질량 또한 너무 커서 우주의 기본입자를 구성하기에는 적합하지 않았기 때문이었을 것이다.). 힘은 에너지를 전달하는 과정이므로 陽에 해당하고 질량은 陰에 해당하는데, 힘만 있고 질량은 없는 이때는 무극에서 양이 탄생한 것으로 표현할 수 있다.

 빅뱅이 일어나서 맨 처음으로 양이 탄생하고, 이 양이 음양삼재로 분화해서 여섯 개(전기력/자기력/강력/약력/중력/K)로 나뉘게 된다. 여기서 무극이 동(動)해서 생긴 양은 에너지(힘)를 말하는 것이며 그 이후 음양삼재로 분화했을 때의 陰陽은 에너지 안에서의 음양속성을 말하는 것이므로 양중지음(陽中之陰), 양중지양(陽中之陽)이 되는 것으로서 에너지라는 陽에 대응하는 陰은 아니다. 즉 아직 陰(물질)이 탄생하기 전이라는 것이다.

③ ■ ■ (음효) - 이 질량은 없고 에너지만 있었던 입자들이 힉스장과 상호작용하면서 비로소 질량을 갖게 되었다.
 3-1.8괘[하괘(下卦)] : 최초의 물질로 쿼크가 생겨났다. 에너지라는 양에 대응하는 음이 처음으로 생긴 것이다. 처음에는 고에너지 상태였으므로 $E=mc^2$에 의해 질량이 가장 큰 3세대를 시작으로 쿼크와 반쿼크, 매개입자들이 생겨났으나 쿼크와 글루온이 분리된 상태인 플라즈마로 존재했다. 렙톤보다 쿼크가 우주의 많은 부분을 차지하고 있던 이때를 '쿼크시대'라고 부른다. 가장 무거운 3세대 렙톤도 존재했었지만 쿼크보다는 적었던 것이다.

시간이 좀 더 흐르면서 온도가 쿼크-글루온 결합에너지보다 더 내려가면서 이 쿼크들이 결합해서 양성자/중성자 같은 하드론을 형성하게 되는데 이때를 '하드론시대'라고 부른다. 이때가 빅뱅 후 1초에 해당한다. 1세대 쿼크까지 다 만들어졌다는 것은 음인 질량 중에서 질량이 렙톤보다 크므로 음중지음(陰中之陰)에 해당하는 쿼크가 음양삼재로 분화했다는 것을 의미하며 이를 괘로 표현하면 64괘의 밑을 이루는 하괘(下卦)를 완성했다고 볼 수 있다. 상괘(上卦)는 위에 있어서 양이므로 질량이 작은 렙톤이 해당하고, 하괘는 아래에 있어서 음이므로 질량이 큰 쿼크가 해당하기 때문이다.

3-2.8괘[상괘(上卦)] : 시간이 계속 지나면서 에너지는 더욱 떨어지게 되고 이제는 1세대 렙톤까지 다 만들어지게 되었는데 이 시기를 '렙톤시대'라고 부른다. 이때는 빅뱅 후 10초에 해당한다. 음중지양(陰中之陽)인 렙톤이 다 만들어졌으므로 64괘를 이루는 나머지 반쪽인 상괘(上卦)도 만들어진 것이다. 그러나 아직도 에너지가 너무 높아 원자핵과 렙톤은 안정적으로 결합한 상태를 유지하지 못하고 이들이 분리된 플라즈마 상태를 유지했다. 따라서 아직 64괘까지 진행하지 못했다고 말할 수 있다. 상괘와 하괘가 모두 만들어졌으나 서로 떨어져서 부유하고 있는 상태라고 생각하면 되겠다.

이때까지도 우주의 온도는 높았으므로 별의 중심에서 일어나는 핵융합이 그냥 우주공간에서 일어났는데 이 시기를 '빅뱅 핵합성'이라고 부른다. 즉 위의 하드론들이 융합하여 중수소(양성자+중성자)를 형성하고 이 중수소들은 또 다시 융합하여 헬륨(양성자2+중성자2)을 만들었다. 이외에 베릴륨/보론/탄소/산소/질소도 만들어졌을 것으로 보지만 무시할만큼 적은 양일 것이라고 파악한다. 이 반응은 약 17분간 유지되었을 것이라고 하며 핵합성이 끝난 때는 빅뱅 후 20분이 지난 시각이었다.

그리고 렙톤시대가 끝난 10초부터 38만년 동안을 '광자시대'라고 부르는데 그 이유는 하드론시대에는 우주의 에너지가 하드론과 반하드론이라는 물질과 반물질로 변환되었으나 대부분의 하드론과 반하드론은 결합해서 광자로 변해버리고, 렙톤시대에도 마찬가지로 렙톤과 반렙톤이 결합해서 광자로 변해버려서 우주에는 많은 광자가 있었기 때문이다. 하지만 이때까지도 우주의 온도가 높아서 원자핵(하드론)과 렙톤은 서로 결합하지 못한 플라즈마 상태에 있었고 광자는 전자기파이고 우주에 널려있는 플라즈마 또한 전자기를 만들어내므로 이 전자기들과 반응하면서 광자는 빛의 속도를 얻지 못하고 있었다.

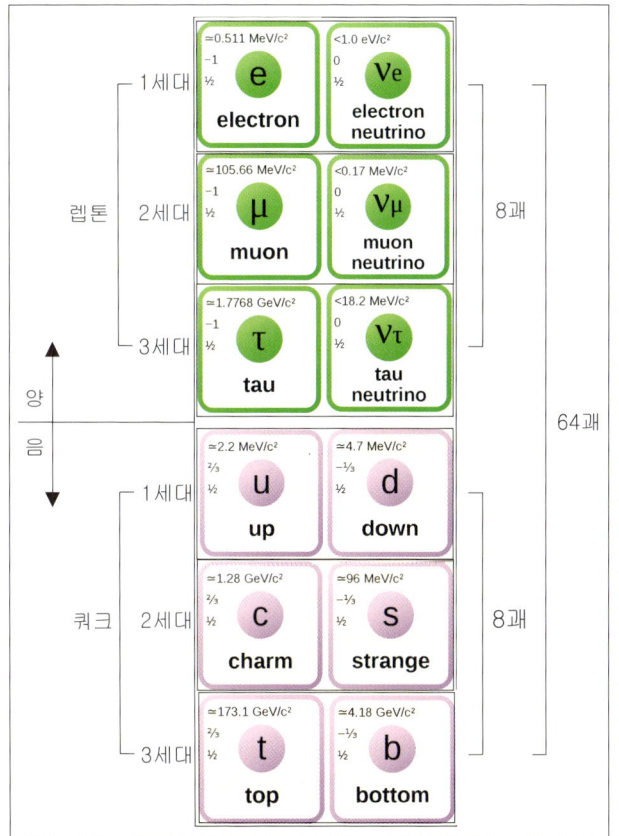

[원자수준의 64괘]

④ ▤▤▤ (건괘) : 빅뱅 후 38만년이 흘러서야 비로소 우주의 온도는 원자핵과 렙톤의 결합에너지 밑으로 떨어졌고 비로소 전기적으로 중성인 원자가 만들어졌다. 여기서 주시할 사항은 하드론시대에서 수소원자핵이 먼저 만들어졌던 것과는 다르게 중성원자는 헬륨원자핵의 전기력이 더 쎄므로 헬륨이 먼저 만들어졌다는 사실이다. 이렇게 안정된 원자를 이룸으로써 드디어 우주의 모습은 안정적

인 64괘의 모습을 갖추게 되었다. 즉 이전의 우주는 8괘의 상태였지만 이후의 우주는 64괘로 표현되어야 한다는 것을 말해준다. 1세대렙톤이 만들어지면서 64괘 구성요소들은 모두 만들어진 것이고 이후 주기율표의 원소들이 만들어지는 과정이 64괘들이 변화하는 과정이 아닐까 추측할 수도 있을 것이며, 이것을 '원자수준의 64괘'라고 부를 수 있을 것이다. 하지만 실재로는 1/2/3세대 쿼크와 렙톤이 동시에 존재해서 하나의 원자를 이루는 것이 아니다.[21] 현재 이 지구에는 1세대 쿼크와 렙톤만으로 원자가 구성되므로 이 '원자수준의 64괘'라는 것은 하나의 가설이라고 말하는 것이 온당할 것이다. 왜냐하면 64괘라는 것은 실지로 괘의 구성요소들이 모두 완전하게 갖추어진 상태에서 운동변화하는 것을 나타내는 것이기 때문이다. 즉 8괘가 모두 만들어진 후 이 8괘들이 서로 이합집산하는 모습을 표현한 것이 64괘라는 것이다.

그리고 렙톤이 원자핵과 결합하면서 광자를 방출하게 되었으나 우주는 이전의 플라즈마 상태가 아니라 중성원자들로 변해갔으므로 광자는 드디어 아무런 구속도 받지 않고 광속을 얻게 되었고 이때 우주로 방출된 광자들이 빅뱅의 근거가 되는 '우주배경복사'를 이룬다.

이렇게 중성원자들이 만들어지면서 확장되는 우주를 괘로 표현하자면 고온으로 운동에너지가 높아서 원심적으로만 움직였으므로 건괘에 해당할 것이다.

⑤ ☴ (손괘) : 빅뱅 후 많은 시간 동안 충분히 확장되면 에너지가 떨어져서 온도 또한 떨어진다. 온도가 높은 기체는 열에너지로 분자운동이 활발하므로 응집이 되지 않지만 절대온도 10K 정도의 저온기체가 밀집한 곳에서는 기체분자들의 열에너지에 의한 운동이 줄어들고 질량에 의한 중력만이 크게 작용하므로 주위의 기체들을 끌어당긴다. 중력에 의한 기체의 운동, 이것이 손괘가 의미하는 것이다. 질량분포에 불균등이 생기면서 질량들이 중력에 의해 움직이기 시작하는 것이다. 앞의 8괘에서 설명하기를 바람은 고기압→저기압으로 부는 것인데, 그렇게 움직일 수 있는 원인은 지구가 중력으로 질량이 큰 고기압 공기를 저기압 공기보다 더 큰 힘으로 잡아 땅기기 때문이라고 했다. 즉 바람이 생기는

---

[21] 따라서 1/2/3세대 쿼크/렙톤으로 원자의 구조가 음양삼재로 이뤄져 있다고 말하는 것은 논란의 소지가 있을 수 있다.

근본적인 원인은 질량에 의한 중력 때문이라는 것이다. 에너지가 아니라 중력에 의해 질량의 이동이 생기면서 '중력수축'이 시작된 것이다.

⑥ ☷(곤괘) : 밀도가 높은 저온의 기체 구름에서 한 곳으로 모이는 중력수축이 일어나 기체원반을 형성한다. 이 기체원반을 이루는 원자/분자들은 중력에 의한 인력이 운동에너지보다 크므로 더 이상 원심적으로 튀어 나가지 않고 구심적으로만 모여 있게 된다. 이렇게 구심적으로 모여서 '구형의 기체원반'을 만든 상태를 곤괘로 표현할 수 있겠다.

⑦ ☶(간괘) : 기체원반 중심부가 계속 수축하면 기체입자들의 위치에너지가 열에너지로 바뀌면서 막대한 열이 발생하고 중심부의 온도를 높인다. 이 열에너지에 의해 물질들이 또 다시 재배열 되는 현상을 표현한 것이 간괘가 되겠다. 이 과정을 통해 밀도가 가장 높은 것은 중심을 형성하고 낮은 것은 바깥에 위치하는 '물질의 재배열'이 완성된다.

⑧ ☲(리괘) : 중력 수축이 계속되어 중심부의 온도가 천만도 이상이 되면 수소가 융합하여 헬륨을 만드는 핵융합반응이 일어난다. 이 반응은 4개의 수소핵이 융합하여 1개의 헬륨원자핵을 만드는 과정이다. 이때 1개 헬륨원자핵의 질량은 4개 수소핵의 질량합보다 0.7% 정도 작은데, '$E=mc^2$' 공식에 의한 이 질량만큼의 에너지가 빛으로 변환되어 방출된다. 이 수소핵융합은 지금 태양 중심부에서 발생하고 있는 현상으로서 드디어 우주에 빛을 발하는 별이 태어난 것이다. 빅뱅 후 3억년이 지난 시각이었다. 이 별의 모습을 표현한 것이 리괘인데 질량이 이효(二爻)이고 이 질량을 융합함으로써 발생하는 빛과 열이 일효(爻)와 삼효(三爻)가 된다.

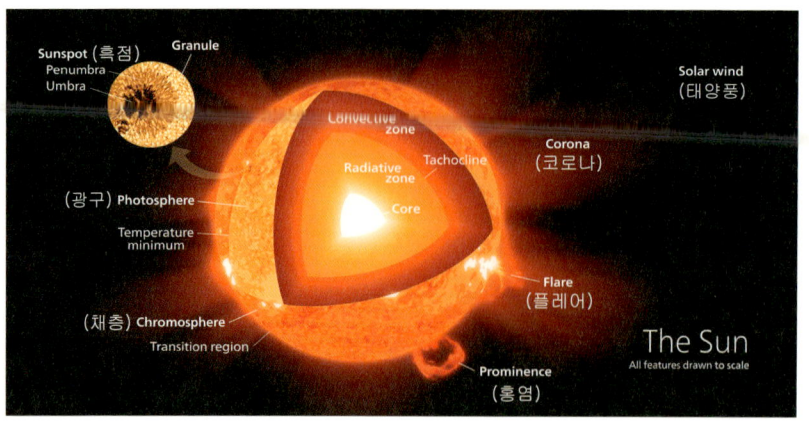

[태양의 구조 : 핵-복사층-타코클라인-대류층-광구-채층-코로나/홍염]

⑨ ☳ (진괘) : 진괘를 설명하자면 태양의 구조를 알아야한다. 태양은 전체 질량의 약73%를 차지하는 수소와 약25%를 차지하는 헬륨으로 대부분 구성되어 있고 약간의 철/산소/탄소/네온을 가지고 있는 기체로 이루어진 별이다. 가장 중심에는 중력수축으로 내부온도가 천만도 이상이 되어 수소핵융합이 일어나고 있는 중심핵이 있다. 이 바깥에는 복사권이 있는데, 태양은 비록 기체로 이루어져 있지만 복사권까지는 중력에 의한 압력이 굉장히 높으므로 기체들이 마치 고체같이 뭉쳐져서 하나로 자전할 수 있는 부위이다. 여기를 벗어나면 지구의 맨틀같이 기체들이 대류하고 있는 대류권이 있게 된다. 이 위로 광구가 있는데 이 광구 아래쪽은 불투명도가 높아서 볼 수 없고, 광구보다 높은 곳에서는 빛이 우주로 자유롭게 뻗어 나가므로 광구가 우리 눈이 볼 수 있는 태양표면이 된다. 광구보다 고도가 높은 곳은 대기의 온도나 밀도에 따라 채층/천이영역/코로나/태양권으로 나눌 수 있다. 태양의 구조를 지구에 비교하자면 대류권은 지구의 맨틀에 해당하고, 광구는 지각, 채층/천이영역/코로나/태양권은 대류권/성층권/중간권/열권에 대략 대응한다고 할 수 있는데 이렇게 말할 수 있는 이유를 알아보자.

수소핵융합에 의해 발생한 에너지 때문에 기체들이 격렬하게 충돌하게 되고 결국 전자가 튕겨져 나가게 되어 전자와 양이온으로 분해되는데 이런 상태를 플라즈마라고 한다. 태양을 이루는 많은 기체들이 이런 플라즈마 상태로 존재한다. 플라즈마는 전하를 띤 입자이므로 이들의 움직임은 곧 전류에 해당하고 전류가 발생하면 자기장은 자동적으로 발생한다는 것에 유념하자. 앞에서 설명한 대류층에서는 기체의 밀도와 온도에 따라 열적대류가 발생한다. 즉 복사권과 가까운 곳에서는 열을 받아 뜨거워져서 밀도가 낮아지므로 상승하고 대류층 표면에서 열을 발산하고 식으면 다시 바닥으로 가라앉는 것이다. 이렇게 위아래로 순환이 일어나면 전기가 발생하는 것이고 이에 따라 자기장도 만들어지겠다. 여기에 태양의 자전이 더해지면 대기순환을 더욱 요란스럽게 만들게 되고, 자기장은 전류자체가 아니라 전류의 변화에 의해 생기는 것이므로 이런 난기류는 전류의 변화를 더욱 크게 해서 자기장을 더욱 강하게 만들어준다. (이렇게 태양의 자기장을 설명하는 것을 다이나모이론이라고 한다.)

진괘는 리괘의 삼효(三爻)가 음효로 바뀐 것으로 양인 불(여기서는 전류)의 순환은 음에 의해 이뤄진다는 것을 나타내는데 태양에 있어서 음은 자기장에 해당한다. 왜냐하면 아직은 산소가 만들어지지 않은 상태로서 물 또한 만들어지기 전이기 때문이다. 앞에서 진괘의 이효(二爻)와 삼효(三爻)를 낮은 온도와 습도 그리고 자기장으로 설명했는데 그 이유는 지구엔 물이 존재하기 때문이디. 그러면 자기장이 어떻게 전류를 순환시키는지 알아보자.

앞에서 설명했듯이 플라즈마는 전하를 띠기 때문에 플라즈마의 움직임은 곧 전류이고 이에 따라 자기장이 생성되므로 플라즈마의 움직임은 곧 전자기의 움직임이다. 그런 플라즈마가 서로 반대방향에서 충돌하면 전자기장도 부딪히게 되는데, 전기력선은 출발점은 있으나 끝나는 점이 없으므로 한쪽이 고정되지 않은 줄과 같은 것이라면, 자기력선은 출발점으로 돌아오는 폐곡선을 그리는 닫힌 계(界)이므로 양쪽 끝이 고정된 기타줄에 비유할 수 있다. 그런 자기에너지가 강하면 강할수록 자기력선은 에너지로 가득 차서 탱탱한 상태가 되는데 강한 두 개의 자기력선이 부딪히면 마치 기타줄이 끊어지듯 자기력선이 끊어질 수 있다. 기타줄이 끊어질 때 줄 속의 에너지가 방출되면서 굉음이 발생하듯이 자기력선이 끊어지면 자기에너지를 방출하게 되고 (자기력선은 바로 재연결된다.[22]) 그 방향은 자기장의 성질에 따라 구심적으로 흐르게 되므로 태양중심을 향하게 된다. 지구에서의 이런 현상을 번개라고 부르고 태양에서는 플레어라고 부른다. 또한 자기재연결을 통해 자기에너지를 플라즈마의 열에너지와 운동에너지로 변환시키는데 그 결과 코로나층의 온도는 높아지고 민지고 인시픽날 생애 기간게 가속시키게 된다.

총괄적으로 다시 설명하자면 태양의 자전과 플라즈마의 대류로 인해 코로나층에 자기에너지가 계속 쌓이게 되면 자기의 수렴성에 의해 대류층의 상승을 억제하게 되고 이에 따라 그 부위의 표면온도가 떨어지게 되어 주위에 비해 어둡게 보이는 '흑점'이 발생한다. 그리고 이 강력한 자기에너지의 근원지인 흑점 위의 코로나층에서 강력하게 자화된 플라즈마들이 서로 부딪히면 자기력선이 끊어지면서 그 속의 자기에너지가 그 속성에 따라 구심적으로 코로나층에서 채층방향으로 방출되면서 주위의 플라즈마를 가열가속시키게 되는데 이 현상이 '플레어'이다. 이 플레어는 채층과 코로나층에서 발견되는데 지구의 번개가 지상으로 내리치는 것과 같다. 번개는 지구대기권에서 관찰 가능한 것이므로 채층이 태양의 가장 아래쪽 대기에 해당하고 그 밑에 있는 광구는 지각에 해당한다고 할 수 있다. 이 플레어가 강한 에너지를 가지고 채층을 내려치니 그 주위의 플라즈마들이 그 에너지를 받아서 크게 요동치면서 채층에서 코로나층으로 상승하게 되는데 이 현상이 '홍염'이다. 즉 플레어는 번개에 해당하고 홍염은 천둥에 해당하는 것이다.

⑩ ☵ (감괘) : 만약 별의 질량이 태양의 8배 이상이 되면 중심부온도는 1억 도까지 올라가게 된다. 그러면 중심부에서 '삼중헬륨반응'이 일어나는데 3개의 헬륨원자핵이 융합해서 탄소원자핵 1개를 만드는 반응이다. 이 반응이 진행되면서 온도가 5억 도가 되면 탄소가 핵융합해서 질소원자핵을 만들고, 이후에도 질소핵융합으로 산소를 만들고, 산소핵융합, 실리콘핵융합 등으로 계속 진행되어 마지막에 철이 만들어지면 더 이상 핵융합을 하지 않고 '중심부 붕괴[23]'가 일어

---

22) 이것을 자기재연결이라고 한다. 아래의 동영상을 참조하면 이해가 쉽다.
https://terms.naver.com/entry.nhn?docId=5647235&cid=62801&categoryId=62801
23) 철은 金에 속하며 金은 수렴하는 속성을 가지고 있다. 표(表)에서 리(裏)로 수렴시키는 것이 金의 작용인데 표에 있어야 할 金이 리에 있으면서 수렴작용을 나타낸다면

난다. 원소번호 26번인 철까지는 내부핵융합으로 생기고 그 이후 원소들은 철까지 만든 별들이 폭발하면서 만들어낸다(이에 대한 설명은 뒤의 '중성자별'에서 하기로 한다.). 이렇게 만들어진 산소가 수소와 결합해서 물이 만들어지는 것을 표현한 것이 감괘가 되겠다.

여기서 잠깐 리괘와 감괘를 비교하면서 이해해보자. 리괘의 불이라는 것은 수소원자핵의 질량이 에너지로 변하거나 지방덩어리가 타면서 불빛을 만들어내는 것들을 말하는데 이효(二爻)의 음은 질량과 지방을 나타내고 일효(一爻)와 삼효(三爻)의 양은 열이나 빛 같은 에너지를 나타낸다. 이와 대응되는 감괘 이효의 양은 산소를 나타내고 일효삼효의 음은 수소를 나타낸다. 즉 火(리괘)라는 것은 음을 양으로 발산시키는 형상이라는 것이고, 水(감괘)라는 것은 양을 음으로 포합한 형상이라는 것이다. 그러나 리괘를 감괘와 같이 양이 음을 포합한 형상이라고 해석할 수 없는데 그 이유는 양은 원심적이므로 안으로 무엇을 감싸 안을 수가 없기 때문이고, 같은 원리로 감괘를 리괘와 같이 양을 음으로 발산시키는 형상이라고 해석할 수 없는데 그 이유는 음은 구심적이므로 무엇을 밖으로 발산시킬 수가 없기 때문이다.

⑪ ☱ (태괘) : 태괘는 물의 순환모습을 나타낸다. 물은 그대로 두면 중력에 따라 밑으로 흐르는 성질을 가지고 있다. 이런 물을 순환시키려면 상승시켜야 하는데 그 상승력은 양에서 나온다고 말하고 있는 것이다. 이미 물이 탄생한 후이므로 태괘의 설명은 앞의 8괘내용을 참조하면 되겠다.

위와 같이 8괘까지는 물이 탄생하고 물의 운동이 일어나기까지를 설명하는 것이고 이 8괘들이 이합집산하는 모습을 표현한 것이 8괘에 8괘를 더한 64괘라고 할 수 있겠고 그 이합집산의 최종정수는 생명체가 될 것이다. 이것으로 볼 때 8괘에서 64괘로 가는 과정은 인간이 점을 쳐서 효를 만들기 위해서는 8괘 위에 효가 하나하나 더해지므로 8→16→32→64괘가 되겠다고 생각하겠지만 실지로는

---
더 이상 수렴할 여지가 없으므로 작용에 대한 반작용, 즉 수렴시키는 힘에 비례하는 힘으로 발산(폭발)되는 것이라 할 수 있다.

8괘가 이미 형성되어 있고 이들이 하나의 단위로 움직이므로 8괘에 그대로 8괘가 더해지면서 64괘가 만들어진다.

그러면 앞에서 말한 십익과 노자의 문장을 살펴보자. 이 문장들은 대략 8괘가 생성되는 과정을 말하고 있는데 먼저 십익의 문장을 현대물리학과 비교해보면, 빅뱅 전의 상태는 무극이라 표현하는 것이 더 온당해보이지만 태극이라 한다 해서 크게 어긋나는 것은 없을 것이다. 오히려 음양을 포태하고 있는 의미를 확실히 보여주므로 태극이 더 나을 수도 있을 것이다. 이 태극에서 양의가 나왔다고 했는데 힘과 질량이 생긴 것에 해당할 것이다. 그리고 兩儀生四象한다고 했는데 2/3세대 쿼크와 렙톤이 만들어지는 단계를 사상이라 말할 수 있을지 모르겠으나 힘의 분화에는 어떻게 적용시켜야 할지 모호하고, 힘과 질량을 음양이라고 말한다면 이들이 이합집산하여 만들어지는 것을 사상이라고 하는 것이 온당할 것인데 어떤 상태를 사상이라고 해야 할지 더욱 난감해진다. 왜냐하면 음양에서 그 음양이 3번 겹쳐지면서 바로 8괘로 변화하는 것으로 보이기 때문이다. (2개의 쿼크로 이뤄진 메존을 사상으로 보고, 3개의 쿼크로 이뤄진 바리온을 8괘로 보는 경우를 생각해보면, 메존과 바리온은 서로 대등한 관계이지 바리온이 메존보다 더 진전된 형태가 아니므로 사상이 8괘로 가는 과정으로 볼 수 없기 때문에 이 또한 적당하지 않은 것 같다.)

노자의 문장을 보면, 도(道)는 '자연이 운동변화하는 원리'라고 해석할 수 있겠고 빅뱅 전의 모습을 표현한 태극 같은 단어는 없다고 해야 할 것이다. 도(道)의 이치에 따라 에너지가 생긴 것을 일(一)이라고 표현했고, 물질까지 다 생성되어 에너지와 물질이 구비된 상태를 이(二)라고 표현했고, 이 에너지와 물질의 이합집산으로 생긴 기체원반/불/물 같은 것(8괘)들을 삼(三)이라 말했으며, 이들이 또 다시 이합집산 하여 생기는 생명체를 포함한 다양한 것(64괘)들을 '만물'이라고 말한 것이라 하겠다. 여기서 '生'이라는 글자가 참 절묘하다는 생각을 할 수가 있는데, 빅뱅으로 에너지가 방출되고 이어서 물질이 생기는데 그 물질은 에너지와는 별개로 빅뱅에서 나온 것이 아니라 에너지가 물질로 변환된 것이다. 즉 에너지가 물질을 만든 것이므로 정확히 '一生二(일이 이를 생한다)'가 되는 것이다. 마찬가지로 에너지와 물질이 팔괘의 현상들을 만들고, 이 팔괘들이 64

괘의 만물을 만드는 것이므로 모두 '生'이라는 단어를 선택한 것이 정확한 것이라는 것을 알 수 있다.

이 두 문장에 구애받지 않고 물리학이 밝힌 대로 우주론을 써본다면 빅뱅 전의 무극에서 陽이 생기고 이것이 陰陽三才로 분화하며, 이 陽이 陰을 만들고 이 陰이 또 陰陽三才로 분화한다(에너지가 물질이 되는 것이지 무극에서 물질이 생겨나는 것이 아니다. 陽이 陰으로 변화한 것이다. 생명도 처음에는 수컷이 먼저 만들어지고 이 수컷이 암컷으로 변화해서 암수를 이뤘을 것이다.[24]). 분화를 모두 마친 음양은 '변화를 뜻하는 삼(三)'의 원리로 8괘를 만들고 이 8괘는 하나의 단위로 움직여서 2개가 결합하면서 만물인 64괘를 만들어낸다. 이 모든 것을 십익과 노자의 화법을 섞어서 써본다면 '易有無極 是生陽而分化於陰陽三才 陽生陰而分化於陰陽三才 兩儀(즉 太極)生八卦 八卦生萬物' 정도가 될 것이다. 그리고 음양삼재로 모두 분화한 음양이 결합한 것이 태극이 되므로 위 표현의 兩儀가 太極에 해당한다고 보는 것이 온당할 것이다.

이미 설명했지만 이 8괘들은 서로 짝을 지어 연결되어 있는데 그림으로 간략히 설명해 보자면 다음과 같다. 손괘는 건괘의 초효가 음으로 바뀐 것이고, 간괘는 곤괘의 삼효가 양으로 바뀐 것이며, 진괘는 리괘의 삼효가 음으로 바뀐 것이고, 태괘는 감괘의 초효가 양으로 바뀐 모양이다. 이것의 의미는 양인 하늘(건괘)의 운동변화는 음인 질량에 의해서 일어나며 그 모습은 바람(손괘)으로 나타낼 수 있으며, 음인 땅(곤괘)의 운동변화는 양인 에너지에 의해 일어나며 그 모습은 산(간괘)으로 표현할 수 있으며, 양인 불(리괘)의 운동변화는 음인 자기력에 의해 일어나며 그 모습은 번개(진괘)로 표현할 수 있으며, 음인 물(감괘)의 운동변화는 양인 에너지에 의해 일어나며 그 모습은 샘(태괘)으로 표현할 수 있다는 것을 말하는 것이다. 결국 음양이 서로 영향을 주고받으면서 운동하는 것이 우주의 모습이라는 것을 말해준다. 그리고 건곤리감괘는 우주를 구성하는 본질을 말하고 있는 것이며, 손간진태괘는 이 본질들이 운동변화하는 모습을 나타

---

[24] 따라서 '닭이 먼저냐 달걀이 먼저냐'에 대한 해답은 수탉이 먼저 탄생했고 어떤 수탉이 암탉으로 변화하는 진화를 거쳤고 그 후 둘의 교미로 달걀이 나왔을 것이므로 수탉이 먼저라고 할 수 있을 것이다.

낸 것이라 할 수 있으니, 건곤리감은 체(体)에 해당하고 손간진태는 용(用)에 해당한다. 따라서 8괘는 체인 건곤리감괘로 간략히 표현할 수 있는 것이며, 이것은 불교에서 말하는 지수화풍(地水火風)과 대동소이하다 할 수 있다. 불교에서는 이 우주가 지수화풍이라는 4대 요소로 이뤄져 있다고 말하고 있는데, 여기서 풍(風)은 천(天)의 운동모습(用)이기는 하지만 천과 통하므로 그 말하고자 하는 바는 천이었다고 할 수 있을 것이기 때문이다.

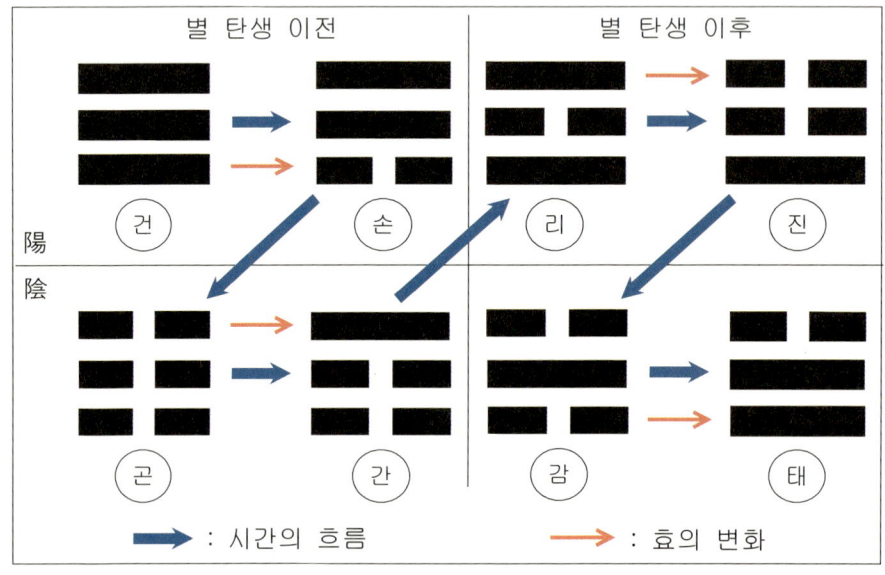

[8괘는 중성원자가 만들어지고 물의 운동이 생기기까지의 순서를 설명한다.]

그리고 여기서 원소들이 생겨나는 순서에 대해서 생각해 보기로 하자. 빅뱅 후 원자들이 만들어지고 나서 처음에는 H(수소)와 He(헬륨)이 우주로 뿌려졌다. 양인 에너지가 생기고 나서는 양의 상대가 되는 음인 질량이 생기듯이, H가 水에 해당한다는 것을 안다면 그와 동시에 생긴 He은 火에 해당하리라는 것을 유추할 수 있다. 음양의 균형이 무너지면 우주가 안정적으로 지속될 수 없는 것이므로 이렇게 음양이 짝으로 존재하지 않을 수 없는 것이다. 수소와 헬륨이 빅뱅 후 거의 동시에 생겼을 테지만 별의 수소핵융합을 보면 수소가 먼저 생겼을 것이란 사실을 알 수 있다. 그 후 탄소(C), 질소(N), 산소(O) 그리고 핵융합을 통해서는 최종적으로 철(Fe)이 생기는데, 탄소는 土에 해당하고 질소는 木, 산소는 火, 철은 金에 속하므로 만들어진 순서는 수소(水)→헬륨(火)→탄소(土)→질소(木)→산소(火)→철(金)이 되겠다[25].

그리고 土에 대해서 좀 더 알아보자. 水에 속하는 수소와 火에 속하는 헬륨만 있을 때에는 별다른 변화가 없다가 土인 탄소가 만들어진 이후에야 비로소 기타 원소들이 기하급수적으로 만들어지기 시작하는데(탄소와 철 사이에는 많은 원소가 있다) 이로써 土가 우주의 변화를 주재하는 핵심요소라는 것을 알 수 있고, 생명체 또한 이 원소들의 유기적 집합체이므로 水火土가 구비되는 순간 폭발적으로 진화해나갈 것이라는 사실 또한 알 수 있다. 그래서 생명탄생의 기본요건은 水火土가 되며, 土인 탄소고정이 완성되는 순간 생명의 문은 열린 것이라고 봐야 할 것이다.

土가 자연의 운동변화를 주재한다는 것은 중성자별을 통해서도 알 수 있다. 중성자는 원자핵을 이루는 양성자끼리의 척력을 상쇄시켜 원자핵이 만들어지고 결국 전자가 그 주위를 운동함으로써 원자가 탄생할 수 있게 하는 소립자로서 양성자끼리의 척력을 중재하는 土의 성질을 가지고 있다. 별의 내부가 이런 중성자들로만 구성되는 때가 있는데 이런 별을 중성자별이라고 한다. 철은 金의 속성을 가지고 있어서 구심적으로 수렴하는 속성이 있는데 별의 중심부가 최종적으로 철로 이루어지면 결국 이 철의 구심성으로 전자를 원자핵 속으로 잡아당긴다. 그래서 전자와 양성자를 결합시켜서 중성자로 만들어 중성자별로 만들게 된다. 그리고 이 중성자별의 중력에 의해 별 외곽의 물질들이 빨려 들어가면서 중심에 있는 중성자별과 충돌하게 되고 결국 별이 폭발하는 초신성 폭발이 일어난다. 이 폭발에너지를 얻은 중성자들이 철 이전 원소들의 원자핵 속으로 들어가면서 '양성자+전자+반전자중성미자'로 바뀌게 되는데 이때 전자와 반전자중성미자는 원자핵 밖으로 방출되고 양성자는 원자핵 안에 남으면서 원자번호를 증

---

[25] 헬륨과 산소가 모두 火에 배속되는데 이 火가 같은 속성일 것인가에 대해 생각해보면, 헬륨은 최외각전자가 2개로서 안정상태를 이루므로 비활성기체이다. 산소 같은 불꽃반응을 일으키지 않는다. 따라서 저자는 헬륨은 상화(相火), 산소는 군화(君火)라고 생각하는데 이 상화군화는 개념이 다소 모호하여 아직 정견(定見)을 가지지 못하였으므로 설명을 생략한다.

가시키면서 원소들을 만들어낸다. 즉 철 이후의 수많은 원소들은 중성자별이 폭발하면서 만들어지는 것이므로 土인 중성자가 역시 그 출발점이 되는 것이다.

● 우주
1. 구조
  1) 음양구조

물질은 陰에 해당하고 에너지는 陽에 해당한다. 그리고 이 둘은 $E=mc^2$이라는 공식으로 상호전화가 가능하므로 물질과 에너지는 하나의 근원에서 나온 것임을 유추할 수 있다. 따라서 물질과 에너지가 우주의 음양구조를 이루고 있는데 물질을 이루는 기본입자(페르미온)와 힘(에너지)을 매개하는 매개입자(보손)가 그것이다.

  2) 삼재구조.

삼재구조라는 것이 2가지를 생각해 볼 수 있는데 첫째는 물질과 에너지 외에 다른 한 가지가 이 둘 사이의 중간자로 작용해서 물질과 에너지관계가 안정적으로 이뤄질 수 있게 해주는 것을 이를 수 있다. 둘째는 물질과 에너지 각각이 다시 셋으로 나뉘는 경우를 생각해 볼 수 있다.

첫째로 물질과 에너지를 연결시켜주는 고리가 무엇인가를 생각해보면 반입자[26]라는 것을 떠올릴 수가 있다. 반입자는 우리가 일상적으로 알고 있는 입자와 질량은 같지만 전하와 스핀 같은 대부분의 속성들은 반대인 입자를 말한다. 예컨대 전자의 반입자는 양전자인데 양전자의 전하는 전자의 반대인 +가 된다. 기본입자이면서 전하가 없는 광자/글루온/Z입자 같은 경우에는 자기 자신인 광자/글루온/Z입자가 반입자가 되고 기본입자가 아니면서 전하가 없는 중성자 같은 경우에는 중성자를 이루는 쿼크들(ddu)의 반입자가 존재하기 때문에 중성자 자신이 반입자가 되지 않고 반중성자(ddd)가 반입자가 된다. 이 입자와 반입자가 만나면 입자와 반입자는 없어지면서 감마선이나 중성미자로 변신해서 광속으

---

[26] 반입자는 입자물리학에서 말하는 소립자에 대응하는 개념이다. 소립자가 모여 물질을 이루듯이 반입자들이 모여 반물질을 이룬다. 따라서 물질과 에너지를 이어주는 개념으로는 반입자가 아니라 반물질이라고 해야 더 명확한 표현이겠다.

로 순식간에 날아가 버리고 그와 동시에 반응 전후의 질량차이만큼의 에너지가 방출된다. 생각건대 우주가 팽창하는 기간에는 반물질이 물질과 합쳐져서 물질을 없애면서 에너지를 우주로 방출하고, 수축하는 기간에는 에너지가 물질과 반물질로 변신해서 우주에 물질을 더하는 것은 아닐까 상상해본다.

두 번째로 앞에서 살펴봤듯이 물질을 이루는 기본입자와 힘을 매개하는 매개입자는 모두 삼재로 나눌 수 있다.

2. 원운동

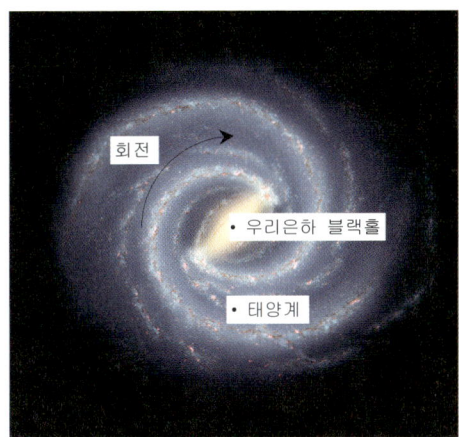

[우리은하의 상상도]

우주가 원운동을 하고 있다는 것은 원자부터 시작해서 지구/태양/은하의 운동을 보면 확연히 알 수 있는 사실이다. 다만 은하에 대한 설명만 조금 덧붙여보자. 은하는 보통 10억~1000억 개의 별들로 구성되어 있는데 중심을 기준으로 원운동을 하기 때문에 대부분 나선형이나 타원형은하를 만든다. 자연의 음양이치에서 은하도 벗어날 수가 없는데 陰은 구심적으로 모이는 성질을 말하며 이는 결국 질량이라는 물리적 형체로 드러난다. 어떤 계(界)가 그 존재를 안정하게 유지하려면 중심에서 멀어지려는 陽과 중심으로 수렴하려는 陰이 균형을 이뤄야한다. 은하도 그 존재를 유지하려면 원운동에 따라 나타나는 원심력에 상응하는 구심력을 중심에서 발휘해야 하므로 은하 중심에는 질량이 아주 큰 물질이 있어야 하는 것이다. 즉 어떤 계의 중심에는 무거운 질량이 있어야 하고 중심에서 멀어질수록 질량의 밀도는 작아지는 것이다. 원자도 그렇고 태양계도 그렇고 은

하도 그렇고 우주도 그렇다. 그래서 은하의 중심에는 그런 큰 질량을 가진 별의 잔해인 블랙홀이 있는 것이다. 블랙홀은 태양질량의 최소 3배가 넘는 무거운 별들만이 내부 핵반응에 필요한 연료를 모두 소모한 진화의 마지막 순간에 불안정해져서 자체 중력에 의해 스스로 붕괴되면서 만들어진다. 우리은하의 경우 태양의 400만 배에 달하는 질량을 가진 초질량 블랙홀이 은하중심에 존재한다고 한다. 이런 엄청난 블랙홀 질량으로도 은하팔에 있는 별들의 회전속도를 설명하지 못해서 암흑물질을 상정하고 있는 형편이니 어떤 계의 중심에 얼마나 많은 질량이 있어야 하는지 알 수 있을 것이다.

암흑물질은 은하단을 이루는 은하의 속도나 은하를 이루는 별들의 속도가 예상과 달라서 제기된 개념이다. 일반적인 중력법칙에 의하면 중심에서 멀어질수록 회전속도는 줄어들어야 맞다. 예컨대 태양계 행성들의 공전속도를 보면 수성은 46km/s, 금성은 33km/s, 지구는 29km/s, 화성은 23km/s, 목성은 13km/s, 토성은 9km/s, 천왕성은 7km/s, 해왕성은 5km/s로서 중심인 태양에서 멀어질수록 공전속도는 느려진다. 그런데 은하단의 중심을 도는 은하들의 속도나 은하의 중심을 도는 별들의 공전속도는 중심에서 멀어져도 그 속도가 별로 줄어들지 않았다. 이것은 눈에는 보이지 않지만 질량은 갖고 있는 어떤 물질을 상정하지 않으면 설명할 수 없었고 이를 '암흑물질'이라고 이름 붙였다. 처음에는 주목받지 못하다가 여러 관측결과들이 암흑물질을 가정해야 설명되면서 점차 인정받게 되었다. 그 근거 중 하나가 중력렌즈인데 이 현상은 질량에 의한 중력이 시공간을 구부리면서 빛을 휘어지게 만드는 렌즈역할을 한다는 것을 말한다. 20세기에 들어서면서 여러 중력렌즈 효과들을 관측하게 되었는데 관측된 정도의 중력렌즈 효과가 나타나려면 눈에 보이는 은하나 은하단에서 관측된 질량보다 훨씬 많은 질량이 분포되어 있어야 한다는 것을 확인했던 것이다.

3.표리운동
  빅뱅이 일어난 후 우주의 팽창속도는 중력 때문에 점차 늦어지다가 암흑에너지가 우세해지기 시작한 대략 40억 년 전부터 팽창속도가 빨라지기 시작했다고 한다. 그러나 이 우주가 이렇게 계속 가속 팽창할 것인지 아니면 다시 수축할 것인지에 관해서는 의견이 엇갈리는 부분이다. 하지만 동양학적 관점에서 본다면 명확하다. 언젠가는 팽창을 멈추고 다시 수축하기 시작할 것이다. 다만 우주는 거대하므로 한 호흡의 시간이 아주 아주 길다는 것이 다를 뿐이다. 이 대우주를 닮아서 만들어진 것이 원자/DNA/인간/은하 같은 소우주이고, 원자→DNA→인간→은하 순으로 길어지다가 우주의 호흡에 이르러서는 상상을 초월하는 수준에 이르는 것이다.

우주가 팽창하는 시기는 陽의 시대이다. 물질보다 에너지가 크므로 양의 성질에 따라 우주의 중심에서 원심적으로 멀어지므로 우주가 확장되는 것이다. 반대로 수축하는 시기는 물질이 에너지보다 우위를 점하게 되므로 음의 성질에 따라 우주의 중심으로 구심적으로 가까워지므로 우주가 수축하는 것이다. 최근의 연구결과에 의하면 우주전체의 구성요소 중에서 암흑에너지가 68%를 이루고 암흑물질이 27% 그리고 우리가 알고 있는 보통 물질이 5%를 이룬다고 한다. 비록 이 수치들은 훗날 변할 수 있겠지만 아는 것보다 모르는 것이 훨씬 더 많을 수 있다는 것을 말해준다.

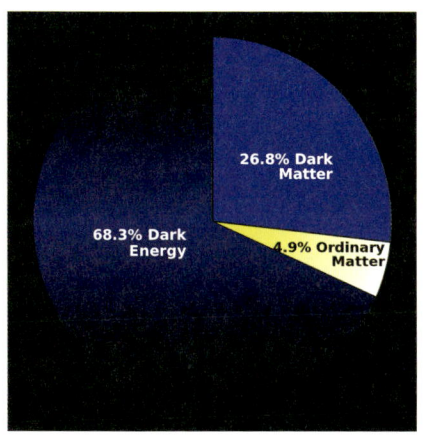

[우주 = 암흑에너지( 68%) + 암흑물질(27%) + 일반물질(5%)]

암흑에너지는 1998년 봄과 가을에 우주가 가속 팽창하고 있다는 초신성 연구결과가 연달아 발표되면서 등장했다. 상대성이론에 의하면 입자표준모형으로 설명되는 일반적인 입자와 에너지만이 우주에 존재할 경우 우주는 중력에 의한 인력에 의해 우주의 팽창속도가 줄어들어야 한다. 하지만 제1a형 초신성관측으로 발견한 우주는 그 팽창속도가 더욱 빨라지고 있었다. 최근 이영욱교수는 이 연구들이 광도진화효과를 무시해서 잘못된 결론에 이른 것이고 그 오류를 보정하면 암흑에너지의 증거는 대부분 사라진다고 반박하고 있지만, 우주의 가속 팽창은 초신성관측 뿐만 아니라 바리온음향진동 관측 그리고 우주배경복사 관측으로도 확인될 뿐만 아니라 초신성과 바리온 음향진동, 바리온 음향진동과 우주배경복사, 우주배경복사와 초신성의 조합으로 자료를 분석해도 동일한 결과가 나온다. 더욱이 이 3가지실험의 분석결과를 동시에 표시하면 삼중점이 나타나는데 이는 각 실험들이 오류 없이 수행되었다는 것을 의미하므로 우주가속 팽창은 더욱 신뢰받게 되었다.

이 우주가속 팽창을 설명할 수 있는 방법으로는 첫 번째로 암흑에너지를 도입하는 것이 있고 두 번째로는 중력이론인 일반상대성이론을 수정하는 것이 있다. 암흑에너지는 그 말이 대변하고 있듯이 우리가 모르는 어떤 에너지가 원심적으로 작용해서 우주의 팽창속도가 더욱 빨라지고 있다는 것이다. 이 암흑에너지는 2가지형태로 제시되고 있는데 우주에 균일하게 퍼져 있는 일정한 에너지밀도를 뜻하는 '우주상수(cosmological constant)'라는 것과 시공간에 따라 에너지밀도가 변화하는 quintessence나 phantom 같은 입자를 도입하는 방법이 있다. 이 중 우주상수 형태의 암흑에너지가 가장 유력하다고 말하고 있다. 이 우주상수라는 것은 아인쉬타인이 상대성이론을 정립하고 보니 이 우주가 중력에 의해 언젠가는 대수축을 맞이할 수 있는 운명이란 것을 알게 되었고 그는 그런 우주를 원하지 않아서 중력의 인력에 대항하는 척력을 발휘하는 항을 하나 방정식에 삽입하게 되었는데 그것이 우주상수이다. 우주상수는 우주전체에 균일하게 분포하는 빈공간의 에너지밀도를 말하므로 '진공에너지(vacuum energy)'라고도 불린다.

동양학은 체(体)와 용(用)을 아우르기 때문에 어떤 현상의 전체를 이해할 수 있다는 장점이 있다. 그런 동양학적인 관점에서 봤을 때 암흑에너지에 대한 저자의 결론은 다음과 같다.

①힘 또한 음양삼재로 분화하기 때문에 6가지로 존재해야 할 것이다. 그러므로 중력에 대응하는 힘인 K가 존재하고 있을 것이고, 이것이 암흑에너지의 정체

가 될 것이다.

②K의 성질은 陽적이므로 힘의 방향은 중력의 반대인 원심성일 것이므로 척력일 것이며, 힘의 크기 또한 양적이므로 중력보다 작을 것이다.

③K의 정체는 우리가 기(氣)라고 표현해왔던 그것이다['폐(肺)'항목 참조]. 힘의 크기가 작을 것이라는 것은 이 기에 관한 서적이나 주위의 기를 느끼는 사람들을 관찰해보면 기를 느끼기 위해서는 몸의 힘을 빼야한다는 것에서도 유추할 수 있다. 기수련의 기본자세는 태극권의 참장공 같이 발은 기마자세를 하고 두 팔은 둥근 원을 만든 채 수평으로 들고 서 있는 모양인데, 요점은 온몸의 힘을 뺀다는 것이다. 육(肉)의 힘을 쓰지 말고 뼈와 근막의 장력으로만 서있는다고 보면 되겠다. 마트에서 고기를 사려고 보면 살부위가 있고 이 살을 감싸안고 있는 막이 있는데 그 막이 근막이다. 하나의 근육을 다른 근육과 구분 짓는 막인데 이 막이 근육의 양끝에서 뼈에 붙어 고정되게 된다. 인체는 이 근막과 뼈만으로도 서있을 수가 있는데 이른바 'tensegrity 구조'라고 할 수 있다(tensegrity는 장력을 뜻하는 tension과 통합을 뜻하는 integrity의 합성어이다.). 이렇게 육(肉)의 힘을 완전히 빼고 뼈와 근막으로만 서있으면(나중에는 기를 느끼는데 있어 자세는 별 상관이 없어진다. 기본자세가 그렇다는 것일 뿐이다.) 중력보다 더 약한 힘인 K의 움직임을 느낄 수 있게 되는데, 익숙해지면 그 기의 움직임에 따라 손발도 움직이게 된다.[27] 이렇듯이 중력은 이렇게까지 힘을 빼지 않더라도 그 존재를 알 수 있는데 K(氣=암흑에너지)는 온몸의 힘을 최대한 빼야지만 느낄 수 있다는 것으로도 K의 힘은 중력보다 작을 것이라는 사실을 유추할 수 있다. 그래서 기감이 뛰어난 사람들의 근육은 보통 부드럽다.

④이 K는 우리가 모든 분야에서 기(氣)라는 단어를 쓰듯이 있지 않은 곳이 없으므로 공간의 대부분을 차지하는 허공(진공)에도 존재하며 그 양적인 성질로 소립자들을 요동치게 만들고 있다고 생각한다. 즉 양자적 요동의 원인이 이 K라는 것이다. 그러나 우주상수는 에너지가 우주에 균일하게 분포되어 있다고 가정

---

[27] 우리민족이 1만 년 전 마고성에서 수련했던 것이 이런 기수련이었을 것이다. 율려(律呂)라고 하는데 뒤의 「부도지」에서 설명한다.

하고 있지만, 기공가들이 흔히 '여기는 기가 쎄다', '여기는 약하다'라고 말하는 것으로 추측할 수 있듯이 K는 공간에 균일하게 분포되어 있지 않을 것이라는 점이 큰 차이섬이라고 할 수 있다.

⑤소우주의 표리운동이 대우주를 닮은 것이라는 관점에서 볼 때 이 K에 의한 에너지의 총량은 우주를 무한히 가속 팽창시킬 정도가 아니라 팽창 끝에 다시 수축하는 우주를 만드는데 그칠 것이라 예상한다. 대우주는 아주 아주 커서 한 순환의 길이가 길기는 하지만 결국 한 표리호흡을 완성하기 위해서는 날숨 끝에 들숨이 있을 것이기 때문이다. 어떻게 우주가 팽창했다가 수축할 수 있을 것인가에 대해 생각해 보다 이런 추론을 한번 해봤다. 이 지구에는 아주 드물게 존재하지만 대기권 밖으로 나가기만 하면 이 우주의 99%는 플라즈마로 가득 차 있다. 무수한 별을 이루고 있는 것도 플라즈마이고 이들이 밖으로 뿜어내고 있는 것도 플라즈마이다. 그야말로 이 우주라는 운동장은 전자기장의 쑥대밭인 것이다. 그리고 이 우주 또한 회전운동을 한다. 태양을 구성하는 플라즈마가 태양의 자전을 만났을 때 난기류가 심해지고 그에 따라 자기에너지가 축적되듯이 우주를 가득 채우고 있는 플라즈마 또한 우주의 회전운동으로 자기에너지를 축적하고 있을 것인데 우주 끝부분의 원심력이 가장 쎌 것이고 그에 따라 난기류 또한 심할 것이므로 그에 따라 자기에너지도 가장 많이 축적될 것이다. 지구의 번개와 태양의 플레어가 발생하는 이치와 마찬가지로 우주의 가장 바깥에 존재하는 자화된 플라즈마 덩어리가 서로 충돌하거나 에너지가 어느 임계점을 넘어서면 이 자기에너지가 그 음의 속성에 따라 우주중심방향인 구심적으로 작용하게 된다면 그 자기장의 인도에 따라 플라즈마들이 이동할 것이고 플라즈마 또한 물질이므로 가까이 접근할수록 중력은 강해지므로 수축은 더욱 빨라져서 결국 한 점으로 모이게 될 것이다. 이렇게 되면 플레어 이후에 반작용으로 홍염이 튀어오르듯이 또 다시 빅뱅이 일어나 우주는 또 다시 팽창하게 되는 것이 아닐까 생각해보는 것이다. 물론 공학도이기는 하지만 물리학 비전공자의 상상이다...

⑥소우주가 대우주를 완벽히 모사한다면 (뒤의 'DNA'항복에서 설명했듯이) 중력과 K의 매개입자들은 발견되지 않을 가능성이 많다.

● DNA(Deoxyribo Nucleic Acid. 디옥시리보핵산)

1. 구조(음양삼재)

  1) 음양구조

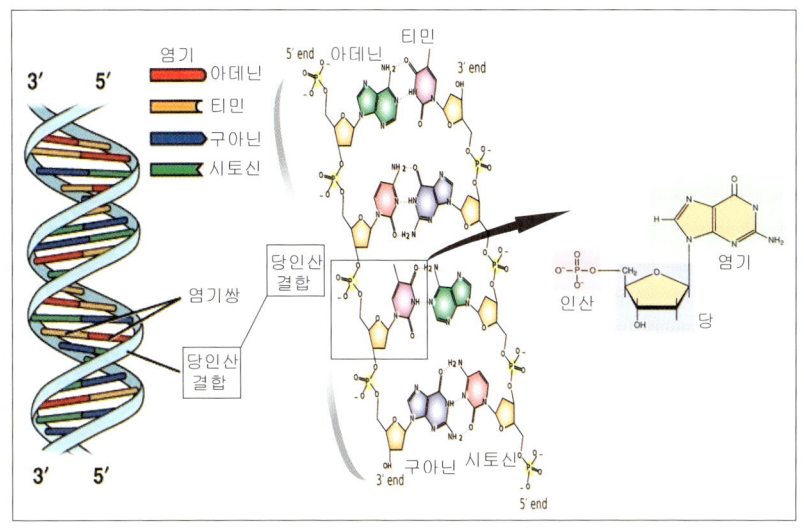

[당인산결합이 뼈대역할을 하고 여기에 염기가 음양으로 결합한다.]

　　DNA는 기다란 폴리뉴클레오티드(Polynucleotide)라는 구조 2가닥이 서로 연결되어 비비 꼬여진 형태인 이중나선구조로 되어 있다. 폴리뉴클레오티드는 뉴클레오티드가 여러 개 연결되어 있다는 뜻이고, 이 뉴클레오티드는 3개의 성분, 즉 인산-당-염기로 구성되어 있다. 여기서 인산-당의 구조는 일정하지만 염기성분은 4종류가 불규칙적으로 연결되어 있는데 T(Thymine. 티민) C(Cytosine. 시토신) A(Adenine. 아데닌) G(Guanine. 구아닌)가 그것이다. 여기서 T와 C는 피리미딘(pyrimidine)이라는 화합물의 일종이고, A와 G는 퓨린(purine)이라는 화합물의 일종이다. 두 개의 폴리뉴클레오티드 가닥은 서로의 염기들의 수소결합으로 연결되는데 여기에 일정한 규칙이 있다. 퓨린과 퓨린, 피리미딘과 피리미딘끼리는 연결되지 않고 반드시 퓨린과 피리미딘이 연결되는데, T는 A와 연결되고 C는 G와 연결된다. 그러면 DNA는 폴리뉴클레오티드 2가닥이 연결된 것이므로 음양구조인 것은 확실한데 어느 쪽이 음이고 어느 쪽이 양인지는 확실하지 않다. 이것을 어떻게 알아낼 수 있을까? 당과 인산은 2가닥의 공통이므로 이는 음양을 구분하는 기준이 되지 못할 것이니 퓨린과 피리미딘 중 어느 쪽이 음양에 해당하는지를 알아내면 될 것이다.

㉠O, H 비율

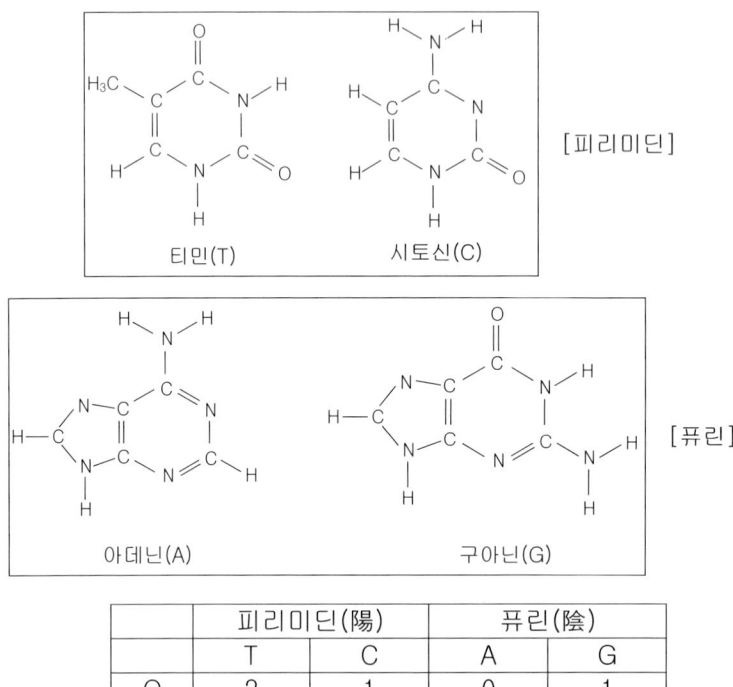

|   | 피리미딘(陽) | | 퓨린(陰) | |
|---|---|---|---|---|
|   | T | C | A | G |
| O | 2 | 1 | 0 | 1 |
| H | 3~6 | 5 | 5 | 5 |

4가지 염기들을 구성하는 산소와 수소의 개수를 구해보면 위의 표와 같다. 수소의 개수가 비슷한 가운데 T에는 2개의 산소가 있고 A에는 산소가 없다. 따라서 피리미딘(pyrimidine)이 陽이고 퓨린(purine)이 陰이라고 생각할 수 있다.

㉡몰질량(molar mass)과 분자구조

|   | 피리미딘(陽) | | 퓨린(陰) | |
|---|---|---|---|---|
|   | T | C | A | G |
| g/mol | 126 | 111 | 135 | 151 |
| 분자구조 | 단일 고리구조 | | 이중 고리구조 | |

퓨린의 몰질량이 피리미딘보다 모두 크다. 중량은 음을 의미하니 퓨린이 음이고 피리미딘이 양에 해당한다. 그리고 구조가 1개 있는 것은 양에 속하고 2개 있는 것은 음에 속한다. 예컨대 우리가 외다리로 섰을 경우 중심을 잡지 못해서 휘청거리게 되고 이것은 움직이게 된다는 것이고 양의 속성과 통한다. 하지만 두 다리로 선다면 안정감 있게 서 있을 수 있으니 음에 속한다고 할 수 있다. 더 확실한 것은 앞에서 설명했다시피 전자의 각 오비탈에는 2개의 전자가 들어갈 수 있는데 2개가 들어있을 때는 전자가 안정되어 다른 원소와 잘 반응하지 않고(그래서 음에 속하고), 1개가 들어있을 때에는 전자가 불안정하여 다른 원소와 잘 반응한다(그래서 양에 속한다).

이상 3가지 기준을 통해 봤을 때 같은 결론을 얻었으니 퓨린은 음에 속하고 피리미딘은 양에 속한다고 할 수 있겠다. 따라서 2개의 DNA 가닥 중에서 퓨린을 많이 가진 가닥은 음이고 피리미딘을 많이 가진 가닥은 양이라고 할 수 있겠다. 그러나 자세히 보면 염기는 A-T, C-G로 짝지어지는데 이럴 경우 몰질량이 161과 162로 거의 같게 되는 것을 알 수 있다. 이것은 DNA가 좌우균형을 이루려고 노력하고 있다는 것을 보여주는데 한쪽의 폴리뉴클레오티드에 질량이 몰릴 경우 무게중심이 기울어질 것이므로 균형이 맞지 않아 원운동과 포리운동, 즉 전사/복제 등을 하는데 어려움을 겪을 것이다. 즉 유전자수준에서 병이 든 것이라 할 수 있다. 따라서 정상적인 경우에는 2개의 폴리뉴클레오티드에 질량이 균등분포하고 있을 가능성이 많으며 만약 한쪽에 퓨린이 많을 경우는(그러면 반대쪽은 자동적으로 피리미딘이 많게 되겠다) 병든 것이라고 판단할 수 있을 것이다. 추가적으로 퓨린 끼리 또는 피리미딘 끼리 결합하지 않고 퓨린과 피리미딘이 결합하는 것을 보면 음이 양을 필요로 하고 양 또한 음을 필요로 하는 것은 태극체의 균형을 이루려는 자연의 기본원리라는 것을 알 수 있다.

2)삼재구조

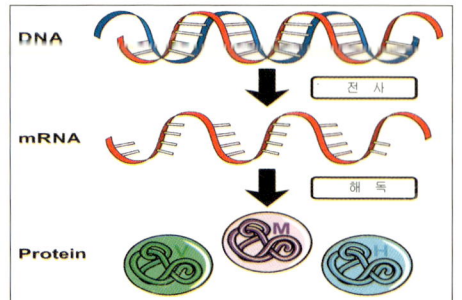

[전사 : DNA→ RNA.
해독 : 아미노산을 지정.]

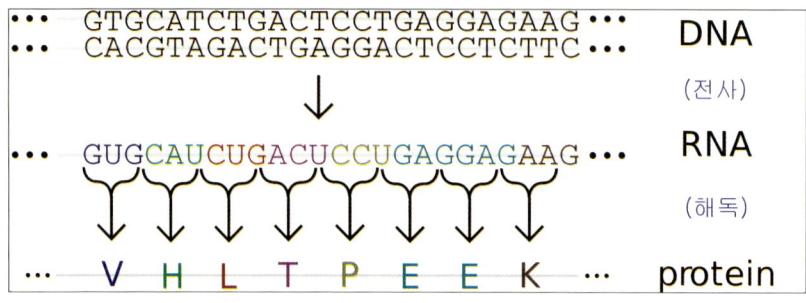

[위 그림을 염기와 단백질로 표현하면 이와 같다.]

구조자체가 삼재로 구성되어 있다는 측면에서 말하자면 뉴클레오티드가 "당/인산/염기"의 3부분으로 되어 있다고 설명하는 것으로 충분할 것이다.

또 다른 측면에서도 살펴보는 것이 좋을 듯싶어 추가로 설명하고자 한다. DNA는 숙주가 가지고 있는 모든 유전정보를 가지고 있다. 일종의 저장장치인 것이다. 그런데 이 정보를 몸전체에 표현하려면 DNA로 몸속을 꽉 채워야 할텐데 몸의 구조를 이루고 있는 것은 단백질이다. 즉 土다. DNA는 중요한 정보를 가지고 있기 때문에 세포의 핵 속에 조심히 보관해두고 이 DNA를 복사[정확하게는 전사(transcription)]해서 RNA라는 복제물을 만들고 이 RNA가 안전한 핵을 벗어나 세포질로 나온 뒤에 각각의 단백질에 유전정보를 해독(translation)해 줌으로써 몸 전체를 각 개체의 독특한 유전정보로 꽉 채워 개체마다 독특한 개성을 표현할 수 있게 해준다. 즉 DNA가 RNA로 모습을 바꾸는 것을 '전사'라고 하고, RNA가 아미노산을 지정하는 것을 '해독'이라고 하며, RNA의 유전정보를 DNA로 다시 바꾸는 것을 '역전사'라고 한다. 여기서 한 가지 기억해야 할 것은 이러한 유전정보가 탄수화물이나 지방이 아닌 단백질로 저장된다는 사실이다.

水가 만물의 근원이므로 지방에 저장될 것 같지만 土에 해당하는 단백질에 저장된다는 사실이다. 이것은 생명체라는 것이 土에 기반하고 있다는 것으로 탄소고정이라는 것이 탄소(土)라는 무기물을 유기물로 변환시키는 과정이라는 것과 일맥상통한다.

| UUU | Phe | UCU | Ser | UAU | Tyr | UGU | Cys |
|---|---|---|---|---|---|---|---|
| UUC | | UCC | | UAC | | UGC | |
| UUA | Leu | UCA | | UAA | Stop | UGA | Stop |
| UUG | | UCG | | UAG | | UGG | Trp |
| CUU | Leu | CCU | Pro | CAU | His | CGU | Arg |
| CUC | | CCC | | CAC | | CGC | |
| CUA | | CCA | | CAA | Gin | CGA | |
| CUG | | CCG | | CAG | | CGG | |
| AUU | Ile | ACU | Thr | AAU | Asn | AGU | Ser |
| AUA | | ACC | | AAC | | AGC | |
| AUC | | ACA | | AAA | Lys | AGA | Arg |
| AUG | Met/Start | ACG | | AAG | | AGG | |
| GUU | Val | GCU | Ala | GAU | Asp | GGU | Gly |
| GUA | | GCC | | GAC | | GGC | |
| GUC | | GCA | | GAA | Glu | GGA | |
| GUG | | GCG | | GAG | | GGG | |

[염기 3개가 코돈을 이뤄 하나의 아미노산을 지정한다. 그리고 3개의 코돈은 아미노산을 지정하지 않고 중지신호만을 보낸다.]

RNA에서 단백질로 해독될 때 삼재의 원리로 이뤄진다. 즉 3개의 염기가 한 단위가 되어[이 단위를 코돈(codon)이라고 부른다.] 하나의 아미노산을 지정하고 이후 여러 가지의 아미노산을 결합해서 다양한 단백질을 만드는 것이다. 예컨대 GGC는 Gly라는 아미노산을 만들라는 지령과 같은 것이다. 그런데 염기 A는 T와 결합하고, G는 C와만 결합하므로 이 RNA의 GGC는 DNA의 CCG를 전사해서 만들어낸 것이다. 즉 RNA의 염기가 3개씩 짝 지워진다는 것은 DNA의 염기가 3개씩 짝 지워진다는 것과 같은 말이 된다. 따라서 DNA가 삼재로 구성되어져 있다는 말이 되는 것이다.

그런데 AGCT 4종류의 염기 중 3개가 합쳐져서 만들 수 있는 코돈의 개수는 그림처럼 모두 $4^3$=64개가 된다. 易의 64괘와 일치하는 것은 우연의 일치일까? 또 64개의 코돈 중에 아미노산을 지정하지 않는 것이 3개가 있다. UAA/UAG/UGA 코돈은 해독을 멈추라는 신호를 내릴 뿐 아미노산을 지정하지 않는 것이다. 그래서 이들을 종결코돈이라고 한다. 이 종결코돈을 빼면 61개의 코돈이 아미노산을 지정하는 것이다. 그런데 입자물리학의 표준모형에서 지금까지 밝혀낸 입자개수 또한 쿼크와 렙톤이 24개, 이들의 반입자가 24개 그리고 매개입자 13개를 더하면 61개이다.

| 렙톤 | $e$ | $v_e$ | $\mu$ | $v_\mu$ | $\tau$ | $v_\tau$ | 6개 |
|---|---|---|---|---|---|---|---|
| 쿼크 | $u_r$ | $d_r$ | $c_r$ | $s_r$ | $t_r$ | $b_r$ | 6개 |
|  | $u_g$ | $d_g$ | $c_g$ | $s_g$ | $t_g$ | $b_g$ | 6개 |
|  | $u_b$ | $d_b$ | $c_b$ | $s_b$ | $t_b$ | $b_b$ | 6개 |
| 매개입자 | $\gamma$, $Z^0$, W+, W-, H, g(8종류) | | | | | | 13개 |

코돈 AUG는 해독의 시작을 의미하기도 하고 아미노산 Met(메티오닌)을 지정하기도 한다. 우주도 빅뱅으로 이미 시작을 알렸다. 그러면 그 시작을 알린 입자는 무엇일까? '아미노산을 지정한다'는 것은 '정보의 질량화'를 의미하므로 질량화의 시작을 알린 입자가 무엇인지를 찾아보면 되겠는데, 질량이라는 것은 입자가 힉스장과 상호작용하면서 생긴 것이므로 힉스입자가 그 시작입자가 될 것이다. 그리고 현재 존재한다고 생각하지만 아직까지 그것을 증명해 줄 입자가 발견되지 않은 것이 3개가 있다. 중력을 매개하는 중력자와 암흑물질/암흑에너지를 매개하는 입자가 그것이다. 소우주는 대우주를 닮는다는 관점에서 본다면 DNA가 대우주를 대변한다고 볼 수 있고 따라서 중력/암흑물질/암흑에너지는 존재는 하지만(즉 신호는 주지만) 입자는 발견되지 않을(즉 아미노산은 지정하지 않을) 가능성이 많을 것 같다. 하지만 암흑물질은 그저 물질이라고 추측되는 것이지 매개입자가 필요한 힘의 일종이 아니다. 그러므로 정확하게 말하자면 중력과 암흑에너지(K)의 매개입자와 암흑물질을 이루는 입자는 발견되지 않을 것이라고 해야 하겠다.

최종적으로 DNA는 두 가닥의 음양 폴리뉴클레오티드가 결합된 형태이며, 뉴클레오티드는 당/인산/염기가 결합한 형태라는 사실 또는 염기가 3개씩 짝을 이뤄 해독한다는 사실에서 음양삼재 구조라는 것을 알 수 있다.

2.원운동

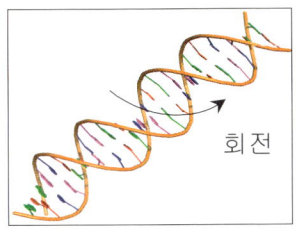

[두 가닥의 뉴클레오티드가 원운동을 해서 '이중나선구조'를 만든다.]

이 사실은 쉽게 알 수 있다. DNA가 나선구조를 가지고 있기 때문이다. 원운동으로 꼬이지 않으면 나선구조를 만들 수가 없는 것이다. 이렇게 꼬인 후에 자신을 복제하거나 전사할 때 다시 풀리게 되고 복제 후에는 다시 원운동을 하면서 꼬이게 되는데 이 운동을 얼마나 빨리 하는지는 다음의 표리운동에서 설명하기로 한다.

3. 표리운동

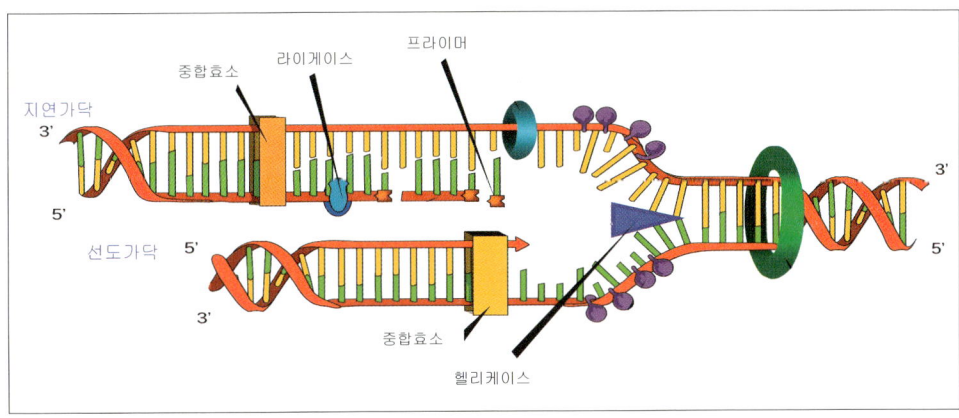

[선도가락은 표(表)에서 리(裏)인 오른쪽으로 진행하고, 지연가닥은 왼쪽으로 진행한다.]

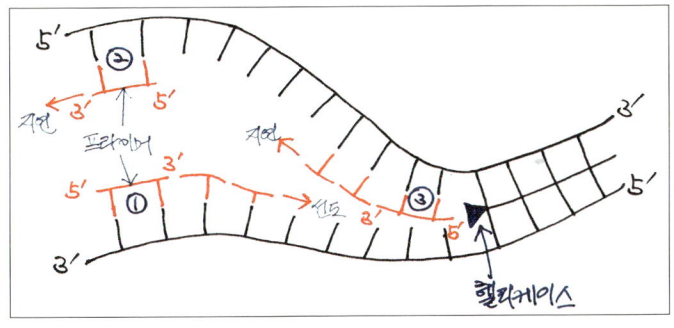

[위 그림을 간단히 그리면 이 그림과 같다.]

중심으로 가까워졌다가 멀어지고 다시 가까워졌다가 멀어지는 표리운동을 DNA는 어떻게 하고 있을까? 앞에서 설명했듯이 DNA가 RNA로 모습을 바꾸는 것을 '전사'라고 하고, RNA가 아미노산을 지정하는 것을 '해독'이라고 하며, DNA가 자신과 같은 또 다른 DNA를 만드는 것을 '복제'라고 하는데 이 전사와 복제과정에서 표리운동이 일어난다. 그러면 복제가 어떻게 일어나는지 알아보자.

하나의 뉴클레오티드에는 당의 5번(5') 탄소에 인이 붙고, 1번 탄소에 염기가 붙고, 3번(3') 탄소에 OH가 붙어 있다. 그 상대 가닥은 서로 반대방향을 향하고 있어서 3'와 5'가 마주 보고 있는 형태로 되어 있다. 복제의 처음에 헬리케이스(helicase)라는 DNA풀림효소가 연결된 2가닥을 쭉 분리해 나간다. 그러면 프라이머(primer)라는 뉴클레오티드 사슬이 붙는다. 여기에 연이어서 DNA중합효소(polymerase)가 쭉 뉴클레오티드 사슬을 붙여나가면서 복제해 가는데 여기서 특이한 사항이 한 가지가 있다. DNA중합효소는 3'에만 사슬을 붙일 수 있다는 것이다. 그러면 ①번 프라이머에는 3'에 사슬을 붙이면서 오른쪽으로 쭉 만들어 나가면 된다. 그런데 위 가닥에 ①의 반대편에 붙은 ②번 프라이머에는 아래가닥과 같은 방향으로 복제하려면 5'에 사슬을 붙여야 하는데 중합효소는 3'에만 사슬을 붙일 수 있으므로 오른쪽이 아니라 왼쪽으로 복제하게 된다. 그래서 위 가닥의 경우에는 ③번 위치에 프라이머가 또 붙는다. 그런 후 왼쪽으로 사슬을 붙여가면서 다시 복제해 나간다. 여기서 헬리케이스와 같은 방향으로 복제해 나가는 가닥을 선도가닥이라고 하고, 그 반대방향으로 복제해 나가는 가닥을 지연가닥이라고 한다. 그러면 그림에서 선도가닥은 오른쪽으로 진행하고, 지연가닥은 왼쪽으로 진행한다. 즉 선도가닥은 DNA의 중심부위로 들어가는 '표(表) → 리(裏)'운동을 하고, 지연가닥은 '리(裏) → 표(表)'운동을 하는 것이다.

1개의 세포 속에는 대략 30억 개의 염기쌍이 있는데, 만약 1초에 1개씩 복제해 나간다면 1개의 세포 속의 DNA를 모두 복제하려면 30억초 = 50,000,000분 = 833,333시간 = 34,722일 = 95년이 걸리게 된다. 너~무 오래 걸린다. 그래서 헬리케이스가 1개만 작동하는 것이 아니라 수천 개가 작동해서 동시 다발적으로 복제해 나가는데 그럼에도 불구하고 초당 수천 개의 사슬을 복제해 나간다. 표리운동이 엄청 빠르게 진행하는 것이다. 이 DNA보다 원자는 훨씬 작으므로 이보다 훨씬 빠르고, 인간은 DNA보다 많이 느리고, 우주는 아주 아주 많이 느리다.

● 인체
1.구조(음양삼재)
　우리가 자신의 몸을 얼마나 제어할 수 있는지 생각해보자.
폐와 심장이 산소교환 하는 것을 1~2시간 멈추거나 50% 정도만 가동할 수 있는가?
오른쪽 폐를 조금만 들썩여보고 싶은데 할 수 있는가?
간에서 독소 분리하는 것을 지금 좀 더 빨리 할 수 있나?
간을 오늘은 위장 쪽으로 조금 움직여보고 싶은데 당신은 가능한가?
코티졸호르몬이 너무 많이 분비되는 것 같은데 줄일 수 있는가?
먹은 음식을 오늘 소화시키지 말고 내일 소화시키고 싶은데 가능한가?
대변을 어제까지 못 봤는데 오늘은 대장에 있는 것들과 소장에 있는 것 반 정도를 배출하고 싶은데 할 수 있는가?
두통이 심한데 경동맥으로 올리기는 혈액을 좀 줄여 볼 수 있는기?
귀머거리가 아닌데 소리를 듣지 않을 수 있는가?
장님이 아닌데 눈을 뜨고도 보지 않을 수 있는가?
　우리가 우리의 몸에 대해 할 수 있는 것은 사실 그리 많지 않다. 수의근(隨意筋)이라는 근육을 움직일 수 있다는 것과 의식을 이용해 두뇌기능의 아주 일부만을 쓸 수 있을 뿐이다. 우리 몸의 주인이 나인 것 같은데 생각해보면 나인 것 같지 않은 상황인 것이다.

　DNA는 유전정보를 저장하고 있다. 이것은 자신이 죽더라도 다음 세대로 정보를 넘겨주고자 하는 것이다. 그런데 정보를 넘겨주고자 하는 방법이 바로 단백질을 통해서다. 아미노산을 매개로 이뤄지는 것이다. 따라서 최초의 생명체는 단백질(土)과 관련이 있음이 분명하다. 그럼 단백질 이전에는 무엇이 있었을까? 다윈은 한 편지에서 이렇게 썼다. "사람들은 원시지구에서 최초의 유기체가 탄생하기에 적절한 조건이 모두 갖추어져 있었다고 생각하지만 사실은 그렇지 않다네. 그러나 만일 온갖 종류의 암모니아와 인화합물이 녹아 있는 작고 따뜻한 연못에 충분한 빛과 열이 공급되면서 전기까지 흘렀다면 단백질을 비롯한 복잡한 유기물이 생성될 수 있었겠지."[28] 다윈이 말한 '작고 따뜻한 연못'은 여러 발전을 거치다가 1953년 스탠리 밀러와 해럴드 유리가 일련의 실험을 수행하여 기존의 가설에 생명력을 불어 넣었다. 요약하자면 원시대기(메탄/암모니아/수소/수증기)와 바다(물)에 번개(전류)와 태양을 일주일간 가동시킨 결과 글리신/알리닌/아스파르트산이 생성되었고, 그 후 더욱 정교한 후속 실험을 실행한 끝에 9종의 아미노산과 히드록시산을 합성하는데 성공했다. 즉 아미노산(土)이 생성되기 전에 수소/수증기/바다와 같은 水가 있고, 번개/태양과 같은 火가 있었다. 그러니까 水火가 먼저 생기고 거기서 土가 생기면서 생명체의 토대가 확실해진 것이다.

요약하면 水火가 있었고 여기에서 아미노산(土)들이 생성되었으며 아미노산들끼리 모여서 뉴클레오티드를 만들어서 결국 RNA를 만들게 된다. 그런데 RNA는 외부세계에 그냥 노출된 채로 있어서 위험하므로 RNA는 자신을 조금 변화시켜서 DNA를 만들고 DNA 주위에 막을 씌워서 우리가 '핵'이라고 부르는 구조를 만든 후에야 비로소 유전정보를 안전하게 후대에 전달할 수 있게 되었다. 드디어 최초의 세포막이 등장한 것이다. 이 무렵 모든 생명체의 공통조상이 등장했다고 생각해도 큰 무리는 없을 것이다. [여기에서 주목할 것은 RNA가 자신을 복제해서 DNA를 만들었고 이 DNA를 막에 싸서 보관했다는 것이다. 이렇게 중요한 것들을 막에 싸서 보관하는 과정이 계속 되고 이런 과정들이 시너지를 일으켜 고등동물로 진화해 갔을 것이다.]

지구환경은 때로는 평온하다가도 때로는 급격히 변해왔다. 급격하게 환경이 변하게 되면 생존을 위협받게 되는 생명체가 있기 마련이다. 공기 중 산소농도가 급격히 높아진 대산화사건은 28억 년 전에 일어났다. 갑자기 산소농도가 높아져서 고세균은 ATP를 생산하지 못해서 굶어 죽게 될 수 있는 상황에 처해졌

---

[28] 「기원의 탐구」(325쪽) 반니, 2017, 짐 배것

고 그래서 α-프로테오박테리아한테 유기탄소를 제공해주는 대신 박테리아는 이 유기탄소와 산소를 이용해서 이산화탄소와 물 그리고 ATP를 생산해서 고세균에게 제공하는 공생관계를 형성하다가 박테리아가 자신을 보호하는 막을 만들어서 고세균 속에서 살게 되는데 그것이 '미토콘드리아'이다. 이렇게 좀 더 진화한 복합세포가 탄생하게 되었다.

우리 몸을 이루는 요소들은 아무런 이유 없이 이뤄진 것들이 아니라 생존을 위해 꼭 필요해서 외부에서 끌어들이거나 내부에서 만들어낸 것들이라고 봐야 한다. 그런 진화를 인간은 어떤 경로로 밟아 왔을까? 아마도 대답은 "지구상의 첫 생명체인 루카가 진화를 거듭해 인간에 이른 모든 진화단계였다[29]"고 말하는 것이 맞을 것이다. 왜냐하면 난자와 정자의 모습이 사람과 비슷한 모습이 아니고 그저 DNA 운송수단인 루카와 비슷하기 때문이다. 이 생식세포 속에는 핵심적인 DNA를 막으로 조심스레 잘 싸서 보관하고 있고, 에너지를 공급해 줄 미토콘드리아도 있고, 그 외 여러 소기관들이 있는 것이다. 그리고 정자와 난자가 만나서 수정란이 되고 나서는 루카가 겪었을 진화단계를 수정란이 밟아 나가기 시작한다. 수정 후 1주일이 되면 세포분열을 계속해서 100개 정도가 되는데 이때의 모습은 개구리의 포배배와 비슷하다. 16일째가 되면 파충류, 조류, 모든 포유류가 공통적으로 갖고 있는 4가지 배외막구조(extraembryonic membranes)를 갖는다. 생명이 물에서 탄생하고 그 후 육지로 올라오는 과정이 선명하게 나타나는 것이다. 최초의 생명체에서 인간까지 진화해온 모든 단계를 처음부터 밟아 나간다고밖에 설명할 수 없을 것이다. 이것을 서양에서는 DNA 속에 모든 유전정보가 들어있다고 말하는 것이며, 동양에서는 불교의 한 분야인 유식론에서 이 모든 정보들이 아뢰야식에 저장되어 있다고 말하는 것이다.

유식설[唯識說. "오로지 識(표상)만이 존재한다"는 說]은 3~4세기 경에 불교에서 일어난 대승사상으로서 모든 존재는 마음의 작용에 의해서 나타난 가상의 존재에 지나지 않는다고 보는 사상이다. 그 사상의 진실여부보다 먼저 이해하는 것이 필요한 것은 "그 식(識)이 어떤 것일까"하는 것이다. 유식설은 인간정신활

---

[29] 「기원의 탐구」 반니, 2017, 짐 배것

동의 영역을 전오식(前五識)과 후삼식(後三識)으로 구분하는데, 눈으로 보고 느끼는 안식(眼識), 소리로 듣고 느끼는 이식(耳識), 냄새로 맡고 느끼는 비식(鼻識), 맛으로 보고 느끼는 설식(舌識), 감촉으로 느끼는 신식(身識)을 전오식이라 하며, 6식은 의식(意識)이라 하고, 7식은 말나식(末那識), 8식은 아뢰야식(阿賴耶識)이라 하여 이들을 후삼식이라고 한다.

안이비설신식은 이해하기 쉬울 것이라 설명을 생략하고, 6식인 의식은 내가 의식적으로 할 수 있는 정신활동으로서 자기의 본질이 자신이라고 생각하는(실지로는 착각하는 것이지만) 식(識)으로서 실제로 윤회를 거듭하는 본질은 아뢰야식이고 의식은 단지 현생에서 아뢰야식이 잠시 빌려 쓰는 대리인에 불과하다. 의식은 수의근을 움직이거나 논리를 전개하거나 언어를 구사하는 것처럼 내 의지를 가지고 제어가 가능한 정신활동을 말한다. 그런데 우리 몸의 대부분의 생리작용은 내 의지와는 크게 상관없이(당연히 상호작용은 한다) 작동하는데 이른바 자율신경계와 여러 호르몬 등을 통해서 이뤄진다. α-프로테오박테리아가 고세균의 몸밖에 있다가 고세균 몸속으로 들어와 미토콘드리아가 되었듯이 우리 몸을 이루는 많은 부분들은 원래 내 몸 밖에서 몸속으로 들어온 것이 많고(수많은 장내 세균들을 보면 이해가 쉽다) 이들은 하나의 인간을 이루는 구성원이기도 하지만 원래 각각이 하나의 개체였으므로 각자도생하던 습성이 남아 있어서 중앙통제소(의식)의 지시를 받기도 하지만 자기영역도 가지고 있는 지방자치와 같은 모양새를 갖추고 있는 것이다.

7식인 말나식은 우리 몸의 구조를 이루고 있는데 바로 육장육부가 그것이다. 육장육부 외에 팔다리 생식기 같은 부수 조직들이 더 있으나 음양삼재라는 근본 뼈대를 이루고 있는 것은 육장육부이다. 육장은 오장에 심포[30]를 더한 것으로 간장/심장/비장[31]/폐장/신장/심포를 말하고, 육부는 육장의 짝이 되는 장기로서 간장과 짝이 되는 담, 심장과 짝이 되는 소장, 비장과 짝이 되는 위, 폐와 짝이 되는 대장, 신장과 짝이 되는 방광, 심포와 짝이 되는 삼초[32]를 가리킨다. 육부

---

30) 자세한 것은 뒤의 '심포' 참조
31) 한의학에서 말하는 비장은 현대해부학의 이자와 췌장의 기능을 합한 개념이다.
32) 자세한 것은 뒤의 '삼초' 참조

는 소화흡수를 담당하므로 속이 비어있는데 비해, 육장은 혈액이나 림프 등으로 꽉 채워져 있다. 비어있으면 밀도가 낮을 것이고 차 있으면 밀도가 높을 것이며, 질량은 음의 크기에 비례하므로 육장은 陰에 속하고, 육부는 陽에 속한다.

陰은 근본(体)이 되고 陽은 말단(用)이 되므로 음이 양보다 개체의 현상유지에 더 중요하다. 양에 해당하는 전자는 아무리 들고 나도 전하개수만 늘고 줄어들 뿐 원자의 이름이 변하지 않지만, 음에 해당하는 원자핵이 변하면 원소 이름 자체가 변해 버리면서 성격이 완전히 달라지는 것이다. 장부도 이와 마찬가지로 양에 해당하는 육부는 암에 걸려서 수술로 많이 잘라내더라도 생존율이 높지만, 음인 육장이 암에 걸려서 수술하면 예후가 좋지 않은 이유도 육장이 인체의 근본이기 때문이다. 암 사망률의 부동의 1위는 췌장암이고 폐암/간암이 뒤를 잇는 것을 보면, 과연 육장은 음[体]에 속하고 육부는 양[用]에 속한다는 것을 알 수 있는 것이다.

사람은 숨 쉬고 먹어야 산다. 숨 쉬는 것은 폐가 주관하고 음식은 소화기관들이 담당한다. 숨 쉬는 것을 폐가 주관한다는 것은 이해하기 쉽다. 그런데 음식은 여러 기관들이 관여하고 있어 복잡한 과정을 거치게 되는데, 그 이유는 공기는 양에 속해서 질량이 작으므로 에너지 또한 작아서 처리과정이 간단한 것이고, 음식은 음에 속해서 에너지가 다량 압축된 형태이므로 처리과정이 복잡해질 수밖에 없는 것이다. 따라서 공기는 양에 속하는 횡격막 이상에 위치한 기관들인 심장과 폐장이 관할하는 것이고, 음식물은 음에 속하는 횡격막 이하에 위치한 위/소장/대장/담/간/췌장들이 담당하는 것이다. 공기와 음식물을 어떻게 처리하는지 알아보기 전에 유식설과 명리(命理) 그리고 사상의학에 대해서 간략히 살펴보자.

○유식설/명리/사상의학

6식은 7식보다 덜 근원적이므로 일반적인 경우에는 7식의 욕구가 6식을 압도한다. 7식이 배고프다고 신호를 주면 우리는 부리나케 먹을 것을 찾아다니게 되고, 대소변이 마렵다고 하면 화장실을 찾게 되는 것이 바로 그런 것이다. 하지만 항상 이런 것은 아니다. 인간이 의식을 강하게 훈련해서 굳건히 하면 7식의 망동을 꺾을 수 있고, 계속 그런 생활을 해나가면 결국 7식을 평정할 수 있게 된다. 동의보감에 이런 구절이 있다.

**藏氣絶則神見於外** : 一士人 喜觀書忘食 一日有紫衣人 立於前曰 公不可苦思 思則我死矣. 問其何人? 曰 我穀神也 於是絶思 而食如故矣.

[장의 기가 끊어지면 신이 밖으로 나타난다 : 어떤 선비가 책 보기를 좋아하여 먹는 것을 잊었는데, 하루는 자주색 옷을 입은 사람이 앞에 나타나 "당신은 너무 골똘히 생각하지 말라. 생각만 하고 (먹지 않으면) 내가 죽는다"고 하였다. 누구냐고 묻자 "나는 음식의 신이다"라고 하였다. 그래서 생각하기를 멈추고 음식을 예전처럼 먹었다.]

선비가 6식인 의지를 굳게 갖고 책읽기에 전념하니 결국 7식인 비장(脾臟)의 신(神)이 굴복을 한 것이다. 이렇게 7식을 하나 둘씩 평정해 나가고 결국 8식인 아뢰야식이 윤회하는 종자임을 깨닫는 순간 부처가 된다고 유식설에서는 말하고 있는데, 명리(命理)에서 말하는 것도 이와 비슷하다. 현대에 와서는 보통 사주라고 하면 미신으로 치부해버리는 경향이 있는데 사실은 그렇지 않다. 일단 사주(四柱)라는 것은 '4개의 기둥'을 뜻하는 것으로 연월일시의 60갑자가 4개이므로 이렇게 말하는 것이다. 사주를 이해하는 핵심은 이 60갑자를 이해하는데 있다. 결론을 얘기하자면 이 갑자는 천지의 기운을 글자로 가장 비슷하게 표현해 놓은 것이다. 예컨대 庚子년이라면 이 한해 동안 쭉 밑바탕에 흐르는 기운은 庚子로 표현할 수 있다는 것이고, 庚子년 己卯월이라면 庚子년의 음력 2월의 기운은 己卯라 표현할 수 있다는 식이다. 이것을 시간까지 늘려보면 '庚子년 己卯월 壬戌일 丁未시' 이렇게 사주로 표현된다. 이 사주의 의미는 결국 이 사람이 태어난 시각의 천지의 기운을 글자로 표현하면 위와 비슷하다는 것이다. 그럼 이것과 이 사람은 무슨 관계가 있다는 것인가?

지금은 잘못 쓰는 경우가 많은데 산모가 출산하는 것을 '애를 놓다'라고 말한다. '애를 낳다'가 맞는 표현이라고 잘못 알고 있는 경우가 십중팔구일 정도다. '낳다'라고 말할 수 있으려면 산모가 자신의 의지대로 애를 낳을 수 있어야 한다. 그러나 무지막지하게 배를 가르지 않는 이상 산모는 애가 나오는 시간을 정할 수가 없다. 산모는 그저 애가 나오려고 하면 다치지 않게 잘 '놓을' 수 있을 뿐인 것이다.

　아이가 나오는 순서는 이렇다. 아이가 뱃속에서 10달[33] 동안 자라면서 7식은 (아마도 8식의 설계도에 따라 7식이 만들어지는 거겠지만) 자신의 기운을 점차적으로 완성해간다. 단 인간은 태어나고 나서도 머리의 숨구멍이 닫힐 때까지 천지로부터 정보를 계속 받으면서 완성해 나간다. 하지만 뱃속에서 이미 큰 틀은 갖춰졌다고 봐야 할 것이다. 뱃속에서 가끔씩 발로 엄마 배를 차면서 잘 놀던 아이가 갑자기 지금까지 잘 있었던 뱃속 보금자리를 벗어나기로 작정하고 머리통이 부서지는 고통을 감내하려고 크게 요동치는 것은 이때가 바로 자신의 기운과 천지의 기운이 공명하는 때이기 때문이다. 파동이 공명하면 그 파동은 순식간에 엄청나게 커질 수 있다. 큰 교량의 고유진동수와 바람의 진동수가 일치하면 그 큰 교량도 부숴버릴 만큼 큰 파동이 되는 경우도 있다[34](모든 물질은 물질파라는 것을 가지고 있다.). 아이도 천지의 기운과 공명하면 갑자기 기운이 증폭되는 것이다. 이때 아이는 나오려고 꿈틀대는 것이고 이 신호를 받은 자궁은 산도를 넓히고 사궁을 수축시켜서 아이가 나오는 길이 좀 더 쉬울 수 있게 도와준다. 마지막에 아이가 다 나오면 머리가 꺾이지 않게 산모가 아이를 잘 놓는 것이 바로 "아이를 놓는 全과정"이라고 할 수 있다.

　그러면 사주가 같으면 다 같은 인생을 살까? 그렇지 않다. 그 이유는 첫째로 사주가 그 당시의 기운을 정확하게 표현해내지 못한다. 주기를 가지고 순환하는 것이 연월일시만 있는 것이 아니고 년보다 더 큰 주기도 있다. 우주의 나이가 38억년이라는데 그렇다면 년주(年柱) 위로 수많은 柱들이 있게 될 것이다. 둘째로 태아가 자연의 연월일시 모두와 공명하는 것이 아니다. 어떤 아이는 월일시, 어떤 아이는 년일시, 어떤 아이는 년시하고만 공명할 수 있다는 것이다. 이것은 그 사람과 사주를 비교해 보면 파악할 수 있다. 다른 방법도 있겠지만 저자는

---

33) 뒤에 설명하게 될 부도지에 따르면 1달은 28일이므로 10달은 280일이 된다.
34) https://www.youtube.com/watch?v=qKq95l2pOFk 이 영상은 두 물질(공기와 다리)의 주파수가 일치하면 어떻게 되는지를 잘 보여준다.

보통 사주의 육신(六神)을 해석해보고 판단한다. 이것을 보면 이 사람이 어떤 어떤 기운과는 공명했고 어떤 기운과는 공명하지 않았다는 것을 어느 정도 가늠할 수 있겠나(나는 사주의 고수가 아니다. 다만 내 눈에는 그렇게 보였다는 것이다.). 그리고 사람은 태어난 후에도 숨구멍이 막히기 전까지는 천지로부터 계속 정보를 받아들인다. 한 개인의 특성에는 사주에 이런 것들이 추가되는 것이다. 이런 이유들로 같은 시각에 태어났어도 조금씩 다른 삶을 사는 것이라고 생각한다. 그러면 명리와 유식설이 뭐가 통한다는 것인가?

명리를 배우는 이유는 단지 내 운이 어떤지 알아보고자 해서가 아니다. 진짜 이유는 "인정승천(人定勝天)[35] 사람이 바르면 하늘을 이긴다."하기 위해서다. 먼저 '사람이 바르면'에 함축된 의미는 '자신에게 주어진 숙명을 알고 이를 보완할 방법을 궁리하여 한 걸음 한 걸음 굳건히 살아나가면' 정도라고 말할 수 있고, '하늘을 이긴다'는 것은 자신에게 주어진 숙명을 깨쳐나가 자신이 만들고자 하는 인생으로 개척해 나갈 수 있다는 말이다. 유식설에서 6식인 의지를 가지고 수련해서 7식을 평정하고 더 나아가 8식이 윤회하는 종자라는 것을 깨달으면 해탈하게 된다고 말하는 것과 비슷한 말이라고 할 수 있다. 그 인정(人定)하는 방법을 구체적으로 말하자면, 사주를 해석하면 자신이 잘하는 것과 잘하지 못하는 것을 알 수 있다. 잘하도록 태어난 것은 신경 쓰지 않아도 남들보다 잘 할 수 있으므로 자신이 타고나지 못한 부분이 뭔지를 찾아서 부지런히 이를 보완하면 된다. 이 주제는 사상체질을 창시한 이제마의 논지와도 맞닿아 있다. 예컨대 태음인은 간의 기운이 강하고 폐의 기운은 약하게 태어났으니 평소에 폐에 도움이 되는 음식과 운동 그리고 마음가짐을 가져야 장부가 불균형에 빠지지 않아 병에 걸리지 않음은 물론 인생의 완성을 이룰 수 있다고 말한다. 요지는 '균형이다.' 사람은 태어날 때부터 불균형을 안고 태어나는데 이 불균형의 원인과 대책을 공부해서 알아낸 후 이를 꾸준히 연마해서 균형에 이르게 해야 인생이 완전해질 수 있다는 것이다.

이런 의미에서 흑인과 백인은 황인보다 태어날 때부터 장부의 불균형을 더 가

---

35) 「명리진수전서」(이정래 지음) 참조

지고 태어난 인종이다. 현대의 패러다임을 쥐고 있는 백인은 陽에 치우친 장부를 가지고 태어나서 뒤돌아보지 않고 전진만 한다. 양의 분열하는 기운이 강하면 수렴하는 음기운을 키우려고 노력해야 하는데 오히려 양을 더 키우는 삶을 산다. 매 끼니 포도주를 마시고, 채식보다 육식을 주로 하며, 사용하는 언어 역시 양을 더 북돋운다. 불균형해지면 만화 주먹대장 같이 한쪽이 비대하게 발달하여 그 분야에서는 특출할 수 있으나 전인간적으로 봤을 때는 위태로운 삶이 아닐 수 없게 된다.

○인체 생리 알아보기

사람은 땅에서 나는 음식물(陰)과 하늘에 있는 산소(陽)을 먹으면서 살아간다. 그런데 왜 음식과 산소가 필요할까? 왜냐하면 몸속에서 ATP라는 에너지를 생산해내는 미토콘드리아라고 불리는 기관에서 이들을 원하기 때문이다. [즉 7식인 말나식에 해당하는 미토콘드리아가 산소와 음식물에 있는 영양분이 필요하다는 신호를 호르몬이나 신경을 통해 보내면 말나식보다 낮은 6식인 의식이 그 신호를 받아 팔다리를 의식적으로 놀려서 (즉 노동을 해서) 그 요구에 부응하는 것이다. 7식이 6식보다 그리고 8식이 7식보다 생명유지에 더 근원적이며 힘이 쎈 것이다.] 그러면 미토콘드리아는 왜 산소를 ATP를 생산하는 재료로 삼았을까? 아마도 산소 이외의 다른 원소를 이용했던 생명체도 있었을 것이다. 하지만 산소가 다른 원소에 비해 陽적이기 때문에 에너지생산에 적합했을 것이고 그래서 생존경쟁에서 유리했을 것이다. 그리고 산소와 영양소를 같이 썼던 이유는 아마도 음끼리 또는 양끼리는 조화를 만들어내지 못하고 음양이 합쳐져야 조화가 발생하는 자연의 이치에 따른 당연한 결과였을 것이다.

하늘에 있는 산소는 기체로서 가볍기 때문에 횡격막 위에 있는 심장과 폐장이 먹어 흡수하고, 땅에서 나는 음식은 액체 또는 고체로서 질량이 무겁기 때문에 횡격막 아래에 있는 소화기관과 간장, 비장이 먹어 흡수하며 노폐물은 신장에서 거른다. 만약에 이를 거꾸로 하여 산소를 횡격막 아래에서 호흡하고, 음식을 횡격막 위에서 소화시킨다면 어떤 일이 벌어질까? 일단 기체를 아래로 막힘 없이 내려 보낼 기도가 필요할 텐데 기도는 연골로 되어있어야만 압력이 가해지더라도 호흡하는데 문제가 없을 것이므로 기도가 배꼽까지 내려가야 한다. 갈비뼈는 지금과는 반대로 명치에서 시작해서 골반에 붙는 형태가 될 것이다. 그리고 밀도가 낮은 기체를 아래로 내려 보내려면 잘 되지 않을 것인데 그러면 먼저 폐로 들어간 제일 아랫부분인 골반 근처의 공기는 다시 나오기가 힘들어지고 아래에 계속 쌓이면서 노폐물을 만들 것이다. 그리고 음식을 횡격막 위에서 소화시킨다면 식도가 많이 짧아질 것이라서 작은 충격에도 구토가 잦을 것이다. 그리고 음식은 무겁기 때문에 횡격막이 받는 하중이 커져서 횡격막이 밑으로 많이 쳐질 것이다. 그렇게 되면 깊은 호흡이 갈수록 힘들어진다. 왜냐하면 건강에 이로운 복식호흡의 순서는 배가 나오면 뱃속은 진공 상태이므로 자동적으로 횡격막이 내려오고 폐가 확장되면서 폐 내부에 음압이 생기면서 공기가 자동적으로 들어오는 것인데, 음식물의 무게로 쳐진 횡격막을 위로 밀어 올려서 아래에 있는 폐를 확장시켜야 하는데 그 무게를 어떻게 감당할 수 있겠는가? 그리고 횡격막 아래는 가볍고 위는 무거워서 무게중심이 위로 쏠릴 것이고 그러면 지표에서 인체 무게중심까지의 거리에 따른 토크36)가 작용해서 걸을 때 중심을 잡기가 힘들고 재빨리 움직일 수도 없을 뿐더러 움직이더라도 술 취한 사람처럼 좌우로 휘청거릴 텐데 자연의 생존경쟁에서 살아남을 수가 있겠는가? 그래서 자연에서 가벼운 기체가 위에 있어 陽을 이루고 무거운 액체/고체가 아래에 있어 陰을 이루듯, 인간도 자연의 이치에 맞게 횡격막 위에서는 陽을 다스리고(호흡하고) 아래에서는 陰을 다스리는(소화하는) 구조를 갖게 된 것이라 하겠다. 그러면 이 陰陽(음식과 산소)을 어떻게 소화흡수하는지 살펴보자.

대략적으로 핵심적인 인체생리를 시간 순으로 설명하면 아래와 같다.
①육부의 담/위/소장/대장이 참여하고, 육장에서는 비장이 참여해서 음식으로부터 흡수한 영양분37)을 혈액에 실어 간으로 수송한다. 영양을 흡수한 나머지는 대변으로 배출한다.

---

36) T = r x F[T(토크), r(반지름. 즉 지표에서 무게중심까지의 거리), F(힘)] 토크는 회전력인데 r이 커질수록 토크가 커지므로 걸을 때 앞뒤로 휘청거리는 힘을 느낄 것이다.
37) 탄수화물과 단백질, 수용성 지방산은 혈관으로 흡수된 후 간으로 가고, 지용성 지방산은 물에 녹지 못하고 분자크기가 커서 혈관으로 흡수되지 못하고 림프관으로 흡수된 후 가슴에 있는 흉관을 거쳐 심장으로 바로 들어간다.

②간에서 영양분과 함께 흡수된 노폐물은 제거하고 깨끗해진 영양분을 심장으로 보낸다.
③심장에서 폐로 보내 신선한 산소를 보충한다.
④다시 심장으로 돌아와서 전신으로 혈액이 뿌려진다. 전신에 분포해 있는 미토콘드리아에게 산소와 영양분을 공급해주어 ATP를 생산케 하며, 그 생산과정에서 발생한 노폐물을 수거한다.
⑤신장에서 그 노폐물들을 분리해서 소변으로 배출한다.

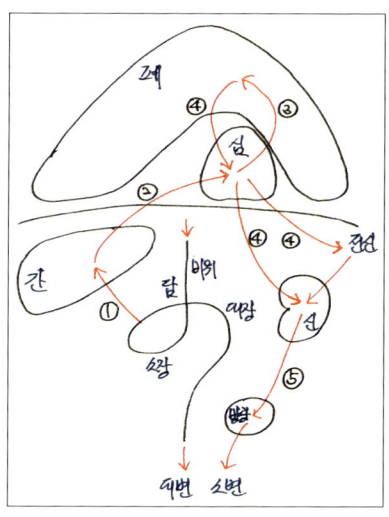

[대략적인 인체생리 모식도
외부에서 음식과 산소를 들여오고,
체내에서 대변/소변을 배출한다.]

일반적인 남녀관계에 있어서 남자는 밖에서 돈을 벌어오고 여자는 집에서 살림을 하듯이 인체의 장부도 이와 꼭 같다. 陽에 해당하는 육부는 전적으로 소화흡수하는데 힘쓴다. 방광을 제외한 담/위/소장/대장이 모두 영양분을 체내로 끌어오는데 전념한다(돈을 벌어오는 것이다). 사실 소화관 속은 체외에 해당한다. 몸안에 있어서 체내인 듯 보이지만 입에서 시작해서 항문에 이르는 긴 관의 속은 사실 몸밖에 있는 것이다. 여기에 소화액을 마구 뿌려서 음식을 소화시키기 쉬운 작은 분자 형태로 만들어서 체내로 끌어들여 오는 것이다. 사실 남자가 돈을 벌어오는 것은 집안살림이 원활하게 돌아가게 만들기 위해서다. 다시 말해 집안살림을 하려다 보니 돈이 필요해졌고 그래서 돈을 벌러 나가는 것이니 결론적으로 인간의 삶이라는 것이 집안살림이 핵심이라는 것이다. 이와 마찬가지로 음식을 소화흡수하는 것은 생명을 유지하기 위해서다. 따라서 음식을 소화하는데 전력하는 육부가 아니라 흡수한 영양분을 관리하고 생명을 유지하는 육장이 생명의 핵심적인 체(体)에 해당한다. 그러므로 陰에 속하는 육장 위주로 이들이 어떻게 삼재를 구성하는지 좀 더 자세히 알아보자.

○육장(六臟)
1.간(肝)

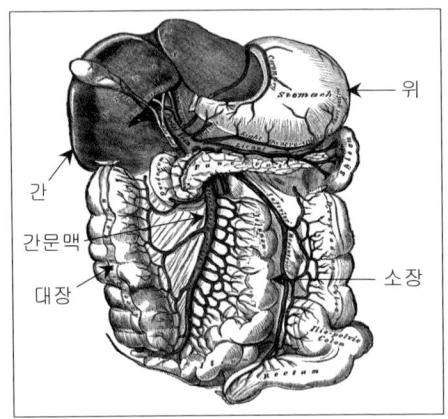

[지용성 지방산을 제외한 모든 영양분들은 간문맥을 통해 간으로 들어온다.]

 간으로 들어오는 혈관은 간문맥과 고유간동맥이다. 고유간동맥은 간세포들에게 산소와 영양분을 공급해주는 혈관으로 간기능을 발휘하게 만들어주는 동맥혈을 제공한다. 그리고 간문맥을 통해서 위/소장/대장에서 흡수한 영양분들이 한데 모여서 최종적으로 간으로 들어오게 된다. 간은 소화한 영양분과 고유간동맥으로 들어온 혈액에서 세균과 노쇠한 혈액세포를 제거하는 등의 해독작용을 하거나 포도당을 글리코겐으로 저장하는 등의 역할을 한다. 그리고 출혈과 같이 생명을 위협하는 상황이 닥쳤을 때 혈액을 저장하는 창고가 인체에 없다면 우리는 출혈과 동시에 생명에 위협을 받을 것이다. 그래서 몸속에 혈액을 저장하는 창고를 하나 마련해둔 것이 바로 간장이고, 이런 기능을 한의학에서는 간장혈[肝藏血. 간은 혈액을 저장한다]이라고 한다. 그렇다면 이런 다양한 기능은 어떤 능력이 있어야 할 수 있는 것일까?

 한의학에서는 육장육부의 다양한 기능들이 개합추(開闔樞)라는 3가지로 귀납

된다고 말하는데, 개(開)는 '열 개'이므로 무엇인가를 열어젖히고 발산하는 기능을 말하고, 합(闔)은 '닫을 합'이므로 무엇인가를 닫아걸고 수렴시키는 기능을 말하며, 추(樞)는 '지도리(경첩) 추'를 말하는데 문이 열고 닫힐 수 있게 해주는, 즉 개합기능이 원활히 수행될 수 있게 중간에서 소통시키는 역할을 말한다. 간이 위와 같은 다양한 역할을 수행하려면 혈액을 그냥 휙 지나가게 해서는 할 수가 없고, 혈액을 잘 가둬두고 찬찬히 일처리를 해야 한다. 그렇다면 간의 작용들은 분명 합(闔)기능에 의한 것임을 쉽게 알 수 있을 것이다.

추가적으로 설명하자면 간문맥을 통해 들어온 혈액은 동모양혈관으로 들어가고 여기서 간의 여러 해독작용들이 이뤄지고, 이후 한 흐름은 간세포의 중심을 거쳐 담관으로 들어가 담즙을 생성하고, 한 흐름은 중심정맥으로 모이고 이것이 간정맥으로 커져서 아래대정맥을 거쳐 심장으로 들어간다. 요점은 음식물이 입→식도→위→소장→대장을 거치면서 입/식도/위/소장/대장소화액에 담즙/췌장액 등이 추가되어 음식물에서 영양분을 흡수해서 간으로 운송하고, 간은 여기서 노폐물을 제거하고 깨끗한 혈액을 심장으로 보낸다는 것이다. 이것으로 소화와 흡수는 끝난 것이다.

음식물(陰)에서 흡수한 영양분을 포함한 혈액이 횡격막 위에 있는 심장으로 들어갔고 이제 陽을 혈액 속에 첨가할 시간이다. 그러면 陽은 무엇인가? 당연히 '산소'이다. 산소는 물질을 산화시켜서 불을 일으키는 양 중에서 가장 양적인 火에 속하는 원소이므로 우리는 이 산소를 받아들여 영양분을 익혀 먹는 것이다.

2.심(心)
간과 전신에서 모여진 혈액은 심장으로 들어갔다가 다시 폐로 가서 이산화탄소를 배출하고 산소를 얻은 후 다시 심장으로 들어오고 마지막으로 심장의 추동력으로 전신으로 보내지게 된다.
사람에게는 음식에서 얻은 陰과 공기에서 얻은 陽만 있으면 되므로 간과 폐만 있으면 될 것 같은데 왜 심장이 있는 것인가? 왜냐하면 그 음양이 섞인 혈액을 온 몸으로 퍼뜨려 줄 수 있어야 하기 때문이다. 심장이 이렇게 전신의 혈관을 통해 혈액소통을 주관하는 기능을 한의학에서는 심주혈맥(心主血脈)이라고 한다.

간은 가장 음적인 고체를 처리하자니 처리할 것이 많아서 합(闔)기능으로 잡아두고 처리하는 것이고, 심장은 액체인 혈액을 전신으로 수송시켜 주는 일을 하는데 액체는 고이면 썩는 것이므로 소통시켜 줘야 하는 것이므로 심장의 기능은 추(樞)에 해당하는 것이다.

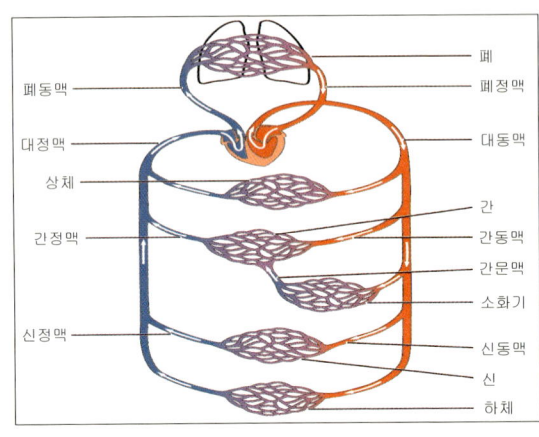

[전신에서 심장으로 들어오고, 폐로 갔다가 다시 심장으로 돌아온 뒤 다시 전신으로 퍼지는 흐름을 반복한다.]

3.폐(肺)

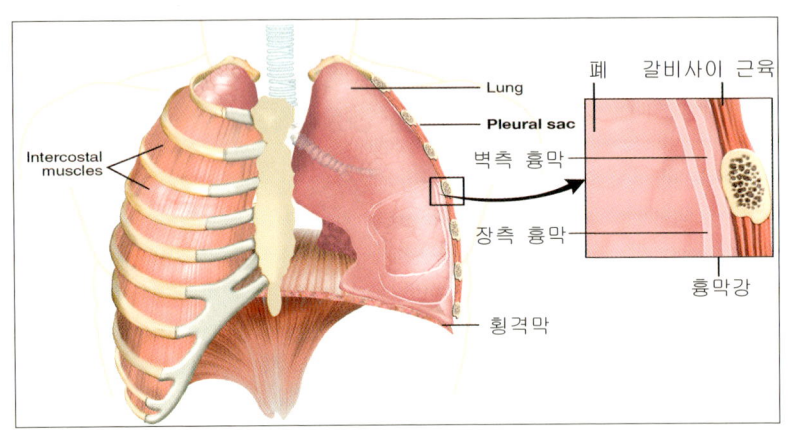

[흉막강을 액체로 채움으로써 폐를 최대한 확장시킬 수 있다.]

피부호흡은 피부를 통해 외계의 산소를 직접 체내로 흡수하는 것인데 호흡기관이 없는 하등동물은 100% 피부호흡에 의존해서 산소를 얻고, 양서류인 개구리는 전체 호흡의 30~50%, 사람은 1% 정도를 차지한다. 즉 초기 생명체는 피부로 호흡하다가 아가미 → 폐 순서로 호흡기관을 발달시켜왔다는 의미가 된다.

이 말에서 사람의 경우 폐가 호흡의 99%를 차지하는데 피부도 같은 호흡기능을 수행하니 폐가 피부를 다스린다는 것을 추측할 수 있으며, 더 나아가 폐라는 것이 피부가 몸안으로 터전을 넓힌 것이라고 생각할 수 있다. 즉 폐라는 것은 피부는 외부와 바로 맞닿아 있으므로 여러 위험이 상존할 뿐만 아니라 복잡한 기능을 수행할 새로운 기관이 필요했을 가능성 등등의 이유들로 피부의 핵심기능을 몸안으로 이전한 것이라고 생각할 수 있다.

폐는 횡격막 위에 있으면서 2개로 나눠져서 심장을 감싸 안은 형상이다. 횡격막 위에 있으므로 양에 해당하는데 좌우 양엽(兩葉)이 있으므로 음의 속성을 갖는다. 즉 양중지음[陽中之陰. 양 중에서 음]에 해당하겠다. (심장은 횡격막 위에 있으면서 단 1개만 있으므로 양중지양(陽中之陽)에 해당한다. 그래서 산소가 가득 실린 혈액을 인간이 살아있는 동안에는 한시도 쉬지 않고 펄떡거리면서 운행시키는 것이다.) 그러면 폐가 음에 속하는 이유가 단지 2개로 나눠져 있기 때문만일까? 숫자가 많은 것을 말해 주기도 하지만 찾아보면 많은 것들이 폐가 음에 속한다는 사실을 말해준다.

불난 집의 불을 끄겠다고 불쏘시개를 던지는 사람은 없다. 물로 불을 끈다. 산소라는 火를 다스리는 폐도 그래서 수증기와 액체상태의 물로 폐 구석구석을 채운다. 이것이 산소교환과 어떻게 관련이 되는지를 알려면 폐에서 산소가 어떻게 교환되는지를 봐야 한다. 폐조직을 깊숙이 들여다보면 최종적으로 꽈리라는 것을 만나게 되는데 이 허파꽈리(폐포)에서 단순한 산소분압차로 공기 중에서 혈관 속으로 산소가 침투하게 된다. 그런데 폐는 속이 텅 빈 무른 조직으로 되어 있어서 몸 밖으로 꺼내면 바람 빠진 풍선처럼 포옥 꺼져버린다. 그러면 폐포도 쪼그라들어 산소를 교환할 수 있는 면적이 줄어들므로 효율이 떨어질 수밖에 없다. 그래서 물을 사용해서 폐를 부풀리게 되는데, 벽측흉막(갈비뼈 쪽에 붙어 있음)과 장측흉막(폐를 싸고 있음) 사이공간인 흉막강에 액체가 있어서 두 흉막이 마치 유리판 2장 사이에 물이 있어 그 표면장력으로 인해 서로 분리해내기 힘든 상태와 같이 밀착되어 있어 폐를 흉강에 꽉 찰 정도로 부풀려준다. 다시 설명하자면 갈비뼈는 딱딱한 뼈이므로 가슴이 일정한 구조를 유지할 수 있게 지지해준다. 이 갈비뼈 안쪽에 벽측흉막이 붙어있고 다음에 장측흉막 그리고 폐가 있게 되는데 벽측흉막과 장측흉막 사이에 액체가 있어 표면장력이 작용하므로 갈비뼈에 붙어있는 벽측흉막이 장측흉막을 잡아 땅기고 장측흉막은 폐를 잡아 땅기므로 폐가 흉강에 꽉 차게 부풀려지는 것이다.

이에 더해서 폐가 얼마나 물을 보호하기 위해서 애쓰는지를 알 수 있는 부분이 있는데 그것은 바로 사강(dead space)이다. 사강은 가스교환에 참여하지 않는 부분을 말한다. 입에서부터 시작해서 세기관지까지를 해부학적 사강이라고 하고, 폐포에 혈액이 흘러야 기체교환을 할 텐데 혈관이 없어서 교환이 이뤄지지 않는 부분을 폐포사강이라고 한다. 성인의 휴식 시 호흡량의 1/3 정도는 이런 사강에 포함되는데, 공기가 이 사강을 통과하면서 체온만큼 덥혀지고 수증기화 된다. 즉 공기가 들어오는 기도를 길게 확보해서 공기를 뜨거워지게 만들어서 사강 내를 수증기로 꽉 채우는 것이다. 그런데 이렇게 火를 제어하기 위해서 水를 폐 속에 가득 채우게 되면 폐포가 액체로 촉촉이 적셔지게 될 테고 그러면 액체분자 사이에 표면장력이 인력으로 작용하게 되어 서로 밀착하려 하게 되므로 폐포는 쪼그라들게 된다. 이때 쪼그라드는 것을 방지하고자 폐는 지단백질을 분비하는데 이는 마치 비누와 같은 작용을 해서 폐포막에 덮힌 액체분자들을 서로 분리시킴으로써 표면장력을 줄여준다. 지단백질은 '지방+단백질'로 이뤄진 것으로 지방은 水, 단백질은 土에 해당하므로 폐가 음에 속한다는 것을 또 다시 말해준다. 이렇게 밑으로 가라앉는 水를 이용해서 위로 뜨려고만 하는 심장의 火를 수렴시켜 신장으로 보내려는 폐의 이런 기능을 숙강(肅降)이라고 한다.

폐의 또 다른 기능으로 선발(宣發)이 있다. 이것은 폐가 피부를 다스리는 것에서 이해할 수 있는데, 피부가 원래는 피부호흡을 주로 담당하던 조직이었는데 바다에서 육지로 올라오면서 폐한테 호흡기능을 이전시키고 자신은 바다보다 혹독한 환경인 대기로부터 개체를 보호하기 위해서 다른 기능들을 장착하게 된다. 바로 피부를 튼튼히 해서 외부와의 접촉에도 안전하게 개체를 보호하고, 땀을 조절해서 체온을 일정하게 유지하는 역할을 한다. 이것이 별 것 아닌 것처럼 보일지 모르지만 하나의 계(界)를 다른 계와 분리하는 장벽에는 그 개체가 발휘할 수 있는 온갖 능력들이 그 장벽에 시전 된다. 그래서 피부에는 피부 속보다 훨씬 영양성분이 많다. 북미에 사는 불곰이 겨울잠에 들기 전에 지방을 축적하기 위해 연어를 사냥하는데 먹다가 나중에 배가 부르면 연어의 껍질만 먹고 살부위는 그냥 버리고 말 정도로 피부는 기타부위보다 핵심적이다. 그리고 피부에는 단순히 영양덩어리만 살보다 많은 것이 아니다. 이른바 기(氣)가 집중적으로 분포하여 보호막처럼 우리 몸을 둘러싸고 있다, 웃기는 얘기처럼 들릴 수 있겠지만 이건 사실이다. 이에 대한 경험담을 말하고자 한다.

한의대생들은 온전히 동양철학과 한의학적 이론으로만 인체를 바라보고자 하는 소수파와 서양이론을 한의학에 접목해서 인체를 보려는 다수파, 2부류로 크게 나눌 수 있다. 본인은 전자에 속해 있었고 이른바 전통적인 관(觀)을 가지고 임상과 이론을 펼치는 교수들 중에서 꽤 인정받는 김교수님 강의에서의 일이다. 그 교수님이 하루는 기(氣)체험을 한다고 한 학생을 불러서 그 학생의 손바닥을 쥐고[38] 꽤 심각한 표정으로 얼마간을 있다가, "음 내가 기를 아주 많이 줬어잉~. 자 이제부터 한 사람씩 나와서 손바닥을 마주 본 자세로 기를 느껴보도록~"하고는 강의실을 나가셨다. 손바닥에는 소부라는 심장경락의 화혈(火穴)과 노궁이라는 심포경락의 화혈(火穴)이 있는데 심장과 심포경락이 모두 火에 속하는데다 혈자리까지 火에 속해서 인체에서 가장 뜨거운 혈자리에 속하는 곳이다. 그래서 어머니가 맨 손으로 배를 만졌을 뿐인데도 배앓이가 나을 수 있었던 것이고, 남녀가 처음으로 손을 잡으면 찌릿찌릿 하는 것이다. 나는 처음에는 '저게 뭐하는 건가...'하고 약간 어이없어 하면서 큰 기대를 하지 않았었다. 나 자신이 소수파에 속했지만 기를 그렇게 느낄 수 있다고는 생각하지 못했던 것이다. 한 사람씩 체험을 해보는데 내 앞까지 뭘 느꼈다는 사람이 없었다. 그래서 별 생각 없이 손바닥을 그 동기의 손바닥으로 가까이 가져가는데 갑자기 전기가 찌리릭~ 느껴졌다. 그 동기는 헬스로 다져진 다부진 체격을 가졌었는데 둘 다 거의 동시에 "악!"하면서 손을 치워야 했다. 무슨 헛소리냐 싶겠지만 이건 사실이다. 사실 유튜브에서도 전기형태의 기로 사람을 치료하는 사람에 대한 영상을 찾을 수 있지만 실제로 느껴보니 참 신기했었다. 이때 내가 느꼈던 기의 형태는 구형이었다. 크기는 볼링공만 했었다. 교수님이 기를 많이 줬다고 하셨으니 만약 기

---

[38] 멀리 있어서 정확히 어떤 자세였는지는 모르겠으나 손바닥에 있는 소부혈과 노궁혈을 엄지로 누르고 있었을 것이라고 생각한다. 소부노궁혈은 인체의 혈자리 중에서 가장 기가 활발하게 출입하는 자리이기 때문이다.

가 약해진다면 서서히 테니스공만 해지다가 탁구공만 해질 것이다. 다만 완전히 사라지지는 않고 피부를 아우라처럼 둘러쌀 것이라고 생각한다. 그럴 것이라고 생각하는 이유는 내가 손바닥을 그 동기의 손바닥 면으로 억지로 다가가려고 해봤는데 가까워질수록 전기가 세서 둘 다 이기지 못하고 괴성을 지르면서 손을 빼야 했기 때문이었다. 소부노궁혈 근처로 갈수록 기의 세기가 세진다는 말이다. 그리고 형태는 정확히 구형이었다. 손을 멀리서부터 전기를 처음으로 느낄 수 있는 위치까지를 일일이 확인해본 결과 정확히 구형이었다. 정확히 만화에 나오는 드래곤볼처럼 생겼다.

[그때는 기와 손바닥 사이가 그림처럼 띄워져 있지 않고 붙어 있었다. 그런데 만약 기가 더욱 셌었다면 그림과 같이 띄워질 수 있을 것이다. 그리고 더욱 세지면서 의념을 멀리 보낸다고 생각한다면 장풍처럼 기덩어리가 날아갈 것이라고 생각한다. 그리고 모양과 크기는 딱 그림만 했다. 볼링공 크기에 거의 구형에 가까웠다.]

이것으로 기의 한 형태는 전기라는 것이 증명되었다. 실재하는 것이니 사실이고 과학적으로 증명하지 못하니 어쩌구 저쩌구 할 사항이 아니다. 지금 과학수준이 이것을 증명할 수 있는 수준이 안 되니 못하는 것이지 동양학에서 말하는 기라는 것이 허무맹랑한 것이 아니다. 예를 들어 보자. 수소는 양성자와 전자로 이뤄져 있다. 수소원자의 반지름은 대략 $120 \times 10^{-12}$m인데 $10^{-10}$m라고 치자. 그리고 수소원자핵인 양성자의 반지름은 대략 $0.87 \times 10^{-15}$m인데 $10^{-15}$m라고 하자.

그렇다면 전자는 양성자 반지름의 100,000($10^5$)배 떨어져 있는 것이다. 지구의 평균 반지름은 6371km이고 태양과는 150,000,000km 떨어져 있다. 6371x100,000=637,100,000km이니 양성자를 지구에 비교하면 전자는 지구에서 태양까지 거리의 4배 떨어진 곳에 있는 것이다. 그 사이 공간에 우리가 알고 있는 물질이라고는 아무 것도 없다. 그러면 그 빈 공간에는 정말 아무 것도 없는 것일까?

우주를 구성하는 총 에너지의 68%가 암흑에너지이고 27%가 암흑물질이라고 한다. 합해서 95%이다. 우리가 알고 있는 별과 그런 별들이 수천억 개 모여 있는 은하, 그런 은하들이 수천 개 이상 모여 있는 은하단, 그런 은하단이 모여서 초은하단을 이루고 그런 초은하단이 무수히 많이 모여서 우주를 이루는데, 그런 모든 우리가 지금까지 관찰해왔던 보이는 모든 것들을 합쳐서 나머지 5%를 이룬다. 지금 과학은 많이 발전했지만 그 5%를 다 알지도 못할 뿐더러 나머지 95%에 대해서는 감도 잡지 못하고 있다. 그러면 원자의 대부분이 텅 비어 있는 공간이고 그렇다면 원자로 구성된 우리의 몸도 텅 빈 공간인데 그 텅 빈 공간에 정말 아무 것도 없을 것인가? 나는 우리가 옛날에는 늘 써왔던 기라는 말 속에 암흑물질과 암흑에너지가 있다고 생각한다. 사실 기는 현재 과학적으로 검증이 되지 않았다는 이유로 없는 것처럼 취급되고 있으나 기를 전기형태로 실제로 보여주는 사람이 있으니, 현실에 존재하기는 하나 실체를 규명하지 못하는 것이 암흑물질/암흑에너지와 처지가 꼭 같다고 할 수 있다. 그저 지금의 과학수준을 뛰어 넘는 것을 옛사람들이 보고 느꼈을 뿐이고, 현재에도 그것을 재현해 낼 사람들은 여전히 존재한다. 다만 내가 느낀 것이 전기형태였으므로 기의 '한' 형태로 전기는 확실히 있다고 말하는 것이고, 이것을 부정하는 것은 우리가 알고 있는 지식이 5%에도 미치지 못한다는 것을 알지 못하는 무지의 소치일 뿐이다.

이렇게 내 몸을 외부와 구분지어 주는 방호막 같은 기의 막을 쳐주는 것이 바로 폐의 선발기능이다. 이 기는 내부에서 몸 밖으로 발산하는 것이다. 그리고 땀도 몸 밖으로 배출시키는 것이고, 피지 또한 마찬가지다. 외부의 산소가 피부를 통해 모세혈관으로 들어오는 것도 있으나 이는 아마도 기(氣)방어막이 일시적으로 통로를 열어줘서 그럴 수 있는 거라고 생각한다(왜냐하면 이 피부호흡은 병리적 현상이 아니라 생리적 현상이기 때문이다.). 그러면 폐는 선발숙강을 개합추의 어떤 기능으로 수행하고 있는 것일까? 피부를 열지 않고는 땀/피지를 배출할 수 없고, 외부의 산소를 받아들일 수도 없으므로 개(開)기능에 부합한다고 볼 수 있다.

4. 신(腎)

　심장에서 나온 혈액의 20~25%를 신장이 받아들여서 혈액에 떠다니는 노폐물(단백질 대사에서 생기는 질소대사물과 요소/요산/암모니아 등)들을 소변으로 만들어서 방광으로 보낸다. 하지만 이것보다 더 중요한 신장기능이 있는데 그것은 전해질 조성을 항상 적절한 균형상태로 유지하는 것이다. 왜냐하면 급성신부전으로 소변이 하나도 나오지 않는 현상이 3~4일 계속되면 사람이 사망할 수 있는데 그 이유는 질소대사물이나 요산이 증가하기 때문이 아니라 전해질 불균형으로 생기는 고칼륨혈증과 대사성산증(수소이온 농도가 7.35 미만이 되는 상태)이 생기기 때문이다.

　물은 성인 체중의 70%를 차지하고 있고 몸속의 대표적인 용매가 된다. 여기에 다양한 용질들이 녹아 있는데 용질은 전해질과 비전해질로 나눌 수 있다. 용질분자가 물에서 분리되서 전하를 띠는 것은 전해질이고, 전하를 띠지 않는 것은 비전해질이다. 전하를 띠는 것은 전기력을 가지고 있는 것으로 陽에 속한다. 이 양을 다스리는 것은 음이 제격이다. 육장은 모두 육부에 비해서 음이 되지만, 위치와 기능에 따라 또 다시 음양이 나뉘게 된다. 횡격막 위에서는 심장이 양, 폐가 음에 속하고, 횡격막 아래에서는 간장이 양, 신장이 음에 속한다. 양과 양이 만나거나 음과 음이 만나면 척력이 작용하면서 서로 배척하게 된다. 남녀가 만나면 아이라면 새 생명이 생기지만, 남자끼리 또는 여자끼리 관계를 맺으면 에이즈라는 천형을 얻을 뿐인 것과 같은 이치이다. 남자의 양의 과함을 여자의 음이 제어해주고, 여자의 음의 과함을 남자의 양이 제어해 주는 것이 남녀의 조화이다. 따라서 양인 전기력은 횡격막 아래에 있어 음에 속하면서 음적인 기능을 수행하므로 음중지음(陰中之陰)에 해당하는 신장이 다스리는 것이 음양조화의 원리에 부합하는 것이 된다.

신장이 이 전해질들을 관리해서 어떤 일을 할까? 바로 뼈를 만든다. 많은 무기질들이 물에 녹아 전해질이 되는데 신장은 이 무기질들을 농축시켜 뼈에 저장하는 것이다. 이를 한의학에서는 신주골(腎主骨. 신장이 뼈를 주관한다.)이라고 한다. 동의보감의 신장부분을 보면 신장이 소변을 관리한다는 직접적인 표현은 없고 오히려 신주대변(腎主大便. 신장은 대변을 주관한다.)이라고 되어 있다. 소변은 대장에서 물이 흡수되어 방광으로 들어가든가 아니면 폐에서 수렴시켜 액화시킨 것이 방광으로 들어가서 만들어진다고 설명하고 있다. 이것은 다시 말하면 신장이 혈액을 여과하는 것은 소변을 만드는 것 외에 다른 목적이 있다는 것을 암시한다. 실지로 신장이 혈액의 노폐물을 거르는 것은 그냥 부수적인 업무일 뿐 진짜 목적은 체내의 전해질을 잘 조절해서 水를 만들고자 하는 것이다. 이것을 腎主水(신장은 水를 주관한다)라고 한다. 실지로 조류는 신장이 약해서 水가 모이지 못하므로 뼈가 비어서 날 수 있는 것이고, 대변을 굳게 하지 못해 물똥을 싸는 것이다. 그리고 신장의 이러한 기능들은 흐르는 액체인 혈액을 관리하면서 이뤄지는 것이므로 추(樞)를 통한 것이라고 할 수 있다.

그리고 이 전해질을 단단한 형태로 만든 것이 체내에서 꼭 필요한 부위가 어디인지 살펴보자. 보통 담석이나 요로결석은 생리기능에 방해가 되는 것이므로 병리적 산물이라고 할 수 있겠지만 귀에 있는 이석(耳石)은 다르다. 이석은 귀 안쪽에 있는 전정기관 벽에 붙어서 평형감각을 유지시켜주는 극미세한 칼슘가루로서 이는 귀의 생리적기능인 평형감각을 발휘하도록 하므로 귀에 꼭 필요한 '돌'인 것이다. 水를 다스리는 신장이 인체외부에서 일어나는 일들을 알아채기 위해서 안테나 같이 내놓은 것이 바로 '귀'라는 것이다. 이것을 신개규어이(腎開竅於耳. 신장은 귀로 구멍을 열어놓았다.)라고 한다. 귀가 작동하려면 모든 장부의 협력이 필요하지만 신장이 가장 큰 역할을 한다는 것이다. 마찬가지로 폐는 후두를 밖으로 뽑아 놓은 형태인 코로 개규(開竅)하고, 간은 눈으로, 심은 혀로 개규한다.

5.비(脾)

한의학 책을 읽다 보면 참 그 옛날에 어떻게 이런 글을 쓸 수가 있을까 싶게 머리를 쿵 내리치는 문장들을 종종 접하곤 한다. 이 비장에 관한 것이 그 중 하나인데, 양방생리학적으로 비장은 그저 소화기관으로 이자액을 분비하는 기관이지만 한의학에서 비장의 가장 중요한 기능은 기운을 횡격막 아래에서 위로 상승시키는 승청(升淸)작용이다. 책에서는 이렇게 말하고 있다.

飮入於胃 遊溢精氣 上輸於脾. 脾氣散精 上歸於肺 通調水道 下輸膀光.
[액체가 소화기계로 들어오면 액체에 있는 보다 양적인 것들은 비장으로 운송된다. 비장은 이것을 횡격막 위에 있는 폐로 상승시키고 폐는 수도(水道. 물의 도로)를 통해 밑에 있는 방광으로 수송한다.]

즉 액체가 위(胃)로 들어오면 위가 깨끗한 것(精氣)를 가려내서 비장으로 넘겨주고, 비장은 이 액체를 기화시켜서 폐로 올려 보낸다는 것이다. 액체를 기화시켜서 천(天)에 해당하는 횡격막 위로 상승케 하는 것이므로 개(開)에 해당한다. 해부학적으로는 별로 와 닿지 않는 말이지만 이 말은 사실일 것이다. 양의학은 이에 대해 전혀 감을 잡지 못하므로 췌장암의 사망률은 항상 부동의 1위를 달리는 것이다. 이렇듯 비장의 속성인 중토(中土)는 탄소와 중성자별처럼 복잡다단하면서 오묘한 면이 많다.

6.심포(心包)

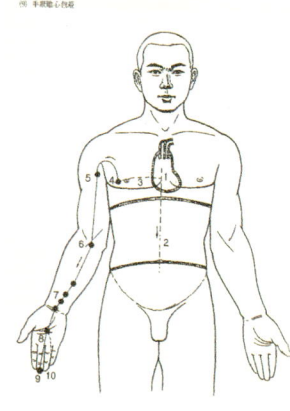

[심포경락.
1.몸통에서 겨드랑이로 나가서 가운데 손가락에 이른다.
2.횡격막을 뚫고 배꼽 아래로 내려간다.
(대전대학교 침구학회 의침회 참조)]

이 심포라는 것은 우리가 흔히 '저 사람 심보가 나빠'라고 말할 때의 심보를 말한다. '마음씀씀이' 정도로 해석할 수 있겠는데, 장(臟)에 해당하지만 다른 오장과는 다르게 경락은 있지만 뚜렷한 형체가 없어서 보통 육장(六臟)이라 하지 않고 심포를 제외해서 오장이라고 부르게 되었다. (그보다 중국인들의 오행 중시사상의 영향이 더 컸을 것이다.) 그러면 심포는 어떤 조직인지 알아보자.

첫 번째 견해로는 이름에 나타나듯이 심장[心]을 싸서 보호[包]하는 장기라고 보는 것이 있다. 하지만 실제로는 심장을 싸고 있는 단순한 심장막이 있을 뿐 다른 실질적인 장기가 없기 때문에 과연 실재하는 것인가 하는 의문이 들게 된다. 그러나 이 말은 사실일 것이다. 앞에서 설명했듯이 소장에서 흡수된 지방 중에서 분자 크기가 큰 소수성 지방산은 물에 녹지 않으므로 혈관으로 들어가지 못하므로 간으로 가지 않고 림프관으로 흡수된 후 흉선을 거쳐서 심장으로 들어가는데 한의학에서는 이렇게 적고 있다.

食氣入胃 濁氣歸心 淫精於脈.
[고체가 소화기계로 들어오면 아주 음적인 것(濁氣)은 심장으로 들어간 후 혈관으로 퍼져 나간다.]

여기서 심(心)은 심포(心包)를 말한다고 할 수 있다. 소수성 지방산은 지방 중에서도 분자크기가 가장 크므로 영양분 중에서 얻을 수 있는 가장 질량이 큰, 즉 탁한 陰적인 것이다. 이 소수성 지방도 흡수한 후 림프관을 통해 간으로 들어가게 인체가 만들어졌을 수도 있었을 텐데 왜 심장으로 들어가게 만들어졌을까를 생각해보면 그 이유는 심장이 그 지방을 간절히 원했기 때문이었을 것이다. 심장은 죽을 때까지 한시도 쉬지 않고 펄떡거려야 한다. 엄청난 운동에너지가 필요한 것이다. 그 에너지를 잠깐이라도 받지 못하면 심장은 동작을 멈출 수 있는데 심정지는 곧 사망을 의미한다. 그래서 에너지를 단 한시도 끊이지 않게 공급받아야 하며 그러려면 에너지를 가장 많이 농축시킨 에너지원이 필요한데 그것이 바로 소수성지방인 것이다. 심장은 火에 배속되는데 이 화를 제어하기 위해서 에너지가 농축된 水가 절실했다고 말할 수 있겠다. 그러므로 심포는 심장을 싸고 있는 기름덩어리를 말하는 것이며 이 모습이 바로 앞에서 설명한 리괘의 형상이다. 가장 음적이어서 에너지를 가장 많이 농축시킨 지방[二爻]를 태워서 심장의 펄떡거리는 운동에너지[一爻와 三爻]로 변환시키는 것이다. 이 지방이 붙어있는 심장외막은 대사증후군이 있을 경우에 유의적으로 두께가 두꺼워진다는 논문이[39] 있고 거기에서는 지방이 두꺼워져서 대사증후군이 발생한 것이라고 설명하고 있는데, 그것이 아니라 나이가 들면서 양기가 약해지고 그에 따라 심장박동이 약해지므로 사용하는 에너지가 적어지고 그에 따라 지방소모가 줄어들어 심장외막지방의 두께가 늘어난 것이라고 해석하는 것이 맞을 것이다.

둘째로는 심포경락이 가슴에서 일어나서 심포를 거치고 가슴을 순환한 후 횡격막을 뚫고 아래로 배꼽 아래까지 내려온다는 것에서 힌트를 얻을 수 있다. 근본적인 장기는 심장을 싸고 있지만 실제로 눈에 보이는 장기로는 가장 음적인 부위인 하초(下焦)에 그 모습을 보이는데 그것이 바로 '자궁'이라고 보는 견해가 있다. 동의보감에서는 이렇게 보기 때문에 자궁에 대한 설명을 심포가 있을 자리에서 하고 있다. 남자에게 자궁이 보이지 않는 이유는 남자는 양이 음보다 세기 때문에 음에 해당하는 혈(血)이 쉬지 않고 운행하므로 형태를 만들지 않고, 여자는 음이 강해서 혈이 때때로 정지하므로 형태를 짓는다고 설명하고 있다. 이렇게 심포가 밑으로 내려온 이유는 신장의 水를 덥혀서 상승시키기 위해서이다. 이에 대한 것은 뒤의 '원운동'에서 자세히 설명할 것이다.

심포는 가슴에서 지방을 받아들여 심장의 에너지원으로서 저장하고 하초에서는 자궁이라는 장기로 태아를 10달 동안 꼬옥 품고 있어야 하는 장기이므로 수렴시키는 합기능이 아니고서는 이 작용을 수행할 수가 없다. 추가적으로 심포가 심장을 싸고 있는 '지방이 붙어 있는 심장외막'이라고 말할 수 있는 좀 더 확실한 증거로 유방을 들 수 있다. 유방은 여성의 사춘기에 많은 지방이 침착됨으로써 크기가 커진다. 즉 심포기능이 활성화되면서 지방이 심포가 있는 가슴부위에 많이 쌓이는 것이다. 다시 말해 이 유방은 다른 오장들의 눈(간)/혀(심)/입술(비)/코(폐)/귀(신) 같이 심포가 몸 바깥으로 열어놓은 구멍, 즉 규(竅)인 것이다. 그리고 유방은 모유를 저장하는 장소로서 이 저장할 수 있는 능력은 합기능이 아니면 불가능하다는 점에 있어서도 서로 통한다고 하겠다.

---

[39] '심장외막지방과 대사 증후군 및 심혈관 질환 위험인자와의 연관성' 아주대학교 의과대학 순환기내과학교실 백승희 외

그러면 앞에서 말한 '심보가 나쁜 사람'이라는 말의 뜻은 무엇인가? 그것은 '심포가 제대로 기능하지 못해서 지방을 축적하지 못한 마른 사람'을 가리키는 말이라고 할 수 있다. 이렇게 마른 사람들이 보통 마음이 넓지 못한 경우가 많아서 이런 말이 생겼을 것이다. 왜냐하면 몸의 기능 중에서 가장 축적하는 힘이 강한 장부가 약해서 몸에 비축해 둔 것이 없으므로 나눠줄 것이 없을 뿐만 아니라 조금이나마 쌓아둔 것(지방)마저 잃어버릴까봐 불안하기 때문이다.

○개합추는 어떻게 구분한 것일까?
지금까지 오장의 개합추를 구분해봤는데 옛 사람들이 어떤 기준으로 개합추를 구분했는지 알아챘는가? 비록 개(開)는 무엇인가를 열어젖히고 발산하는 기능을 말하고, 합(闔)은 무엇인가를 닫아걸고 수렴시키는 기능을 말하며, 추(樞)는 문이 열고 닫힐 수 있게 해주는 소통기능을 말한다고 하지만 찬찬히 살펴보면 합-고체, 추-액체, 개-기체를 다스릴 때 쓰는 기능이라는 것을 알 수 있다(다만 이에 부합하지 않는 다소 애매한 부분들은 있다.). 고체는 가장 음적으로 뭉쳐있는 물질이므로 몸속으로 흡수하기 위해서는 잘게 부숴야 하는데 그러자면 시간이 많이 걸리므로 합기능으로 잡아두고 하지 않고서는 할 수가 없는 것이다. 몸안으로 들어온 후에도 이런 음적인 물질을 다루기 위해서는 잡아두고 찬찬히 하시 않을 수가 없는 것이다. 그리고 액체는 흐르는 물질이며 흐르지 않고 정체하면 썩는 것이므로 계속 운행시켜야 하므로 소통시키는 기능인 추가 아니면 할 수 없는 것이고, 기체는 붙잡고 싶어도 잡지 못하고 흘려보내고 싶어도 쉽게 밀어내지 못하지만 단지 열고 닫기만 하면 바람은 스스로 들고 나는 것이므로 개작용이 아니면 효율이 떨어지는 것이다.

그래서 간은 소화된 음식의 영양분을 합(闔)으로 처리하는 것이고, 심포는 지방을 합(闔)으로 꼬옥 심장 옆에 붙들어 놓는 것이다. 심장과 신장은 추(樞)로 액체인 혈액을 처리하는 것이며, 폐는 공기를 개(開)로 처리하는 것이고, 비장은 액체를 氣化(기체화)시키기 때문에 개(開)에 해당하는 것이다.

○육부(六腑)

 이어서 소화과정을 담당하는 육부의 개합추에 대해 알아보자. 개(開)는 열어젖히는 기능이니 몸 외부에서 내부로 들여오든가 그 반대로 내부에서 외부로 배출시키는 장부에 해당하겠고, 합(闔)은 닫는 기능이니 음식물을 가둬두던지 임시로 저장하는 장부에 해당할 것이고, 추(樞)는 저장과 배출 사이의 과정을 담당해서 개합이 잘 이뤄지도록 하는 장부에 해당하겠다. 핵심적으로 개는 기체, 합은 고체, 추는 액체를 다루는 기능이란 것은 육부에도 공통적인 사항인 것을 염두에 두고 살펴보자.

1.위(胃)

 위(胃)는 그 형태로 알 수 있다. 큰 자루처럼 생겼으니 음식물을 받아들여서 잘 섞어주는 역할을 한다. 만약 음식물이 위에서 저장되지 않고 그냥 쓱 지나간다고 상상해보자. 영양분은 위(胃) 다음에 있는 소장에서 대부분 흡수되는데, 입에서 잘 씹지 않고 위(胃)로 내려온 음식들이 위에서 소화가 잘 되게 죽처럼 미세하게 갈리지 않는다면 소장에서 흡수가 되겠는가? 될 수가 없기 때문에 위에서 음식물을 가둬서 불리고 잘게 부수는 작업을 하는 것이다. 그리고 바로 먹은 고체들을 다루기 때문에 위기능은 합(闔)에 해당한다.

 소화라는 것은 우리가 먹은 음식물들을 몸안으로 흡수하기 쉽게 아주 잘게 쪼개는 과정이다. 탄수화물은 단당이 여러 개 연결된 것이므로 단당류로 쪼개고, 단백질은 아미노산이 여러 개 연결된 형태이므로 아미노산 1개씩으로 쪼개고, 지방은 지방산과 글리세롤이 연결된 것이므로 이 둘로 분리한 후 체내로 들여온다. 왜 이런 작업을 하는가 하면 만약 우리 내장이 아주 큰 분자도 들여올 수 있을 만큼 큰 출입문을 가지고 있다면 음식물과 섞여서 들여오는 수많은 잡동사니(병균 같은 오염원)들을 쉽게 걸러낼 수가 없을 것이다. 큰 음식물 뒤에 숨어서 들어오는 것을 어떻게 다 잡아낼 수 있겠는가? 그래서 몸안으로 들여오는 내장의 출입문을 최대한 작게 만들어서 이물질의 유입 가능성을 최대한 줄이는 것이다.

2.소장(小腸)

 잘게 부숴진 탄수화물/단백질/지방은 거의 대부분이 소장에서 흡수된다. 소장 융모를 열어서 영양분을 몸속으로 가지고 들어오는 것이다. 자신을 열어야 가지고 들어올 수 있지, 닫고는 들여올 수가 없는 것이다. 그래서 소장기능은 개(開)에 해당한다.

 그런데 소장은 개기능을 담당하고 있지만 기체를 다루지 않는 것은 무엇 때문인가? 그것은 방광과 연결되어 소변과 관련이 있고 해부학적 지식과는 또 다른 얘기가 있으니 방광을 얘기한 후에 같이 설명하도록 하겠다.

3.담(膽)

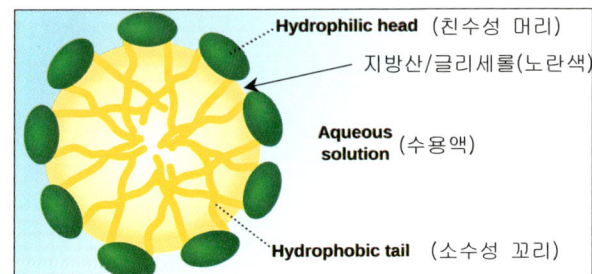

[micelle의 구조.
담즙은 지방산/글리세롤을 둘러싸서 micelle을 만들어 소장에서 흡수될 수 있게 한다.]

 담즙이 하는 역할은 다음과 같다. 지방을 분해하면 지방산과 글리세롤로 나눠지는데 이 둘은 물에 용해되기 힘들다. 이들을 흡수하는 소장융모에는 물로 되어 있는 층이 존재하는데 지방산과 글리세롤은 물에 녹지 않으니 소장융모에 있는 문까지 들어올 수가 없다. 이때 담즙이 지방산과 글리세롤에 붙는데 이 담즙이 특이하게도 물에 녹기 쉬운 부분과 녹기 어려운 부분으로 이뤄졌다는 사실이다. 그래서 물에 녹기 어려운 부분을 지방산과 글리세롤에 연결하고, 녹기 쉬운 부분으로는 소장융모의 물층에 녹아 들어가서 이 둘을 소통할 수 있게 한다. 추(樞)라는 것은 반은 개(開)기능을 갖고 반은 합(闔)기능을 갖고 있는 것으로도 해석할 수 있는데 담즙구조는 그 개념에 딱 부합한다고 할 수 있으므로 담의 기능은 추에 해당한다.

4.대장(大腸)

대장은 소장에서 영양분을 모두 흡수했으므로 물을 흡수하는 것을 제외하고는 별 다른 일을 하지 않는 것으로 보인다. 이제 쓸모없어져서 체외로 배출되기 전에 대변을 잡아놓고 체내의 수분조절을 위해 수분을 흡수할 뿐이다. 만약 대장이 추(樞)기능을 갖고 있다면 우리는 수시로 대변을 봐야 할 것이고, 개(開)기능을 갖고 있다면 대변을 몸속으로 흡수하게 되어 감염으로 금방 죽게 될 것이다. 다행히 대장은 가둬 두는 능력이 강해서 대변을 몸안으로 흡수하지도 않고 대변을 하루에 수십 번 보지도 않으며 하루에 1번 보는 것만으로도 충분해졌다. 그래서 대장은 합(闔)에 해당한다.

5. 방광(膀胱)

방광도 대장과 별반 다를 게 없어 보인다. 단지 대변이 소변으로 바뀌었을 뿐이지 않은가... (하지만 대변과 소변의 차이가 아주 크다는 것을 알게 될 것이다.) 방광은 소변을 담아뒀다가 많이 차게 되면 요의를 느끼게 되고 아랫배에 힘을 주면 소변이 체외로 배출된다. 그런데 옛사람들은 그게 아니라고 말한다.

膀胱者 津液藏焉 氣化則能出矣.
[방광은 진액을 저장하는데 기화해야 배출할 수 있다.]

대변을 배출할 때는 기화(氣化)시켜야 한다는 말이 없는데, 소변에는 기화시켜야 배출할 수 있다고 말하는 것이다. 그러면 기화는 무엇일까? 기(氣)라는 말은 음에도 붙이고 양에도 붙일 수 있어서 음기(陰氣), 양기(陽氣)라고 모두 쓸 수 있다. $E=mc^2$이니 음인 물질이 양인 에너지로 변화될 수 있고 그 반대도 가능한 것과 비슷한 말이겠다. 따라서 물질은 음기라고 할 수 있겠고 에너지는 양기라고 할 수 있겠다. 따라서 기라는 것은 온 우주에 널리 퍼져 있는 에너지와 물질을 통칭하는 것이라고 생각할 수 있다. 그런데 보통 기라고 하면 양적인 기를 말하는 경우가 많은데 여기의 기화도 그렇다(뒤의 결론을 먼저 말하자면, '체외로 배출되는 소변은 액체지만 이것이 체외로 배출되기 위해서는 기의 원심적인 작용이 선행되어야 한다'는 것이 제대로 된 해석일 것이다.). 그런데 이 기화에 대해 설명하려면 장부상통(臟腑相通)을 말해야 하고 그러자면 또 육장육부를 삼음삼양(三陰三陽)이란 것에 먼저 대입해야 한다. 그러므로 아직 장부에 대한 설명이 다 끝나지 않았지만 미리 결론을 말해야겠다.

삼음삼양이란 태음(太陰)·소음(少陰)·궐음(厥陰)을 삼음(三陰)이라 하고, 태양(太陽)·소양(少陽)·양명(陽明)을 삼양(三陽)이라 하는데 이 둘은 서로 짝이 되므로 삼음삼양이라 한다.[왜 태음(太陰)이라 이름 붙였고 그 의미가 무엇인지 등등으로 들어가자면 너무 복잡해지므로 여기서는 그냥 이렇게 이름 붙였구나 하고 넘어가자.] 육장육부는 음에 속하는 육장과 양에 속하는 육부로 나눌 수 있고, 경락이 횡격막 위에 속하는 장부에는 수(手)를 붙이고 횡격막 아래에 속하는 장부에는 족(足)을 붙인다. 그리고 각 삼음삼양의 개합추는 내경의 「근결(根結)」에서 다음과 같이 말하고 있다.

太陽爲開 陽明爲闔 少陽爲樞. 太陰爲開 厥陰爲闔 少陰爲樞.
[태양은 개이고, 양명은 합이며, 소양은 추이다. 태음은 개이고, 궐음은 합이며, 소음은 추이다.]

그래서 장부에 수족(手足)과 삼음삼양을 붙이면 다음 표와 같이 된다. 예컨대 수태음폐(手太陰肺)라고 하면 폐는 횡격막 이상(手)에서 음인 육장에 속하며 개(開)기능을 수행하므로 태음(太陰)에 해당한다는 뜻이 된다. 족태양방광(足太陽膀胱)이라고 하면 방광은 횡격막 이하(足)에서 양인 육부에 속하며 개(開)기능을 수행하므로 태양(太陽)에 해당한다는 뜻이 된다.

| | | 陰 : 육장(六臟) | | 陽 : 육부(六腑) |
|---|---|---|---|---|
| 개 | 태음 | 수태음폐(手太陰肺) | 태양 | 수태양소장(手太陽小腸) |
| | | 족태음비(足太陰脾) | | 족태양방광(足太陽膀胱) |
| 추 | 소음 | 수소음심(手少陰心) | 소양 | 수소양삼초(手少陽三焦) |
| | | 족소음신(足少陰腎) | | 족소양담(足少陽膽) |
| 합 | 궐음 | 수궐음심포(手厥陰心包) | 양명 | 수양명대장(手陽明大腸) |
| | | 족궐음간(足厥陰肝) | | 족양명위(足陽明胃) |

육장육부는 서로 밀접하게 연결되어 있다. 하나의 장부만을 볼 때는 각각이 하나의 태극체를 이뤄서 하나의 우주를 형성하지만 더 크게 보면 한 사람을 이

루는 기관에 해당하므로 이 사람을 살아 있게 만들기 위해 서로 긴밀히 협조하지 않으면 자신의 생존도 위태롭기 때문이다. 그 관계 중에서 특히 긴밀한 관계에 있는 것들로서 첫째는 표리(表裏)관계, 둘째는 동경(同經)관계, 셋째는 상통(相通)관계가 있다.

표리관계는 앞에서 설명했듯이 육장과 육부 사이의 관계 중에서 가장 긴밀한 관계로서 서로 부부관계 같은 짝을 말한다. 태음-양명, 소음-태양, 궐음-소양이 표리관계가 된다. 장부만 따로 떼어 놓아서 말한다면 간-담, 심-소장, 비-위, 폐-대장, 신-방광, 심포-삼초가 되겠다.

동경관계는 동일한 삼음삼양을 갖는 수족(手足)이 다른 두 장부를 가리킨다. 수태음폐-족태음비, 수태양소장-족태양방광, 수소음심-족소음신, 수소양삼초-족소양담, 수궐음심포-족궐음간, 수양명대장-족양명위가 되겠다. 횡격막 위아래에서 같은 개합추기능을 수행하는 장부를 말한다.

상통관계는 횡격막 위아래에서 같은 개합추기능을 수행하지만 장부가 다른 관계를 말한다. 수태음폐-족태양방광, 족태음비-수태양소장, 수소음심-족소양담, 족소음신-수소양삼초, 수궐음심포-족양명위, 족궐음간-수양명대장이 되겠다.

여기서 폐방광 상통관계에 집중해서 살펴보자. 폐와 방광이 개(開)라는 기능으로 공조한다는 뜻인데, 몸통의 맨 위에 있는 폐와 맨 아래에 있는 방광이 어떻게 공조한다는 것인가? 이 장부상통을 기록한 책의 문장을 인용해 보면 肺與膀胱相通 肺病 宜淸利膀胱水 膀胱病 宜淸肺氣爲主 ... (入門)[폐와 방광은 서로 통하기 때문에 폐병에는 방광의 수기를 시원하게 잘 나가게 해야 하고 방광병에는 폐기를 서늘하게 하는 것을 위주로 하여야 한다... (의학입문)]이라고 되어 있는데 요지는 폐병에는 방광기능을 원활히 해야 폐가 낫는데 도움이 되고, 방광병에는 폐기능을 원활히 해야 방광이 낫는데 도움이 된다는 것이다. 이것을 이해하자면 경락을 말해야 할 것 같다.

다음 그림은 방광경락을 나타내는데, 방광경락은 눈에서 시작해서 머리로 올라가고 뒷통수로 넘어가서 척추의 옆을 따라 골반까지 내려오고 허벅지와 장딴지의 뒷면을 따라 내려가다가 새끼발가락에서 끝이 난다. 몸을 구심적으로 구부릴 수 있는 배는 陰이고, 원심적으로 펼 수 있는 등은 陽이고 그 사이의 측면은 중(中)이 된다. 방광경락은 척추의 바로 옆을 지나므로 척추를 관통해서 지나가는 독맥이라는 경락을 제외하면 12장부 중에서 가장 양기가 많은 경락에 해당한다. 양이라는 것은 원심성을 말하는 것이고 가장 양적이라는 것은 가장 원심적이라는 얘기가 되니 방광경락은 인체의 기(氣)가 우리 몸을 둘러싸는 아우라의 최외각을 담당하는 경락이라는 말이 된다. 그리고 폐는 피부가 진화해감에 따라 외부의 위협으로부터 자신의 핵심기능을 몸속으로 안전하게 숨겨 놓은 것으로서 피부를 관리하는 피부의 사령부이므로 폐와 방광은 피부에서 개(開)작용을 함에 있어 서로 협조한다는 의미가 된다. 땀구멍이나 피지샘 그리고 피부세포들의 열리고 닫히는 것들을 관리한다는 의미가 되겠다.

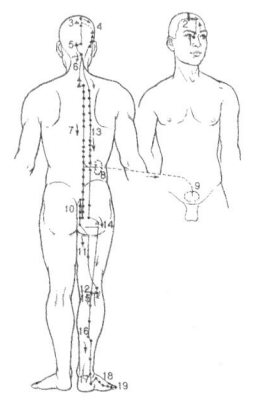

[방광경락.
눈에서 시작해서 몸의 뒷면을 흐른 후에
새끼발가락에 이른다.
(대전대학교 침구학회 의침회 참조)]

그러면 기화(氣化)라는 것은 무엇인가? 그것은 기로 변화시키다, 기적(氣的)으로 변화시키다 등으로 해석할 수 있겠는데 어떻게 해석하든 기는 양이요 원심성을 말하는 것이므로 원심성을 강화하는 방향으로 변화시킨다는 뜻이므로 땀구멍을 열든지 아니면 방광경락의 기들을 원심적으로 더 확산시킨다는 뜻이 되겠다. 만약 다음과 같은 작용을 한다면 이것을 기화라고 할 수 있지 않을까?

초등학교 때 해봤던 실험을 가져와 봤다. 액체가 가득 들어있는 피펫 속의 액체는 윗구멍을 막으면 액체에 중력이 작용하고 있음에도 떨어지지 않는다. 그러다가 윗뚜껑을 여는 순간 액체는 떨어진다. 피펫에서 액체가 떨어지지 않는 이유는 뚜껑이 액체 위에 있는 대기가 누르는 압력을 제거해 버렸기 때문이다. 그래서 액체의 무게보다 피펫의 밑구멍에서 밀어 올리는 대기압이 커서 액체가 떨어지지 않는 것이다. 즉 뚜껑을 닫은 상태에서는 피펫 내에는 액체 위의 작은 공간에만 공기가 있기 때문에 거의 진공에 가까운 것이다. 뚜껑을 떼는 순간 뚜껑 위에 있던 대기들이 액체에 대기압을 가하고 그 결과 위아래에서 작용하는 대기압은 서로 상쇄되고 액체무게에 해당하는 힘만 작용해서 물이 밑으로 쏟아지는 것이다.

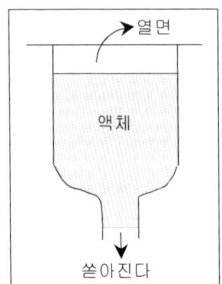
[피펫의 뚜껑을 열면 액체가 쏟아진다.]

 소화관은 입으로 먹고 마시고 말하고 거기에다 소화과정에서 상당한 가스가 발생하기 때문에 소화관이 진공에 가깝다고 말할 수 없을지도 모르겠으나 방광은 다르다. 애초에 공기가 들어올 수 있는 가능성이 거의 없다. 그래서 방광 안은 거의 진공이라고 봐도 무방하다. 그런 상태에서 소변을 배출하려고 방광을 압축하면 나오기는 하겠지만 그다지 시원하지 않을 것이다. 위 뚜껑을 여는 편이 훨씬 쉬울 것이다. 즉 폐와 방광이 개(開)기능으로 모공과 기(氣)보호막을 살짝 열어줌으로써 소변을 시원하게 배출할 수 있을 거라고 생각한다. 추운 날 소변을 보면 으스스 몸서리 쳐지는 것을 누구나 경험해 봤을 것이다. 그것이 과연 다만 체온과 같은 온도의 소변이 체외로 빠져 나가서 생기는 현상일까? 그렇다면 추운 날 체온과 같은 온도의 혈액을 뺏을 때도 똑같이 으스스한 느낌을 느낄까? 아마도 아닐 것이다. 그 으스스한 느낌은 모공과 기 보호막이 살짝 열린 틈으로 차가운 바깥 공기가 들어와서 방광경락이 흐르는 뒷목과 척추부위를 중심으로 느끼는 한기(寒氣)라고 생각한다. 소변은 이렇게 인체의 최외각을 둘러싸고 있는 방광경락의 기들이 더 원심적으로 변화하면(기화하면 또는 뚜껑을 열면)

나오는 것이다. 그래서 방광이 대변을 담아 두는 대장과 비슷하게 소변을 담고 있어서 합(闔)기능에 해당할 것 같지만 개(開)가 주된 기능인 것이다.

6.삼초(三焦)

삼(三)은 몸을 3부분으로 나눴다는 것이고, 초(焦)는 '그슬릴 초' 또는 '탈 초'로서 인체에 불덩어리가 3부위에 있다는 것인데, 상초(上焦) 중초(中焦) 하초(下焦)로 나뉜다. 상초는 횡격막 위의 가슴부위, 중초는 횡격막 ~ 배꼽, 하초는 배꼽 이하의 하복부를 말한다(여기에 팔다리가 들어가지 않는 이유는 몸통은 잘리면 죽기 때문에 근본이 되므로 체(体)가 되지만, 팔다리는 중심에서 멀어진 양으로서 용(用)에 해당해서 생명과 직접적인 연관이 없기 때문이다.). 인체를 굳이 3부위로 나눈 이유는 이 3부위에서 이뤄지는 생리현상의 모습이 서로 다르기 때문이다. 각 부분들의 기운의 성격이 다르다는 것인데 그 모습을 책에서는 이렇게 적고 있다.

上焦如霧 中焦如漚 下焦如瀆.
[상초는 안개 같고, 중초는 물거품 같고, 하초는 도랑 같다.]

상초는 가슴부위로서 폐 속에는 수증기가 안개처럼 가득 차 있다. 기운이 가장 양적인 기체상태로 작동한다. 중초는 주로 위소장부위로서 위와 소장에는 음식물을 소화시키기 위한 온갖 소화액이 분비되면서 죽과 같은 상태로 기운이 중간적인 액체상태로 작동한다. 하초는 주로 대장방광부위로서 죽 상태에서 영양분과 수분을 흡수하고 남은 고체상태의 대변과 혈액에서 노폐물을 추려내서 탁해진 액체상태의 소변을 다스린다. 기운이 가장 음적인 고체와 농축된 액체로 작동한다. 이 고체액체기체가 몸에 쌓여 있는 모습은 뒤의 "원운동-정기신(精氣神)"에 그려져 있다. 다만 이 삼초는 하나의 장부일 뿐이고 장부도의 정기(精氣)는 모든 장부활동의 결과물이므로 조금 의미가 다르지만 대동소이하다고 생각한다.

$H_2O$라는 물질이 온도에 따라 얼음, 물, 수증기로 상태를 바꾸듯이 인체의 기(氣)도 하나의 생명력일 뿐이지만 그 위치에 따라 작용하는 모습이 다른 것이다.

이렇게 인체 위아래를 오르내리며 부지런히 생명력을 뜻하는 불길(焦)을 지펴대는 것이다. 이렇게 삼초는 인체내부의 소통을 담당하기 때문에 추(樞)에 해당한다.

그러면 무엇이 불길 같이 작용하고 있을까? 일단 삼초의 기능은 추에 속하므로 액체를 다스리는 기관일 가능성이 높다고 생각할 수 있다. 그러므로 '인체의 한 부분에 국한된 장기를 갖고 있다기보다는 몸전체에 존재하면서 액체를 다스리는 것'이 삼초를 의미한다고 말할 수 있다. 지금까지 밝혀진 것들 중에서 이 정의에 가장 근접하는 것은 호르몬을 방출하는 내분비계가 아닐까 생각한다. 상초에 있는 내분비샘으로는 시상하부/뇌하수체/갑상선이 있고, 중초에는 이자가 있으며(이자는 비장에 속하면서 삼초에도 속하는 것이다. 이렇게 土는 오묘한 면을 갖고 있다.), 하초에는 부신/정소/난소가 있다. 이 내분비샘에서 혈액으로 호르몬을 방출하여[이것이 추(樞)의 의미] 갖가지 생리작용을 조절하기 때문이다.

○소변과 대변
소변과 대변은 다르다. 한마디로 얘기하자면 소변은 만들어지는 것까지는 액체지만 배출하는 것은 기화를 거쳐야 하는 것이고, 대변은 고체로 만들어져서 고체로 나간다.
먼저 소변을 알아보자. 양방해부학적으로 소변은 신장에서 혈액을 여과하고 남은 액체가 방광으로 흘러가서 만들어진다. 그런데 한의학에서는 다른 얘기를 한다. 신장이 인체의 水를 전체적으로 관장한다는 사실은 줄기차게 강조하지만 정작 소변을 만든다는 얘기는 강조하지 않는다. 신장에서 방광으로 연결되는 요관은 굵기 때문에 육안으로도 충분히 쉽게 발견할 수 있는 구조이다. 그런데 옛사람들이 그것을 놓쳤을까? 그렇지는 않았을 거라고 생각한다.

먼저 음식의 소화과정을 옛사람들은 어떻게 파악했는지 다시 한번 알아보자.
·食氣入胃 散精於肝 淫氣於筋…
[고체가 소화기계로 들어오면 간으로 흡수되고 근(筋)으로 기운이 간다.…]

· 食氣入胃 濁氣歸心 淫精於脈...

[고체가 소화기계로 들어오면 아주 음적인 것은(濁氣) 심장으로 가고 혈관으로 기운이 퍼진다...]

· 飮入於胃 遊溢精氣 上輸於脾. 脾氣散精 上歸於肺 通調水道 下輸膀光.

[액체가 소화기계로 들어오면 액체에 있는 보다 양적인 것들은 비장으로 운송된다. 비장은 이것을 횡격막 위에 있는 폐로 상승시키고 폐는 수도(水道. 물의 도로)를 통해 밑에 있는 방광으로 수송한다.]

· 大腸小腸會爲闌門 蓋胃中水穀腐熟 自胃下口 傳入於小腸上口 自小腸下口 泌別淸濁 水液入膀胱 爲溲尿 滓穢入大腸 爲大便 由闌門而分別.

[대장과 소장이 만나는 곳을 난문이라고 한다. 대개 위에서 음식물이 발효되고 이것이 위출구에서 소장입구로 운송되고 소장출구에서 맑은 것(소변)과 탁한 것(대변)이 분리되는데 (몸에 쓸모없는 것 중에서) 액체는 방광으로 들어가서 소변이 되고, 고체는 대장으로 들어가서 대변이 된다. 난문에서 이 둘이 분별되는 것이다.]

우리가 음식(飮食)이라고 할 때의 음(飮)은 마시는 것으로 액체를 뜻하고 식(食)은 씹는 것으로 고체를 말한다. 그러니 인간은 생명유시를 위해 고체인 식물(食物)과 액체인 음물(飮物) 그리고 기체인 산소를 먹고 있는 것이다. 고체는 합(闔)기능으로 처리하고, 액체는 추(樞)기능 그리고 기체는 개(開)기능으로 처리하고 있는 것으로 요약할 수 있는데 그러면 다시 종합적으로 위 문장들을 근거로 지금까지 설명한 것들을 대소변을 중심으로 정리해보고자 한다.

①고체 [합(闔) : 족양명위, 수양명대장, 족궐음간, 수궐음심포]

고체가 들어오면 胃中水穀腐熟, 즉 위에서 잡아 놓고 한참을 발효시킨다는 것이다. 그 후 散精於肝, 즉 간으로 들어간다고 했다. 탄수화물과 단백질 그리고 수용성 지방산이 간문맥을 통해 간으로 들어오는 것을 말한다. 그리고 또 다른 경로가 있는데 濁氣歸心, 즉 고체 중에서 더 음적인 지용성 지방은 림프관을 통해 흉선으로 들어가서 최종적으로 심장에 이르는데 여기서 심장은 심포를 말한다. 그리고 滓穢入大腸 爲大便, 즉 (몸에 쓸모없는 것 중에서) 고체는 대장으로 들어가서 대변이 된다.

이렇게 본다면 합(闔)이라는 것은 고체인 식물(食物)을 처리하는 기능을 말하고, 그 찌꺼기는 대변으로 배출한다는 것을 알 수 있다.

②기체[개(開) : 족태음비, 수태음폐, 족태양방광, 수태양소장]
실제로 우리가 마시는 기체는 산소뿐이고 이 산소에는 폐만 관여를 할 뿐이다. 하지만 개(開)기능을 기화(氣化. 액체를 기체화시킨다. 원심적으로 변화시킨다.)라는 기능까지 포함한다면 비/소장/방광에도 적용할 수 있다. 소변을 만드는 과정은 2가지 경로가 있다. 한 가지는 自小腸下口 泌別淸濁 水液入膀胱 爲溲尿하는 것이고, 다른 한 가지는 飮入於胃 遊溢精氣 上輸於脾. 脾氣散精 上歸於肺 通調水道 下輸膀光하는 경로이다.
이렇게 본다면 개(開)라는 기능은 소변에만 관여한다는 것을 알 수 있다. 그리고 소변을 배출하기 위해서는 기화시키는 것이 필수라고 말하고 있는 것이다.

③액체[추(樞) : 족소양담, 수소양삼초, 족소음신, 수소음심]
추는 개합이 잘 이뤄지도록, 즉 영양을 흡수하고 그 찌꺼기를 대소변으로 배출시키는 과정이 원만히 이뤄지도록 중재해 주는 역할을 한다고 이해할 수 있다.

자 이제 육장육부의 개합추에 대한 설명이 끝났다. 이렇게 인체도 육장이라는 陰과 육부라는 陽으로 나눌 수 있고, 이들은 다시 개합추라는 기능으로 분류할 수 있는데 그것의 이름은 삼음삼양(三陰三陽)이라고 한다. 인체도 음양삼재로 구성되어 있는 것이다.

3.원운동
1)수승화강(水升火降)
인체 생명활동이 원운동의 형태를 띤다는 것을 한의학에서는 수승화강(水升火降)이라고 표현했다. 육장이 근본을 이루므로 육장의 운동양태를 보고 이름 붙인 것인데, 육장 중에서 火는 심장에 해당하고 水는 신장에 해당한다. 火는 양기가 가장 강한 기운이므로 지구중심에서 원심적으로 멀어지려고 즉 위로 상승하려는 속성이 있다. 火기운이 셀수록 기체의 온도는 올라가고 온도에 비례하는 운동에너지는 커지므로 부피도 커진다. 따라서 밀도는 작아져서 기체는 상승한다. 마찬가지로 水는 음기가 가장 강한 기운이므로 지구중심으로 내려가려고 한다. 그래서 물은 위로 솟구치지 않고 밑으로만 흘러간다. 불기운은 위로 솟고 물기운은 아래로 흐르니 그냥 놔두면 음양이 섞이지 않고 따로 놀게 된다. 그래서 지구의 경우에는 대기를 순환시켜서 水火를 섞어주고 있는데, 생명이 유지되기 위해서는 인체 내에서도 이 水火를 순환시켜야 한다. 어떻게 순환시키고 있는지는 우리가 숨 쉬고 먹는 것을 소화흡수시키고 그 후 그 결합체를 몸속에서 운행시키는 과정을 시간 순으로 해석해나가다 보면 알 수 있게 된다.

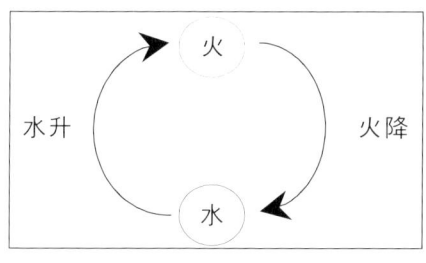

[수승화강
(물은 상승하고 불은 하강하면서 기운이 원운동을 한다)]

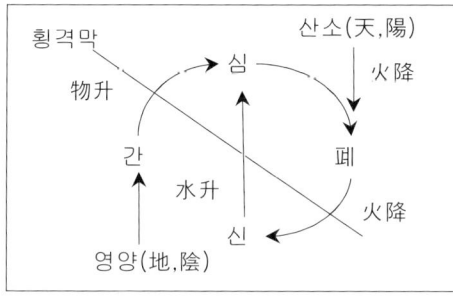

[수승화강의 좀 더 구체적인 모습]

먼저 陰인 음식을 먹게 되면 위→소장→대장을 거치면서 영양소들이 분해되고 단백질/탄수화물은 장막을 통과해서 간문맥을 거쳐 간으로 들어간다. 즉 장혈(藏血)하고 이후 노폐물을 제거한 깨끗한 영양분을 가득 품은 혈액을 심장으로 보내준다. 그리고 가장 음적인 소수성 지방은 간을 거치지 않고 곧바로 림프관을 타고 심포로 들어간다. 그리고 이 과정들은 수승(水升)과 의미가 비슷하지만 조금 다르므로 물승(物升)이라고 부를 수 있겠으나 수승과 의미가 대동소이하다[40].

이후 그 혈액은 폐로 보내지고 이산화탄소를 배출시키고 산소를 받는다. 이 폐에서 지(地)의 영양소를 가득 품은 혈액이 천(天)의 산소와 만나는 것이다. 천과 지가 만나 음양혼합체가 된 것이다. 그런데 산소를 공급해 주려면 전에 설명했듯이 폐 속을 수증기로 가득 채워야 한다. 만약 그렇지 못하고 폐가 마르게 되면 폐는 열로 가득 차게 되고 결국 산소를 혈액으로 전달시키는 능력이 현저히 떨어지게 된다. 이렇게 폐가 水인 수증기를 이용해서 火인 산소의 흡수를 촉진시키는 것이 화강(火降)이다. 공기 중의 산소가 액체인 혈액 속으로 녹아 들어가는 것이므로 강(降)하는 것이다. 왜냐하면 기체는 가만히 두면 이리저리 마구 돌아다니지만 일단 액체 속으로 녹아버리면 중력에 의해 하강할 수밖에 없기 때문이다.

폐는 신장으로 영양소와 산소를 실은 혈액을 밀어 내리는데, 비록 폐에서 심장으로 다시 들어가지만 그것은 심장의 추(樞)기능을 쓰려고 함일 뿐이고, 심장 박출량의 20~25%는 신장으로 들어간다는 것을 보아도 신장으로 보내려는 것이라는 걸 짐작할 수 있다. 이것 또한 화강(火降)에 해당하겠다.

이렇게 신장으로 들어온 혈액은 水를 만드는 전해질관리를 거친 후 배대동맥을 통해 다시 심장으로 들어간다. 이것이 수승(水升)이다. 이렇게 심장으로 들어간 혈액은 또 다시 폐로 들어가고 심장을 거쳐 신장으로 다시 들어가는 순환을 하게 되므로 수승화강(水升火降)이 계속 이뤄지는 것이다.

요점은 인체가 생명을 유지하려면 땅에서 얻은 지기(地氣)와 하늘에서 얻은 천기(天氣)가 모두 필요하고 둘을 잘 합쳐야 하는데(연료에 불꽃을 튀겨 에너지를 얻음), 합치려면 횡격막 아래에서 흡수한 지기(地氣)는 횡격막 위로 올려야 하고, 횡격막 위에서 흡수한 천기(天氣)는 아래로 내려야 하는 것이다. 그 모습을 보면 그림과 같이 원모양이 된다는 것을 알 수 있다.

이 수승화강은 인체를 정면에서 봤을 때의 원운동이고 다음에 설명할 정기신

---

40) 소화기관에서 흡수한 영양분은 아직 산소를 흡수하지 못했으므로 물(物)이라고 했던 것이고, 신장으로 들어온 혈액은 영양분에 산소를 더한 것이므로 여기에서 만든 것은 水라고 했으나, 횡격막 아래에서 만든 것이라는 공통점이 있으므로 水라고 통칭해도 크게 틀리지 않으므로 물승과 수승을 통괄적으로 수승(水升)이라고 표현하겠다.

(精氣神)은 인체를 측면에서 봤을 때의 원운동이다.

2)정기신(精氣神. 동의보감의 인체관)

우리 민족은 단군신화가 살아 숨쉬던 그 옛날부터 삼재사상으로 우주를 바라봤다. 그러니 대우주를 닮았다는 소우주인 인체를 볼 때도 역시 삼재사상으로 바라봤는데, 의학분야에서 가장 뚜렷하게 알 수 있는 문헌이 바로 동의보감이다. 보감을 펴면 제일 먼저 인체의 근본을 이루는 장부를 그린 장부도가 나오고 다음에 "신형(身形)"편이 나오는데 이 편은 사람의 몸에 대해 개괄하는 부분으로서, 사람이 어떤 기운을 타고 나고 육장육부가 어떤 성쇠를 거치면서 결국에는 죽음에 이르는지, 수명을 결정짓는 조건에는 어떤 것이 있는지, 인체 전반적인 생리기능에는 어떤 요소가 작용하며 어떤 순환을 거치는지(여기에서 정기신에 대해 설명한다) 그래서 장수하려면 어떻게 해야 하고, 어떤 수련법과 치료법이 있는지에 대해 설명하고 있다.

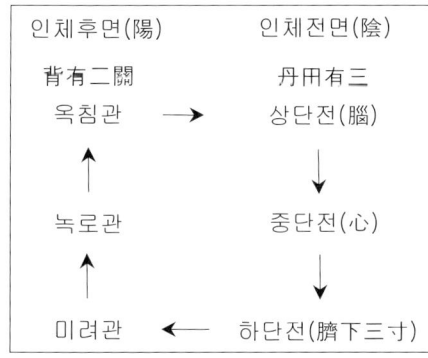

[정기(精氣)가 陽인 등에서는 삼관을 통해 올라가고, 陰인 배에서는 단전을 통해 내려온다.]

신형편이 끝나고 바로 다음에 정기신편이 각각 따로 있어서 이들에 대해 자세히 설명한다. 그러면 핵심 문장 몇 개를 인용하면서 설명해보자.

丹田有三(단전에는 세 가지가 있다)
仙經曰 腦爲髓海 上丹田 心爲絳宮 中丹田 臍下三寸 爲下丹田
　　　上丹田 藏氣之府也 中丹田 藏神之府也 下丹田 藏精之府也.
[선경에서 "뇌는 수해로서 상단전이고, 심은 강궁으로서 중단전이고, 배꼽 아

래 세 치는 하단전이다. 상단전은 기를 저장하는 창고이며, 중단전은 신을 저장하는 창고이며, 하단전은 정을 저장하는 창고이다."라고 하였다.]

背有三關(등에는 삼관이 있다)

仙經曰 背後有三關 腦後曰玉枕關 夾脊曰轆轤關 水火之際曰尾閭關 皆精氣 升降往來之道路也. 若得斗柄之機幹運 則上下循環 如天河之流轉也.

[선경에서 "등에는 삼관이 있다. 뇌의 뒤에 있는 것은 옥침관이라 하고, 척추를 끼고 있는 것을 녹로관이라 하고, 水와 火가 만나는 곳을 미려관이라고 하는데 모두 정과 기가 오르내리고 오가는 길이다. 만약 [삼관이] 북두칠성의 기틀처럼 잘 돌게 되면 [정기가] 위아래로 도는 것이 마치 은하수가 흐르고 도는 것과 같다."라고 하였다.]

척추는 구조적으로 몸을 앞으로 굽히게 되어 있고 뒤로는 굽힐 수 없게 되어 있다. 즉 몸을 구심적으로 말아 들일 때는 앞쪽으로 하게 되어 있으므로 앞쪽이 음에 해당하고, 원심적으로 펼 때는 뒤쪽으로 하게 되어 있으므로 등쪽이 양에 해당한다. 그리고 정(精)은 정기신 중 가장 낮은(지구 중심과 구심적으로 가장 가까운) 하단전에 본거지를 두고 있으므로 음에 해당하고, 기(氣)는 정기신 중 가장 높은(지구 중심과 원심적으로 가장 먼) 상단전에 본거지를 두고 있으므로 양에 해당하고, 신(神)은 그 중간에서 정기의 교류를 원활히 하는 중(中)에 해당한다. 인체의 핵심구성요소인 정기신은 전후상하로 순환하게 되는데(순환하지 않으면 썩게 되는 것이고, 그것은 바로 죽음을 의미한다.) 몸앞쪽은 음부위에 해당하며 따라서 정기(精氣)도 지구중심 방향으로 수렴하여 상단전 → 중단전 → 하단전으로 하강하고, 몸 뒤쪽은 양부위이므로 원심적으로 확산하는 속성에 의해 미려관 → 녹로관 → 옥침관으로 상승하게 된다. 이 둘을 합쳐보면 정기가 인체 전후상하를 원운동하면서 순환한다는 것을 알 수 있다.

인체의 원운동이 대략 위와 같이 이뤄지고 있는 것은 맞으나 설명에 부족한 면이 있다. 이를 보충해보자면 다음과 같다. 일단 정기신(精氣神)이 무엇인지 좀 더 명확히 말해본다면, 신(神)은 생명활동을 일으키는 신령스러운 것으로서 7식인 말라식의 본체라고 말하고 싶다. 정확한 실체를 설명하기 곤란하니 암흑에너지라고 말하는 것이 가장 근접한 표현이 아닐까 싶다. 이 신의 활동으로 장부는 작용하는 것이고 음식과 산소를 통해 인체에 필요한 것들을 만들어서 몸에 저장하는데 무거운 것들은 중력에 의해 밑으로 가라앉고 가벼운 것들은 위로 뜨게 된다. 여기서 무거운 것은 정(精)이라고, 가벼운 것은 기(氣)라고 이름 지었다. 그러나 신(神)은 정기와 같은 결과물을 말하는 것이 아니라 이 정기를 만들어내는 주재자를 지칭한다. 이 정기가 몸에 쌓여 있는 모습을 동의보감의 장부도에 그려보면 다음과 같다.

[정기가 몸에 쌓여 있는 모습.
밑으로 갈수록 밀도가 크므로 색이 진하다.]

앞에서 오행을 설명할 때나 수승화강을 설명할 때는 하도에 나와 있는 것과 같이 火가 남쪽에 있고 金이 서쪽에 위치했었다. 그러나 실제 인체를 보면 폐가 심장을 위에서 덮고 있고 이것은 정기가 체내에 쌓여 있는 모습과 일치한다. 즉 폐는 공기로 차 있으며 심장에는 기체가 가득 녹아 있는 혈액이 흐르고 있으며, 이보다 기체포화도가 낮은 혈액이 간에 저장되며, 이 혈액을 여러 번 농축시킨 정(精)을 신장이 저장한다. 그러므로 폐가 기체를 다루므로 가장 陽적이어서 방위도에 배속시켜보면 남쪽에 해당하고, 심장은 남쪽보다 陰적인 서쪽에 배속된다. 즉 자연이 운행하는 이론적인 이치는 하도와 같으나, 생명을 유지시키는 실재 생명체에서는 낙서와 같이 화금(火金)의 위치가 뒤바뀐다는 것이다. 이것을 금화교역(金火交易)이라고 한다. 그러면 왜 금화교역은 일어나는가?

인체의 70%는 물이 차지하고 있다. 이 물을 썩지 않게 순환시키려면 자연에서와 같은 방법으로 하면 될 것이다. 해가 바닷물을 덥혀 증발시키면 물분자가 에너지를 얻어 하늘 높이 올라가게 되고, 고도가 높아짐에 따라 기온이 낮아지므로 기체 물분자는 액체가 되고, 여러 개의 액체 물분자가 뭉쳐서 더 이상 공기 중에 떠 있을 수 없을 만큼 음화(陰化)되면 중력에 의해 땅과 바다로 떨어지게 된다.

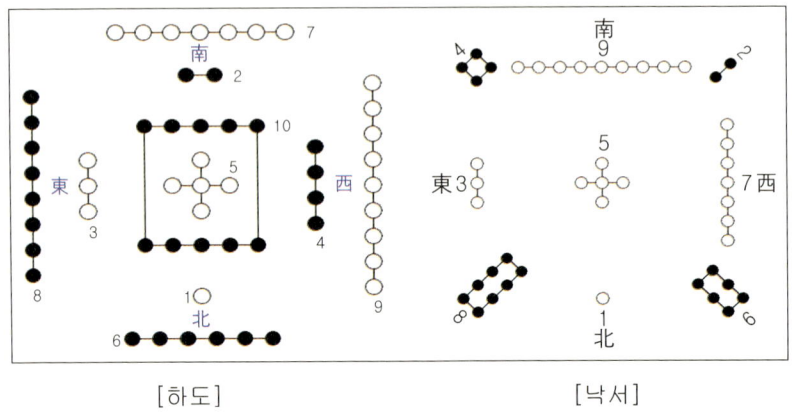

[하도]          [낙서]

하늘에 떠 있는 해가 바다에 비쳐서 물을 가열하듯 인체에서도 횡격막 위에 있는 火의 속성을 가진 심포(心包)가 제하삼촌(臍下三寸)에 또 다른 거처를 마련하여 신장의 水를 덥힌다. 이것은 간이 눈을 다스리고, 심장이 혀를 다스리고, 비장이 입술을 다스리고, 폐가 코를 다스리고, 신장이 귀를 다스리듯이 심포는 자신이 가장 큰 권한을 가지고 자궁을 다스리는 것이다. 그래서 심포는 화기(火氣)를 가졌으므로 단전(丹田)이라고도 불리고, 수승화강의 첫 시작을 담당하여 생명을 좌지우지 하므로 명문(命門)이라고도 하며, 여자의 경우에는 자궁이라는 형태를 가지므로 자궁(子宮)이라고 하거나 간단히 포(胞)라고도 한다. 이렇게 물은 불로 덥히면 상승할 수 있다. 그래서 신장의 水는 간으로 상승하고 다시 심장으로 상승하는데 심장에 이르러 가장 양적으로 변하여 火가 되는데 여기에 火를 더하면 더욱 상승할 것이다. 순환을 이루려면 이 심장의 火를 신장으로 수렴시켜야 하는데 이때는 자연이 대류권에서는 고도가 높아질수록 온도가 낮아지게 설계했듯이 인체도 火가 아니라 차가운 水를 이용한다. 즉 앞에서 설명했듯이 폐를 水로 잔뜩 채워서 평생 펄떡거려서 항상 열에 차있는 심장을 식히고 혈액 속에 산소를 주입한 후 심장의 추(樞)를 거쳐 신장으로 내려 보내는 것이다. 이 작업은 현재의 모습과 같이 폐가 물을 머금고 심장을 완전히 둘러싸지 않고서는 이룰 수 없는 과정일 것이다. 이렇게 화강(火降)작업을 하기 위해 현실에서는 심장과 폐의 위치가 바뀐 것을 금화교역이라고 한다.

4. 표리운동

이 표리운동을 표현한 용어가 열고 닫고 중간에서 잘 소통시켜준다는 개합추이다. 개(開)는 양적인 기능이라서 기체를 다스리기 좋고, 합(闔)은 음적인 기능이라서 고체를 다스리기 좋고, 추(樞)는 소통시키는 기능이라서 액체를 다스리기 좋다. 따라서 이 운동의 핵심 장기는 양부위인 횡격막 위에 있으면서 양적인 작용인 개운동을 하는 폐(肺)와 음부위인 횡격막 아래에 있으면서 음적인 작용인 합운동을 하는 간(肝)이다. 간은 음인 혈(血)을 장(藏)하고, 폐는 양인 기(氣)를 발(發)한다는 것이 표리운동의 핵심이다.

이 지구에 양인 천(天)이 있고 음인 지(地)가 있으며 그 천지가 끊임 없이 순환하면서 생명력 넘치는 행성으로 존재하듯이, 그 지구 위의 생명체도 지구를 닮아서 음인 땅에서 나는 음식과 양인 하늘에서 나는 산소를 먹은 후 그 둘을 합쳐서 인체의 또 다른 음양을 만들었으니 바로 陽인 氣와 陰인 血이다. 혈은 음이어서 질량이 무거우므로 눈에 쉽게 볼 수 있는 혈액으로 존재히고, 기는 양이어서 질량이 가벼우므로 눈으로는 잘 볼 수 없는 형태로 존재한다.

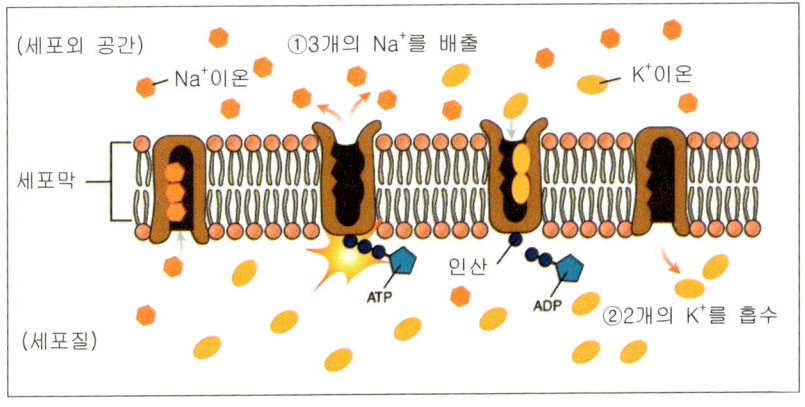

[나트륨-칼륨 펌프. 3개의 $Na^+$이온을 배출하고 2개의 $K^+$이온을 흡수함으로써 세포의 최외각을 원심성의 전자로 채운다.]

그 기의 형태들 중에 전기가 있다는 것은 확실하다. 본인의 기체험이나 기를 운용할 수 있는 많은 사람들이 그 증거가 될 수 있다. 전기라는 기의 특성을 가장 잘 보여주고 있는 것으로는 세포막이 있다. 세포를 하나의 우주로 본다면 세포막은 바깥세상과 자신을 구분지어 주는 경계가 된다. 인간의 피부와 같은 기능을 한다고 볼 수 있다. 그 세포막을 사이에 두고 안과 밖의 전위차가 있다. 휴지기에 안쪽이 바깥쪽보다 대략 70mv 정도 낮다. 이렇게 되는 중요한 요인은 'Na-K 펌프'가 세포막에서 3개의 $Na^+$이온을 방출하고 2개의 $K^+$이온을 흡수하므로 결과적으로 1개의 $Na^+$이온이 세포 밖으로 방출되는 셈이므로 $Na^+$의 짝인 $Cl^-$가 세포 안에 남아있게 되기 때문이다. 그러면 왜 2개의 $NA^+$이온을 방출하고 3개의 $K^+$이온을 흡수하거나 똑같이 2개의 $Na^+$와 $K^+$을 흡수/방출하지 않고 위와 같이 작동하는 진화를 하게 된 것일까?

앞에서 전자는 원자의 중심에서 원심적으로 움직이므로 양에 속하므로 -전하가 아니라 +전하를 부여받았어야 맞는다고 설명했었다. 따라서 -전하는 원심력을 발휘하고 +전하는 구심력을 발휘하게 되므로 세포막을 경계로 이 원심력과 구심력이 대등하게 작용하게 되는 것인데, 만약 세포 안이 +전압이라면 세포 안에서 구심력이 작용하고 세포 밖은 -전압이므로 원심력이 작용하게 되어 세포는 결과적으로 2배의 구심력을 받게 될 것이다. 그렇게 되면 세포는 계속 구심적으로 작용하는 전기력을 받게 되어 적절한 생리작용이 일어나기가 어려울 것이다. (전기적으로는 구심력만 작용하여 세포가 짜부라들 것이라고 예상할 수 있지만 세포를 구조적으로 유지하고 있는 구조물을 구부리게 할 정도의 전기력이라야 가능할 것이다.) 요컨대 양인 전기가 세포중심에서 가장 원심적으로 먼 곳인 세포막을 다스리는 것이다. 사람도 마찬가지다. 소우주인 세포들이 모여서 대우주인 인간을 이루었기 때문이다. 인간에게 있어 세포막에 비유할 수 있는 것은 의심할 여지없이 피부가 될 것이며, 이 피부를 전기적 힘으로 보호하고 소통시키는 것이 바로 저자가 체험했던 기(氣)이다. 이 기는 피부에서의 기이고, 피부는 폐가 다스리므로, 폐가 인체의 가장 외곽까지 방광의 협조를 받아 힘껏 기를 발산하는 모습인 것이다.

앞의 원운동을 설명한 그림을 다시 보자. 간에서 영양분을 받고 폐에서 산소를 받아서 이 둘이 합쳐지면 비로소 혈(血)이 된다. 만약에 혈액 속에 영양분도 없고 산소를 머금은 헤모글로빈도 없어서 붉지도 않는다면 그것을 피라고 말할 수 있겠는가? 그런 혈이 심장에서 박출될 때 70%는 전신으로 퍼지고 30%는 신장으로 간다. 그 전신으로 퍼졌던 혈들이 최종적으로 고향으로 삼아서 모이는 곳이 바로 간이다. 혈의 구성성분인 혈장과 혈구의 유지보수를 담당하기 때문이다. 간 속에서 쉬면서 정비를 받는 것이다.

요컨대 간으로 합(闔)했다가 폐(피부)로 개(開)하는 것이 표리운동인데 인체가 잼잼 하는 것이다. 손을 펴는 것이 개이고 쥐는 것이 합이다. 손을 하나의 우주로 봤을 때의 개합운동이 잼잼인 것인데, 우리 선조들은 개합운동이 이 우주의 운동원리라는 것을 이미 알고 아이들에게 가르쳤던 것이다. 그러면 세포막은 어떻게 개합운동을 하는지 알아보자. 세포막 안쪽에 -전하들이 자리 잡는 것은 陽의 자연스러운 속성에 의한 것인데 이것을 좀 더 학문적으로 표현한 것이 표리운동의 개(開)에 해당한다는 것이다. 이와 반대로 세포막 안으로 $Na^+$이온이 대량 유입되어 세포안쪽이 +가 될 때는 합(闔)이 된다. 신경신호가 전달되는 것을 예로 들어보자.

다음 그림은 신경신호가 좌측에서 우측으로 전달되는 것을 나타내고 있다. 신경세포가 외부의 자극을 받으면 ①에서 처럼 $Na^+$가 안으로 들어와서 활동전위가 형성된다. 이 활동전위는 도미노처럼 옆에 있는 막에 전달되어 ②의 가운데 막에서 $Na^+$통로가 열리고 $Na^+$가 들어오면서 오른쪽으로 전달된다. 그와 동시에 왼쪽막의 $K^+$통로로 $Na^+$와 척력이 작용하는 $K^+$가 밖으로 나가면서 ①번의 활동전위는 휴지전위로 되돌아온다. 즉 뉴런에서의 신경신호도 개합운동을 하면서 전달되는 것이다.

참고로 $K^+$이온은 세포막 안에서 $K^+$통로로 손쉽게 나갈 수 있으나 $Na^+$, $Cl^-$이온들은 $Na^+$통로, $Cl^-$통로 등으로 에너지를 쓰지 않고는 손쉽게 나갈 수가 없다. 세포막 안을 -전위로 유지하기 위해 +이온 통로 하나만을 항상 열어두는 것이다. 그리고 안으로 들어온 $Na^+$이온은 자극이라는 특수상황에서만 막 안으로 들어오는 것이고 이것은 정보로서의 가치가 있는 것이므로 에너지를 써서 Na-K펌프를 돌려서 들어온 $Na^+$을 내보내고 막 외로 나갔던 $K^+$이온을 들여오는 것이다.

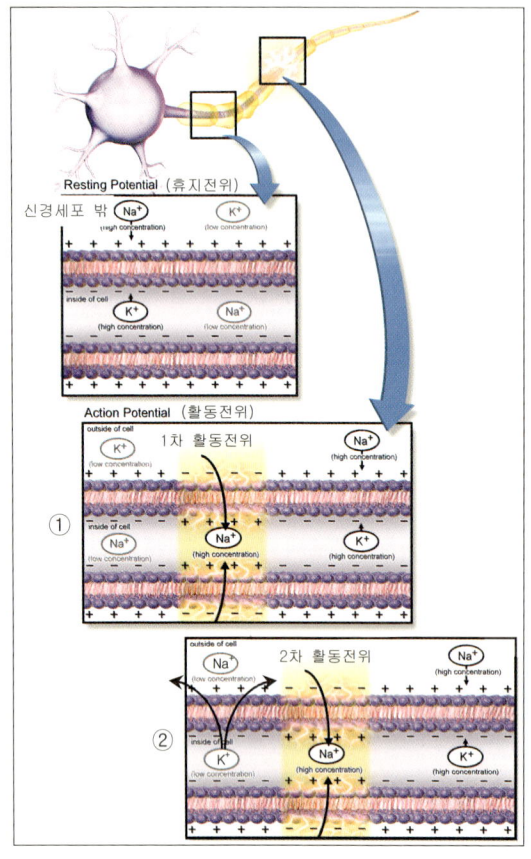

[신경세포에서 활동전위가 왼쪽에서 오른쪽으로 전파되는 모습. $Na^+$이온이 세포 안으로 들어오는 합(闔)운동과 $K^+$이온이 밖으로 나가는 개(開)운동으로 신호가 전파된다. 표리운동인 개합운동으로 신호를 전달하는 것이다.]

그러면 여기서 세포막 얘기를 하나 더 해보자. 먼 옛날 우리한테 잡아 먹혀 지금까지 공생하고 있는 미토콘드리아에 대해서이다. 미토콘드리아는 체내에서 우리가 쓸 수 있는 ATP라는 에너지를 만들어 주는 세포이다. 그 에너지를 만드는 과정을 설명하자면 다음과 같다. 미토콘드리아 밖에서 포도당을 분해하여 피브루산을 만들고, 이 피브루산은 미토콘드리아 안으로 들어가 TCA회로라는 생화학적 경로를 거치면서 다량의 전자들을 생산한다(지방/단백질도 해당(解糖)과정과 TCA회로에 끼어 들어가 전자를 생산한다.). 이 에너지를 가득 품은 전자들은 앞에서 설명했듯이 陽에 속하므로 원심적으로 움직이는 속성이 있으므로 미토콘드리아의 가장 바깥인 세포막으로 퍼져나간다. 여기에는 전자전달계라는 구조가 있는데 전자들은 막 안에 있는 산소분자($O_2$)의 인력에 이끌려 전자전달계라는 사다리를 내려가면서 자신이 가진 에너지를 쓰면서 세포막 안에 있는 $H^+$이온들을 밖으로 퍼 나른다. 세포막 밖에 $H^+$이온들이 쌓이면서 삼투압이 커지고 이들은 터빈날개 같이 생긴 ATP합성효소를 통과하면서 날개를 기계적으로 돌리게 되고 이 날개에 붙어 있던 ADP와 인(P)이 이 회전력을 이용해서 결합하면서 ATP를 만들게 된다. 에너지를 ATP에 저장하는 것이고, 나중에 ADP와 인(P)으로 분해되면서 에너지가 방출된다. ATP는 Adenosine Tri-Phosphate의 약자로서 A(아데닌)이라는 것에 리보스가 붙어 있고 여기에 다시 3개의 인산이 붙어 있는 것이고, 2개의 인산이 붙어 있는 것은 Di(2개)를 써서 ADP라고 한다. 즉, ATP $\rightleftarrows$ ADP + P + 에너지.

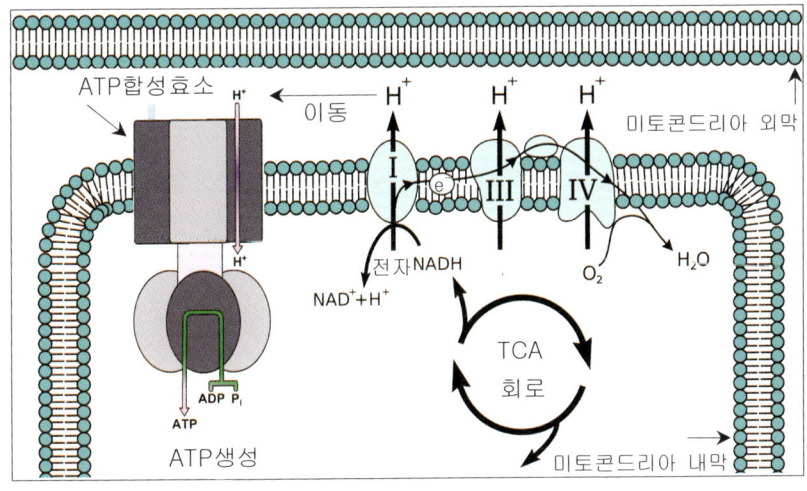

[미토콘드리아 내막에서 전자가 이동하면서 수소를 바깥으로 퍼 나르고, 이 수소가 다시 합성효소를 통과해 들어오면서 ATP가 만들어진다.]

요약하면 미토콘드리아에서 에너지를 얻기 위해서는 전자/산소/수소가 필요하다는 것을 알 수 있다. 수소는 水, 산소는 火, 전자는 이 둘을 매개하여 물을 이루게 하므로 土에 해당하겠다. 그러므로 우리가 지(地)의 음식을 먹는 이유는 결국 에너지로 가득찬 전자를 얻기 위함이고, 천(天)의 산소를 호흡하는 이유는 산소가 이 전자와 친화력이 강하기 때문이다. 그래서 전자의 에너지로 $H^+$이온을 세포막 밖으로 퍼나르는 것은 수승(水升)에 해당하며 전자가 전자전달계를 타고 내려와 산소분자/수소이온과 결합하여 물을 만드는 것은 火인 산소가 水인 수소에 의해 포합되는 것이므로 화강(火降)에 해당할 것이다. 그리고 전자가 세포막의 전자전달계를 오르내리는 것을 표리운동이라고 할 수 있을 것이다.

○오행을 삼재의 변형으로 풀이

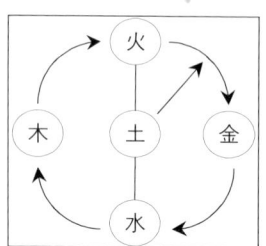

[오행은 木火土金水 순서로 생긴 것이 아니다. 먼저 水火土가 생긴 이후에 木金이 생긴 것이므로 오행의 출발점은 삼재이고 결국 오행은 삼재의 변형이라고 말할 수 있다.]

자, 이제 지구상의 생명체 중에서 가장 빼어난 기운을 타고난 인간의 생명운동도 수승화강이라는 형태를 띠는 원운동이라는 것을 알았다. 그러면 여기서 오행(五行)과 삼재(三才)의 관계에 대해서 알아보기로 하자. 앞에서 언급했듯이 생명이 탄생하기 위해서는 水火土가 먼저 구비되어야 한다. 여기에 木金이 더 추가되면 오행이 되는 것인데, 이 목금은 수화토를 원운동시키기 위해서 필요한 구성요소가 된다. 이것을 가늠해 볼 수 있는 것이 3대 영양소들의 분자구조식인데 水인 지방에는 CH만 있고 火인 탄수화물에는 OH만 있고 土인 단백질에는 CH와 OH가 섞여 있다. 이를 해석해보면 우주에서 가장 근원적인 원소이므로 水에 속하는 H를 이용함에 있어서 탄수화물은 火인 O를 이용해서 수소를 끌어올려 쓰고 있는데 여기서 木을 연상할 수 있다. 지방은 土인 C를 이용해서 수소를 끌어내려서 쓰고 있는데 여기서 金을 연상할 수 있다. 사실 탄수화물에서 산소(火)와 수소(水) 사이에 중간단계인 木이 있을 것이라는 추리는 조금 자연스럽게 이해되리라 생각되지만, 이와 같은 논리로 지방에서 金을 유추하자면 산소를 수소로 수렴시키는 과정이 있어야 하는데 지방은 탄소로 수소를 잡아 가두는 형상이므로 탄수화물과는 논리가 맞지 않는 듯 보인다. 그렇게 보이는 이유는 火에서 金으로 수렴시키는 과정이 水에서 木으로 발산시키는 과정보다 좀 더 복잡하기 때문이다. 오행에는 生이라는 개념이 있다. 이것은 木→火→土→金→水 사이에 서로를 자생(資生)/조장(助長)/촉진(促進)하는 관계가 존재함을 가리킨다. 木生火(목은 화를 만들고), 火生土(화는 토를 만들고), 土生金(토는 금을 만들고), 金生水(금은 수를 만들고), 水生木(수는 목을 만들고)라고 표현된다. 그래서 수 다음에는 목이 되고 목 다음에는 화가 되므로 수목화로 부드럽게 통하게 되지만(水升) 火를 끌어내리기 위해서는 火→金→水로 끌어내리지 못하고 火와 金 사이에서 土가 존재해 줘야 해서 火土金水가 된다(火降). 水升보다 火降에 좀 더 복잡한 과정이 필요한 것이다. 이렇게 오행이 구비되어야 수승화강 운동이 원활하게 이뤄질 수 있게 되고 비로소 천지를 닮은 고등한 생명체가 되는 것이다.

그러면 여기서 이 모형의 출발점이 무엇인지 되새겨보면 바로 水火土 삼재이다. 木火土金水는 水火土의 upgrade 버전이라고 볼 수 있는데 인간에게 있어서 천지의 구분면인 횡격막 위는 천이고 아래는 지인데, 횡격막 아래에서 간장은 木이며 신장은 水에 해당하고 횡격막 위에서 심장은 火이며 폐장은 金에 해당한다. 水는 지에 속하면서 음이고 木은 지에 속하면서 양에 해당하므로 水木은 지에 속하는 음양이 된다. 마찬가지로 火는 천에 속하면서 陽이고 金은 천에 속하면서 음에 해당하므로 火金은 천에 속하는 음양이 된다. 그래서 水木과 火金을 하나로 묶고 土를 가운데 두면 다음과 같은 그림이 된다.

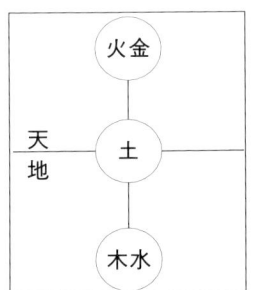

[木金은 土가 만든 것이다. 생명의 바탕인 水火土가 구비된 후, 土는 水를 상승시키기 위해서 木을 만들고, 火를 수렴시키기 위해서 金을 만들었다. 그러므로 水木과 火金은 쌍으로 묶을 수 있으며 土는 변화의 주재자로 홀로 남아있다.]

그리고 횡격막 바로 아래에 비장이 있는데 이 비장(土)이라는 것이 애매모호한 것이 많다. 첫째로 한의학에서 말하는 비장이라는 것이 해부학적으로 어떤 장기를 말하는가라는 문제를 먼저 알아봐야 한다. 비장은 이자와 지라를 모두 포함한다는 것이 한의계의 통념이다. 그러면 과연 그러한지 알아보자. 한의학의 근간을 이루는 내경에서는 비장의 위치에 대해 脾與胃以膜相連耳(비는 위와 막으로 연결되어 있다)라고 말한다. 그런데 해부도를 보면 위(胃)와 막으로 연결된 것은 지라이다. 위지라인대로 단단히 연결되어 있다. 이자와는 모든 내부 장기들을 붙들고 있는 장막(visceral peritoneum)으로 위와 이자의 일부분이 연결되어 있을 뿐이다. 이것만을 본다면 지라가 비장에 해당하는 것으로 보인다. 그런데 비장의 기능이나 병에 대한 내경의 설명을 보면 대부분 소화기능을 담당한다고 써놓고 있다. 내경 이후에 나온 난경에 혈액에 관한 기능이 처음으로 기술되고 후대에 지라의 기능과 유사한 것에 대한 논술이 있으나 내경에는 없다. 지라는 인체의 가장 큰 림프기관으로서 혈구세포를 만들거나 제거하는데 관여하지 소화에 관여하지는 않는다. 오히려 이자가 이자액을 분비해서 소화에 관여하며 인슐린과 글루카곤을 분비해서 체내의 혈당을 조절하며 이 기능이 망가졌을 때 당뇨병이 생기게 되는데 이런 면으로 볼 때 비장은 이자를 말하는 것으로 볼 수 있다. 그리고 장부 중에 오장은 생명유지에 핵심적인 체(体)에 해당하고 육부는 부차적인 용(用)에 해당한다는 면에서 본다면 이자를 비장으로 보는 것이 맞을 것이다. 왜냐하면 지라는 림프조직으로서 완전히 제거해도 다른 림프조직들이 대상성역할을 하기 때문에 생명에 위협을 초래하지 않으나 이자를 제거할 경우에는 사람이 오래지 않아 사망하기 때문이다. 지금까지의 논의로 봤을 때 이자가 비장일 가능성이 많지만 지라를 완전히 배제하기에는 뭔가 아쉬운 면이 있다.

비장은 다른 오장에 비해 또 다른 특이점이 있다. 항상 짝이 되는 위(胃)를 거느리고 다닌다는 것이다. 아래는 내경의 영란비전론에 나오는 문장이다.

心者 君主之官 神明出焉[심장은 군주의 역할을 하는 기관으로서 신명이 나오고]

肺者 相傳之官 治節出焉[폐장은 (왕인 심장을 보필하는) 재상으로서 (온몸의 기를) 조절하는 기능이 나오고]

肝者 將軍之官 謀慮出焉[간장은 장군의 기관으로서 꾀와 묘책이 나오고]

膽者 中正之官 決斷出焉[담은 중정의 기관으로서 결단이 나오고]

膻中者 臣使之官 喜樂出焉[전중(심포를 말한다)은 (왕인 심장의) 신하로서 기쁨과 즐거움이 나오고]

脾胃者 倉廩之官 五味出焉[비위는 창고를 담당하는 기관으로서 다섯 가지 맛이 나오고]

大腸者 傳導之官 變化出焉[대장은 대변을 전송하는 기관으로서 변화가 나오고]
　小腸者 受盛之官 化物出焉[소장은 음식물을 받아 안아 풍성해지는 기관으로서 영양분을 흡수하고]
　腎者 作强之官 技巧出焉[신장은 강한 (뼈와 같은 것을 만드는) 기관으로서 지혜가 나오고]
　三焦者 決瀆之官 水道出焉[삼초는 몸의 수액대사를 관장하는 기관으로서 수로가 나오고]
　膀胱者 洲都之官 津液藏焉 氣化則能出矣 [방광은 액체를 담당하는 기관으로서 진액을 모아뒀다가 기화시켜서 몸 밖으로 배출시킨다]

여기서 다른 장부들은 하나씩만 언급하고 있는데 유독 비장만은 비위(脾胃)라고 언급하고 있다. 이것은 아마도 그 기능이 따로 말할 수 없을 만큼 비슷하므로 서로 밀접해서이거나, 둘 중 하나가 없을 때는 기능을 발휘하기 어렵기 때문에 같이 언급하는 것이라 추측할 수 있다. 다른 장부들은 모두 각자가 뚜렷이 구분되는 기능을 갖고 있는데 土인 비위만은 같이 기능을 수행한다는 것이다. 그래서 우리가 흔히 쓰는 말에서도 비위는 늘상 붙여 쓰는 말로 굳어졌다. 이와 비슷한 예로 내경의 삼부구후론에 나오는 문장이 있다.

　下部天 足厥陰也 .. 以候肝[하부의 천부위는 족궐음인데 .. 간의 예후를 본다.]
　下部地 足少陰也 .. 以候腎[하부의 지부위는 족소음인데 .. 신의 예후를 본다.]
　下部人 足太陰也 .. 以候**脾胃**之氣[하부의 인부위는 족태음인데 .. <u>비위</u>의 예후를 본다.]

이 글에서는 맥의 위치에 따라 그 맥상으로 기혈의 상태를 알 수 있는 장부를 설명해 놨는데 다른 肝心肺腎은 단독으로 써놨으나 비위만은 같이 썼다. 이것도 위와 같이 비위가 서로 불가분의 관계가 있음을 말해주는 것이라 할 수 있다. 그러면 이를 반영하여 다시 그림을 그려보면 다음과 같게 된다.

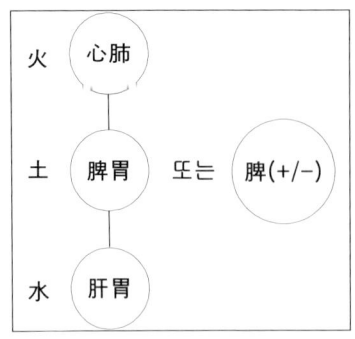

[土에 속하는 비위는 항상 붙어다닌다. 그리고 土인 비에 속하는 기관은 다른 장부와 달리 이자와 지라 2개가 있다. 이렇게 土는 오묘한 면을 가지고 있다.]

그런데 肝心脾肺腎은 모두 오장인데 胃는 홀로 육부에 해당하므로 일관되지 않음을 알 수 있다. 하지만 위는 심포와 상통(相通)관계에 있는 장부이다. 즉 원래는 脾心包인데 심포는 해부학적인 실체가 없는 장부로서 예부터 이를 인정하기도 인정하지 않기도 했던 장부였던지라 이와 상통하는 위를 내세웠던 것이 아닐까 생각하는 것이다. 따라서 다음 그림과 같이 오행을 삼재의 확장버전으로 또는 오행을 삼재로 귀납시켜 이해할 수 있다는 것이다. 즉 水火土에서 水가 水木으로 음양분화하고, 火가 火金으로 음양분화하듯이 土도 음양으로 분화했을 것이라는 것이다.

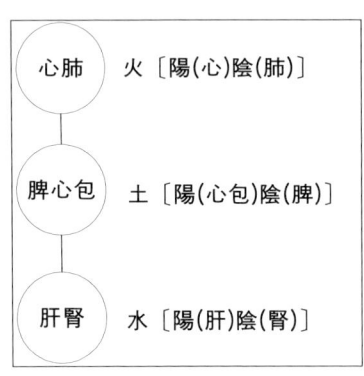

[오행은 삼재가 음양으로 분화한 형태라고 생각할 수 있다. 심포는 횡격막 위에서는 지방이 붙어있는 심장외막으로 존재하며 횡격막 아래에서는 자궁으로 존재하고 위(胃)와는 상통관계에 있다.]

오행을 삼재의 변형으로 설명할 수 있다고 해서 오행이 우주를 이해하는데 필요하지 않은 도구라고 말할 수는 없다. 지금까지 물리학이 찾아낸 우주를 설명하는 데는 음양삼재로 충분해 보이지만 현대물리학이 이해하는 수준은 우주의 일부분에 불과하며 그 외의 것들을 이해하는데 오행이 결정적인 역할을 할 수도 있기 때문이다.

○ 「내경(內經)」이란 어떤 책이고 기백(岐伯)은 누구인가?

내경은 보통 황제내경(黃帝內經)이라고 불리는데 황제(黃帝)는 중국건국의 시초로 알려져 있는 사람이다. 내경이란 책은 동양의학의 근간을 이루는 대단한 책이기 때문에 한족(漢族)들이 현재 동북공정을 벌이듯 그 시대에도 이 책이 자신들의 유산임을 강조하기 위해 황제라는 말을 붙인 것이다. 내경은 기백(岐伯)이란 사람이 황제의 질문에 대답하는 방식으로 꾸며져 있다. 다시 말해 황제는 학생이고 기백이 선생님인 것이다. 그러면 기백은 누구인가?

기백은 보통 기백천사(天師)라고 불린다. '하늘에서 내려온 선생님' 정도의 뜻이 되겠다. 삼황오제시대의 다른 것들이 그렇듯 기록으로 남아있는 것이 없기 때문에 저마다 상상의 나래를 펴고 각기 의견을 내놓을 뿐인데 아무래도 현재 중국 땅에 있었던 고대시절이라 중국인 입맛에 따라 재단하는 경향이 뚜렷하다. 여기에 우리는 일제가 남긴 식민사관에도 찌들어 있어 중국에 뺏기고 일본에 농락당하는 상황에 있다. 제대로 된 고대역사가 정립되기 위해 우리 스스로 분발해야 할 시점이 아닌가 생각해본다. 그러면 기백은 누구인가? 내 생각은 이렇다.

문자를 표의문자와 표음문자로 나눌 때 표의문자는 陰에 속하고 표음문자는 陽에 속한다. 왜냐하면 표의문자는 대상이 가지는 의미를 표현하는 문자이고, 표음문자는 밖으로 발음되는 음을 표현하는 문자이기 때문이다. 다시 말해서 음(音)은 공기의 진동으로 우리가 들을 수 있으므로 陽에 해당하고, 의미라는 것은 겉으로 표현되는 것이 아니고 대상이 가지는 속뜻이기 때문에 陰에 해당한다. 앞에서 설명했지만 陰은 해가 없는 어두운 곳으로 근본(体)이 되고, 陽은 해가 있는 밝은 곳으로 쓰임(用)이 된다. 그래서 우리민족이 문자를 만들 때 근본이 되는 陰의 문자인 표의문자(한자)를 먼저 만든 것이고, 陰陽을 같이 써야 균형을 이룰 수 있는 것이므로 나중에 陽의 문자인 표음문자(한글)를 만든 것이다. 그래서 현재 우리가 쓰고 있는 말은 음양이 혼합된 아주 이상적인 형태가 된다. 표의문자는 뜻을 함재하고 있기 때문에 한 자 한 자 뜻을 부여하지 않을 수가 없는데, 황제의 황(黃)은 누를 황으로 土의 색깔이 노란색이고, 중국인에게는 세계의 중심이 자신들이라는 중화사상이 있으므로 자신의 시조로 황제를 택한 것인데 그러면 기백(岐伯)은 어떤 뜻을 담고 있을까? 파자(破字)해보면 山+支+人+

白, 즉 '산(山)이 많은 변방(攴)에서 흰 옷(白)을 즐겨 입고 사는 사람(人)'이라는 뜻인데 백의민족인 우리를 말하는 것이 아닌가? 그리고 기백은 천사(天帥 하늘에서 내려온 스승)라는 존칭이 뒤에 붙는데 단군신화나 하늘과 인간을 이어주는 새토템에서 알 수 있듯이 우리는 예부터 하늘을 숭상해왔다. 그러니 「내경」이란 책은 동이족이 한족을 대상으로 우주의 이치를 설파했던 강의록이었던 셈이다. 그러면 책제목도 「기백내경」이라고 붙여야지 학생이름을 내거는 이치가 어디에 있을까... 하지만 이렇게 그 옛날부터 지금까지 역사를 날조해도 대륙을 호령하고 있으니 잘 살고 있다고 얘기해야 할까, 아니면 그런 기질이 있어서 그 큰 대륙을 집어삼킬 수 있었다고 해야 할까... 그런데 황제는 중국인의 바람대로 한족인걸까?

## 한민족의 디아스포라

그건
우연이었을까

마치
하룻밤 꿈처럼

어느 날 밤
수천 년 동안 잊혀졌던
한민족의 디아스포라의 실체가
대서사시처럼 내 눈 앞에 펼쳐졌다.

## 8.한민족의 디아스포라

　진화라는 것은 자연의 변화에 생명체가 적응해 가는 과정을 말하는 것으로 극즉변(極卽變. 한계에 다다르면 변한다)이라고 요약할 수 있다. 한 생명체가 기존의 생체로 버틸 수 있는 한계에 다다르면 생존을 위협받게 되고 그렇게 되면 그 생명체는 생명유지를 위해 변화를 꾀하게 된다는 것이다. 그리고 그 변화는 유전자라는 구조에 새겨 넣어지게 되고 이에 더해 아뢰야식에 무형의 정보로 저장해서 후손한테 물려주게 된다. 인간에 대한 이 진화의 역사를 이제부터 풀어보자.

　인간도 다른 생명체와 마찬가지로 생명이 번성하기 좋은 조건이 있는 지역에서 탄생했을 것이다. 그런 지역이란 것은 오늘날의 모습만 봐도 빤히 가늠되는 부분이다. 극단적으로 예를 들자면, 극지방에 생명체가 많은가? 아니면 적도지방에 생명체가 많은가? 당연히 적도지방에 생명체가 많다. 그 이유는 적도지방이 생명이 살기에 적합한 조건을 지녔기 때문일 것이다. 그러면 적도지방이 극지방보다 나은 조건이라는 게 어떤 것인가? 첫째로 따뜻한 기온이다. 火에 해당하는 것이다. 둘째로 물이 풍부하다. 극지방에도 물은 있지만 얼음의 형태로 존재한다. 적당한 온도에 있는 액체상태의 물이 존재하는 것이 생명번성에 훨씬 이롭다고 할 수 있는데 이것은 水에 해당하는 것이다. 이 水火라는 조건이 마련된 다음에는 土가 필요하다. 앞에서 설명했듯이 생명의 기원을 설명하는 모든 시나리오들은 이산화탄소 같은 단순한 무기물에서 탄소(土)가 고정(fixing. 탄소가 유기물로 변환되는 과정)이 되고, 이들이 모여서 복잡한 화학구조를 생성한다는 공통점을 갖고 있다. 요약하자면 생명이 탄생하기 위해서는 水火土가 필요한 것이다.

　지구 최초의 생명체가 바다 속에서 탄생한 후에 다양한 생명들로 변화해 나가고 이들이 다양한 위도의 육지로 올라왔겠지만 바다 속도 열대지역이 한대지역보다 더 많은 생명체를 품었을 것이고 따라서 열대육지지역이 한대육지지역보다 더 많은 생명체로 북적였을 것이다. 판구조론에 의하면 2000만 년 전에는 히말라야산맥이 형성되어 있었고 아라비아반도가 아프리카에서 분리되지 않았을 뿐 현재의 대륙위치에서 크게 다르지 않았다. 따라서 아프리카/동남아시아/아메리카 열대지역에서 다양한 생명체들이 번성했을 것이다. 하지만 아프리카 열대지역은 다른 지역에 비해 굉장히 넓다. 넓으므로 훨씬 더 많은 생물들을 품을 수 있었을 것이고 그 다양성만큼 그들의 진화도 훨씬 다양하고 빠르게 진행될 수 있었을 것이다. 따라서 인류의 전단계인 원숭이는 아프리카 이외의 지역에서도 비슷한 종들이 출현했을 가능성이 있었겠지만, 원숭이보다 지적으로 훨씬 발전한 인간이 탄생할 확률은 원숭이집단이 크면 클수록 커지는 것이므로 현재의 연구결과가 말해주듯이 육지면적이 가장 큰 아프리카에서 기원했을 가능성이 많은 것이다.

인간은 원숭이에서 갈라져 나왔다고 보는데 다윈은 인류의 대표적인 특징으로 '큰 두뇌, 작은 치아, 직립보행 그리고 도구사용'을 꼽았다. 하지만 정확히 말하자면 인류를 원숭이로부터 갈라지게 만든 원인은 딱 한 가지 '직립보행'이다. 직립보행이 먼저 시작되고 난 후 두뇌가 발달했다는 고고학적 발견은 1947년에 발굴된 오스트랄로피테쿠스 아프리카누스로서 이 선행인류의 좌골은 직립보행은 했지만 아직 인간의 것은 아니었다. 그리고 두뇌가 특히 작았다. 이미 오래전부터 직립보행을 했지만 두뇌는 진혀 커지지 않았던 것이다. 이것은 인간화가 지능과 정신적 능력의 발달이 아니라 직립보행에서 시작되었음을 시사한다. 이외의 다른 요소들은 직립보행의 결과물일 뿐인 것이다. 그러면 직립보행이 갖는 의미는 무엇일까?

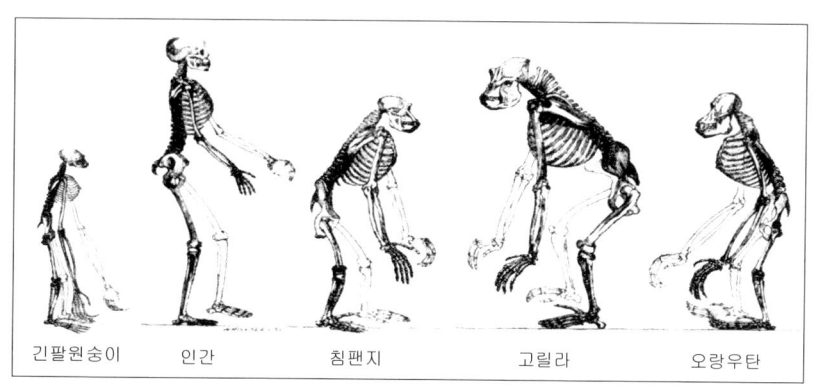

[직립보행은 인간만이 가진 유일한 특징이다.]

'인류가 왜 직립보행을 하게 되었는가'라는 원인도 중요하지만 그보다 직립보행이 가져온 결과가 더 중요한데, 손발이 자유로워져서 손발의 움직임이 두뇌발달에 영향을 줬을 것이라는 추측보다 더 중요한 것은 허리를 펴고 곧추 섬으로써 '내부의 육장육부가 비로소 천지(天地)의 기운을 온전히 닮을 수 있게 되었다'는 것이다.

횡격막 위는 陽에 속하여 천(天)과 통하므로 횡격막 위에 있는 심장/폐장은 천 중에 있는 산소를 다스리는 것이다. 마찬가지로 횡격막 아래는 陰에 속하여 지(地)와 통하므로 횡격막 아래에 있는 비장/간장/신장은 지(地) 중에 있는 음(飮)과 식(食)을 다스리는 것이다. 네 발로 기게 되면 횡격막 위아래의 높이가 같으므로 음양차이가 없게 되지만 두 발로 걷게 되면 횡격막 위아래의 높이차가 생기게 되고 결국 심장/폐장은 하늘을 온전히 닮을 수 있고 비장/신장/간장은 땅을 온전히 닮을 수 있는 것이다. 그렇게 되면 내부 장부가 천지의 기운과 더욱 잘 소통하게 되어 그 기능이 더욱 정밀해져 가고 그 기능을 통제하는 두뇌도 같이 정밀해져 가는 것이다.

핵심은 장부가 천지의 기운과 잘 소통하게 되어 그 천지를 완벽히 모방하게 되었다는 것이다. 파충류도 포유류와 비슷한 장부구조를 가지고 있으나 두 발로 걷는 파충류는 없으며, 포유류 중에서도 항상 두 발로 걷는 것은 인간밖에 없다. 그러면 조류는 어떤가? 두 발로 걷고 있지 않은가? 그러나 조류한테는 횡격막이 없다. 횡격막은 천(天)과 지(地)를 가르는 기준이 된다. 천은 맑은 기체를 다스리는 곳이고, 지는 탁한 액체/고체를 처리하는 곳이다. 이 둘을 명확히 갈라 놓지 않으면 맑은 것과 탁한 것이 섞여 버려 뒤죽박죽이 되어 버린다. 이를 좀 더 자세히 설명하자면 이렇다. 복식호흡은 배를 내밀면 뱃속의 부피가 늘어나게 되고 소화기관 안쪽을 제외한 뱃속은 진공상태이므로 횡격막은 그 늘어난 부피에 따라 아래로 내려오게 되고 횡격막에 붙어있는 폐가 확장되므로 공기는 폐 속으로 자연스럽게 들어오게 된다. 이렇게 하면 호흡을 하는데 어떤 불필요한 수고도 없게 된다. 하지만 흉식호흡을 하려면 갈비뼈에 붙어 있는 근육을 위로 잡아끌어서 갈비뼈를 들어 올려야 흉곽이 커지게 되고, 그 늘어난 부피만큼 외부공기가 들어오게 된다. 그런데 갈비뼈에 붙어 있는 그 근육들은 얇아서 노동을 24시간 365일 하다 보면 근육들이 지나가는 목과 흉곽부위에 열이 쌓이게 된다. 그러면 폐가 뜨거워져서 신장으로 기운을 내려 보내지 못하게 된다. 화강(火降)시키지 못하게 되는 것이다. 그렇게 되면 당연히 신장의 水기운은 마르게 되고 신장이 다스리는 뼈를 골수로 채우지 못하게 되므로 횡격막이 없어 흉식호흡을 할 수밖에 없는 조류의 뼈는 가볍게 된다. 水기운이 마르면 마를수록 火기운은 치성해져서 조류는 날 수 있게 되지만, 인간과 같은 진화는 이루지 못하는 것이다. 그리고 맑은 것과 탁한 것의 구분이 명확해지지 않으면서 대소변이 섞이게 되고 결국 새는 물똥을 싸게 된다.

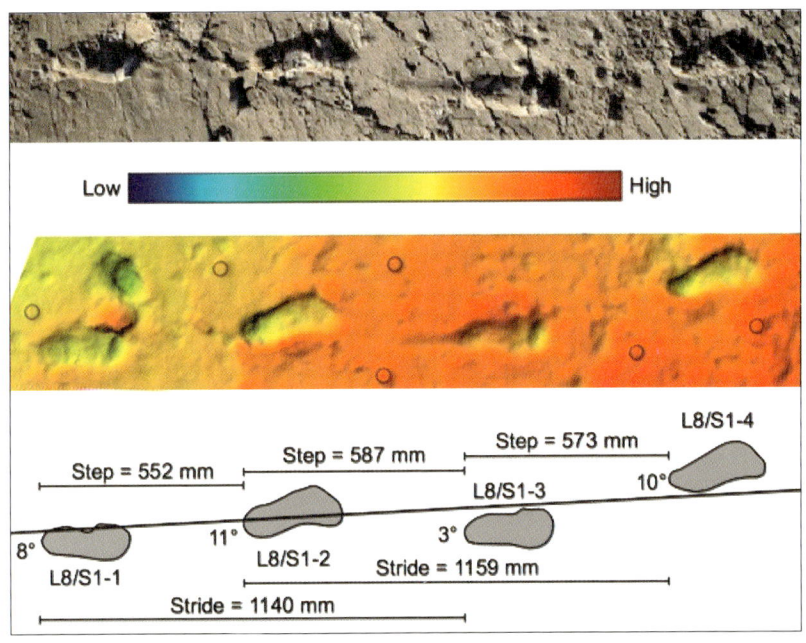

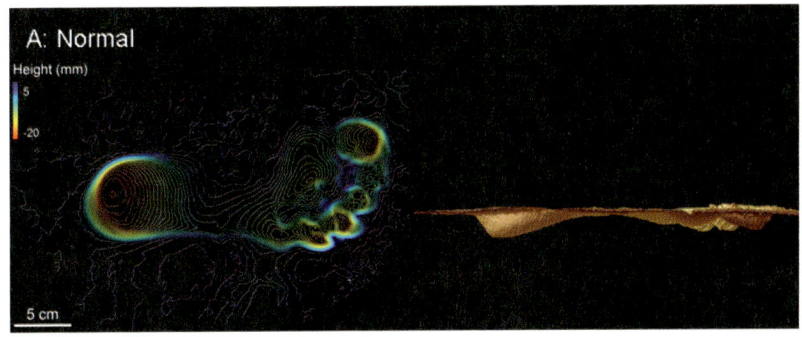

[라에톨리의 발자국 화석. 엄지발가락이 둘째발가락과 붙어 있다.]

직립보행이 인간을 원숭이로부터 갈라지게 한 유일한 원인이라는 의미에서 본다면 그 첫걸음은 약 700만 년 전에 살았던 것으로 추정되는 사헬란트로푸스 챠덴시스가 떼었다. 챠덴시스는 가끔 두발로 걷기도 했지만 주로 네발로 걸었을 것이라 한다. 그리고 직립보행을 했다는 것은 엉덩이뼈 모양이나 엄지발가락 등으로 추론할 수 있는데 엄지발가락의 경우에 큰 힘을 내기 위해서는 다른 발가락과 나란해야 하는데 그 발자국이 화석으로 남은 것으로는 약 360만 년 전의 화석(오스트랄로피테쿠스 아파렌시스로 추정됨)이 있다.

그러면 이들은 왜 네발로 걷다가 갑자기 두발로 걷기 시작한 것일까? 약 3000만 년 전부터 레바논에서 모잠비크까지 6000km에 이르는 지역이 지각판의 융기로 인해 솟아나면서(맨틀 기원의 상승열이 원인으로 추정됨) 갈라지기 시작해서 1200만 년 전에는 대열곡(大裂谷. Great Rift Valley)이 만들어졌다. 쉽게 얘기해서 지각 밑의 맨틀이 분수모양으로 상승하면서 그 위에 있는 지각을 융기시키면서 찢어 버렸다는 것이다. 그 융기된 곳은 '아프리카의 지붕'이라 불리는 에티오피아고원과 킬리만자로산이 있는 고원지대를 만들었고, 꺼진 곳은 반대로 깊이가 1500m에 이르는 호수를 만들었다. 이렇게 높은 산이 있으면 푄현상이 생길 수 있어 산의 한쪽은 비가 많아 수풀이 우거지지만 반대쪽은 건조한 지역이 될 가능성이 많아진다. 건조해지면 나무들은 점점 사라져가고 나무 위에서 생활하던 원숭이들은 보금자리를 찾기가 점점 더 어려워지게 된다. 극(極)에 도달하게 되는 것이다. 그때 인류의 조상은 두발로 서는 변(變)으로 그 어려운 상황을 타개코자 했던 것이다. 이런 의미에서 대열곡에서 발견된 라에톨리 화석은 이해하기 쉬운 장소에서 발견된 것이다. 그러나 챠덴시스는 이 대열곡에서 2400km 떨어진 사하라 남쪽지역인 챠드에서 발견되었다. 두개골과 2개의 아래턱, 3개의 이빨이 전부인데 이것들로 이들이 2족보행을 했다고 증명하기에는 충분하지 않을 뿐더러, 이들이 살던 시대의 사하라는 지금과 같은 사막이 아니라 수풀이 우거진 곳이어서 극한[極]이 없는데 굳이 변화[變]를 택했을까 하는 의문이 들 수밖에 없다.

직립보행을 시작하면서 장부는 천지와 순조롭게 소통하면서 자연의 정밀함을 닮아가고, 육식을 함과 더불어 두발로 걷게 되면서 뒤뚱거리는 몸을 제어하느라 두뇌는 끊임없이 근육을 제어하는 훈련을 하면서 발달하여 결국 뇌의 루비콘강을 건너게 됐다. 250만 년 전에 호모 하빌리스가 출현한 것이다. 이들이 도구를 최초로 만들기 시작했고 뇌용량은 700cc로 호모사피엔스의 절반 정도에 지나지 않았지만 아프리카누스에 비하면 50%나 커진 것이었다. 그 후 장부는 더욱 더 자연을 닮아가면서 결국 천에 해당하는 횡격막 위에 있는 심장과 폐장에는 맑은 기운만 있게 되고, 지에 해당하는 횡격막 아래에 있는 비장/간장/신장에는 탁한 기운만 있게 되어 장부가 자연을 거의 완벽하게 모방하는 단계에 이르게 된다. 그렇게 탄생한 인류가 바로 호모 에렉투스이다. 이들의 몸을 뒤덮고 있던 두껍고 긴 털이 짧고 가느다란 털로 변한 것으로 알 수 있는데. 이것은 폐가 거의 완벽해졌음을 말해주기 때문이다. 그리고 폐와 동등한 다른 육장들도 그와 비등한 수준으로 발달했을 것이라고 유추할 수 있다. 약 200만 년 전에 출현한 에렉투스들은 이전의 다른 선조들과는 다르게 아프리카를 벗어나 유럽과 아시아까지 진출하게 되는데 동남아시아에서 발견된 것에는 '자바인', 중국에서 발견된 것에는 '북경인'이란 별칭으로 부른다.

에렉투스는 장부가 자연을 거의 근사하게 모방한 최초의 인류였다. 초기버전인 셈이다. 초기버전이긴 했지만 이들은 우리와 거의 비슷한 장부기능을 가진 이들이었다. 그래서 우리의 조상들과 번식이 가능했을 것이고 그 결과 이들의 유전자는 현대인들에게 뚜렷하게 남아 있게 된다. 초기버전이니 당연히 약간의 프로그램 오류가 있었을 것이고, 이 때문에 그들은 멸종하게 되었을 것이다. 하지만 그들도 우리가 겪은 분화를 거의 모두 거쳤다. 그것을 알 수 있는 증거는 바로 네안데르탈인이다.

네안데르탈인들은 에렉투스에서 진화했다고 여겨지고 그들의 뼈에 남아 있는 암호가 육식동물의 뼈에 남겨진 암호와 일치하기 때문에 그들은 육식동물과 같은 식단을 영위했다고 추측한다. 그리고 유럽의 네안데르탈인은 현대 유럽인들처럼 MC1R 유전자[41] 돌연변이를 갖고 있다는 것이 밝혀졌는데 이것으로 파악해보면 에렉투스의 장부는 자연을 거의 완벽히 모사해서 이미 아프리카에서 몸

---

41) Melanocortin 1 receptor의 약자로 멜라닌 생성을 자극하는 유전자로 알려져 있다. 다만 피부색이 이 유전자 하나만으로 결정되지는 않는다.

에 난 긴 털을 지금과 같이 매끈한 피부로 갈아입고 흑인의 상태로 출발했을 것이다. 그 후 중동과 아시아로 올라오면서 황인으로 바뀌었으며, 이보다 더 추운 유럽에서는 백인으로 또 한 차례 바뀌게 된 것이다. 즉 아프리카 에렉투스는 흑인이고, 북경인은 황인이고, 네안데르탈인은 백인이었다는 것이다(이 문장은 뒤에서 이해할 수 있게 될 것이다.).

(다음의 유전자 이동경로에 나온 시기는 최신연구에 의해 바뀔 수 있다.42) 고고학에 유전자학이 적용되면서 인류의 기원과 이동경로를 자세하게 파악할 수 있게 되었다. 그 방법으로는 미토콘드리아나 Y염색체의 유전자에 남아있는 돌연변이를 추적하는 2가지 방법이 있다. 돌연변이라는 것은 생명체가 전과는 다른 극한[極] 상태에 처해졌을 때 그것을 극복하고자 노력하면서 취득한 형질을 유전자에 새겨놓은 변화[變]를 말하는 것인데, 아프리카의 호모 에렉투스가 현생인류인 호모 사피엔스로 탄생하는 돌연변이를 유전자에 처음 새긴 시기는 약 10만 년 전이었고, 위치는 수단 또는 에티오피아라고 한다. 무엇이 에렉투스로 하여금 '지금 바로 무슨 수를 내지 않으면 우린 죽게 될 거야!'라는 다급하고 절실한 마음을 갖게 만들었을까? 기후의 변화가 아니었을까? 10만 년 전이면 마지막 빙하기인 뷔름빙하기가 시작하는 때이다. 비라는 것은 바닷물이 태양열에 의해 증발해야 내리는 것인데 지구가 전체적으로 식는 빙하기에는 증발량도 전보다 작아질 뿐만 아니라 공기 중의 수분도 현저하게 줄어든다. 그렇게 비가 줄어들게 되면 열대우림은 금방 사바나지역으로 바뀌게 되고, 전과 확연히 달라진 환경에 현생인류는 위기의식을 느꼈을 것이다. 하지만 인류는 이때의 고난을 극복했고 그 극복방법을 유전자에 기록해 뒀는데 그것이 'M168'이었다. 그리고 이 사람은 흑인이었을 것이다.

---

42) 이 지도에 나와 있는 년도나 현생인류가 아프리카에서 기원했을 것이라고 추정하는 시기 등은 추후의 연구에 의해 변하게 될 것이다. 지금은 DNA를 이루는 30억 개의 염기쌍을 연구하는 수준이지만 염기의 또 다른 변이형을 찾을 수도 있고 염기보다 작은 원자수준에서 연구할 날이 올 수도 있으니 말이다. 염기 수준의 변이가 일어나려면 그보다 작은 단위에서의 변화가 쌓이고 쌓여야 할 것이고 그 작은 단위의 변화를 추적할 날이 올 수도 있다는 것이다.

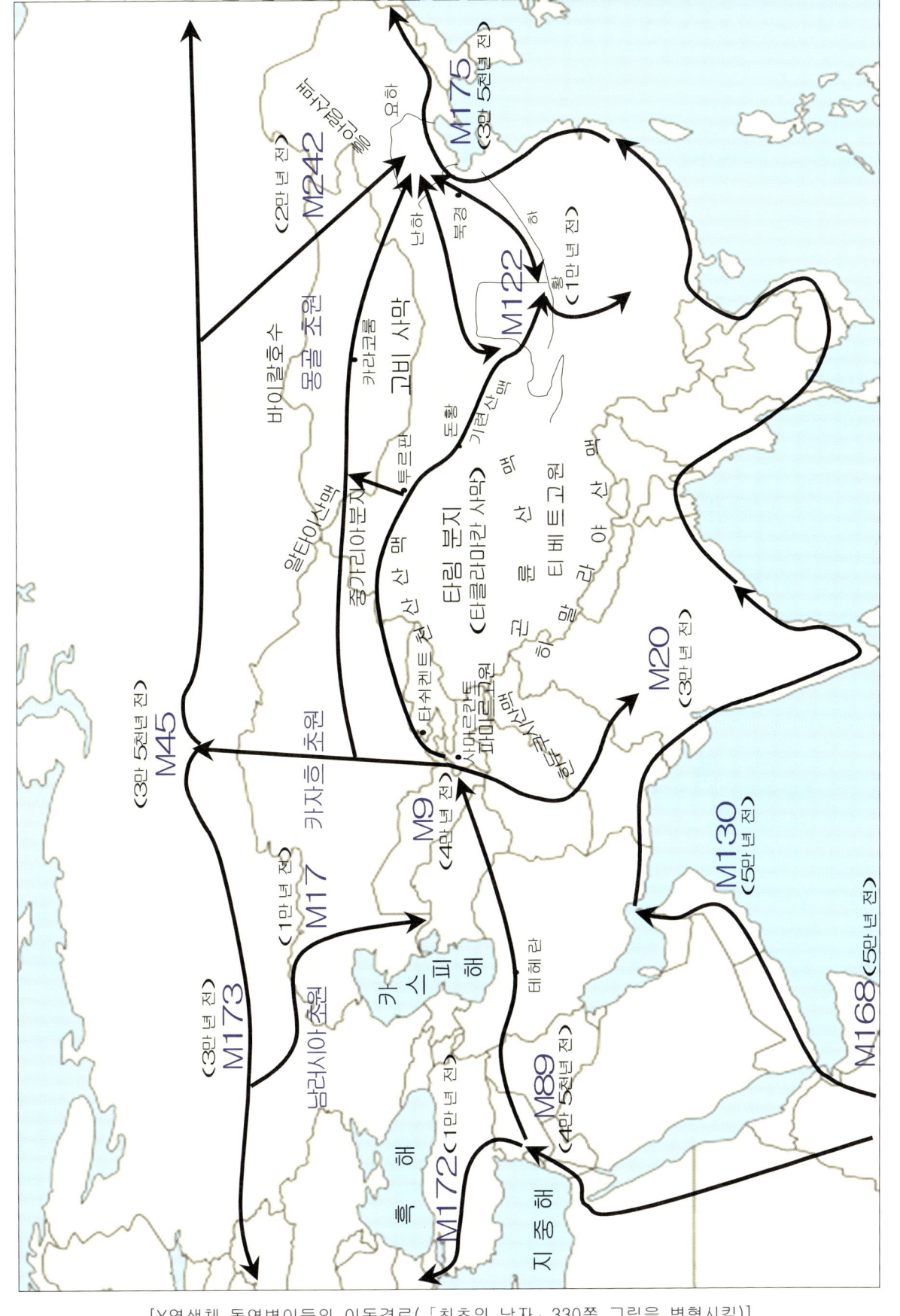

[Y염색체 돌연변이들의 이동경로(「최초의 남자」 330쪽 그림을 변형시킴)]

그 후 이 사람은 좀 더 좋은 생활환경을 찾아 길을 떠났는데[43] 이 빙하기 때에는 바닷물이 얼음으로 바뀌면서 해안선이 점점 육지에서 멀어지고 있었기 때문에 M168은 아프리카 동부해안을 따라 북상하기 시작했다. 지부티에서 아라비아 반도로 건너갔고 오만에 다다랐다. 오만을 벗어날 때쯤에 이르면 위도가 25°가 된다. 저위도를 벗어나 중위도를 살짝 넘은 것이다. 해안선을 따라가서 그렇게 건조하지 않았지만 M168은 그 전에는 느끼지 못했던 추위를 느꼈을 것이다. 빙하기가 갈수록 심해져 가는데다(1만 8000년 전이 가장 극성기였다) 위도까지 높아졌기 때문이다. M168은 밤에 더욱 한기를 느꼈을 것이고 체온을 높일 방법을 강구하지 않으면 안 되었다. 또 다시 극(極)에 이른 것이다. 이때 인체는 결정하게 됐다. 체내에 있는 연료를 더 빨리 태워서 체온을 올리기로 말이다. 그렇게 체득한 생존비법을 유전자에 기록해 둔 것이 바로 'M130'이다.

인체를 자동차에 비유하여 설명하면 이해하기 쉬울 것이다. 자동차는 휘발성이 있는 연료를 실린더에 미세하게 분사한 후 여기에 불꽃을 튀겨서 연료를 태우면 발생하는 폭발력으로 바퀴를 굴리는 원리로 작동한다. 인체에 있어 연료는 신장이 다스리는 水가 이에 해당하며, 불꽃은 심폐가 다스리는 화(火. 산소)가 이에 해당한다. 인체의 상부(심폐)는 火, 중부(비위)는 土, 하부(간신)는 水에 해당하며 위로 갈수록 陽이 강해지는 것이고, 아래로 갈수록 陰이 강해지는 것이다. 양이 강해진다는 것은 자동차의 엑셀을 밟는 것과 같아서 불꽃을 튀기는 시간간격을 짧게 해서 폭발이 더 자주 일어나고 따라서 자동차는 더 빨라지게 되며 엔진은 과열하게 된다. 음이 강해진다는 것은 브레이크를 밟는 것과 같아서 위와 반대로 차는 서서히 느려지며 어느 순간에 차가 멈추게 되고 엔진은 정속운동을 하게 된다. M130은 신장에 있는 水를 태우는 속도를 더 빨리 해서 체온을 끌어올린 것이다. 하부 신장의 기운이 가장 강했던 흑인이 드디어 비위가 가장 강한 황인종으로 탈바꿈한 것이다. 좀 더 자세히 말하자면 흑인의 기혈 중심은 배꼽 이하에 있고 황인은 배꼽과 횡격막 사이에 있다. 배꼽선을 넘으면서 우리가 보통 황인이라 말할 수 있는 인종으로 탈바꿈한다는 것이다. 역으로 생각

---

[43] 뒤에서 설명하겠지만 흑인은 인체의 가장 깊은 장부인 신장이 발달한 인종이므로 움직이는 것을 그다지 좋아하지 않는다. 이렇게 움직이는 것을 싫어하는 흑인들조차도 먹고 살기 위해 움직일 수밖에 없게 만든 자연변화가 일어났음을 유추할 수 있다.

하면 배꼽이 그 위치에 괜히 있는 것이 아니라는 것이다. 몸속에서 무언가 큰 변화가 일어났으므로 거기에 배꼽이 있는 것이다.

M168이 흑인이었다는 것은 어떻게 알 수 있는가? 흑인이 맨 먼저 생겨난 이유는 생명이 탄생할 수 있는 조건인 水火土에서 추측할 수 있는데 수화토 중에서 생명이 번성할 수 있는 가장 근본적인 조건은 水지만 그 水를 추동시키는 火가 없으면 생명이 탄생할 수 없다. 그래서 최초의 생명은 바닷속 밑바닥 따뜻한 지열이 뿜어져 나오는 열수(熱水)분출공에서 시작되었다는 가설도 신뢰성이 있는 것인데, 그 火는 성질이 난폭해서 水가 많지 않으면 제어하기가 쉽지 않다. 물이 가득 차 있는 바닷속도 아니고 태양의 열기가 작열하는 적도의 육지에서 생명을 유지하려면 몸속에 水를 가득 담고 다녀야 탈수를 막을 수 있다. 즉 흑인은 水를 다스리는 신장이 발달한 인종이다. 그리고 水의 색깔은 검은색이다(모든 것을 수렴시키는 블랙홀이 검은 것을 보면 이해가 쉬울 것이다.). 그래서 적도지방에서 맨 처음 탄생한 현생인류는 흑인이었다.

적도에 사는 흑인의 몸은 내부에서 열을 발생시켜야 할 이유가 거의 없다. 왜냐하면 외부에 이미 많은 열기가 있기 때문이다. 그래서 흑인의 몸은 차갑다. 흑인들이 거의 모든 운동종목들을 석권하면서도 유독 취약한 종목이 있으니 바로 수영이다. 이유가 무엇일까? 첫째로 그들은 사막의 선인장 같이 몸속에 수분을 가득 머금고 있는 몸을 가지고 있다(이후 흑인의 모든 생리현상들은 신장이 강하다는 것 하나로 설명할 수 있다.). 뜨거운 외부열기 속에서 살아남기 위해 몸속에 차가운 물을 가득 채우고 다니는 인종이 흑인이다. 그런 사람이 또 차가운 물속에 들어가면 어떻게 되겠는가? 얼어버리는 것이다. 그래서 흑인은 죽도록 덥지 않고서는 물속에 들어가는 것을 좋아할 수가 없다. 이것을 무시하고 차가운 물속에서 수영을 열심히 한다면? 당연히 병이 들 것이다. 두 번째로 흑인은 신장이 발달해서 골밀도가 높다. 신장이 뼈를 다스리기 때문이다. 신장이 뼈를 다스린다는 것을 어떻게 알 수 있을까? 이미 앞의 신장부분에서 신주골(腎主骨)을 설명했지만 다른 측면에서 고찰해 보자면, 생명탄생의 제1조건은 水이다. 여기에 火가 더해지고 土가 더해지면서 생명은 탄생한다. 가장 근본이 水라는 것이다. 인간도 마찬가지로 뼈가 가장 깊숙한 곳에서 기둥을 이루고 여기에 혈관/신경/근육/피부를 덧붙여서 만들어진다. 근본을 이룬다는 측면에서 신장과 뼈는 맞닿아 있다. 뼈는 무겁고 몸속에는 물이 가득 차 있어서 흑인은 물속에서 무거워서 잘 뜨지 않는다. 추워서 신진대사가 느려지고 몸은 무거워서 가라앉는데 어떻게 좋은 기록을 낼 수 있겠는가? 이처럼 흑인은 기운이 몸의 가장 깊고도 낮은 곳에 있는 신장에 몰려 있는 인종인데 신장은 水를 주관하므로 몸이 차다. 더운 적도지방에 적응하기 위해서 장부가 그렇게 발달한 것이다.

M130은 황인종이었다. 그리고 지도에 나와 있듯이 해안선을 따라 인도/동남아시아/호주/동북아시아/아메리카까지 진출하게 된다. 비장의 색깔은 황색이고 土에 배속된다. 땅에서는 온갖 음식의 재료들이 자란다. 그래서 음식은 황인종의 그것이 가장 훌륭하다. 백인들의 음식은 그냥 겉치레만 요란하지 속 빈 강정일 뿐이다. 많은 백인들이 바다음식을 즐겨 먹지 않는데 지구의 70%를 덮고 있는 곳에서 나는 다양한 재료들을 쓰지 않고 어떻게 자연을 닮은 몸을 살찌울 수 있는 음식을 만들 수 있겠는가? 다른 것들은 볼 필요도 없이 이것 하나만으로도 백인의 음식문화 수준은 황인에 비하면 한참 낮다고 단언할 수 있다. 백인들의 콧대와 무지로 자신들의 음식문화를 치켜세우는 것일 뿐 그 이상도 이하도 아니다. 황인들은 비장이 발달해 있어서 음식으로 인생을 살아간다. 먹고 마시는 것을 낙으로 삼으며 음식의 간을 볼 때도 입으로 먼저 가져가 본다. 백인은 폐가 발달해 있으므로 코를 먼저 들이민다. 그래서 포도주잔이 향기분자들을 잘 가둬두기 위해서 크고 둥그렇게 생긴 것이다.

M130이 해안선을 따라 이동한 이후 또 다른 무리는 중동지방으로 곧장 올라가는 좀 더 힘든 육로를 택하게 된다. 물이 빠진 해안가를 걷는 것보다 수풀에 길을 내면서 이동하는 것이라서 M130보다는 좀 더 늦게 변곡점에 이르게 된 것이라 생각할 수 있다. 이집트 중간쯤에 위도 25°가 있으므로 여기서 M89를 획득했을 것 같은데 연구결과로는 이집트를 탈출하면서 황인종으로 탈바꿈하게 되고 M89라는 이름으로 유전자에 기록해 둔 것으로 보인다. M89와 M130은 똑같이 황인종이지만 다른 점이 한 가지 있다. M130은 습기가 많은 해안가를 따라 왔지만(현재도 M130이 지나온 길 주변에는 사막이 없다.) M89가 따라온 길은 여름에는 고온건조한 날씨가 특징인 지중해성 기후가 차츰 심해져 가는 길을 따

라왔다는 것이다. 그전까지 울창한 수풀을 지녔던 사하라지역을 사막으로 만들고 아라비아반도와 중동지방까지 건조기후로 만들어 버린 그 기후변화의 영향으로 M89의 인체 또한 건조해지게 된 것이다. 그러나 고고학자들의 추정에 따르면 지중해 동쪽지역은 마지막 빙하기가 끝나갈 무렵(1만 5000년 전) 대륙성기후에서 지중해성기후로 바뀌고 있었다고 한다. 만약 그렇다면 M89가 발현되었을 무렵에는 대륙성기후라서 여름에 비가 많이 왔었을 것이므로 M89는 조(燥)해지지 않았을 수도 있지만, 빙하기에는 물이 얼음으로 변하면서 공기 중의 수분도 현저하게 줄어든다. 그래서 그때쯤에는 이란에서는 카비르사막, 루트사막, 카라쿰사막, 키질쿰사막이 형성되고 아라비아반도도 그 영향을 받지 않을 수 없었을 것이다. 따라서 M89는 점점 건조해져가는 기후에 적응한 결과일 것이라고 본인은 추측하는 것이다. 요약하자면 흑인은 수인(水人), 황인은 토인(土人), 백인은 화인(火人)으로 표현할 수 있는데, 토인 중에서 M130은 습토인(濕土人)에 해당하고 M89는 조토인(燥土人)에 해당하는 것이다. (만일 이렇다면 M89가 더 낮은 위도에서 황인종으로 변화했어야 하는데 그렇지 않은 것을 보면 그 당시의 기후에 변수가 많았던 듯하다.)

중동의 M89인들은 몇 갈래로 나뉘져서 길을 떠나게 되는데 더 고위도인 중앙아시아로 진출한 무리들은 M9라는 변이형을 획득하게 되고, 터키를 거쳐 유럽대륙으로 넘어간 이들은 M172를 획득하게 된다. M130/M89/M172/M9는 모두 황인종이었다. 현재 유럽이 백인으로 들어차 있는 것으로 알 수 있듯이 M172는 후에 북쪽에서 밀고 내려오는 M173인들에 의해 유럽에서 밀려나게 된다. 그리고 M9는 M89보다 피부가 좀 더 밝아지긴 했지만 아직 백인이라고 말할 수 있는 수준에 도달하지는 않았다. 즉 M9는 M89보다 기운이 좀 더 상승한 인류였지만 기혈(氣血)의 중심이 아직 횡격막 아래에 있는 인류였다는 말이다. 사실 피부색은 연속적으로 변하므로 어디서부터 황인종으로 또는 백인종으로 구분할지를 정의하기가 힘들다. 하지만 기혈의 중심이 신장에 있는지 비위에 있는지 심폐에 있는지는 그들의 문화를 보고 추론해 볼 수 있다. 따라서 흑인/황인/백인의 가장 근원적인 정의는 "이들의 기혈중심44)이 上中下 어디에 있는가"하는 것

---

44) 이것은 저자가 임의로 상정한 개념으로 대략 '그 사람 기운들 중에 가장 강한 기운을 방출하는 부위' 정도로 이해하면 될 것 같다. 예컨대 통계곡선 그래프에서 가장 볼

이라 하겠지만 사실 기혈중심은 사상체질의 정의에 더 가깝다. 인종을 정의하는 데는 여기에 신장이 관할하는 머리색까지 부가적 기준으로 추가되어야 할 것이며 이 기혈중심과 머리색이 유전자에 기록되는 상태에까지 이르러야 좀 더 성확한 정의에 근접한 것이라 할 수 있을 것이다.

M9가 더 북쪽으로 이동해 한대지역인 위도 50°를 넘어서면서(지금의 카자흐스탄과 러시아의 접경지역) 극심한 추위를 겪게 되고 인류는 한 번 더 인체의 엑셀을 밟아서 에너지를 생성시키게 되는데 그 결과 기혈중심이 드디어 횡격막을 뚫고 심폐로 상승하게 된다. 백인이 탄생한 것이다. M45에 해당한다. M45의 좀 더 상세한 기혈중심은 횡격막 바로 위 정도가 될 것이다. M45의 외모는 지금의 중앙아시아에서 볼 수 있듯이 동양인인 듯도 하고 서양인인 듯도 한 애매한 모습이지만 코가 우뚝 솟은 것이 서양인의 특징을 확실히 가지고 있는 모습이라고 할 수 있고 피부색도 완전히 하얗지는 않지만 황인종에 비해서는 확실히 하얗다는 것을 알 수 있을 정도라고 할 수 있겠다.

하지만 M45의 기혈중심이 횡격막을 뚫지 못했을 수도 있다. 외모로는 백인을 닮아서 심증으로는 백인으로 변화한 상태로 보이지만 2가지 이유 때문에 확실히 M45가 백인이라고 말하는 것에 주저하게 된다. 그 첫 번째 이유는 언어이다. 카자흐스탄을 비롯한 중앙아시아 대부분의 언어들은 알타이어족에 속하고 이 어족들은 모음체계가 발달해 있다. 즉 陰이 陽에 비해 크게 약하지 않다는 것을 보여준다. M45가 더 북쪽으로 이동하면서 M173이 탄생하고 이 사람은 현존하는 인류 중에서 기혈중심이 가장 높은 곳에 위치한 경우이므로 이들이 만들어낸 언어인 인도유럽어족의 모음체계는 빈약하다. 기혈중심이 횡격막을 뚫고 陽에 해당하는 가슴부위에 집중되므로 그 언어도 陽이 陰보다 훨씬 강한 모습을 보이는 것이다. 두 번째 이유로는 M242를 들 수 있는데 M45가 북방으로 이동하고 서쪽으로 방향을 틀어서는 백인인 M173이 탄생하는데 동쪽으로 틀어서는 M242가 탄생하지만 M173 같은 백인집단은 보이지 않는다는 것이다. M242는 계속 동쪽으로 이동해서 M3을 만들고 M3은 결국 아메리카대륙으로 건너가서 인디언이

---

록한 위치를 말하는 것이다. 가장 강한 장부를 나타내므로 체질을 결정한다.

되는데 만약 M242가 M173 같은 백인의 상태였다면 인디언 중에도 일단의 백인 무리가 있어야 할텐데 그런 인디언 집단이 있는지 의심스럽다. 다만 인디언 유골 중에 백인골격이 종종 출토되기는 한다. 사실 이것은 이렇게 해석하면 되기는 한다. 즉 M173과 M242가 비슷한 피부색을 가질 정도로 변화한 상태이지만 M173이 이동한 유럽대륙에는 이들 이외에 다른 인종이 거의 없었기 때문에 백인집단을 쉽고 크게 만들 수 있었지만 M242가 이동한 유라시아 내륙에는 이미 황인종이 터를 잡고 있었고 이 황인종의 피부색이 백인보다 우성이므로 백인을 퍼뜨리지 못했다는 것이다. 그래서 M45의 기혈상태는 횡격막 바로 아래에 있는 것이고, 횡격막을 막 뚫은 상태는 M242, 뚫고 한참 올라가버린 상태가 M173이므로 횡격막을 겨우 뚫은 M242는 아시아의 황인종과 교류하면서 황인종의 기운에 이끌려 횡격막 아래로 쉽게 내려가 버린 것이 아닐까 추측해보는 것이다. 그리고 M173이 인도유럽어를 사용했던 것은 확실하고 이들이 유럽대륙으로 들어가서는 M17이라는 변이형을 낳게 되는데 이들은 인도까지 내려가서 M20(드라비다인)을 인도남부까지 쫓아내고 인도 대부분을 차지하게 된다. 드라비다어는 인도유럽어족에 속하지 않는다는 사실을 기억하자.

만약 백인이 단지 고위도로 올라갔다는 이유만으로 탄생했다면 왜 M130이 알래스카 같이 고위도로 올라갔을 때에는 백인이 되지 않은 것인가? 그 이유는 M130의 바탕은 습(濕)이고 M173과 M45의 선조인 M89의 바탕은 조(燥)이기 때문이다. M130을 습토인(濕土人)이라고 표현한 것은 이들이 해안가를 따라 이동하였으므로 체내의 수분을 크게 상실하지 않아서 체내에 火를 제어할 충분한 水를 가지고 있다는 말이다. (습이란 것은 수(水)가 충분히 있는 상태를 말하고, 조는 충분하지 않은 상태를 말한다.) 그래서 M130이 아무리 고위도로 올라가서 대사량을 늘려도 그 발생하는 열 때문에 기혈중심이 횡격막을 뚫고 올라가지 못하게 식혀줄 충분한 물이 있으므로 백인이 되지 않는 것이다(물론 하얗게 밝아지기는 하지만 M173 같은 생리를 갖지는 않는다는 뜻이다. 황인의 피부가 하얘지는 것과 백인의 피부가 하얀 것은 인체생리로 봤을 때 같은 원리가 아니다.). 반면 M89는 조토인(燥土人)이므로 火의 과열을 막아줄 水가 부족한 생리를 가졌으므로 기혈중심이 열기 때문에 횡격막 위로 상승해도 이를 제어하지 못하므로 백인으로 변할 수가 있었던 것이다.

백인에 대한 최신의 가설로는 '인류가 농경을 시작하면서 고기와 생선 대신 곡물을 주로 섭취하게 되고 이에 따라 비타민 D를 충분히 섭취하지 못하게 된 결과, 자외선을 통과시켜 비타민 D를 만들 수 있는 흰 피부를 갖게 되witnessed'는 것이 있다. 농경이라는 문화적 요인이 흰 피부의 선택을 초래했다는 가설이다. 이 가설의 문제점으로 ①백인은 인종 중에서 육식을 가장 많이 한다. ②만약 농경 때문이라면 중·저위도 농경지역에서는 왜 백인이 나오지 않는가? 하는 것이 있겠다. 백인은 추운 기후를 이기기 위해 열량이 높은 고기위주의 식단을 해야 하는 것이고, 중·저위도에서는 이주를 한 경우를 제외하고는 백인을 찾아볼 수 없다는 것으로 이 가설은 신빙성이 떨어진다는 것을 알 수 있다. 한의학의 장부 개념이 양의학에는 없기 때문에 피부색을 말할 때는 단지 멜라닌만을 말하게 되는데 근본적인 물음은 "그 멜라닌이 왜 변했는가"하는 것이다. 이것은 7식인 말라식의 문제이다. 7식은 우리가 6식인 의식을 가지고, 즉 하얘지거나 까매지고 싶다고 생각한다고 해서 우리 마음대로 변화시킬 수 있는 것이 아니고 우리가 할 수 있는 것은 그 말라식인 오장육부의 생리가 어떤지 잘 헤아려 보는 것뿐이다. 우리의 선조들은 이미 그 말라식인 장부를 잘 관찰해서 기록해 두었고 저자가 위에 쓴 것들이 그 지식들의 편린이다.

　백인의 피부가 하얀 것은 폐가 강하기 때문이다. 폐는 金에 속하는데 색깔은 백색이 해당하고, 심(心)은 火에 속하는데 색깔은 적색이 해당한다. 그래서 백인들의 얼굴은 하얀 바탕에 붉은 기운이 감도는 것이다. 폐는 숨 쉬는 것을 관장하므로 피부뿐만 아니라 코도 자기 지휘 하에 둔다. 그래서 백인들의 코가 높은 것이다. 코를 높여서 바깥의 찬 공기가 몸안으로 들어오는 동안 최대한 공기를 덥힐 수 있게 한 것이라는 논리와 추운 기후에 동사하지 않기 위해 기운을 火부위인 심폐부위로 끌어올리면서 폐가 발달하게 되고 그에 따라 코도 발달하게 되었다는 논리는 서로 통한다.

　정리하자면 현생인류는 더운 적도지방에서 흑인으로 처음 출현했다. 이들은 신장이 가장 발달해 있었으며 신장은 인체의 가장 낮고도 깊은 곳에 위치해 있는 장기이므로 흑인의 기운은 인체의 가장 밑에 몰려 있는 인종이었다. 그런 흑인이 적도보다 추운 중위도로 이동하면서 그들의 장부는 추운 자연환경에 적응할 필요가 생겼고 그 결과 신장에서 비장으로 기운을 한 단계 위로 끌어올리게 되고, 가장 강한 비장의 기운에 따라 이들의 피부색은 누렇게 되어 황인종이라 불리게 된다. 비장은 횡격막 아래에 위치한다. (비장은 사상의학적 관점에서는 횡격막 위에 위치한다. 횡격막 상하를 넘나드는 오묘한 土의 성질을 가지고 있는 것이다.) 이 황인이 다시 더 위쪽으로 이동해서 아주 추운 기후에 맞닥뜨리게 되고 이들의 장부는 다시 한번 더 기운을 끌어 올릴 필요를 느꼈고 결국 횡격막을 뚫고 그 위에 있는 심장과 폐로 기운이 몰리게 되고 결국 폐가 강한 백인이 되었다. 폐가 강해 金의 색인 백색을 띠게 되었지만 심장 또한 강해서 火의 색인 적색도 함께 띤다. 몸에 열이 가장 많은 인종이 되겠다. 요점을 말하자면 인간의 기혈중심이 흑인은 배꼽 이하에, 황인은 배꼽에서 횡격막 사이에, 백인은 횡격막 위에 치중되어 있다는 것이 가장 근본적인 인종에 대한 정의가 되고 여기에 머리색과 유전자기록이 부가되어야 한다고 생각한다.

앞에서는 오행에 배속되는 색깔의 에너지배열이 오행의 속성과 다르므로 오행을 계속 사용해야 하는지에 회의가 든다고 말해 놓고, 지금에 와서는 그 오행에 배속되는 색깔을 쓰면서 인종을 설명하고 있다. 즉 흑인은 신장이 발달했으므로 그 신장의 색인 검은색을 띠고, 황인은 비장이 발달했으므로 그 비장의 색인 누런색을 띠고, 백인은 폐장이 발달했으므로 그 폐장의 색인 흰색을 띤다고 말이다. 지금까지 빛/원자/DNA/인체/우주까지 음양삼재로 큰 모순 없이 설명해왔다. 하지만 이렇게 설명할 수 있다고 해서 이것이 전부인 것은 아닌 것이다. 초끈이론에서 설명했듯이 이 음양삼재 밑바닥에 오행의 원리가 흐르고 있을 수도 있다. 아직까지는 여러 가능성을 두고 좀 더 연구해야 할 단계라고 할 수 있겠다. 그리고 그 결론을 도출해 낼 수 있는 분야는 아마도 물리학일 것이다. 왜냐하면 이 물리학 이외의 연구에서 인간이 얻을 수 있는 것은 이미 과거에 대부분 밝혀서 기록해 두었기 때문이다. 설사 과거의 기록에 빈틈이 있을지라도 그것들은 영영 채워지지 못할 가능성이 많다. 왜냐하면 미래에는 지금보다 더 말초적인 삶을 살게 될 가능성이 많아서 더 이상 옛날 같이 정신적으로 발달한 상태에 도달하지 못할 것이기 때문이다(지금으로선 그렇게 보인다.). 과거에는 우리 인간과 자연에 대해 깊은 정신적 연구를 해왔다. 모든 것이 수렴된 근본인 水에서 시작해서 그 수렴된 것이 최대로 분열된 상태인 火를 지나서 다시 이 분열을 수렴시켜 水로 돌이키는 원륭한 사고를 통해 많은 것들을 남겨 놓은 것이다. 이제 남은 것은 그 사고의 외연을 크게 확장시키는 것이다. 외연을 확장시키는 것은 火기운이 하는 것이다. 미세하게 분열하는 빛의 보습처럼 자연을 치밀하게 분석하는 사고는 화기운이 하는 것인데 그것이 가장 잘 드러난 분야가 물리학이라고 할 수 있다. 이미 과거에 이뤄놓은 순환적 사고의 결과를 체(体)로 삼고 분석적인 방법을 극한으로 밀어 붙이는 사고를 용(用)으로 삼을 때 우주의 이치를 제대로 담은 결과물이 나올 것이라고 생각한다.

지금까지 밝혀진 인류종들은 호모 하빌러스, 호모 루돌펜시스, 호모 에렉투스, 호모 안테세소르 등이 있고 20만 년 전까지만 해도 지구에는 몇 개의 인종들이 공존하고 있었는데 어느 때부터인가 현생인류를 제외하고는 모두 멸종하고 사라져 버렸다. 그렇다면 이들은 왜 다 사라지고 우리만 남게 되었을까?
아마도 현생인류의 지적능력과 면역체계가 그들보다 환경에 더 잘 적응했던 것이 아닐까 추측해본다. 왜냐하면 인간이란 게 본래 힘이 다른 동물보다 강한 존재가 아니었고 지적능력으로 생존해왔던 부류였기 때문이다. 그러면 이 지적능력은 무엇이 결정할까? 이 책을 읽는 독자들 중에서 자신의 IQ를 자기 마음대로 손쉽게 높였다 낮췄다 하는 능력을 가진 이가 있는가? 앞에서 얘기했듯이 이것은 우리의 의지로 쉽게 쥐락펴락 할 수 있는 것이 아니다. 6식인 의식이 조절할 수 있는 단계가 아니고 의식보다 높은 차원인 7식의 말나식과 8식인 아뢰야식의 영역이다. 즉 육장육부와 아뢰야식이 지적능력을 좌우한다. 면역능력 또한 이들이 좌지우지하는 영역이다.

그러면 무엇이 이 말나식과 아뢰야식의 질을 좌우할까? 그것의 기본적인 출발점은 직립보행이었을 것이다. 지적능력이나 면역체계라는 것이 내 의지만으로 조절하고자 한다고 조절되는 것이 아니고, 내부 장기들의 작용의 결과로 이뤄진 것이라는 사실을 수긍하게 되었다면 많은 인류종들이 왜 사라지고 없어졌을까라는 의문에 대한 해답의 실마리도 조금 풀 수 있게 되는데, 첫번째 이유로 아마도 그들은 현생인류와 같이 항상 직립보행하지 않고 지금의 원숭이 같이 때때로 네발로 기어 다녔을 수 있다. 그렇게 되면 장부가 천지의 기운과 통하는 것이 완벽하지 않게 되고 결과적으로 지적능력이나 면역체계가 열등했을 가능성이 많고 따라서 생존능력이 현생인류보다 떨어질 수밖에 없게 된다. 두 번째 이유로는 그들도 현생인류와 같은 정도의 직립보행을 했으나 현생인류가 적응해야 했던 자연환경이 그 이후 나타난 지구변화에 적응하는데 더 적합했을 가능성이 그것이다. 자연환경에 적응한다는 말은 정확히 말하자면 자연이 인간의 장부를 그렇게 키워나간다는 말이다. 생명체는 그저 자신의 생명을 유지하려고 숨 쉬고 먹고 마실 뿐이지 내부장부의 특정한 기능을 조절하지는 못한다. 장부가 스스로 알아서 자연에 적응하려고 여러 기능들을 진화시키는 것인데 사실 그런 기능을 그렇게 발달시키는 것은 주변 자연이 그렇게 진화해 나가도록 강요하기 때문이니 결국 자연이 내부장기의 진화방향을 결정한다고 봐야 한다. 따라서 현생인류가 탄생하고 진화해 나갔던 자연환경이 추후 지구환경이 변해나감에 따라 생겨나는 질병이나 기근 같은 재난들을 헤쳐 나갈 수 있는 능력을 내부 장부들이 가질 수 있게 그 바탕을 잘 만들어줬다고 생각해 볼 수 있다. 멸종한 인류종들이 태어나고 진화한 자연환경은 뒤에 닥칠 어떤 재난에 대한 대비책을 그 장부에 심어주지 못했다는 가설이다. 세 번째 이유로는 현생인류의 장부가 다른 종들보다 천지(天地)를 더 완벽히 모사했을 가능성이 그것인데, 이것이 가장 합당한 가설이 아닐까 생각한다. 천지를 더 잘 모사한 인체 장기들일수록 생리적 병리적으로 더 안정적으로 작동하게 되어 있다. 인류의 종들 중에서 가장 늦게 출현했으므로 그 전버전들의 빈틈들을 보완했을 것이므로 한 단계 수준 높은 장부를 가지게 됐을 것이다.

여기서 한 가지 생각해 볼 것이 있다. 더운 아프리카에서 생존하려면 몸내부에 물을 많이 축적해야 하고 그러자면 신장이 강해야 하는 것은 거의 모든 생물이 그래야 할 텐데 왜 유독 인간만 검은색인가 하는 문제이다. 얼룩말도 코끼리도 기린도 모두 검어야 하는데 왜 그들의 색은 다를까를 생각해보면, 그것은 앞에서 말했던 직립보행과 관련되어 있을 거라고 생각한다. 직립보행을 완전히 할 줄 알아야 자연의 기운과 온전한 소통합일이 가능하고 그 결과 장부가 온전해져서 비로소 그에 부합하는 색을 표출한다는 것이다. 그렇지 않고 평상시에는 네 발로 기다가 때때로 두발로 걷는 것으로는 자연의 기운을 받아들여 장부를 바꾸기에는 부족하다는 것이다. 동의보감에서는 이렇게 인용하고 있다.

悟眞篇註曰 人之一身 禀天地之秀氣而有生 託陰陽陶鑄而成形...

[오진편의 주석에 이르기를 "사람의 몸은 천지의 빼어난 기를 받아서 태어났는데 음양이 빚어내는 것에 따라 형체를 이뤘다(즉 자연이 빚어주는 대로 형체를 이뤘다)..."]

이와 같이 직립을 해서 횡격막 위가 위에 있고 횡격막 아래가 아래에 위치함으로써 흉부는 천(天)과 통하고 복부는 지(地)와 통하게 되어 장부의 기능이 완전해질 수가 있었던 것이다. 이 말은 곧 음양에는 제각각 맞는 위치와 역할이 있다는 것을 말해준다. 현재 남녀평등이라고 외치면서 모든 면에서 남자와 여자를 동일시하는 것이 제대로 된 사고인 것처럼 착각하는 풍조가 만연해 있는데, 이것은 정확히 백인들의 陽위주의 직선적 사고방식에서 오는 오류라는 것을 지적하고 싶다. 남자와 여자는 생물학적으로 완전히 반대속성을 가지고 태어났다. 총괄적으로 말해서 남자는 양이 음보다 강하고 여자는 음이 양보다 강하므로 모든 면에서 틀릴 수밖에 없다. 사고방식/행동방식/호불호가 전혀 같을 수가 없는 것이다. 인간이 이렇게 진화한 과정을 유추해보면 그 이유를 어느 정도 알 수 있는데 왜 이렇게 남녀가 다를 수밖에 없는지 생각해보자.

모든 생명체의 최대목표는 세대를 잇는 것이라 하겠다. 본인은 세대를 잇는 것에 관심이 없다고 말할 수는 있겠지만 정작 그 몸이라는 것은 자신의 의지와는 상관없이(어느 정도 상관은 있다.) 우리가 먹고 마시고 자는 것의 많은 부분을 자신의 번식을 위한 준비에 바친다. 일단 이 부분을 충족시키고도 남는 여력이 있어야 비로소 다른 데에 기운을 쓸 수가 있다. 가장 밑바닥에 있는 것이 번식이라는 것이다. 그런데 그 세대를 이으려면 여자는 아기를 낳아야 하는데 인간은 3센티의 태아를 낳는 존재가 아니고 태아를 10달 동안이나 뱃속에서 3kg까지 키우다가 산도를 어마 무시한 통증을 견디며 벌려서 아기를 낳아야 하는 구조로 진화한 생명체이다. 그런데 그렇게 몸을 늘리려면 몸이 어떤 구조여야 하겠는가? 그야말로 고무처럼 탄력 있으면서 부드러워야 늘어나지 않겠는가? 그래서 여자는 陰인 지방을 몸에 많이 축적하는 것이다. 그에 반해 남자는 밖에서 수많은 난관을 헤치고 먹을 것을 구해 와야 하는데 부드러운 근육을 가지고 할 수 있는가? 강한 근육이 필요하다. 그래서 순간순간 힘을 써야 하기 때문에 陽

에 해당하는 탄수화물의 소비가 많을 수밖에 없다. 양인 에너지를 발생시켜야 근육에서 힘을 쓸 수 있기 때문이다. 그래서 남자의 기초대사량이 여자보다 높은 것이다. 기초대사량은 체온유지나 호흡, 심장박동 등 기초적인 생명활동을 위한 신진대사에 쓰이는 에너지량으로 생물체가 생명을 유지하는데 필요한 최소한의 에너지량을 말한다. 보통 휴식상태 또는 움직이지 않고 가만히 있을 때 기초대사량만큼의 에너지가 소모되는 것이다. 기초대사량은 개인의 신진대사율이나 근육량 등 신체적인 요소에 따라 차이가 있지만 일반적으로 남성은 1kg당 1시간에 1kcal를 소모하고, 여성은 0.9kcal를 소모하는 것으로 알려져 있다. 아무것도 하지 않아도 남자는 양이 강하므로 더 많이 소모하고 여자는 음이 강하므로 덜 소모하는 것이다. 이렇게 남녀는 생물학적으로 다르므로 대부분의 경우 남녀의 생활패턴은 다를 수밖에 없다. 중요한 것은 남자와 여자가 일률적으로 같아서 모든 면에서 동등하게 취급받아야 한다는 것이 아니고, 서로의 차이를 이해하고 그 다름이 생물학적 차이에서 오는 당연한 것이라는 사실을 인식하는 것이 남녀평등의 진정한 의미라고 할 수 있을 것이다.

● 우리나라의 역사교육 현실

사실 유튜브채널 '이덕일 역사 TV'를 보기 전에 이미 우리니리의 고대사를 다 쓰고 마지막 교정을 남겨두고 있었다. 그런데 이 채널을 보고 나니 우리나라의 역사교육 상황에 대해 한번 짚고 넘어가지 않을 수 없었다. 왜냐하면 이 채널을 보면서 본인은 너무 어이가 없어서 실소가 나오는 한편, 친일파를 재 등용시킨 미국과 현재 기득권을 잡고 있는 강단/언론/정치권의 친일카르텔에 대해 분노를 느낌과 동시에 늦었지만 지금이라도 바꿔야한다는 책임감도 또한 느꼈기 때문이었다. 본인은 원래 역사에 관심이 없었다. 학교에서 배웠던 국사과목이란 것이 무조건 외우는 건데 본인은 외우는 것에는 전혀 소질이 없었기 때문이었다. 그런데 흑인/황인/백인의 차이를 설명하자니 이들이 어떻게 탄생했는지 밝혀야 했고, 그것은 곧 이들이 아프리카를 떠나 이동했던 루트의 자연환경을 자세히 캐는 과정이었고, 그것을 캐다보니 어느샌가 우리민족의 기원을 탐구하는 데에 이르러 있었다. 친구의 소개로 윤내현교수의 「고조선연구」를 읽게 되었고 이를 계기로 우리나라 역사학계의 파벌싸움이 심하다는 것 정도를 알게 되었지만 우리역사의 처음부터 끝까지가 모두 일제시대의 식민사관에 의해 거짓으로 날조되고 있다는 것은 '이덕일 역사TV'를 보기 전까지는 모르고 있었다. 해방 이후 경제적으로는 크게 성장해서 세계의 중심국가로까지 발전했지만 정신적으로는 아직도 일제시대에 살고 있는 것이다. 일제의 마지막 총독이었던 아베는 물러가면서 이런 말을 남겼다고 한다. "우리는 대포보다 무서운 역사관을 심어 놓았다. 나중에 다시 돌아온다."

잠깐 고려 중기 이후부터 역사의 수레바퀴가 어떻게 굴러갔는지를 간단명료하게 설명해 보겠다. 망국의 내리막길은 북벌을 주장했던 묘청의 난을 성리학을 정치이념으로 받아들인 김부식이 좌절시키면서 시작했고, 이성계/정도전이 (신분제를 옹호하는) 성리학을 국교로 정한 조선을 개국하여 중국에 대한 사대를 시작하면서 가속화 되었고, 조선왕조실록에 3000여 번이나 언급되었다는 송시열이 이끌던 노론이 정권을 잡으면서 급격히 노쇠화하기 시작했다. 그 노론이 주장했던 것이 바로 '친명사대'였다. 독립된 나라임에도 불구하고 자주적으로 나라를 이끌어갈 생각은 하지 않고 명나라의 속국처럼 살아가고자 했던 것이다. 당의 영수라는 사람이 그러하니 당연히 모이는 사람들도 비굴하게 누군가에게 빌붙어 먹으려는 이들뿐이었을 것이고 조선은 쇠락해져가서 결국 노론의 마지막 당수였던 이완용이 일본에 나라를 팔아먹으면서 일제시대가 시작된다. 사실 송시열이나 이완용이나 다를 게 하나 없는 것이 이완용은 그저 사대의 대상을 중국에서 일본으로 바꿨을 뿐이었기 때문이다. 실지로 이완용은 일본에게 "사대를 중국에서 일본으로 바꾼 것"이라고 말했다고 한다. 이렇게 친일파로 변신한 세력들은 일제시대 동안 동족의 고혈을 빨아먹으면서 호의호식하다가 해방이 되면서 인생이 조지는가... 싶었는데 미국이 부활시켜준다. 그때 미국은 장개석이 모택동을 이기면 중국을 최전선으로 하여 소련을 견제할 계산이었으나 장개석이 패하고 모택동이 정권을 잡자 일본의 1급 전범 조차 감옥에서 풀어주면서 그들을 충견으로 하여 한국이나 일본을 공산주의의 확장을 막는 최전선으로 삼고자 했다. 그런 최전선에 자신의 말을 잘 듣는 충견을 두는 게 미국입장에서는 편한 것이지 자기고집이 강한 자주민은 미국한테는 피곤한 사냥개에 불과했던 것이다. 미군정 입장에서는 김구선생 같이 자주독립을 외치는 사람보다는 자신들에게 복종하는 이승만 같은 충견들이 필요했을 것이기 때문이다. 미군정이 친일파들을 재

기용하면서 도망쳤던 친일파들이 강단/언론/정당의 주요직으로 속속 복귀하게 되고 친일파는 친미파로 또 한 번 옷을 갈아입게 된다. 그리하여 새로운 형님인 미국의 모토인 '공산당을 때려잡자!'는 구호를 머리띠에 질끈 동여 메고는 수많은 무고한 사람들에게 공산주의자라는 죄목을 씌워서 죽였는데 그렇게 억울하게 죽은 수많은 이들의 비명소리가 울려 퍼지지 않았던 데가 이 땅 어디에 있을까...

눈을 역사학계로 좁히면 아직도 여전히 일제시대가 계속되고 있다는 것을 알 수 있다. 그 친일파들이 똬리를 튼 소굴들을 열거해보면 대학교수들, 동북아역사재단, 한국학중앙연구원, 국사편찬위원회, 낙성대 경제연구소, 교육부, 조선일보/한국일보/경향/한겨레 등이 있겠다. 이들은 일본 극우파가 만든 사사카와재단이나 도요타자동차 또는 국가기관인 문부성으로부터 생활비와 연구비를[45] 받으면서 무럭무럭 자라고 있는데 이들은 그 돈의 대가로 이따금씩 식민사관을 옹호하는 다음과 같은 발언들을 내뱉는다.

①이영훈(서울대교수. 낙성대 경제연구소) : "위안부는 기본적으로 자신의 의지와 선택에 따라서 행해지는 소규모 영업이었습니다."

②류석춘(연세대교수. 사사카와재단에서 100억 투자한 아시아연구기금 총장) : "조선인 노동사, 위안부는 전부 거짓말이며 그 사람들이 살기 어려워 자발적으로 매춘하러 간 것이다."

③배성준(동북아역사재단 독도연구소 연구위원) : "독도가 우리 것일까? ... 실제로 독도가 우리 영토임을 입증하는 자료와 논리가 아주 허술함에도..."

④권희영(한국학중앙연구원) : "신채호는 네 자로 말하면 '정신병자'이고, 세 자로 말하면 '또라이'이다."

⑤신석호(국사편찬위원회) : (이 사람은 자신의 재임기간을 '1929~1961년'으로 기록함으로써 일제시대의 조선사편수회를 계승한 것이 국사편찬위원회임을 천명했음.)

⑥교육부 : 「이병도/신석호는 해방 후 어떻게 한국사학계를 장악했는가」, 「한국 실증주의사학의 식민사관」, 「독립운동가가 바라본 고대사」, 「왜 일

---

[45] 한국으로 귀화한 일본인에 따르면 '500만원/회, 2회/달' 정도라고 한다.

제 식민사학을 추종하는 국사교과서를 아직도 배워야 합니까?」라는 4권의 책을 출간금지시킴. (군사정권도 아니고 촛불로 일어선 문재인정권에서... 이건 대통령도 자기들 아래라는 건가... 아니디 모두 한통속이라서 믿고 나가는 것일 수도... 왜냐하면 정당들도 그 바탕이 매국이거든...)

⑦경상도당의 출발은 자유당이고 전라도당의 출발은 한민당. 자유당/한민당은 모두 매국정당. 노론(친명) → 이완용(친일) → 해방(친미).

⑧조선일보/한국일보/한겨레/경향신문의 많은 식민사관 옹호 기사들.

⑨박유하(세종대교수. 와세다대학 일문학박사) 「제국의 위안부」에서 "위안부는 자발적 매춘을 한 사람들로서 가해자인 일본군들과 동지적 관계였다" 이런 박유하를 지지하는 성명을 낸 사람들로는 교수들이 가장 많고 장정일/배수아/정과리/김규항(소설가), 유시민(전복지부장관. 하... 이 양반이 여기서 나오네...) 류근(당신은 이런 쓰레기 시인이 진행하는 '역사스페셜'을 봤던 것이다.) 이외 190명이다. (많아도 너무 많다...)

그럼 이제 일제가 이 땅에 심은 식민사관의 핵심들을 알아보자.

①단군부정 : 일제는 단군사상으로 똘똘 뭉쳐있는 한국인들을 보고는 단군을 무너뜨리지 않으면 한국을 영원히 식민통치하기 어렵겠다는 생각에서 단군의 실재를 부인. 단군은 불교가 전파된 뒤에 중들이 날조한 망령된 이야기라고 주장(단군신화가 기록된 삼국유사는 승려 일연의 저작). (식민)교육방송 EBS는 개천절을 맞아 특집방송으로 교사들을 교육하는 교원대학교의 송호정을 초빙하여 특집방송을 송출. "단군은 역사가 아닌 신화일 뿐이다. 단군 실재? No~No~"

②한사군 한반도설 : 한나라가 위만조선을 무너뜨리고 설치한 한사군은 북한의 평양에 있었다.

③임나가야설 : 일본서기라는 역사서에 의하면 일본에 있었던 야마토왜라는 나라가 369년에 가야를 점령하고 그곳에 임나일본부라는 식민통치기관을 설치해서 다스렸다.

⇒ 식민사관을 요약하자면 북한지역은 과거에 중국의 식민지였고 남한지역은 일본의 식민지였으니 너희들은 남의 지배를 받을 수밖에 없는 운명이다. 그리고 시조라는 단군도 허구이니 괜히 반항하지 말고 고분고분 하라고 말하고 있는 것이다.

이 식민사관에 대해 반박하자면

①단군의 실재여부 : 신화를 서양에서는 역사적 사실이 투영된 기록으로 인정한다. 신화의 내용이라는 것이 문자가 없던 아주 오래 전의 일이고 그 구전되어 오던 단편적인 사실들을 후대에 기록한 것인데 마치 어제 일인 것처럼 다 알고 있는 듯이 쓰는 것보다 신화나 설화양식으로 표현하는 것이 오히려 솔직한 작문법이다. 추가적으로 단군에 대한 사료적 근거를 나열하자면 다음과 같다.

㉠삼국사기 동천왕 21년조 : "환도성은 전란을 겪었으므로 다시 도읍으로 삼을 수 없다고 해서 평양46)성을 쌓고 백성과 종묘와 사직을 옮겼다. 평양은 본래 선인왕검(仙人王儉)의 땅이다" 여기서 선인은 단군을 뜻하는데 고구려사람들도 단군을 알고 있었음을 알 수 있다.

㉡삼국유사 왕력조 : "제1대 동명왕은 갑신년에 즉위해서 18년을 다스렸는데 성은 고씨(高氏), 이름은 주몽이다. 단군의 아들이다"

㉢서울법대 학장을 역임하였던 최태영박사는 이병도를 만나 여러 사료를 제시하면서 단군의 실재를 주장. 결국 1986년 식민사학계의 비조인 이병도 조차 늙어서는 회개해서 결국 "단군은 신화가 아닌 우리의 국조(國祖)다. 역대왕조의 단군제사가 일제 때 끊겼다"고 토로.

②한사군 한반도설 : 우리나라 역사에서 고조선은 3가지 형태로 존재한다. 단군이 세운 조선을 단군조선이라고 하고, 기자가 단군조선의 서남쪽경계인 고대의 요동자리로 들어와서 세운 제후국이 기자조선이며, 이 기자조선을 무너뜨리고 같은 자리에 세운 것이 위만조선이다. 그리고 이 위만조선을 무너뜨리고 한나라가 세운 것이 한사군이 되겠다. 윤내현교수가 저술한 「고조선연구」의 핵심내용이 한사군의 위치를 고증하는 것이었다. 한사군은 북한에 있지 않았고 지금의 하북성 노룡현인 난하와 대릉하 사이에 위치했다는 것이 그의 결론이다. 이 난하와 대릉하 사이 지역은 고대에 요동이라고 불렸던 곳으로 요하문명이 일어났던 자리와 일치한다. 중국의 주은래 수상도 "우리도 과거에 역사해석의 오류를 범했다. 그래서 기자가 평양에 있다는 등 잘못된 주장을 했다."고 시인했다. 실지로 기자무덤은 평양에 있지 않고 하남성 상구시(商丘市)에 지금도 존재한다.

---

46) 당시의 평양은 북한의 평양을 말하는 것이 아니라 수도를 뜻하는 일반명사였다.

③임나가야설 : 일본서기라는 책은 역사책이라기보다는 소설책에 가깝다. 그 근거는 다음과 같다.

㉠연대가 안 맞는다 : 일본서기의 연대는 중국/한국의 어떠한 역사책과도 맞지 않는다.

㉡황제국과 제후국을 바꾸는 위조를 감행 : 일본서기에는 백제가 칠지도를 왜에 바쳤다고 나와 있다. 그러나 이소노카미 신궁에서 나온 칠지도의 명문에는 '백제에서 왜왕을 위해 내려주니 세세토록 전하도록 하라.'라고 새겨져 있었다. 즉 황제국인 백제가 제후국인 야마토왜한테 하사한 칼이라는 것이다.

㉢고구려/백제/신라를 모두 야마토왜의 속국으로 그려놨다 : 일본서기에는 370년 야마토왜에서 사신이 오니 백제의 근초고왕이 이마를 땅에 대고 절하면서 영원한 충성을 맹세했다고 기술했는데 삼국사기에는 이때 근초고왕이 고구려로 쳐들어가서 고국원왕을 전사시켰다고 기록하고 있으며 이 내용은 중국의 위서나 북서 등에도 동일하게 기술되어 있다. 이런 소설책을 역사책으로 보려면 북한학자 김석형이 제시한 '분국설'시각을 가져야 그나마 조금 이해된다. 분국설의 핵심은 일본서기에 나와있는 고구려/백제/신라/가라(가야) 등은 한반도의 나라들이 일본에 진출해서 한반도와 꼭 같은 이름으로 세운 소국/분국/식민지들이라는 것이다. 실제로 규슈나 나라 등에는 고구려/백제/신라/가야유물들이 수없이 많이 출토되고 있는데 그 중에서 특히 백제/가야계가 많다. 예컨대 나라근처 궁의 이름은 '백제궁'이고, 그 궁 옆을 흐르는 강의 이름은 '백제천'이며, 절의 이름은 '백제사'이며, 왕의 시신을 '백제대빈'이라고 부르는데 이것들은 아직도 여전히 존재한다.

그럼 이번에는 중국의 역사공정에 대해 알아보자. 중국은 56개 민족으로 구성되어 있으며 한족이 차지하고 있는 영토는 현재 국토의 36%에 불과하다. 이 소수민족들이 독립을 외치는 순간 중국은 큰 혼란에 빠질 수밖에 없는 상황인 것이다. 따라서 이 소수민족들의 역사 또한 중국의 역사라고 우길 수밖에 없는 현실이다.

|  | 내용 | 목적 |
|---|---|---|
| 하상주 단대공정 | 하나라 (BC2070 건국) 상나라 (BC1600 건국) 주나라 (BC1046 건국) | ○상나라의 수도였던 은허가 발굴되면서 상나라가 실재했던 것으로 밝혀져 중국역사의 시작은 은나라를 세운 동이족이 되어버렸다. 그래서 아직 유적지가 발굴되지 않아 기록으로만 전해지는 하나라의 건국년대를 단정함으로써 하나라를 중국의 시작으로 삼아 이를 피하고자 하는 것이 요점이다. (그런데 하나라를 중국한족이 세웠다고...?) |
| 서북공정 | 신장 역사날조 | ○신장위구르 자치구의 역사도 고대부터 중국의 역사다. |
| 서남공정 | 티벳 역사날조 | ○티벳 자치구의 역사도 고대부터 중국의 역사다. |
| 동북공정 | 동북3성 역사날조 | ○요녕성/길림성/흑룡강성은 고대부터 중국의 땅이었으므로 고조선/고구려/발해도 중국의 제후국이었다. (그래서 시진핑이 트럼프를 만나서 한국은 예부터 중국의 일부였다고 말한 것이다. 여기에 남한 역사학계는 아무 소리 없이 고개를 끄덕였고... 끄덕끄덕... You are right... 엄지척!) |
|  | 한사군 한반도설 | ○한사군은 북한의 평양에 있었으므로 북한은 중국의 식민지였다. (이것은 북한붕괴 시에 중국은 옛영토를 수복하기 위해 북한을 점령할 예정이라고 미리 고지하는 것임.) |

지금까지 일본과 중국이 어떻게 역사를 날조하고 있는지 간략하게 핵심만을 살펴보았다. 사실 우리만 제대로 서 있다면 문제가 없는데 현실은 그렇지 못하다는데 있다. 프랑스의 드골은 나치에 협력했던 이들을 처단하면서 이런 말을 했다고 한다. "프랑스가 앞으로 또 다시 외국의 식민지배를 받을 수는 있다. 그러나 그 외국의 식민지배에 동조하는 프랑스인들은 나오지 않게 하기 위해서는 과감하게 숙청해야 한다." 그렇게 숙청한 사람이 1~3만명에 이른다고 한다. 우리도 이랬어야 했는데 미국이 친일파를 재 등용시키고 이승만이 반민특위를 유명무실하게 만듦으로써 또 다시 매국적 친일/친미세력으로 물들게 되어버린 것이다. 지금 국사교과서에는 식민사관이 그대로 실려있다. 단군은 부정되어 단군조선과 기자조선은 실재하지 않았으므로 위만조선부터 우리나라는 시작한다고 나와 있으며, 한사군은 지금의 평양에 있었다고 되어있고, 임나가야설을 살리기 위해서 교묘하게 우회해서 가야사를 서술하고 있다. 다른 것들은 또 어떤가... 당신이 배워서 알고 있는 역사지식들이 얼마나 진실에 가깝다고 생각하는가? 예컨대...

○을지문덕이 수나라 110만 대군을 물리쳤던 살수대첩의 살수가 청천강이라고 생각하는가? 틀렸다. 요동에 있다.

○지금의 요하를 넘지도 못한 고구려의 최전성기의 지도는 맞을까? 그 정도로는 광개토(廣開土)란 이름이 어울리지 않는다.

○백제/신라는 지금의 남한을 동서로 가르던 조그만 나라였을까? 아닌데... 중국/일본에 분국이 있었다.

　○황해도를 기준으로 북쪽국경선이 그어져 있는 통일신라 강역도는 진실일까? 아니다. 만주까지다.

　○그러면 압록강에서 사선으로 그어진 고려의 강역도는 맞을까? 아쉽게도 또 틀렸다. 만주까지다.

　○세종이 4군6진을 개척해서 조선의 국경이 압록강과 두만강까지 확장되었다는 건 어떨까? 땡이다. 만주까지다.

　당신이 제대로 알고 있는 우리의 역사는 거의 전무하다고 보는 것이 진실에 더 가깝다. 역사공부에 쏟은 당신의 시간과 노력은 당신자신을 위한 것은 아니었고 당신을 조정하기 위한 어떤 이의 세뇌공작이었다고 해석하는 것이 맞을 것이다.[47)]

● 「신주 사기」

　'이덕일 역사TV'를 다 보고 나서 '이제는 다 됐는가' 싶었는데 이번에는 「신주 사기」라는 책이 등장했다. 사실 앞의 '유전자 이동지도'와 인체에 대한 약간의 식견만 있으면 한중일의 역사가 어떻게 시작되었을지는 대략 그려지지만, 「신주 사기」는 이 책의 마지막(이라고 이때는 생각했었다) 퍼즐을 맞춰주는 반가운 선물이었다. 그 책 내용을 잘 이해하기 위해 먼저 소위 중국역사라 불리는 것을 표로 정리해서 살펴보자.

　중국민족은 어떻게 정의할 수 있으며 중국의 역사는 언제부터 시작되었는가 하는 문제는 중국역사학자들의 오랜 질문거리였다. 사가로서 이 문제에 맨 처음 천착했던 사람은 「사기」를 지은 사마천이었다. 「사기」 이전에도 「춘추」나 「국어」 같은 역사서가 있었지만 이 책들은 단지 기록을 위한 역사서였을 뿐 「사기」가 가지고 있는 류의 화두를 가지고 지어진 것은 아니었다. 사마천은 중국의 시조를 세우고 이로부터 자신이 살았던 한나라까지 이어지는 역사를 기록하여 중국민족사를 최초로 웅장한 드라마처럼 서술하려고 했던 것이다.

---

47) 여기까지가 '이덕일 역사TV'를 요약한 것이다.

|  | 황하 중류 | 황하 하류 | 발해만 |
|---|---|---|---|
| BC8000 |  |  | 신락문화 |
| BC7000 |  |  | 소하서문화 |
| BC6500 |  | 후리문화 | 흥륭와문화 |
| BC6000 |  |  | 사해문화 |
| BC5500 |  | 북신문화 | 부하문화 |
| BC5000 | 앙소문화 |  | 조보구문화 |
| BC4000 |  | 대문구문화 | 홍산문화 |
| BC3000 | 河南 용산문화 | 山東 용산문화 | 소하연문화 |
|  | 삼황(三皇) |  |  |
|  | 오제(五帝) |  | 하가점하층(고조선) |
| BC2070 | 하나라 |  |  |
| BC1600 | 은나라 |  |  |
| BC1046 | 주나라 |  | 하가점상층 |
| BC770 | 춘추전국 |  |  |
| BC221 | 진 |  | 열국 |
| BC206 | 한 |  | (부여/고구려/옥저/ |
| 220 | 위진 남북조 |  | 읍루/삼한/최씨낙랑 |
| 581 | 수 |  | 국/신라/백제) |
| 618 | 당 |  |  |
| 960 | 송 |  | 남북조(발해/신라) |
| 1271 | 원 |  | 고려 |
| 1368 | 명 |  | 조선 |
| 1644 | 청 |  |  |
| 1912 | 중화민국 |  | 일제 |
| 1948 | 중화인민공화국 |  | 대한민국 |

[황하/발해만/한반도 일대의 문명]

사마천은 한무제 때의 역사가로서 아버지의 뒤를 이어 태사령(太史令)이라는 지위에 있으면서 천문관측, 달력의 개편 작업을 담당함과 동시에 역사서편찬에 주력했던 인물이다. 그때 흉노족과의 전투에서 투항한 이릉(李陵)이라는 장군이 있었는데 무제 및 조정대신들은 이릉을 처벌하려고 했으나 사마천은 이릉과 그다지 친분이 없었음에도 '그는 사람됨이 뛰어난 선비여서 부모를 효도로 섬겼고, 선비와 더불어 신의가 있었고, 재물에 청렴했으며, 주고받는 것이 의로웠고, 분별해서 사양함이 있었고, 아랫사람에게 공손했습니다. 나라가 궁할 때는 몸을 돌보지 않고 나라를 위해 죽으려고 늘 생각했습니다.'라고 이릉을 변호하게 된다. 하지만 한무제는 이 말을 듣고 분노하여 사마천에게 궁형(宮刑)을 내리게 된다. 그 당시 한나라에는 돈을 내면 형을 면제받는 속전(贖錢)제도가 있었으나 그에게는 돈이 없었고, 궁형을 받는 사내부들은 보통 자결하는 것으로 마지막 자존심을 지키는 것이 상례였지만 그는 그 길을 걷지 않고 비굴하게 살아남았다. 왜냐하면 남의 비웃음이나 멸시를 받으면서도 마무리 짓고 싶었던 일이 그에겐 있었기 때문이었다. 바로 중국민족의 역사를 기록하는 것이었는데 이를 사마천은 임안(任安)에게 보내는 편지에서 이렇게 말하고 있다. "문왕은 구속된 후 「주역」을 풀이했고, 공자는 곤궁할 때 「춘추」를 지었고, 굴원은 쫓겨 난 후 「이소」를 지었고, 좌구명은 실명한 후에 「국어」를 지었고, 손자는 발이 잘린 후에 「병법」을 닦았고, 여불위는 촉에 유배된 후 「여람」을 세상에 전했고, 한비는 진나라에 갇힌 후 「세난」과 「고분」을 지었습니다. 「시경」 300편도 대저 공자께서 발분해서 지으신 것입니다. … 꾹 참으면서 구차하게 살려고 하고, 감옥 속에 갇혀서도 사양하지 않은 것은 제 마음 속에 다하지 못한 바가 있는 것이 한(恨)이 되었고, 비루하게 죽으면 문채가 후세에 드러나지 못할 것이기 때문입니다. 죽을 날을 기다린 연후에야 옳고 그름이 판정될 것입니다. 글로써 제 뜻을 다 전할 수는 없지만 제 누추한 뜻을 대략 말씀드렸습니다." 사마천 자신도 이루지 못한 것이 있었기 때문에 이렇게 구차하게 살아남았고, 이런 곤궁함 속에서도 옛사람들은 뛰어난 불평지명(不平之鳴)[48]을 내었기에 자신도 지금의 굴욕을 굳굳하게 참아내서 자신이 이루고자 했던 바를 이루겠다고 말했던 것이다.

이릉과 그다지 친분이 있었던 것도 아닌데 위험을 무릅쓰고 변호했던 것을 보면 사마천은 인간적으로는 꽤나 완성된 인간이었음을 알 수 있지만, 「사기」를 저술하는 데는 궁형까지 당했던 터라 좀 더 완성된 작품을 남기려는 욕심 때문이었는지 넘지 말아야 할 선까지 넘어버렸다. 당시 사마천은 자신이 설정한 각본이 영원히 드러나지 않을 것이라 생각했는지 모르겠지만 「사기」가 나온 지 백 년이 지나기가 무섭게 이 각본에 대한 의문들이 여기저기서 터져 나왔다. 애

---

48) 당나라 문장가인 한유(韓愈)가 남긴 말로서 '세상이 알아주지 않아 우는 울음이자 공평하지 못한 세상 때문에 우는 울음'이 불평지명이다. 이 책 끝에 한유의 글 전문(全文)이 실려 있다.

초에 거짓말을 기초로 만든 각본이었으니 오래 갈 리가 없는 것이었다.

　사마천은 중국민족사를 거대한 서사시로 써내려가고 싶었다. 그런 대하드라마의 주인공인 중국민족을 지칭하는 말로는 '화하(華夏)족', '한(漢)족', '중국(中國)인' 같은 단어들이 있는데, '화하'라는 말은 하나라의 '하(夏)'와 동서남북과 중앙에 있는 산을 지칭하는 오악(五嶽) 중에서 서악(西嶽)을 뜻하는 화산(華山)의 '화(華)'를 결합한 단어이고, 한족은 한나라의 '한(漢)'을 차용한 것이고, 중국이란 말은 주나라가 수도인 낙양(洛陽) 부근을 천하의 중심인 '중국(中國)'이라고 자처한 것이 그 시작이 된 단어이다. 이것들을 보더라도 중국인들은 자신들의 시작을 하나라/한나라/주나라로 보고 있는 것인데 자신들의 뿌리가 도대체 어딘지 가늠하지 못하고 있는 것이 중국의 현실이다. 2천 년 전 사람인 사마천도 여기에서 벗어나지 못했다는 것을 「사기」를 보면 알 수 있다.

　뒤에서 설명하겠지만 지금으로부터 1만 년 전에야 비로소 중국인의 시조인 M122가 태어났다. 이 사람의 유전자가 그 후 매우 빠른 속도로 퍼져 나갔지만 사마천이 살았던 2000년 전까지 중국대륙에는 M130/M175가 전지역에 분포하고 있으면서 핵심권력을 장악하고 있었다. 그때 사마천이 책에서 보고 주위 사람들한테서 들어봤던 동이족으로는 복희/신농/치우/요/순/우/공자 등이 있었을 것이나. 유명한 전설상의 인물들은 당연히 모두 동이족이었을 수밖에 없었을 것이고, 사마천 시대에 이르러서는 평민층에는 중국인들이 많이 있었지만 가까이에 있었던 요/순/우/공자 같이 임금이나 성현들은 죄다 동이족이었으니 중국인의 시조를 세우려는 사마천으로선 난감한 상황이 아닐 수 없었을 것이다.

　그래서 사마천이 처음으로 한 작업이 '삼황(三皇)'을 지우고 '오제(五帝)'부터 「사기」를 시작하는 것이었다. 삼황은 '복희/신농/황제'라고 보기도 하고 '복희/신농/수인'으로 보기도 하는데 어떻게 보든 동이족인 복희/신농이 있었으므로 자신들의 역사가 동이족으로부터 시작했다고 서술할 수는 없었던 것이다. 그러나 오제(五帝) 또한 만만한 작업이 아니었다. 오제는 보통 '소호/전욱/곡/요/순'을 일컫는데 이들 또한 모두 동이족 사람들이었기 때문이었다. 그래서 사마천은 어쩔 수 없이 사기를 칠 수밖에 없었다. 중국인의 시조가 5제에도 끼지 못하는 한고조라고 말할 수는 없지 않은가?

고민 끝에 사마천은 동이족이 너무나 확실했던 치우(蚩尤)와 격렬하게 싸워 결국에는 승리를 거머쥔 황제(黃帝)를 중국인의 시조로 삼기로 결정했다. 이름에 '중앙 토(土)'를 상징하는 '황(黃)'이라는 글자도 있었으니 잘만 숨긴다면 기막힌 각본이 아닐 수 없는 것이었다. 그런데 여기서 한 가지 문제에 또 부딪치는데 황제의 큰아들이었던 소호 김천씨(少昊 金天氏)'였다. 왜냐하면 이 소호는 동이족들의 터전이었던 산동반도에 위치한 공자의 고향인 곡부(曲阜)를 도읍으로 하여 정치를 했던 유명한 동이족이었던 것이다. 소호가 동이족이면 그 아버지인 황제가 중국인일 수가 있겠는가? 산 넘어 산이었다. 하지만 어쩌겠는가, 사기극이란 것이 원래 성립하지 않는 것을 세우려 하는 것이니 이를 진실로 둔갑시키려면 계속 사기를 치는 수밖에 없는 것을... 그래서 소호는 임금의 자리에 못 오른 것으로 하고 그의 이름도 사람들에게 익숙한 '소호'라고 쓰지 않고 '현효(玄囂)'라는 이름으로 기록한다. 그래서 사마천은 오제(五帝)의 계보를 '①황제 ②전욱 ③곡 ④요 ⑤순'으로 정했는데, 이 계보가 얼마나 어긋나는 것인지를 청나라 양승옥이 지은 「사기지의」에서 발췌하여 적어보면 다음과 같다.

"황제가 붕어하니 둘째 아들 창의의 아들 전욱에게 전하고, 전욱이 붕어하니 백부 현효의 손자 제곡에게 전하고, 제곡이 붕어하니 넷째 왕비의 아들 지와 셋째 왕비의 아들 요에게 전하고, 요가 붕어하니 아래로 친족 태자의 아들 순에게 내려 전하고, 순이 붕어하니 위로 4대 할아버지 우에게 전했다고 하는데 어지럽고 어그러짐을 면하지 못한다. 시험 삼아 생각해 보면 황제는 왜 적장자인 현효에게 전하지 않았는가? 그리고 전욱은 왜 후사를 궁선에게 전하지 않았는가?"

소호를 감추기 위해 했던 거짓말이 또 다시 거짓말을 불렀으니 그 계보가 자연스러울 리가 없는 것이다. 그래서 「사기」와 달리 반고의 「한서」같이 소호가 황제의 제위를 이었다는 기록들이 생겨나게 된다.

황제로부터 주나라 시조인 설까지의 계보도를 그려보면 그림과 같다. 그림의 번호순으로 사마천은 제왕의 자리가 계승되었다는 것인데 소호를 빼고 설명하자니 왕에 올랐던 사람들이 좌우위아래로 오르락내리락 하는 것이 어지러울 정도이다. 소호(少昊) 김천씨가 소호인 이유는 태호(太昊) 복희씨의 뒤를 이어 정치를 잘 했기 때문이고 그래서 복희와 소호는 동이족이라는데 누구도 부인하는 이가 없다. 그러면 그런 소호의 아버지인 황제도 동이족일 수밖에 없는 것이고, 황제의 둘째 아들인 창의 또한 동이족이고, 소호/창의의 자손들 또한 동이족일 수밖에 없으니 '삼황부터 주나라까지의 시조는 모두 동이족이다'라는 결론에 이르게 된다. 그러면 그 이후는 어떤지 알아보자.

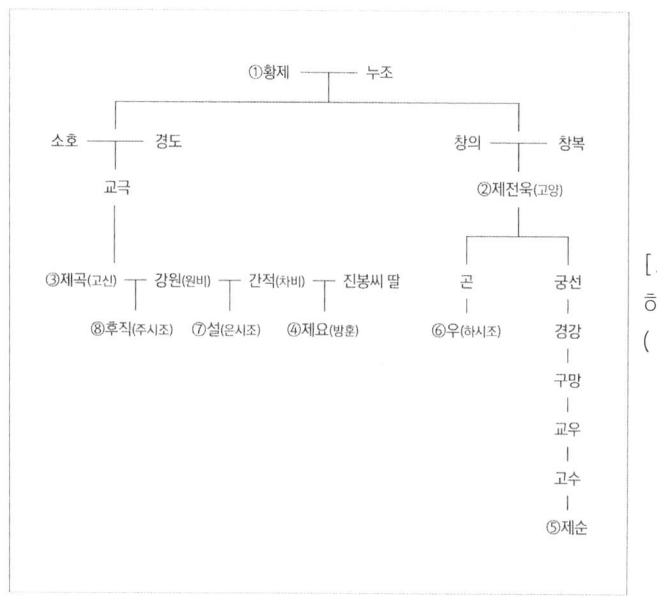

[사마천이 설정한 오제 및 하은주 시조 계보도 (「신주 사기」109쪽]

주나라 직후인 춘추전국시대에는 너무 많은 나라들이 생겼다 없어졌으므로 그 중에는 중국인이 세운 나라도 있었을 테지만 이들을 통일한 진시황 또한 동이족이다. 「사기」 <진본기(秦本紀)>에 '진의 선조는 제전욱의 후예다.'라고 기록되어 있을 뿐만 아니라, 진시황의 건국신화에 새가 나올 뿐만 아니라 진시황의 원뿌리를 찾아보면 '대업'이라는 사람이 나오는데 그 어머니가 검은 알을 먹고 대업을 낳았다고 기록하고 있다. 천손사상과 관련 있는 것이다. 그러면 한나라를 세운 한고조 유방은 어떨까? 유방은 지금의 강소성과 산동성의 경계에 있는 강소성 패현(沛縣) 출신이다. 이곳은 동부해안지역으로 M130이 주로 거주하던 곳이다. 이 지역에 회수(淮水)와 사수(泗水)가 있어서 이곳의 동이족을 예부터 회이(淮夷)와 사이(泗夷)라 불렀다고 한다. 앞에서 설명했듯이 중국인의 시조인 M122가 태어난 곳은 토기운이 강한 황하중류지역일 것이고[49] 이 지역을 중심으로 M122는 퍼져나갔을 것인데 패현지역은 이와는 너무 멀다.50) 따라서 한고조 또한 동이출신이라고 보이며 그의 탄생설화에 뱀이 나오므로 동이출신이 맞을 것이다. 위진남북조 시대에 이르러서는 춘추전국시대와 마찬가지로 작은 나라들이 생겨났다 사라졌으므로 중국인이 세운 나라들이 더러 있었을 것이지만 이들을 통일한 수·당나라는 선비족이 세웠는데 선비족들은 고구려와 말이 서로 통했다고 기록되어 있으므로 이들 또한 동이족일 수밖에 없다. 따라서 춘추전국시대나 위진남북조시대 같이 많은 나라들이 세워졌던 때에는 중국인이 세운 소국들이 있었을 테지만 중국인이 대륙을 통일한 것은 960년에 건국한 송나라가 처음이었다. 사마천의 의도와는 다르게 중국인들은 1만 년 전에 그 시조가 태어난 후로 급속히 인구를 늘려갔지만 송나라를 건국하기까지 7000여 년 동안 권력의 핵심에 이르지 못한 것으로 보인다. 따라서 중국역사를 총 정리해서 말하자면 원나라/청나라도 이민족이 일으킨 나라들이므로 지금의 중국대륙에 사람이 살기 시작한 이래로 중국인들이 건국한 통일제국은 송나라/명나라가 유일하다고 할 수 있다. 따라서 중국인들이 자신들을 지칭하는 '화하(華夏)족'이나 '한(漢)족'이라는 단어는 틀린 것이고 '송(宋)족'이라고 부르는 것이 맞을 것이다.

● 「환단고기」

미일빠51)들이 소설 같은 역사책이라고 잡아먹지 못해서 안달인 「환단고기(桓檀古記)」라는 책이 있다. '환인/환웅/단군에 대한 오래된 기록'이라고 풀이할 수 있겠다. 「삼성기 상(三聖紀 上. 안함로 지음)」, 「삼성기 하(三聖紀 下. 원동중 지음)」, 「단군세기(檀君世紀. 이암 지음)」, 「북부여기(北夫餘紀. 범장 지음)」, 「태백일사(太白逸史. 이백 지음)」 이 5권을 1911년 계연수라는 사람이 1권으로 묶은 후 「환단고기」라고 이름짓고 제자인 이유립에게 주면서 60년 뒤에 공개하라고 하였고, 이유립은 이를 1979년에 출간하였다고 한다. 각 책마다 다루는 시기와 내용이 다르지만 대략적인 내용은 BC7197년에 환인이 처음 환국을 세운 이후부터 고려까지의 역사를 담고 있다. 이 책이 담고 있는 여

---

49) 뒤에서 설명할 것이다.
50) 이외의 몇 가지 근거들은 다음 동영상에 나와 있다.
https://www.youtube.com/channel/UCo0B8aacl_NBkaOVj12UeDQ
51) 김부식 → 이성계 → 송시열로 내려오는 비자주적인 가치관을 가지고 있는 친일/친미세력을 말한다.

러 황당하게 들리는 내용들 때문에 소설책 취급을 받고 있는데 일본서기라는 소설책에 분국설을 대입하면 역사책이 되듯이 '이 환단고기에도 그런 가설이 없을까'를 한번 고찰해보자. 그 이전에 일단 이 책에서 문제가 되고 있는 부분들을 파악하는 것이 먼저일 텐데 이미 미일빠들이 열심히 연구해 두었기 때문에 인터넷에서 어렵지 않게 찾을 수 있었다. 검색으로 찾은 몇 개의 문서에 나와 있는 문제점들에 대해 써보면 다음과 같다.

①근대 용어 사용 : '세계/국가/문명/인류/송화강(松花江)/시베리아(斯白力)' 같이 후대에 만들어진 단어를 사용한 것은 비록 이 용어들이 고서에서도 이미 사용된 예가 있었지만52) 계연수든 이유립이든 아니면 각 책의 저자들이 고대기록에 가필했다는 증거가 될 가능성이 크다.

②다른 책을 베낀 흔적이 있다 : 「규원사화」, 「단기고사」에 등장하는 잘못된 인용이 같은 형태로 나타나거나53) 신채호가 해모수를 가리켜 '종실(宗室) 해모수'라고 표현한 것을 그대로 쓰고 있는 것을 보면 이것 또한 후대인이 가필했다는 증거가 된다.

③향가 :

| 원문 | 독음 | 번역 |
|---|---|---|
| 精誠乙奴 天壇築爲古 三神主其 祝壽爲世 | 정성을노 천단축위고 삼신주기 축수위세 | 정성으로 천단을 쌓고 삼신을 축수하세 |
| 皇運乙 祝壽爲未於 萬萬歲魯多 | 황운을 축수위미어 만만세로다 | 황운을 축수함이여 만만세로다 |
| 萬民乙 睹羅保美御 豊年乙 叱居越爲度多 | 만민을 도라보미어 풍년을 질거월위도다 | 만인을 돌아봄이여 풍년을 즐거워하도다 |

고조선시대에 지어진 향가라는 시가 수록되어 있는데 미일빠들의 표현대로 그 수준이 참으로 처참하다. 3000년 전의 향가인데 현대인도 읽을 수 있을 정도이니 가필한 사람의 지적수준을 알 수 있을 정도이다. 하지만 이것은 이 가필자가

---

52) 「환단고기」(안경전) 123쪽 참조.
53) 본인은 역사를 전공한 사람도 아니고 이 내용의 진가(眞假)를 검증할 능력도 안 된다. 그래서 '어떻게 인용하고 있고 이것이 정말 잘못된 것인가'하는 것까지 검증하지도, 지금의 능력으로는 검증할 수도 없다. 또한 이것이 잘못된 인용이 아니라고 하더라도 그것이 환단고기가 후대의 누군가가 가필한 책이라는 사실을 뒤집지는 못한다고 판단하므로 검증의 필요성도 느끼지 못하겠다.

모두를 속일 수 있을 만큼 완벽한 사기품을 제작할 능력이 없는 사람이라는 것을 반증하는 것으로 오히려 이런 티 나는 거짓말을 제외하면 고대로부터 내려오는 진귀한 기록들을 만날 수도 있다는 기대를 품게 만드는 반가운 선물이라고 할 수도 있다. 이외에 미일빠들은 여러 가지들을 제시했는데 그것들은 이 책이 위서라고 주장할 수 있는 근거가 되지는 못한다. 예를 들면 다음과 같은 것들이다.

①환국의 크기가 동서 2만리, 남북 5만리이다 : 이것은 실제로 2만리/5만리라는 말이 아니라 그냥 '크다'라는 표현이다. 뒤에 설명하겠지만 환국은 청동기시대에 출현하는 국가와 동일한 개념은 아니지만 환국이 차지하는 영역은 실지로 중앙아시아/중동/중국/아메리카까지 포괄하므로 '매우 큰' 영역을 차지하고 있었다. 2만리/5만리가 넘을 수도 있겠다.

②환인/환웅들이 비정상적인 수명을 가진다 : 이 책에 삼재사상이 누누이 설명되어 있고 그러한 삼재사상의 백미라 꼽을 수 있는 「천부경」이 수록되어 있다는 사실에서 환단고기가 도가사상을 바탕으로 쓰였다는 것을 알 수 있고, 그보다 근본적으로 환웅이 무리를 이끌고 수도로 정한 곳이 태백산의 신시(神市)라는 것에서 우리민족을 이끌었던 우두머리는 기감이 매우 뛰어난 사람이었다는 것을 알 수 있다. 이런 도가의 핵심을 간단명료하게 말한다면, 사상적으로는 삼재를 우주의 원리로 설파하고 실제적으로는 '기(氣)의 체험'을 바탕으로 한다는 것이다. 이 기라는 것은 앞에서 설명한 K(암흑에너지)를 말한다. 그리고 태백산은 여러 곳으로 비정할 수 있는데 본인은 '백두산' 또는 '요하문명터의 어느 산'이라고 생각하는데 환웅은 왜 이곳에 정착하였을까? 그 이유는 음양이 균형을 이루고 있는 곳이기 때문이다. 기(氣)가 강한 한반도와 혈(血)이 강한 중국내륙의 중간점이 바로 신시(神市)인 것이다. 기만 쎄다고 좋은 것이 아니고 음양의 균형이 중요한 것이다. 몸의 좌우의 균형, 상하의 균형, 오장과 육부의 균형, 남과 여의 균형... 어느 한 쪽으로 치우치지 않아야 조화로운 삶이 가능한 것이므로 중도(中道)가 대도(大道)가 되는 것이다. 이런 도가계통의 서적으로 동양의학의 대표서적인 「황제내경」이 있다. 이 내경에서도 고대인들은 비정상적인 수명을 가지고 있다.

古有眞人者 提挈天地 把握陰陽 呼吸精氣 獨立守神 肌肉若一 故能壽敝天地 无有終時 此其道生. ... 今時之人不然也 以酒爲漿 以妄爲常 醉以入房 以欲竭其精 ... 故半百而衰也. (옛날에 진인이 있었는데 천지음양을 파악하고 정기를 호흡하고 신을 올바로 세워서 기육이 마치 하나 같아서 수명이 천지를 덮어 죽지를 않았으니 도를 알았기 때문이다. ... 지금 사람들은 이렇지를 않은데 술을 물 마시듯 하여 항상 망령되며 취한 채로 방사를 하여 정을 소모시키니 ... 오십이 안 돼 쇠약해지는 것이다. "

요컨대 옛사람들은 자연이치에 순응하여 생활했으므로 오래 살았는데 지금 사람들은 그 이치를 거스르므로 일찍 죽는 것이라고 경계의 말을 하고 있는 것이다. 그래서 평균재위기간이 환인(472년) → 환웅(87년) → 단군(45년)으로 짧아지는 것이다. 즉 이것은 도가적인 표현일 뿐이고 내경에 위 문구가 있다고 해서 내경의 가치가 줄어드는 것이 아니듯이 환단고기도 마찬가지다. 그런데 이 미일빠들은 성경도 이런 논리로 위서라고 까는지 모르겠다. 창세기의 아담은 930년을 살고 죽었다. 셋은 912년을 살고 죽었다. 에노스는 905년을 살고 죽었다. 게난은 910년을 살고 죽었다. 마할랄렐은 895년을 살고 죽었다. 야렛은 962년을 살고 죽었다. 에녹은 365년을 살고 죽었다. 므두셀라는 969년을 살고 죽었다. 라멕은 777년을 살고 죽었다.

③환국 → 배달국 → 고조선으로 갈수록 영토가 줄어든다 : 이것은 이 책이 위서라는 증거가 아니고 많은 부분 진실을 기록하고 있다는 아주 중요한 근거가 된다. 실지로 이렇게 우리의 영토는 줄어든다. 재구성된 고대사를 읽고 나면 이해가 될 것이다.

④시대를 초월한 통치제도 : 미일빠들은 주(州)/군(郡)/현(縣) 같은 행정단위가 중국에서 출현하는 시기보다 너무 이르고 그런 행정구역들은 그 시기에 있을 수가 없다고 주장한다. 하지만 요하문명은 황하문명보다 2000~3000년 먼저 생겨났다. 주군현들이 어느 정도로 발전한 행정조직을 의미하는지는 더 연구가 필요한 사항이지만 이 시기에 발해만 일대가 중국내륙보다 훨씬 발달한 문명을 이루고 있었다는 것은 고고학적 사실이므로 이것 또한 위서라는 근거가 될 수 없다.

⑤환단고기라는 한권의 책으로 묶인 5권의 책내용이 서로 엇갈리는 경우가 있다 : 예컨대 치우의 행적에 대해 서로 일치된 기술이 아닌 여러 가지로 서술하고 있다는 이것 역시 환단고기라는 책이 한 사람에 의해 쓰인 것이 아니며 그 가필자가 일관되게 위조하지도 않았다는 반증이 되는 반가운 소식으로 그 구체적인 내용에 대해서는 미일빠와는 다른 해석이 충분히 가능하다.

일본서기에도 사실을 기록한 것들이 많이 있다. 즉 거짓말도 있고 과장도 있으며 실제 사실도 있다. 사실만을 기록하는 것이 역사서를 쓰는 기본이겠으나 지은이 역시 그 당시 상황에 휘둘릴 수밖에 없는 하나의 '사람'에 불과하므로 거짓말/과장/사실을 가려내는 것은 후대에 역사를 연구하는 사람들의 몫이라고 할 수 있다. 그러면 이번엔 고대사를 재구성할 때 가장 중요한 내용들이 환단고기에는 어떻게 적혀있는지 알아보자.

최초인류에 대한 내용은 중요하지 않아 보이고, 환국/배달국이 중요한데 태백일사내용을 보면 '삼성기 하'를 인용하면서 서술하고 있으면서 '반고'를 누락하고 있다. 따라서 '삼성기 하'가 가장 많은 내용을 품고 있고 다른 책들이 저본으로 삼고 있으며 분량이 많지 않다. 분량이 많지 않다는 것은 조작할 가능성이 그만큼 적어진다고 보아도 될 것 같다. 실제로 '삼성기 하'를 읽으면서 본인은 모든 의문이 풀리는 것을 느꼈다. 따라서 '삼성기 하'를 바탕으로 고대사를 풀어갈 것이다. 그런데... 이래서 학문은 끝이 없다고 했던 것인가? '이제 다 되었다'고 생각해서 글을 쓰려고 했던 그날 밤에 또 한 권을 책을 알게 되었다. 이름도 들어보지 못했던 책, 「부도지(符都誌)」. 이 책은 신라시대 때 영해 박씨의 선조인 박제상(朴堤上, 363~419)의 저술로 알려진 『징심록(澄心錄)』의 15지(誌) 가운데 맨 처음에 실린 지(誌)의 이름으로, 파미르고원으로 추정되는 마고성의 황궁씨로부터 시작한 한민족 상고사를 기록한 문헌이다. 현존하는 『부도지』는 1953년 울산에 있던 영해 박씨 55세손인 박금(朴錦)씨의 복원본을 말한다. 박금에 의하면, 해방 후 월남할 때에 여러 대에 걸쳐 전수받은 원본을 함경남도 문천에 놓고 왔고, 분단으로 다시 돌아갈 수 없는 상황이 되자, 과거의 기억을 토대로 원본에 가깝게 남한에서 복원한 것이라고 밝히고 있다. 이 부도지를 읽으면서 소름이 돋았었다. 고려 후기부터 시작한 비자주적인 정권에 의해 우리의 근본사상인 선도에 관한 책들이 수거되어 불살라졌던 사건이 몇 차례... 그런 환란 속에서도 우리고유 선도의 맥이 이렇게 살아남아 지금 내 앞에 펼쳐져 있다니... 뭐랄까 이 이야기를 수백 대에 걸쳐 구전으로 전하다가 언젠가 문자가 만들어져서 그 신화 같은 옛날이야기를 기록으로 남겼던 그 선조들과 마주앉아 대화하는 느낌이랄까...

| | | 삼성기 하 | 삼성기 하 | 태백일사 |
|---|---|---|---|---|
| 최초 인류 | 이름 | | 那般 阿曼 | 那般 阿曼 |
| | 어디서 | | 阿耳斯它 | 阿耳斯它 |
| | | | 九桓之族 皆其後也 | 天海 金岳 三危 太白 本 屬九桓 |
| 환국 | 누가 | 桓因 | 桓仁 | 桓仁 |
| | 언제 | 不可考也 | BC 7197 | BC 7197 |
| | 어디서 | 黑水白山之地 | ①桓仁 居于天山<br>②古記云<br>　波奈留之山下<br>　天海以東之地<br>　天海 今日北海 | ①朝代記曰 桓仁 居于天山<br>②三聖密記云<br>　波奈留山之下<br>　天海以東之地<br>　天海 今日北海 |
| | 영토 | | 12국<br>南北五萬里<br>東西二萬餘里 | 12국<br>南北五萬里<br>東西二萬餘里 |
| 배달국 | 누가 | 桓雄 | 桓雄 | 桓雄 |
| | 언제 | BC 3898 | BC 3898 | BC 3898 |
| | 어디서 | 白山黑水之間 | 太白山(神市) | 太白山(神市) |
| | 반고 | | 盤固者..欲分道而往..與 共工·有巢·有苗·有燧..偕 至三危山 | |
| 고조선 | 누가 | 檀君王儉 | | 檀君王儉 |
| | 언제 | BC 2333 | | BC 2333 |
| | 어디서 | 不咸之山, 阿斯達 | | 阿斯達 |

[환단고기에 나온 환국/배달국/고조선의 기원에 관한 기록]

부도지를 읽어보니 이 글을 구전으로 전하고 기록했던 이들은 거짓이 아닌 사실만을 아무 사심 없이 기록하고 있었다. 우주의 이치를 꿰뚫고 난 사람에게 이 세상의 부귀/영화/명예는 그저 하나의 티끌에 불과하였기에 그들에게는 정말 이 세상에 대한 연민이나 애정만이 남아있는 것 같았다. 왜 이렇게 생각하게 되었는지는 부도지 원문을 설명할 때 하게 될 것이다. 부도지를 보고 나니 환단고기에 대한 설명을 해야 할 필요성을 느끼지 못하겠다. 환단고기의 내용이 부도지보다 많으니 세부적인 내용에서 환단고기를 참고해야 할 것이 있겠지만 둘의 내용이 상충할 경우에는 부도지를 우선할 것이다. 왜냐하면 환단고기에는 가필한 흔적이 있지만 부도지에서는 글쓴이의 진실한 마음만이 느껴지기 때문이다. 환단고기는 '약간의 가필이 있지만 대부분의 기록들이 역사적 사실로 되어 있다'고 간단히 결론 내리고 이제부터는 부도지의 내용을 바탕으로 우리민족의 고대사를 써가도록 하겠다. 환단고기까지 읽었을 때는 '한국과 중국 간의 고대사를 이제는 확실히 규명했다'고 생각했는데 이제는 그것마저 시들해져 버렸다. 그것보다 더 커져버렸기 때문이다. 사실 이 커져버린 내용까지 부도지를 읽기 전에 이미 머릿속에서는 그려놨었는데 이를 보증해줄 저본이 없어서 어디까지 써야할까 고민하고 있었는데 이제 그 저본이 나타났으니 부도지의 맥통을 세상에 밝힐 수 있게 된 것을 다행이라 여기면서 우리의 옛날이야기를 쓰고자 한다. 하지만 이 대서사시를 제대로 이해하려면 인체에 대해서 좀 더 공부해야 한다. 먼저 체질이란 것이 어떤 것인지를 먼저 알아보기로 하자.

● 체질

인체는 대략적으로 나눠보면 몸통/머리와 팔다리로 나눌 수 있고 몸통 부위는 육장육부로 나눌 수 있다. 팔다리는 잘라내도 생명과 아무 관계가 없으므로 팔다리는 용(用)인 陽에 해당하고 몸통은 체(体)인 陰에 해당한다. 그리고 육부는 몸통에 있으므로 사지에 비해서는 음에 속하지만 오장에 비해서는 양에 해당한다. 예컨대 육부에 해당하는 쓸개만을 깔끔하게 잘라내면 사람은 죽지 않으나 음에 해당하는 육장 중의 어느 한 장기라도 자르게 되면 사람은 죽게 된다. 그러므로 인체에 있어서 육장이 생명유지에 가장 근본이 된다는 것을 알 수 있다. 그러면 몸통과 뇌에 대해서 생각해보자. 눈색깔, 머리털색깔, 손톱의 생장속도 등등을 뇌에서 결정할까? 뇌사하더라도 이런 생체활동은 일어난다. 머리카락은 자라고 심장도 뛰고 간의 해독작용도 일어난다. 물론 장애를 갖게 되는 기능들이 아주 많아지겠지만 심장이 작동을 멈춰야 비로소 생명은 꺼지는 것이므로 육장이 이런 생리기능들을 결정하는 주된 장기이고 뇌는 그 결정을 기억/저장하는 장치라는 것이다. 예컨대 육장이 코가 어느 정도로 자라게 할 것인가를 결정할 때 다음과 같은 식으로 정하게 된다고 상상하는 것이다.

　뇌 : 어이 폐야! 내일 코 높이는 0.3mm 정도 높이라고 명령 내릴 건데 이 정도면 될까?
　폐 : 아이구.. 어제 공기 들어오는 게 엄청 서늘하더라고.. 오싹하더라야~ 작년 이맘때보다 더 추워. 좀 덥혀야하니까 예정보다 0.05mm 더 키우자.
　뇌 : 어 그래? 알겠어.
　심장 : 추워서 그랬나, 어째 어제 들어오는 피가 좀 탁한 것 같더라고.. 근데 폐야 그 정도면 되겠어? 좀 더 키워야 하는 거 아냐?
　폐 : 그럴까요? 그럼 0.08mm 더 키웁시다.
　뇌 : 그럼 0.38mm 됐지?
　간 : 어제 그렇게 추었나? 난 어제 소화도 잘 되고 잘 모르겠던데? 굳이 올려야 돼?
　폐 : 간아, 너는 매일 눈으로 세상 쳐다보면서 추운 것도 모르냐? 0.38mm로 가스아~~
　뇌 : 알으따~ 0.38mm로 유전자에 기록!

　한의학 책에 코는 폐가 관장한다고 나와 있다. 코 기능을 단지 폐 혼자서 다 관리한다는 것이 아니라 육장이 모두 관여해서 결정하지만 그 중에서 폐가 가장 큰 영향력을 행사한다는 뜻이다. 인체 각 중요부위를 육장의 어느 것이 주재하는가를 정리해놓은 것이 앞에서 설명한 오행귀류표라고 할 수 있다. 그러면 이 육장들의 힘이 불균형 없이 서로 대등할까? 공자는 젊어서는 현실적인 일에만 매몰되어 있다가 늘그막에 이르러서야 주역에 심오한 이치가 있음을 깨닫고 죽을 때까지 주역을 탐구했다는데 그가 자연의 이치 중에서 하나를 간파하여 했던 말이 있다. 栽者培之 傾者覆之(잘 자라는 것은 북돋아주고, 기울진 것은 덮어버린다). 인간의 도덕적 관념으로는 안 아프면서 잘 자라는 아이한테 줄 떡이 있으면 잘 자라지 못하는 아이한테 줘서 둘 다 잘 자랄 수 있도록 균형을 맞춰줄 것 같은데 자연의 이치라는 것이 그게 아니라는 것이다. 잘 자라는 것은 더 잘 자라게 북돋아주고 못 자라는 것이 있으면 그냥 덮어서 죽여 버린다는 것이다. 이것을 동물의 세계에서는 '약육강식(弱肉强食)'이라고 표현하고, 자본주의에서는 '부익부 빈익빈'이라고 표현하고, 물리학 용어로 표현하면 열역학 제2법칙인 엔트로피 증가법칙이 된다고 할 수 있다. 균형을 이루지 않고 승부가 나게 하는 것이 자연의 이치라는 것이다. 육장도 마찬가지이다. 그들도 서로 기득권을 잡으려고 서로 틈을 엿본다. 일단 어떤 승부가 나게 되면 이를 뒤집는 것은 굉장히 어렵다. 그리고 이 장부들의 서열은 태어날 때 이미 거의 결정된다. 태아가 뱃속에서 자라면서 결정되는 것이다. 이 장부의 서열결정에 대해서 통찰했던 이가 바로 사상의학을 창시한 이제마이다.

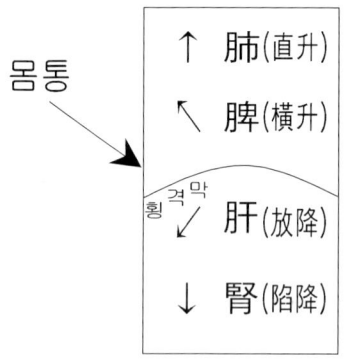

[사상체질. 폐비간신의 기운이 움직이려는 방향성. 폐의 기운은 곧바로 상승하려고 하고, 비의 기운은 폐보다 상승력이 떨어지므로 사선으로 상승하려고 하고, 간기는 사선으로 떨어지려고 하고, 신장의 기운은 아래로 떨어지려고 한다.]

폐장이 가장 강한 사람을 태양인이라고 하고, 비장이 가장 강한 사람을 소양인이라고 하고, 간장이 가장 강한 사람을 태음인이라고 하고, 신장이 가장 강한 사람을 소음인이라고 한다. 앞에서 설명했듯이 처음으로 생겨난 사람은 흑인이면서 소음인이었을 것이다. 가장 더운 극지방에서 생명이 가장 번성하였을 것이고 그렇다면 水를 관장하는 신장이 가장 강한 소음인일 가능성이 많기 때문이다. 다만 최초의 인류가 나무에서 내려와서 직립보행을 하게 된 이유가 기후가 건조해지면서 삼림이 줄어들고 초원지대로 바뀌었기 때문이고 그렇다면 그때는 이미 대기가 건조해진 상태이므로 소음인보다 조금 더 기혈중심이 위로 올라간 상태일 것이지만 최초의 인류의 체질이 무엇인가 하는 문제는 중요한 것이 아니고 생명의 기원을 생각해 볼 때는 水가 가장 필요한 것이므로 이 기운이 강한 것이 어떤 생명체든지 간에 제1조건이 될 것이라는 사실이다. 예컨대 흑인이 기온이 낮은 지역으로 이동하면 체온을 유지하기 위해서 체온을 올리려고 연료를 빨리 태우게 되는데 그렇게 되면 기운이 신장에서 간장으로 뜨게 된다. 소음인에서 태음인이 되는 것이다. 여기서 더욱 추운 곳으로 이동하면 더 빨리 태워야 하므로 기운이 더욱 상승하여 결국 횡격막을 지나게 되고 비장이 가장 강해지게 되므로 소양인이 되고 더 올라가면 태양인이 되는 것이다. 즉 예컨대 흑인은 대략적으로 소음인이 가장 많다고 추측하지만 태소음양인이 모두 존재하게 된다. 단 여기서는 외부기온만을 변수로 생각했지만 습도도 아주 중요한 변수가 된다. 외부 습도가 적어질 경우 기온의 변화가 없더라도 내부 수분이 빨리 소모되므로 기운이 상승하여 소양인이나 태양인이 될 가능성이 커진다. 즉 해안가로 이동하는 인류와 사막을 가로지르는 인류는 결과적으로 굉장히 큰 차이를 보인다는 것이다. 일단 체질을 결정하는 요인으로 중요한 것은 외부기온과 습도라는 것을 인지하고 구체적인 것은 각 사례가 나올 때마다 설명하도록 하겠다.

각 인종 별로 태소음양인이 모두 존재할 수 있다는 것은 이제 이해했을 것이다. 그러면 흑인/황인/백인을 나누는 정확한 기준은 무엇일까? 인종은 피부색으로 구별한다지만 정확히 말하자면 근본적인 기준점은 머리털이다. 피부는 폐가 다스리므로 폐의 상황에 따라 색이 달라지는 것이지만 폐가 기준이 되지는 못하며 항상 체(体)에 해당하는 陰이 기준이 된다는 것을 상기하면 水를 다스리는 신장이 기준이 되고 신장의 변화를 가장 쉽게 파악할 수 있는 부위가 머리털이 된다. 이것을 한의학에서는 신주발(腎主髮. 신장이 머리털을 주관한다.)이라고 한다. 모든 신체 부위가 그렇지만 머리털도 육장이 모두 관여하는 부위지만 정확히 각각의 육장이 어떤 역할을 하는지는 아직까지 명확하게 알지 못하고 있다. 다만 흑인은 피부가 검고 머리털도 검으면서 곱슬이고, 황인은 피부가 누렇고 머리털은 검으면서 직발이고, 백인은 피부가 희고 머리털은 탈색이 된다. 인체가 엑셀을 밟아 체온을 높일수록 연료에 해당하는 水는 줄어들게 되므로 신장에 차있는 水를 임의로 수치화 해본다면 흑인은 100~80, 황인은 80~60, 백인은 60~40 정도가 될 것이다. 따라서 지금까지의 내용을 도표로 정리해보면 다음과 같이 된다.

| 인종 | 신장의 水 | 음양인 | 사상인 |
|---|---|---|---|
| 백인 | 40~60 (弱) | 양인 | 태양인 |
| | | | 소양인 |
| | | 음인 | 태음인 |
| | | | 소음인 |
| 황인 | 60~80 (中) | 양인 | 태양인 |
| | | | 소양인 |
| | | 음인 | 태음인 |
| | | | 소음인 |
| 흑인 | 80~100 (强) | 양인 | 태양인 |
| | | | 소양인 |
| | | 음인 | 태음인 |
| | | | 소음인 |

 그러면 이렇게 기혈중심[54]이 횡격막을 뚫지 못한 음인(陰人)과 뚫고 올라가는 양인(陽人) 사이에는 어떤 변화가 생기게 되는지에 대해 생각해보자. 자신은 균형적인 생활을 하고 있다고 생각하는 사람도 있을 테지만 그런 사람들조차도 대부분 인체의 일부분만을 쓰면서 평생을 살아간다. 오른손잡이는 글 쓸 때, 운전할 때, 배드민턴 칠 때, 공을 던질 때도 오른손만을 쓴다. 왼발잡이면 축구공을 찰 때 대부분 왼발만을 사용한다. 양발을 자유자재로 쓰기 위해서는 피나는 노력이 필요한데 그렇게 이루기 어렵기 때문에 같은 조건이라면 양발잡이를 외발잡이보다 선호하는 것일 것이다. 이 육장도 마찬가지다. 각기 사람마다 강한 장부를 기준으로 세상을 본다. 실지로 이 장부들이 세상을 본다. 폐는 코로 들어오는 냄새로 세상을 판단하며, 비장을 입으로 들어오는 맛으로 세상을 판단하며, 간은 눈으로 들어오는 색깔로 세상을 판단하며, 신장은 귀로 들어오는 소리로 세상을 판단한다. 예컨대 간이 강하다면 간이 우두머리가 되어 간의 판단을 기준으로 세상을 본다는 뜻이다. 횡격막 위는 천(天)에 속하므로 陽이 되고 밝은 곳에 해당하고, 아래는 지(地)에 속하므로 陰이 되고 어두운 곳에 해당한다. 따라서 음인들은 어두운 지(地)에서 밝은 천(天)을 보는 사람들이고, 양인들은 밝은 천(天)에서 어두운 지(地)를 보는 사람들이다. 앞에서 말했다시피 어두운 곳에서 보면 어두운 곳도 볼 수 있지만 밝은 곳은 더 잘 볼 수 있다. 하지만 밝은

---

[54] 체질관점에서 봤을 때 기혈중심의 정의를 '가장 강한 장부가 있는 위치'라고 하면 적당할 것 같다.

곳에서 어두운 곳을 보게 되면 뭐가 있는지 전혀 볼 수가 없게 된다. 이것이 가장 큰 차이가 된다. 음인은 어두운 곳이 근본이 된다는 것을 알게 되는 반면 양인은 어두운 곳을 악(惡)한 것으로 파악하게 된다. 그리고 태양인의 경우 가장 높은 곳에 있는 폐를 기준으로 보기 때문에 다른 장부들이 자기 밑에 있는 것으로 파악하게 된다. 그래서 음인은 음적인 사고방식을 갖게 되고 양인은 양적인 사고방식을 갖게 되는데, 음적인 사고방식이라는 것은 체용을 두루 갖춘 것으로서 모계사회적인 생활양식을 추구하게 되고, 양적인 사고방식이라는 것은 체가 누락된 용만을 강조하는 것으로서 부계사회적인 생활양식을 추구하게 된다. 그러면 그 구체적인 사고패턴을 알아보기로 하자.

문자가 없던 시절의 역사를 탐구하려면 신화를 읽을 수 있어야한다. 우리나라의 한심한 대학교수는 단군신화가 역사적 사실이 아닌 허구일 뿐이라고 말하지만 신화라는 것은 문자가 없던 시절에 구전을 통해 내려온 엄연한 역사적 사실이다. 현대인들은 자신들이 고대인들보다 훨씬 진보한 사람들이라고 생각하지만 경제적으로는 분명 진보했지만 정신적으로는 한참 퇴보했다는 것이 공학과 한의학 그리고 동양철학을 배우면서 본인이 내린 결론이다. 우리들이 아무 의미 없이 책을 출판하지는 않듯이 그들도 아무 의미 없는 이야기를 지어내진 않았다. 문자가 없던 시절은 길었고 그 시간 동안 일어난 일들은 많았으므로 세대를 이어 계승시키려면 함축적으로 그리고 비유적으로 표현할 수밖에 없었다. 그런 신화에 내려 앉은 먼지를 털고 깨끗하게 닦은 후에 이치에 맞는 기준을 가지고 그 신화가 말하고 있는 것이 무엇인지를 잘 가려내는 것이 신화해석의 관건이 된다. 현재 우리가 탐구하고자 하는 것은 동물의 역사나 지구의 역사가 아니고 인간의 역사이기 때문에 그 기준이 되는 것은 그 역사의 주인공인 인간의 가치관이 될 것이다. 즉 음인과 양인의 가치관이 된다는 것이다.

가장 밑바닥을 흐르는 사상의 흐름으로 음인은 모계사회적이라는 것이다. 어두운 곳이 체(体)가 된다는 것을 알고 있기 때문에 물이나 (허물을 벗어서 윤회를 상징하는) 뱀이 숭상된다. 그리고 어두운 곳과 밝은 곳은 결국 순환하는 하나의 기운의 다른 면일 뿐이라는 것을 파악했기 때문에 이 둘 사이에는 어떠한 차별도 없다는 것을 설파한다. 따라서 모든 인간은 평등하다고 말하며 다신론이나 범신론적인 사상을 갖게 되며 최종적으로 인간은 신이 창조한 우주를 가장 많이 닮았으므로 인간이 곧 신이라고 생각한다. (하지만 이 인간평등사상은 음인의 국가 내에서 양인세력이 커지고 국외에서는 다른 양인들이 만든 나라늘이 강성해지면서 불평등한 신분제도를 인정하는 쪽으로 역사는 굴러간다.) 그리고 이번 인생이 끝나는 죽음 뒤에는 어두운 밤이 지나면 아침이 밝아오듯이 또 다른 내세나 환생이 있을 것이라고 생각하므로 무덤에 그런 사상을 투영한다. 또 다른 특징으로는 모계사회적이어서 아버지가 누군지 꼭 알 필요가 없기 때문에 신화에서 아버지는 없거나 도중에 어디론가 사라진다. 그래서 보통 아버지가 필요 없는 알에서 태어나게 되고 그 알은 신성한 하늘과 인간을 이어주는 새의 알로 등장하는 경우가 가장 많다. 난생설화인 것이다. 모계사회와 난생을 이렇게 연결할 수도 있지만 한민족에 한정해서 말한다면 이 우주를 만든 하느님은 하늘에 있으므로 그 하늘과 인간을 이어주는 새가 숭배되었고, 그 새는 알로 2세를 낳으므로 난생설화가 생긴 것이라고 해야 더 정확한 설명이 될 것이다. 언어에서는 음에 해당하는 모음이 자음에 비해 적기는 하지만 양인의 언어에 비해서는 많은 편이다. 그리고 남녀는 평등하므로 남성/여성/중성에 따라 단어를 달리 사용하지 않는다. 그리고 음적이므로 문장의 앞이 아니라 (陰에 해당하는) '뒤'에 붙는 접미사를 이용하는 교착어를 쓴다. 접미사를 이용하므로 陽에 해당하는 전치사를 잘 이용하지 않는다. 그리고 평등사상이 있으므로 '나'를 말한 후에 '너'를 말하고 다시 '나'를 말한다. 즉 '주어/목적어/동사'의 어순으로 말한다는 것이다. 예컨대 '나는 너를 사랑해'라고 했을 때, '나는'에서 말하고 있는 것은 '나'이며, '너를'에서 말하고 있는 것은 '너'이며, '사랑해'에서 사랑하고 있는 주체는 '나'이므로 이것을 줄여 말한다면 '나/너/나'가 되는 것이다. 이와 비슷한 예로 부정의문문이 있다. 우리말에서는 '너 밥 안 먹었니?'라고 물었을 때, '응 안 먹었어'라고 대답하는 이유는 상대방을 배려하기 때문인데, '응'이라고 말하는 것은 상대방의 부정의문에 대한 전격적인 수용을 뜻한다. 상대방을 배려하는 마음이 담겨 있는 것이다. 기록에 있어서 음인들은 (폐가 약하므로 코가 낮아) 자존심이 낮아서인지 기록을 잘 남기지 않는다. (내세를 믿으므로 현세에 집착하지 않거나 경시하기 때문일 가능성도 있을 것이다.) 소리 소문 없이, 기록 없이 사라진 국가라면 음인이 세운 국가일 가능성이 높다. 이렇게 자기 것에 대한 자존심/자신감 결여가 패망의 원인이었을지도 모르겠다. 그리고 음의 수렴성으로 주변 국가의 신/언어를 포함한 문화를 많이 흡수한다.

　양인은 부계사회적이다. 어두운 곳에는 무엇이 있는지 알지 못하여 두려운 곳이 되므로 악으로 규정하면서 밝은 곳은 선이고 어두운 곳은 악이라는 선악이분법이 뚜렷하게 나타난다. 따라서 음에서 태어나는 물이나 뱀은 사악한 성격을 가지고 있다. 자신이 인간 중에서 가장 높은 곳에 위치하여 다른 이들보다 내가 우월하다고 생각하므로 신분계급[55]을 만든다. 이에 더 나아가 신이란 것은 인간 위에 군림하며 인간은 신에 비하면 하찮은 존재이므로 신은 인간을 흙/나무로 만들거나 (보통 생산력인 음성(陰性)을 뜻하는) 모신(母神) 또는 태초의 거인을 죽여 그 시체로 만든다. 그리고 여자는 남자보다 더욱 하찮은 존재이므로 남자의 갈비뼈 같은 하찮은 것으로 만든다. (남성은 생산력이 없으므로 이런 구조를 취하는 것임.) 그런 인간은 높은 신을 위해 봉사하는 존재로 전락하고 신을 즐겁게 하기 위해 동물이나 사람을 재물로 바치는 제사를 지낸다. 만약 인간이 신을 수틀리게 만들면 신은 인간을 사악한 괴물/뱀 등으로 처단하는데 가장 애용하는 것이 음(陰)을 상징하는 태초의 물질인 물로 쓸어버리는 것이다. 그리고 남보다 우월하다는 것을 표현하는 가장 쉬운 방법으로 거인을 등장시킨다. 언어에서는 음에 해당하는 모음이 자음에 비해 훨씬 적을 뿐만 아니라 모음은 천한 것이므로 아예 쓰지 않을 수도 있다. 그리고 남성/여성/중성은 귀하고 천한 차이가 있으므로 그에 따른 변화를 사용하는 굴절어를 쓴다. 또한 陽에 해당하는 '앞'에 위치하는 전치사로 의미를 규정한다. 그리고 계급적 사고를 하므로 '주어/동사/목적어'(나/나/너)의 어순으로 말하는데 내가 말하는 상황에선 내가 위에 위치한다는 자존심을 내세우는 것이다. 부정의문문에 대해서 말한다면, 상대가 뭐라 묻든 그건 내가 알 바가 아니고 (상대에 대한 배려 없이) 나는 그냥 내 갈

---

[55] 뒤에 쓸 예정이지만 혹시 누락할까봐 여기에도 써 놓는다. 신분제도는 송나라 때 소양인인 중국인들이 처음으로 중국을 통일한 후 성리학을 주창하면서 천존지비사상으로 나타났다. 고려 중후기에 이런 성리학을 받아들이기 전까지 우리나라에서 여성의 지위는 남성보다 높으면 높았지 낮은 편이 아니었다. 조선중기까지 남자가 장가를 가서 처가살이를 했지 여자가 시집오는 예법은 없었는데, 조선중기 사람인 신사임당도 결혼하고 한참 동안 처갓집에서 살았다. 우리나라 여자들의 한(恨)이란 것이 이렇게 수 천 년 동안 남성과 대등하거나 우위에 있다가 갑자기 천한 사람으로 취급받았으니 생겨날 만도 하다는 생각이 든다. 요점은 남녀차별 또한 비자주적인 사대주의자들이 중국에서 수입해 온 것이라는 것이다.

길 간다는 식으로 대답한다. '너 밥 안 먹었어?', '아니, 안 먹었어.'. 그리고 사고가 직선적이므로 죽으면 끝이라고 생각하므로 현세적이다. 양인인 수메르인이 남긴 점토판에는 이렇게 쓰여 있었다. '인간은 모두 죽는다. 그러니 쓰자. 하지만 금방 죽지는 않는다. 그러니 저축도 해야 한다.' 그래서 이런 현실주의의 토대 위에서 실존주의 같은 철학이 나온 것이라고 할 수 있다.

음양인에게 공통적으로 태양숭배신앙이 있는데 그 의미는 조금 다르다. 음인에게 있어서 태양이란 근본이 되는 차가운 대지에 따뜻한 기운을 불어넣어 생명의 기운이 자랄 수 있게 만들어주는 존재인 반면, 양인에게 있어서 태양은 땅위에 떠 있으면서 군림하고 모든 것을 좌지우지하는 무소불위의 최고권력을 상징하므로 여기에서 천존지비(天尊地卑)/남존여비(男尊女卑) 사상이 태어난다. 그리고 양의 근본은 음이므로 양을 설명하려면 그 시작이 되는 음을 먼저 설명하는 절차가 필요하다. 따라서 양인의 신화에는 음인의 요소가 일정 부분 가미되지만 음인신화에는 양인의 요소가 그만큼 가미되지 않는다. 예컨대 음인신화에도 신분제가 등장할 수는 있지만 피를 통해 낳지 않고 (자웅동체생식도 자신의 피로 낳는 것이다.) 흙으로 인간을 만든다던가 근본인 水를 상징하는 물이나 뱀을 사악한 것으로 표현하여 대홍수로 인간을 쓸어버리거나 뱀이 괴물로 변해서 사람을 헤치지는 않는다는 말이다. 이제 얼추 준비가 되었으니 우리의 근원을 밝혀주고 있는 유일한 책을 만나러 가보자... (뒤에 나오는 마블코믹스보다 흥미진진하니 기대해도 좋다.)

●부도지(符都誌)
※일러두기
①들여쓰기 한 문장은 위 문장에 속한 것이라는 뜻이다.
②13-4 : 이것은 13장의 4번째 문장이라는 뜻이다.

1장. 마고(모계신화), 마고성[환국(桓國)/韓민족]
麻姑城 地上最高大城 奉守天符 繼乘先天,
  城中四方 有四位天人 提管調音 長曰 黃穹氏 次曰 白巢氏 三曰 靑穹氏 四曰 黑

巢氏也.

  兩穹氏之母曰穹姬 兩巢氏之母曰巢姬 二姬 皆麻故之女也.

麻姑 生於朕世 無喜怒之情 先天爲男 後天爲女 無配而生二姬

  二姬 亦受其精 無配而生二天人二天女 合四天人四天女也.

(한자) 穹(높을 궁), 巢(새집 소), 姬(계집 희), 朕(나 짐)

(마고성은 지상에서 가장 높은 대성으로서 천부를 받들어 지키고 선천을 계승한 곳이다. 성안 사방에는 천인이 있고 그들은 관을 만들어 음을 조율하는데 장남은 황궁씨, 2남은 백소씨, 3남은 청궁씨, 4남은 흑소씨이다. 황궁/청궁씨의 어머니는 궁희이고, 백소/흑소씨의 어머니는 소희인데 이들은 모두 마고의 딸들이다. 마고는 짐세에서 태어났는데 희노의 감정이 없고 선천을 남자로 삼고 후천을 여자로 삼아서 배필 없이 딸들을 낳았다. 딸들 또한 그 정을 받았으므로 배필 없이 천인 둘과 천녀 둘씩을 낳았으니 합하여 천인 넷과 천녀 넷이다.)

○麻姑 : ①마고는 '마(麻)+녀(女)+고(古)'이므로 '삼베를 짜는 오래된 어머니'라고 풀이할 수 있다. 마는 대마를 말하는 것으로서 삼베는 마고성과 가까운 인도/페르시아 등지에서 많이 생산되며, 기후에 대한 적응성이 좋아서 세계이 모든 온대·열대 지방에서 재배된다. 옷으로 사용되고 실이나 끈으로도 사용되었을 것이다. 또한 이 단어로 이 사회가 모계사회라는 것을 명확하게 알 수 있다. 그리고 이 대마의 씨를 마자인(麻子仁)이라고 하는데 태음인의 약으로 쓰인다. 이후에 나오는 갈근/백자인도 태음인약으로서 이것으로 이 마고성[56]에 살고 있던 사람들 중에 태음인이 많았다는 것과 이 태음인음식과 음인사상을 위주로 생활하고 있었을 것이라고 추측할 수 있다. 추가적으로 이 대마잎을 태우면 대마초가 되는 것인데 그 옛날에 대마를 키우면서 이 대마초를 폐기했을 것이라고는 생각하기 어렵다. 그리고 음인은 보통 사고가 음적으로 흐르기 때문에 주색(酒色)을 탐하기 쉬운데 마고성시절에도 이 대마초를 제사의식에서 사용했을 가능성이 상당히 높다.[57] 실지로 마고성 주민들이 세운 나라들인 남미에서는 페루/

---

[56] 뒷 문장들의 이해를 위해 결론을 미리 말하자면 마고성은 사마르칸트와 메르브(Merv) 사이에 존재했다.

[57] "I strongly suspect, however, that what catapulted hemp to sudden fame and fortune as a cultigen and caused it to spread rapidly westwards in the first

볼리비아가 원산지인 코카잎을 씹는 습관이 있고, 이집트에서는 미이라에서 코카인 성분이 검출되기도 한다.58)

②산스크리트어로 북극성을 마가(magha)라고 하므로 마고는 북극성을 의미했었다고 본다. 마고성에서 달력을 만들었다. 그리고 달력을 만들려면 천체관측은 필수적이며 모든 천체의 우두머리는 북극성이다. 따라서 마고는 그 당시 북극성을 가리키는 말이었는데 이것을 한자로 표시하는 과정에서 마고(麻姑)로 변했을 가능성이 있다. 산스크리트리어는 마고성에서 쓰이던 언어를 가지고 있던 사람들이 서쪽으로 이동해 카스피해 북쪽에서 살다가 위쪽에서 내려온 백인들과 섞이면서 1차로 변하고 이들이 아리안들로 변해서 다시 마고성유역으로 되돌아왔고 다시 그 마고성지역 언어와 섞여서 2차로 변하면서 만들어진 언어라고 생각한다. (그러면서 교착어가 굴절어로 바뀐 것이다.) 그러나 마가(magha) 같이 중요한 단어는 크게 변하지 않아서 그대로 마가라고 불리게 되었을 것이다. 그리고 마고성 시절 천문관측을 정밀하게 했다는 것은 이들이 이룩한 도량형체계를 통해 유추할 수 있다.

○城 : ①현재의 '국가'개념이라고 해석할 수 있는데 '중앙집권적 국가'였다기보다는 '정신적 지도자를 중심으로 한 4부족의 연합체'라고 보는 것이 정확하다. 마고는 정신적 지도자였지 권력을 휘두르던 사람이 아니었다. 4개부족의 연합체로 보는 이유는 이 한민족이 분가해서 맨 처음 세웠던 엘람/인더스/고조선 등이 모두 왕이 없는 연합체였고 수메르 역시 도시별로 발전했기 때문이다. 이 성은 벽을 높이 쌓은 성은 아니지만 나름대로 외부와 구분이 되는 장소로서 거주하기 위해 만들어진 구획을 말한다. 뒤에 백소씨의 후예인 수메르인들이 우바이드기에 지은 유적인 'choga mami'를 보면 대략 감이 오리라 생각하고, 인더스문명의 하라파나 모헨조다로에 남아있는 도시를 두른 성곽의 초기형태라고 생각하면 확실할 것이다. 뒤에 황궁/백소/청궁/흑소씨 후손들의 언어가 교착어로 다 같으면서 비슷하게 발음되는 단어를 공유하는 것으로 판단한다면 이 성에서 쓰였던 언어가 많이 비슷했다는 것을 알 수 있다. 따라서 황궁씨/백소씨/청궁씨/흑소씨

---

　　millennium B.C. was the spread of the habit of **pot-smoking from somewhere in south-central Asia**..." 영어 위키 hemp 참조
58) https://www.youtube.com/watch?v=T2ShB9bVqNc 참조

가 합하여 하나의 국가를 형성했던 것인데 이 국가의 이름은 환단고기에서 천산(天山)에 있었다고 나와 있는 환국(桓國)이 되겠고 그 구성원들은 언어를 공유했으므로 '韓민족'이라고 부를 수 있겠다.

②뒤에 나오는 허달성과 실달성의 성은 추상적인 의미라고 볼 수 있으므로 마고성의 성 또한 그런 의미로 볼 수도 있다. 또한 이 둘을 합하여 중의적 표현으로 볼 수도 있다. 그리 큰 관건은 아니라고 판단한다.

○天符 :'하늘의 이치와 부합한다'는 뜻으로서 하늘은 우주가 탄생/운동하는 이치를 말한다.

○提管調音 : 관악기를 만들어 음을 조절했다는 것으로 관악기를 이용한 수행을 했었다는 것이다. 음(音)은 뒤에 나오는 향(響)과 어우러져서 음향(音響)을 이룬다. 음(音)은 陽에 속하고 향(響)은 陰에 속한다. 예를 들자면 산에서 '야호'라고 소리치는 것은 음(音)이 되는 것이고 되돌아오는 메아리는 향(響)이 된다. 이것을 확장하여 말하면 파동은 에너지를 이동시키는 수단이 되며, 모든 물질은 물질파를 가진다. 따라서 물질이든 에너지든 파동으로 표현할 수가 있으므로 우주는 파동으로 이뤄져 있다는 것을 말하기 위해 음향이라고 표현한 것이다. (자세한 것은 뒤의 황궁씨의 여정에서 설명한 '도량형'을 참조)

○황궁/백소/청궁/흑소씨의 색깔은 그 집단에 속해 있는 사람들의 피부색을 말한다. 황궁씨는 황인종이 다수이고, 백소씨는 피부가 하얀 사람들이 다수였으나 황인종 중에서 피부가 하얀 사람도 포함한다. 청궁씨는 아프가니스탄에서 나오는 청금석을 발라 푸른색으로 칠하는 습관이 있었던 사람들이었고, 흑소씨는 피부가 어두운 사람들이 많았으나 마고성의 위도가 흑인상태를 유지하기에는 너무 높았으므로 황인에 가까운 흑인들이었다고 봐야 할 것 같다.

○마고는 흙과 같은 무생물이 아니라 자신의 몸에서 궁희와 소희를 낳는다. 궁희/소희도 자신이 직접 후손을 낳는다. 이렇게 음인은 피를 섞어서 후손을 낳지만 양인은 흙과 같이 자신과 관련 없는 것들로 피를 섞지 않고 인간을 만든다. 인간에 대한 관점을 보여준다.

2장. 선천/짐세. 율려와 허달/실달
先天之時 大城 在於實達之上 與虛達之城 並列,

火日暖照 無有具象 唯有八呂之音 自天聞來 實達與虛達 皆出於此音之中 大城與麻姑 亦生於斯 是謂朕世.
朕世以前 但有呂音 實達與虛達分出 則律出於呂 律呂幾復 星辰已現.
朕世幾終 麻姑生二姬 使執五音七調之節 城中 地乳始出,
　二姬 又生四天人四天女 以資其養 四天女執呂 四天人執律.


(선천의 때에 대성은 실달성의 위에 허달성과 나란히 있었다. 햇빛이 따스했으나 상을 갖춘 것은 있지 않았고 단지 팔려의 음만이 하늘에서 들려오고 있었는데 실달과 허달이 모두 이 음에서 나왔으며 대성과 마고 역시 여기에서 나왔으니 이러한 때를 짐세라고 한다. 짐세 이전에는 단지 려음만이 있었는데 실달과 허달이 나뉘어 나오자 율이 려에서 나왔고 율려가 반복되면서 성신이 나타났다. 짐세가 끝나고 마고는 궁희와 소희를 낳아서 조음하는 일을 맡게 했으며 성중에서 지유가 나오기 시작했다. 궁희/소희는 4천인과 4천녀를 낳아 이 지유로 길렀고 4천녀는 려음을, 4천인은 율음을 맡아 다스리게 했다.)


○火日 : '태양을 숭배한다'는 것의 신화적 표현이라고 볼 수 있다.

○象 : 상은 음양이 갈라져서 나오는 사상(四象)에서 처음 보이는 것이지만 여기서의 상은 아무 것도 없었음을 의미하는 신화적 표현이다. 왜냐하면 이미 앞에 해가 있었다고 말했고 이 해는 빛을 발하는 물체로서 우주가 태어나고 한참 지나고서야 나타나는 것이므로 별이 있는데 상은 없었다는 것은 모순이기 때문이다.

○呂 : '허달과 실달이 미분리된 상태의 구심성 파동'을 말한다.

○律 : '허달과 실달이 분리된 상태의 원심성 파동'을 말한다. (분리된 것이 어떻게 동시에 포함될 수 있는지는 모르겠으나) 분리된 허달과 실달을 모두 포함한다고 생각한다. 이 둘은 분리되었지만 원래 짝이었으므로 같이 묶을 수 있다고 본다.

○虛達 : '정보'라고 파악한다.

○實達 : '물질/에너지'라고 파악한다. 현재 물리학에서 현상세계를 이루고 있다고 파악하고 있는 것을 말한다. 부도지에서는 눈으로 파악할 수 있는 세계 이외에 허달이라는 세계가 더 있음을 말하는 것이다. (율려와 허달/실달에 대한 자

세한 설명은 뒤의 '인더스문명'을 참조)

○선천→짐세→후천 : 선천은 '허달과 실달이 결합한 상태의 시공간'을 말하고, 짐세는 '허달과 실달이 분리한 상태의 시공간'을 말하고, 후천은 '앞의 선천과는 또 다른 상태의 허달과 실달이 결합한 상태의 시공간'을 말한다, 문맥을 그대로 따라가자면 려음에서 실달/허달이 갈라져 나오고 곧 이어 마고성/마고/별들이 생겨났으며 이들이 생겨난 때를 짐세라고 부른다. 짐세 이전은 선천이 되고 이후는 후천이 된다. 이것은 대우주적으로 봤을 때의 선천/짐세/후천을 말하는 것으로 파악한다. 우주에는 대우주/소우주가 있고 각각의 태극체는 하나의 소우주를 이루니 결국 소우주는 무수히 많다. 따라서 선천에서 후천으로 변하는 위와 같은 현상은 무수히 일어난다. 인간의 경우에 있어 보통 선후천을 말할 때 어머니 뱃속에 있을 때를 선천이라 하고 태어난 후를 후천이라고 말하는데 그것은 단지 하나의 예를 든 것일 뿐이고 선후천의 변화는 찰나의 순간에도 무수히 많이 일어난다. 어떤 원리로 일어나는가를 부도지에서는 위와 같이 말하고 있는 것이다. 즉 '정보가 결합된 에너지/물질'로 이뤄진 구심성 파동인 려에서 정보가 분리되어 나가면 '정보가 분리된 에너지/물질'이 원심성 파동인 률이 되고, 다시 정보가 결합되면 '정보가 결합된 에너지/물질'로 이뤄진 이전의 선천의 려와는 다른 정보를 가진 후천의 려로 변환된다는 것이다. 선후천의 변화원리를 표현한 다른 문장으로 주역 해설서인 십익에 등장하는 同聲相應 同氣相求 水流濕 火就燥 雲從龍 風從虎 本乎天者親上 本乎地者親下(같은 소리는 서로 응하고 같은 기운은 서로 구한다. 물은 습으로 흐르며 불은 건조로 나아간다. 구름은 용을 쫓고 바람은 호랑이를 쫓는다. 하늘에 근본을 두는 것은 위와 친하고 땅에 근본을 두는 것은 아래와 친하다.)라는 문장이 있다. 선천팔괘에서 후천팔괘로 바뀌는 것을 표현한다고도 말하는데 이 문장을 한 마디로 말하자면 '공명(共鳴)'이라고 할 수 있다. 하나의 상태(선천)에서 다른 상태(후천)로 변화할 때 선천의 파동에너지의 변화량에 맞게 후천으로 변한다는 말이 되겠다. 요약하면 대우주든 소우주든 선천에너지의 변화량에 맞게 '선천→짐세→후천'의 과정을 거듭하는데 에너지/물질보다 정보가 먼저 전달된다는 것이다.

○地乳 : '땅에서 나는 우유'라고 해석할 수 있겠는데 땅이라는 것은 어머니를

의미하고 우유 또한 젖에서 나오는 것을 말하므로 음인들의 음식을 비유적으로 표현한 것이라고 생각한다. 이 부도지에 나오는 마자인/갈근/백자인 등이 모두 태음인음식이고 이에 상대되는 포도는 공중(天)에 매달려 있는 음식으로 태양인 음식에 해당한다. 따라서 한반도에 사는 황궁씨 후손들의 40% 가량이 태음인인 것에서 유추할 수 있듯이 당시 마고성에서의 주도적인 세력 또한 태음인이었고 그들이 음인이었음을 상징적으로 나타낸 말이 지유라고 생각한다. 그리고 실지로 소젖인 우유는 태양인으로 파악하는 백인한테는 상극인 음식으로 태음인음식이다. 따라서 백인들이 매일 우유를 마시는 것은 독약을 들이키는 것과 비슷한 것이 된다. 이것을 보완하고자 나중에 그들은 자신들에게 맞는 음식인 포도로 만든 포도주에 환장해서 매 식사 때마다 퍼마시게 되는데 그게 알코올로 된 것이라서 그들의 간을 삭감하므로 간의 피가 마르면서 노기(怒氣)를 제어하지 못하여 더욱 흉폭해지게 되고 피부가 마르면서 주름이 빨리 생겨 20대 후반만 되도 이미 중년이 돼버리는 것이다.

○四天女執呂 四天人執律 : 여자는 陰에 속하므로 陰인 려를 담당하고, 남자는 陽에 속하므로 陽인 률을 담당한다.


3장. 후천. 律呂 → 氣火水土 → 만물
後天運開 律呂再復 乃成響象 聲與音錯.
　麻姑引實達大城 降於天水之域 大城之氣上昇 布幕於水雲之上 實達之體平開 闢地於凝水之中 陸海竝立 山川廣圻,
　　於是 水域 變成地界而雙重 (누락?) 替動上下而斡旋 歷數始焉,
　　以故 氣火水土 相得混和 光分晝夜四時 潤生草木禽獸 全地多事.
　　於是 四天人 分管萬物之本音 管土者爲黃 管水者爲靑 各作穹而守職
　　　　　　　　　　管氣者爲白 管火者爲黑 各作巢而守職 因稱其氏.
　自此 氣火共推 天無暗冷 水土感應 地無凶戾,
　　此音象在上 常時反照 響象在下 均布聽聞故也.
(한자) 錯(섞일 착), 幕(덮을 막), 圻(가장자리 기), 替(바꿀 체), 斡(돌 알), 旋(돌 선), 戾(어그러질 려)


(후천이 열리자 율려가 반복하면서 향상을 이루게 되고 음성이 뒤섞이게 되었

다. 마고가 실달성을 천수로 끌어내리자 실달성의 기운이 상승하여 수운이 되어 하늘을 뒤덮고 실달성의 본체가 열려 퍼지면서 엉겨있던 수에서 땅이 나오고 육지와 바다가 생기고 산천이 넓어졌다. 이렇게 수의 영역이 땅으로 변하여 무거워지고 (雲域이?) 위아래로 회전운동을 하면서 역수가 시작되었다. (회전운동으로) 기화수토가 섞이게 되므로 주야사시가 나눠지고 초목금수가 윤택해지니 땅에 많은 것들이 채워졌다. 이때 사천인은 만물의 본음을 나눠 관리하였는데 토를 관리한 사람은 황, 수를 관리한 사람은 청이라 했는데 각각 궁을 지어서 직분을 수행했으며, 기를 관리한 사람은 백, 화를 관리한 사람은 흑이라 했는데 각각 소를 지어서 직분을 수행했으므로 이것을 따라 (부족의) 이름을 지었다. 이로부터 기화가 함께 추동하니 하늘에서 어둠과 차가움이 없어지고, 수토가 서로 응하니 땅에서 흉려가 없어졌다. 이는 음상은 위에 있어 항상 때에 맞춰 비추고, 향상은 아래에 있어 균일하게 퍼져서 음을 듣기 때문이다.)

　○聲與音錯 : '선천→짐세→후천'운동은 '구심성 파동→원심성 파동'으로 해석할 수 있으며 음양운동이라고 줄여서 말할 수도 있을 것이다.

　○麻姑引實達大城 降於天水之域 大城之氣上昇 : 마고가 실달대성을 천수의 구역으로 끌어당기자 여기서 기(氣)가 생겨서 상승한다는 것이다. 참고적으로 천수(大水)는 하도에서 水에 1/6이 해당하는데 1이 양수에 해당하므로 陽에 해당하는 천(天)으로 표현된다. 이를 체용으로 설명하는데 水의 1/6과 火의 2/7은 이렇게 해석할 수 있으나 금목(金木)에서는 해석이 곤란해 보인다.

　○水雲 : 구름이 되었다는 것은 水가 열에너지를 받아서 火로 변화했음을 말한다. 구름은 물분자가 기화한 상태이므로 火로 표현할 수 있다.

　○闢地 : 그 후에 土가 생겨났다. 따라서 水→氣→火→土순서로 사대(四大)가 생겨났다고 (억지로) 해석할 수 있는데 그 과정과 표현이 정확하거나 상세하지가 않다. 이렇듯 사대(四大)의 원리는 이해하기가 쉽지 않다. 그래서 후에 요(堯)가 오행이라는 쉽고 새로운 이론을 세웠는데 소부와 허유는 자연의 이치가 아니라면서 강하게 비판하면서 사대의 원리를 설명하지만 그것 역시 이해하기가 쉽지 않다. 본인은 사대가 자연의 근본원리라는 것에는 공감하지만 그 생겨난 순서와 운행원리는 앞의 8괘에서 설명한 대로라고 생각한다. 즉 건(氣)→곤(土)→리(火)→감(水)이 되겠다. 氣火水土는 불교에서 만물을 이루는 것이라고 말하

는 사대(四大)와 통하는 것으로 이 '사대로 만물이 이뤄진다'는 철학은 마고성에서부터 있었던 사상이라는 근거가 된다. 이것이 한반도로 와서는 주역에서 나타나고 그리스에서는 엠페도클레스가 이를 계승한다.

○水域 變成地(土)界而雙重 (氣火누락?) 替動上下而斡旋 : 역수라는 것은 달력을 말하는 것으로 지구와 태양의 운동을 말한다. 따라서 지구에 해당하는 水土를 말했으니 그 다음에는 태양에 해당하는 氣火를 말해야 하는데 이것이 빠져있다. 실제는 지동설이 맞으나 현실에서는 천동설이 맞는 것이므로 사람이 서있는 지구를 중심으로 하늘이 동에서 서로 오르락내리락하면서(上下) 빙빙 돌므로(斡旋) 이 동사의 주어가 되는 하늘(氣火)이 누락된 것이라는 말이다.

○歷數始焉 : 역법이 마고성에도 있었다는 말이다. 이 역법에서 도량형이 모출되는데 그 정밀함에 아연실색할 정도이다.

○氣火水土 ~ 全地多事 : 이 사대로부터 만물이 탄생한다는 뜻으로 주역으로 말하면 64괘까지 진행되었음을 의미한다. '율려(律呂)'라는 파동에서 만물이 만들어졌다는 것을 아브라함은[59] '말씀'이 세상을 창조했다고 베껴쓰고 있다. 사람이 만드는 파동 중에서 다른 존재들과 구별되는 가장 탁월한 특징이 바로 성대를 포함한 구강구조를 이용해서 만드는 언어이기 때문에 그렇게 차용한 것으로 보인다.

○於是 ~ 因稱其氏 : 사대는 오행과 다르므로 방위와 색깔을 오행의 것으로 대입할 수 없다.

○作穹/作巢 : 궁을 만들고 소를 만든다고 말했고 뒤에는 소에 오르내린다는 표현이 나온다. 그러므로 이 궁소는 실제로 어떤 목적을 위해 지은 건축물을 말한다. choga mami유적에서 巢의 흔적을 찾아볼 수 있는데 거주지에 붙여서 높게 만들었다. 巢는 새집과 같이 높이 솟은 망루 같은 것을 말하고, 穹은 글자에

---

[59] 모세오경의 작가는 아브라함이 아니라 모세일 것이다. 창세기 15-13(너의 자손이 자기들 땅이 아닌 남의 나라에서 나그네로 있으면서 4백 년 동안 그들의 종살이를 하고 괴롭힘을 받게 될 것이다. 그러나 그들이 섬길 민족도 내가 심판할 것이며, 그 후 네 자손도 많은 재물을 가지고 나올 것이다.)라고 아브라함이 죽고 수백 년 뒤에 발생한 사건을 적고 있기 때문이다. 그러나 아브라함이나 모세나 같은 백소씨 후손이면서 양인이고 전고자였던 것은 공통이고 뒤에 나올 모세를 언급하는 것이 더 이상하므로 아브라함이라고 하겠다. 그리고 아브라함이 모세오경의 일부를 역사나 신화형태로 남겼을 가능성도 충분히 있으니 아주 틀린 것도 아닐 것이다.

구멍 혈(穴)이 있으므로 높지 않은 구조물로 추측되지만 하늘이라는 뜻이 있으므로 지상에 새워진 구조물로 보인다. 소에 대해서는 25-6에서 作巢之風 多作高塔層臺라고 명확히 써놓고 있으므로 이집트/남미의 피라미드와 수메르의 지구라트는 흑소씨와 백소씨의 작품이라는 것을 알 수 있다. 다만 양인인 백소씨는 신에게 제사 드리는 용도로 지구라트와 남미의 피라미드를 만든 것이고 음인인 흑소씨는 무덤용도로 이집트의 피라미드를 만들었다는 차이점이 있다. 단 남미의 카랄 수페는 음인이 지었으며 그 원형은 백두산문명60)에 있다고 생각한다. 그리고 황궁씨와 청궁씨는 고인돌/적석총으로 대표되는 거석문화를 만들었다. (이것이 궁(穹)의 의미일 것이다.) 중국의 피라미드가 조금 애매한데 이 피라미드들이 돈황에 가까운 서안에 있는 것으로 판단한다면 돈황으로 들어온 양인인 반고무리가 세운 것으로 추정할 수 있지만 이것들이 단지 무덤일 뿐이라면 커다란 적석총인 것이므로 황궁씨의 작품일 수도 있다.


○氣火共推/水土感應 : 여기서 기화가 양에 속하는 것이고 수토가 음에 속하는 것임을 명확히 밝히고 있으므로 3-3에서 기화에 대한 설명이 누락되었음을 다시 한번 알 수 있다.
○音象在上/響象在下 : 음(音)은 양에 속하므로 하늘과 상응하고 향(響)은 음에 속하므로 땅과 상응한다. 氣火-音-陽, 水土-響-陰의 관계가 성립하는 것이고 이것은 다시 말해서 우주의 파동적 속성을 강조하여 표현한 것이 음향이라는 것이다.


4장. 음향의 완성
是時 管攝本音者 雖有八人 未有修證響象者 故萬物 閃生閃滅 不得調節.
麻姑 乃命四天人四天女 辟脇生産,
　於是 四天人交娶四天女 各生三男三女 是爲地界初生之人祖也.
　其男女 又復交娶 數代之間 族屬 各增三千人.
自此 十二人祖 各守城門 其餘子孫 分管響象而修證 歷數始得調節.
城中諸人 稟性純情 能知造化, 飮啜地乳 血氣淸明,

---

60) 「백두산문명과 한민족의 형성」, 정경희, 만권당

耳有烏金 具聞天音, 行能跳步 來往自在.
任務已終 則遷化金塵而保其性體
　隨發魂識而潛(누락?)能言 時動魄體而潛形能行 布住於地氣之中 其壽無量.
(한자) 辟(열 벽), 脇=脅(갈비 협), 娶(장가들 취), 啜(마실 철), 具(모두 구), 跳(뛸 도), 遷(옮길 천)
(본음을 관장하는 사람이 비록 8명이 있었지만 향상을 수증할 사람이 없었으므로 만물이 잠시 생겨났다가 사라져서 조절하는 것이 어려웠다. 그래서 마고가 4천인/4천녀로 하여금 갈비뼈를 열어 생산하게 했으니 사천인이 사천녀에게 장가들어 각각 3남매를 낳았으니 이들이 지상세계의 최초인류였다. 이 인류가 다시 결혼하여 수대에 이르니 족속이 3천으로 늘어났다. 이때부터 12인(쌍)의 시조들은 성문을 지키고 그 자손들은 향상을 나눠 관리해서 수증하므로 역수가 처음으로 조절되었다. 성안 사람들은 품성이 순정하여 조화가 무엇인지 능히 알았고, 지유를 마셨으므로 혈기가 맑았으며, 귀에는 오금이라는 귀걸이를 달아 천음을 모두 들었으며, 능히 뛰고 크게 걸으면서 왕래를 자재로 하였다. 임무를 마치면 금먼지로 변하여 그 성체를 보존하므로 혼을 따라 발하므로 (소리 없이) 말할 수 있고 백을 따라 움직이므로 형태 없이 움직일 수 있어 지기 중에 퍼져 거주하므로 수명이 무량하였다.)

　○修證響象 : 아직까지 인간이 탄생하지 않은 상태이고 인간으로 하여금 향상을 수증하게 하려고 만들게 된다. 향이란 것은 우주의 이치를 익혀서 되돌려주는 것이라고 형이상학적으로 말할 수 있겠는데, 이를 좀 더 쉽게 말하자면 천지의 이치를 깨닫는 일을 말한다고 파악한다. 우주의 이치인 音을 제대로 알아서 그 音 그대로 되돌려주는 메아리처럼 그 음과 자신이 곧 하나임을 깨닫는 수행을 하는 것이 인간으로 태어난 목적이고 사명이라는 말이 될 것이다. 믿는 것이 아니라 수행하여 알아나가는 것이다. 대우주의 음(音)의 주파수에 소우주의 향(響)의 주파수를 맞추는 것이라고 생각한다.

　○辟脇 : 脇(옆구리)은 옆쪽의 갈비뼈를 말한다. 옆구리 밑에 있는 골반릉과 갈비뼈 사이의 살 부분은 허구리(胁)라고 한다. 옆구리 밑에 허구리가 있는 것으로 허구리를 옆구리로 잘못 알고 있는 경우가 많다. 이는 갈비뼈를 열어서 아이를 낳았다는 말이 된다. 갈비뼈를 열면 거기에서 심장을 싸고 있는 심포를 볼

수 있다. 심포로 낳는다는 표현이다. 수행하다 보면 경락을 자연스럽게 느끼는 모양이다. 이 옆구리로는 심포경이라는 것이 나온다. 정확히는 겨드랑이로 나와서 팔 안쪽을 흐른다. 심포항목에서 설명했던 것처럼 심포는 횡격막 아래에서는 자궁을 만들고 위에서는 심장을 둘러싸고 있는 지방덩어리로 존재한다. 따라서 횡격막 위에서는 자궁과 통하는 심포를 통해 생산한다고 표현할 수 있는 것이다. 아브라함은 이것을 몰라서 이 문장을 갈비뼈를 떼어서 이브를 만들었다고 표현했다. 경락을 모르면 이 문장이 갈비뼈로 낳았다고 볼 수 있는데 그것이 아니라 심포(자궁)에서 아이가 갈비뼈를 열어서 나온 것이다. 그래서 도둑질도 제대로 알아야 완전범죄가 되는 것이지 사마천이나 아브라함 같이 하면 이렇게 들킬 수밖에 없는 것이다. 그리고 모계사회였던 마고성에서의 마고할미는 부계사회가 되면서 남자로 표현되는 하나님아버지로 바뀌게 되고 환단고기에서도 환인으로 표현된다. 그러므로 환단고기도 부도지를 각색한 것이며 그 저자는 양인에 해당한다는 것을 알 수 있다. 참고로 석가모니도 옆구리에서 나왔다 전해진다. 이는 석가모니가 비록 인도유럽인의 갈래인 아리아인의 석가족출신이라고 하지만 석가모니가 태어난 네팔과 인도북부 지역은 마고성과 멀지 않은 지역이므로 한민족과 연관 지어질 가능성이 농후하며 석가모니가 단군의 후손이라는 견해도 있으니 연구해볼 만한 내용이 될 것이다.[61]

○四天人交娶四天女 : 모계사회이므로 남자가 여자 집으로 장가를 갔던 것이다. 마고성에서는 이런 모계관습이 행해졌으므로 자존심이 강하고 힘이 셌던 양인들의 불만은 점점 커져갔을 것이다.

○三千人 : 환웅이 몰고 온 무리 3000이 여기에 있다. 삼재사상의 표현이기도 하다.

○十二人祖 : 원래는 12쌍이므로 24명이다. 이것을 24인(人)이라고 표현하지 않고 12인(人)이라고 표현한 것은 12라는 숫자에 의미를 둔 것이다. 이것은 아마 황도 12궁에서 시작했을 것이다. 역법을 만들자면 별자리를 관찰하지 않을 수 없고 별자리를 관찰하면 황도를 자연적으로 알게 될 수밖에 없다. 이 사상은 그 후 황도 12궁, 예수의 12제자, 12간지(干支) 등으로 발전하게 된다.

---

[61] https://www.youtube.com/watch?v=2l7vP2ZNgDs (8:00초 참조. 다른 동영상에서도 가끔 언급된다.)

○耳有烏金 具聞天音 : 금은 태양을 말하고 오는 까마귀이므로 오금은 삼족오를 말한다. 삼족오는 태양을 상징하는 둥근 원 안에 세 발 달린 까마귀가 있는 것으로 일중삼족오(日中三足烏) 또는 금오(金烏)라고도 한다. 삼족오를 정확히 풀어보면 검은색은 水를 상징하고, 해는 火를 상징하며, 새는 그 수화를 연결해 주는 존재로서의 전달자 또는 중토(中土)를 의미하여 水火土 삼재를 이루므로 발을 3개로 표현해 그 의미를 뚜렷이 한 것이다. 귀에 금에다 새를 새긴 귀걸이를 달았다는 말이다. 새를 새긴 이유는 새는 하늘을 날아다니므로 하늘과 인간을 이어주는 역할을 할 것이라고 믿었기 때문이다. 이 습관은 실지로 그림과 유물로 남아있다.[62] 귀에 달았던 이유는 당연히 소리를 듣는 기관이 귀이기 때문이고, 금속이 파동을 잘 전달하기 때문에 금속으로 만들었으니 이 귀걸이는 실제로 하늘로부터 들려오는 소리를 듣기 위한 노력의 일환이라는 것을 알 수 있다.

○潛(누락?)能言 潛形能行 : 이 문장 역시 대구가 되는 것이므로 形의 대구가 되는 陽(魂)에 해당하는 무엇이 누락되었음을 알 수 있다.
○其壽無量 : 앞에서 예로 들었던 내경의 문장과 같은 것이다. 이런 문장들로 태클을 건다는 건 '나는 바보요'라고 선언하는 것과 다름없다. 혹시 其壽平均76歲라고 써져 있길 바라는 건 아니겠지?

5장. 五味의 變(체질의 발견)
白巢氏之族 支巢氏 與諸人 往飮乳泉 人多泉少 讓於諸人 自不得飮而如是者五次,
　乃歸而登巢 遂發飢感而眩倒 耳鳴迷聲 呑嘗五味 卽巢欄之蔓籬葡實 起而偸躍 此被其毒力故也.
　乃降巢闊步而歌曰 浩蕩兮天地 我氣兮凌駕! 是何道兮? 葡實之力!
　衆皆疑之 支巢氏曰 眞佳.
　諸人 奇而食之 果若其言, 於是 諸族之食葡實者多.
(한자) 欄(난간 란), 蔓(덩굴 만), 籬(울타리 리), 偸(훔칠 투), 凌駕(능가하다)

---

[62] https://www.youtube.com/watch?v=KSqJsgN9_yw&t=648s 참조

(백소씨의 무리 중에 지소씨가 사람들과 지유가 나오는 샘으로 갔으나 사람은 많고 샘은 적어 사람들에게 양보하다 보니 자신은 마시지 못하기를 5번이나 하였다. 돌아와서 소에 올랐으나 배고픔을 느끼고 결국 어지러워 쓰러졌다. 귀에서 미혹한 소리가 나서 오미를 삼켜 맛보았는데 그것은 소의 난간에 있는 포도 열매였다. 먹고 나서 일어나 펄쩍 뛰어다녔으니 그것은 독의 힘 때문이었다. 지소씨는 소를 내려와 활보하고 노래하면서 가로되 "천지가 호탕하구나, 내 기운이 넘친다, 이것은 무슨 도인가? 포도의 힘이로다!" 한다. 사람들이 의심하니 지소씨가 가로되 "진짜 좋다"고 한다. 사람들이 기이하게 여기면서도 먹어보니 과연 그 말 대로였다. 이때부터 여러 부족에서 포도를 먹는 사람들이 많아졌다.)

　○登巢/降巢 : 소에 오르고 내렸다고 말하고 있으므로 소는 어떤 추상적인 상징이 아니라 실제 존재했던 구조물이었다는 것을 알 수 있다.

　○葡實 : 지금도 우리가 평소에 먹고 있는 그냥 그 동그랗게 생긴 '포도'를 말한다. 이 단어를 처음 읽었을 때 머리가 멍해졌었다. 마트에서 팔고 있는 그 포도라... 이 부도지는 뒤에 나오게 될, 역사를 관리하는 전고자(典古者)가 쓴 글이라고 할 수 있다. 도를 통한다는 것이 그리 쉬운 일이 아니므로 전고자라고 해서 모두 도통한 사람이라고 할 수는 없을 것이고 설사 도통한 사람이라고 하더라도 세상의 모든 것을 다 알지는 못할 것이므로 체질을 몰랐을 가능성이 많다. 그렇다면 자신이 먹었을 때 몸이 좋아지는 것을 다른 사람들에게 추천했을 것인데 만약 그 음식이 맞지 않는 사람이 있다면 그 사람은 그 음식을 먹으면 먹을수록 몸이 안 좋아지는 것이 당연하다. 그리고 이 마고성이 위치했던 사마르칸트유역은 기혈중심이 횡격막 주위에 위치했던 위도에 있었기 때문에 소음인부터 태양인까지 다양한 사람들이 태어났을 가능성이 높은 지역에 해당한다. 여기서 조금 내려가면 기온이 높아지므로 음인이 많아졌을 것이고 북쪽으로 올라가서 초원지대에서 겨울을 맞는다면 엄청난 추위 때문에 양인이 훨씬 많아졌을 것이다. 이 사마르칸트의 위도가 지금의 한반도 위도와 비슷하다는 것으로도 유추할 수 있듯이 그때의 마고성 위도쯤에서는 기혈중심이 횡격막 바로 아래인 태음인이 많이 태어났을 것이다. 그래서 무리가 많았을 황궁씨가 장남이 되어 부족들을 이끄는 위치에 설 수 있었다고 생각할 수 있는 것이다. 그러나 말했다시피

사냥을 위해 북쪽으로 올라갔다가 추위에 고립되는 날들이 많아졌다면 체온을 올리기 위해 기혈중심이 올라가면서 소양인/태양인이 다수 발생할 수밖에 없었을 것이고 특히 태양인이 태음인에게 맞는 지유(地乳)를 계속 마실 경우 기운이 계속 삭감되어 어지럽고 귀에서 소리가 나는 이명을 겪을 수밖에 없었을 것이다. 그러다가 자신의 약한 간을 강화시켜주는 포도를 먹는다면 금새 간이 회복되면서 눈이 밝아지고 근육이 강해지면서 펄쩍펄쩍 뛰어다니게 되는 것이다. 체질을 몰랐던 태음인 전고자가 볼 때는 독력(毒力)때문으로 보였겠지만 실지로는 태양인 백인이었던 지소씨한테는 보약이었던 것이다. 이 포도를 보면 부도지를 쓴 사람이 얼마나 사실만을 쓰려고 했었는지를 알 수 있다. 어떤 상징을 갖다 붙인 것도 아니고 지소씨 난간에서 자라고 있던 포도덩굴의 포도송이를 따서 먹었다고 사실 그대로 적고 있는 것이다. 참고로 성경에서 이 포도는 선악과로 등장한다. 그래서 뱀(음인을 상징)이 선악과를 먹으면 눈이 밝아진다고 말했던 것이다.

이 포도에 독이 있어서 사람들이 타락했던 것이라고 부도지에서는 적고 있는데 그게 아니라 소양인/태양인으로 기혈중심이 올라갈수록 양성이 강해지므로 사람이 흉폭해질 수 있다는데 원인이 있다. 특히 고기를 주식으로 할 경우에 더욱 그렇다. 왜냐하면 고기는 동물에서 얻는 것이고 동물은 식물에 비해 양이 강한 생물이기 때문에 몸에 원래 양이 많은데 여기에 음식조차 양이 강한 고기라면 양이 아주 치성해지면서 사나와지게 되는 것이다. 이것은 초식동물은 보통 순하고 육식동물은 사나운 것에서 쉽게 알 수 있다. 즉 마고성이라는 나라가 분열된 까닭은 (백인)태양인이라는 사람 자체가 탁해지기 쉬운 존재였었다는데 원인이 있는 것이었지 포도에 독이 있었기 때문이 아니라는 것이다. 태음인인 전고자에게는 독이 되므로 그가 봤을 때 지소씨가 독력으로 저리 날뛰고 있다고 판단한 것이다.

아브라함은 이 포도에 선악과라는 상징을 씌웠다. 여기서 아브라함에게도 체질이라는 개념이 없었다는 것과 이쯤 되면 그가 확실하게 부도지를 베꼈다는 추측을 기정사실화 할 수 있게 된다. 포도는 선악과도 아니고 포도에겐 아무 잘못도 없다. 포도는 그저 햇빛을 받아 광합성을 하고 땅에서 수분을 끌어올려 맛있는 열매를 맺었을 뿐이다. 다만 인간의 불완전하고 잘못된 가치관이 이 열매를 선악과라고 하거나 독을 가지고 있다고 잘못된 말을 하고 있을 뿐이다. 포도는 그냥 포도일 뿐이다.

추가적으로 이 포노가 몸에 맞는 태양인들은 나중에 포도 없이는 못사는 사람들이 된다. 그래서 이 후손들이 이주할 때 이 포도나무를 단단히 챙겨서 이주지에서 포도를 경작하게 되는데 (아브라함 또한 백소씨의 후손이지만 후에 여러 갈래로 나눠지므로) 아브라함은 아라라트산 쪽으로 이주하는 또 다른 백소씨 후손의 수장을 노아라고 부르면서 포도밭 경작의 시조로 칭하게 된다.

○果若其言 諸族之食萄實者多 : 포도는 간을 강화시켜주므로 태양인음식이며 태양인과 상반되는 태음인에게는 독이 되는 과일이다. 즉 포도를 먹어서 가장 이익을 보는 사람은 태양인이며 소양인과 소음인에게는 득과 실이 반반인 평이한 음식이 된다. 따라서 이 포도를 먹고 기운이 솟았다는 증언이 있고 그래서 먹는 사람들이 많아졌다는 사실에서 마고성에 태양인도 꽤 있었다는 것을 추측할 수 있게 된다. 그리고 지소씨가 속한 백소씨가 태양인이 가장 많은 백인 집단이었고 따라서 백(白)이라는 이름이 피부색을 나타내는 것이라는 사실 또한 알 수 있는 것이다.

6장. 태양인의 타락
白巢氏之諸人 聞而大驚 乃禁止守察 此又破不禁自禁之自在律者也.
此時 食實之習 禁察之法 始, 麻姑閉門撤幕已矣.
　　食實成慣者 皆生齒 唾如蛇毒 此强呑他生故也.
　　設禁守察者 皆眼明 視似梟目 此私瞧公律故也.
以故 諸人之血肉濁化 心氣酷變 遂失凡天之性,
　　耳之烏金 化作兎沙 終爲天聲, 足重地固 步不能跳, 胎精不純 多生獸相,
　　命期早熟 其終不能遷化而腐, 此生命之數 縒或麻縮故也.
(한자) 撤(거둘 철), 慣(버릇 관), 梟(올빼미 효), 瞧(몰래 볼 초), 酷(심할 혹), 縒(실 엉클어질 착)

(백소씨의 족속들이 듣고는 너무 놀라 하며 성문을 지키는 것을 금지하였으니 이것은 누가 시키지 않았으나 스스로 지키던 자재율을 깨는 것이었다. 이때부터 포도를 먹는 습관과 성문을 지키는 것을 중단하는 법이 시작되었으니 중단되었으니 마고는 성문을 닫고 장막을 쳤다. 포도를 먹는 습관이 생긴 자들은 모두

이빨이 나고 침이 뱀독과 같았으니 이는 생물을 강제로 삼킨 때문이다. 성문 지키는 것을 안 하는 사람들은 모두 눈이 밝아지면서 올빼미눈 같이 커졌는데 이는 공공의 률을 사사로이 깬 때문이다. 이리 하여 그 사람들의 혈육은 탁해지고 심기는 독하게 변해서 결국 품부 받은 성질을 잃어버렸다. 귀의 오금은 사토로 변해버려서 결국 하늘의 소리를 듣지 못하게 되었고, 다리는 무거워 땅에 달라붙어 걷기는 했으나 뛰지는 못했고, 태아의 기운이 순수하지 못해 짐승의 모습을 한 아이를 많이 낳았다. 생명이 너무 일찍 익으므로 결국 (금가루로) 변화하지 못하고 썩어버렸으니 이는 생명의 수가 엉클어졌거나 짧아졌기 때문이었다.)

○禁止守察 : 이 표현은 소에서 하던 일이 수행보다는 성을 지키는 일이었지 않았나하는 추측을 하게 만든다.

○皆生齒 : 이것은 백인들이 악담을 하고 흉폭한 성질을 가지고 있다는 것을 표현하는 말이다. 중동지역에는 흑인태양인들이 셈어를 쓰면서 살고 있다. 이들 또한 굉장히 양적이어서 성격이 굉장히 사나우며 말이 아주 거칠다.

○唾如蛇毒 此强吞他生故也 : 체액이 탁해지면서 몸에서 고약한 냄새가 나는 것을 말한다. 현재 한반도에 사는 황궁씨 자손들의 몸에서는 냄새가 거의 나지 않는다. 오히려 약간의 향긋한 냄새가 난다고 하기도 하는데 백인이나 흑인(특히 아프리카계 미국인)들은 체액이 탁해져서 향수 없이는 도저히 외출할 수 없을 정도로 냄새가 고약하다. 이것의 원인을 몇 가지로 말할 수 있다. 첫째는 몸에 열이 많아지면 탁한 노폐물이 많이 생겨난다. 이것은 열대지방으로 가거나 여름철이 되면 세균이 빨리 증식하는 이치와 같다. 모든 체질에 몸이 차가운 사람과 뜨거운 사람이 있지만 평균적으로 봤을 때 양인으로 갈수록 자동차의 엑셀을 많이 밟는 사람들이므로 몸에 열이 많아지게 되므로 체액이 탁해져서 냄새가 나게 된다. 둘째는 위에서 말했듯이 고기를 많이 먹기 때문이다. 他生이라는 것이 고기를 의미한다고 보면 되겠다. 고기를 소화시키는 과정에서는 질소가 발생할 수밖에 없으므로 체액이 탁해질 수밖에 없게 된다. 아프리카계 미국인들은 자신의 고향인 적도지방에서 멀리 떨어진 곳에서 패스트푸드와 고기를 많이 먹게 되니 모든 게 뒤죽박죽이 되면서 가장 냄새를 많이 풍기게 되었다.

○皆眼明 視似梟目(커지다+밝아지다) 此私矖公律故也 : 此私矖公律故也는 앞의 부정적인 것들의 원인이 공률을 어겼기 때문이라는 의도로 쓴 것인데 눈이 밝아졌다는 眼明은 나빠진 것이 아니다. 앞뒤가 맞지 않는 것이다. 그럼에도 불구하고 그대로 적은 것으로 보아 부도지 지은이가 사실을 빠짐없이 적었음을 알 수 있다. 올빼미눈과 같이 되었다는 것은 사백안을 말하는 것으로 여기에 안명(眼明)을 합치면 사람들의 눈이 밝아지면서 커졌다는 것을 말한다. 이것이 바로 백인들의 눈이 큰 것을 표현한 것인데 이들이 포도를 먹으면서 간이 좋아지자 눈이 밝아진 사실 또한 그대로 기록해둔 것이다. 커지고 밝아진 것의 순서를 말하자면 커진 후에 밝아졌다고 할 수 있다. 태음인의 간은 강하므로 그들의 눈은 가늘고 옆으로 째져 있는데 태양인이 되면 간이 약해지면서 신기(神氣)를 감추지 못해서 눈이 커지게 된다. 그런 태양인들이 마고성의 태음인식단을 계속 먹게 되면 간이 더욱 나빠지면서 눈 또한 나빠지게 되는데 자신한테 맞는 포도를 먹게 되면 간이 강해지면서 눈이 밝아지게 되는 것이다. 그리고 이 올빼미눈을 사백안(四白眼)이라고 하는데 눈의 신기(神氣)가 노출되어 있는 형상으로 보통 흉악한 사람들이 가지는데 눈의 모양으로는 가장 안 좋은 상이라고 할 수 있다.

○心氣酷變 : 백인들의 심성이 나빠졌다는 것인데 정확한 표현이라고 할 수 있다.

○獸相 : 백인 아이의 똥그란 눈을 좋아하는 사람들이 있을 텐데 그 상은 그다지 좋은 상이 아니다. 아이 때는 귀여울 수 있겠지만 그 속에 품고 있는 것을 자세히 들여다보면 결코 그렇지 않다고 수행자는 말하고 있다.

○命期早熟 : 이것은 백인들이 양에 속하므로 굉장히 빨리 성숙하지만 너무 많은 양기로 인해 신장의 水가 부족해지면서 피부에 주름이 빨리 생기므로 20대 후반만 되도 황인의 40~50대와 비슷한 외모를 가지게 되는 현상을 말한다.

7장. 韓민족의 디아스포라(1차출성. 일부 양인들이 성을 나감)
於是 人世怨咎 支巢氏 大恥顔赤 率眷出城 遠出而隱,
且其慣食萄實者 設禁守察者 亦皆出城 散去各地.
　黃穹氏 哀憫彼等之情狀 乃告別曰
　　諸人之惑量甚大 性相變異 故不得同居於城中,

然自勉修證 淸濟惑量而無餘則自然復本 勉之勉之.
是時 氣土相値 時節之光 偏生冷暗,
　　　水火失調 血氣之類 皆懷猜忌.
此幕光券撤 不爲反照, 城門閉隔 不得聽聞故也.
(한자) 咎(허물 구), 眷(친족 권), 憫(불쌍히 여길 민), 値(만날 치), 懷(품을 회), 猜忌(시기하다), 卷(말 권)

(세상사람들이 원망하며 탓하니 지소씨가 부끄러워 얼굴을 붉히면서 권속을 이끌고 성을 나가 멀리 가서 숨었다. 그리고 포도 먹는 습관을 가진 자와 수찰을 중단한 사람들도 모두 성을 나가 각지로 흩어졌다. 황궁씨가 그들의 정황을 가엽게 여겨 고별하며 가로되 "여러분들의 미혹됨이 심히 커서 성질과 형상이 변하였으므로 성안에서 같이 살 수가 없습니다. 그러나 스스로 힘써 수도하여 증명해서 미혹함을 남김없이 깨끗이 하면 자연적으로 근본으로 돌아올 것이니 힘쓰고 힘쓰십시오." 하였다. 이 시기에 기토는 서로 대립하여 4계절의 빛의 세기가 달라지면서 추위와 어둠이 생기고, 수화가 조화를 잃어 기혈로 이뤄진 존재들이 모두 시기를 품었다. 이것은 빛을 막으로 가려서 비춰주지 않고 성문이 닫혀 (음을) 들을 수 없었기 때문이었다.)

　○大恥顔赤 : 얼굴이 붉다는 표현은 부끄러워서 일시적으로 그랬다는 것을 말함과 동시에 백인의 얼굴이 붉은 편이었다고 설명하고 있기도 하는 중의적 표현이라고 할 수 있다. 그 이유는 횡격막 위는 공기를 주로 다루기 때문에 체액을 주로 다루는 횡격막 아래에 비해서 모든 것이 주위로 빨리 전파될 수밖에 없다. 그래서 심장이 양기에 의해 과열되면서 심장이 다스리는 관골부위가 붉게 될 수 있는 것이다. 실지로 백인의 얼굴은 희면서 붉다.

　○散去各地 : 1차로 출성한 사람들 중에 백소씨 집단의 백인들만 출성한 것은 아니었다. 이들은 모두 포도가 몸에 맞았던 사람들이었으므로 태음인을 제외한 모든 사람이 해당하는데 소음인/소양인/태양인 중에서 태양인이 단연 많았을 것이고 그 태양인은 백소씨 집단에 또한 가장 많았을 것이지만 흑소/청궁/황궁씨 집단 내에도 태양인이 있었을 것이므로 이들도 1차출성자 명단에 들었을 것이

다. 태양인 이외에 4집단에 속하는 소수의 소음인/소양인들도 포함될 것이다.

이들은 대부분 다혈질이면서 거친 성격의 사람들이어서 마고성 근처를 배회하다가 대부분 (먹이는 많으나 추워서 사람들은 적었던) 북쪽으로 이동하였다. 타이가지대로 올라가서 완전히 백인으로 탄생한 사람들은 서쪽으로 방향을 틀었다가 다시 남쪽으로 내려와서 남러시아초원에 자리 잡아서 인도유럽어족의 시원이 되었다. 다른 한 부류는 타이가에서 동쪽으로 틀어서 바이칼호수에서 만주로 내려온 사람들도 일부 있었지만 많은 사람들이 아메리카로 넘어가서 인디언과 아즈텍/마야/잉카문명을 일구는 사람들이 된다. 황궁씨 집단 내의 양인들은 반고를 새로운 우두머리로 추대하여 동쪽으로 비단길을 걸어 돈황 근처의 삼위산에 도착한다. 그 후 황하 중류로 가서 황하문명을 일으켰고 여기서 전욱과의 싸움에서 패한 공공족은 요하문명으로 들어가서 고조선을 세운다.

양인이 정권을 잡고 있기 때문에 전쟁을 좋아하고 피라미드를 지어도 인신공양을 하는 풍습을 가지게 된다. 가장 양적이기 때문에 그 천성에 따라 항상 밖으로 확장하려고 해서 이들이 현재 지구에서 차지하는 면적이 가장 크다고 할 수 있다.

○黃穹氏 ~ 性相變異 ~ 勉之勉之 : 황궁씨의 애민정신이 애절히게 느껴지는 대목이다. 이 흉폭한 사람들도 같이 끌고 가려는 모습에서 애잔함을 느끼게 된다. 이들의 성상이 많이 바뀌어버렸다. 황인의 조상은 흑인이고 백인의 조상은 황인이다. 아프리카를 막 떠났을 때는 피부가 까만 사람이었는데 지중해에 닿았을 무렵에는 어느 샌가 누렇게 변하더니 추워진 날씨를 견디던 어느 날엔가부터 갑자기 허연 사람들이 태어나기 시작했으니 마고성에 모인 까만 사람부터 누렇고 허연 사람들의 혼합체를 본 황궁씨 입장에선 쉽게 이해하여 받아들일 수 없는 상황이었을 것이다. 여기서 멜라닌 생성량이 적어서 백인이 되었다고 말하는 것은 단지 어떤 원인으로 인해 바뀐 결과만을 말하는 것이고 기혈중심이 폐로 상승하고 신수(腎水)가 줄어들어서 멜라닌생성이 줄어들게 되었다고 말하는 것은 백인이 되는 근본원인을 말하고 있다는 것을 이해하는 것이 중요하겠다. 마찬가지로 체취가 심한 것은 여러 땀샘/피지샘에서 분비되는 것들에 의한 것인데 그것 또한 결과만을 말하는 것으로 무엇이 그런 액을 분비하게 하는가하는 것이 중요한 것인데 몸에 열이 많고 고기를 많이 먹게 되고 자신이 살아야하는 지역

이 아닌 엉뚱한 곳에서 살게 된다면 장부의 기운이 탁해져서 그런 노폐물이 많이 방출된다는 말이 되겠다. 그리고 몸 자체가 크면 신진대사에 의한 노폐물로 인해 체취가 심해질 개연성이 커진다. 백인과 흑인의 기혈중심은 중간에 해당하는 횡격막에서 멀어짐으로써 원심력과 구심력이 강해져서 몸이 커지기는 하지만 중도(中道)에서 멀어짐으로써 체취가 강한 것과 같은 부작용이 발생할 수밖에 없는 것이다.

체내의 기운이 회전운동을 유지하는 한 (다시 말해서 생명을 유지하는 한) 구심력과 원심력은 같을 수밖에 없다. 예컨대 실에 돌을 매달고 돌릴 때 원심력이 구심력보다 크게 되면 실이 끊어지면서 돌이 날아가 버리게 되고, 구심력이 더 커지면 회전운동을 하지 못하고 돌이 땅에 떨어져 버리게 된다. 따라서 백인은 위로 상승하는 기운이 강하므로 밖으로 향하는 원심력이 강해지므로 회전운동을 유지하려고 구심력도 높아지면서 체구가 커지는 것인데 (그 부작용으로 신장의 水가 마르면서) 뼈가 비게 되는 것이고, 흑인은 아래로 떨어지는 구심력이 강해지므로 원심력도 커지면서 체구가 커지는 것인데 (체구가 큰 흑인은) 폐가 습해져서 머리가 맑지 못한 것이다.

○復本 : 여기서 무엇이 근본인가 하는 문제가 발생하는데 율려는 파동을 말하는 것이고 이것은 선도수련(또는 시공간의 운동)을 의미하며 우리나라에 내려오는 선도경전 중에서 그 핵심을 가장 명료하게 보여주는 글이 (천부경은 어려워서 본인은 해석할 수가 없다) 「삼일신고」이다. 결론만을 말한다면 하늘과 통하는 신이라는 존재를 닮은 것이 인간이므로 최종적으로 인간이 신과 하나라는 것을 체험하고 함께 화(化)하는 것이 본(本)이라고 할 수 있고, 이 말을 한 단어로 말한다면 '인시천(人是天)'이라고 할 수 있겠다. (좀 더 자세한 내용은 뒤의 인더스문명을 참고하세요.)

8장. 韓민족의 디아스포라(2차출성. 모든 사람들이 떠남)
已矣 出城諸人中 悔悟前非者 還到城外 直求復本 此未知有復本之時所故也.
　乃欲得乳泉 掘鑿城郭 城址破損 泉源流出四方,
　然卽化固土 不能飮啜 以故 城內遂乳渴 諸人動搖 爭取草果 混濁至極 難保淸淨.
黃穹氏爲諸人之長 故乃束身白茅 謝於麻姑之前 自負五味之責 立誓復本之約 退而

告諸族曰

 五味之禍 反潮逆來, 此出城諸人 不知道理 徒增惑量故也,

 淸淨已破 大城將危 此將奈何?

是時 諸天人 意決分居 欲保大城於完全, 黃穹氏 乃分給天符爲信 敎授採葛爲量 命分居四方.

於是 靑穹氏 率眷出東間之門 去雲海洲
   白巢氏 率眷出西間之門 去月息洲
   黑巢氏 率眷出南間之門 去星生洲
   黃穹氏 率眷出北間之門 去天山洲,
    天山洲 大寒大險之地 此黃穹氏 自進就難 忍苦複本之盟誓.

(한자) 掘鑿(굴착하다), 啜(마실 철), 茅(띠 모), 謝(사과할 사), 誓(맹세할 서), 徒(다만 도), 給(줄 급), 授(가르칠 수)


(일이 마쳐질 즈음 성을 나갔던 사람들 중에 죄를 뉘우친 자들이 성 바깥으로 돌아와서 복본을 구하니 이것은 복본에도 때가 있음을 알지 못한 까닭이었다. 그리고 지유를 얻고자 성곽을 굴착하면서 성지가 파손되어 샘의 원천이 사방으로 유출되었다. 유출되자마자 흙과 함께 굳으면서 마실 수 없게 되므로 성안의 지유는 결국 말라버렸다. 이에 사람들이 동요하여 풀과 과실을 가지려 싸우면서 혼탁함이 극에 달해 청정을 유지하기 어려워졌다. 황궁씨는 주민들의 수장이므로 백모로 만든 허리띠를 묶고 나아가 마고에게 사죄하며 스스로 오미의 책임을 짊어지고 복본할 것을 서약한 후 물러나와 여러 부족들에게 말하기를 "오미의 화가 거꾸로 성안으로 밀려들어오니 이것은 출성했던 사람들이 도리를 몰라서 미혹함을 더욱 크게 하였기 때문입니다. 청정함이 이미 파괴되어 마고대성이 장차 위험해질 것인데 어찌 하면 좋겠습니까?" 하였다. 여러 천인들이 분거하여 대성을 보존할 것을 결의하니 황궁씨가 천부를 신표로 나눠주고 갈근을 채취하여 식량으로 삼는 방법을 가르쳐주고 사방으로 나가서 살 것을 명하였다. 이에 청궁씨는 부족을 이끌고 동문으로 나가 운해주로 가고, 백소씨는 부족을 이끌고 서문으로 나가 월식주로 가고, 흑소씨는 부족을 이끌고 남문으로 나가 성생주로 가고, 황궁씨는 부족을 이끌고 북문으로 나가 천산주로 갔다. 천산주는 아주 춥고 험한 곳으로서 이는 황궁씨가 자진하여 어려운 길을 택하여 인고 끝에 복본

할 것임을 다짐하는 맹세였다."

○爭取草果 : 부도지에서는 출성의 원인이 오미의 변으로부터 생겨난 여러 변화들 때문이라고 했는데 환단고기에는 朝代記曰 時 人多産乏 憂其生道之無方也 (조대기에 말하기를 사람은 많고 생산물은 적어 살아갈 방도가 없음을 걱정했다.)라고 표현하면서 사람은 많으나 생산물이 적어져서 분가하게 되었다고 적고 있다. 뒤에 설명하겠지만 2차출성한 시기는 BC6898년경이 얼추 맞는 듯 하고 그렇다면 이때는 신석기혁명이 일어나고 몇 천 년이 지난 때이므로 사마르칸트 유역이 농토가 좁은 지역이라는 것을 감안한다면 사람들이 많아지면서 좀 더 나은 환경을 찾아 분가를 시작한 것이라고 추측하는 것이 정황상 맞는 추측이 아닐까 생각해본다. 다만 추가적으로 태양인의 숫자가 많아지면서 그들의 폭력성과 지배욕 때문에 마고성사회가 더욱 분열을 가속화했다고 이 문장은 말하고 있는데 백인들의 그 후의 행보들을 볼 때 이 또한 분가의 큰 원인 중 하나일 거라는 데에 공감이 가는 바이다.

○白茅 : 이 백모는 비록 음식으로 섭취하지는 못하는 식물이므로 끈으로 사용했지만 태양인약재라는 것을 알아두자.

○諸天人 ~ 完全 : 다른 뜻을 위해서가 아니라 대성을 온전히 보호하고자 분거를 결정했다는 데서 황궁씨를 비롯한 그때 마고성이라는 한민족을 구성했던 사람들의 따뜻한 마음씨를 느낄 수 있다. 이들이 어째서 한민족을 구성하는 사람들이라고 말할 수 있는가하는 문제를 생각해보면 일단 그들은 언어를 공유했다. 현재의 우리말과 청궁씨의 후손인 타밀어에 비슷한 단어가 무지 많으며 민속놀이 또한 비슷한 게 많다. 그리고 백소씨의 후손인 수메르인의 언어에도 비슷한 단어가 많이 있으며 결정적으로 수메르어에서 신을 뜻하는 단어가 마고성 옆에 있는 딩기르(dingir. khan tengri)이다. 이 마고성에서 공유했던 것들에 관해서는 따로 정리해서 설명하겠다.

○天符爲信 : 이 천부삼인(天符三印)은 3가지 물건이라고 해석해야 맞을 것이다. 왜냐하면 이것이 증표가 된다고 했는데 증표가 되려면 눈으로 확인할 수 있어야 하는 것이고 '포도'를 '포도'라고 표현한 지은이의 성품을 감안한다면 이 또한 3가지 물건이라는 뜻이 되겠다. 처음에는 같은 것을 가지고 떠났겠지만 수

천 년이 지나면서 조금씩 바뀌어서 고조선에서는 (현재 무당들이 지니고 있는) 청동거울/동검/팔두령 정도가 되겠고 이집트에서는 홀(The Crook & Flail)/지팡이(Was)/앙크(Ankh) 같은 것들이 될 것이다.

　○採葛爲量 : 이 칡 또한 태음인한테는 양식이 되지만 태양인한테는 독이 될 뿐인 것이다.


　○靑穹氏 出東間 : 뒤에 자세히 설명하겠지만 청궁씨는 동쪽으로 나있는 비단길을 따라 힌두쿠시산맥을 넘어 인도에 정착해서 인더스문명을 일으킨다. 후에 아리안에게 밀려서 인도 남부로 밀려나게 되어 현재는 드라비다어족들이 분포하는 지역으로 밀려난 채로 살고 있다. 다만 밀려나긴 했으나 머리가 좋고 농사짓기에 좋은 땅은 뺏겼지만 시대가 도와줘서 유배지가 물류에 유리한 항구로 바뀌면서 인도북부의 아리아인들보다 잘 살고 있다는 것이 위안이라면 위안이 되겠다. 사실 인도유럽인의 뿌리는 1차출성자들로 그들 또한 우리의 먼 친척이긴 하지만 (모든 인도유럽인들에 해당하지는 않기 때문에 출성 이후 크게 바뀌지 않은) 드라비다족이 그들보다 더 가까운 것이 사실이다.


　○白巢氏 出西間 ; 백소씨는 비단길을 따라 서쪽으로 걸어가다가 메소포타미아에서 인류최초의 문명이라고 불리는 수메르문명을 일으켰고 후에 미탄니/이스라엘/우라르투/아르메니아/그리스를 건국하게 된다. 중간에 아브라함이 갈라져 나와 마고신앙을 변형시킨 종교를 전파시킨다. 현재 아르메니아/그리스/이스라엘이라는 국가를 유지 중이며 이 중 유대인들은 세계를 이끄는 인재를 다수 배출 중에 있는, 한민족 중에서 가장 잘 나가는 형제이다. 한민족 중에 유일하게 양인에 속한다. 황궁씨 후손인 우리들은 음인이라서 자신의 능력을 과소평가하는 경향이 있고 양인인 유대인들은 과대평가하는 경향이 있다. 단순 아이큐만을 따져보더라도 우리가 유대인들한테 밀리지 않을뿐더러 자연의 이치를 볼 수 있는 점에 있어서는 세계의 어느 민족보다 탁월한데 우리는 음인이라 자신을 너무 축소시킨다. 그 버릇이 별 게 아닌 것처럼 보이고 병(病)인 것도 아니지만 고치기가 참 어려운 고질병이 되어버렸다.


　○黑巢氏 出南間 : 흑소씨 또한 남쪽으로 나있는 비단길을 따라 페르시아만으

로 내려가다가 서쪽으로 꺾어서 엘람을 건국하고 이후 이집트로 건너가 1000여 년 동안 번영을 누리다가 멸망한 후 크레타/히타이트/리디아/그리스로 건너가게 되고 마지막으로 이탈리아에서 에트루리아인으로 불리다가 역사에서 사라지게 된다. 현재 그리스인으로 일부 살아가고 있긴 하지만 그리스는 백소씨가 집권했으니 현재 흑소씨 이름으로 세워진 나라는 모두 사라져버린 것 같다. 한때 지구 반지름을 측정했을 정도로 발달한 문명을 일궜던 사람들이 자기 나라 하나 없이 사라져 버렸다는 데서 음인의 슬픈 운명을 질책하게 만드는 장본인이다.

○黃穹氏 出北間 ~ 盟誓 : 마음씨 착한 황궁씨는 고난을 감내하겠다고 추운 북쪽으로 걸어갔다. 가능성은 여러 가지가 있는데 초원길을 따라 요하문명터를 만날 때까지 걸어갔을 가능성이 그 하나이고, 천산북로를 따라 난주나 서안을 거쳐 요하문명터로 갔을 가능성이 있다. 그 후 황궁씨 집안은 계속 쪼그라들어 현재 한반도의 남쪽에서 미국한테 빌붙고 일본한테서 돈 받아먹고 나라 팔아먹는 놈들이 활개 치는 답답한 세상을 살아가고 있다. 이러다가 흑소씨처럼 사라지는 게 아닌가 하는 불안감이 엄습하는 상황이 되었다. 사는 길은 단 한 가지이며 그 길은 명확하다. '무조건 자주적으로 살아야 한다. 친미도 없고 친중도 없다. 그저 국익에 도움이 되면 이용할 뿐이다. 그리고 확장해야 한다. 사고도 확장하고 영토도 확장해야 한다.'

9장. 지구질량변화로 曆數에 차이가 생김
分居諸族 繞倒各洲 於焉千年, 昔世 出城諸人之裔 雜居各地 其勢甚盛.
　然殆忘根本 性化猛獰 見新來分居之族 則作群追跡而害之.
　諸族 已定住 海阻山隔 來往殆絶.
於是 麻姑與二姬 修補大城 注入天水 淸掃城內 移大城於虛達之上.
　是時 淸掃之水 大漲於東西 大破雲海之地 多滅月息之人.
　自此 地界之重 變化 曆數生差 始有朔昄之象.
(한자) 繞(두를 요), 裔(후손 예), 殆(거의 태), 猛獰(사납고 모질다), 漲(넘칠 창), 朔(초하루 삭), 昄(클 판)

(2차출성한 사람들이 각 주에 도착한지 어언 천년, 1차출성했던 사람들의 후손

들이 각지에 섞여 살면서 그 세력이 심히 강했다. 그들은 거의 근본을 잃어버려 성격이 사납고 모질어져서 2차출성한 사람들을 보면 무리로 몰려와서 추격하며 해코지를 하였다. 제족들이 자리를 잡고 나니 바다가 막고 산이 막아 왕래가 끊어졌다. 이 즈음 마고와 이희는 대성을 보수하려고 천수를 가져다가 성안을 청소한 후 대성을 허달성 위로 옮겨놓았다. 이때 청소한 물이 동서로 크게 넘쳐 운해주 땅을 많이 파손하고 월식인들을 많이 사망케 하였다. 이때부터 땅의 질량이 변화하여 역수에 차이가 생기게 되었고 처음으로 삭판이 나타났다.)

○性化猛獰 ~ 害之 : 성격이 갑자기 변한 것이 아니고 양인들은 원래 성격이 흉폭한 사람들이 많은 것이고 그래서 변을 일으켰던 것이다. 1차출성한 사람들 중에 유라시아 대륙에 남아있던 사람들은 대부분 인도유럽인에 해당하는 태양인 들이라서 전쟁을 좋아하므로 공격하는 것은 당연했을 것이다.

○移大城於虛達之上 : 마고성을 정보계로 올려놓았다는 뜻인데 혹 지축이 변하여 후천세상이 되는 때를 기다린다는 말일 수도 있겠다.

○淸掃之水 大漲 : 대홍수신화는 아프리카시절부터 있었다. 지구나이가 많으므로 많은 대홍수를 겪었을 것이다. 최신의 대홍수는 마고성이 있었던 시절인 소빙하기시절일 것이다.[63] 그 시절의 기억을 기록한 것일 수도 있겠다.

○地界之重 變化 曆數生差 : 곧이곧대로 번역하자면 지구의 중량이 변화했다는 것인데 기상변화로 인해 중량이 변할 수는 없다. 외계로부터 들어오거나 나간 질량이 없기 때문에 (미량의 질량변화는 있을 수 있지만 그것은 무시할 수 있으므로) 지구질량은 보존된다고 봐야 한다. 역법에 차이가 발생하려면 지구의 자전과 공전에 영향을 미치는 변화가 나타나야 하는데 기상변화로 공전에 영향을 주기는 힘들 것 같고 자전속도에 변화를 줄 수는 있을 것 같다.

10장. 황궁씨 → 유인씨 → 환인씨
黃穹氏 到天山洲 誓解惑復本之約 告衆勸勉修證之業,
　乃命長子有因氏 使明人世之事 使次子三子 巡行諸洲,
　黃穹氏 乃入天山而化石 長鳴調音 以圖人世惑量之除盡無餘 期必大城灰復之誓約

---

63) https://www.youtube.com/watch?v=b45K681Hf-E 참조

成就.

於是 有因氏 繼受天符三印 此卽天地本音之象 而使知其眞一根本者也.

　有因氏 哀憫諸人之寒冷夜暗 鑽燧發火 照明溫軀 又敎火食 諸人大悅,

　有因氏千年 傳天符於子桓因氏 乃入山 專修禊祓不出.

桓因氏 繼受天符三印 大明人世證理之事,

　於是 日光均照 氣候順常, 血氣之類 庶得安堵, 人相之怪 稍復本態,

此三世修證 三千年 其功力 庶幾資於不咸者也.

(한자) 鑽(뚫을 찬), 燧(부싯돌 수), 軀(몸 구), 禊(목욕재계할 계), 祓(푸닥거리할 불), 安堵(안도하다)


(황궁씨는 천산주에 도착하고 미혹함을 해결하여 복본할 것을 서약하고 대중들에게 수증에 힘써줄 것을 당부하였다. 그리고 장자인 유인씨에겐 인간사의 일들을 밝게 하고 2남과 3남에게는 각주를 순행할 것을 명하였다. 황궁씨는 이에 천산으로 들어가서 돌이 되어 길게 울며 음을 조율하였으니 이는 인간세상의 미혹됨을 남김없이 제거하고 기필코 대성을 회복하겠다는 서약을 성취하겠다는 뜻이었다. 이에 유인씨가 천지본음의 형상으로서 참된 하나의 근본을 알게 하는 천부삼인을 전수받았다. 그는 사람들이 추위와 어둠 속에 사는 것을 불쌍히 여겨 부싯돌을 마찰시켜 불을 피우게 하여 따뜻하고 밝게 하며 또한 불에 익혀 먹는 법을 가르쳐 줬으니 사람들이 매우 기뻐하였다. 천 년 후에 유인씨는 장남인 환인씨에게 천부를 전해주고 입산하여 계불을 닦으면서 나오지 않았다. 환인씨는 천부삼인을 전수받아 세상의 이치를 증명하는 일을 크게 밝혔으니 이때에 햇빛이 고루 비춰 기후가 순조로왔으며 생물들이 안도를 찾았고 괴이했던 인간의 상이 조금 그 본모습을 회복했다. 이는 삼대에 걸쳐 수증하길 3천년이 지났지만 그 공력이 아직 다하지 않았다는 것이다.)


　○到天山洲 : 천산(天山)은 너무나 광범위하면서 널리 숭배 받던 천(天)이라는 글자를 포함하고 있으므로 어디엔가 천산이라는 산이 있을 테지만 여기에서는 천산산맥을 말하는 것으로 파악하고 싶다. 일단 수메르인들이 신(神)을 한텡그리봉의 Tengri로 썼다는 것은 마고성시절 그 지역의 산을 신성시했다는 것을 보여주고 있으며 천산산맥은 한텡그리봉을 포함한 산맥의 이름이다. 그러면 왜 부도

지를 쓴 전고자는 한텡그리로 쓰지 않고 천산이라고 썼을까 하는 문제를 생각해 보자. 그것은 여러 가지로 추측할 수 있는데 첫째로는 가장 간단하게 백소씨는 한텡그리봉을 신성시했지만 황궁씨는 그 산맥을 신성시했다고 볼 수 있다. 둘째로는 마고성시절로부터 수메르문명과 부도지를 문자로 기록한 시절과의 차이는 수천 년이 벌어진다. 따라서 마고성 위쪽의 산을 신성시했다는 전고자끼리의 구전은 있었지만 두 전고자의 구전이 한텡그리봉이라고 일치하지는 않아서 수메르인은 한텡그리라고 적었지만 부도지를 기록한 전고자는 당시 널리 쓰이던 천산산맥이라고 기록한 것이 아닌가 생각해 보며 이것이 좀 더 나은 추측이라고 생각한다.

수메르인들의 유적들의 연대를 살펴보면 BC6898년경에 2차출성이 일어났다고 볼 수 있는데 (또 다른 가능성도 있다) 그렇다면 이 천산주는 요하문명터인 난하와 대릉하 사이의 지역을 말하는 것이 될 것이다. 그 이유를 설명하자면 다음과 같다. 환단고기에는 환인이 BC7197년에 천산에서 환국을 건국하고, 환웅이 BC3898년에 태백산에서 배달국을 건국하며, 왕검이 BC2333년에 아사달에서 고조선을 건국했다고 나와 있다. 그러나 부도지에서는 이 천산주에 자리를 정한 이후로 임검씨가 단 한 차례 신시에 나라를 건국한 것으로 나와 있다. 그리고 17-1에 요가 天山之南에서 나라를 일으켰다고 나오는데 요는 후에 앙소문화가 일어나는 황하중류지역에 건국했던 것으로 판단하는 것이 자연스러우므로 황하중류를 천산의 남쪽으로 본다면 여기서 말하는 천산은 황하중류의 북쪽이 되겠는데, 11-8에 환웅이 바다에 배를 띄워 순방했다는 기록이 나오는 것으로 판단하자면 천산은 바다 옆에 위치한 곳이 된다. 그러므로 발해만을 끼고 있는 요하문명터가 천산주에 해당하게 된다. 다만 천산은 중앙아시아에 있는 곳이므로 지리적으로는 말이 되지 않지만 천산주라고 이름 지은 이유는 수메르인들이 신을 (천산산맥에 있는) 딩기르라고 불렀던 것처럼 마고성시절에 신으로 섬겼던 산(을 포함한 산맥)으로 국명을 정함으로써 그때를 기억하며 언젠가는 복본하여 다시 돌아갈 것을 다짐하는 의미가 있는 것이라고 할 수 있다.

○天符三印 ~ 眞一根本者也 : 이 문장에서 삼(三)이 일(一)로 귀결하는 것이 근본이라는 것을 알 수 있는 것이 아닌가 생각한다. 다시 말해서 천부삼인은 천지의 본음을 형상한 것인데 이 삼인이 삼(三)이 일(一)로 귀결하는 것을 알게 하

는 도구가 된다는 내용이다.

## 11장. 환웅씨

桓因氏之子 桓雄氏 生而有大志 繼承天符三印 修禊除祓 立天雄之道 使人知其所由.

　於焉 人世偏重於衣食之業 桓雄氏 制無餘律法四條 使鱀夫調節,

　　一曰 人之行蹟 時時淸濟 勿使暗結生鬼 煩滯火(化?)魔 使人世通明無餘一障,

　　二曰 人之聚積 死後堤功 勿使陳垢生鬼 濫費火(化?)魔 使人世普治無餘一憾,

　　三曰 頑着邪惑者 謫居於曠野 時時被其行 使邪氣無餘於世上,

　　四曰 大犯罪過者 流居於暹島 死後焚其尸 使罪集無餘於地上.

　又作宮室舟車 敎人居旅,

　　於是 桓雄氏 始乘舟浮海 巡訪四海 照證天符修身(信?) 疏通諸族之消息 訴言根本之不忘 敎宮室舟車火食之法,

　桓雄氏 歸而修八音二文 定曆數醫藥 述天文地理 弘益人世,

　　此世遠法弛 諸人之暗취摸索 漸增許端 故欲保根本之道 於日用事物之間 而使昭然也.

　　自是 始興修學之風 人性昏昧 不學則不知故也.

(한자) 鱀[환어(전설상의 큰 물고기) 환], 堤(방둑 제), 濫費(헛되이 쓰다), 憾(원한을 품을 감), 謫(귀양갈 적), 曠(밝을 광), 暹(해돋을 섬), 訴(호소할 소), 취[(왼쪽 手변, 오른편 위는 山 + 아래는 而) 헤아릴 취], 摸索(모색하다)

(환인의 아들 환웅씨는 나면서 큰 뜻이 있었다. 천부삼인을 계승하고 수계제불하고 환웅의 도를 세워 사람들로 하여금 그 이유를 알게 하였다. 어느덧 사람들이 의식주에 편중된 삶을 살자 환웅씨는 무여율법 4조를 만들어 환부로 하여금 조절하게 하였다. 하나 사람들의 행적을 수시로 깨끗하게 하므로 은연중에 생귀와 결합하거나 화마에 휩싸이지 않도록 하여 사람들이 밝음과 통하여 하나의 장애도 남김이 없게 하라. 둘 사람의 취적에는 사후에 공적을 세워 생귀에 오래 때 묻거나 헛되이 화마를 쓰지 않도록 하여 사람들이 공평하게 다스려지게 하여 하나의 원한도 남김이 없도록 하라. 셋 사기와 미혹함에 완고하게 빠진 사람은 밝은 들판으로 귀향을 보내 수시로 그에 맞는 일을 겪게 하여 사기가 세상에 남

김이 없게 하라. 넷 죄를 크게 저지른 사람은 섬으로 유배 보내고 사후에는 그 시체를 불태워서 죄의 덩어리가 지상에 남아 있지 않게 하라. 그리고 궁실과 배와 수레를 만들어서 사람들에게 거주하고 여행하는 것을 가르쳤다. 이때 환웅씨는 처음으로 배를 만들어 사해를 순방하면서 천부로 몸을 닦고 있음을 밝게 증명하고 여러 족속들의 소식을 소통하고 근본을 잊지 말 것을 호소하는 한편 궁실/배/수레/화식법을 가르쳤다. 환웅씨는 돌아온 후 8음2문을 닦아 역법과 의약을 제정하고 천문과 지리를 저술하여 널리 인간세상을 이롭게 하였다. 이것은 세상이 법과 멀어지고 늘어져서 사람들이 어둠 속에서 찾아 헤매는 것이 점차 증가하므로 근본의 도를 보존하고자 날마다 쓰는 것들을 확연히 밝히고자 한 것이다. 이때부터 학습하는 풍조가 시작되었는데 인성이 어두워져서 배우지 않고서는 알지 못하기 때문이었다.)

○桓雄氏 ~ 巡訪四海 : 사면의 바다라고 말했는데 요하문명은 난하와 대릉하 사이 지역만을 말하는 것이 아니고 한반도를 포함하므로 당연히 삼면의 바다가 된다. 그리고 위에서 말했다시피 천산주는 바다를 낀 지역이었다는 것을 알 수 있게 한다.

○疏通諸族之消息 : 이때 한반도에서 인도까지 배를 타고 갔는지는 의문이지만 후대의 일이긴 하지만 허황옥이 인도에서 왔으므로 불가능한 일만도 아니다. 인더스문명-수메르문명-이집트문명 사이의 교역은 굉장히 활발했음을 유물로 확인할 수 있으며 이집트 미이라에서 코카인성분이 추출되는 것을 보면 이집트와 남아메리카 사이의 배나 육로를 통한 교역이 발생했음을 알 수 있는데 그 중간에 있는 한반도에서 배나 육로를 통한 소통이 불가능했다고 보는 것이 오히려 설득력이 떨어지는 주장이 될 수 있을 것이다.

○八音二文 : 인더스/수메르/이집트문명에서 모두 비슷한 BC3100년경에 문자를 쓰기 시작했다. 그런데 요하문명에만 문자가 없었다? 그렇게 말하는 것이 오히려 이상한 주장이 될 수 있다. 이 한민족후예들 사이에 교역이 항상 있어 와서 비슷한 시기에 문자가 발생한 것이라고 보는 것이 합당한 추측이 될 것이다. 사실 황궁/유인/환인씨의 치적은 10장에 몰아서 짧게 기술한 반면 환웅은 11장에 아주 길게 서술했다. 그리고 위에 말했다시피 문명권에서 비슷한 시기에 문자를 쓰기 시작한 것이 환웅씨가 실제로 巡訪四海하여 배와 바퀴/문자/불을 만

드는 방법을 전수한 결과일 수 있다는 생각이 든다.
　○弘益人世 : 참 멋있는 기치가 아닐 수 없다. 어디를 침략해서 누구를 죽여서 정복하는 역사가 아니라 인간들을 널리 이롭게 한다는 이런 사상은 세상의 어느 누구도 쉽게 세울 수 없는 수준 높은 국훈이라고 할 수 있다.
　○始興修學之風 : 교육열이 이때부터 시작했는지도 모르겠다.

## 12장. 임검씨(단군)

桓雄氏 生壬儉氏 時 四海諸族 不講天符之理 自沒於迷惑之中 人世因苦.
任儉氏 懷大憂於天下 修天雄之道 行禊祓之儀 繼受天符三印,
　教耕稼蠶葛陶窯之法 布交易稼聚譜錄之制.
任儉氏 啖根吸露 身生毛髿, 遍踏四海 歷訪諸族 百年之間 無所不往,
　照證天符修身(信?) 盟解惑複本之誓 定符都建設之約,
　此地遠信絶 諸族之言語風俗 漸變相異 故欲講天符之理 於會同協和之席 而使明知也.
　是爲後日會講之緒 人事煩忙 不講則忘失故也.
(한자) 稼(심을/곡식 가), 蠶(누에 잠), 窯(가마 요), 髿(털이 길 산), 踏(밟을 답), 盟誓(맹세), 緒(실마리 서)

(환웅씨가 임검씨를 낳을 즈음 사해 여러 족속들은 천부의 이치를 익히지 않고 스스로 미혹함에 빠지니 세상이 고통스러웠다. 임검씨가 천하가 심히 걱정스러워 환웅의 도를 닦고 제불의식을 행하고 천부삼인을 계승하여 밭 갈고 씨 부리고 누에를 치며 갈근을 캐고 도자기를 굽는 법을 가르치고 물건을 교역하고 족보를 기록하는 제도를 퍼뜨렸다. 임검씨는 뿌리를 먹고 이슬을 마셨으므로 몸에는 긴 털이 나있었고 사해를 두루 답사하고 여러 족속을 방문하여 백 년 동안 가지 않은 곳이 없었다. 천부로 몸을 수련하여 밝게 증명하고 의혹을 풀어 근본으로 돌아갈 것을 맹세하고 부도를 건설하겠다는 약속을 하였다. 이것은 족속들이 사는 곳이 서로 멀고 천부의 신표가 끊어져서 언어와 풍속이 점점 더 서로 달라졌으므로 협동화합의 자리에서 천부의 이치를 강의하여 명확하게 알게 하고자 한 것이었다. 이것이 뒤에 회강의 실마리가 되었는데 세상사가 번망하여 강의를 하지 않으면 잊어버렸기 때문이었다.)

## 13장. 임검씨가 磁方 백두산에 수도를 잡다

壬儉氏 歸而擇符都建設之地 卽東北之磁方也

　此二六交感懷核之域 四八相生結果之地.

　明山麗水 連亘萬里 海陸通涉 派達十方

　卽九一終始不咸之基也,

　三根靈草 五葉瑞實 七色寶玉 托根於金岡之臟 遍滿於全域,

　此一三五七磁朔之精 會方成物而順吉者也.

乃築天符壇於太白明地之頭 設堡壇於四方,

　堡壇之間 各通三條道溝 其間千里也 道溝左右 各設守關 此取法於麻姑之本城.

劃都坊於下部之體 圖涵澤於三海之周

　四津四浦 連隔千里 環列於東西 津浦之間 又設六部 此爲諸族之率居也.

符都旣成 雄麗光明 足爲四海之總和 諸族之生腔.

(한자) 亘(뻗칠 긍), 托(맡길 탁), 堡(작은 성 보), 坊(동네 방), 涵(젖을 함), 腔(달빛 영롱할 령)

(임검씨가 돌아와 부도를 건설할 땅을 골랐는데 그곳이 동북의 자기장 방향이었다. 이곳은 26이 서로 감응하여 씨를 품은 지역이고 48이 서로 생하여 과실을 맺는 땅이었다. 이름난 산과 아름다운 강이 만리에 뻗어있고 바다와 육지를 통해 십방으로 달하니 91의 종시가 다하지 않는 땅이었다. 신령스런 풀과 상서로운 과실과 아름다운 보석이 금강의 안에 뿌리박혀 전 지역에 널리 가득 차 있으니 이것은 1357의 자기장과 그믐의 정이 물건을 이룬 길한 것들이다. 그러고 나서 태백산 정상의 밝은 곳에 천부단을 건축하고 사방에 보단을 건설했다. 보단 간의 거리는 천리였고 각각의 보단은 3개의 도랑으로 서로 연결되어 있었으며 그 끝에는 지키는 관문을 두었는데 마고성을 본뜬 것이었다. 태백산 아래에는 도시를 구획하고 삼면의 바다를 둘러서는 연못을 만들었다. 4진과 4포를 천리에 걸쳐 동서로 간격을 두고 설치하였고, 진과 포 사이에는 또한 6부를 설치하였는데 이는 제족들이 거주하는 곳이었다. 부도가 완성되니 웅장하고 아름답고 빛이 났으니 사해의 총화요 제족의 생령이라 할 만했다.)

　○符都建設之地 卽東北之磁方也 : 부도라는 것은 자연의 이치에 부합하는 장소라는 뜻이다. 그런데 그곳의 위치가 천산주의 동북방이라고 한다. 그러면 그

위치는 백두산이 될 것이다. 그 북쪽으로는 올라갈 수가 없다. 왜냐하면 16장에 나오는 인삼은 그 위쪽에서는 약효가 떨어지기 때문이다. 이 인삼을 근거로 한다면 백두산이 맞으며 한반도는 동북방이 아니고 동남방이 되므로 맞지 않는다. 백두산문명터가 발견되고 있는 그 지역을 말한다. 아마도 2차출성인들이 요하문명터에 자리를 잡을 때 백두산쪽에도 자리를 잡았을 것이다. 시간이 흐르면서 살펴보니 요하문명터보다는 기가 강한 백두산쪽이 태음인이 살기에 더 적합하다는 것을 임검씨가 알고 수도를 옮긴 것이라고 생각한다. 기가 강한 곳으로 옮긴 것이라는 사실은 자방(磁方)이라는 표현에서 알 수 있다. 자기는 음에 속하므로 이 말은 음기가 강한 곳이라고 오역하기 쉽지만 그것은 아닐 것이다. 전기는 그 때까지 발견되지 않았고 나침반만 있었기 때문에 보이지 않는 자연의 힘을 자기(磁氣)라고 표현한 것이고, 이 힘을 단군은 바로 율려라는 수행을 통해서 찾아낼 수 있었을 것이다. 율려에서 느낀 강한 힘을 나침반을 움직이게 하는 힘과 동일시하여 자방이라고 표현한 것이지만 그것은 정확한 표현이 아니었던 것이다. 왜냐하면 그 자기와 쌍이 되는 전기가 있었고 단군이 느낀 힘이란 것은 전기와 자기의 합일 것이기 때문이다. 자기의 변화는 곧 양기(陽氣)인 전류이므로 둘은 떼어놓을 수 없을 뿐만 아니라 한반도는 해양판과 대륙판이 만나는 곳에 해당하므로 양기가 강하지 않을 수가 없는 곳이다. 다만 일본보다 대륙 쪽으로 들어와 있으므로 파괴적인 양기를 피할 수 있는 최전선에 위치하고 있다고 봐야 할 것이다. 부도지에서는 수미일관되게 태음인이 황궁씨 집단의 대다수라는 것을 말하고 있으며 이 음인에게 가장 좋은 터는 양기가 강한 곳이므로 중국동해안/만주/한반도일대가 정확하게 그 조건을 충족시켜주는 지역이라고 할 수 있다.

○此二六交感懷核之域 四八相生結果之地 .. 一終始不咸之基也 : 사대(四大)이론은 쉽지 않다. 그래서 요가 쉬운 오행을 개발한 것이다.

○一三五七磁朔之精 : 1357은 양수로서 陽을 의미하는데 磁朔(자기장과 그믐)의 정과 통한다고 표현한 것을 보면 위의 자방(磁方)이라는 것이 양기가 강한 곳을 의미한다는 것을 알 수 있다.

○築天符壇於太白明地之頭 : 천부단은 백두산문명과 남미의 카랄 수페(caral supe)에서 볼 수 있는 제단이 될 것이고, 천도한 곳을 태백(太白)이라고 했으므로 백두산이 맞으며, 太白之頭라는 표현에서 태백산이 지금의 백두산을 말한다

는 것을 확증해 주고 있다.
　○三海之周 : 여기서는 삼면의 바다라고 정확히 표현해 주니 천도한 곳이 한반도의 백두산이라는 것을 확증할 수 있다.
　○環列於東西 : 발해만에서 연해주까지 이르는 동서로 마을을 조성했다는 표현이다.

14장. 신시와 성황당
於時 移黃穹氏之裔六萬 守之,
　乃割木作桴八萬 刻信符流放於天池之水 招四海諸族,
　諸族得見信桴 次第來集 大開神市於朴達之林,
　修禊淨心 察于天象 修麻姑之譜 明其族屬 準天符之音 整其語文.
　又尊定北辰七耀之位 燔贖於盤石之上 會歌而奏天雄之樂.
　諸族採七寶之玉 於方丈方壺之堀 刻天符而謂之方丈海印 辟除七難而歸.
　自此 每十歲 必開神市, 於是 語文同軌 一準天下 人世太和.
仍以築城於海隅 奉尊天符 使駐留諸族 館而居之 爾來千年之間 城隍遍滿於全域.
(한자) 桴(뗏목 부), 燔(불사를 번), 贖(속죄할 속), 方丈/方壺(三神山의 하나), 仍(이에 잉)

(이에 황궁씨의 후예 6만 명이 이주해 와 지켰다. 나무를 잘라 뗏목 8만 개를 만들어 신부를 새겨 천지에 흘려보내 사해의 제족을 불렀다. 제족들이 신표가 있는 뗏목을 보고 몰려들었으니 박달의 수풀에서 신시를 크게 열었다. 목욕을 재계하여 마음을 깨끗이 하고 천문을 관찰하고 마고로부터의 족보를 만들어 족속을 명확히 하고 천부의 음을 표준화하며 문자를 제정하였다. 또한 북두칠성의 위치를 정하여 제단에 희생물을 불사르며 속죄하였으며 모여 노래 부르고 환웅의 음악을 연주하였다. 제족들은 방장산/방호산에서 보석을 채굴하여 천부를 새긴 후 방장해인이라 이름하며 칠난을 제거하고 돌아갔다. 이로부터 10년 마다 신시를 반드시 열었으니 이에 문자가 천하에 통하고 인세가 화평하였다. 그리고 해안가에 성을 축조하고 천부를 모시고 여관을 만들어 제족들이 찾아와 기거할 수 있게 하니 천 년 동안 성황당이 전 지역에 편만하였다.)

15장. 조선제/희생제/백자인

又設朝市於澧陽交地之復(腹) 設海市於八澤 每歲十月 行朝祭 四海諸族 皆以方物供進.

  山岳諸族供之以鹿羊 海洋諸族供之以魚蚌 乃頌曰

  朝祭供進 魚羊犧牲 五味血鮮 休咎蒼生, 此謂之朝鮮祭.

是時 山海諸族 多食魚肉 交易之物 舉皆包貝皮革之類 故乃行犧牲之祭 使人反省報功也.

  揷指于血 省察生命 注血于地 環報育功,

  此代物而償五味之過 願其休咎 卽肉身苦衷之告白也.

每歲祭時 物貨輻湊 廣開海市於津浦,

  除禊祓身 鑑于地理 行交易之法 定其値量 辨物性之本 明其利用.

  又象鑿符都八澤之形 報賽於曲水之間 會燕而行濟物之儀.

  諸族 取五瑞之實 於蓬萊圓嶠之峰 卽栢子也 謂之蓬萊海松 惠得五幸而歸.

自此 四海興産 交易殷盛 天下裕足.

(한자) 澧(강이름 례), 蚌(조개 개), 犧牲(희생), 揷(꽂을 삽), 償(갚을 상), 苦衷(고충), 輻(바퀴살 복), 湊(모일 주), 鑿(뚫을 착), 賽(치성드릴 새), 殷(성할 은), 蓬萊/圓嶠 : 발해(渤海)의 동쪽에 대여(岱輿), 원교(員嶠), 방호(方壺), 영주(瀛洲), 봉래(蓬萊)라는 다섯 개의 산이 있었다고 한다.

(예와 양이 교차하는 곳에서 조시를 열었고 8택에서는 해시를 열었으며 매년 10월에는 조제를 열었는데 사해의 제족들이 특산물들을 진상하였다. 산악에 사는 족속들은 사슴과 양을 바치고, 해양에 사는 족속들은 생선과 조개를 바치며 송축하기를 "조제에 생선과 양을 희생으로 바치니 그들의 오미와 신선한 피로 탈 없이 창생하기를 바랍니다" 하니 이것을 조선제라고 하였다. 이 시기의 제족들은 생선과 육고기를 많이 먹고 교역물이 대부분 조개나 가죽류였으므로 그 희생들을 제사지냄으로써 그 생명들의 공에 대해 보답하고 반성하였다. 피에 손가락을 꽂아 생명을 성찰하고 땅에 피를 부어 그들이 인간을 키워주는 공덕에 보답했다. 이것은 희생으로 오미의 과오를 보상하여 재앙이 그치기를 원하는 것인데 육신고충의 고백인 것이었다. 매년 제사를 지낼 때면 물건들이 폭주하여 진포에서 해시를 크게 열었는데 몸을 깨끗이 하고 지리를 거울삼아 교역을 할 때는 가격과 수량을 정하고 물성의 근본을 판별하며 그 쓰임을 밝혔다. 그리고 부도와 팔택의 모양으로 땅을 파서 그 흐르는 물 사이에서 치성을 드렸으며 잔치를 벌

려 만물을 구제하는 의식을 행하였다. 제족들이 봉래산/원교산에서 상서로운 열매를 채취하였는데 그것은 백자인으로서 봉래해송이라고 불렸으니 행복을 얻고 돌아갔다. 이로부터 사해의 생산은 흥했고 교역은 왕성하여 천하가 풍족하였다.)

○鹿 : 녹용 또한 태음인의 양기를 북돋워주는 최고의 약이라고 할 수 있다.

○犧牲之祭 ~ 揷指于血 ~ 注血于地 : 이렇게 동물을 죽여서 피를 보는 제사가 마고성에서도 이뤄졌을 테지만 이것은 사실 이 백두산문명에서부터 모계사회에서 부계사회로 진행하고 있음을 말해주는 표현이라고 할 수 있다. 환단고기는 이런 변화기에 모계사회를 나타내는 마고를 지우고 남자인 환인을 시조로 세워 역사를 새로 쓴 책이다. 이것을 확실히 알 수 있는 문장이 있다. 朝代記曰 時**人多産乏 憂其生道之無方也 庶子之部** 有大人桓雄者 探聽輿情 期欲天降 開一光明世界于地上時 安巴堅 遍視金岳三危太白 而太白 可以弘益人間 乃命雄 曰如今人物業已造完矣 君勿惜勞苦 率衆人 躬自降往下界 開天施敎 **主祭天神 以立父權**...[환단고기(안경전 356쪽)]. 여기에 부도지와 꼭 같이 제사를 지내고 부권을 세운다는 표현이 나오는 것이다.

○栢子 : 이 백자를 잣으로 오역하는 곳이 많던데 이 백자는 백자인(栢子仁)으로 측백나무의 씨를 밀한다. 간징과 심장에 주로 작용하여 마음을 안정시키고 피를 보충하는 효과가 있는 임상에서 다용하는 태음인약물이다. 이렇게 부도지의 처음부터 끝까지 태음인 음식들로 채워져 있는 것을 바탕으로 판단한다면 이 부도지가 태음인이 다수를 차지하고 있는 우리민족이 쓴 것이 확실하며 음인에게는 양기가 필수적이므로 백두산에 자리를 잘 잡기는 하였으나 우리 중에는 태음인만 있는 것이 아니고 양인들 또한 잘 살아야하는 것이므로 중국동해안과 요하문명터까지는 지켰어야 한다는 생각이 든다.


16장. 인삼
來市者 又取三靈之根 於瀛州岱輿之谷 卽人蔘也, 謂之瀛州海蔘 能保三德而歸.
  蓋人蔘 具其數格 生於磁朔之方者 必長生,
     以四十歲 爲一期休眠 以一三期 爲一朔而蓄精 經四朔 而結子乃化,
     如是者 非符都地域 卽不得也 故曰方朔草 世謂之不死藥 是也.
  其或小根 産於符都地域者 皆有靈效 故來市者 必求之也.

大抵 三根靈草之人蔘 五葉瑞實之栢子 七色寶玉之符印 眞是不咸三域之特產 四海諸族之天惠.

(시장에 오는 사람들은 또한 영주산/대여산에서 신령스러운 뿌리를 캐갔는데 즉 인삼이다. 영주해삼이라고 불렸는데 능히 삼덕을 보존하여 돌아갔다. 대개 인삼은 수의 격을 갖춘 것으로서 자삭지방에서 자라는 것은 반드시 오래 죽지 않고 산다. 40년을 1기로 하여 휴면에 들어가고 13기를 1삭으로 하여 정을 비축하고 4삭이 되면 씨를 맺으니 이것은 부도지역이 아니면 불가능하여 방삭초라고 하고 세상에서 불사약이라고 하는데 맞는 말이다. 비록 작은 뿌리일지라도 부도지역에서 생산되는 것은 모두 영험한 효과가 있으므로 시장에 오는 사람이라면 반드시 구하였다. 대저 신령스러운 인삼과 상서로운 열매인 백자인 그리고 보물로 만들어진 천부삼인은 모두 진실로 불함 3지역의 특산품이니 사해제족이 누리는 하늘의 은혜이다.)

○人蔘 : 인삼의 약효가 가장 좋은 곳으로 유명한 곳은 충청도 금산이다. 기가 그만큼 쎈 곳이기 때문이다. 그래서 그런 곳에서 잘 자랄 수 있는 사람은 음기가 아주 강한 사람들이고 그렇기 때문에 충청도 사람들이 가장 음적인 것이다. 말을 들어 보면 바로 알 수 있다. '아~ 거기유~ 아라슈~~' 말이 느리면서 접미사에 해당하는 끝이 길어진다. 음적이므로 사람 면전에서는 절대 나쁜 말을 하지는 않으나 뒷담화가 많다. 비겁한 것이다. 본인도 충청도에서 8년을 사는 동안 앞에서는 싫은 소리를 들어보지 못했지만 항상 뒤탈이 많은 동네였다. 어떤 계약이 진행되는 기간에는 별 탈이 없다가 계약이 끝날 때쯤에는 꼭 탈이 나는 참 피곤한 동네였다. 자신의 천성대로 충청도인들이 살아서 무슨 큰 덕을 봤는지 모르겠다. 인구는 전라도를 능가하지만 김종필이 있을 때 정당을 만들어서 전라도에 붙었다가 경상도에 붙었다가 했던 경험 외에 현재는 제대로 된 정당 하나 없는 지역이 되어버렸다. 물론 충청도가 단점만 있는 것은 아니다. 전 세계에서 계룡산이 도를 성취하기에는 가장 좋은 곳이다. 그리고 공부를 하려면 정적으로 가만히 앉아서 집중해야 하는데 가만히 있게 되면 신진대사가 나빠지면서 건강이 안 좋아질 수 있는데 강한 기가 순환시켜주기 때문에 정신노동자들이 건강을 유지할 수 있는 곳이 된다. 그리고 강한 기가 집중력을 향상시켜주는

효과도 있을 것이다. 그래서 카이스트가 대전에 있는 것은 아주 옳은 결정이었다고 할 수 있고 청주를 교육의 도시라고 하는 이유가 여기에 있다.

　가장 양기가 강한 사람들은 경상도사람들이다. '행님아! 맞나!' 단어의 앞에 강세가 오면서 뒤가 약해지고 빨리 끊어지는 것으로 알 수 있다. 그리고 높낮이가 있다. 영어의 악센트가 있는 것과 같은 이치이다. 양적이기 때문에 무엇이든 (우리나라 사람들 중에서는) 가장 적극적으로 나서기 때문에 대통령은 여기서 다 해먹는다. 노무현/문재인도 전라도당에서 나왔으나 고향은 경상도이다. 전라도는 이 중간이다. 그래서 중간은 하고 있다. 경상도당과 더불어 양당체제를 이루면서 자기들 밥그릇은 챙기고 있다고 해야 할 것이다. 이 세 지방의 모습만 보더라도 어떻게 해야 하는지 답은 나온다. 우리나라는 태음인이 40% 정도를 차지하고 있지 않을까 예상한다. 남은 60%를 나머지 체질에 균등 분포시키면 태음인과 소음인을 합하여 60%가 되면서 과반을 넘는다. 음인이 다수인 음인국가이므로 충청도 같은 나라라는 결론에 이른다. 뒤에서 알게 되겠지만 사실 지금까지 중국대륙을 전부 차지하고 있다가 충청도처럼 계속 국토가 줄어들기만 해서 지금은 겨우 한반도의 반쪽을 차지하고 있으면서 그것도 경상도니 전라도니 충청도니 하고 있는 실정이다. 천성을 바꾼다는 것은 아주 어려운 일이다. 하지만 바꾸려고 노력하시지 않는다면 충청도 같이 징딩 하나 없이, 즉 니리 없이 살아가야 될 수도 있을 것이다. (충청도에 당이 없는 이유는 그 땅이 기가 너무 강하여 제대로 된 양인이 나오기 힘든 땅이기 때문이다.) 답은 정해져 있다. 양인성향을 보충하면 된다. 간단하다. 적극적이고 자주적으로!


17장. 요의 반란과 五行의 變
是時 陶堯起於天山之南 一次出城族之裔也.
　曾來往於祭市之會 聞道於西堡之干,
　然素不勤數 自誤九數五中之理 以僞(爲)中五外八者 以一御八 以內制外之理 自作五行之法 主唱帝王之道
　巢夫許由等 甚責以絶之.
堯乃出關聚徒 驅逐苗裔, 苗裔者 黃穹氏之遺裔, 其地 有因氏之鄕也.
　後代壬儉氏 率諸人出於符都而不在 故堯乘其虛而襲之 苗裔遂散去 東西北之三方.

堯乃劃地九州而稱國 自居五中而稱帝 建唐都 對立符都,
　時見龜背之負文 莫莢之開落 以爲神啓 因之以作曆 廢天符之理 棄符都之曆
此人世二次之大變.

(한자) 莫莢(명협. 풀이름으로서 보름까지는 날마다 잎이 하나씩 나고 보름 후부터 잎이 하나씩 떨어졌다고 한다.)

(이때 도자기 굽는 일을 하던 요가 1차출성했던 후예들이 살던 천산의 남쪽에서 일어났다. 요는 일찍이 제사를 지내는 도시의 모임에 와서 서정에서 간지를 가르치는 이에게서 도를 들었는데 평소 수의 이치에 부지런하지 않아서 1~9에서 5가 가운데에 오는 것을 5가 밖에 있는 1~8을 제어한다거나 안에서 밖을 제어하는 이치로 잘못 이해해서 스스로 오행법칙을 만들어 제왕의 도라고 주창하였다. 소부와 허유 등이 심하게 책망하며 단절하였다. 요가 이에 무리를 이끌고 관문을 나가서 묘족을 몰아냈는데 묘족은 황궁씨의 후예이고 그 땅은 유인씨의 고향이었다. 후대 왕검씨가 무리를 이끌고 새로운 부도로 이사하면서 허술해진 것을 틈타 요가 습격한 것인데 묘족은 결국 동서북으로 흩어졌다. 요가 이에 땅을 9주로 나누고 나라를 세우고 스스로 가운데에 기거하면서 황제라 칭하니, 당도를 세워 부도와 대립하였다. 요가 거북이가 등짝에 이고 나온 글자와 명협의 개락을 신의 계시라고 보며 이를 근거로 역법을 만들었으니 이는 천부의 이치와 부도의 역법을 폐기하는 것이었다. 이것이 인세의 2차 큰 변고였다.)

○陶堯起於天山之南 一次出城族之裔也 : 천산을 요하문명터라고 가정하면 그곳의 (서)남쪽은 황하중류지방이다. 1차출성으로 반고가 무리를 이끌고 비단길을 따라 돈황으로 들어왔고 이후 하서회랑과 난주(蘭州)를 거쳐 서안(西安)과 은허가 발굴된 안양(安陽) 등지에 정착하게 된다. 그 후 난주나 서안에서 남쪽의 사천성이나 호남성 등지로 이주한 사람들도 있었다. 난주와 안양에 걸쳐 정착했던 사람들이 결국 앙소문화를 일으키게 되는데 지금 이 천산의 남쪽은 이 앙소문화지역을 말하는 것으로 파악한다. 이곳은 양인이 살기 좋은 곳으로 이들이 중국인의 시조인 것은 아니지만 그 시조와 같은 양인에는 해당한다. 중국인의 시조는 한반도에 정착한 한국인의 시조인 M175가 중국으로 넘어와서 변이한 M122로 볼 수 있으며 이 사람은 당귀가 잘 자라는 감숙성에서 태어났을 것이

다. 이 양인들이 은나라를 세워서 인신공양을 했고 피라미드를 세워서 아마 여기서도 남미와 같은 의식을 벌였을 것이다. 이것을 본다면 공자가 이해되긴 한다. 이런 야만적인 인간들에게 무슨 높은 문화가 있다고 은나라를 계승한단 말인가... 그래서 사람을 온전히 이해하는 것은 불가능한 일인지도 모르겠다.

○素不勤數 自誤九數五中之理 ~ 以內制外之理 自作五行之法 : 기화수토(氣火水土)의 원리는 어렵다. 그러니 요가 쉬운 오행을 생각해낸 것이다. 여기 수리에 통하지 못한 요가 오행이라는 삿된 법을 만들어서 세상을 어지럽혔다는 문장을 읽고 조금 놀랐다. 생각지도 않은 곳에서 우군을 만난 느낌이었다. 사실 앞에서도 말했다시피 오행은 과학이 밝혀낸 사실과 맞지 않는다. 지금까지 남아있는 오행을 지지하는 근거라면 손발가락이 5개로 되어 있다는 것과 끈이론 정도일 것이다. 끈이론이야 어차피 직접적으로 증명할 수 있는 이론이 아니기 때문에 언제까지나 논란을 일으킬 가능성이 많은 것 같고, 손발가락이 5개인 것도 다 이유가 있어서 그렇게 된 것이므로 우습게 볼 것은 또 아니다. 아무튼 오행은 상생과 상극이라는 딱 떨어지는 이론을 만들 수 있는 장점이 있지만 과학적 사실과는 다른 게 있으므로 깔끔하지 않은 것이 사실이다. 주역이 그래서 우주의 가장 근본적인 원리를 실파하고 있다고 봐야 하는 것이고 그 괘의 원리라는 것이 음양삼재를 바탕으로 하고 있기 때문에 본인은 이것이 맞다고 주장하고 있는 것이다.

○主唱帝王之道 : 이 제왕지도를 다른 말로 하면 '부권(父權)'으로 '가부장적/계급적 가치관'을 말한다. 요도 부도의 남녀평등이 못내 못마땅했던 것이고 여기서 요가 양인이었다는 것도 알 수 있다. 추가적으로 소양인인 중국인들이 왜 요를 성인으로 추앙하는지 알 수 있는데, 같은 양인이어서 서로의 가치관이 통했던 것이다. 그리고 강한 왕권을 확립하여 계급적 사회를 만들고 부도에 대항했기 때문일 것이다.

○苗裔者 黃穹氏之遺裔 : 여기서 묘족이 황궁씨의 후손이라고 나와 있으며 삼성기 하에서는 반고와 같이 움직였다고 되어있다. 반고와 같이 따라왔어도 황궁씨의 후손인 것은 맞으니 틀린 문장은 아니다.

○其地 有因氏之鄕也 : 요가 일어난 땅은 천산의 남쪽이라고 했으니 황하중류가 맞을 것이고 이곳이 유인씨의 고향이라면 황궁씨가 이곳을 지나오면서 머물렀다는 말이 된다. 만약 황궁씨가 초원길로 들어왔다면 지리적으로 요하문명터에 들어오기 전에 황하중류를 거칠 수는 없다. 따라서 황궁씨도 반고와 같이 천산북로를 통해 돈황→난주까지 들어왔으나 여기서 반고와는 다른 길인 북쪽의 오르도스지역을 거쳐 요하문명터로 들어왔다는 말이 될 것이다. 또 다르게 해석해본다면 황궁씨는 초원길로 들어왔으며 이 황하중류는 유인씨의 고향일 뿐이지 황궁씨가 지나온 길은 아닐 가능성도 있다. 황하중류에서 태어난 유인씨가 요하문명터로 와서 황궁씨의 후계자가 됐다는 말이 되겠다. 반고는 다른 길로 가서 삼위산에 이르렀다는 기록과 가장 자연스러운 것은 황궁씨가 초원길로 요하문명터로 들어오고 유인씨는 황하중류에서 태어났다는 시나리오가 될 것이다.

○壬儉氏 率諸人出於符都而不在 : 여기서 부도는 백두산을 가리킨다. '임검씨가 백두산으로 가서 거기에 있지 않았다'는 말인데 수도를 부도로 옮겼으면 '있지 않았다'는 표현을 쓸 필요가 없을 것이다. 이 말은 고조선은 부도라는 신권(神權)적인 수도가 있었지만 각지에 여러 개의 정치적/군사적 수도를 따로 두는 구조였을 가능성이 있다. 왜냐하면 고조선은 모계사회로서 평등사상이 있었으므로 임검씨라는 지도자가 있었으나 그가 권력을 휘두르는 구조가 아니었기 때문이다. 요가 이런 구조를 싫어해서 왕권을 강화하면서 제왕지도를 만든 것을 심하게 비판하고 있으니 고조선에는 수도가 여러 개 였을 가능성이 많은 것이다. 마고성의 구조도 이와 같다. 마고라는 신권적인 존재가 있었지만 황궁/청궁/백소/흑소라는 집단이 균등한 위치를 차지하고 있는 연합체성격의 나라였다는 것이다. 그리고 이런 구조는 이들이 세우는 나라에서 공통적으로 나타난다. 고조선이 그랬고 흑소씨가 세운 엘람 그리고 수메르문명도 도시국가 형태였으며 인더스문명도 강력한 왕이 없는 연합체 성격이었다. 다시 말하면 마고성을 떠난 직후 그들이 세운 나라들은 모두 마고성체계를 답습한 평등연합체였다. 하지만 이런 자율과 협력이라는 느슨한 연결고리로는 시간이 지나면서 외부로부터의 침략과 내부에서 요와 같이 지배욕이 강한 양인들이 집권하면서 왕권을 강화한 계급사회라는 날카로운 칼을 버틸 수가 없었고 오래지 않아 결국 무너졌다.

○人世二次之大變 : 부계사회로의 전환을 의미한다.

18장. 순의 배반

於時 壬儉氏甚憂之 使有因氏之孫 有戶氏父子 率鯀夫勸士等 百餘人 往而曉之.

  堯迎之而服命恭順 使居於河濱.

  有戶氏 默觀其狀 自爲敎人 數移其居.

    先時 有戶氏在於符都 採葛而不食五味 身長十尺 眼生火光,

  年長於壬儉氏百餘歲 承父祖之業 助壬儉氏而行道敎人 至是爲使 濟度頑迷之世 其行難難.

時 堯見有戶氏之子 有舜之爲人 心中異圖 壬事以示協 以其二女 誘之 舜乃迷惑

  有舜曾爲符都執法之鯀夫 過不及而無節 至時爲堯之所迷 密娶其二女 暗附協助.

(이때 왕검씨가 심히 우려하며 유인씨의 자손인 유호씨 부자로 하여금 환부/권사 등 백여 명을 이끌고 가서 깨우치게 했다. 요가 맞이하며 명에 복종하여 공순하며 그들이 하빈에 살게 하였다. 유호씨가 묵묵히 그 상황을 지켜보며 사람들을 가르치며 자주 거처를 옮겼다. 유호씨는 부도에 기거할 때 칡을 먹고 오미를 먹지 않아서 키는 10척에 이르고 눈에서는 광채가 났다. 나이는 임검씨보다 100여 세가 많으며 조상의 업을 이어받아 임검씨를 도와 도를 행하고 사람들을 가르쳤다. 이제 사신이 되어 완연히 미혹해진 세상을 제도하려니 그 일을 수행하는 것이 어렵고 어려웠다. 이때 요가 유호씨의 아들인 유순의 사람됨을 보니 심중에 또 다른 의도가 있어 일을 꾀함에 협조를 구하려 두 딸로 유인하니 순이 이내 빠져들었다. 유순은 일찍이 부도에서 법을 집행하는 환부였었는데 너무 지나치거나 모자라서 절도가 없었는데 지금에 이르러 요가 꾀니 은밀하게 두 딸을 취하며 협조하였다.)

19장. 요순을 토벌하다

是時 有戶氏 隨警隨戒 舜唯唯而不改 終受堯囑 追戮賢者 仍又伐苗

  有戶氏 遂不能忍耐 論責討之 舜呼天哭泣 堯置身無地 遂讓位於舜而自閉

  有戶氏曰 五味之災未濟 又作五行之禍 罪滿於地 罪蔽於天 數事多乖 人世困苦 此不可不正之

    且不知而犯者 容或誨之 知而犯者 雖至親 不可得恕.

  乃命次子有象 率勸士聚衆 鳴罪而攻之 戰及數年 遂革其都.

         堯死於幽閉之中 舜逃於蒼梧之野 徒黨四散.
         堯之徒禹 與舜有殺父之怨 至是 追擊殺之, 舜之二妻 亦投江自決
         禹乃言正命立攻 慰衆師而歸之.
有戶氏 退而默觀禹之所行 於是 禹移都聚群 增修干戈而拒有戶氏 自稱夏王.

(한자) 囑(부탁할 촉), 戮(죽일 륙), 罡(북두필성 강), 乖(어그러질 괴), 誨(가르칠 회), 逃(도망 도), 干(방패 간), 戈(창과)

(이때 유호씨가 수시로 경계하라고 하였지만 순은 네네 하고는 고치지 않다가 끝내 요의 부탁을 수락하여 어진 자를 죽이고 이어 묘족까지 정벌하였다. 유호씨가 결국 인내하지 못하고 꾸짖으며 토벌할 것을 의논하니 순은 하늘에 호소하며 울고 요는 땅에 바짝 엎드리니 결국 순에게 왕위를 물려주고 스스로 물러났다. 유호씨가 가로되 "오미의 재앙을 아직 구제하지도 못했는데 또 오행의 화를 지으니 죄가 땅에 가득 차고 북두칠성이 하늘을 덮었다. 여러 일들이 어그러졌고 인세가 어려우니 이것을 바로 잡지 않을 수 없다. 그리고 모르고 잘못을 저지르는 것은 수용하여 가르칠 수 있지만 알면서 저지르는 것은 비록 가까운 사람일지라도 용서할 수가 없다." 이에 2남 유상에게 권사와 군사를 이끌고 공격할 것을 명령하니 수년에 걸친 전쟁 끝에 결국 땅을 수복하였다. 요는 유폐 중에 죽었으며 순은 창오의 들판으로 도망가고 무리들은 사방으로 흩어졌다. 요의 무리인 우는 순이 자신의 아버지를 죽인 원한이 있었으므로 순을 추격하여 살해하였고 순의 두 첩은 강에 투신하여 자결하였다. 우는 명령을 바로 잡고 공을 세웠다고 군사들을 위로하며 돌아왔다. 유호씨가 물러나 앉아 우의 소행을 묵묵히 지켜보니 우는 수도를 옮기고 무리를 모아 무기를 손보고 증강시켜 유호씨를 거절하며 자칭 하왕이라 하였다.)

○人世困苦 : 일반적인 중국역사서나 철학/문학서에는 요순시대가 태평성대했던 시절로 나오는데 이 부도지에서만 (내가 아는 한) 유일하게 요순이 배반자/반란자로 나온다. 한민족의 입장에서는 배반자일 것이고 중국인입장에서는 부도국에 대항하여 자신들의 나라를 이끌어준 사람이니 찬양의 대상이 되었을 것이다. 마치 공자가 한민족에게는 배반자였으나 중국인에게는 화이관을 심어준 자랑스러운 사람인 것이나, 아브라함이 한민족에게는 부도지를 도둑질한 사람이었

지만 유대인이나 기독교/이슬람교인들에게는 성스러운 시조인 것과 같은 것이라 할 것이다.

○自稱夏王 : 여기까지를 잠깐 개괄해보면, 중국인의 시조인 M122는 대략 1만 년 전에 M175로부터 나오는 것으로 판단하고 있으므로 황궁씨가 요하문명터로 들어오기 전에 이미 비단길이나 초원길을 통해 한반도로 들어온 사람 중에 M175를 획득한 사람이 있었고 이 사람이 다시 황하중류의 중원지역으로 들어가서 M122를 획득했다는 것이 된다. 그 후 황궁씨가 높은 문화를 가지고 요하문명터와 백두산문명터에 자리 잡았고 그 사람들 중에 앞의 사람들 같이 황하의 비옥한 토지를 탐하여 맨 처음에 삼황인 신농/복희가 황하중류로 이주하기 시작했다. (수인씨는 반고를 따라 처음부터 중원으로 들어왔다.) 그 흐름이 오제인 소호/전욱/곡/요/순까지 계속되어 중원지방에 사람이 많아지면서 세력을 불리기 시작했고 우에 이르러 중국대륙 최초의 부계중심국가인 하를 세우기에 이르렀다는 것이다.

20장. 우의 배반
禹遂背反符都 設檀於塗山 伐西南諸族而謂之諸候 驅聚於塗山而受朝貢 此效符都祭市之制而暴突者也.
於是 天下騷然 走符都者多, 禹乃遮斷水陸之路 孤隔符都而使不得來往, 然不敢攻符都.
是時 有戶氏 居於西方而收拾苗裔 通於巢許之鄕 連結西南諸族 其勢甚盛 自成一邑.
有戶氏 乃送權士諭禹曰
　堯 誤天數割地爲自專天地 制時爲獨斷利機 驅人爲私牧犬羊 自稱帝王而獨斷 人世默默爲土石草木 天理逆沒於虛妄, 此假竊天權 恣行私慾之暴也.
　帝王者 若代行天權 則亦能開閉日月 造作萬物乎?
　帝王者 數諦 非人之所假以稱之者 假稱則徒爲詐虛之惡戲而已.
　人之事 證理也 人世之事 明其證理之人事也 此外 復有何哉?
　故符都之法 明證天數之理 使人遂其本務而受其本福而已.
　故言者聞者 雖有先後 無有高卑, 與者受者 雖有熟疎 無有牽驅, 故四海平等 諸族自行.

唯其報贖五味之責 恢復大城之業 常在於一人犧牲之主管 非人人之所能爲者 故此事 自古不雜於人世之事 黃穹氏有因氏之例 是也.

(한자) 驅(몰 구), 騷(떠들썩할 소), 拾(거둘 습), 諭(타이를 유), 驅(몰 구), 竊(훔칠 절), 諦(살필 체), 詐(속일 사), 戱(희롱할 희), 牽(이끌 견), 贖(속죄할 속)

(우가 결국 부도를 배반하고 도산에 단을 설치하고 서남의 족속들을 정벌하여 제후라고 부르고 도산에 모이게 하여 조공을 받았으니 이것은 부도에서 제사지내고 시장을 열던 것을 본 뜬 것인데 너무나 당돌한 것이었다. 이때 천하가 떠들썩해서 부도로 도망오는 자가 많았다. 우는 이에 부도로 통하는 수륙의 도로를 차단하고 왕래하지 못하게 하였으나 감히 부도를 공격하지는 못하였다. 이때 유호씨는 서쪽에 거주하면서 묘족의 후예를 수습하고 소부와 허유의 고향과 통하며 서남의 여러 족속들과 연결하여 그 세력이 심히 왕성하였으니 하나의 읍을 이뤘다. 유호씨가 이에 권사를 보내 우를 타이르며 가로되 "요는 수의 이치를 오해하고 땅을 나눠 천지를 자기 멋대로 했으며 역법을 만들어 자신만을 위해 이기를 결정했으며 사람을 몰아내 사사로이 개와 양을 길렀으며 스스로 제왕이라 칭하며 독단적이었다. 세상은 토석초목처럼 말이 없었고 천리는 도리어 허망한 나락으로 빠져버렸으니 이것은 천권을 거짓으로 훔쳐 사욕을 자행하는 폭거이다. 제왕이 천권을 대행하는 사람이라면 능히 일월을 개폐하고 만물을 창조할 수 있는가? 제왕이란 수의 요체이니 사람이 거짓으로 칭할 수 있는 것이 아니다. 거짓으로 칭한다면 도리어 허망한 비극이 될 뿐이다. 사람의 일이란 이치를 증명하는 것이고 세상의 일이란 이치를 증명한 사람을 밝히는 것이니 이외에 다시 무엇이 있겠는가? 그러므로 부도의 법은 천수의 이치를 증명하여 사람들이 본인의 임무를 달성하여 복을 받게 하는 것일 따름이다. 그러므로 말하고 듣는 사람에 비록 선후가 있을지라도 높고 낮음은 없으며, 주고받는 사람이 비록 멀고 가까움이 있을지라도 끌어들이거나 몰아낼 수는 없는 것이므로 사해가 평등하고 제족이 스스로 행하는 것이다. 오직 오미의 책임을 속죄하고 대성의 업을 회복하는 것은 항상 한 사람의 희생으로 주관할 수 있는 것이지 사람마다 할 수 있는 것이 아니다. 그러므로 이 일은 예부터 세상사와 섞일 수 없는 것으로 황궁씨와 유인씨와 같은 사람들이 하는 일이다.)

○帝王者 若代行天權 則亦能開閉日月 造作萬物乎? : 제왕이란 부계사회의 가부장이 국가개념으로 확대된 것이다. 사람 위에 선 사람이라는 것인데 단지 힘으로 선 것일 뿐 자연의 이치를 깨달은 사람이 아니라는 뜻이겠다.

○帝王者 數諦 : 이른바 사람 위에 서는 제왕이란 것이 있다면 그것은 자연의 이치를 나타내는 숫자의 요체, 그 자체일 것이다.

○故符都之法 明證天數之理 : 그러므로 부도에서 하는 것이라고는 (단지) 자연의 이치를 드러내는 숫자의 비밀을 밝게 증명하는 일이다.

○無有高卑 : 모계사회의 평등사상을 말한다. 남녀사이의 평등 뿐만 아니라 권력이나 재물의 부익부빈익빈을 줄이는 것 또한 포함할 것이다.

○故四海平等 : 도덕시간에 늘 들어왔던 쉬운 말이지만 양인들이 권력을 잡은 현대사회에선 쉽게 이룰 수 없는 것이 바로 '평등사상'이다.

21장. 오행의 부조리

且其所謂五行者 天數之理 未有是法也. 方位五中者 交叉之意 非變行之謂也.
　變者 自一至九 故五者 不得常在於中 而九者輪回, 律呂相調 然後萬物生焉, 此基數之謂也.
　至其五七大衍至環 則其位不限於五 而亦有四七也.
　且其順逆生滅之輪冪 四也 非五也 卽原數之九 不變故也,
　又輪冪一終之間 二八之七也 非五也.
　又其配性之物 金木水火土 五者之中金土 如何別立乎?
　　以其小異 亦將別之 則氣風草石之類 豈不共擧耶?
　　故皆擧則無數也 嚴擧則金木水火 或土木水火之四也 不得爲五也.
　　尤其物性 由何而配於數性乎? 數性之物 其原 九也 非五也.
　　故五行之說 眞是荒唐無稽之言, 以此 誣惑證理之人世 乃作天禍 豈不可恐哉!

(한자) 稽 상고할 계, 冪[멱(둘 이상의 수나 식을 서로 곱한 수)], 誣 속일 무

(그리고 소위 오행이라는 것은 천수의 이치에 이런 법칙은 없다. 방위의 중간에 있는 5라는 것은 교차의 의미이지 변행을 말하지 않는다. 변화라는 것은 1부터 9까지이므로 5가 항상 중앙에 있을 수가 없고 9개의 수가 윤회한다. 율려가 조화로워야 만물이 만들어지는 것이므로 이것은 기수를 말하는 것이다. 5/7이 크

게 확장되어 원을 이루는 것은 그 위치가 5에만 한정되는 것이 아니라 4/7도 있다. 그리고 순역생멸하는 윤역은 4이지 5가 아니다. 왜냐하면 원수인 9는 변하지 않기 때문이다. 또 윤역이 한 번 끝나는 사이는 2/8의 7이지 5가 아니다. 또 성질을 목화토금수에 짝지을 때 오행의 금토는 왜 구별하는가? 조금 다르다고 구별한다면 공기/바람/풀/돌의 종류들은 어찌 같이 들지 않는가? 그러므로 이런 것들을 모두 구별한다면 무수히 많고 엄격히 구별한다면 금목수화 또는 토목수화의 4개이지 5개가 될 수 없다. 더욱이 물성이란 것은 무엇을 말미암아 수에 배합하는 것인가? 수는 그 근원이 9이지 5가 아니다. 그러므로 오행설이라는 것은 진실로 황당무계한 말이고 이것으로써 이치를 증명하는 인간사를 속이고 미혹하게 한다면 천화에 이를 것이니 어찌 두렵지 않겠는가!)

○變者 自一至九 故五者 不得常在於中 而九者輪回 : 변화는 1~9까지의 숫자가 윤회하는 것이라고 말하고 있다. 우주의 이치는 1~9가 계속 도는 현상이라는 것이다. 10까지 가버리면 변화의 수가 아닌 완전수가 되어버려 변화를 표현하는데 적합하지 않게 된다. 일단 여기서 윤회사상을 볼 수 있다. 우주라는 것이 대우주가 있고 사람이나 세포 같은 소우주가 있는데 1~9까지의 숫자는 그 우주들을 모두 관통하는 이치이며 이 숫자가 윤회한다는 것은 이 (대/소)우주 또한 윤회한다는 것을 말하고 있는 것이다. 1~9까지의 숫자의 중간은 5인데, 5가 항상 중앙에 있지 않다는 것은 5가 가만히 중앙에 있으면서 1~4, 6~9가 움직이는 것이 아니라 1~9가 모두 움직이는 것이라고 말하고 있는 것이다.

○律呂相調 然後萬物生焉 : 홀수는 양수이므로 률에 해당하고, 짝수는 음수이므로 려에 해당한다. 1은 홀수, 2는 짝수, 3은 홀수...9는 홀수. 홀짝홀짝으로 률려률려, 양음양음처럼 서로 교대해야 만물이 생긴다는 것이다. 하지만 9 다음에 10이 온다면 홀수홀수가 되어 조화가 깨지게 된다. 따라서 1~9의 윤회가 단순히 1234546789로 이뤄지는 것은 아니라는 것을 짐작할 수 있다. 그래서 뒤에 숫자의 이치를 설명하고 있는 것 같은데... 무슨 말인지 모르겠다.

○嚴擧則金木水火 或土木水火之四也 不得爲五也 : 결국 오행이 아니라 사대(四大)가 이치라는 것이다. 누누이 말했듯이 본인은 이 사대는 8괘에서 나오는 것이고 음양삼재로 풀어야 한다고 생각한다. 이 외에 바로 위처럼 푸는 법이 있었던 것 같은데 오행사상에 밀려 그 구체적인 방법이 유실된 것 같다.

## 22장. 역법은 천수에서 나온다

且其曆制 不察乎天數之根本 取本於龜莢之微物 堯且何心哉?
　天地之物 皆出於數 各有數徵 何必龜莢而已哉?
　　故於物於事 各有其曆, 曆者 歷史也.
　　故堯之曆制 卽龜莢之曆 非人世之曆 其不合於人世者 固當然也.
　　以故 飜覆三正 將欲苟合而不得 遂致天禍也.
　大抵曆者 人生證理之其本 故其數無不在躬.
　是故 曆正則天理人事證合而爲福, 曆不正則乖離於天數而爲禍.
　　此福在於理存 理存(在?)於正證故也.
　　故曆之正與不正 人世禍福之端 可不愼哉?
　昔世五味之禍 出於一人之迷惑 及於萬代之生靈, 今且曆禍 將欲及於千世之眞理 懼矣哉!

(한자) 飜覆(번복하다), 苟(구차할 구), 躬(몸 궁) 何必(구태여 …할 필요가 있는가?)

(또 역을 제정함에 있어서는 천수의 근본을 살피지 않고 거북이와 명협에서 근원을 찾았는데 요는 도대체 무슨 마음에서 이러했는가? 천지의 물건은 모두 수에서 나온다. 물건은 각기 수의 상징을 갖는데 거북이와 명협에만 그것이 있겠는가? 그러므로 각각의 사물에는 저마다의 역법이 있는 것이니 역이란 것은 역사인 것이다. 따라서 요의 역법은 조협의 역법이지 사람의 역법이 아니므로 인간세상에 맞지 않는 것은 당연하다. 그러므로 삼정을 번복하고도 부합하기를 바라지만 얻지 못하고 결국 천화에 이르는 것이다. 대저 역이란 것은 이치를 증명하는 근본이므로 그 수가 몸에 있지 않은 것이 없다. 그러므로 역이 바르면 천리와 인사가 부합하여 복을 받게 되고 역이 바르지 못하면 인사가 천리와 어긋나 화를 입게 된다. 이것은 복이란 것은 이치의 존재여부에 있으며 이치의 존재여부는 바른 증명에 있기 때문이다. 그러므로 역의 바르고 바르지 못함은 인간세상 화복의 단서가 되니 삼가지 않을 수 있겠는가? 옛날에 오미의 화가 한 사람의 미혹함에서 출발하여 만대의 생령에 미쳤는데 오늘 또 역의 화가 천세의 진리에 미치려고 하니 두렵구나!)

## 23장. 마고력

天道回回 自有終始 終始且回 疊進四段而更有終始也.
一終始之間 謂之小曆, 終始之終始 謂之中曆, 四疊之終始 謂之大曆也.
小曆之一回曰祀 祀有十三期 一期有二十八日而更分爲四曜.
　一曜有七日 曜終曰服 故一祀有五二曜服 卽三百六十四日 此一四七之性數也.
每祀之始 有大祀之旦 旦者與一日同 故合爲三百六十五日.
三祀有半 有大朔之昄 昄者 祀之二分節 此二五八之法數也.
　昄之長 與一日同 故第四之祀 爲三百六十六日.
十祀有半 有大晦之晷 晷者 時之根. 三百晷爲一眇 眇者 晷之感眼者也.
　如是 經九六三三之眇刻分時爲一日 此三六九之體數也.
如是 終始次及於中大之曆而理數乃成也.
大抵堯之此三誤者 出於虛爲之欲 豈可比言於符都實爲之道哉?
　虛爲 則理不實於內 竟至滅亡 實爲 則理常足於我 配得自存.
(한자) 祀(년 사), 曜(7요 요), 昄(클 판), 晷(그림자 구), 眇 볼 묘

(천도는 돌고 돌아 스스로 종시가 있고, 이 종시는 또 돌아 4번을 중첩하여 전진하여 다시 종시가 있게 된다. 하나의 종시 사이를 소력이라고 하고, 종시의 종시를 중력, 4번 돈 종시를 대력이라고 한다. 소력이 한 번 도는 것을 사(年)라고 하고, 사에는 13기(月)가 있으며, 1기에는 28일이 있으며 4요(週)로 나눠진다. 1요는 7일이고 1요가 끝나는 것을 복이라고 한다. 그러므로 1년에는 52요가 있으니 364일이다. 이 1·4·7을 성수라고 한다. 매년의 시작에는 대사의 단이 있는데 단이라는 것은 하루와 같으므로 합하여 365일이 된다. 3.5년이 되면 대삭의 판이 있는데 판이라는 것은 1년을 둘로 나누는 마디이다. 이 2·5·8을 법수라고 한다. 판이 길 때는 하루와 같으므로 4년 마다 366일이 된다. 10.5년이 되면 대회의 구가 있는데 구라는 것은 시간의 근본으로서 300구가 1묘가 되고 구란 것은 눈으로 감지할 수 있는 최소단위를 말한다. 이와 같이 9633묘각을 경과하면 하루가 되므로 이 3·6·9를 체수라고 한다. 이와 같이 종시가 차례로 중대력에 이르면 이수가 이루어진다. 대저 요의 3가지 오류는 허위의 욕심에서 나온 것이니 어찌 부도의 실위의 도에 비교할 수 있겠는가? 허위로 한다면 이치가 안에서 부실하므로 멸망에 이르고, 실위로 한다면 이치가 항상 내 안에서 풍족하므로 스스로 존재하게 될 것이다.")

○마고력을 복원한 책이 있으니 여기를 참고하세요.64)

○일단 이해를 쉽게 하기 위해서 현재 쓰고 있는 그레고리력에서의 윤일(閏日)에 대해 먼저 설명하겠다. 보통 말하는 1년이라는 것은 회귀년 또는 태양년으로서 태양이 춘분점을 나온 뒤 황도 상을 진행하여 다시 춘분점으로 돌아올 때까지의 시간으로 측정하며 약 365.24219878일이다. 365일로 딱 떨어지지 않으므로 몇 년에 한 번씩 1일을 추가해줘야 하는데 소수점 또한 0.24219878로서 0.25같이 딱 떨어지지 않기 때문에 그 또한 불규칙적일 수밖에 없으며 이 회귀년 또한 세차운동에 따른 춘분점의 이동으로 인하여 100년에 약 0.5초씩 짧아지고 있다고 하니 애당초 바랄 수 없는 것이었다고 봐야 하겠다. 아무튼 현재는 4년이 지나면 0.24219878 X 4 = 0.96879512일이 모자라게 되므로 1일을 윤일로 추가하게 된다. 그러면 또 다시 4년마다 1 - 0.96879512 = 0.03120488일이 늘어나는 결과를 빚게 된다. 이렇게 4년마다 윤일을 계속 두게 되면 이 수치가 쌓여서 400년이 되면 3.120488일이 늘어나게 된다. 그래서 400년마다 100으로 나눠지는 해인 100/200/300에는 윤일을 두지 않아서 3일을 빼면 400년마다 0.120488이 늘어나게 된다. 즉 400년이 될 때까지 4년마다 윤일을 두되 100으로 나눠지는 해에는 윤일을 두지 않고 400으로 나눠지는 해에는 윤일을 두면 0.120488일이 늘어나게 된다는 것이다. 그러면 여기에 8을 곱하면 3200년마다 8 X 0.120488 = 0.963904일이 또 늘어나게 되므로 3200년마다 또 하루를 빼줘야 하는 것이다.

○自有終始 ~ 疊進四段而更有終始也 : 마고력에서는 아래에 나오듯이 1년이 13개월이므로 첫달은 종시달이라고 따로 둔다. 그러면 '1년 = 종시달 + 12개월'이 되는 것이다. 종시가 4번 진행한다는 것은 4년이 지났다는 것이고 이때 윤일을 두므로 다시 처음과 같은 종시가 된다는 뜻이다. 4년마다 윤일을 둔다는 의미이다.

○一終始之間 ~ 謂之大曆也 : 소력은 1년, 중력은 2년, 대력은 4년이다.

○小曆之一回日祀 ~ 更分爲四曜 : 위에서 종시와 종시의 사이는 소력이라고

---

64) https://www.youtube.com/watch?v=i2vTTo_qTuE 참고

했고 소력은 사(祀)라고 했으므로 사(祀)는 (제사를 1년에 한 번 지내므로) 년(年)을 말하며 종시라는 달이나 날이 별도로 있음을 알 수 있다. 그리고 1년에 13개월이 있고 1달에는 28일이 있으며 4주로 나뉜다고 적고 있다. 만약 종시를 한 해가 시작하는 날을 특정하여 부른 것이라면 실지로 1년이 13개월이 되어버린다. 그런데 13이 어떤 주기가 되는 경우는 없다. 4-5에 나와 있듯이 12가 주기가 된다. 따라서 종시는 한 해의 첫 달을 말하는 것이고 이후에 12개월이 28일씩 추가되는 것이 마고력이라고 할 수 있겠다.

  자 여기서 달력이 없는 상태에서 달력을 만들어야 하는 사람이 돼서 생각해보자. 먼저 해야 할 것은 자연이 어떤 주기를 가지고 운행하는지 살펴보는 것이다. 만약 주기가 없다면 그냥 1부터 세 나가면 그만일 것이기 때문이다. 그런데 일단 쉽게 보이는 주기가 있다. 해는 항상 동쪽에서 떠서 서쪽으로 진다는 사실이 있다는 것이다. 그러므로 해의 어느 한 지점을 기준으로 다음 날 같은 지점에 도달할 때까지의 시간을 하루라고 정할 수 있을 것이다. 해가 하루라는 주기로 일정하게 지구에 영향을 주는 것이다. 해 이외에 영향을 주는 것을 살펴보니 달이란 게 있었다. 그런데 달을 보니 보름달이 되었다가 그믐달이 되고 그 주기는 29~30일 정도 한다. 그러면 이것을 월(月)이라고 하자. 그러면 1일과 29~30일이라는 주기를 찾았는데 이 둘 사이가 너무 길다. 그래서 이 월을 구분하고 싶은데 어떻게 구분할 것인가? 나눌 수 있는 방법은 여러 가지다. 30/8=3.75, 30/7=4.28, 30/6=5, 30/5=6, 29/8=3.62, 29/7=4.14, 29/6=4.83, 29/5=5.8... 그런데 이렇게 나누는 것은 그냥 인간이 머리를 굴려서 나누는 것이 아니라 자연에 답이 있다고 부도지는 말하고 있는 것이다. 천도(天道), 즉 하늘은 그냥 마구잡이로 돌아가는 것이 아니라 하늘의 규칙에 따라 돌고 있다는 것이므로 그 규칙에 맞게 달력을 만들어야 한다는 것이다. 그래서 머리로 오행을 만들고 역법을 만든 요를 꾸짖고 있는 것이고 그레고리력이 잘못된 것이라고 말하고 있는 것이다. 그레고리력에서 1달의 날수를 정하는 규칙은 없다. 시저 이후 정권을 잡은 아우구스티누스는 자신이 태어난 8월에 자기 이름을 붙여 August로 고쳤다. 그리고 황제의 달이 하루 적은 것은 권위에 맞지 않는다고 하여 31일로 늘리고, 대신 2월을 28일로 만들었다. 그래서 한 달의 길이가 무의미하게 28일부터 31일에 걸쳐 불규칙하게 되어 있는 것이다. 이런 것들이 자연의 이치를 따르지 않아 세상을 어지럽히는 것이라고 말하는 것이다. 따라서 1달을 나누는 것도 그믐~반달, 반달~보름, 보름~반달, 반달~그믐이 각각 1주기가 되므로 4주로 나누는 것이 이치에 맞다고 말하고 있는 것이다. 그러면 한 주를 며칠로 할 것인가하는 문제가 남게 되는데 4X7=28일이고 4X8=32일인데 28일이 달의 주기와 근사하므로 7일로 하게 된 것이라 할 수 있겠다. 그러면 일주월이 정해지게 되었고 월보다 큰 주기는 없는가하고 살펴봤더니 태양이 황도를 한 바퀴 도는 주기가 월보다 더 크다는 것을 알게 되었고 이를 년이라고 정하게 된 것이다.

○一曜有七日 ~ 此一四七之性數也 : 위와 같이 1주일을 7일로 정하게 되면 1년은 자동적으로 4x13=52주가 되므로 52x7=364일이 된다. 一四七은 1달을 4주, 1주를 7일로 정한 것이 그냥 정한 것이 아니라 하늘의 성수(性數)였기 때문에 그렇게 정한 것이라고 말하고 있다.

○每祀之始 ~ 故合爲三百六十五日 : 364일은 실제 회귀년인 365.24219878일과 차이가 난다는 것을 알았기 때문에 1일을 그냥 매년 첫날로 보태주고 이름을 단(旦)이라고 지었고 여기에 '소설(小雪)'을 배치하면 마고력이 만들어진다고 한다.

○三祀有半 ~ 此二五八之法數也 : 달의 주기는 보통 29일 아니면 30일인데 판(昄)이란 것이 29일인지 30일인지를 나눠주는 역할을 한다. 판(昄)은 삭(朔), 즉 초하루에 있는데 3.5년을 주기로 초하루가 가장 길어지는 대삭(大朔)이 있게 된다는 말로 해석된다. 二五八은 二(초승달이 긴 30일과 짧은 29일로 나눈다), 五(위에서 설명한 단(旦)을 둬서 365일을 만든다는 사실이다), 八(둘로 나누는 판(昄)이 길어져서 4년마다 하루를 보태니 2X4=8)의 뜻이 있다.

○昄之長 ~ 爲三百六十六日 : 그 판이 쌓이고 쌓이면 1일이 되므로 4년 마다 하루를 보태어 366일이 된다.

○十祀有半 ~ 此三六九之體數也 : 위와 같이 4년마다 하루를 보태면 맨 위에서 설명한 것과 같이 4년마다 0.03120488일이 늘어나게 된다. 이 현상을 깨달은 마고력법자는 여기서 구가 10.5년을 주기로 변한다는 것을 말하면서 하루를 빼는 규칙을 제시하고 있는 것인데 자료가 미진하여 명확한 해석이 불가하다. 일단 시간체계는 朞眇刻分時日期祀로 되어 있다는 것을 알 수 있다. '300구=1

묘'가 되는데 1묘는 눈이 변화를 감지할 수 있는 최소단위라고 말하고 있다. 그렇다면 이보다 작은 구의 변화는 눈으로 봐서는 알 수 없다는 것이 되므로 임의로 300이라는 수치를 제시한 것으로 보인다. 그리고 9633은 '9633묘=1각'일 수도 있고 9·6·3·3이라는 어떤 원리를 말하고 있을 수도 있다. 뒤의 三六九는 이 9633을 뒤집은 것이라고 생각한다. 이런 시간체계는 현재시간체계와 비교해서 전혀 뒤지지 않을 뿐만 아니라 1~12월은 항상 28일로 일정하며 새해 첫 날에는 항상 소설(小雪)이 오는 마고력은 현재의 뒤죽박죽인 그레고리력과 비할 바가 아니라고 평가할 수 있다. 과연 이렇게 썼을까 의문이 들지만 지구자오선의 길이를 정확하게 측정했던 1세대문명[65]은 마고성문명이었고 자오선을 측정하는 데는 지구의 자전/공전에 대한 명확한 인식이 필요했으므로 이런 시간체계가 없었다면 오히려 불가능했을 것이라고 말할 수 있다.

24장. 우를 처단하다
有戶氏 如是叮嚀告戒 勸廢諸法而復歸於符都,
　　禹頑强不聽 反爲威侮 乃率衆 攻有戶氏 數次未勝 竟死於茅山之陣.
　　於是 夏衆 悲憤願死者數萬 此蓋與禹治水之徒也.
禹之子 啓 率此大軍 進擊有戶氏之邑 有戶氏之軍 不過數千,
　　然夏軍戰則必敗 一無擧績 啓遂懼而退陣 不復再擧 其衆激昂.
於是 有戶氏 見夏衆之爲瞽盲 以爲不可速移, 將欲敎西南諸族 率其徒而去 其邑自廢.
(한자) 叮嚀(정녕), 侮(업신여길 모). 績(공적 적), 瞽(장님 고)

(유호씨가 이와 같이 경계하여 말하고는 제법을 폐지하고 부도로 복귀할 것을 권하였다. 우가 완강히 거절하며 오히려 위력으로 업신여기며 무리를 이끌고 유호씨를 공격하기를 수차례 했으나 결국 모산전투에서 죽었다. 이에 하나라 무리들이 슬퍼하고 분개하며 따라 죽고자 하는 이들이 수만에 이르렀으니 모두 우와 더불어 치수하던 자들이었다. 우의 아들 계가 대군을 이끌고 유호씨의 읍으로 진격하니 유호씨의 군대는 불과 수천이었으나 하나라 군대는 전투마다 져서 전

---

65) 「1세대문명」 (크리스토퍼 나이트, 청년사)

공이 없으므로 계가 드디어 두려워 군대를 물리고 다시는 거병하지 않으니 그 무리들이 격앙되었다. 이때에 유호씨가 하나라 주민들의 어리석음을 보고 이른 시일 안에 이들을 되돌릴 수 없음을 아시고 서남쪽의 제족들을 교육하시려고 무리를 이끌고 가시니 원래 있던 읍은 자연적으로 없어졌다.)

## 25장. 피라미드/지구라트

自是 天山之南 太原之域 紛紛然 囂囂然 若無主人,
　所謂王者 爲瞽 所謂民者 爲盲, 暗黑重疊 而强者爲上 弱者爲下.
　王侯封國之風 制壓生民之弊 曼延成痼 遂至於自相侵奪 徒殺生靈 一無世益.
　以故 夏殷 皆亡於其法 而終不知其所以然 此自絶符都 未聞眞理之道故也.
於焉 有戶氏 率其徒 入於月息星生之地 卽白巢氏黑巢氏之鄕也.
　兩巢氏之裔 猶不失作巢之風 多作高塔層臺.
　然忘失天符之本音 未覺作塔之由來 訛傳道異 互相猜疑 爭伐爲事.
　麻姑之事 殆化奇怪 泯滅於虛妄, 有戶氏 周行諸域 說麻故之道 天符之理 衆皆訝而不受.
　然唯其典古者 悚然起來而迎之 於是 有戶氏 述本理而傳之.

(한자) 紛(어지러울 분), 囂(시끄러울 효), 瞽(장님 고), 訛傳(와전되다), 猜(시기할 시) 泯(멸망할 민), 訝(의아할 아), 悚(송구할 송)

(이렇게 천산의 남쪽인 태원지역은 뒤숭숭하고 시끄러워 주인이 없는 듯하였다. 소위 왕이란 사람은 장님이고 주민들은 소경이라 암흑이 중첩하니 강자가 위에 있고 약자가 아래에 있게 된다. 왕이 제후에게 봉토를 나눠주는 풍조와 주민들을 제압하는 폐단이 만연하여 고질병이 되니 드디어 서로 침탈하고 생명을 죽여서 세상에 하나도 이익 되는 것이 없었다. 이런 이유로 하나라와 은나라는 모두 그 법 때문에 망한 것이나 (그들은) 그 이유를 끝내 알지 못하였으니 그 이유는 스스로 부도를 끊고 진리의 도를 듣지 않은 때문이었다. 유호씨는 그 무리를 이끌고 월식·성생의 땅으로 들어갔으니 백소씨와 흑소씨의 고향이었다. 양소씨의 후예들은 새집을 짓는 풍습을 잃지 않고 고층탑과 층대를 많이 만들었으나 천부의 본음을 망실하여 탑을 만드는 유래를 자각하지 못했으므로 도를 다르게 와전시켜 서로 시기하며 싸우는 것을 일로 삼았다. 마고의 일은 거의 기괴한 일로

변하여 허망한 것으로 멸망하였으므로 유호씨가 여러 구역을 돌며 마고의 도와 천부의 도를 설파하며 다녔으나 대중들이 모두 의아해하며 받아들이지 않았다. 그러나 오직 옛일을 맡아보는 자가 송구해하며 일어나 맞이하니 유호씨가 근본 이치를 설파하고 전하였다.)

○夏殷 皆亡於其法 : 하은나라가 부도에서 중원으로 진출한 사람들의 후손이 세운 나라라는 것을 말해준다.

○有戶氏 ~ 入於 ~ 白巢氏黑巢氏之鄕也 兩巢氏之裔 猶不失作巢之風 多作高塔層臺 : 유호씨는 중원의 서남쪽에 있었으며 백소씨는 서쪽으로, 흑소씨는 남쪽으로 출성했으므로 그들의 고향으로 들어갔다는 말인데 이들은 메소포타미아와 이집트로 들어간 사람들로서 유호씨가 여기까지 갔다고는 생각하기 어렵다. 다만 뒤에 이들이 소를 만들던 풍습대로 탑을 높이 쌓았다는 것은 지구라트와 피라미드의 존재와 일치하므로 정말 여기까지 갔을까 고민하게 만들지만 중국 서안 등지에 분포하고 있는 피라미드를 말하는 것이 아닐까 추측해본다. 하은주는 사실 큰 나라가 아니었고 은허가 발굴된 하남성(河南省) 안양시(安陽市) 일대의 작은 나라였고 서안은 안양에서 정확하게 서남쪽에 위치한다. 따라서 반고가 삼위산으로 들어올 때 백소/흑소씨 집단도 일부 같이 들어왔고 유호씨가 거기에 합류했을 가능성이 있을 것 같다. 그러나 이 부도지를 문자로 적은 전고자도 마고성을 떠난 지 이미 수천 년이 지난 터라 시야가 좁아져서 흑소씨와 백소씨가 서남쪽으로 이동했다는 구전을 중원의 서남쪽인 걸로 착각해서 이렇게 적었을 가능성이 가장 큰 것으로 판단한다. 그리고 作巢라고 말했으므로 궁(穹)은 피라미드나 지구라트가 아니라는 말이 된다. 따라서 인더스문명의 청궁씨와 요하문명의 황궁씨는 피라미드나 지구라트를 세우지 않았고 고인돌 같은 거석문화를 공유하게 된다.

○典古者 : 역사를 담당하거나 알고 있는 사람을 말한다. 이 부도지를 쓴 사람, 한민족이 세운 수메르/이집트/그리스/히타이트/에트루리아 등등의 신화를 만든 사람들 그리고 성서의 틀을 만든 아브라함이 전고자에 해당할 것이다. 이 한민족의 역사를 모른 채 부도지/신화/구약성서를 만들었다고 상상하는 것은 힘들다. 왜냐하면 이 부도지와 신화 그리고 구약의 내용을 관통하는 핵심적인 줄거

리가 일관되게 일치하기 때문이다.

26장. 부도전승 7000년

任儉氏 聞有戶氏之行 壯其途 使有戶氏之族 就於敎部而居之.
　是時 任儉氏 甚憂夏土之形勢 遂入山 專修解惑復本之道.
任儉氏之子 夫婁氏 繼受天符三印,
　證天地之爲一理 人生之爲一族, 大興父祖之道 普行天雄之法 專念人世證理之事.
　尙聚密雲海之族 欲試夏土之歸一 異道漸盛 未得遂意. 夫婁氏 傳符於子浥婁氏 入山.
浥婁氏 生而有大悲之願 繼受天符三印
　哀憫夏族之陷於塗炭之中 悲痛眞理之墮於詐端之域
　遂封鎖天符於明地之壇 乃入山 專修復本之大願 百年不出 遺衆大哭.
任儉氏 生於後天末世之初 豫察四海之壯來 示範符都之建設 千年之間 其功業 大矣 至矣.
至是 符傳廢絶 麻姑分居以來 '黃·因·桓·雄·儉·夫·婁' 七世 符傳七千年.

(임검씨가 유호씨의 행적을 듣고는 그 길을 장하게 여겨 유호씨의 족속들을 교육부에 취업하여 살게 하였다. 이때 임검씨는 하나라 땅의 형세에 심히 우려하여 마침내 입산하여 해혹복본의 도를 수련하는데 전념하였다. 임검씨 아들인 부루씨가 천부삼인을 계승하였다. 천지가 하나의 이치이고 사람들이 모두 한 가족임을 증명하고, 선조들의 도를 크게 부흥시키고 환웅의 법을 널리 행하고 인세의 이치를 증명하는 일에 전념하였다. 운해의 족속을 은밀히 모아 하토의 귀일을 꾀하였으나 이도가 점차 융성해져 끝내 뜻을 이루지 못했다. 부루씨는 아들 읍루씨에게 천부를 전수하고 입산하였다. 읍루씨는 나면서 큰 자비의 소망을 가지고 태어났는데 천부삼인을 계승받았다. 하나라족속이 도탄에 빠진 것을 가엽게 여기고 진리가 거짓으로 치부되는 것에 비통해 하였다. 마침내 천부를 태백산 천부단에 봉쇄하고 입산하여 복본의 큰 원을 수련하는데 전념하여 백년이 지나도 나오지 않으시니 남은 주민들이 크게 슬퍼하였다. 임검씨가 후천말세의 처음에 태어나서 사해의 미래를 미리 살펴 부도의 건설을 시범하셨으니 천년 동안 그 업적이 크고 지극하다. 지금에 이르러 천부의 전수가 끊어졌으니 마고분거

이래로 황궁씨·유인씨·환인씨·환웅씨·임검씨·부루씨·읍루씨 칠세로 부도전승 7천 년이었다.)

○遂封鎖天符於明地之壇 乃入山 : 부도(符都)라는 것은 '하늘의 이치가 땅에 구현되는 도시'라는 뜻을 가진 것이므로 이 나라는 우두머리가 정권을 잡아서 사람 위에 군림하려고 세운 것이 아니라 누구나가 평등하면서도 자신이 인간으로 태어난 이유를 깨달으며, 가지고 태어난 복덕을 다 같이 이루자는 취지에서 일으킨 나라였다. 그러나 시간이 지나면서 사람들은 더 많은 돈과 명예 그리고 권력을 손에 쥐려고 혈안이 되고 더 강한 무력의 힘 아래에 모이면서 부도의 꿈은 멀어져갔다. 더 이상 이상적인 사회를 이룩하려는 노력이 부질없다는 것을 깨달은 지도자는 물러나와 수행자답게 산으로 들어간다.

○任儉氏 生於後天末世之初 : 고조선을 세운 단군이 우리의 선조이긴 하지만 우리의 시조는 아니고 말세에 부도의 법을 다시 밝히려고 애쓰셨던 분이었을 뿐이다. 우리의 시조는 당연히 마고할미가 될 것이다. 한민족은 모계의 평등사상으로부터 시작한 사람들이다.

○麻姑分居以來 '黃·因·桓·雄·儉·夫·妻' 七世 符傳七千年 : 앞에서 임검씨가 신시에 자리 잡은 것은 환단고기의 배달국에 해당한다고 보인다. 다만 건국자가 부도지에서는 임검씨이고 환단고기에는 환웅씨라고 나와 있다. 다만 삼성기 하에는 임검씨가 건국한 고조선이야기가 없다. 그렇다면 연대는 환웅씨 치세의 시작을 BC3898로 보는 것이 기준이 되야 할 것 같다. 이 기준으로 거슬러 올라간다면 황궁씨가 출성한 때는 BC6898년이 되고 1차출성은 BC7898년이 될 것이다. 만약 배달국을 BC3898년에 임검씨가 세웠다면 황궁씨의 출성은 BC7898년으로 1천 년이 늦춰지는데 수메르의 초가 마미유적이 BC5600년경에 지어진 것으로 추정하므로 출성과의 시간차가 2000년이 나면서 조금 현실성이 떨어지는 것이 아닌가 생각한다. 따라서 본인은 황궁씨가 BC6898년에 출성했다고 추측한다.

|   |   | 부도지 | 삼성기 하 | 태백일사 |   | 시기(BC) |
|---|---|---|---|---|---|---|
| 환국 | 누가 | 황궁씨 출성 | 桓仁 | 桓仁 | 1차출성 | 7898 |
|  | 언제 | BC ? | BC 7197 | BC 7197 | 황궁 | 6898 |
|  | 어디서 | 天山 | 天山 | 天山 | 유인 | 5898 |
| 배달국 | 누가 | 壬儉 | 桓雄 | 桓雄 | 환인 | 4898 |
|  | 언제 | BC ? | BC 3898 | BC 3898 | 환웅 | 3898 |
|  | 어디서 | 太白山(神市) | 太白山(神市) | 太白山(神市) | 임검 | 2898 |
|  | 반고 |  | 盤固者..欲分道 |  | 부루 | 1898 |
| 고조선 | 누가 |  |  | 檀君王儉 | 읍루 | 898 |
|  | 언제 |  |  | BC 2333 |  |  |
|  | 어디서 |  |  | 阿斯達 |  |  |

●언어(인도유럽어족/함셈어족)

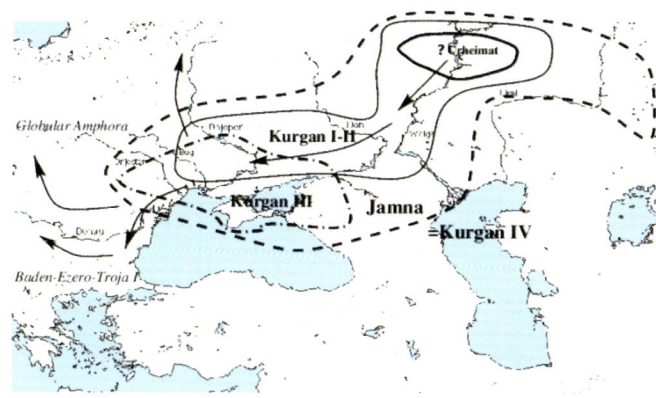

[쿠르간가설(1).
Ⅰ(BC4000년대 초반),
Ⅱ/Ⅲ(BC4000년대 후반),
Ⅳ(BC3000년대 초반)]

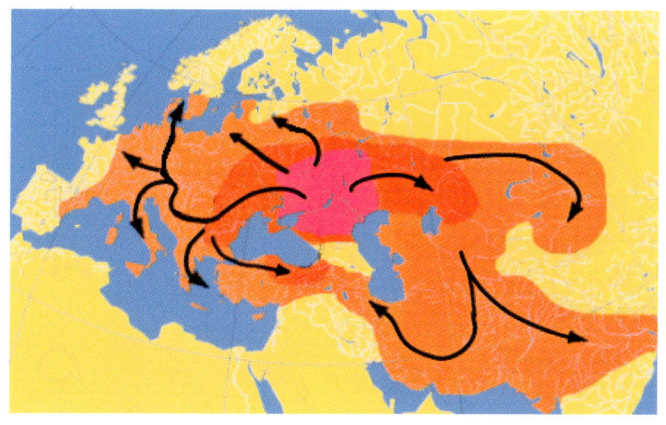

[쿠르간가설(2).
가장 짙은 오렌지색은
  BC4000년대의 시작지.
짙은 오렌지색은
  BC2500까지의 이동.
옅은 오렌지색은
  BC1000까지의 이동.]

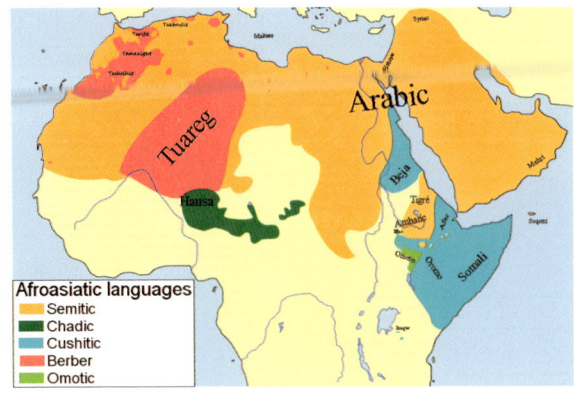

[아프리카아시아 어족(함셈어족) 셈족은 이들이 쓰는 언어로 판단한다면 건조한 사막기후로 인해 폐의 수분이 마르면서 만들어진 흑인 태양인으로서 지구상에서 (백인보다) 가장 기운이 상승한 양인인 듯하다.]

여기서 일단 중동과 아나톨리아반도(소아시아)에서 쓰이던 언어에 대해서 알아보기로 하자. 현재 아라비아반도와 북아프리카에서 쓰이는 언어들은 대부분 아프리카아시아어족(함셈어족)에 해당하고 아나톨리아반도의 대부분을 차지하는 터키는 알타이 어족의 한 갈래인 튀르크 어군을 대표하는 언어를 사용하고 있고 이란어는 인도유럽어에 해당한다. 그리고 인도유럽어가 어디서부터 시작되어 어떻게 전파되어 갔는지에 대한 가설로 몇 가지가 제기되었는데 그 중 아나톨리아 가설은 아나톨리아에 살던 신석기인들이 쓰던 원시 인도유럽어가 농경의 자연스러운 확산으로 BC7000년경부터 동쪽과 서쪽으로 가서 인도유럽어가 되고, 더욱 동쪽으로 가서 드라비다어가 되고, 남쪽으로 가서 함셈어가 되었다는 가설이다. 또 다른 것으로 아르메니아가설이 있다. 아르메니아고원을 포함한 코카서스남쪽 그리고 북부메소포타미아에서 살던 사람들로부터 인도유럽어가 파생되었다는 것이다. 여기에서 BC4000년경에 히타이트를 포함한 아나톨리아어족이 갈라져 나오고 BC2000년경에 아나톨리아반도로 이주했다. BC4000년경에 그들이 쓰던 원시 인도유럽어가 Greek-Armenian-Indo-Iranians, Celto-Italo-Tocharians 그리고 Balto-Slavo-Germanics으로 갈라지고 BC3000-2500경에 그리스어는 서쪽으로 가고 Indo-Aryans, Celto-Italo-Tocharians 그리고 Balto-Slavo-Germanics은 동쪽으로 이동하다가 카스피해를 따라 북상한다. 여기서 토하리어는 Italo-Celtics로부터 갈라져서 동쪽으로 이동하고, Italo-Celtics과 Balto-Slavo-Germanics은 다시 흑해 북쪽을 따라 서쪽에 있는 유럽으로 들어간다는 설명이다. 이 두 가설들은 빠른 속도로 지지를 잃어가고 있는데, 쿠르간 문화의 후신으로 추정되는 얌나야 문화의 유적에서 출토된 유골을 분석한 결과, 히타이트의 유적지에서 발굴된 유골과 형질인류학적으로 친연 관계가 그리 크지 않다는 사실이 밝혀졌기 때문이다. 이 유전자결과와 일치하는 가설이 쿠르간가설이다.

러시아 남부의 쿠르간(Kurgan)이라는 분묘유형을 가진 문화를 "쿠르간 문화"라고 부르고, 쿠르간형의 분묘가 유럽·중앙아시아 전역에 퍼졌다는 사실에서 착안한 가설이다. 1950년대 김부타스(Gimbutas)에 의해 체계화되었을 때는 쿠르간가설(1)과 같이 BC3000년대 초반까지만 제시되었다가 다른 자료를 통해 BC2800년까지 확장시켰지만 그 범위는 (1)그림에서 크게 벗어나지 못했다. 왜냐하면 쿠르간이라는 무덤을 기초로 세운 가설이기 때문에 쿠르간이 없는 지역으로는 확장시킬 수가 없었던 것이다. 현대에 들어서서 가설(1)과 같은 그림으로는 이란/인도/아나톨리아지역을 설명할 수가 없어서 가설(2)와 같이 그냥 확장시켜버린 것인데 여기에서 우리는 2가지를 유추할 수 있다. 첫째, 이란과 인도로 내려온 인도아리안들에게는 북쪽에서 내려온 사람들이 가지고 있던 쿠르간 문화가 없었다는 것이다. 즉 쿠르간문화를 가지고 있는 사람들은 북쪽으로 올라가서 머리털이 탈색되고 M173 또는 M17을 획득한 후에 남러시아초원에 정착하면서 쿠르간문화를 만든 사람들이고 인도아리안들은 애당초 북쪽으로 올라가지 않고 우리가 마고성에서 출성할 때 그냥 그 자리에 남아있었던 사람들이었을 가능성이 많다는 것이다. 후에 이 인도아리안들은 쿠르간사람들과 혈연을 맺으면서 그들의 유전자와 언어를 습득한 후에 이란과 인도로 내려온 것이다. 이렇게 가정한다면 페르시아어가 남녀구분이 없으면서 주목동(주어/목적어/동사)의 어순을 갖는 것을 설명할 수 있게 된다. 둘째로, 가설(2)에서 BC1000년까지 이동했다는 표시는 아나톨리아어파를 인도유럽어에 어떻게 해서라도 끌어들이려는 의도인데, 그 옛날 아나톨리아어족으로 분류되는 언어들을 썼던 사람들의 후손들이 하늘만 쳐다보고 있는 사이에 유럽인들은 어떻게 하면 이 위대한 문명을 자기 것으로 만들 수 없을까하고 고민하고 있다는 것을 알 수 있다. 확실한 인도유럽인이 최초로 아나톨리아로 대규모 침공을 벌인 사건은 BC800년대의 킴메르인이었다. 셈족은 어느 민족보다 양적인 민족이므로 그들을 그렇게 만든 기후 속에서 음인이 하나의 나라를 이룰 정도로 큰 세력을 이루기는 힘들었을 것이라고 가정한다면 킴메르인이 들어오기 전에 쓰인 언어 중에서 음인이 쓰는 교착어적인 성격을 가진 언어는 대부분 한민족의 후손이 쓴 것이라고 가정하고 봐도 큰 착오가 없을 것이다.

● 마고성에서 가지고 간 것들

한민족이 마고성에서 익히고 공유했던 문화가 있었고 그러므로 출성할 때 그들 머리와 손에 가지고 간 것들이 있었다. 이것들을 이후 그들이 정착한 곳에서 사용하게 되니 당연히 그 자취가 공통적으로 나타나게 된다. 그러면 어떤 것들을 가지고 갔는지 정리해보자.

○ 마늘/포도 : 단군신화에 마늘이 나오는 것을 보고 우리나라에 마늘은 통일신라시기인 7~8세기에 들어왔고 동아시아에는 한나라 때인 2세기에나 들어왔으니 누군가가 BC2333년 이전부터 우리민족은 마늘을 먹었다고 말하는 사람이 있다면 충분히 웃어주자는 역사유튜버가 있던데 우리는 그때부터가 아니라 (아마도) BC7000년도 훨씬 전부터 마늘을 먹었다. 마늘의 원산지로 추정되는 곳 중에 마고성이 위치했던 중앙아시아도 있다. 그리고 누누이 얘기했듯이 마고성 사회를 이끌었던 무리는 황궁씨 집단을 이루고 있던 태음인이었다. 따라서 마고성시절부터 태음인음식인 마늘은 굉장히 (추측컨대 음식재료 중에서 가장 많이) 애용되었을 것이다. 그래서 같은 음인에 속하는 흑소씨의 지도자였던 '동네 아저씨' 쿠푸왕의 피라미드 벽면에는 피라미드건설 노동자들에게 스테미너용으로 마늘을 먹였으며 머리가 아프고 신체가 허약할 때 사용했다고 기록하고 있으며, 마늘이 그다지 맞지 않았을 백소씨의 기록일 수도 있지만 이집트로 가는 도중에 잠시 머물던 흑소씨의 흔적일 수도 있는 바빌로니아 왕실에서 식용으로 사용했다는 기록이 문헌으로 남아있는 가장 오래된 기록이라고 한다. 마늘은 황궁씨가 요하문명으로 가지고 들어온 식물이며 단군신화에 나오는 쑥은 소음인음식으로 고조선을 세운 사람들이 태음인/소음인으로 음인이 많았던 음인사회였다는 것을 다시 한번 확인시켜준다.

포도의 힘을 알게 된 태양인이 가장 많았던 백소씨들은 포도를 가장 소중히 품고 갔을 것이다. 그래서 노아가 포도경작의 시조로 불리게 된 것이고 노아의 후손이 건국한 아르메니아의 포도주품질은 상당히 높고 에트루리아는 포도주무역으로 많은 부를 쌓았다. 그러나 백인은 열이 많은 사람들인데 자기한테 맞는 음식을 아쉽게도 또 다시 술로 만들어 먹음으로써 그 효과가 반감될 수밖에 없게 되고 그들의 흉악성은 더 커지게 된다. 참고로 이집트에서 포도의 신은 부활의 신인 오시리스이다.

○신화66) : 이미 말했던 음인과 양인에 따른 신화를 머리에 담고 갔다. M9의 출발점은 아프리카이므로 이들이 마고성에 도착했을 때에 이미 그들 머리에는 아프리카신화가 들어있었을 것이다. 그 내용을 살펴보자. 음인신화내용 중에 아프리카에서 기원한 것들을 추려보면 ㉠천지분리의 주인공은 대부분의 경우 여자이다. ㉡하늘과 땅이 근접해 있을 때는 죽은 사람은 매장되어도 부활하여 원래의 모습으로 지상으로 되돌아왔다. ㉢도곤족은 우주는 천상의 신인 암만의 알이라고 생각했다. ㉣마우 리사는 자웅동체이므로 스스로 자녀를 낳게 되었다.

양인신화에서는 ㉠신이 진흙으로 반죽해서 인간을 만들었다. ㉡신의 아들인 논모는 상반신은 인간이고 하반신은 뱀의 모습을 하고 있다. ㉢인간들은 재앙을 피하기 위해서 신에게 재물을 올렸다. ㉣일부다처제 ㉤길가리 찢겨진 놈모의 시신은 대지 전역에 뿌려졌고, 이런 시신 조각에서 여덟 명의 놈모 조상들이 창조되었다. ㉥피그미족의 창조신화에는 부도지의 포도와 구약의 선악과의 기원이 되는 내용이 실려있다. 신은 남녀 한 쌍을 창조하여 지상의 낙원에 살게 했다. 신은 여러 가지 자유를 허용했지만 '타후'라는 열매만은 절대로 따먹어서는 안 된다고 명했다. 그런데 호기심이 강한 여자는 남자를 꾀어서 타후열매를 따오게 했다. 격노한 신은 두 남녀를 낙원에서 영원히 추방하였다.

○새신앙 : 새는 하늘과 인간을 중재하는 존재이므로 음인들이 더욱 소중하게 간직한 전통이다. 그래서 이집트에서는 왕을 상징하는 호루스에서 매로 변신하고, 청궁씨는 비슈누가 타고 다니는 가루다로 변신시키고, 황궁씨는 삼족오로 발전시킨다.

---

66) 「세계의 신화전설」, 「신화의 책」, 「신화를 알면 역사가 보인다」 참조

○삼재사상 ; 황궁씨의 청동거울/동검/팔두령 정도가 되겠고 이집트에서는 홀(The Crook & Flail)/지팡이(Was)/앙크(Ankh) 같은 것들이 될 것이다. 판테온에서 최고위의 삼주신(三主神, triad)도 삼재사상에 포함되겠다.

○도량형 : 마고성의 4부족인 황궁씨/백소씨/청궁씨/흑소씨의 도량형은 비슷하게 나타난다. 이것은 뒤의 황궁씨의 여정에서 살펴볼 것이다.

○만자(卍字) : BC10000년경 우크라이나의 매머드상아에 이 문양흔적이 발견된 것이 가장 이른 것이고, BC6000년경에 불가리아의 동굴에서 이 문양이 그려진 토기가 발견되었다고 한다.[67] 이후 가장 이른 만자는 우바이드 또는 사마라 유물에서 보이는 듯하며, 인더스문명이 그 다음일 것이며 후에 불교의 상징이 되었다. 이 외에 아르메니아/트로이/그리스/에트루리아/아즈텍 유물에서도 보인다. 마고성에서 서쪽으로 남러시아초원으로 이동하여 인도유럽인으로 불리는 사람들도 많이 사용하였다. 비록 맨 처음 유물로 발견된 곳은 우크라이나/불가리아지만 이 문양이 가지는 의미는 분명히 윤회(회전운동)사상이라고 생각하므로 음인사회였던 마고성에서 많이 사용되었을 것이고 출성 시 한민족이 가지고 떠나서 사마라토기와 인더스문명 그리고 불교에서 다용한 것이라고 생각한다.

○편두(褊頭) : 머리의 모양을 변형시키는 편두는 자신을 일반인들과 다르게 보임과 동시에 하늘의 소리를 잘 들을 수 있게 귀에 오금(烏金)을 매다는 것과 비슷하게 하늘과 잘 소통할 수 있게 머리모양을 안테나 같이 뾰족하게 만든 것이라고 생각한다. 부도지는 신라를 통해 전해져왔고 통일신라 때 인물인 최치원이 지은 지증대사비 비문에서도 偏頭居寐錦至尊(편두이신 신라왕지존)이라는 문장이 있는 것으로 보아 마고성 때부터 수장이 편두하는 풍습이 있었다는 것이 확실한 것 같다. 삼일신고에서 강재이뇌(降在爾腦)라고 한 것은 한민족은 우주의 정보를 머리의 숨구멍으로 받아들인다고 생각했기 때문이다. 즉 조금이라도 더 하늘과 가깝게 만들어서 잘 소통하려는 노력이라는 것이다. 이런 편두를 가진 사람들은 무당이 쓰는 고깔모자를 쓸 수밖에 없으며 무당의 원형은 단군이라는 점에서 이 편두는 마고성에서도 행해졌을 것이라고 생각한다.[68] 그리고 백소씨

---

67) https://en.wikipedia.org/wiki/Swastika Prehistory 항목 참조
68) 고깔모자를 쓴 단군, 정형진, 백산자료원

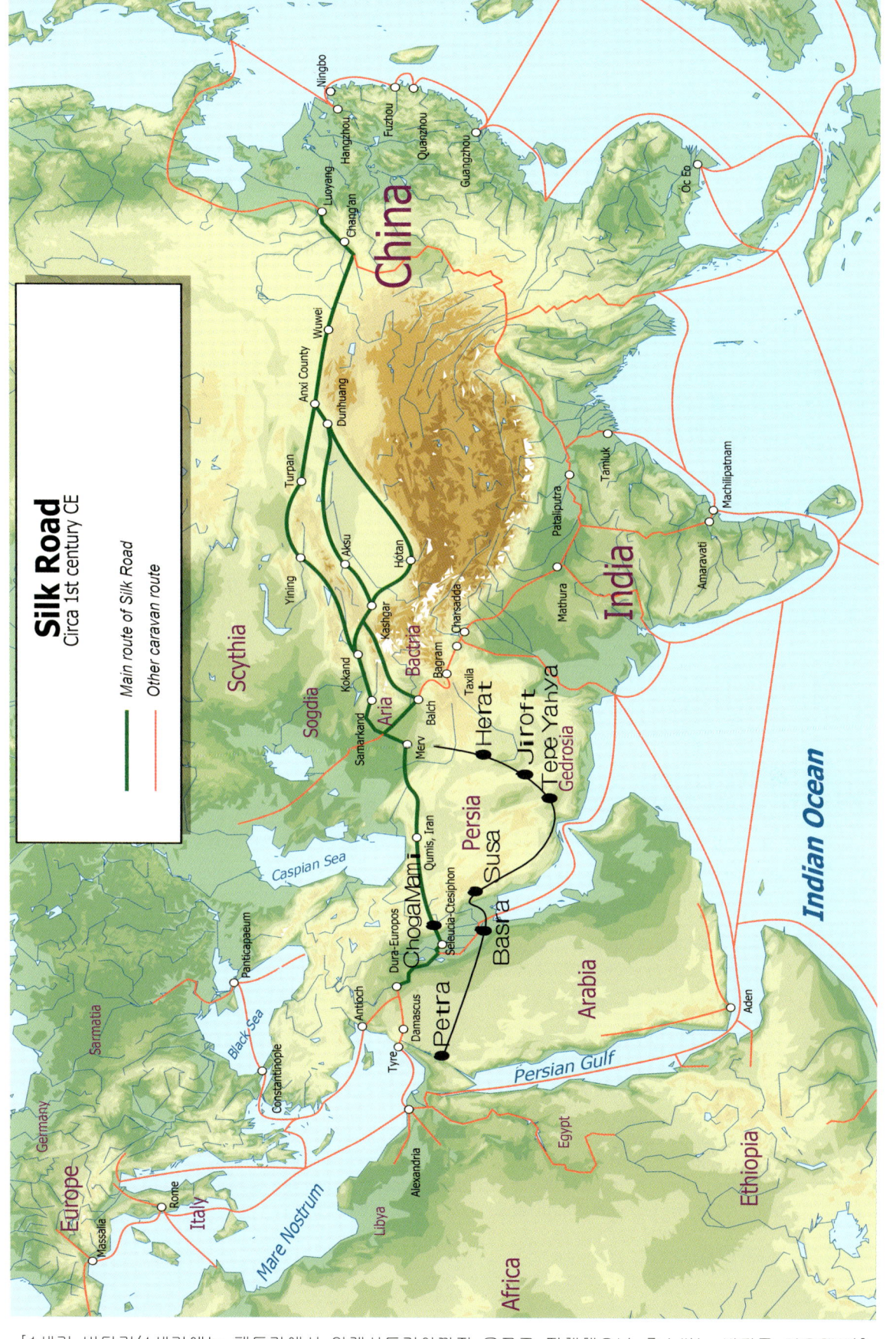

[1세기 비단길(1세기에는 페트라에서 알렉산드리아까지 육로로 직행했으나 흑소씨는 바다를 이용했다)]

가 지나갔던 비단길에도 편두의 흔적이 뚜렷하다.69) 하지만 이보다 더 이른 시기의 편두풍습도 발견되고 있어서 좀 더 연구가 필요해 보인다.70)

● 백소씨의 여정

'포도'라는 단어에서 알 수 있듯이 부도지를 쓴 황궁씨의 전고자(典古者)는 뭐랄까... 그냥 순수하달까 아니면 깨끗하달까 수행자답달까... 전고자답게 있는 그대로를 있는 그대로 기록했다는 느낌을 받는다. 그래서 2차출성한 방향도 그대로 해석해볼 수 있겠다고 생각했는데 그렇게 해보니 실제로 그대로 맞았다. 그렇다면 마고성의 위치는 메르브(Merv)와 사마르칸트(Samarkand) 사이에 있게 되고 백소씨는 서쪽으로 떠났다고 되어 있으니 메르브에서 이란의 쿠미스(Qumis71))를 지나 티그리스와 유프라테스가 가장 가까워지는 장소인 셀레우키아-크테시폰(Seleucia-Ctesiphon)에 이른다. 셀레우키아와 크테시폰은 티그리스강을 사이에 두고 강의 이쪽과 저쪽에 형성되었던 두 도시의 이름이다. 백소씨 무리들이 여기에 도착했을 때의 강줄기는 현재와 달랐을 것이고 그 시절 가장 살기 적합한 지역으로 백소씨는 초가 마미(choga mami)를 선택한 것으로 보인다. 초가 마미는 백소씨가 쿠미스에서 크테시폰에 도착하기 100km 전에 지나왔던 지역으로 여기는 BC5600년경에 메소포타미아지역에서 처음으로 관개농업을 했던 흔적을 발굴한 곳이다. 본인이 이렇게 추정하는 이유는 여기에서 백소씨가 남긴 확실한 증거로서 거주지로 들어가는 곳에 진흙벽돌로 계단까지 만들어놓은 망루가 발굴되었기 때문이다. 부도지에 기록되어 있고 자신이 이름으로 쓰고 있는 바로 그 소(巢)72)가 실제로 발굴된 것이다[소(巢)까지 진짜였으니 부도지는

---

69) Meiklejohn, Christopher; Anagnostis Agelarakis; Peter A. Akkermans; Philip E.L. Smith & Ralph Solecki (1992) "Artificial cranial deformation in the Proto-Neolithic and Neolithic Near East and its possible origin: evidence from four sites," Paléorient 18(2), pp. 83-97
70) K.O. Lorentz (2010) "Ubaid head shaping," in Beyond the Ubaid (R.A. Carter & G. Philip, Eds.), pp. 125-148
71) 테헤란에서 동쪽으로 200km 떨어진 곳의 고대도시로서 one hundred gates라는 뜻을 갖고 있다. 그만큼 왕래가 많았다는 것을 알 수 있다.
72) A mud-brick tower guarded the entrance to the settlement. There is no clear evidence that it formed part of a town wall, and encouraged by a part of an ascending ramp found beside it, archaeologists identify the structure as a watch tower. 영어 위키 choga mami 참조

진실만을 적은 글이었다고 생각해야 할 것 같다.].

● 수메르

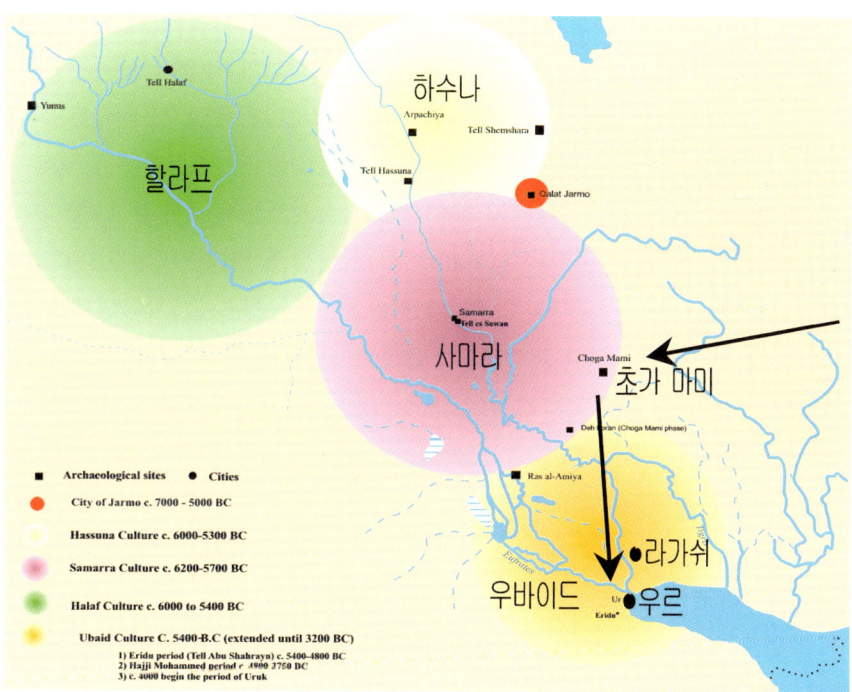

[메소포타미아문명의 시대구분. Halaf(BC6000~5400), Hassuna(BC6000~5300), Samarra(6200~5700), Ubaid(BC5400~3200). 백소씨의 이동경로와 도시들]

| 수메르문명 시대구분 | | |
|---|---|---|
| 우바이드기 | BC6500-4100[73] | 후기 신석기, 금석병용 |
| 우루크기 | BC4100-2900 | 금석병용, 초기 청동기 |
| 초기왕조 | BC2900-2334 | 청동기 |
| 아카드왕조 | BC2334-2154 | 청동기, 아카드인과 공존하던 시기 |
| 구티족 지배 | BC2199-2119 | 청동기, 구티족의 지배를 받던 시기 |
| 우르3왕조 | BC2200-2004 | 청동기, |

---

73) 그림과 1000년이나 차이가 난다. 너무 오래된 문명이라 정확한 연대는 기대하지 말자.

백소씨는 초가 마미에서 살다가 더 비옥한 남부로 내려오게 되었을 거라고 추적한다. 그렇게 생각하는 이유는 초가 마미는 지금의 시대구분상으로는 사마라(samarra)문화에 속하는데 사마라토기와 우바이드도기기 연속성을 갖는다는 고고학적 사실로부터 백소씨가 초가 마미의 사마라토기를 가지고 남하하여 우바이드문화를 일으켰다고 추측할 수 있기 때문이다. 따라서 수메르문명은 백소씨가 일으킨 문명으로서 그 기간은 정확하게 말하자면 사마라문화부터 우르3왕조까지가 되겠다. 하지만 지금은 우바이드문화에서 우르3왕조까지로 보고 있다. 메소포타미아지역에서 일어났던 문명/국가를 시대 순서로 대략적으로 나열하면 다음과 같다. Halaf → Hassuna → Samarra → 수메르(우바이드~우르3왕조) → 아시리아/고바빌로니아. 이 중동지역은 유전자지도를 보면 알 수 있듯이 M89가 발생해서 오랫동안 거주하던 지역이다. 따라서 M89는 현재 셈족이라 불리는 사람들일 가능성이 가장 높으며 그들이 거주하던 가운데 백소씨인 수메르인이 이동해 와서 수메르문명을 일으켰고 이들의 발달한 문명의 영향을 받아 셈족이 최초로 세운 아카드국에서 수메르문자를 차용해서 쓰기 시작했고 그 뒤로 셈족이 세운 아시리아/바빌로니아까지도 수메르어는 사라지지 않고 특정분야에서 중요하게 쓰였다. 아카드인들이 수메르지역으로 처음 들어왔을 때 아카드인들에게는 문자가 없었고 수메르인들보다 문화적으로 한참 뒤쳐져있었다. 그래서 그들은 수메르문자를 빌어 쓸 수밖에 없었으나 과격한 양인(陽人)인 셈족에 속하는 아카드인에게 음인의 성격(교착어성격)도 가지고 있던 양인(陽人)의 언어인 수메르어는 그들에게 딱 맞는 옷은 아니었다. 그래서 아카드인들은 주목동의 어순은 그대로 받아들였으나 자음수를 좀 더 늘렸고 굴절어성격도 더 늘리게 되면서 수메르어가 아랍어로 바뀌는 중간적인 모습을 보이게 된다. 수메르문명으로 들어가기 전에 메소포타미아유역에서 쓰였던 언어에 대해서 아는 것이 필요하므로 이를 정리해보면 다음 표와 같다.

| 언어 | BC | 어순 | 자음 | 모음 | 자/모 | 性 | 건국인 | 대표사용국가 |
|---|---|---|---|---|---|---|---|---|
| 아랍이 |  | 농주목 | 28 | 3 | 9.3 | 남녀 | 셈족 | 중동 |
| 페르시아어 | 6~ | 주목동 | 23 | 6 | 3.8 | X | 이란인 | 이란 |
| 아람어 | 10~ | 동주목 | 28 | 6 | 4.7 | 남녀 | 셈족 | 아시리아/신바빌로니아/아케네메스(이란) |
| 히브리어 | 20?~3 | 동주목 | 22 | 5/0 | 4.4 | 남녀 | 한민족 | 유대인 |
| 아카드어 | 28~4 | 주목동 | 20 | 4 | 5 | 남녀 | 셈족 | 아카드/아시리아/바빌로니아 |
| 수메르어 | 33~20 | 주목동 | 16 | 4~7 | ~4 | X | 한민족 | 수메르/아카드 |

    히브리어는 유대인들이 사용했던 언어로서 수메르지역에서 가나안땅(현재의 팔레스타인/이스라엘 지역)으로 이주했다고 하는 아브라함 일족과 그 자손들을 일러 '헤브루인'이라 한 것에서 그들이 사용하는 언어를 '헤브루어/히브리어'로 부르게 된 것이다. BC6세기에 바빌론유수를 거치면서 바빌론에서 쓰이던 아람어를 쓰게 되면서 BC3세기경에 아람어로 대체되면서 사멸하였다.

    아람어는 현재의 시리아인 아람지방에서 쓰이던 언어로서 아시리아/신바빌로니아/아케네메스(이란)/페르시아(이란) 같이 중동을 통일했던 국가들의 공용어로 쓰이다가 아랍어에 밀려 사멸하였다. 어순은 신바빌로니아까지는 '동주목'이었다가 아케메네스(이란) 이후에는 '주목동'으로 바뀐다. 이 사실로 미루어 보면 인도유럽어족이 리시아초원에서 동서로 갈라질 때 이란과 인도로 내려온 사람들은 애초에 고위도까지 올라가서 백인이 된 다음에 다시 러시아초원으로 내려온 사람들이 아니라 사마르칸트와 카스피해 사이에서 살던 황인종[74]이 고위도에서 내려온 백인과 혼혈이 된 사람들이었을 가능성이 많다는 것을 유추할 수 있다. 즉 그 사람들은 수메르인과 같이 황인종 陽人이었기 때문에 주목동 어순을 가지고 있었으니 아람문자를 차용할 때 동주목이었던 어순을 주목동으로 바꾼 것이라고 생각할 수 있다. 그리고 현재 이란어에는 성구분 조차 없다. 또한 현재 이란여성들은 법적으로 히잡을 써야 하는 등 차별을 당하고 있지만 1979년 호메이니가 정권을 잡기 전에는 짧은 치마를 입는 등 여성인권이 세계10위권이었다. 즉 이란인들은 근본이 카스피해 근처에 살던 사람들로서 성차별이 별로 없던 이들이었다는 것을 알 수 있다. (마고성에서 같이 살던 사람들이었을 가능성이 크

---

74) 현재 중앙아시아에 살고 있는 사람들처럼 황인인 듯 백인인 듯 한 사람들이었을 것이다.

다는 말이다.)

| 한글 | 수메르어 | 한글 | 수메르어 |
|---|---|---|---|
| 길 | 기르 | 어디서 | 쉐 |
| 불 | 부르 | 어디로 | 어라어디 |
| (강)나루 | 누루 | 부터 | 타 |
| 칼 | 카르 | 밝음 | 바르 |
| 님 | 닌 | 머리 | 삭 |
| 우물 | 우문 | 산 | 쿠르 |
| 상투 | 상두 | 바람 | 바라 |
| 살 | 살 | 따로 | 디리 |

　히브리대학교에서 수메르어 박사학위를 취득한 조철수박사에 의하면 수메르어는 한글과 같이 '주어/목적어/동사'의 순서를 가지며 접사로 '은/는/이/가'를 가질 뿐만 아니라 단어에서 유사점도 발견했다. 그러나 표에 나와 있는 것보다 실제는 훨씬 많을 것이다. 왜냐하면 수메르어는 현재 이 언어를 쓰는 사람이 없으므로 실제로 어떻게 발음하는지를 정확히 아는 사람은 이 세상에 아무도 없다. 이와 같이 읽었을 거라고 추측하는 것인데 이런 연구를 했던 사람들은 대부분 아랍어와 알파벳을 쓰는 사람들이었다. 그러나 아랍어와 알파벳은 모음이 3개/5개밖에 없어 자음에 비해 굉장히 열악한 모음체계를 가진 언어들이다. 그런 언어를 쓰는 사람들이 연구했으니 제대로 된 모음연구가 되었을 리가 없다. 백소씨와 같이 출성했던 청궁씨인 드라비다족은 모음이 7~12개, 우리는 10개를 가지고 있다. 따라서 백소씨도 최소 7개 이상[75]은 가지고 있었을 것이고 이를 반영하고 우리의 고대언어와 비교하면 비슷한 단어수가 타밀어와 같이 기하급수적으로 늘어날 수 있다고 생각한다. 그리고 특이한 단어로 '아라리'가 있는데 이는 '저승' 또는 '빛나는 땅'이란 뜻을 가지며, '신(神)'은 'dingir(딩기르)'라고 발음하며 이는 몽골어로 신(神)을 뜻하는 'tengri(텡그리)'와 통한다. 그러니까 우리가 부르는 아리랑은 마고시절부터 불렀던 노래인데 그 내용이 저승고개에 관한 노래였다는 것이다. 하지만 전국에 많은 종류의 아리랑이 있고 그 가사들을 살펴보면 초반에는 이별이나 고난을 말하지만 후반부에서는 이들을 극복하는 모습을

---

75) 영문 위키피디아에서 Sumerian language의 Phonology편에 보면 이와 관련한 사항이 나와 있다.

보여주는데 죽음 후에도 삶이 이어진다는 음인의 내세관을 담고 있기 때문이다.

수메르인이 어디에서 왔는가 하는 문제는 수메르인들이 당시 세계 어느 지역보다 탁월한 문명을 이룩했기 때문에 고고학자들뿐만 아니라 전 세계인들의 관심을 끄는 사건 중의 하나인데, 자존심이 강한 백인들은 죽어도 이들이 아시아에서 왔다는 것은 인정하지 못했을 것이고 한국에 있는 역사학자 후손들은 넋 놓고 멍~하니 하늘만 쳐다보고 있는 사이에 어느 샌가 백소씨는 우주에서 왔을 거라는 농반진반의 결론에 도달해 있는 상황이다. 대부분의 정통역사학자들은 수메르인을 한국인과 연계시키는 것에 반대하며 메소포타미아 역사학자 중에서 가장 유명한 samuel noa kramer에 따르면 수메르인은 코카서스산악지대의 아르메니아인과 같은 뿌리일 것이라고 추측한다. 그는 지구라트와 초기 수메르 건축물이 목조양식을 본뜬 것을 보았을 때 나무가 많은 산악지대가 그들의 고향일 것이며 고향의 산을 본 떠 대평야지대에 지구라트를 세웠을 것이라고 주장한다.[76] 사무엘이 찍기는 잘 찍었다. 고향의 산을 본 떠 지구라트를 만들었을 것이라는 추측도 잘했다. 하지만 코카서스에서 왔다는 것은 순서가 바뀐 것이고, 산은 그 산이 아니었다. 사실 'dingir'이 한 단어로 모든 것은 종결되는 것인데 사람들의 부질없는 자존심과 무관심 그리고 동양철학/한의학에 대한 무지로 인해 아직까지 이들의 정체를 밝혀내지 못한 것이라 하겠다. 우리의 철학과 의학에 대해서 중고등학교에서 조금이라도 가르쳤다면 이미 부도지의 내용이 밝혀져서 최소한 우리가 우리의 과거를 들어보지 못했던 경우는 없었을 것이며, 고려/조선시대에 자주적인 역사관을 가졌더라면 이런 뼈아픈 남북분단 상황까지는 오지 않았을 것이다. 그러면 이제부터 우리민족이 과거에는 어떤 모습이었으며 어떤 경로로 지금 이 좁디좁은 한반도로 찌그러들었는지를 이 백소씨의 여정을 시작으로 추적해 가보자.

수메르인은 마고성에서 2차출성한 백소씨 집단이라고 생각한다. 부도지에서

---

[76] https://www.youtube.com/watch?v=ORPkmFNI07U&list=WL&index=1&t=771s
 탁월한 영상미에 수준급 정보까지 겸비한 채널이다. 다만 환단고기가 위서라고 말하고 확실히 눈에 보이는 근거들이 넘침에도 불구하고 수메르인이 코카서스에서 왔을 것이라고 하는 것은 옥의 큰 티.

그들은 서쪽으로 떠났다고 되어있으므로 그들은 M89시절 사마르칸트로 걸어갔던 비단길을 거꾸로 걸어왔을 것이다. 어쩌면 현재의 테헤란을 지났을 무렵 백소씨 집단은 둘로 갈렸을지도 모르겠다. 한 무리는 이란고원을 따라 북쪽으로 가서 아르메니아의 반호수 쯤에서 정착하고 다른 한 무리는 그대로 비단길을 따라 직진해서 초가 마미유역에 정착해서 사마라문화를 일으킨 것으로 보인다. 이 사마라토기는 우바이드시기의 토기와 연속성을 보이고 메소포타미아 지리의 특성상 북쪽에서 농사기술을 익힌 다음에 이 기술을 발판으로 비옥하기는 하지만 관개시설이 없으면 농사를 지을 수 없는 남쪽으로 내려온 것으로 해석할 수 있다. 그러면 먼저 수메르문명이 양인이 주도권을 잡은 집단이었다는 것을 신화를 통해 알아보자.

①남자가 최고 권력을 잡는다 : 수메르신화[77]에서 최초의 신을 말하는 두 가지 종류가 있다. 하나는 아버지 신인 anu가 두 명의 아내를 거느렸는데 그 아내들은 심연을 관장하는 nammu와 대지의 여신 ki라는 이야기가 있다. 다른 하나는 nammu가 anu와 ki를 낳았다는 이야기가 있다. 후자는 모계설화를 말하는 것이고 전자는 부계설화를 말하는 것이다. 결론적으로 부계가 승리했다는 것을 알 수 있는데 陽을 대표하는 anu의 뒤를 이어 그의 아들인 enlil이 최고신 자리에 오르기 때문이다. 이것으로 양인(陽人)에 속하는 백소씨 집단에도 음인이 존재했다는 것을 알 수 있다. 황궁/청궁/흑소씨 집단도 음인과 양인이 섞여있는데 황궁/청궁/흑소씨는 음인이 주도세력이었고 백소씨는 양인이 주도세력이었다는 것을 알게 될 것이다. 아무튼 부계를 기준으로 수메르신의 계보를 간단히 정리해보면, anu는 nammu와의 사이에서 지하수/지혜의 신 enki를 낳고, ki와의 사이에서 대기의 신 enlil과 대지의 신 ninhursag을 낳고, 남매지간인 enlil과 ninhursag 사이에서 전쟁의 신 ninurta를 낳는다. 양은 음에서 나오기 때문에 양인의 신화에는 음인적 요소가 바탕에 일부 깔려있기 마련이다. 예컨대 성경의 낙원에 대한 초기버전의 줄거리에는 낙원의 주신(主神)도 여신이었고, 성경에 나와 있는 것처럼 이브가 먼저 선악과를 따먹은 게 아니고 남자가 먹었다고 나와 있다. 즉 백소씨 집단에도 음인과 양인이 있었고 처음에는 음인이 주도권을 잡

---

[77] 이 책에서 신화내용들은 「신화를 알면 역사가 보인다」 (최희성 엮음)를 많이 인용하였다.

앉었는데 이게 양인에게 넘어가면서 부계사회로 모습을 갖춘 것이라는 사실을 알 수 있다. 이것은 백소씨가 처음으로 들어와서 만든 사마라토기에 여인상이 남자와 더불어 출토되고 물고기그림의 토기도 나오며 우바이드기 때 출토되는 뱀머리의 조각상에서도 볼 수 있다.

[여신상. Samarra. BC6000]

[여신상. Ubaid, BC4700-4200]

[뱀머리 여신상. Ubaid, BC4500-4000]

[사마라 사발. BC4000. 물고기와 만자가 보인다.]

②'큰 신 – 작은 신 – 인간'의 수직관계 : 아누와 키 사이에서 나온 50명의 자식들은 아눈나키라고 불리는 큰 신들로서 작은 신들 위에서 군림하는 존재이다. 작은 신들은 매년 범람하는 유프라테스강과 티그리스강의 침적토를 파내고 그곳에서 농사를 지어야 했다. 고된 노역에 지쳐버린 작은 신들은 엔키를 원망하기 시작했다. 결국 작은 신들은 호미와 바구니 따위의 연장들을 부수고 반란을 일으켰다. 반란이 일어나자 엔키는 남무의 조언을 받아들여 신들의 노역을 대신할 인간을 만들기로 했다.

③인간을 흙으로 만든다 : 진흙으로 빚어 인간을 만들기 위해서는 신의 능력이 서려 있는 '이름 있는 피'가 필요했다. 엔키는 반란을 일으킨 작은 신들의 우두머리 웨일라를 잡아 죽인 후 그 피를 점토와 섞어 인간을 만들었다.

④홍수로 마음에 안 드는 비천한 인간들을 쓸어버린다 : 엔릴은 인간들의 난잡한 성행위로 혼혈이 늘기 시작하자 분노했다. 더욱이 일부 신들도 인간들과 가담하여 이런 추잡한 일을 벌이자 더 이상 두고 볼 수가 없었다. 엔릴은 대홍수로 인간을 멸종시킬 계획을 세웠고 이 계획에 대부분의 신들은 찬성했으나 인간을 창조한 엔키는 어떻게든 인간을 살리려고 했다. 엔키는 도시의 왕이었던 아트라하시스에게 대홍수가 일어날 것이라는 사실을 알려주고 정육면체의 이층 구조인 방주를 만들라고 지시한다. 아트라하시스는 사람들과 동물들을 모두 태우고 배의 문을 봉했다. 얼마 후 신들은 우주로 대피하고 지구에선 홍수가 40일간 계속되었다. 아트라하시스 부부는 맨 처음 비둘기를 날렸으나 비둘기가 다시 돌아와 물이 덜 빠진 것을 알았고, 다음으로 제비를 날렸으나 제비도 다시 돌아와 물이 채 빠지지 않은 것을 알았다. 마지막으로 까마귀를 날려 까마귀가 돌아오지 않자 뭍에 배를 정박하고 하선한다. 지구로 돌아온 엔릴은 살아있는 인간이 있음을 알고 엔키를 추궁한 끝에 그가 비밀을 누설했음을 알고 분노한다. 엔키는 엔릴을 달변으로 달래고 인간이 없어지면 자기들도 굶는다는 것을 깨달은 신들은 아트라하시스 부부에게 영생을 약속하며 신들의 낙원인 '딜문'에 거처할 권리를 부여했다(아마도 이것이 아브라함이 신과 계약했다는 선민사상의 모티브가 되었을 것이다.).

⑤셈족은 수메르인보다 더 양적인 사람들이다 : 셈족이 강한 양인(陽人)에 속한다는 것은 아랍어가 모음을 3개 밖에 가지고 있지 않다는 것으로도 충분히 감지할 수 있지만 그들이 세운 국가들의 신화를 통해서도 알 수 있다. 수메르시절 '날개 달린 하늘의 전사'인 ningirsu는 천둥과 비바람의 신이었다. 이후 ninurta로 변신하고 아카드시절에는 '태양의 아들'을 뜻하는 marduk으로 변신하고 아시리아에 이르면 최고신인 엔릴과 동일한 신으로 보는 경향이 강하게 나타난다. 즉 양성(陽性)이 더욱 강해지고 있는 것이다.

　⑥뱀/용은 사악한 악에 해당(하고 생산력을 뜻하는 음성(陰性)의 시체로 세상을 만든다) : 티아마트는 대지의 모신으로 상반신은 여성이고 하반신은 뱀의 모습을 한 괴물의 형상이다.[78] 세상에 신들이 갑자기 불어나서 시끄럽게 되자 아프수와 티아마트는 더 이상 번창하지 못하게 하려고 조치를 취하려 했다. 이때 에아가 이들의 의도를 눈치채고 신들을 피신케 했다. 또한 처음엔 티아마트의 구상에 찬동했던 아프수가 마음을 돌리자 성난 티아마트가 뱀과 용 등을 만들어 신들과의 전쟁에 돌입한다. 이 사실을 안 신들은 두려움에 떨게 되지만 이때 마르둑이 티아마트를 타도하겠다고 약속하자 신들은 마르둑을 왕으로 추대한다. 마르둑은 신들과 함께 티아마트가 진을 치고 있는 소굴로 향했고 티아마트는 태초의 거대한 용으로 변신하여 공격에 대비하고 있었다. 마르둑은 큰 그물을 티아마트에게 던졌고 티아마트는 거대한 입을 벌려 신들을 집어삼키려 했다. 이때 마르둑은 일곱 개의 폭풍을 일으켜 용의 입을 향해 불었고 티아마트의 몸은 바람으로 부풀어올라 터질 지경이 되었다. 마르둑은 용으로 변신해 고통으로 헐떡거리는 티아마트를 향해 벼락투창으로 최후의 일격을 가했고 마침내 거대한 용은 죽고 말았다. 마르둑은 티아마트의 두개골을 부수고 북풍을 일으켜 그 피를 흩뿌렸다. 또한 티아마트의 몸을 둘로 잘랐다. 그러자 반쪽은 하늘이 되고 반은 땅이 되었다. 그녀의 유방은 산과 들이 되고, 그 옆에 샘물이 만들어졌으며, 눈에서는 티그리스강과 유프라테스강이 흘러나왔다고 한다. 이렇게 언어와 신화측면에서 공통적으로 백소씨는 양인이었다는 것을 밝힐 수 있게 된다. 모신(母神)

---

78) 이 모습은 반고가 정착했던 돈황지역의 복희여와 그림과 유사하다. 즉 반고도 양인이라고 추측할 수 있는 것인데 반고가 거인으로 나온다는 사실에 이르면 확실하다고 말할 수 있게 된다.

인 티아마트를 죽였으므로 모권이 무너지고 마르둑이라는 부권이 성립한 것이고 이때부터 아버지에서 아들로 이어지는 질서가 확립된다. 이 음인을 상징하는 티아마트와 양인을 상징하는 마루둑의 싸움은 뒤에 그리스신화의 티탄신족과 올림포스신과의 싸움으로 변신한다.

⑦인간은 신을 위해 봉사하기 위한 존재로서 그들을 위한 제물을 마련하고 기쁘게 해야 한다 : 이에 대한 것은 바로 다음에 설명하겠다.79)

위에서 언급한 언어에서 우리민족과 유사한 점을 많이 밝힐 수 있었는데 어순이 같으며 접사를 쓰며 비슷한 발음의 단어가 많다. 그리고 결정적으로 평범한 단어도 아니고 '신'이라는 단어를 'dingir'라고 썼다는 것에서 수메르인들이 사마르칸트에서 우리와 같은 말을 썼던 사람들이었다는 것을 알 수 있다. 딩기르는 앞에서 설명했듯이 사마르칸트 바로 위에 있는 'Khan Tengri봉'에서 온 것이다. 만약 사무엘의 말처럼 아르메니아인들이 내려와서 수메르문명을 세웠다면 딩기르라고 하지 않고 아르메니아에 있는 산인 '아라라트(Ararat)'라고 했어야 한다. 실지로 아르메니아를 세우기 전의 왕국이름이 '우라르투(Urartu)'였다. 그리고 만약 아르메니아에서 살던 사람들이 내려와서 세웠다 치자, 그 사람들이 3000km나 떨어져 있는 산의 이름을 어떻게 알았겠으며 왜 굳이 자기 고향에도 웅장한 산이 있는데 그 멀리 떨어져 있는 산이름에 '신'이라는 최고의 자리를 부여했겠는가? 상식적으로 이해가 가는가? 백인역사학자들과 우리의 미일빠들은 dingir라는 단어는 그렇다고 해도 코가 크고 눈이 큰 것은 백인의 외모를 닮았기 때문에 수메르인과 한민족을 연결하는 것에 부정적이라고 말한다. 이것은 한의학에 무지해서 그렇다. 사람의 장부는 외부환경에 따라 그 강약이 변하고 장부강약이 변하게 되면 얼굴뿐만 아니라 몸 전체가 변한다. 사마르칸트유역에서 같이 살던 우리민족이 1/2차출성으로 분거하게 된 것인데 '한(韓)민족 디아스포라'의 최종결과가 되는 그들의 체질과 이동지를 표로 총 정리해보면 다음과 같다.

---

79) 이상의 수메르신화에는 수메르인들이 이주를 시작한 BC2000년 이후에 적힌 것들도 포함되어 있는데 셈족과 백소씨는 둘 다 양인이었으므로 그 주제는 상통한다.

| 인종 | | 체질 | 소속집단 | 특징 | 정착지 |
|---|---|---|---|---|---|
| 백인 | 양인 | 태양인 | 백소 | 금발백인 | 유럽 |
| | | 소양인 | | | |
| | 음인 | 태음인 | | | 핀란드/에스토니아 |
| | | 소음인 | | | |
| 황인 | 양인 | 태양인 | 백소 | 흑발황인(코/눈 크다) | 수메르문명 |
| | | | 아리안(이란·인도) | | 이란·인도 |
| | | 소양인 | 인디언/반고 | 흑발황인(코/눈 중간) | 아메리카/황하문명 |
| | 음인 | 태음인 | 황궁 | 흑발황인(코/눈 작다) | 요하문명 |
| | | | 흑소/청궁은 음인이고 흑인도 포함한다 | | 흑소(이집트문명) |
| | | | | | 청소(인더스문명) |

[마고성에서 같이 살았던 한민족의 정체와 그들의 후손들이 이룩한 문명들]

즉 백소씨는 흑발황인에 속하지만 태양인이었으므로 폐가 강하여 코가 크고 간이 약하여 눈이 컸던 것이다. 그러면 왜 간이 약하면 눈이 작아지지 않고 커지는 것인가? 보통 한의학 책에는 凡人之形 長不及短 大不及小 肥不及瘦(무릇 사람의 형태는 긴 것이 짧은 것보다 못하고, 큰 것이 작은 것보다 못하며, 비만인 것이 수척한 것보다 못하다)고 하여 작을수록 수명이 길다고 하므로 어느 장부가 강하면 그 장부가 다스리는 부위가 작아져야 하는 것이 맞을 듯하다. 하지만 우주란 것이 항상 그렇게 되는 것은 아닌 모양이니 이것에 대해 본인은 이렇게 생각한다. 횡격막 위는 양이므로 강해지면 그 성질에 따라 원심적으로 팽창하는 것이므로 폐가 다스리는 코는 커지는 것이고, 횡격막 아래는 음이므로 강해지면 그 성질에 따라 구심적으로 수축하는 것이므로 간이 다스리는 눈은 작아지는 것이다. 간이 약해져서 눈이 커지는 것은 백인들이 선글라스를 끼는 이유를 보면 알 수 있는데, 우리나라 사람들은 백인들도 본인들 같아서 백인들이 멋으로 끼는 줄 알지만 그게 아니라 백인들은 햇빛을 받으면 눈이 부시다 못해 아프다. 간이 약해서 그 빛을 감당하지 못하는 것이다. 만약 간이 강하다면 외부 변화를 충분히 감당할 수 있어야 하는데 그게 되지 않는다는 것은 간이 약한 것으로 판단하는 것이 옳다. 그 외에 우리나라 사람들은 오늘 밤새 놀다가도 다음 날 정해진 시간에 출근을 하지만 백인들은 그게 안된다. 간이 약해서 알콜을 빨리 해독시키지 못할 뿐만 아니라 피를 저장하는 능력이 떨어지므로 다음 날 쓸 수 있는 피의 양이 적기 때문에 제 시간을 지키지 못하는 것이다. 그러므로 밤

문화도 짧아질 수밖에 없다. 밤이 되면 백인들은 급속히 피곤해 진다. 간이 약하기 때문이다. 이것은 축구를 봐도 알 수 있다. 우리가 유럽의 키와 다리가 긴 인간들을 상대해서 어떻게 축구에서 이기겠는가? 지금까지 이겼던 경기는 대부분 연장전까지 끌고 갔을 경우였다. 90분 동안 뛰고 나면 그들의 체력은 방전되지만 간이 강한 우리선수들의 간은 여전히 산소와 영양이 넘치는 피를 품고 있을 수 있었기 때문에 연장전에 키와 다리의 열세를 딛고 이길 수 있었던 것이다. 이런 사실들로 유추해보면 왜 수메르인들의 모습이 검은 머리에 코와 눈이 컸는지를 이해할 수 있을 것이다. 그런데 수메르인들의 조각상들이 모두 그런 줄 아는가? 천만의 말씀이다. 사진에서 보듯 수메르인1은 외국과 미일빠들이 딴지를 거는 조각상이고 수메르인2는 전형적인 '옆집 아저씨' 모습이다. 그런데 이 아저씨가 이집트에서도 보인다. 대피라미드를 건설한 쿠푸왕의 조각상이 그것이다. (그들 눈에는 이 둘이 완전히 닮은꼴이라는 것이 보이지 않는 것일까?) 맞다, 쿠푸왕은 흑소씨 부족을 이끌었던 어느 지도자의 모습이다. 그리고 유심히 볼 것은 씨름하는 도자기와 수메르인2는 수메르문명의 중심지였던 이라크남부에서 출토된 것이며 수메르인1은 수메르문명의 힘이 가장 강성했을 때 잠시 점령했었던 이라크 북부에서 출토된 것이라는 사실이다. 이것은 주위에 셈족이 다수로 있는 상황이었으므로 이라크남부에서 북부로 올라갈수록 눈과 코가 큰 셈족계통의 선주민들을 등용시킬 수밖에 없었을 것이라고 추측하게 만든다. 이것은 선주민들에 비해 소수였던 이주민이 자연스럽게 겪었을 상황이었고 이집트로 이주한 흑소씨의 상황은 이보다 더했다는 것을 알 수 있는데 AD1300년에 링컨대성당이 세워질 때까지 3800년간 세계에서 가장 높았던 대피라미드를 건설한 쿠푸왕 조각으로 현재까지 남아있는 것은 사진에서 보이는 7.5cm짜리 조각상이 유일하다.

 수메르인들이 우리족속이라는 증거로 언어, 검은머리 이외에 문화적인 측면에서 찾아보자면 우리민족문화의 특징인 씨름과 편두가 있다. 그림과 같이 씨름하는 토기가 출토되고 있으며 편두는 머리모양을 아이 때부터 인위적으로 변형시키는 것인데 권력을 가지고 있는 사람들을 일반인들과 외모적으로 다르게 보임으로써 얻는 효과도 있었겠지만 하늘과 소통을 좀 더 잘하려는 욕구에서 출발한 것일 수도 있을 것이다. 이 수메르인에게도 편두를 하는 풍습이 있었다. 그리고 부도지(25-6)에 따르면 우리민족에게는 탑을 높게 쌓는 풍습이 있었다는 것도 추가 증거가 될 것이다. 그런데 이 탑들의 용도는 음인과 양인에 따라 극명하게 갈렸다. 음인은 내세를 믿었으므로 죽어서 다시 부활하거나 내세에서도 현세에서와 똑 같이 잘 살기를 염원하면서 탑을 무덤으로 사용했기 때문에 이집트 피라미드, 우리나라와 유럽의 고인돌, 드라비다족의 거석 그리고 중국의 일부 피라미드[80])들은 무덤의 양식을 보인다. 하지만 양인들은 인간이란 것은 신을 위해 죽을 때까지 노동하기 위한 존재이고 신들을 먹여 살릴 양식을 바쳐야 하는 것이 임무이므로 그 의식을 거행하기 위한 장소로 탑을 쌓았기 때문에 수메르의 지구라트, 아즈텍/마야/잉카의 피라미드들은 제물이나 인신공양을 올리는 장소로 쓰였다. 그리고 은나라 같은 고대왕조의 인신공양도 그에 속할 것이며 중국의 피라미드들 중에도 그런 용도의 것이 있을 것이다.

[씨름하는 수메르인. 이라크 하파자 출토]

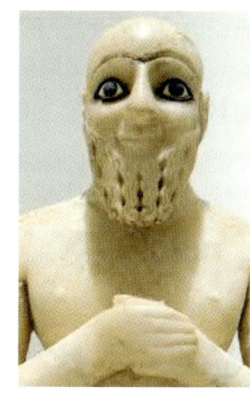
[수메르인1. 시리아 마리 출토]

[수메르인2. 이라크 라가쉬 출토. 구데아왕]

[이집트 쿠푸왕]

---

80) 중국 서부 시안 유역에는 큰 피라미드들이 있다.

셈족은 현재 아랍어에서 볼 수 있듯이 남녀에 따라 단어가 변화하며, 모음 없이 자음만으로 표기하는데 모음은 (하찮은 것이니) 자음의 위나 아래에 표시하며, 자음/모음비율이 9.0을 넘으며, '동주목'의 어순을 가지고 있는 것으로 판단한다면 영어를 쓰는 피부가 하얗고 금발인 사람들보다 더욱 양적인 사람들이라는 것을 알 수 있다. 이 사실로 알 수 있는 것은 외부의 온도보다 습도가 인간의 체질을 결정하는 더 큰 요인이라는 것이다. 셈족은 주위가 모두 사막인 지역에서 건조한 공기에 의해 폐의 습기가 마르면서 폐가 수분을 잃고 기운을 신장으로 내리지 못해 기혈중심이 횡격막을 뚫고 폐로 치달은 유형의 사람들이고, 금발백인은 추운 지역에서 온도를 끌어올리기 위해 엑셀을 많이 밟아서 기혈중심이 상승한 유형인데 셈족이 더욱 강한 양성을 띠니 위와 같이 생각할 수 있다는 뜻이다. 하지만 셈족의 신장은 아직 흑인인 상태로서 약하지 않으므로 금발인 경우가 없고 오히려 곱슬이 많을 뿐만 아니라 거의 흑발이다. 따라서 수메르인이 살던 당시에 메소포타미아지역에는 대부분의 사람이 흑발이었을 것이다. 그러면 수메르인들은 왜 자신을 '검은 머리 사람들'이란 뜻의 '웅 상 기가(uŋ saŋ giga)'라고 말했을까? 추측해 보자면 아마도 이런 생각이었을 것이다.

혹자 : 수메르인아, 여기 사람들은 대부분 검은 머리인데[81] 왜 너네는 굳이 자신을 '검은 머리 사람들'이라고 부르는 거냐?

수메르인 : 아 그거... 우리가 원래 마고성이란 데서 살았었거든. 근데 어느 땐가 북쪽에서 내려와서 우리부족에 합류했던 사람들이 있었어. 코나 눈 같은 데는 우리(백소씨)하고 거의 비슷했는데 딱 한 가지, 머리색깔이 우리하고는 달리 조금 붉었거든. 근데 그 사람들이 '오미의 변'을 일으키면서 우리민족이 어쩔 수 없이 분거하게 됐거든. 그 사람들 중에 몇몇은 우리하고 같이 내려오기도 했지. 이름을 그렇게 붙인 것은 우리가 그 오미의 변을 일으키지 않았다는 것을 후손들이 알아줬으면 해서 그렇게 붙인거야.

혹자 : 아 그래... 그럼 아브라함 족속들 머리가 조금 빨간 색인데 그 사람들하고 구별하고 싶은 거야?

수메르인 : 응 그렇지...

---

[81] https://www.youtube.com/watch?v=ORPkmFNI07U&t=727s
    영상 4:30초부터 복원된 예수의 모습 참조.

BC2000년경 가뭄으로 땅이 염분화 되며 황폐화되었다. BC1700년까지 인구는 3/5으로 줄어들었고 수메르의 국운은 기울어졌다. 백소씨는 살 길을 찾아 길을 떠나야했다. 동쪽은 처음에 들어왔었던 방향이므로 안 되고 남쪽은 바다가 막고 있고 서쪽에는 강한 이집트가 버티고 있다. 남아있는 방향은 북서쪽 한 곳뿐이다. 그래서 북서쪽으로 길을 떠났다. 지금 터키 샨리우르파주의 하란(Harran)지역에 이르러 백소씨는 3갈래로 나눠지게 된다.

원래 백소씨 집단에는 길을 달리하는 한 부류가 있었는데 가장 양적인 사람들로 이뤄진 집단으로서 머리털이 탈색된 백인들로 이뤄진 집단으로 그 집단의 수장은 아브라함이었고 다른 한 집단의 수장은 노아[82]였고 그 외 다른 한 집단도 있었다. 아브라함집단이 가장 양적인 집단이었다는 것은 일단 그들이 쓰는 히브리어에서 그 근거를 볼 수 있다. 히브리어의 어순은 동주목이며 남녀의 구분이 있으며 히브리어를 표기했던 히브리문자에는 원래 모음 자체가 없었다. 고대 유대인들은 모음 없이 자음만으로 글을 썼고, 타나크의 내용을 거의 암기하여 그것을 구전으로 후세에 전해주었다. 그러다 시간이 흐르면서 히브리어는 점차 잊혀졌고, 아람어가 통용되면서 히브리어가 사어(死語)가 되자, 7세기에 '마소라 학자'들이 자음만 있던 히브리어 문지 표기에 모음을 추가해 달기 시작했다. 그만큼 陰을 천하게 여겼던 것이다. 그리고 아브라함은 자신의 야망을 위해서라면 자신의 아들도 마치 물건처럼 죽여버릴 마음도 품고 있었다. 아들은 서열 상 자신보다 아래에 있기 때문에 자기 마음대로 해도 전혀 상관없다고 생각하는데서 그가 얼마나 陽적인 사람이었는지를 알 수 있으며, 수메르라는 같은 나라를 건국했지만 히브리어라는 다른 말을 썼다는 것에서 알 수 있듯이 이 아브라함족속은 마고성 시절 북쪽에서 사마르칸트지역으로 내려온 그 오미의 변을 일으켰던 무리의 후손이 백소씨를 따라 내려온 것이라고 생각하는 것이다. 그리고 아브라함은 옛날 일을 잘 알고 있던 부도지 25-9에서 말한 전고자(典古者)였을 것이다. 왜냐하면 그는 마고지의 내용을 다 알고 있었기 때문이다. 그래서 그는 자

---

[82] 노아라고 보는 이유는 아브라함이 비록 공자같이 우리민족을 배반하긴 했지만 대홍수에서 살아남는 민족으로는 결국 자신의 뿌리를 돌아보았다는 데서 찾았다. 아르메니아에 있는 아라라트산은 대홍수가 끝났을 때 노아의 방주가 표착한 곳으로 표현되고 노아의 후손들은 아라라트산 일대를 중심으로 '미탄니→우라르투→아르메니아'를 건국하게 된다.

신이 남자 마고(麻姑)가 되기로 마음먹어서 남쪽의 가나안지방으로 떠나고, 노아는 하란에서 미탄니라는 나라를 세우게 되며, 다른 한 집단은 좀 더 나은 곳을 찾아 서쪽으로 한참을 가서 바다 건너 그리스에 정착한다. 아브라함은 나중에 말하기로 하고 먼저 노아얘기를 해보자.

●미탄니/우라르투/아르메니아

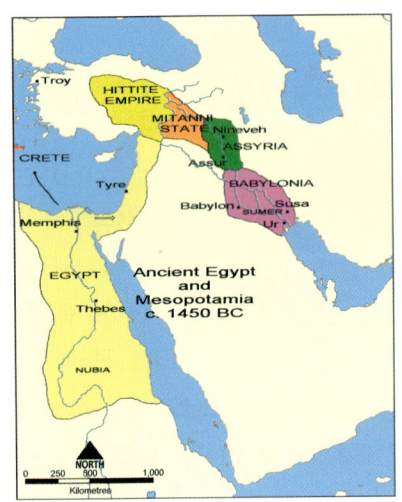

[미탄니(BC1600~BC1260)]　　　　　　[우라르투(BC860~BC590)]

하란에서 족속들과 헤어진 노아(또는 노아의 선조)는 미탄니라는 나라를 세우게 된다. 이 미탄니라는 국가는 후르리어를 쓰는 후르리인이 피지배층을 형성하고 인도아리안계가 지배층을 형성한 국가라고 설명하고 있다. 왜냐하면 히타이트와 맺은 미탄니조약에 미트라/바루나/인드라/나사티야 등의 브라만교 신들의 이름이 나오고 미탄니전사들을 '마리야'라고 불렀는데 이는 산스크리트어로 '전사'라고 하기 때문이라는 것 등을 근거로 그렇게 판단하는 것 같다. 하지만 산스크리트어는 나중에 인도 쪽으로 들어가는 아리안들이 마고성이 있었던 지역에 머물면서 그 지역의 영향을 받아 만들어진 언어이기 때문에 우리말을 근원으로 하고 있는 말이다[83]. 발생지가 마고성이 있었던 그 지역이라는 말이므로 이런

---

83) http://www.sisa-news.com/news/article.html?no=109733#0DLM
　　https://www.youtube.com/watch?v=tIIb9HSF5ls　참조

단어들을 근거로 미탄니의 지배세력이 인도아리안일 것이라고 추측하는 것은 앞뒤가 바뀐 말이라고 할 수 있다. BC1600년경에는 러시아초원에 있었던 인도아리안들이 남으로 내려오던 시기였으므로 이들과 접촉을 했을 수는 있지만 그들이 처음으로 국가를 세운 것은 아시리아제국이 무너진 BC678년에 세운 메데스(medes)였다. 그 1000년 전인 BC1600년에 그들이 어떻게 아시리아를 넘어서 소수의 인원으로 다수의 후르리인들을 지배할 수 있었겠는가? 오히려 이란인이 자신들의 최초의 국가라고 주장하고 있는 엘람(elam)은 흑소씨가 세운 나라일 가능성이 있으며, 엘람 후에 세워진 메데스는 마다이(Madai)라고도 하는데 마다이는 노아의 아들의 아들의 이름이다. 다시 말해서 메데스라는 국가는 아시리아가 무너지면서 세워진 나라로서 이란인+아시리아인+한민족(노아의 후손)들이 뭉쳐서 세워졌는데 그 중 최고위층은 노아의 후손이 맡았을 가능성이 농후한 것이다. 그렇지 않다면 어떻게 국명에 자신의 선조를 내세울 수 있겠는가?

이들 나라의 언어들이 모두 사멸해서 계통을 확실하게 구별 짓기는 곤란하지만 이 사람들이 수메르에서 기원했다는 것을 밝힐 정도로는 충분히 연구된 것 같다. 일단 어순이 주목동이다. 보통 미일빠들은 교착어는 세상에 널려있고 이들은 대부분 주목동 순시를 가지고 있으니 어순을 근거로 연결을 주장하는 것은 우스운 것이라고 말하는데 세상에 널려있는 것들에는 널려있는 규칙이 있다. 무질서하게 보이는 것 속에도 질서가 있는 것이다. 그 규칙을 모르고 보면 깜깜한 것이고 알고 보면 하나로 꿸 수가 있는 것이다. 마고성에서 한민족의 2차이동이 일어났다는 것을 알고 그 이동을 유전자를 통해 살펴보면 그 이동로가 명확해지면서 무질서해 보이는 교착어의 분포가 일목요연해지는 것이고, 여기에 한의학 이론이 더해지면 왜 교착어에서 굴절어가 탄생하게 되는지를 알게 되면서 굴절어의 분포 또한 이해할 수 있게 되는 것이다. 맨땅에 헤딩하는 것이 아니라 그런 이치를 가지고 이 중동을 보면 어려울 것이 하나 없다. 중동에는 세상에서 가장 넓은 사막지대가 분포해서 세상에서 가장 양적인 민족들이 살고 있는 지역이기 때문에 분석하기가 아주 쉬운 것이다. 이들은 백인들보다 더 양적이므로 호전적이어서 맨날 싸우고 있는 것이며 가부장적이어서 21세기인 현재에도 일부다처제를 가지고 있는 나라들이다. 여자들을 그냥 물건으로 취급하는 것이다. 그런 사람들이 상대방을 배려하겠는가? 이슬람이 포용적인 세계라고? 그것은 타인들이 자신들을 가장 높은 곳에 모신다면 그렇다는 것이다. 상대방과 자신이 대등한 상태에서 포용적이지는 않고 타인이 자신을 밑에 둔다면 전쟁이 일어날 수밖에 없다. 그래서 이 세상에서 자신이 가장 잘났다는 백인과 그에 못지않은 이슬람이 제대로 붙는다면 인류의 종말이 올 가능성이 농후한 것이다. 언어에서도 陰을 천시해서 모음이 3개밖에 없으며 그나마 자음과 대등하게 쓰는 것이 아니라 자음의 위나 아래에 첨자로 붙이는 수직적인 가치관을 가진 사람들이 상대방을 제대로 배려하겠는가? 배려하지 않기 때문에 어순이 주목동은 언감생심(焉敢生心)이고 주동목도 아니라 이보다 더 양적으로 나간 동주목이 되는 것이다. 이런 사람들이 전역에 퍼져있는 지역에서 주목동 어순을 쓰는 사람들이 있다면 이 두 집단은 전혀 다른 집단이라는 것을 쉽게 알 수 있는 것이다.

미탄니에서는 후르리어가 사용되었고 우라르투에서는 우라르투어가 쓰였는데 이 둘은 셈어족과 연관이 없고 인도유럽어와도 연관이 없지만 둘끼리는 서로 연관성이 많아서 후로-우라르탄 언어(Hurro-Urartian languages)라고 불린다. 우라르투어가 후르리어에서 분파해 나온 것으로 보며 모두 주목동 어순을 가지지만 우라르투어에서는 이것이 엄격하게 지켜지진 않았다. 이것이 바로 강한 양인에 둘러싸여 있다 보니 시간이 흐름에 따라 그들의 영향을 받은 결과인데 이런 식으로 교착어가 굴절어로 바뀌는 것이다. 이 어순 이외에 모음조화현상이 있다. 예컨대 양성모음은 양성모음끼리만 이어지고, 음성모음은 음성모음끼리만 이어지는 현상이 모음조화이다. 이 모음조화현상은 한국어를 비롯한 알타이제어는 물론이고 우랄제어에서도 널리 나타나는 교착어의 공통특징 중의 하나이다. (이 두 언어에서는 어순은 변화하고 모음조화는 변하지 않은 것인데 교착어는 어떤 변화순서를 거쳐서 굴절어가 되는가 하는 문제는 여러 전제들을 검토해야 할 것이라고 생각하므로 좀 더 연구가 필요하다. 다만 양적인 굴절어는 음적인 교착어로 쉽게 바뀌지 않으리라고 추측하는데 이것은 마약에 한번 중독되면 헤어 나오기가 힘든 이치와 같다.) 요약하자면 백소씨 집단이 지배층으로 미탄니를 지배하고 후르리인이 피지배층으로 있었다는 것인데 이 후르리인이 백소씨 집단일 수도 있으니 이는 좀 더 조사가 필요한 사항일 것이다. 추가적으로 마고성에서 분가한 한민족들의 언어변천에 대해 간단히 알아보자.

| 언어 | 어순 | 자음 | 모음 | 자/모 | 성구분 |
|------|------|------|------|-------|--------|
| 한글 | 주목동 | 14 | 10 | 1.4 | X |
| 타밀어 | 주목동 | 18 | 7~12 | 1.5~2.6 | X |
| 아르메니아 | 주목동 | 30 | 6~8 | 3.8~5 | X(여성 접미사 있음) |
| 우라르투어 | 주목동 | | | | 주목동에 변화가 있음 |
| (후르리어) | 주목동 | 12? | 5 | 2.4? | |
| 수메르어 | 주목동 | 16 | 4~7 | 2.3~4 | X |

이 표에서 몇 가지를 유추할 수 있다. ①음인인 황궁씨와 청궁씨에 비해 양인인 백소씨의 양이 크므로 자모비율 또한 크다는 것을 알 수 있다. ②우라르투어에서 주목동에 변화가 오면서 수메르→아르메니아로 갈수록 자모비율이 커져가는 것으로 보아 시간이 지날수록 주위환경에 의해 점점 양적으로 변해가는 것을 알 수 있다. 경쟁하고 치열하게 살면서 그렇게 된 것이라고 생각한다. 우리나라도 마찬가지여서 반모음과 반치음이 사라졌다. 모음이 하나 줄어들었고 음양을 중재하는 반치음 또한 사라진 것이다. (혀 짧은 일본이 없앤 것이지만...) 세상이 점점 거칠어지고 있다는 것을 말해준다. ③현재 아르메니아어에는 모음이 6~8개가 있으므로 과거에는 더 많이 사용했을 것이다. 그렇다면 그 근원이 되는 수메르어에는 모음이 최소 7개 이상 존재했을 것이다. ④자모비율 2.0~2.5 정도가 음인과 양인을 가르는 구분선이 아닐까 추측해본다.

후르리어와 우라르투어는 수메르어와 단어에서 공통점을 가지고 있으며[84], 우라르투왕국의 멸망으로 모두 사어가 되었으나 고대 아르메니아어에 영향을 남겼다[85]. 즉 수메르→미탄니/우라르투→아르메니아로 이어지는 연결선이 확인되는 것인데 이 미탄니/우라르투를 건국한 사람들의 신화에서는 히타이트신화에서 볼 수 있는 모성사회의 모습을 볼 수 없으므로 위의 언어에서 보이는 점들을 근거로 이들이 백소씨의 후손이라고 유추하는 것이다. 그리고 미탄니/우라르투의 신화는 분량이 많지 않고 셈족도 양인이고 백소씨도 양인이기 때문에 구별점이 특

---

84) Kassian, Alexei (2014). "Lexical Matches between Sumerian and Hurro-Urartian: Possible Historical Scenarios". Cuneiform Digital Library Journal (4). 영문 위키 참조
85) Diakonoff, I. M. (1985). "Hurro-Urartian Borrowings in Old Armenian". Journal of the American Oriental Society. 105 (4): 597-603. 영문 위키 참조

별히 없어서 어려움이 있으나 좀 더 확실한 근거는 아르메니아의 건국신화에서 찾아볼 수 있다. 우리에게 단군이 있다면 아르메니아에는 하야크(Hayk)가 있다. (단군이 우리의 선조이긴 하지만 우리의 시조는 아니다. 중시조도 아니고 다만 스러져가는 부도를 일으키려고 안간힘을 썼던 위인이었으며 우리의 시조는 당연히 마고이다. 중시조는 환웅이 아니었을까 생각한다.)

[하야크는 곱슬머리에 부리부리한 눈과 힘센 팔을 가진 잘 생기고 친절한 사람이었다. 그는 거인이었고 힘 센 궁수86)였으며 두려움이 없는 전사였다. 하야크와 그의 백성들은 노아와 야벳시절 때 따뜻한 땅을 찾아 바빌론으로 내려갔었다. 그 땅은 사악한 거인 벨(Bel)이 다스리고 있었는데 그는 하야크의 백성들을 포악하게 다뤘다. 자존심이 강한 하야크는 벨에게 복종하기를 거부했다. 하야크의 아들인 아라마니악(Aramaniak)이 태어나자 하야크는 흥기하여 그의 백성들을 이끌고 북쪽에 있는 아라라트(Ararat)산 근처로 이주했다. 여기에 그의 손자 카드모스를 정주시키고 그는 다시 식솔 300명을 이끌고 아라라트산 기슭에 다다라 마을을 짓고 이름을 하약센(Haykashen)이라 지었다. 벨은 하야크에게 그의 아들을 보내 회유하였으나 거부당했고 그러자 벨은 군대를 동원하여 그를 징벌하기로 결정했다. 하야크는 카드모스로부터 벨이 출정했음을 미리 듣고는 벤호수를 따라 그의 군대를 집결시킨 후 그들에게 말하기를 "우리는 이겨서 벨을 죽일 것이다. 그들의 노예가 될 바에는 그를 죽이려고 노력하다 죽으라!" 하야크와 그의 군사들은 벨의 군대가 산기슭에 다다랐음을 발견했다. BC2107년 8월 반호수의 남동쪽에 있는 Dyutsaznamart에서 하야크는 긴 활을 써서 거의 불가능한 화살을 날려서 벨을 죽임으로써 그를 권좌에서 끌어내렸다.]

거인으로 표현되면서 힘센 팔, 전사얘기가 나오니 양인의 신화라는 것을 알 수 있고 단군신화와 같이 삼재사상(300명)이 나오고 있다. 여기서 벨은 수메르를 침략했던 쿠티왕조를 상징한다. 쿠티왕조는 우리나라의 일제시대와 같은 식민지시절을 말한다. 즉 이 신화는 아르메니아는 쿠티왕조를 무너뜨린 사람이 아라라트산으로 이주해 와서 세운 나라라고 말하고 있다. 쿠티왕조는 BC2119년

---

86) 한민족 중에 황궁씨를 포함한 몇 집단이 활을 잘 쏘는 사람들로 이름이 있었던 모양이다. 궁수와 활에 대한 표현이 자주 보인다.

또는 2055년에 멸망했다는 것이 정설이므로 신화의 2107년과 100년도 차이가 나지 않는다. 이 신화 역시 그냥 허투루 지어낸 소설이 아니라 역사라는 것을 말해주고 있다. 그리고 신화를 보면 먼저 아라라트산 근처로 1차이주하고 나서 하야크는 다시 300명을 이끌고 아라라트산 기슭으로 이주한다고 나와 있다. 이 말은 처음에 아라라트산 근처에서 미탄니왕국과 우라르투를 세웠고 그 후에 아르메니아를 건국했다는 것으로 해석할 수 있다. 이 신화를 바탕으로 과거를 재구성한다면 미탄니왕국은 우르3왕조가 망한 후에 떠난 유민들이 세운 것이 아니라 수메르인들이 쿠티족의 침입을 받았을 때 떠난 유민들이 세운 것이라는 말이 될 것이다.

이제 (아마도) 더 큰 강을 찾아 서쪽으로 계속 걸어갔던 사람들의 얘기를 할 순서인데, 이 그리스를 건국한 사람들의 얘기를 하려면 먼저 흑소씨 얘기를 해야 한다. 그러면 흑소씨가 마고성에서 남쪽으로 떠나 어떤 여정을 거쳤는지 먼저 알아보자.

●흑소씨의 여정

[흑소씨의 이동경로와 엘람의 도시들]

엘람의 역사를 처음 읽었을 때는 조금 혼란스러웠다. 음인의 나라라면 피라미드가 나와야 하는데 지구라트가 나오고 이미지가 부드러워야 하는데 야수의 이미지를 가지고 있으며 모음은 6개 이상이어야 하는데 엘람어는 종류가 많고 사어도 많으며 해독된 문자의 모음은 3개밖에 없었다. 다른 나라들은 깔끔하게 정리되던 것이 여기서는 며칠 동안 실마리가 잡히지 않아서 간단히 정리된 나라들을 먼저 적은 후에야 비로소 이해하게 되었는데, 이렇게 복잡했던 이유는 나라를 세웠던 주인공들이 정권을 계속 유지하지 못하고 중간에 사라져버렸던 것이었다. 음인들의 나라는 대체적으로 평화롭고 평등했지만 언젠가 무너져서 흔적 없이 사라져버리는 경우가 많았다. 그 후에 다른 곳에서 또 다시 일어서면 좋겠지만 사방에 양인들이 깔려있는 상황에서 그 일이 그렇게 녹록치만은 않았다. 그 슬픈 흑소씨의 역사를 짚어가 보자.

흑소씨는 남쪽으로 내려갔다고 했다. 비단길은 보통 동서양을 연결해주는 길이었기 때문에 일반적으로 우리가 보는 지도에는 잘 나와 있지 않지만 곳곳에 주변 지역으로 뻗어있는 길들이 존재한다. 흑소씨는 그 길로 떠난 것인데 메르브에서 곧장 헤라트(herat)로 내려가는 길이 있다[87]. 나중에 흑소씨가 닿게 되는 이집트에서의 일들을 미리 가정하여 말한다면 흑소씨 일행들은 이집트까지 가는 도중에 소수의 집단이 드문드문 정착한 것이 아닌가 싶다. 그래서 이 헤라트를 지나서 지로프트(jiroft)에서 한 집단이 정착한 것으로 보이고 조금 더 가서 테페야햐(tepe yahya)에서 다른 한 무리가 정착했으며(여기서 인더스로 가는 길이 있으며 왕래 흔적이 많다.) 그 후에는 페르시아만을 따라 가서 karkheh강과 dez강 사이의 기름진 땅인 수사(susa)에서 조금 더 큰 집단이 정착하게 된다.(강이 없으면 한민족은 보통 정착하지 않았다.) 여기에서 흑소씨는 백소씨 집단을 만나게 되는데 수사가 기름진 땅이긴 하지만 큰 나라를 세우기에는 산이 너무 많은 지형이었고 백소씨와 경쟁해야 하는 상황이 마음 쓰였던(음인이었기 때문에 마음이 쓰였을 것이다.) 흑소씨는 마지막 집단을 이끌고 페트라(petra)까지 가게 된다. 아마도 저 멀리 서쪽으로 가면 아주 큰 강이 있다는 소문을 들어서였을 것이다.

---

[87] Another branch road travelled from Herat through Susa to Charax Spasinu at the head of the Persian Gulf and across to Petra and on to <u>Alexandria and other eastern Mediterranean ports from where ships carried the cargoes to Rome.</u> 영어 위키 silk road 참조. 밑줄 친 부분도 염두에 두도록 하자.

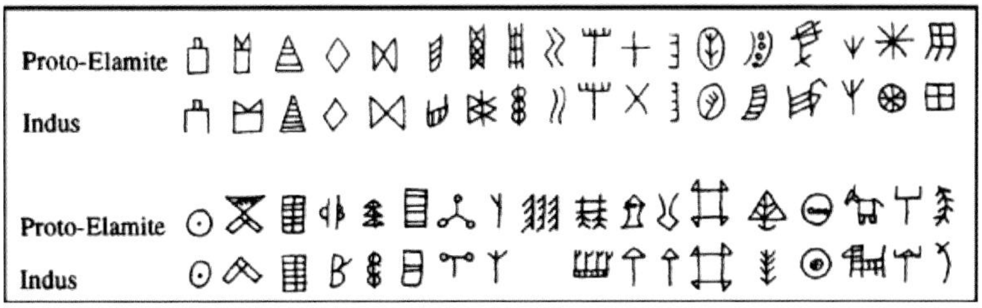

[원시 엘람문자와 인더스문자의 유사성]

현재까지 알려진 최초의 문자는 BC3100년경 수메르인들이 사용한 설형문자이다. 하지만 이 설형문자와 거의 비슷한 시기에 엘람에서 사용되던 문자가 있었는데, 그것이 바로 원시 엘람문자(Proto-Elamite script)라는 이름으로 불리는 문자이다[88]. BC3200~2900년 사이에 사용된 것으로 보고 있다. 그러다가 BC2500년경에 아카드 설형문자를 차용하여 변형한 엘람 설형문자(Elamite cuneiform)를 만들어서 BC331년까지 사용한다. 그런데 그 사이에 BC2200~1850년 동안 엘람에서 사용된 문자를 발견했는데 그것을 엘람 선문자(Linear Elamite script)라고 한다. 엘람 선문자는 원시 엘람문자에서 발전한 것으로 추정되지만 아직 이 두 문자의 상호 관계는 확실히 증명되지는 않았다. 여기서 원시 엘람문자와 선문자는 해독되지 않았고 설형문자는 해독된 상태이다. 엘람어는 현재 언어학계에서 파악하기로는 고립어로서, 인도유럽어족의 이란어파에 속하는 어떤 언어와는 물론, 인접한 지역의 셈어족의 언어들과도 전혀 관련이 없다고 한다. 다만 원시 엘람어가 인도의 드라비다어족의 언어와 관련이 있다고 주장하고 있는데 그림과 같이 원시 엘람문자와 인더스문자 사이에 비슷한 모양이 많이 나오기 때문이다. 그리고 해독된 설형문자에 대해서 알아보면 어순은 주목동인데 모음은 a/i/u로 3개 밖에 없으며 이는 현재 아랍어의 모음과 일치하지만 e가 추가적으로 더 있을 수도 있다고 한다.

엘람의 역사는 그리스도교의 성경에서도 찾아볼 수 있다. 성경에서 엘람이라는 이름은 노아의 아들 중 셈의 맏아들로 처음 등장한다(창세기 10장 22절, 역

---

88)https://terms.naver.com/entry.naver?docId=2834197&cid=55682&categoryId=55682
(엘람어는 네이버참조)

대기 1장 17절). 활을 잘 다루는 것으로 유명했다(이사야서 22장 6절, 예레미아서 49장 35절). 성경에 엘람인들은 부정적으로 묘사되어 있다(예레미아서 25장 25절, 49장 34절~39절, 에제키엘 32장 24~25절 등). 구약성서는 부도지의 구성을 그대로 베낀 것으로 보아 마고성에서 백소씨족속의 전고자(典古者)로 있었던 사람의 후예들이 쓴 책으로 보인다. 아르메니아의 아라라트산은 대홍수 이후에 방주가 표착한 곳으로 알려져 있으니 구약에서 살아남는 최후의 한 사람인 노아를 자신의 핏줄인 아르메니아로 설정했음을 알 수 있다. 그런 노아의 후손으로 엘람을 들었다는 것은 이 엘람을 세운 사람이 백소씨 후손이거나 최소한 마고의 후손이라는 것을 말해준다. 이 외에 엘람을 세운 사람들의 정체를 밝히고 역사를 재구성하는데 도움이 되는 것들로는 원시 엘람사회는 모계혈통을 따라 왕권이 결정되었으며 고위성직자도 여성이었다는 사실이 있다.

위의 내용들을 바탕으로 엘람의 역사를 재구성해보면 마고성을 출발한 흑소씨 사람들은 지로프트와 테페 야햐에서 소수의 사람이 정착했고 좀 더 많은 사람들이 수사에 정착한 후 원시 엘람문자를 만들어 썼다. 원시 엘람문자가 음인인 청궁씨가 만든 인더스문자와 같은 단어가 많다는 것과 모계사회였다는 점에서 볼 때 그렇게 판단할 수 있다는 것이다. BC2500년이 되면서 흑소씨는 선주민인 M89에게 밀려났거나 이집트가 좀 더 살기 좋다는 소문을 들어서 이주했을 것이며 이 선주민들은 아카드어를 차용하여 만든 설형문자를 사용하게 된다. 그러면 BC2200년경 엘람 선문자를 만든 사람이 누구였는지를 추측해보자. 성경에 노아의 후손이라고 기록해 둔 것으로 판단한다면 백소씨 후손일 가능성이 높은데 만약 그렇다면 수메르문자와 비슷한 문자를 만들었어야 하는데 그렇지 않았다는 사실을 보면 수메르인은 아니었다고 판단하는 것이 맞을 것 같고, 노아의 후손이라고 적은 것은 흑소씨도 마고의 후손으로 자신과 같은 핏줄이므로 성경에 기록한 것이 아닐까 생각해본다. 그리고 그때는 아직 인도유럽인이 내려오기 한참 전이었으므로 셈족인 선주민과 흑소씨밖에 없었을 것이라고 가정한다면 원시 엘람문자를 쓰던 흑소씨는 선주민과의 경쟁에서 밀려나서 BC2500년경에 왕권을 내줬다가 BC2200년경에 다시 왕권을 되찾았다가 BC1850년경에 다시 빼앗겼다고 해석하는 것이 가장 무난한 것 같다. 왜냐하면 흑소씨는 역사에서 사라지기까지 계속 이런 패턴을 반복했기 때문이다. 결국은 흔적 없이 사라지는...

● 이집트

"이 초기 이집트인들의 출신이 어디인지는 아무도 모른다. 학계에서는 대체로 누비아, 에티오피아, 리비아 원주민과 셈족 혹은 아르메니아 인종 이민자들이 결합했다고 본다... 기원전 4000년부터 3000년에 이르기까지 한데 뒤섞인 이 사람들이 서서히 민족으로 발전해 역사시대 이집트를 만들어냈다. 이집트인의 피부는 날 때는 하얬지만(이집트인들이 아프리카보다는 아시아 쪽에 기원을 두고 있다는 표시이다.) 이집트의 태양에 그을려 금세 까매졌다... 반면 일반 백성 남자는 셰이크 엘벨레드(고왕국시대의 목재 조각상의 이름)처럼 땅딸막하고 구부정한 모습이다... 이집트 백성과 통치자는 종족이 달랐던 듯하다. (이런 현상이 나타나는 국가는 지극히 많다.) 통치자는 아시아에, 백성들은 아프리카에 기원을 두고 있었다. 이집트인들의 머리는 검정색이었고, 곱슬머리도 더러 있었지만 흑인 특유의 완전 곱슬머리는 아니었다.[89]"

[흑소씨 이동경로.
페트라에서 육로가 아니라 바다를 통해 이집트로 들어간 것으로 보인다.]

지금 학계에서도 이집트[90]를 통일하고 피라미드를 세운 사람들이 아시아인이

---

89) 문명이야기(윌 듀런트 1-1. 283쪽과 313쪽)

라는 것을 알고 있으며 이렇게 지배/피지배층이 다른 나라들이 많다는 것을 알고 있다(백소씨와 흑소씨가 세운 나라의 대부분이 이에 해당한다.). 그레시 자료를 보면 서로 이 세계4대문명을 자기들하고 엮어보려고 무진 애를 쓰는 게 다 보이고, 생각해 보면 그렇게 하는 것이 맞는 것이기도 하다. 그런데 정작 그 주인공은 넋 놓고 앉아있고, 이 책이 출판되면 미일빠들이 "이 얼마나 망상으로 가득 찬 소설 같은 책이냐"고 지랄할 것을 상상하면... 그 돈과 권력에 찌든 인간들은 그냥 국적이 한국이 아니라고 생각하는 것이 속편한 것일 테다. 이 책에 보완할 것들이 많이 있겠지만 예부터 내려온 부도지라는 책을 근본으로 하는 것이니 큰 줄거리는 역사적 사실과 어긋나지 않을 것이라고 생각한다. 다시 흑소씨의 여정으로 돌아와서 계속 추적해보자. 이집트는 역사가 오래된 나라라서 시대구분을 좀 알아야 이해하기 편하므로 표로 정리해보면 다음과 같다.

| | | 문화 이름 | | 기원전(BC) |
|---|---|---|---|---|
| 선사시대 | 하이집트 | Faiyum A 문화 | | 9000~6000 |
| | | Merimde 문화 | | 5000~4200 |
| | | El Omari 문화 | | 4200~4000 |
| | | Maadi 문화 | | |
| | 상이집트 | Nabta Playa | | 7500~ |
| | | Tasian 문화 | | ~4500 |
| | | Badarian 문화 | | 4400~4000 |
| | | Naqada 문화 | Amratian(나카다1기) | 4000~3500 |
| | | | Gerzean(나카다2기) | 3500~3200 |
| | | | Protodynastic(나카다3기) | 3200~3000 |
| 역사시대 | | 초기왕조 | | 3150-2686 |
| | | 고왕조 | | 2686-2181 |
| | | 1차 중간기 | | 2181-1991 |
| | | 중왕조 | | 2134-1690 |
| | | 2차 중간기 | | 1674-1549 |
| | | 신왕조 | | 1549-1069 |
| | | 3차 중간기 | | 1069-653 |

[이집트의 역사]

---

90) 이집트는 상이집트와 하이집트로 나눌 수 있는데 정확한 구분선은 없어 보인다. 나일강은 남쪽에서 북쪽인 대서양으로 흐르므로 대략 멤피스(memphis)를 중심으로 한 나일강 하류지역을 하이집트, 테베스(thebes)를 중심으로 한 상류지역을 상이집트라고 보면 된다.

(신화나 유물들을 보면 흑소씨는 마고성에서 배운 것들을 아주 잘 지켰던 사람들로 보인다. 선생님이 시키면 그대로 따라 하는 모범생이라면 모범생이고 답답하다면 답답한 그런 학생이었다. 공부는 잘했지만 변통이 부족해서 뭔가 약간 아쉬운 그런...) 이집트유물을 이해하려면 신화를 알아야 하므로 그것의 요점만 먼저 살펴보자. [태초에 암흑바다 누가 있었고 여기에서 창조신인 아툼이 스스로 존재하여 최초의 신이 되었다. 아툼이 빛을 만들어 태양신 라가 되었고, 라는 자웅동체로 우주조화의 여신인 마트를 낳았다. 아툼이 기침을 하여 공기의 신인 슈와 습기의 여신인 테프누트를 낳았다. 이 슈와 테프누트는 근친혼을 하여 대지의 신인 게브와 하늘의 여신인 누트를 낳았다. 이 게브와 누트가 다시 근친혼을 하여 오시리스/이시스/세트/네프티스/대(大)호루스를 낳았다. 오시리스와 이시스가 다시 근친혼을 하고 세트와 네프티스가 근친혼을 한다[91]. 오시리스가 이집트를 평화롭게 다스리고 있었는데 동생인 세트는 그것이 못마땅하여 오시리스를 관에 넣어 죽여서 지중해로 흘려버렸다. 이시스는 죽은 남편이라도 찾으려고 레바논까지 가서 시체를 찾아오게 되는데 세트가 이를 알아내서 오시리스의 시체를 13토막[92]으로 찢어서 여기저기에 묻어버렸다. 이에 세트의 부인인 네프티스마저 세트한테서 돌아서서 이시스와 함께 오시리스의 시체를 모아 결국 오시리스를 살려낸다. 잠시 부활한 오시리스와 관계하여 이시스는 호루스를 낳는다. 그리고 오시리스는 사후세계의 신이 되고 호루스는 이집트를 통일하여 왕이 된다.] 결국 이집트를 통일한 호루스가 이집트신화의 주인공이 되는 것이고 태양신 라는 나이가 들어 그 자리를 호루스에게 물려주고, 신화가 말해주듯 이집트는 모계사회이므로 아버지는 있을 필요가 없으니 오시리스는 저승세계로 싹 사라지게 되며 호루스의 상징은 하늘과 자신을 이어주면서 아버지가 필요 없는 존재를 상징하는 알을 낳는 새(매)가 된다. 매가 아니라 사자가 되기도 하는데 이것은 피지배층인 아프리카인들을 위한 배려 또는 유화책이라고 생각한다.

---

91) 고대에는 이런 근친혼이 음인과 양인사회 모두에 있었는데 음인이 더욱 심했다. 이는 실제로 근친혼을 했으리라 추측하며 이런 근친혼으로 몇 세대를 지나면 사산이나 유산 또는 기형으로 후손들이 태어나면서 왕권이 몰락하고 결국 축출당하는 화를 자초한 것이 아닌가 생각한다. 근친혼을 하는 이유는 음인이므로 사고가 구심적으로 흘러 혈통을 자신의 친척으로만 가두려는 사고에서 시작한 것으로 여겨지며 그렇다면 결국 음인의 폐쇄성이 자신을 파멸시킨 것이라 하겠다.
92) 부도지의 1년 13개월이 연상된다.

또 흑소씨는 강한 음인의 성격을 보이는데 (결국 이런 강한 음성(陰性) 때문에 줄어들고 줄어들어 나라도 없이 흔적만 남기고 사리진다.) [하늘의 신인 누트가 남신이 아니라 여신(女神)이며 암소93)로 표현되고 그 배에는 수많은 젖이 달려 있다. (지유(地乳)를 표현한 것이라 생각한다.) 이 누트를 통해 윤회하는 세계관을 보여주는데, 이집트 사람들은 태양신이 태양을 배에 태워 동쪽에서 서쪽으로 이동시키는데 서쪽으로 사라진 태양은 누트의 입으로 들어가서 밤 동안에 누트의 몸속을 지나서 다음날 아침이 되면 여신의 자궁에서 다시 태어나게 되는 것이라고 생각했다. 즉 죽은 후에 다시 부활하면서 순환한다고 생각하는 것이다. 그래서 나일강 서쪽은 피라미드와 같은 무덤을 짓는 죽음의 땅으로 여기고, 동쪽은 사람들이 사는 부활의 땅으로 인식하였다. 처음에는 파라오만 사후에 누트의 몸속에 들어가서 나중에 부활한다고 믿었고 나중에는 귀족→평민 순으로 확대된다. 그래서 파라오는 죽었다가도 부활하므로 그 왕의 상징인 매도 부활하게 되고 그 부활하는 매를 불사조라고 부른 것이다.] 신화를 보면 흑소씨는 더 이상 음인일 수 없을 정도로 음적이라고 할 수 있을 것 같은데 그것을 언어에서도 볼 수 있다. (항상 그런 것은 아니지만) 양적일수록 피지배층의 언어를 싹 없애버리고 자신의 언어를 강요하는데 흑소씨는 그들의 언어를 그대로 허용해주었다. 아랍어와 마찬가지로 글자를 쓸 때 모음 없이 자음만으로 쓰고 모음도 아랍어와 마찬가지로 a/i/u 3개가 기본이고 여기에 e가 추가될 뿐이다. 어순도 아랍어와 마찬가지로 '동주목'을 그대로 썼다. 신하들에게 휘둘리는 왕의 모습이라고 할 수 있다. 그럼 이 흑소씨가 언제 이집트로 들어왔는지 알아보기로 하자.

호루스를 상징하는 매의 원형은 BC4300년 엘람에 속하는 테페 야햐에서 출토된 것에서 볼 수 있다. 흑소씨가 마고성을 나와서 처음으로 일부 사람들이 정착했던 바로 그곳이다. 그와 유사한 유물이 나카다2기(BC3500~3200)에 해당하는 게르제(Gerzeh)에서 출토되고, 그 후 나카다3기(BC3250~3100)에 해당하는

---

93) 농사가 시작되는 춘분 때의 황도12궁 별자리는 세차운동에 의해 약 2160년 마다 바뀐다. 대략적으로 구분해 본다면, BC4480~2320(황소자리), BC2320~160(양자리), BC160~AD2000(물고기자리), AD2000~4160(물병자리)이므로 이 신화가 쓰여진 때는 BC4480~2320라고 추측할 수 있다. 따라서 신화 속의 동물이 시기에 따른 황도 별자리 자리라면 별 의미가 없다고 보면 되겠다. 즉 여기서 소는 별 의미가 없는 것이다. https://www.youtube.com/watch?v=gySZWzz7i7s&t=675s 참조

[BC4300년
tepe yahya 출토]

[나카다2기(BC3500~3200)
Gerzeh 출토]

[나카다3기(BC3250~
3100) el-amra 출토]

[왕을 상징하는
호루스의 매]

엘암라(el-amra)에서도 출토된다. 즉 마고성을 떠난 후 흑소씨는 엘람을 거쳐 이집트의 게르제로 들어갔다는 추정이 가능하다. 다만 메소포타미아에서 이집트로 들어올 때 아브라함이 갔던 것처럼 수메르에서 북서쪽으로 간 다음에 레반트쪽으로 꺾어서 이집트로 들어가면 될 것 같은데 연구에 의하면 고왕국이 되기 전까지는 레반트의 남쪽지역인 가나안에서 육로로 이집트로 들어가는 길이 없어서 뱃길로 다녔다고 한다.[94] 그리고 매유물이 이집트에서 가장 이른 시기에 발

---

94) ○The route of this trade is difficult to determine, but contact with Canaan does not predate the early dynastic, so it is usually assumed to have been conducted over water. 영어 위키 Prehistoric Egypt 참조.
○Redford, Donald B. Egypt, Canaan, and Israel in Ancient Times. (Princeton University) 논문이었으면 읽어봤을 텐데 책이어서 확인하지는 않았다. 궁금하시면 직접 읽어보시길... ^^ 만약 육로로 들어왔다면 게르제까지 오지 않고 그 전에 멤피스에서 정착했을 가능성이 더 많을 것이다.

견된 지역은 게르제인데 이 지역은 나일강에 물이 불면 홍해로 통하는 물길이 생기는 곳이었다. 그러므로 흑소씨는 바스라(basra)에서 페트라(petra)까지 온 후에 아카바로 가서 거기서 배를 타고 게르제[95]로 들어갔다고 볼 수 있다[96]. 저자는 8개월에 걸쳐 40여 개 나라를 돌아본 경험이 있다. 지구가 어떻게 생겼나 궁금하기도 했었고 어렸을 때부터 세계일주를 하는 것이 꿈이어서 하게 되었는데, 흑소씨 얘기를 하다 보니 페트라에서 아카바로 합승버스를 타고 갔었던 기억이 난다. 2010년쯤이었는데 그때도 정기버스가 없어서 사람이 채워지면 떠나는 그런 봉고버스였다. 마고성에서 페트라까지 오는 길이 한참 더 멀지만 왜 나한테는 페트라에서 아카바로 가는 그 100km의 길이 더 멀게 느껴지는 건지... 그건 직접 그 황량한 길을 21세기에도 아주 어렵게 건너갔던 기억 때문일 것이다. 그리고 아카바에서 누웨이바로 가는 배를 타는 그 항구란 곳의 어지럽고 무질서하고 기괴함이란... 중동은 정말이지 황량한 곳이다. 메마른 자연에 메마른 사람들, 내 기억에 남은 중동은 그렇다.

상하이집트를 누가 통일했는지는 정확하게 알지 못한다. 아카다3기 때의 왕이었던 카(Ka), 스콜피온 2세 그리고 나르메르(Narmer) 중 한 사람이었을 텐데 그들의 모습을 보면 헤젯을 쓰고 전갈이나 매/코브라가 나온다. 먼저 헤젯은 상이집트를 상징하는 왕관이므로 이들이 모두 상이집트 출신이라는 것을 말해준다. 그리고 이 헤젯은 머리를 치켜든 코브라여신 와젯(Wadjet)을 쓴 독수리여신인 네크벳(Nekhbet)으로 표현되기도 한다. 음인신화이므로 뱀이 악역으로 등장하지 않으며 새와 뱀이 모두 여신으로 표현되면서 모계사회임을 나타내고 있으며 또한 최고 권력인 왕위계승권을 여성이 갖고 있음도 말해주고 있다. 흑소씨가 지나온 지로프트에서도 전갈문양이나 뱀/독수리문양의 유물들이 많이 나오고 있는 것과 나르메르왕의 두상이 쿠푸왕과 비슷하게 우리와 많이 닮아있는 것으로 볼 때 흑소씨는 나카다2기가 시작하는 BC3500 이전에 아카바에서 배를 타고 게르제유역으로 들어온 후 세력을 쌓아 상하이집트를 통일하였을 것이라고 생각한

---

[95] 이 게르제는 멤피스 바로 남쪽에 있는 곳으로 위치상으로는 하이집트라고 봐도 무방하지만 문화적으로는 상이집트로 분류된다.

[96] 이 시기 청금석은 아프가니스탄 북동쪽의 badakhshan에서만 생산되었는데 청금석 구슬이 나카다2기에 출토된다. badakhshan이 어디인가? 마고성이 있었던 메르브와 사마르칸트 중간에서 동쪽으로 200km만 가면 거기가 이집트 청금석의 고향이다.

다. 이들이 흑소씨일 것이라는 또 하나의 증거로, 후에 이 흑소씨들이 쌓게 되는 피라미드들의 입구는 모두 북극성이 있는 북쪽으로 만들어졌으며 대피라미드의 왕의 방에는 그 당시 북극성이었던 용자리 알파별 투반을 정확히 볼 수 있는 통로가 나있다. 마고성에서 배웠던 것들을 신화와 유적들에 집착스러울만치 구현해 놓았던 흑소씨는 그들 최고의 작품 속의 가장 중요한 곳에 그들이 가장 신성시했던 북극성을 그려놓았던 것이다. 마고(麻姑), 우리가 사마르칸트 유역에 살고 있을 즈음 썼던 말의 변형인 산스크리트어로 북극성을 마가(magha)라고 불렀다.

[지로프트의 독수리/뱀]

[지로프트의 전갈]

[스콜피온 2세와 전갈]

[나르메르와 매]

[나르메르왕의 두상]

[네크벳(Nekhbet)]

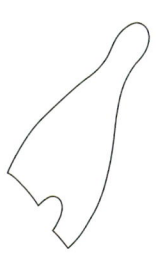
[헤젯(hedjet)]

나가다시기에서 고왕조 말기까지가 흑소씨의 세상이었다. 그래서 그 기간 동안에만 그들이 마고성시절에 많이 짓던 새집(피라미드)을 지었던 것이다. 그러나 같은 새집을 지었던 백소씨와는 그것을 지었던 이유가 극명하게 갈린다. 순환하는 우주를 믿었던 흑소씨는 새집을 사후세계에서 살 공간인 무덤(집)으로 지었던 반면, 백소씨는 단지 자신보다 상위존재인 신을 기쁘게 하기 위해 동물이나 사람 같은 재물을 바치는 의식을 치르는 장소로 지었다. 그리고 피라미드는 노예와 백성들의 노동력을 착취해서 지은 것이 아니다. 나일강의 범람은 항상 일정한 시기에만 일어났고 따라서 다른 기간에는 놀 수밖에 없었고 수익도 없었다. 그래서 이집트판 뉴딜정책으로 농한기에도 일해서 돈을 벌 수 있는 일터를 마련해 준 것이다. 이와 더불어 피라미드는 놀라운 비밀을 품고 있는데 3800년 동안 세계에서 가장 높은 구조물이었을 뿐만 아니라 그 속에 엄청난 과학적 세밀함을 감추고 있다. 본인도 세계여행을 할 당시 이 피라미드가 단지 크기만 한 줄 알았다. 가장 처음 피라미드를 만났던 건 멕시코의 테오티우아칸이었는데 피라미드가 이집트에만 있는 줄 알았던 나는 거기에서 엄청난 규모의 피라미드를 보고 정말이지 입이 떡 벌어졌었다. 이 남미의 피라미드도 크기뿐만 아니라 세밀함도 갖췄는지는 잘 모르겠으나 이집트 피라미드의 세밀함은 공학도인 본인으로서는 믿기 힘든 수준이다.

일단 밑변의 4변의 길이는 230.25~230.45m로 0.08% 오차인데 이것은 현대 건축법상 허용오차범위인 2%내외를 가볍게 뛰어넘는 수준이다. 동서남북 방위 정렬의 오차범위도 0.08° 이내로서 그리니치 천문대의 남북을 잇는 본초자오선 오차각도인 0.15°보다 더 작다. 이보다 더 믿기 힘든 사실은 피라미드를 지을 때 기준이 되는 단위인 로얄큐빗과 그것에 숨겨진 비밀에 있다. 로얄큐빗은 쉽게 말해 현대의 m(미터)에 해당하는 단위이다. 피라미드의 여러 외부측정치와 건축 당시 쓰였던 것으로 보이는 측정막대를 기준으로 구한 로얄큐빗은 0.5236m였다. 여기에 쓰인 미터는 북극점에서 파리를 통과해 적도에 이르는 지구 사분원의 1/10,000,000로 1791년 프랑스 과학 아카데미에서 맨 처음 정의했다(현재는 빛이 1/299,792,458초 동안 이동한 길이로 규정). 즉 사분자오선의 길이가 10,000,000m = 10,000km이다. 그런데 의미 없어 보이는 0.5236은 원주율(3.14)을 6으로 나눈 값인데($\pi/6$=0.5236) 이를 달리 말하자면 1미터를 반지름으로 하는 원을 그린 후 그 둘레를 12등분한[97] 길이가 0.5236미터라는 것이다. ($2\pi r=2\pi \times 1$, $2\pi/12=\pi/6$=0.5236) 즉 이집트에서는 그때 이 지구가 둥글다

---

97) 흑소씨는 마고성의 모범생이었다. 12라는 숫자도 구현해 놓았다.

는 사실을 알고 있었으며 그 둘레길이 또한 정확하게 계산했다는 말이 된다. 더 놀라운 것은 피라미드외부는 침식으로 로얄큐빗을 구하기 위해 측정한 수치들이 정확하지 않았을 것이므로 이집트 고고학자 플린더스 페트리는 내부를 측정해서 로얄큐빗을 재산정했는데 그 값은 외부를 기준으로 한 값보다 0.0001미터가 더 큰 0.5237이었다. 0.0001미터가 무슨 의미가 있는 것일까? 21세기 인공위성을 이용해서 지구 사분원을 측정했는데 그 값은 10,000,957미터였다. 즉 사분자오선을 1000만으로 나누면 1.0000957미터가 되고 이를 반지름으로 하는 원둘레를 12등분하면 $2\pi \times 1.0000957/12=0.5237$이 된다. 결국 BC26세기에 측정한 지구둘레길이가 18세기 유럽에서 구한 값보다 더 정확했던 것이다.[98]

흑소씨는 이집트를 통일한 후 곧바로 해양으로 진출했다. 갈대를 엮어 만든 배로 지중해를 누볐을 것이다. 그 중의 하나가 크레타섬이다. 크레타문명은 이집트를 통일한 직후인 BC3000년경부터 시작한다. 하지만 흑소씨가 축출당하는 BC2100년경이 될 때까지 크레타문명권에서 문자는 발견되지 않으며 흑소씨들이 본격적으로 들어오는 그때가 돼서야 비로소 상형문자가 출현해서 BC1700년경까지 사용된다. 이후 이를 더 발달시킨 선형문자 A를 발명해서 BC1450년경까지 사용하다가 미케네문명인들한테 정복당한다. 흑소씨는 뛰어난 두뇌를 가지고 있었지만 사고방식을 좀 더 양적으로 넓히지 못한 탓으로 역사 속으로 사라질 서글픈 운명에 쳐해졌던지라 그들이 쓰던 문자들은 엘람에서는 짧게 쓰이다가 없어졌고, 이집트에서는 억센 토착민들에 의해 실현되지 못했으며, 크레타섬에서는 엘람 때 쓰던 문자를 변형하여 다시 사용하였던 듯하지만 이 또한 사라져버렸다. 아직까지 해독하지 못하고 있는 상형문자와 선형문자 A라고 불리는 것들이 흑소인들이 크레타에서 사용하던 문자였다. 그래서 언어로는 크레타문명의 주인공이 흑소씨였음을 증명하지는 못한다. 하지만 그들의 신화는 남아있다.

크레타문명을 일으켰다고 학자들이 생각하는 그리스-에게 지역의 선주민들을 펠라스고이(Pelasgian)라고 부르는데 그들의 탄생신화는 마고성 모범생답게 음인의 신화를 그대로 닮아있다. [태초의 여신 에우리노메가 있었다. 북쪽에서 바

---

[98] 피라미드 코드(맹성렬 지음. 김영사)

람이 불고 여신이 그것을 잡아 양손에 넣고 부드럽게 비비자 이 북풍은 구렁이가 되었다. 그녀와 결합한 이 북풍은 여신을 임신시키고 임신을 한 여신은 한 마리 비둘기로 변해서 우주의 알을 낳았다. 구렁이는 여신의 명령으로 알이 부화될 때까지 알을 칭칭 감아 보호하고, 드디어 알이 갈라지면서 태양/달/별과 산/강 등의 천지가 창조되었다. 알을 부화시킨 구렁이가 자신이 우주 창조자라고 주장하자 여신은 벌떡 일어나 발로 구렁이의 머리를 짓밟아 버린 후 지하의 어두운 동굴로 추방시켜 버린다. 그리고 여신은 티탄족 남녀7쌍을 만든다.] 이 티탄족들이 그리스신화에서 음인을 상징하는 티탄신족으로서 바로 펠라스고이라고 불리는 흑소씨들이다. 이 신화는 처음부터 끝까지 음인적 요소로 채워져 있다. 여신이 최초의 신이며, 북풍은 陰의 극한인 水의 방위이며, 구렁이는 음인신화에서는 악한 역할을 맡지 않으므로 천지를 창조시키는데 일조하게 되며, 여신과 한 몸이 되었었던 남편 구렁이는 결국 동굴로 사라져버려서 모계신화임을 알 수 있다. 여신이 비둘기로 변하므로 새를 숭상하던 천손사상을 간직하고 있다는 것이고 그 비둘기는 알을 낳고, 모권이 강하므로 여신은 부권을 상징하는 구렁이를 짓밟아 버리는 것이다. (양인의 요소는 하나도 없이 처음부터 끝까지 음적이지만 마지막으로 탄생하는 티탄족은 거인으로 표현된다. 왜 거인일까? 답은 그들을 무너뜨린 미케네문명에 있을 것이다.)

[뱀을 들고 있는 여신상]

[조선의 여자들]

크레타문명은 신화내용과 같이 모계사회에 속하므로 뱀을 숭상하는 여신상이 남아있는데 특이한 것은 이 여신상뿐만 아니라 발견된 벽화의 여주인공들 중에 가슴이 드러나 있는 그림이 다수 발견된다는 것이다. 이는 우리 조선시대사진에서도 볼 수 있는 모습으로 권리가 남자보다 약하지 않았던 여성들의 자유분방한 성의식을 보여주는 것 같다. 하지만 이러한 자유분방함은 이집트에서 쫓겨난 후 히타이트로 이주한 흑소씨 집단에서도 보이는데 이것이 결국 방종으로 흐르면서 개념 없는 퇴폐로 흐르게 되었던 것 같다. 그리고 뒤의 미케네문명과는 다르게 벽화에 그려져 있는 자연이나 동물들은 어떤 목적의식 없이 그려져서 그야말로 자연스러우면서 생기발랄하여 평화로운 시대였음을 짐작케 한다. 크레타섬까지 진출한 흑소씨가 여기에 그쳤을까? 당연히 그리스까지 진출했다. 이집트의 알렉산드리아에서 크레타섬까지는 600km이고 크레타섬에서 그리스육지까지는 100km이다. 흑소씨는 펠로폰네소스반도의 남쪽인 라코니아(laconia)나 아르골리스(argolis)에 자리를 잡았고 후에 그들은 이오니아인(Ionians)이라고 불리게 된다.

피라미드는 고왕조시기에만 집중적으로 지어졌다. 마고성에서 소(巢)를 짓던 습관을 갖고 있던 흑소씨가 고왕조를 끝으로 원주민들에 의해 축출당했다는 것을 고왕조 이후에는 피라미드건축이 급속히 줄어드는 것으로 확인할 수 있는 것이다. BC2200년경이 되면서 엄청난 가뭄이 밀어닥쳤다. (이런 자연재앙 이외에 다른 요인들도 있었을 것이다.) 신전의 사제들이 왕의 권력을 침탈하기 시작했고 지방의 귀족들도 들고 일어났다. 흑소씨 족속들은 수메르인들이 이동을 시작했던 그때쯤에 새 땅을 찾아 길을 떠났다. 어디로 갔을까? 고대 이집트여성은 재산을 소유하고 결혼상대를 선택할 수 있었고 남편과 이혼하고 자식의 상속권을 박탈하고 사업을 할 수 있었다. 1940년대 유럽이나 미국의 여성보다 더 권한이 많았다. 그런데 중동지역은 지구상에서 가장 양적인 셈족(M89)이 오래 전부터 살고 있었던 지역이었다. 그런 사람들한테서 남녀평등사상을 찾는다는 것은 낙타가 바늘구멍으로 들어가는 것과 같다. 21세기에도 일부다처제를 법적으로 인정하는 곳이 많은 것만으로도 충분히 가능할 수 있는 것이다. 그러니 흑소씨의 흔적을 찾는 것은 셈족과 비슷한 성향의 백소씨의 흔적을 찾는 것보다 훨씬 쉽다. 이집트문명 이후 남녀가 평등했던 문화는 대부분 흑소씨의 후손이 이룩한 것이라고 생각하면 크게 틀리지 않는 것이다. 하지만 시간 순서상 흑소씨가 일으킨 크레타문명을 멸망시킨 장본인이 누군지 먼저 알아보기로 하자.

●그리스

[백소씨의 이동경로]

수메르가 멸망하자 백소씨들은 이주하기 시작했고 하란에서 아브라함은 유대인들을 이끌고 남쪽으로 가고 노아는 그 자리에서 미탄니왕국을 세웠고 나머지 사람들은 서쪽으로 곧장 지중해까지 걸어갔다. 이해의 편의상 서쪽으로 간 사람들을 후에 불리게 되는 이름이나 그리스신화의 신 이름으로 표현한다면 도루스(dorus)/아이올루스(aeolus)/프리기아인(phrygians)/트로이인(trojan)이 그들이었다. 하란에서 아나톨리아반도의 남쪽해안을 따라 걷다보면 에게해와 마르마라해를 잇는 다르다넬스해협(옛 이름은 Hellespont)을 만나게 된다. 이 해협을 건너기 전에 트로이인들은 트로이에서 정착한다. 해협의 폭이 좁은 곳은 1.2km밖에 되지 않아서 건너기 쉬웠을 것이다. 그 후 지도의 1번 자리에서 프리기아인은 정착했을 수도 있으나 에게해를 왼쪽에 두고 해안선을 따라 계속 걷다가 2번 미그도니아(mygdonia)에서 정착하지 않았을까 추측한다. 그 후 도루스와 아이올루스는 계속 남하하여 3번 테살리(thessaly)[99]에 정착하게 된다. 여기에서 도루스집단 내부에서 불화가 생겨 도루스 내의 한 집단인 아카이우스(achaeus)의 아버지가 남쪽의 애티카(attica)로 축출당하게 된다. 아카이우스 집단은 이후 애티카 뿐만 아니라 펠로폰네소스반도로까지 진출하는데 여기서 마고성을 떠난 지 수천 년 만에 흑소씨와 백소씨의 후손들이 만나게 된다. 하지만 전고자 외에는 누구도 그들이 먼 옛날 같은 식구였음을 알지 못했을 것이다. 여기서 음인인 이오니아인은 (늘 그랬듯이) 양인인 아카이우스에게 패하고 북쪽의 아카이아(achaea)지역으로 쫓겨나게 된다. (아카이우스가 쳐들어와서 이오니아인을 내쫓았을 수도 있지만 처음에는 이오니아인의 크레타문명이 더 발달했으므로 같이 살다가 아카이우스의 기술이 더 발달하게 되자 이오니아인들을 내쫓았을 가능성이 클 것이다.) 반도남쪽을 차지한 아카이우스는 결국 미케네문명을 일으키는 데까지 이르게 된다. 이때가 대략 BC1600년경쯤 되었을 것이다. 이곳에서 태어난 아카이우스는 자신의 아버지를 축출했던 테살리로 찾아가서 부친의 땅에 대한 권리를 주장한다. (테살리에서 태어난) 아카이우스의 두 아들인 아르찬더(Archander)와 아르키텔레스(Architeles)는 (어떤 이유 때문인지는 모르겠지만) 다시 이동을 시작하는데 올림포스(olympos)를 거치고 핀도스(pindos)를 거쳐 나우팍투스(naupactus)에서 배를 타고 넘어와 결국 펠로폰네소스에 입성한다(이것을 '도리아인의 침입'이라고 한다.). 그들은 결국 동족인 아키이우스 집단을 불리쳐서 펠로폰네소스반도의 남쪽인 라코니아(laconia)와 아르골리스(argolis)를 차지한다. 아카이우스 집단은 북쪽인 아카이아(achaea)지방으로 이주하고 거기에서 살고 있던 이오니아인들을 내쫓았고 이오니아인들은 (늘 그랬듯이) 또 다시 애티카(attica)와 유보이아(euboea)와 같이 더 이상 물러설 곳이 없는 에게해와 맞닿은 항구도시들로 슬픈 피난길을 떠나게 된다.[100)]

---

99) 이 테살리의 pthiotis에 있었던 프티아왕국의 왕 이름이 hellen이고 이 헬렌의 자식들의 이름이 dorus/achaeus/ion/aeolus가 되고, 헬렌의 할아버지가 프로메테우스가 된다. https://en.wikipedia.org/wiki/Dorus_(Deucalionid) 가계도 참조.

100) Herodotus gives a general account of the events termed "the Dorian Invasion", ... and began to be called Dorian.

Pausanias : The Achaeans were driven from their lands by Dorians ... This invasion is viewed by the tradition of Pausanias as a return of the Dorians to the Peloponnesus, apparently meaning a return of families ruling in Aetolia and northern Greece to a land in which they had once had a share. 밑줄친 부분으로 볼 때 도리아인과 아카이아인은 원래 한 집단이었다. 영어 위키 dorians 참조

[고대 그리스어의 지역별 분포도.
attic(아테네 지역), ionic(에게해 주변지역), doric/aeolic(그 외 지역)]

| 그리스신 | 아이올루스 (aeolus) | 도루스 (dorus) | 아카이우스 (achaeus) | 이온 (ion) |
|---|---|---|---|---|
| 종족이름 | 아이올리아인 (aeolians) | 도리아인 (dorians) | 아카이아인 (achaeans) | 이오니아인 (ionians) |
| 사용언어 | 아이올리아어 (aeolic) | 도리아어 (doric) | 애티카어 (attic) | 이오니아어 (ionic) |
| 한민족 | 白巢 | | 白巢+黑巢 | 黑巢 |

그리스역사에는 도시와 사람이름 그리고 언어가 복잡하게 섞여있어서 이를 간단하게 정리하는 게 필요하다. 사람이 말하는 것이 언어이므로 사람을 기준으로 분류해보자. 맨 처음 하란에서 아이올루스와 도루스가 같이 떠나왔으나 이들은

---

According to Pausanias, Achaeus originally dwelt in Attica ... Archander and Architeles travelled to the Peloponnesus. 영어 위키 achaeans 참조

언어가 조금 달랐다. 그래서 그 언어들은 각각 아이올리아어와 도리아어로 발전하게 되지만 서로 밀접한 관련을 맺고 있어서 이후 언어가 변화하는 패턴이 동일하며 아카이아인은 도리아인에서 갈라져 나온 사람이므로 같은 도리아어를 쓰게 된다. 이오니아인이 아카이아인들에게 쫓겨나서 애티카로 갔을 때 그곳에는 아카이아인들이 테살리에서 내려왔을 때부터 살고 있었다. 그래서 이오니아어가 아카이아어와 섞이면서 애티카어를 탄생시켰고 에게해 항구도시들에서는 이오니아인들만 있었으므로 이오니아어를 사용하게 되었다. 후에 백소와 흑소가 합쳐서 만든 애티카어가 코이네어라는 통합어로 발전하게 된다. 여기에서 교훈을 하나 얻자면 이 애티카지역에서 아테나라는 도시가 성장하고 여기에서 많은 인물들이 탄생하게 되며 이들의 영향으로 애티카어가 공용어로 발전한 것이지만 이런 역사의 기저에는 양인인 백소씨와 음인인 흑소씨가 융합하여 이런 인물들을 탄생시켰다는 사실이 있다. 펠로폰네소스남단은 아테네보다 입지가 더 좋았으므로 이오니아인이 그리스 땅에 처음 발을 디뎠을 때부터 이곳에 터를 잡았고, 아카이아인은 이들을 몰아내고 그곳을 차지했으며, 이후에 북쪽에서 내려온 이들도 마찬가지였다. 그러니 아테네의 융성을 지형적 입지만으로 설명하는 것은 불가능한 것이며 결국 사람의 질에서 해답을 찾아야 하는 것인데 그 사람의 질이라는 것은 음양이 섞일 때 가장 좋은 것이라는 점을 아테네는 말해주고 있는 것이다. 하지만 그 음양을 조화시키지 못하면 또한 역풍이 불 수도 있으니 이후에 일어나는 현대 그리스어의 탄생까지 음인과 양인의 다툼이 계속 있게 되고 결국 현대 그리스인들은 엄청나게 복잡해져버린 언어를 쓰게 된다.

일단 시간 순으로 가장 먼저인 아카이아인이 크레타문명의 이오니아인을 몰아내고 일으킨 미케네문명에 대해 알아보자. 당연히 수직계급적 사회일 것이라는 사실은 여러 측면에서 알 수 있다. 통치계급은 주로 전사귀족 계급이었고 크레타문명에서 보여준 자유와 생기는 없어지고 사회는 권위를 강조하면서 경직된다. 미케네의 그림은 자연과 동물을 묘사할 때도 오직 인간에 중점을 두거나 동물을 사냥감으로만 나타내는 편이다. 그림에서 편안함은 없어지고 어떤 목적성이 두드러지는 것이다. 여성의 지위는 그다지 하락하지는 않았다고 한다. 제사의식에서 여성사제들이 활약했던 듯하고 여성들이 남자와 꼭 같은 양의 배급을 받았다는 자료도 남아있다. 다만 자신이 직접 땅을 소유하거나 경제적 자립을 할 수 없었다는 근본적 제약은 있었다. 이렇게 양인만 있는 사회에서보다 훨씬 높은 지위를 유지할 수 있었던 이유는 이 미케네문명이 사실 아카이아인만의 문명이 아니라 이오니아인 문화까지 포괄하기 때문이다. 쫓겨난 이오니아인들이 모두 학살당하지 않았다면 당연히 그 주변에서 같이 문화의 구성원으로 남아있었다고 추측하는 것이 자연스러운 것이다. 그리고 흑소씨들이 백소씨보다 두뇌로는 나으면 나았지 모자라는 사람이 아닌 것이 가장 큰 이유가 되긴 하겠다. 사람이 사자 위에 군림하는 것이 단지 두뇌 하나 때문이지 않은가.

미케네문명의 언어는 크레타문명에서 쓰던 선문자A를 자신들의 陽적 사고방식에 맞춰 개조한 선문자B로서 미케네 그리스어 또는 원시 그리스어라고 한다. 모음이 5개이며 남성/여성/중성으로 남녀를 구별했다는 것으로 양인의 문자라는 것을 알 수 있다. 이 선문자B부터 아르메니아어와의 유사성이 나타나기 시작한다. 1924년 그리스어와 아르메니아어의 유사성이 처음 발표되었을 때는 단어의 유사성에서 출발해서 추후에 형태학적/음운론적 유사성으로 연구가 확대되었다. 하란에서 헤어지기 전까지는 같은 언어를 쓰던 사람들이었기 때문에 이것은 당연한 결과일 것이다. 이 크레타/미케네문명을 일으킨 백소씨/흑소씨에 대한 유전자 분석은 이렇다.

"the Minoans and Mycenaeans were genetically similar, [but] the Mycenaeans differed from Minoans in deriving additional ancestry from an ultimate source related to the hunter-gatherers of eastern Europe and Siberia, introduced via a proximal source related to the inhabitants of either the Eurasian steppe or Armenia."(영어위키 Mycenaean Greece 참조).

미케네인이 아르메니아와 연결 지어지는 것인데, 주인공이 미궁에 빠져있는 백소씨/흑소씨의 흔적을 캐는 이런 연구들은 대부분 유럽이나 미국의 백인들이 하기 때문에 그들은 항상 인도유럽인과 엮고 싶어서 아시아나 중앙아시아를 언급하지 않고 인도유럽어가 일어났다고 생각하는 Eurasian steppe이나 hunter-gatherers, Caucasus라는 표현을 많이 쓴다. 하지만 뒤에 언급하겠지만 (까먹을까봐 미리 조금 써두겠다.) 인도유럽어는 유라시아초원에서 시작했지만 그 문자는 산스크리트문자를 빌어 쓴 것인데 이 산스크리트문자는 우리가 마고성시절 쓰던 陰적인 문자의 陽적인 변형이다. 산스크리트문자와 후에 흑소씨/백소씨가 만든 문자로 한참 후에나 유럽문자의 기본인 라틴문자가 만들어지는데 문자도 없는 미개한 사람들이 어떻게 문자를 가지고 있는 문명권 사람들의 언어에 영향을 줄 수가 있겠는가? 물이 높은 곳에서 낮은 곳으로 흐르듯 문명도 높은 곳에서 낮은 곳으로 한 방향으로만 흐른다. 추가적으로 이 미케네문명을 일으킨 아카이아인과 이오니아인들은 이탈리아 남부까지 진출해서 그곳에 터를 잡고 살았다는 것을 알아두자. 여기까지가 하란에서 출발한 백소씨 집단들이 테살리에 도착하고 거기에서 아카이아인들이 축출당해서 펠로폰네소스반도 남쪽에 정착해서 미케네문명을 일으켰던 BC1600년경까지에 대한 설명이다.

역사서의 행간을 상상으로 채워본다면 아카이우스의 두 아들인 아르찬더와 아르키텔레스들도 BC1200년경 그리스와 중동/이집트의 해안도시들을 휩쓸었던 바다민족들의 공격을 받았을지 모르겠다. 그래서 그들은 반도남쪽이 아니라 먼저 북쪽인 올림포스산으로 피신을 갔던 것이다. 이 바다민족의 공격이 끝나자 두 아들은 테살리보다 더 살기가 좋은 반도남쪽으로 내려갔던 것이다. 그 후 위에서 설명한대로 아카이아인들을 밀어내서 반두남쪽을 차지하고 아키이아인들은 그 북쪽에 있는 아카이아지방으로 밀려나고 아카이아에 있었던 이오니아인들은 아테네와 지중해 항구도시로 쫓겨나게 된다. 이때가 BC1200년경으로 바다민족의 공격으로 히타이트 또한 멸망했던 시기였다. 그래서 히타이트를 세웠던 흑소씨들 또한 피난을 떠났던 시기였는데 그들이 다시 집결했던 지역이 바로 아카이아인들에게 밀린 이오니아인들이 진출했던 지역 중의 하나인 에페수스(ephesus)가 있는 아나톨리아반도의 서남쪽이었다. 이집트에서 바닷길과 육로로 갈라져 떠났던 흑소씨의 후예들이 또 다시 패배자가 되어 유랑길에서 다시 만난 것이다.

미케네문명이 BC1200년에 멸망하고 고대 그리스어(도리아어/아카이아어/아이올리아어/이오니아어)가 코이네어라는 통합어가 나오는 BC4세기까지 사용된다. 코이네어는 알렉산더왕이 그리스를 통일하고 남유럽과 서아시아를 정복하면서 의사소통을 원활하게 하기 위해서 4개의 고대 그리스어 중 애티카어를 기준으로 하고 이오니아어적 요소를 가미하고 도리아어와 아이올리아어적 요소는 그보다 적게 가미하여 만든 언어이다. 여기까지는 흑소씨의 입김이 약간이나마 더 작용한 것이라고 판단할 수 있다. 애티카어는 음양이 혼합된 형태니 무승부인데 이오니아어적 요소가 더 첨가됐으니 말이다. 애티카 알파벳이 이오니아어 알파벳으로 교체되고 이것이 코이네까지 이어지는 것이 이를 방증한다. 고대 그리스어까지만 해도 유동적이긴 했지만 어순은 원칙적으로 주목보형태였다. 양인인 백소씨도 마고성에서부터 이렇게 써왔기 때문에 수메르시절에도 주목보형태로 사용했지만 시간이 지날수록 사람들은 살아남기 위해 거칠어지고 흉악해지면서 양인화 되어 갔다. 그래서 현대 그리스어에 이르면 주동목으로 굳어진다. 결국 그리스어가 흑소씨 방향으로 결정되었다고 보기가 힘들게 되어버린 것이다.

A vowel shift differentiating the Ionic and Attic dialects from the rest was the shift of ā to ē. In Ionic, the change occurred in all positions, but in Attic, it occurred almost everywhere except after e, i, and r. Doric and Aeolic show the original forms with ā (ā). (영어위키 Ancient Greek dialects 참조)
(이오니아어와 애티카어와 다른 방언들에서 모음 ā가 ē로 바뀌는 양식이 다르다. 이오니아어에서는 어떤 경우에서나 바뀌는데 애티카어에서는 ā가 e/i/r 다음에 오는 경우를 제외한 경우에는 모두 바뀐다. 그런데 도리아어와 아이올리아어에서는 ā가 ē로 바뀌지 않는다.)

양인과 음인에 따라 어떻게 언어가 다를 수 있으며 그리고 어떻게 언어가 변해가는지는 음양인이 만나서 만들어진 이 그리스어를 공부해 보면 좀 더 잘 알 수 있을 것이다. 본인은 언어학자가 아니므로 내 수준에서 말할 수 있는 것은 위 문장 정도가 되겠다. 이 문장을 해석해보면 ā는 성대에서 원심적으로 멀어지는 장소에서 만들어지거나 목구멍의 중심에서 원심적으로 확장돼서 목구멍에 어떤 장애도 가해지지 않는 확장된 陽의 상태에서 만들어지는 음(音)이며, ē는 이와 반대로 구심적인 상태에서 만들어지는 陰적인 음(音)이다. 그러므로 음인인 흑소씨가 사용하는 이오니아어에서는 양적인 ā를 음적인 ē로 바꾸는 것이며, 양인인 백소씨가 사용하는 도리아어와 아이올리아어에서는 바꾸지 않고 그대로 쓰며, 음인과 양인이 같이 사용하는 애티카어에서는 그 중간을 택하는 것이다. 왜 그렇게 되는지를 설명해본다면 양인은 횡격막 위의 장부 중에 가장 강한 장부가 있고 목소리를 낼 때 그 조음(調音)부위에 폐장/비장/간장/신장으로 대응이 되며 장부의 강약에 따라 해당부위가 작동하면서 조음되는데, 중심인 신장에서 멀어진 폐장과 비장이 강한 양인의 경우에는 원심적으로 넓히려는 성향이 강하여 (또는 그 조음부위가 작동하여) ā소리를 내는 것이 ē소리를 내는 것보다 편하기 때문에 ā를 ē로 바꾸지 않고 그냥 ā로 발음하는 것이다.

음인다수 혹은 양인다수 같이 한쪽으로 치우치지 않고 음양인들이 (대략) 대등하게 모여서 이룩한 것이 그리스문명이었기 때문에 그 내용이 풍부했던 것이다. 헬레니즘은 알렉산더가 대제국을 만들고 죽은 BC323년부터 로마가 이집트를 정복하여 로마제국을 세우는 BC31년까지의 그리스로마문명을 말하는데 사실 로마문명은 그리스문명에서 배운 것이라서 헬레니즘은 그냥 그리스문명이라고 봐도 무방하다. 그래서 그리스를 뜻하는 Hellas에서 그 말을 따온 것이다, 헬레니즘은 헤브라이즘과 함께 유럽사상을 대표하는 양대산맥으로 인간중심적인 가치관을 보이고 헤브라이즘은 구약성서에 근원을 두는 신중심적 가치관을 보인다. 다시 말해서 헬레니즘은 음인인 흑소씨의 수평적 평등사상을 기초로 그리스에서 꽃피워진 사상이고, 헤브라이즘은 양인인 백소씨의 수직적 계급사상을 기초로 이스라엘에서 발흥한 사상이므로 유럽의 사상과 문화는 실상 한민족의 후손들이 일으킨 것이라고 말할 수 있겠다. 지금까지의 문명과 거기에서 쓰인 언어 그리고 그 언어의 사용시기를 정리하면 다음 표와 같다.

|  | 사용언어 | 사용시기(BC) |
|---|---|---|
| 크레타문명 | 상형문자 | 2100~1700 |
|  | 선문자A | 1850~1450 |
| 미케네문명 | 선문자B | 1600~1200 |
| 고대 그리스 | 이오니아어 | 1000~300 |
|  | 도리아어 | 800~100 |
|  | 아이올리아어 | 800~300 |
| 헬레니즘시대 | 코이네 그리스어 | 300~AD300 |

이제 그 유명한 그리스신화 얘기를 해보자. 신화는 누가 쓸까? 여러 사람들이 만들어내고 그것들이 구전되다가 어떤 것은 살아남고 어떤 것은 사장된다? 사실 우리가 고등학교까지 배운 지식들은 대부분 서양의 것으로 그 분야의 핵심을 짚어주는 지식들은 아니다. (여기서 서양이라 함은 로마시대 이후의 인도유럽인사회를 말한다. 그리고 사실 이들도 한민족의 먼 후손이긴 하다.) 과학분야를 제외한 정치/역사/음악/미술 등등이 다 그렇다. 핵심은 동양의 그것에 있고 동양의 그것이라는 것은 대부분 황궁씨 족속이 만들어 놓은 것이라고 해도 틀린 말은 아닐 것이다. 과학은 분석적인 사고가 필요한 분야로서 백인이 뛰어나므로 그들 것을 배우는 것이 당연하지만 그 외의 것들은 종합적인 사고가 필요한 것들이므로 우리의 것이 더 뛰어나다고 할 수 있다. 그러므로 당연히 과학 이외의 분야는 우리 것을 위주로 하면서 서양의 것으로써 보완하는 방향으로 나가야 맞는 것인데 현재 같이 우리 것은 싸그리 없애버리고 외국 것만 가르치는 것은 잘못된 것이라 할 수 있다. 그러면 이런 교육과정을 누가 만드는 것인가? 일제시대 때 가르치던 역사를 아직도 역사교과서에 교묘하게 끼워넣는 짓을 누가 하는가? 미국이 재임용한 친일세력의 후손들이 대대로 권력을 잡으면서 하고 있는 것이다. 당신이 고칠 수 있겠는가? 그럴 수 있다면 한번 해보시라. 그게 그리 쉬운가. 촛불혁명으로 대통령을 끌어내리고 새 대통령을 앉혀도 역사교육은 변하지 않았다. 어차피 전라도당 아니면 경상도당에서 대통령이 나오는데 그 정당들의 기본 뿌리가 매국정당이라서 그렇다. 미국이 심어놓은 친일파의 뿌리가 지금 깊고도 깊다. 그런 인간들의 의지가 담겨있는 것이 교육과정의 내용인 것이며 그 옛날의 신화이야기인 것이다. 기득권층의 의지가 반영되어 교육과정이 만들어지고 일반백성들은 그것에 세뇌당하는 것이다. 과학 이외의 분야에 대해서는 '세뇌'라는 표현이 정확할 것이다. 신화도 마찬가지다. 당신이 아무리 교육과정이 잘못되었다고 말한다한들 그것이 그렇게 쉽게 바뀌지는 않는다. 그것이 바뀌려면 판이 크게 뒤집어지는 수밖에 없다. 신화도 여러 사람이 만들어낼 수는 있겠지만 권위를 가지고 대대로 전승되는 것은 당시의 권력을 가진 자의 의지가 반영된 것뿐일 것이다. 그 사람들이 역사를 보는 관점이 담겨있는 것이 바로 우리가 신화라고 부르는 것이라 할 수 있다. 아브라함이 백소씨의 전고자(典古者)로 마고성에서의 일을 모두 그의 윗대로부터 들어왔던 사람이었기에 부도지의 내용을 도용할 수 있었던 것처럼 그리스신화 또한 그리스로 넘어간 (마고시대의 역사에서 그리스 때까지의 역사를 모두 알고 있는) 또 다른 전고자가 문자가 없던 시절에 그리스의 현황을 재구성하여 입으로 사람들을 세뇌시킨 내용들이었다고 할 수 있다.

그리스신화의 가장 큰 틀은 양인이 음인을 제압하는 과정을 그렸다는 것이다. 이것이 핵심이다. 무슨 근거로 그렇게 말할 수 있는지 알아보자. [태초에 공허인 카오스가 있었고 이 카오스에서 대지의 신인 가이아, 암흑의 신인 에레보스, 밤의 신인 닉스가 태어났다. (대지/암흑/밤 모두 음인의 상징이다.) 검은 날개를 가진 새로 표현되는 닉스의 알에서 사랑의 신인 에로스가 태어났다. (검정색/새/알 또한 음인의 상징이다. 여기서 에로스가 남자로 나오는데 이것은 양인의 입김에 의해 왜곡된 것으로 에로스는 여신이었어야 한다. 여신으로 나와야하는데 남신으로 설정되면서 에로스는 다른 신들보다 지위나 출생이 불분명하거나 큰 변동을 겪는다. 그래서 양인의 입김이 사라진 흑소씨의 마지막 종착지인 에트루리아에서는 반트라는 여성으로 등장한다. 에로스가 화살과 횃불로 생기를 불어넣는다는 상징에서 여성임을 확실히 알 수 있다.) 가이아와 에레보스 사이에서 바다/하늘/숲/산이 생겨났다. 에로스는 화살과 횃불로 모든 사물에 생기를 불어넣는다. (화살/횃불을 기억하자.) 가이아는 홀로 하늘의 신인 우라노스와 바나의 신인 폰토스를 낳는다. (음인신화에서는 양인 같이 자신과 관련 없는 흙 같은 것으로 만들지는 않고 최소한 암수동체로라도 낳는다. 즉 혈연지간임을 표현한다.) 그리고 가이아와 우라노스는 근친상간하여 거대한 신들인 티탄 12남매를 낳는다. 이 남매들도 근친상간하여 많은 티탄들을 낳는다. (티탄족이 음인이라는 것을 말하고 있다. 전고자는 자신들이 과거에 마고할미를 섬겼음을 알고 있었으므로 음인을 양인인 자신과 같은 신이면서도 더 큰 존재인 거신(巨神)으로 그렸다. 수메르인들이 신(神)을 '딩기르(dingir)'라고 표현했던 것과 일맥상통한다.) 우라노스가 끝없는 성욕으로 가이아를 덮치자 가이아는 티탄 12남매와 대책을 논의한다. (음인의 사고는 구심적으로 작용하므로 음주가무와 밤일에서 낙(樂)을 찾는다.) 크로노스는 자신의 아버지인 우라노스의 성기를 잘라 버린다. 이 잘린 성기에서 나온 피의 정기가 가이아에게 떨어지면서 가이아는 거인인 기간테스들을 낳는다. 티탄신족의 우두머리가 된 크로노스는 여동생과 근친상간하여 아이들을 낳는데 우라노스의 저주를 받은 크로노스는 이 아이들을 낳는 대로 삼켜버린다. (이 아이들이 나중에 티탄신족들을 이기는 올림푸스신들이 된다.) 그러자 크로노스의 아내인 레아가 막내인 제우스를 몰래 빼내 크레타섬에서 자라게 하였다. (제우스는 올림포스신들의 우두머리로서 양인들의 수장을 상징한다. 따라서 양인들이 처음에는 크레타섬에서 크레타문명을 배웠음을 말한다. 즉 선문자B는 선문자A에서 나왔으며 그리스본토가 아니라 크레타섬에서 선문자B를 만들었음을 말한다.) 다 자란 제우스는 크로노스에게 구토제를 먹게 해서 삼켰던 형제들을 토하게 한다. 제우스가 크로노스를 내쫓고 제왕자리에 오른다. 그러자 화난 티탄신족들이 올림포스를 공격하면서 티탄신족(음인)과 올림포스신(양인)들 사이의 1차전쟁이 벌어진다. 여기서 프로메테우스는 티탄신족이지만 올림포스신 편에 선다. (그래서 이 프로메테우스의 후예들이 도리아인/아카이아인/아이올리아인/이오니아인의 조상신이 된다. 대홍수 후에 살아남는 유일한 인간인 노아를 백소씨 선조로 선택한 것과 일맥상통하는 배치이다. 그리스신화를 쓴 사람이 한민족의 후손이라는 것을 알 수 있다. 흑소씨는 음인이므로 티탄신족이고 백소씨는 양인이므로 올림포스신에 해당하며 백소씨가 결국 승리하지만 동족인 흑소씨를 차마 버리지 못하여 이런 배치를 한 것 같다. 그러나 나중에 흑소씨를 다르게 취급한다.) 올림포스신들이 1차전쟁에서 승리한다. 가이아가 티탄신족들을 선처할 것을 부탁했으나 제우스가 들어주지 않자 이번에는 기간테스들이 공격해오면서 2차전쟁이 발발한다. 기간테스들은 (정액이 아니라 이보다 묽은 피로 만들어졌으므로) 영생불멸의 신적 존재는 아니지만 신에 의해서는 죽지 않고 인간에 의해서만 죽는다는 신탁이 내려진 존재이다. 제우스는 자신의 아들이지만 인간인 헤라클레스의 도움을 받아 2차전쟁에서도 승리한다. 끝으로 양인들의 세상이 되었으므로 신분제도가 생긴다. 제우스는 대신(大神), 그 아래에 주신(主神), 그 아래에 아신(亞神), 그 아래에 종신(從神).[양인들의 신분제도는 보통 4단계이다. 카스트제도(브라만/크샤트리아/바이샤/수드라), 반상제(양반/중인/양인/천인), 4체질의학을 창제한 이제마도 양인(陽人)이다. 양인들은 수직적인 사고에 익숙하다.]]

흑소씨와 백소씨의 과거를 추적하는 데에는 프로메테우스가 가장 중요하다. [그는 티탄신족이면서 인간을 만드는 일을 위임받고 있었다. 그는 인간이 신에게 바칠 제물을 두고서 신과 협정을 맺을 때 인간을 위해 제우스를 속였을 뿐만 아니라 불을 인간에게 선물해 주기까지 한다. 화가 머리끝까지 난 제우스는 인간들을 아주 잔인한 방법으로 벌 줄 궁리를 한다. 그 아주 잔인한 방법이란 남자인간들에게 여자를 선물하는 것이었다. (양인들의 신화에서 하찮은 여자들은 이때까지 태어나지도 못했을 뿐만 아니라 여자는 남자를 잔인하게 벌주는 존재일 뿐이라는 말이다.) 그리고 프로메테우스를 쇠사슬에 묶어두는데 그 장소가 백소씨가 세우는 아르메니아가 있는 코카서스산맥이었다. 그리고 독수리가 와서 그의 간을 쪼아 먹게 하였다. (이 고통을 받고 있는 것은 양인인 도리아인/아카이아인/아이올리아인이 아니라 음인인 이오니아인들을 말한다. 전고자들이 체질을 정확하게 인지하고 있었던 것인지 태양인음식인 포도와 태음인의 강한 장부인 간을 정확하게 지칭하고 있다. 이오니아인들도 우리와 같이 태음인이 많은 집단이었음을 알 수 있다. 독수리는 마고성에서부터 가지고 온 상징으로서 이집트왕의 상징이었던 매와 상통한다. 이 독수리 또한 간을 쪼아 먹히고 있는 프로메테우스가 음인인 이오니아인이라는 것을 말해주고 있다.) 독수리를 활로 쏘아 죽이고 그를 구해준 것은 헤라클레스였다. (이오니아인들을 핍박에서 구해준 것이 헤라클레스였으므로 이후 이오니아인들이 세우는 나라들은 인간이었던 헤라클레스를 신으로 추앙한다. 이것 또한 중요하니 기억해두세요.)] 그리고 프로메테우스의 아들 내외가 제우스의 대홍수에 살아남는데 아르메니아의 노아와 맥이 닿는 구성이 된다.

   그리스신화가 양인이 음인을 무찌르고 세력을 잡는 이야기를 풀어낸 것이라는 사실을 확실하게 보여주는 것이 페르세우스신화이다. [그는 아르고스의 공주인 다나에가 환상 속에서 금빛 비로 변한 제우스를 받아들이고 나서 태어난다. (페르세우스는 양인의 후손이라는 것이다.) 그는 커서 어떤 왕의 잔치에 초대받았는데 돈이 없어 선물을 줄 수 없었기에 왕이 메두사의 목을 가져오라고 요구한다. 메두사는 머리카락은 독사이고 긴 뱀의 혀를 가지고 있으며 용의 비늘로 덮인 몸을 가지고 있다. (음인이 괴물로 묘사되고 있다.) 메두사를 죽여 돌아오는 길에 에티오피아의 공주를 괴물로부터 구해주고 공주와 결혼해서 아들을 낳는다. (이스라엘의 솔로몬과 시바여왕 사이에 낳은 이가 에티오피아의 초대 황제가 된 것을 말하고 있다. 에티오피아에 백소씨 후손들이 있다는 말을 하고 있다.) 이후 페르세우스는 고향으로 돌아와 자신의 나라를 세우고 미케네라고 이름 짓는다. (미케네문명을 말한다. 그리스신화는 미케네문명이 크레타문명을 무너뜨린 역사적 사실을 기록한 것이라는 사실을 말하고 있다.)]

[아이네이아스(aeneas)는 트로이왕족인 안키세스와 여신 비너스의 아들이었다. 그리스군이 트로이로 쳐들어왔고 10년 동안 지속되면서 많은 사람들이 죽어나갔다. 이에 그리스진영에서 거대한 목마를 만들어 트로이 해변에 두고 철수한다. 트로이의 신관이 목마를 성안으로 끌어들이는 것에 반대하니 두 마리의 큰 뱀이 바다에서 떠올라 신관의 두 아들의 몸을 칭칭 감고 얼굴에 독기를 내뿜었고 신관이 아이들을 구하려 하자 뱀이 그의 몸을 감고 말았다. (뱀이 그리스를 도와주는 역할이므로 그리스군대는 음인인 이오아니아인이라는 것을 알 수 있다.) 사람들은 이 사건이 목마에 무례했기 때문이라고 생각하여 의식을 갖추어 목마를 성안으로 끌어들였다. 의식은 노래와 환호 속에서 치러졌고 온종일 잔치가 벌어졌다. 밤이 되자 목마의 뱃속에 있던 무사들이 성문을 열어 주었고 그렇게 트로이는 함락되었다. 이에 아이네이아스는 늙은 아버지를 등에 업고 아들의 손을 잡고 성을 탈출한다. 천신만고 끝에 카르타고로 피신하여 디도여왕을 만난다. (카르타고는 도리아인이 지배하던 지역이었으므로 트로이인들은 도리아계열이라는 것을 말해준다.) 디도여왕의 구애를 뿌리치고 아이네이아스는 시칠리아 연안을 거슬러 라티움에 상륙하고 트로이유민과 라틴족을 융합하여 라비니움을 세우는데 이는 로마의 전신이 되었다. (즉 로마는 백소씨 후손이 세운 도시이다. 이탈리아 또한 백소씨와 북쪽의 라틴족이 주축이 되고 여기에 흑소씨가 패배자로서 그 구성원을 이루게 된다.)]

현대발굴결과를 보면 트로이인들의 정체가 루위어를 쓰는 사람들이라고 말하고 있다.[101] 그렇다, 아나톨리아반도의 서쪽 해안에는 루위인들이 살고 있었다.

---

[101] The 1995 discovery of a Luwian biconvex seal at Troy sparked heated debate over the language that was spoken in Homeric Troy. Frank Starke of the University of Tübingen argued that the name of Priam, king of Troy at the time of the Trojan War, is related to the Luwian compound Priimuua, which means "exceptionally courageous".[128] Starke adds: "The certainty is growing that Wilusa/Troy belonged to the greater Luwian-speaking community," although it is not entirely clear whether Luwian was primarily the official language or in daily colloquial use. 영어위키 troy 참조

그러니 그런 결과가 나오는 것이 당연할 것이다. 하지만 (뒤에 나오듯이) 흑소씨들이 루위인들과 연합하여 히타이트를 세웠듯이 그리고 흑소씨들의 문명이 루위인들을 압도하였을 것이라고 추측했듯이 이 지역에 살던 루위인들도 백소씨에 비해서는 훨씬 낮은 수준이었다. 그래서 소수의 백소씨들이 다수의 루위인들을 이끄는 형태의 국가로 트로이를 세운 것이다. 만약 트로이가 백소씨후손들이 세운 국가가 아니라면 그리스신화에 위와 같이 나오지 않았을 것이다. 그렇다면 왜 동족인 그리스의 공격을 받았는가라고 현대학자들은 묻는 모양이다. 그 이유는 전고자가 아니므로 아카이아인과 이오니아인의 차이를 모르는 역사가들은 트로이를 공격한 사람이 아카이아인이라고 적었지만 그 정체를 정확히 알고 있는 전고자는 신화에 흑소씨가 백소씨를 공격한 것이라고 정확히 적고 있는 것이다. 트로이를 공격한 것을 BC1300~1200년경으로 추정하는데 이때는 미케네문명시대이고 그렇다면 백소씨가 정권을 잡고 있던 때였는데 위와 같이 서술한 것으로 보면 미케네문명시대에도 흑소씨가 정권을 잡은 시기가 있었다는 것을 유추해볼 수 있다. 현대에도 동족인 남한과 북한이 피터지게 싸웠던 전력이 있으므로 그리스와 트로이가 모두 백소씨의 후손들이었다고 가정할 수도 있으나 트로이목마를 지켜준 수호신이 뱀이었으므로 그런 가정은 신화를 기준으로 봤을 때는 성립하지 않는다. 흑소씨는 백소씨보다 항상 먼저 높은 문명을 이뤘다. 수메르가 이집트보다 발달한 문명을 이룬 것처럼 말하지만 피라미드를 지을 때 지구의 반지름을 현대수준으로 측정한 것을 보면 맞는 말이 아니며 이집트 이전에 엘람 또한 일으켰었다. 그리고 크레타문명도 미케네문명보다 선행하며 백소씨가 세운 로마보다 흑소씨가 세운 에트루리아[102]가 훨씬 발달한 문명을 먼저 이룩하였다. (하지만 흑소씨는 무르다. 그래서 역사에서 사라진다. 다만 완전히 사라지진 않고 밑바닥에서 흐르고 있는지도 모르겠다. 그래도 그것이 옳다고 할 순 없다. 흑소씨는 좀 더 강하게 나갔어야 했다. 답답한 흑소씨...)

● 프리기아

히타이트로 넘어가기 전에 프리기아에 대해 조금 짚고 넘어가자. 이 프리기아인이 썼던 언어가 아르메니아어와 연관이 있어서 백소씨의 후손일 가능성이 큰

---

[102] 뒤에서 설명한다.

데 일단 그 언어를 살펴보자. 고프리기아어는 기원전 8세기에서 기원전 4세기까지 페니키아문자를 변형해서 사용했고 신프리기아어는 기원후 1세기부터 3세기까지 그리스문자로 사용했다. 프리기아인들은 BC12세기에 히타이트가 멸망하자 그 빈자리를 노리고 들어온 것일 가능성이 크므로 BC13~12세기경에 발칸반도에서 출발했을 것이다. 그때 그리스인들은 선문자B를 쓰고 있었는데 그 문자를 썼던 미케네문명은 발칸북부에 이르지 못했다. 그래서 프리기아인들은 그 선문자B에 능숙하지 못했을 것이므로 처음에는 페니키아문자를 차용했던 것이다. 헤로도투스에 의하면 "프리기아인은 브리게스(bryges) 종족이 아나톨리아로 넘어가서 프리기아라고 이름을 바꾼 것이고, 프리기아가 킴메르에게 멸망당한 후에는 동쪽으로 가서 아르메니아를 세웠다는 말을 마케도니아 사람한테서 들었다"고 말하고 있다. 이 브리게스라는 사람들은 알바니아중부와 그리스의 에피루스(epirus) 북부, 액시오스(axios)강 서쪽의 마케도니아지방과 미그도니아(mygdonia)까지를 포괄하는 지역을 차지하고 있었다. 이 지역들이라면 미케네문명권 밖이므로 모두 가능할 것이지만 하란에서 발칸으로 들어오는 경로를 생각해 봤을 때 프리기아인들은 앞에서 설명했듯이 물을 끼고 있으면서 충적토가 많은 1번자리나 2번자리에서 정착했을 가능성이 높다. 다만 1번자리에는 트라키아인 같은 북방민족들이 자리 잡고 있어서 2번자리가 좀 더 가능성이 있지 않을까 예상한다. 그리고 몇몇 자료들이 후에 마케도니아에 편입되는 미그도니아 지방인 2번자리가 더 유력하다고 말하고 있기도 하다.

[프리기아(BC1200~700). 프리기아 왼쪽에 리디아가 있음]

프리기아어는 남성/여성/중성으로 구별하여 썼으며 그리스어와 아르메니아어와 중요한 면을 공유하고 있다고 한다. 그리스어와는 단어가 비슷한 것이 많으며, 아르메니아조어에서 나타나는 것과 비슷한 음운변화가 프리기아어 파열음에도 나타난다고 한다. 그런데 히타이트어와 루위어가 프리기아어의 형태론에 영향을 줬다는 사실에 근거한다면 현대 역사학자들이 주장하는 대로 프리기아인은 애초에 아나톨리아반도에서 발칸반도로 넘어가지 않았을 수도 있다. 단 (흑소씨가 세운) 히타이트의 영향을 받았다고 하지만 남성/여성/중성으로 구별해서 썼으므로 흑소씨의 후손은 아니고 백소씨의 후손이다. 프리기아가 멸망하고 그 유민들이 동쪽으로 가서 아르메니아를 세웠다는 것은 지극히 당연한 순서일 것인데 왜냐하면 프리기아가 유지되고 있을 때 이미 동쪽에는 우라르투왕국이 존재하고 있었고 그들의 언어는 서로 통하는 면이 있었으며 그 국가의 전고자들은 이미 자신들이 한가족이었음을 알고 있었을 것이기 때문이다. (당연히 고구려/백제/신라가 동족이면서 싸웠듯이 프리기아와 우라르투도 부딪쳤다.) 그리고 상상해보자, 프리기아가 BC700년에 망했는데 그 유민들이 어디로 가겠는가? 그들이 떠나왔던 서쪽으로 다시 가겠는가, 아니면 그들과 친척인 우라르투에 편입이 되겠는가? 서쪽에서 이주해왔다는 것은 그곳이 그다지 입지가 좋지 않아서였을 것이므로 다시 서쪽으로 가거나 그 자리에 앉아서 죽기를 기다리는 것보다는 동쪽의 친척집에 잠시 의탁하는 것이 슈리일 것이다. 그리고 BC590년에 우라르투 또한 멸망하게 되니 프리기아와 우라르투의 유민들이 최종적으로 아르메니아를 건국했던 것이다. (삼국이 멸망한 후에 고려가 세워진 것과 유사한 것이다.)

● 히타이트

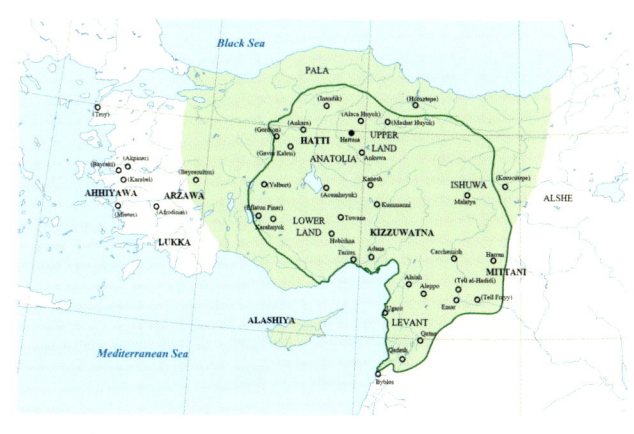

[히타이트 (BC1680~1178)가 가장 넓은 영토였을 때의 지도.
선은
 BC1350~1300
 때의 국경]

이집트에서 기후변화로 가뭄이 들자 서민계층을 이루던 아프리카계열의 사람들이 정권을 전복시켰다. 흑소씨 중 일부는 배를 타서 그리스쪽으로 넘어갔고 일부는 레반트103)지역을 지나 아나톨리아반도로 들어오게 된다. 처음에는 카네쉬 근처에서 살다가 나중에는 지형적으로 바람이 강하게 불어 용광로의 화력을 높일 수 있으므로 철기를 생산할 수 있었던 하투샤를 수도로 삼아 BC1680년에 히타이트를 건국하게 된다. 아나톨리아는 농업생산력이 좋은 땅이라서 흑소씨가 이주하기 전에 이미 하티인(hattians)과 루위인(luwians)들이 거주하고 있었는데 흑소인들은 그들을 정복하지 않고 같이 동화되어 살았다. 그래서 언어도 하티어(hattic)와 루위어(luwian) 그리고 히타이트어를 공용어로 사용했다. 그러면 무슨 근거로 히타이트가 흑소씨의 나라라고 확정할 수 있는지 알아보자.

우선 언어를 보면 히타이트어는 지금 학계에서는 기원전 4000년대 중반에 원시 인도유럽어에서 가장 먼저 갈라진 분파라고 생각하여 아나톨리아어파로 구분하고 있다. 이 어파에 속하는 언어로는 히타이트어/리디아어/루위어/랄라어 등이 있으며 이 어파의 언어들은 모두 사멸한 상태이다. 가장 먼저 갈라진 분파라고 생각하는 이유는 이들이 코카서스산맥 북쪽에서 서쪽의 그리스를 거쳐 아나톨리아로 들어오거나 산맥을 바로 넘어 들어온 인도유럽인일 것이라고 추정하므로 이 언어들이 다른 어파에 속한다고 인정하고 싶진 않은데 인도유럽어에 속한다고 보기에는 인도유럽어와는 다른 점이 너무 많기 때문이다. 히타이트인들은 남녀평등적인 사고를 했으므로 언어에도 성구분이 없다. 그리고 어간에 접미사가 붙는 교착어 성격을 보이며 어순도 주목동 순으로 나를 먼저 말하고 그리고 상대방 그리고 다시 내가 말하는 식으로 상호 호혜적으로 대화했다. 이들이 우리와 얼마나 비슷하게 대화했는지 예를 들어 알아보자.

NINDA-an ēzza-teni wātar-ma eku-teni[(당신은) 빵을 먹고, 물을 마신다.]

히타이트의 점토판에 기록된 언어를 해독한 사람은 체코의 고고학자이며 언어학자인 흐로즈니(Bedřich Hrozný, 1879~1952)이다. 위 문장에서 흐로즈니가 이

---

103) 팔레스타인(고대의 가나안)과 시리아, 요르단, 레바논 등이 있는 지역을 가리키는 말

미 알고 있었던 단어는 수메르어에서 '빵'을 의미하는 단어인 NINDA 하나뿐이었다. 그는 NINDA 뒤에 붙은 -an은 목적격을 나타내는 형태소라고 가정을 하고, 다음에 '먹는다'라는 뜻의 단어가 올 것이라고 추측하였다. 그런데 바로 뒤에 나오는 단어 ēzza가 이 추측에 잘 들어맞았다. ēzza는 라틴어 edere, 고대 독일어 ettsan, 독일어 essen, 고대 영어 etan, 영어 eat와 정확하게 대응이 되는 단어이다. 또한 흐로즈니는 먹는 행위 다음에는 마시는 일이 올 것이라고 생각하고, wātar를 '물'로, eku-를 '마신다'로 해독하였다. 두 동사 ēzza와 eku 뒤에 붙은 -teni라는 어미는 2인칭 현재어미이다. 결국 이 문장은 "당신은 빵을 먹고, 물을 마신다"라는 뜻을 가지고 있다.[104] '빵을 먹고 물을 마신다'... 너무 친숙하지 않은가? 따라서 아나톨리아어는 '먹는다 빵을, 마신다 물을'이라고 말하는 인도유럽어가 아니다. 인도유럽인이 아나톨리아반도로 처음 들어온 것은 BC9세기경의 킴메르인이었다. 히타이트어는 교착어가 양인의 영향으로 굴절어로 변하는 과정에서 생겨난 것으로 이런 의미에서 우랄알타이어와 인도유럽어의 중간적인 성격을 가진다고 말할 수 있겠다. '빵을 먹고, 물을 마신다'고 표현하는 언어를 '먹는다 빵을, 마신다 물을'이라고 표현하는 언어와 같은 계열이라고 말하는 것이 당신의 기준으로는 편파적 시각을 온전히 배제한 학자의 분류라고 생각하는가? 쉽게 말해서 중동의 찬란한 문명을 이룩한 사람들이 아시아인이라는 사실을 인정하고 싶지 않았던 것이다.

남녀에 따른 차별이 없다[105]. 수메르와 같이 생물/무생물의 구별은 있었지만 인간을 남녀로 가려서 단어를 쓰지는 않았다. 메소포타미아와 이집트문명권에서 남녀에 따른 차별을 두지 않는 언어를 쓰는 나라는 일단 흑소씨가 세운 나라거나 그 영향을 많이 받은 나라일 거라고 가정해도 크게 틀리지 않는다. 그리고 차용어가 많다. 같이 살았던 하티인들이나 루위인들이 쓰는 말들뿐만 아니라 주변의 나라들에서 많은 말들을 들여온다. 이렇게 언어를 자기언어화하지 않고 그

---

104) 「세계의 문자 사전」 (연규동 지음) 참조
105) Unlike other Indo-European languages, it lacks subjunctive and optative moods as well as aspect 등을 설명하고 있으나 본인은 언어전공자가 아니라서 이런 가정법/기원법/대격/능격 등등의 차이를 이해하지 못하므로 설명 또한 생략할 수밖에 없다. 이것은 히타이트어만이 아니라 한민족이 세웠던 모든 나라에 해당하는 사항이다.

냥 들여와 쓰는 것도 음인의 특성이다. 구심적으로 들여오는 것이다. 지금도 마찬가지다. 우리나라에서는 영어를 그대로 들여와 쓰지만 양인국가들은 자기 것을 잘 바꾸지 않는다. 그만큼 사고가 원심적으로 작용하므로 남의 것을 밀어내는 성격이 강하여 그냥은 받아들이기 싫고 어떻게 해서든지 자기화해서 받아들일 만큼 자존심이 강하다는 것이다. 우리나라 홈쇼핑의 쇼호스트들을 보라. 듣다보면 이게 우리말인지 아니면 영어에 접사만 한글로 쓰는 건지 모를 정도이다. 음인들이 이렇게 쓰는 이유는 음인으로 수렴성이 강해 외래문물을 쉽게 받아들일 가능성이 높은데다 태음인은 폐가 약해 콧대마저 낮아서 자존감이 약해져서 양인언어를 쓰면 자신이 좀 더 상승하는 기분을 느끼기까지에 이른 때문이다. 이런 현상이 언어에만 그치는 것이 아니라 신화에서도 일어나는데 이렇게 외래문화를 들여오는 것은 장점도 있고 단점도 있다. 다만 장점이 되려면 자기중심이 단단히 박혀있어야 하는데 자기 자신도 가누지 못하는 상태에서 외국 것이 좋다고 무차별적으로 받아들이다 보면 결국 무게중심을 잃어 어느 순간 휘청거리게 된다. 이렇게 자주성이 결여된 상태가 지속되면 결국에는 어떻게 되는지 우리는 이 흑소씨의 슬픈 과거를 통해 알게 될 것이다.

[황금여신상.
따뜻한 모성을 표현했겠지만
나는 왜 슬픈 것인가...]

이번에는 신화를 살펴보자. 일단 유일신이 아니라 다신교인데 신이 무려 수천 개에 이른다고 한다. 또한 남신보다 여신이 더 많을 뿐만 아니라, 태양신이 남신이 아니라 여신이다. 최고신이 아예 여신인 것이다. 이것은 아프리카계 원주민들이 남쪽에 강하게 버티고 있었던 이집트에서와는 달리 여기에서 같이 살던 하티인과 루위인들보다 흑소씨들이 문화적으로 압도적 우위를 점한 상태였기 때문에 자신의 모신(母神)을 최고신으로 정했다는 것을 알 수 있다(뒤에 설명하겠지만 같이 살았던 하티인과 루위인은 양인이었다. 양인들의 콧대를 생각해봤을 때 그들이 음인문화를 받아들였다는 것은 히타이트인들의 문화가 자신들이 생각하기에도 넘사벽이었다는 것을 유추해 볼 수 있다.). 그리고 메소포타미아 유역에서 많이 모셔졌던 사랑의 여신인 이슈타르(Ishtar)의 힘이 훨씬 강력해지면서 널리 퍼져나갔다. 또한 제사의식을 '구덩이'에서 행했는데 이것은 음에 해당하는 지하세계의 신과 더욱 밀접함을 느끼려는 것으로 이런 유형을 'necromantic'이라고 한다. 그리고 사후세계에 대한 인식이 있었으므로 우리가 종묘에서 역대 왕들의 제사를 지냈듯이 히타이트인들도 왕이 죽으면 그들을 신격화해서 기리는 제사를 했다.

[농업과 풍요의 신인 Telipinu가 있는데 이 신이 어느 날 갑자기 사라지면서 흉년과 재난이 닥쳤다. 이에 신들이 그를 찾아 나섰지만 찾지 못했고 모신인 Hannahannah가 보낸 벌이 그를 찾아내서 벌침을 쏴서 그를 깨웠다. 그러자 Telipinu가 격노하면서 강물을 범람케 해서 집들을 모두 쓸어버렸다. 그러자 치유와 의약의 신인 Kamrusepa가 Telipinu를 치료하고 진정시켜서 Telipinu가 집으로 돌아와서 다시 전과 같이 대지를 풍요롭게 하게 하였다.] 여기서 집들을 물로 쓸어버린 Telipinu는 루위인의 신이고 이를 치료해준 Kamrusepa는 히타이트인의 신이므로 루위인이 양인(陽人)이라는 것을 알 수 있다. 그리고 다음 해의 풍요를 기원하는 의식에서 매년 암송되는 다음과 같은 신화가 있다.

[악의 힘을 상징하는 뱀(또는 용)이 있는데 이 뱀이 폭풍의 신과 싸워서 이겼다. 여신 Inara는 속임수를 써서 이 뱀을 죽일 계획을 세우고는 인간인 Ḫupašiya에게 도움을 요청한다. Ḫupašiya가 도와주기를 주저하면서 뭔가 대가가 있어야 한다고 하자 여신은 자신과 하룻밤을 보낼 수 있게 해 주었다. 그리고 여신은 그 뱀을 축제에 초대해서 술에 잔뜩 취하게 해놓자 Ḫupašiya가 뱀을 꽁꽁 묶어버렸고 그러자 폭풍의 신이 뱀을 죽였다.] 여기서도 뱀을 악으로 상징하는 것과 그런 뱀을 죽이려는 계획을 세운 Inara는 하티인들의 신이다. 그러므로 히타이트인들은 양인들인 하티인과 루위인들이 사는 지방으로 비집고 들어와 살았던 것이라고 할 수 있다.

언어를 살펴보면 북아프리카와 중동지방에서 쓰이는 함셈어족은 양인언어라는 것을 알 수 있고 유럽과 이란 마찬가지다. 동서남북에 양인들이 널려있는 상황에서 그들의 원심적인 힘들을 뚫고 음인인 흑소씨들이 (어렵사리) 살아갔던 것이다. 비유하여 말하자면 원심성이란 풍선이라고 생각하면 된다. 사방에서 서로 크게 불려고 얼굴에 오만상을 쓰면서 자신들의 풍선을 불어대는 상황에서 그 많고 크게 팽창한 풍선들을 헤치면서 흑소씨들은 살 길을 찾아 유랑했던 것이다.

흑소씨가 이룩한 사회는 평등했다. 여성의 지위가 다른 국가에 비해 비교적 높게 인정되어 여성에게도 이혼할 권리가 있었다. 이때 자식들은 남편에게 귀속되지만 아내는 자신이 데리고 갈 자식 한 명을 선택할 수 있었다. 자연의 법칙인 부익부 빈익빈을 인위적으로 조절하고자 하여 권리에 따라 의무를 지웠다. 예컨대 같은 범죄에 대하여 자유인이 내는 배상액은 노예들의 2배였다. 이것은 현대의 '유전무죄 무전유죄'와는 정반대일 뿐만 아니라 그 시절 바빌로니아의 함무라비 법전에서도 노예의 범죄는 더 심하게 처벌하는 동시에 자유인의 노예에 대한 범죄는 가볍게 처벌했던 것과도 상반된다. 평등했을 뿐만 아니라 진보적이기까지 했던 것이다. 그런 예를 하나 더 들자면 우선 법률조항 자체도 이전이나 동시대에 존재했던 다른 문명과 달리 매우 너그러운 편이었으며, 민법적인 문제를 형법적인 문제와 구별하여 민법적인 문제에는 체벌보다 배상을 규정하고, 형법적인 문제에서는 고의와 과실을 구별하는 등 로마 제국을 제외하면 고대와 중세는 물론 근대 초기까지도 달성하지 못했던 개념에 도달했다. 사형에 해당하는 범죄행위는 8가지로 한정하고 아시리아 문명권의 법률에서 흔히 보이는 가죽 벗기기, 거세, 말뚝에 꿰찌르기 같은 혹형도 존재하지 않았다.

히타이트인들이 인류 최초로 만들어낸 것으로 가장 잘 알려진 것은 하추샤의 자연적인 바람을 이용해서 철기를 만들었다는 것이 있다. 자연바람을 이용하였으므로 만들 수 있는 시기가 한정되어 있어서 그 수량에는 한계가 있었고 품질도 한참 발달한 청동기제품에는 미치지 못했지만 이 기술이 가지는 인류사적 의미는 실로 상당하다. 이 바람을 이용하려고 흑소씨는 원래 살던 카네쉬를 버리고 수도를 하추샤로 옮겼던 것이고 지형이 사람이 살기에 열악했음에도 히타이트가 멸망하는 그때까지도 흑소씨는 그 땅을 버리지 못했다. 이 철 이외에 왕위

계승법칙을 인류최초로 만들었다. 히타이트의 정치체계는 타바르나(왕), 타와난나(제사장+왕비+대비), 판쿠(귀족회의)라는 세 주체로 권력이 분산되어 있어서 상호 견제하게 되어 있었다(여기에서도 여왕이 제사장의 역할을 겸하여 그 지위가 상당했다는 것을 알 수 있다.). BC1500년 경 텔레피누의 칙령으로 판쿠는 왕위와 타와난나의 계승을 비준하는 역할을 맡게 되었으며, 왕에게 지명된 후계자라고 해서 자동적으로 다음 왕이 되는 것은 아니고 반드시 판쿠의 동의를 얻어야 했다. 이는 왕위를 둘러싼 지나친 권력다툼에 제동을 걸기 위한 것이며 왕의 권력을 제한하는 요소가 되는데도 불구하고 판쿠와 왕 사이에 특별한 권력다툼이 일어난 흔적은 없었다. 따라서 흑소씨는 자신들이 쓰는 언어를 카네쉬어라고 말했을 뿐 남성적인 히타이트[106]인이라고 부르지도 않았으므로 우리가 알고 있는 전사라는 이미지는 근래에 이르러서야 조작된 것임을 알 수 있다.

이렇게 훌륭한 사회를 이룩했던 흑소씨들에게 시련이 다가왔다. 기후 변동으로 점차 건조해져 현재의 기후로 변해갔지만 수도인 하투샤 근처에 흐르는 키지리르마크강(Kızılırmak) 정도의 수자원으로는 건조화에 제대로 대항할 수 없었다. 그런 가운데 바다민족이라 불리는 집단이 그리스와 중동으로 공격해와 무차별적으로 약탈/방화하면서 결국 히타이트는 BC1178년에 멸망하고 만다. 500년 유지되었다. 멸망 후에 루위족에 의해 아나톨리아 남쪽과 시리아 등지에서 많은 나라들이 히타이트의 이름으로 세워졌지만 아시리아제국에 의해 모두 멸망하고 만다. 그러면 흑소씨는 어떻게 되었을까? 흑소씨는 이집트에서 레반트지역을 통해 아나톨리아반도로 들어온 사람들이다. 나라가 망한 지금 그때 원주민들에게 쫓겨 떠나왔던 길로 되돌아간다는 것이 말이 되겠는가? 그리고 동쪽 또한 이집트로 들어올 때 지나온 길이었고 북쪽에는 흑해가 가로막고 있으니 흑소씨에게는 막다른 길이었을 것이다. 흑소씨는 새로운 정착지를 찾아서 무리를 이끌고 서쪽으로 피난길을 떠났다. 그렇게 지중해와 맞닿은 곳에 이르러 그들은 다시 나라를 세우고 '리디아'라고 이름 지었다.

---

106) 히타이트라는 이름은 근대에 붙여진 이름으로 구약에 등장하는 하티왕국의 존재에서 따온 것이다. 하티인은 陽인이었으므로 호전적이었겠지만 흑소씨는 음인이라서 그다지 호전적이지 않았을 것이다.

●리디아

[고대 그리스어의 지역별 분포도.
리디아의 에페수스지역으로 그리스의 이오니아어 사용자가 진출하였다.
Thracian 밑에 있는 Lemnos에서는 애티카어가 사용되었다는 것도 알아두자.]

[리디아(BC1200~546).
붉은 색은 BC7세기 국경]

아나톨리아반도의 서남쪽은 히타이트 시절인 BC15~14세기에는 아르자와(arzawa)라고 불리던 지역으로 헤로도투스에 의하면 이곳에서 처음으로 세워진 나라는 마이오니아(maionia)였고 마네스(manes)왕과 그의 아들인 아티스(atys), 손자인 리두스(lydus)를 기록했는데 그 리두스의 이름을 따서 '리디아'로 개명하였다고 한다. BC1200년에 히타이트가 멸망하면서 흑소씨 유민들이 이 지역으로 몰려오고, 같은 시기에 바다민족들에게 밀려 그리스본토에서 들어온 이오니아인들까지 합류하면서 헤라클레스왕조가 들어선다. 간을 쪼아 먹히던 프로메테우스를 구해준 헤라클레스를 내세운 왕조가 세워진 것이다. 히타이트인들은 최초로 철기를 만들었던 재능을 살려 BC591~560년에 리디아에서 금과 은을 섞은 세계최초의 주화를 만들었다. 그 주화에는 햇살이 뻗어나가는 사자 얼굴을 그려 넣었다.

리디아어는 히타이트어와 관련이 있어 아나톨리아어파에 속하지만 루위어 하부어족에 속하지는 않는다. 앞의 히타이트에서 설명했듯이 루위인은 양인으로서 흑소씨와는 상관없는 아나톨리아 원주민으로 보인다. 따라서 그 언어가 다른 것은 당연한 것이라 할 수 있다. 남녀를 구분하지 않으며 주목동 어순을 가지고 있는 것이 히타이트와 동일하면서 이 지역의 다른 양인들과는 확연히 다른 것으로 보아 히타이트 유민들과 바다 건너온 흑소씨의 또 다른 후손인 이오니아인들의 언어임을 유추할 수 있다.

(사실 음인사회에서는 늘 있는 일이겠지만) 이 리디아에 특기할만한 기록이 있다. 헤로도투스에 의하면 리디아 여자들은 결혼지참금을 벌 때까지는 매춘을 위해 영업을 뛰었고 충분한 지참금을 벌면 그때는 결혼 준비가 되었노라고 공표했다고 한다. 이것은 돈 많은 집에서 태어나지 않은 대부분의 여자에게 해당하는 사항이었다고 한다. 우주는 음양으로 작용하며 한쪽이 강해지면 다른 쪽은 약해지기 마련이다. 그래서 그 균형을 유지하는 것이 관건이기도 하는 것인데 이렇게 돈을 벌기 위해 매춘까지 하는 수준에 이르렀다면 여자의 자유가 방종으로 치달은 것이 아닌가 생각해본다. 아니면 엘람→이집트→그리스/히타이트까지 이어지는 계속되는 패배에 될 대로 되라는 자포자기의 표현일 수도 있지 않을까 생각해본다. 그런데 이런 행태가 일시적인 것이 아니었고 리디아인들이 또 다시 이주하는 나라에서는 성행위가 아무렇지도 않게 일어나고 여성들이 집에서건 밖에서건 벌거벗고 생활하며 돌아다니는 수준으로까지 치닫게 되었다고 하는데 (헤로도투스가 허풍쟁이 소질이 있으므로 이것이 사실이 아닐 수도 있지만 만약 사실이라면) 이것은 위험한 신호라고 할 수 있을 것이다.

헤로도투스에 의하면 트로이전쟁이 끝나고 얼마 지나지 않아 티르세노스 (tyrsenos) 통치기간에 리디아전역에 18년 동안 기근이 만연했다고 한다. 그래서 주사위놀이 같은 게임으로 그 배고픔을 잊게 했는데 더 이상 버틸 수 없게 되자 왕은 온 나라를 둘로 나눠서 그 중 하나는 머물러 있고 다른 하나는 쫓아내기 위해서 주사위를 던졌다. 그는 자신을 머무는 사람들의 왕으로 지명하고 그의 아들을 퇴거당하는 사람들의 왕으로 지명하였다. 떠나게 된 사람들은 배를 만들고 필요한 물건을 실어 이탈리아 옴브리치(ombrici)에 이르러 정착했다.

● 에트루리아

[빌라노바문화기간의
에트루리아(BC900~700)]

[동방화기간의
에트루리아(BC750~500)]

발화점을 찾아보자. 한 나라가 왼쪽그림에서 오른쪽그림으로 커져갔다. 발화점이 어디로 보이는가? 당연히 벤틀루나(ventluna) 근처가 될 것이다. 이름도 생소한 에트루리아, BC800년경 로마사람들이 비참한 오두막집에서 살고 있었을 때 그들은 이미 도시에서 살고 있었고, 로마인들에게 악기/극장/광업/도자기/약초/점성술 등을 전수해주었고 라틴문자성립에 영향을 끼쳐 유럽의 여러 문자형성에 지대한 공헌을 하였다. 한마디로 말해서 유럽문화의 시조라고 보면 되겠다. 무게감이 있다 보니 그들이 누구인가 하는 문제는 유럽인들에겐 초미의 관심사가 아닐 수 없다. 헤로도투스에 의하면 위에서 말한 바와 같이 리디아유민들이 에트루리아를 건국했다고 하지만 최근의 유전자검사결과로 보자면 이탈리아 토착민들이 주인공이라는 의견으로 결론이 지어지는 분위기인 모양이다. 일단 그들이 어떤 문화를 가지고 있는지 알아보자.

①그들이 남긴 유산들은 대부분 흙과 나무로 되어 있어서 그것들은 모두 사라져버렸고 남아있는 것은 그들의 무덤이 대부분이다. 많이 남아있기도 하지만 공을 엄청나게 들여서 만들었다. 무덤내부는 마치 가정집을 보는 듯하다. 입구로 들어서면 현관을 지나 복도와 방으로 이어진다. 벽에는 양각으로 가정생활용품들이 조각되어 있으며 벽에는 연회/토론회/체육대회/전차경주 등 그들이 생전에 했음직한 것들이 그려져 있고 의자와 포도주병 심지어 애완동물까지 있다. ②에트루리아가 타지역과 구분되는 가장 뚜렷한 점은 여성의 지위가 굉장히 높았다는 것이다. 남녀가 같이 조각되어 있을 뿐만 아니라 남자가 여자의 어깨에 손을 얹고 다정스레 쳐다본다. 이것은 남녀가 동등한 위치였음을 나타내는 것으로 당시의 타문화에서는 절대로 찾아볼 수 없는 모습이었다. 여성들은 재산을 소유할 수 있었고 아이들의 이름은 '아무개 씨의 아들'이 아니라 '아무개 씨와 아무개 부인의 자제'로 표기하였다. 여성은 본가의 성을 유지했고 가족 내에서 확고한 위치를 인정받았다. 여성이 연회에 참석할 수 있었을 뿐만 아니라 연회를 주최할 수도 있었다. 그 당시 그리스에서의 연회는 남성들의 전유물이었고 여자는 무희나 접대부만 참석이 가능했으니 에트루리아 여성의 지위가 그들과 얼마나 달랐는지 알 수 있다.

위 두 가지로도 충분히 이들이 누구인지 가늠할 수 있지만 좀 더 살펴보자. ③그들의 벽화에는 새가 아주 많이 그려져 있다. 심지어 남자보다 더 크게 그려진다. 비둘기 비슷한 것도 있고 닭도 있으며 그 외에 다양하게 있으며 점성술사는 신이 인간의 행위를 허락하는지 여부를 알기 위해 새가 나는 모습을 관찰한 후 길흉을 점쳤다. ④그들은 헤라클레스를 영웅이 아닌 신으로 추앙하였다. 헤라클레스는 간을 쪼아 먹히던 프로메테우스(이오니아인)를 구해준 은인이다. 신으로 추앙하지 않을 수 있었겠는가? ⑤그들의 최대 수출품은 포도주였고 포도는 마고성에서 가지고 온 것이다. ⑥금이나 청동기 세공기술이 뛰어났던 것은 히타이트 유민이 합류했거나 그들의 기술을 습득했기 때문일 것이다. ⑦우리나라의 저승사자 같은 존재가 있었다. 반트와 카룬인데 그 중 반트(vanth)는 상체는 벌거벗은 채 횃불/열쇠/두루마리를 들거나 뱀을 감은 모습으로 그려진다. 벌거벗은 가슴은 앞에서 설명한대로 이집트[107]→리디아로 이어지는 여성의 쾌락추구로[108] 이해할 수 있고, 횃불은 검은 날개를 가진 새로 표현되는 닉스의 알에서 태어난 에로스가 들고 다니는 것으로서 에로스는 사물에 생기를 불어넣는 존재이므로 망자에게 생기를 불어넣어주기를 바라는 마음을 표현한 것이다. ⑧에트루리아어는 라이티아어(Rhaetic)/렘노스어(Lemnian)와 함께 티레니아어족(Tyrsenian languages)에 속한다. 여기서 라이티아어는 이탈리아 북부에서 쓰이던 언어이고 렘노스어는 렘노스라는 섬에서 쓰였던 언어인데 이 렘노스섬은 아테네에서 쓰였던 애티카어가 전파된 지역이다. 모음이 4개이고 자음이 16개였다. 즉 이오니아어와 관련이 있는데 북방계통성격이 많이 가미되었다는 뜻이 되겠다. (이집트와 히타이트에서 피지배층 언어를 수용했던 과거와 동일한 유형이다.) ⑨리디아에서 하던 주사위놀이를 여기에서도 했다. 피에솔로석이라고 이름 붙여진 묘표석에서 주사위 놀이하는 사람의 모습을 볼 수 있다.[109] ⑩참고로각주의 동영상에 나오는 황금에 장식된 만자(스와스티카)는 원주민이 그린 것이 아니고 마고성에서부터 이 만자를 지니고 왔던 리디아/이오니아인의 작품이다. 이 만자야말로 현생과 내세를 윤회한다는 음인의 사상을 가장 함축적으로 말해주는 상징이기 때문에 가장 귀한 황금에 새긴 것이라 할 수 있다.[110]

집과 같은 무덤 그리고 주변지역과는 딴 판인 여성의 지위. 어디서 많이 보던 모습 아닌가? 이 무덤은 내세를 믿는 사람들이 지었던 것으로 에트루리아식 피라미드인 것이다. 이 두 가지 사실만 보고도 에트루리안은 흑소씨의 후손이라는 것을 단언할 수 있다. 왜냐하면 이탈리아 북부에는 여성의 인권이라고는 눈곱만치도 없었던 사람들이 진을 치고 있었고, 그리스 또한 그보다 약하지만 남녀차별이 심했고, 북아프리카와 셈족 또한 21세기에도 일부다처제를 유지하는 인간들이라 그들에게 남녀평등을 기대하기란... 에트루리아인들은 리디아에서 건너간

---

107) https://www.youtube.com/watch?v=rYp50LWQGtY&list=WL&index=16 (이집트 성인잡지)
108) https://en.wikipedia.org/wiki/Tomb_of_the_Bulls (에트루리아 성인벽화. 3번째 그림 erotic fresco) 또는 https://www.youtube.com/watch?v=3Cpegz5Fcu4&list=WL&index=2 (4:05초부터)
109) https://www.youtube.com/watch?v=V5E4HUI51rE&list=WL&index=3 (3:05초부터)
110) https://100.daum.net/encyclopedia/view/83XX22700003 참조

흑소씨(히타이트인+이오니아인)라는 것을 알 수 있다. 다만 그 시기는 확언할 수 없지만 흑소씨가 이집트에 들어가고 그리 오래지 않아 피라미드가 만들어졌다는 사실과 공동묘지인 네크로폴리스가 처음 만들어진 것이 BC8세기 전후였다는 사실 그리고 빌레노바2기에서 그리스의 영향을 반영한 문명의 급격한 변화를 보이는 것으로 본다면 2기가 시작하는 BC800년에서 50~100년 정도 전인 BC900~850년 정도였지 않을까 추측해본다.

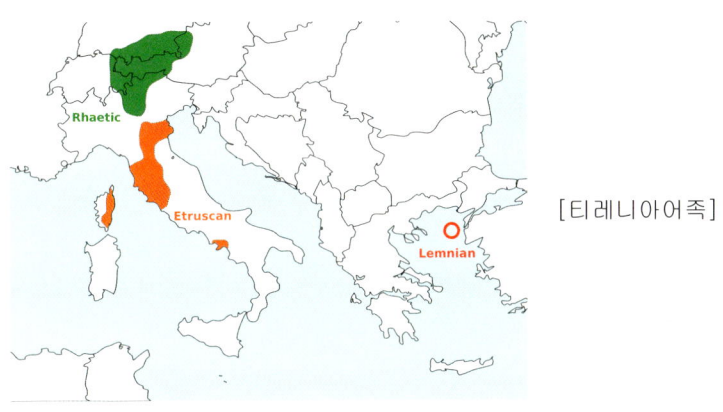

[티레니아어족]

그러면 왜 유전자에는 이민자설이 반박당하고 원주민이 만든 것이라고 쓰여 있다는 것일까? 답은 이집트에서와 꼭 같다. 답답한 음인의 속성으로 원주민들에게 흑소씨의 언어를 강제하지 않았던 것과 일맥상통한다. 수메르는 백소씨가 단독으로 일으킨 문명이고 그리스도 흑소씨와 백소씨가 주도하여 세운 국가였으므로 자신의 문자를 사용했지만 이집트/히타이트/트로이/리디아 같은 국가들은 소수의 흑소/백소씨가 다수의 원주민을 지배하는 형태로 세운 국가들이었다. 언어뿐만 아니라 화장하여 유골함에 담는 풍습과 왕/귀족/농민으로 구분되는 신분제 그리고 검투사놀이 등도 그대로 인정해줬다. 히타이트에서 볼 수 있듯이 흑소씨는 자신이 정복한 국가의 신들을 파괴하는 것이 아니라 그 신까지 모셔줬던 사람들이었다. 그리고 전사계급은 육체적으로 흑소씨보다 약간 우위에 있었던 원주민들에게 부여했을 것이고 이 전사계급은 사회적 지위가 높았으므로 그들의 무덤이 많이 남아있다. 따라서 그들의 유전자를 유럽인과 비교한다면 당연히 굉장히 비슷하다는 결과를 얻을 것이다. 그렇다면 왜 이집트에서와 같이 "통치자는 아시아에, 백성들은 아프리카에 기원을 두고 있었다. 이집트인들의 머리는 검정색이었고, 곱슬머리도 더러 있었지만 흑인 특유의 완전 곱슬머리는 아니었다…"라는 말들이 흘러나오지 않는 것인가? 마고성을 떠난 지 많은 시간이 흘렀고 주위사람들과 피가 섞이면서 에트루리아를 세웠을 때쯤에는 이미 현대의 그리스인과 비슷할 정도로 외모가 바뀌어졌을 것이다. 그러므로 외모로는 전혀 그들이 아시아에서 왔다고는 생각할 수가 없었던 것이다. 망자가 흑소씨인지 원주민인지는 무덤의 조각이나 벽화를 보면 짐작할 수 있다. 음인의 상징이 많으면 흑소씨, 양인의 상징이 많으면 원주민으로 볼 수 있는 것이다. 예컨대 남녀가 나란히 나오면서 등에 날개를 달고 물고기 꼬리를 한 트리톤이 보이며 저승사자가 왼손에 뱀을 감고 있다면 흑소씨이다. 사자의 몸통에 독수리의 머리와 날개를 지닌 그리핀을 공격하는 전사의 모습이 조각되어 있으면 이는 원주민일 것이다.[111] 따라서 유전자검사를 할 때는 이런 여러 사항들을 염두에 두고 해야 이들의 정체를 밝히는데 제대로 된 결과를 얻을 수 있을 것이다.

● 청궁씨의 여정

청궁씨는 부도지에 나와 있듯이 마고성에서 동쪽으로 이동했는데 발흐(balch), 바그람(bagram, 아프가니스탄 수도인 카불에서 25km), 차사다(charsadda)를 거쳐서 이슬라마바드로 뚫려 있는 비단길을 이용해서 힌두쿠시산맥을 넘어 인도대륙으로 들어갔다. 그래서 청궁씨는 인더스문명을 일으키게 되는데 이 문명에서 가장 이른 시기 유적은 인더스강 유역에 있지 않고 산악지대에 위치한 메르가(Mehrgarh)란 곳이다. 이곳에서 BC7000년부터 농사와 유목을 했던 흔적을 발굴하게 되는데 이곳은 이슬라마바드와는 직선거리로 700km나 떨어져 있는 곳이다. 이곳은 전하라파 시기라고 부르고 인더스문명에 포함시키지 않는다. 인더스문명은 유적이 발견된 지역의 강이름을 따서 이름 지었는데 처음 단계는 '라비강(Ravi river)시기'(BC3300~2800)라고 하고, 그 다음에는 남쪽으로 조금 내려와서 '가가르-하크라강(Ghaggar-Hakra river)시기'라고 하고, 다음에도 남쪽으로 더 내려와서 코트디지(Kot Diji)시기(BC2800~2600)라고 한다.

---

[111] https://www.youtube.com/watch?v=Ejtb3fs_cYk&list=WL&index=4 (2:54초에 이오니아인. 5:25초에 원주민조각으로 추측되는 영상이 있다.)

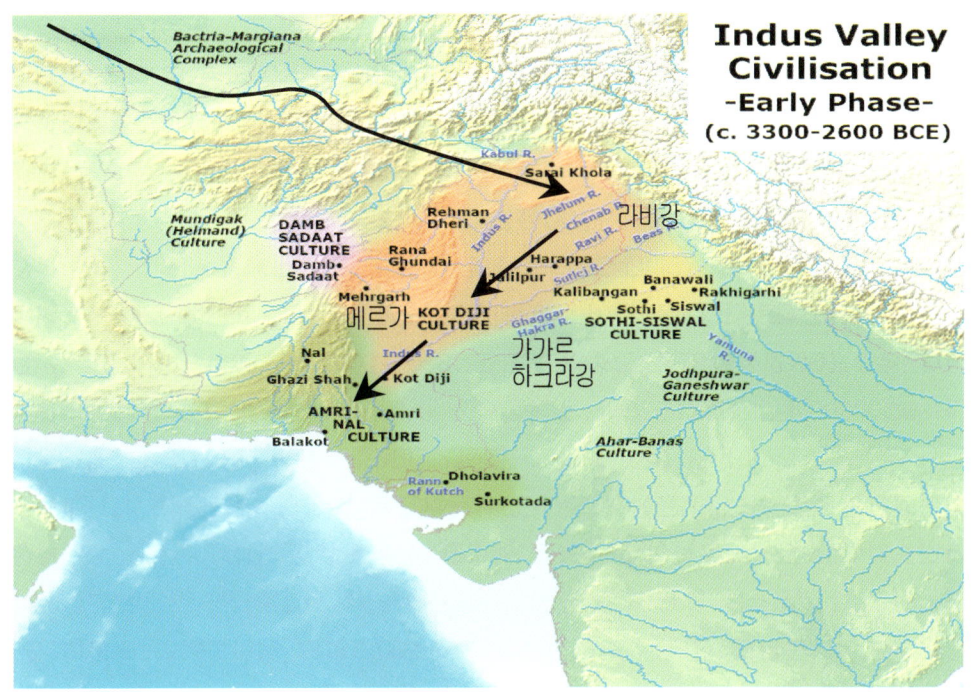

[인더스문명(BC3300~1300)]

| 기원전(BC) | 명칭 | 메르가 단계 | 하라파 단계 | |
|---|---|---|---|---|
| 7000~5500 | 전-하라파 | 신석기(토기 없음) | | |
| 5500~3300 | 전-하라파/초기-하라파 | 신석기(토기 있음) | | |
| 3300~2600 | 초기-하라파 | | 하라파1~2 | 인더스 문명 |
| 2600~1900 | 성숙-하라파 | | 하라파3 | |
| 1900~1300 | 후기-하라파 | | 하라파4~5 | |

여기까지를 살펴보자면 인더스문명에 속하는 유적들은 북쪽에서 시작해서 남쪽으로 일관되게 내려오는 것을 볼 수 있으니 이는 청궁씨의 이동경로와는 맞으나 전하라파에 해당하는 메르가와는 맞지 않는다. 그럼 메르가유적은 누구의 유적인가? 메르가는 산악지대이면서 목축을 했던 흔적이 남아있다. 우리민족은 예로부터 머무를 터전을 잡을 때 가장 먼저 보는 것이 물이 있는가하는 점이었다. 성 하나를 쌓더라도 성안에 흐르는 물이나 하다못해 우물이라도 있는 곳에 성을 쌓았다. 그리고 우리는 유목민족이라기보다는 정주민족이라고 보는게 맞을 것이므로 강을 끼지도 않고 유목흔적이 있는 메르가는 우리하고는 관련이 없는 곳이라고 봐야 할 것이다. 이 유적은 아프리카를 벗어나 유라시아대륙으로 들어올

때 해안선을 따라 이동했던 M130의 흔적이라고 봐야 할 것이다. 메르가에서 해안선까지는 400km(빙하기 때는 이보다 클 것이다)이고 M130은 아마도 인더스문명지역에도 해안선에서 400km까지는 들어왔다고 봐야 할 것이며 청궁씨들이 북쪽에서 밀고 내려오면서 이들을 모두 죽이고 정복하면서... 인더스문명을 건설했으면 조금 시원할 텐데 청궁씨도 음인인지라 흑소씨 같이 그냥 그들과 결혼해서 잘 살았던 듯하다. (이쯤 되면 이 청궁씨 운명도 흑소씨를 닮았을 것이라는 안타까운 느낌적인 느낌이...) 백소씨는 BC5600년경 초가 마미(choga mami)유적을 남겼는데 청궁씨의 최초의 흔적은 BC3300년이라서 2300년이나 차이가 난다. BC3000년경에 백소씨/흑소씨/청궁씨가 이룩한 문명의 수준이 비슷한 것으로 미뤄봤을 때 이것은 잘 이해되지 않는다. 따라서 초가 마미유적이 메소포타미아유역으로 들어오기 전에 만들어진 유적이므로 아마도 바그람/차사다/이슬라마바드지역에 청궁씨유적이 묻혀있을 것이라고 추측할 수 있다.

그러면 이 문명의 성격은 어떠했는지 알아보자. 일단 음인이었기 때문에 물/땅/여신을 숭배했던 흔적이 있다. 땅을 어머니의 모습을 한 신으로 받아들였던 흔적이 있고, 신에게 제사 드리기 전에 반드시 물로 몸을 씻는 의식을 치렀다. 음인국가였던 이집트/히타이트/에트루리아가 그랬듯이 평등하고 평화로운 사회를 만들었는데 그것은 도로와 집들이 규칙적으로 지어졌으며 각 집에는 상수도와 하수도가 연결되어 있는 것으로 알 수 있다. (양인이 다스리는 국가의 빈부격차가 음인국가보다 훨씬 크다. 음인들이 5000년 전에 이룩한 이 상하수도 수준을 양인국가인 21세기의 인도와 파키스탄은 아직도 달성하지 못하고 있다.) 인더스문명권을 모두 지배했던 왕이라는 존재는 (마고성에서와 같이) 없었고 다만 각 도시별로 도지사에 해당하는 사람 정도가 있었을 뿐이었다. 그리고 기술수준에 있어서 길이/중량/시간도량형에 있어 청동기시대의 어느 문명권보다도 더 정확하고 통일되어 있었다. 한마디로 빈부격차가 크지 않은 평화로운 세상이었던 듯하다.

그런 조용했던 시간이 흘러가고 BC1900년경부터 연평균 강수량이 700mm에서 200mm로 대폭 줄어들었다. 그래서 사람들이 조금씩 다른 곳으로 이주하기 시작했는데 때마침 BC1500년경에 청궁씨가 들어왔던 바로 그 길로 아리안들이 밀려들어왔다. 강수량은 줄어들었어도 현재도 파키스탄을 먹여 살리고 있는 편자브지역은 살만 했을 것이다. 그러나 아리아인들은 청궁씨와는 다른 양인들이라 과격하고 폭력적으로 청궁씨를 몰아냈으며 노예로 삼았다. 요즘 학계에서는 아리아인들이 그렇게 폭력적으로 몰아낸 것이 아니라 점진적인 정착과 확장을 해나갔다고 수정하고 있는 모양인데 그것은 이 역사를 움직이는 원동력이 무엇인지 전혀 감을 잡지 못하고 하는 말들이다. 자고로 양인의 영토확장에서 전쟁 또는 폭력이 없었던 적은 없다고 봐도 좋다. 그들은 사고가 수직적이므로 인간을 수직 계급화하려 한다. 그리고 기운이 양적이므로 그 목적 달성 수단이 과격할 수밖에 없다. 만약 이때의 수단이 비폭력적이었다면 드라비다어족들이 인도 남부로 내려오지 않고 그냥 인도전역에 분포하고 있어야 하며 그들과 아리아인들의 사이가 좋아야한다. 현재 상황은 어떤가? 남인도에는 드라비다족이 살고 북인도에는 아리아인들이 살며 아리아인들은 카스트상위계급에 속하며 드라비다족은 최하위층에 속한다. 현재 물과 기름처럼 따로 떨어져서 서로 적대하고 있는데 과거는 이렇지 않았다? 그런 연구는 미일빠들이 돈을 받고 식민사관을 옹호하고 미국을 미화하듯이 아리아인들의 사주를 받고 진행하는 연구라고 보면 크게 틀리지 않을 것이다. (그런 면에서 볼 때 이 역사라는 분야는 정치만큼이나 지저분한 농네인 것 같다.)

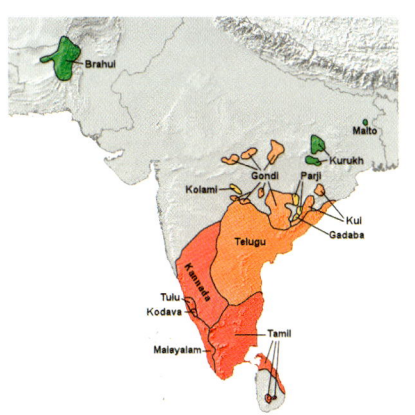

[드라비다족의 분포]

이 인더스문명을 일으킨 청궁씨는 현재 드라비다인이라고 불리는 사람들이다. 타밀족을 포함하여 브라후이족/곤디족/칸나다족 등이 분포하고 있는 양상은 우리가 드넓은 중국대륙에서 한반도 구석탱이로 밀렸던 것처럼 농사짓기 좋은 북쪽과 동서쪽의 평야지대는 모두 아리아인들에게 뺏기고 남쪽으로 밀려 쪼그라든 모습입니다. 저기 파키스탄에 홀로 떨어져있는 브라후이족은 저 산악지대에서 유목생활을 하며 살고 있는데 이곳은 전-하라파유적인 메르가유적이 있는 곳이다. 이들이 다른 청궁씨와 따로 노는 이유는 이들이 청궁씨 내의 양인집단에 해당하기 때문이다. 앞에서 설명했듯이 음인집단이라고 해서 모든 사람이 음인인 것은 아니고 양인집단도 그와 마찬가지다. 따라서 청궁씨 집단에도 양인이 있었는데 그 중의 하나가 브라후이족인 것이다. 그것을 어떻게 알 수 있는가 하면 그들의 종교가 이슬람이면서 유목생활을 한다는 것으로 알 수 있다. 수직적 사고를 하는 사람들이기 때문에 수직적 종교가 마음에 와 닿는 것이며 양적이므로 돌아다니는 유목생활이 체질에 맞는 것이다. 그리고 양인은 자존심이 강해서 음인의 위에 서려고 하는데 음인이 다수를 이루는 청궁씨 집단에서는 그것을 이루기가 쉽지 않았기에 저런 혼자만의 길을 선택한 것이라고 추측한다. 만약 마고성에서 힌두쿠시를 넘은 직후 저 위치로 내달렸을 리는 없을 것 같고 (만약 그랬다면 전하라파시기에 속하는 메르가유적의 물음이 풀리는 것이고) 아마도 아리아인들이 밀고 내려올 때 좀 더 높고 거친 산악지대로 들어간 것이 아닐까 추측해본다.

타밀어와 우리말의 공통점으로는 한글과 발음이 꼭 같은 어휘가 무려 수백 개에 달할 뿐만 아니라 언어학상 같은 어족이 아니면 동사가 같은 경우는 거의 없는데, '아빠', '엄마', '나(I)', '너(you)', '와(come)', '봐(see)', '싸우다(fight)', '아파(painpul)', '까꿍(까꿍)', '곤지곤지', '도리도리' 같이 명사는 물론 동사까지 같다[112]. 언어 면에서는 이외에 ①강한 교착적인 특성을 띠며 주목동의 어순을

---

112) 유튜브채널을 보니(https://www.youtube.com/watch?v=nQfDM36QEHY) 드라비다어(즉 타밀어)와 한국어는 전혀 연관이 없다면서 몇 가지 이유를 제시하는데 그 중에서 ①타밀어와 한국어가 같은 교착어이면서 '주어+목적어+동사'의 어순을 가지므로 연관이 있을 거라고 주장하는 것에 대한 반박은 가능하다. 하지만 그런 반박은 어순이 어떤 이유로 생기게 되었는가에 대한 고찰이 없는 얕은 판단에 불과하다. 모든 것이 그렇지만 아무 이유 없이 그렇게 되는 것은 없다. 보는 사람이 그 속에 내재하는 이치를 보지 못하는 것일 뿐이다. ②비교언어학에서 가족을 지칭하는 친족어나 의성의태어를 비교하는 것은 무의미하다는 비판에는 전혀 동의할 수 없다. 실지로 언어학계에서 이 비교를 무의미한 것으로 치부하고 있는지는 모르겠지만 만약 그렇다면 그

갖는다. ②우리와 저희를 구별한다. ③모음이 5~7개이지만 장단모음을 구별한다. 따라서 5~7개 또는 10~12개로 7개 이상이라고 볼 수 있다. 이 언어의 변화모습을 보면 수천 년간 확고한 자리를 잡은 음인언어가 양인언어와 부딪치면 어떻게 변하는가를 조금 살펴볼 수 있다. '처음에는 단수 형태에서 남성-비남성, 복수형태에서 인격체-비인격체만 구별했을 것으로 추정하고 있는데113) (아니다. 아무것도 구별하지 않았을 것이다.) 현재는 남성/여성/중성으로 구별한다.'는 것에서 주목동 어순보다 성구분이 먼저 일어날 수 있다는 것을 알 수 있다. 그리고 접두사를 잘 사용하지 않고 접미사사용이 두드러지는 것으로는 음인이므로 말의 뒤쪽에서 말뜻을 조종한다는 것을 알 수 있다. 이뿐만 아니라 민속놀이의 형태와 명칭이 일치한다. 윷놀이/제기놀이/쥐불놀이/팽이놀이 등이 타밀어로 윷노리/제기노리/추불노리/팡이노리로 불린다. 그리고 우리전통에 아이가 밤에 잠자다가 이불에 오줌을 싸면 다음날 아침 키를 머리에 쓰고 집집마다 돌아다니며 소금을 얻어오는 풍습이 있었는데 타밀에도 똑같은 풍습이 있다. 두 민족이 과거에는 아주 가까운 사이였다는 것을 빤히 알 수 있는데도 불구하고 두 언어 간의 연결학설을 폐기한 것을 보면 언어학계 또한 무지몽매로 가득 찬 집단이라고 밖에 더 설명할 수 있는 말이 없을 뿐이다. 과학 같이 지금 당장 증명 가능한 분야를 제외한 모든 분야들의 현실은 정말이지 이전투구를 방불케 하는 요지경

---

건 큰 실수일 것이다. 왜냐하면 친족어는 자신과 가장 친밀한 사람들을 가리키는 말이고 그렇다면 어떤 두 사람이 다른 길을 떠나 먼 곳에서 수많은 후손들을 만들었을 경우에도 이 말들은 변하지 않았을 가능성이 클 수밖에 없다. 이건 중앙아시아에 있는 고려인들이 다른 말은 몰라도 엄마 아빠는 잊지 않는다는 것으로도 쉽게 알 수 있다. 그리고 의성의태어는 가장 말초적인 감각을 표현하는 말이다. 인간이 원숭이에서 진화한 짐승일 뿐이라는 것을 나타내주는 어휘들인데 이 말들 또한 인간의 가장 밑바닥을 표현하는 말들이므로 바뀌지 않을 가능성이 많다. 이 말들은 어제 나타났다가 오늘 사라지는 것을 표현하는 것이 아니라 인간이 멸종하는 날까지 느끼는 감정들일 것이기 때문이다. 그리고 ③예컨대 '와'의 기본형이 '오다'이므로 비교를 하려면 어근인 '오'를 비교해야 할 것이므로 '와'자체를 비교하는 것은 의미가 없다고 말한다. 그런데 왜 어근비교만이 의미가 있을까? 만약 '와'라는 말이 기본형 '오다'에서 가장 빈번하게 쓰이는 활용형이라면 '와'라는 말이 아주 오랫동안 변하지 않고 그 뜻을 유지한 채 쓰이지 않았겠는가? 그럴 경우 '와'의 비교는 충분히 의미를 가지게 될 것이다. 한글과 타밀어와의 연관성을 (메뚜기로) 비웃고, 신라구결의 일본문자에의 영향을 부인하며, 한글이 알파벳의 일종이며 우월한 글자가 아니라고 말하는 이 채널의 의도는... 마치 일제가 우리의 역사관을 반도 안으로 구겨 넣으려 했던 식민사관을 보는 듯...

113) 나무위키 '드라비다어족' 참조

이다. 이 근거들만으로도 두 민족의 연관성을 입증하기에 충분하지만 답답한 언어학계와 쓰레기 미일빠들도 어쩌지 못하는 확실한 증거는 M9에서 파생한 유전자 M20이다. 이 유전자변이는 현재 인도남부에 많이 분포하고 있는 드라비다인에게서 많이 발견되고 있다. M20은 기온이 올라가므로 몸이 이에 적응하여 신장이 강해지므로 피부가 다시 까매지면서 기혈중심이 내려가서 만들어진 변이형이라고 볼 수 있다. M20이 만약 3만 년 전에 발생했다면 힌두쿠시산맥을 관통하는 비단길을 통한 왕래가 이미 그때부터 존재했으며 마고성을 떠난 청궁씨도 이후에 같은 유전자형을 획득한 것이라고 판단할 수 있다. (추후에 유전자변이가 청궁씨 이주에 맞춰질 가능성도 물론 있다.)

인도의 신화는 종교와 직접적으로 연결되므로 같이 설명하겠다. (다만 불교에 대한 지식이 깊지 않고 공부하려고 해도 불교는 단시간에 통할 수 있는 분야가 아니므로 혹시 틀려 보이는 곳이 있다면 독자 스스로 바로잡길 바랍니다.) 인도는 힌두교와 불교가 뒤섞여 있어서 이 둘이 어떤 과정을 겪으면서 형성되었는지를 잘 살펴봐야 하는데 이 또한 문화를 만들어놓은 사람을 보면 잘 구분할 수가 있지만 그 기준이 없으면 헤맬 수밖에 없을 것이다. 그런 의미에서 인도문화를 만든 아리아인들이 어떻게 탄생한 사람들인지를 아는 것이 필요한데, 그들은 마고성에서 M9를 획득한 이후로 북진(北進)하여 M45를 획득하고 다시 M173과 M17을 획득한 후 남러시아초원으로 내려온 백인들이 아니다. 그들은 1/2차출성 이후에 마고성 주변에 그대로 남아있었거나 카스피해 쪽으로 서진하여 남러시아초원에서 살다가 위에서 내려온 백인들과 피를 섞은 사람들이다. 즉 애초에 백인이 되어본 적이 없었으나 그들과 피를 섞어서 유전자를 공유한 사람들일 뿐이라는 말이다. 이렇게 추측하는 이유는 앞에서 이란어가 다른 인도유럽어에 비해 강한 평등사상을 함유하고 있다는 것과 인도로 진출한 아리아인들 또한 음인의 문화를 너무 많이 안고 있기 때문이다. 그리고 이란 쪽으로 진출한 사람들과 인도 쪽으로 진출한 사람들이 마고성으로부터 받은 문화의 영향도 틀려 보이는데 인도쪽이 이란쪽보다 마고성의 영향을 훨씬 더 많이 받은 것으로 보인다. 그러면 그런 아리아인들이 마고성에서 어떤 사상을 배웠는지 알아보자.

마고성에 있었던 신앙으로는 ①하느님[114](=하늘님=하느님=하나님)이 최고신이라는 개념이 있었다. 이것이 황궁씨 족속한테는 친손사상으로 남아있고 아브라함은 '하느님'을 유일신 개념인 '야훼(여호와)'로 바꾸고 황궁씨의 천손사상을 자기족속에게만 해당하는 독단적인 선민사상으로 바꾸었다. 이 하느님이 마고성에 있었다는 것을 명확하게 증명해주는 것이 조선말기의 선교사들이다. 그들이 기독교를 전파하러 한반도로 들어왔을 때 그들은 깜짝 놀라게 되는데 기독교의 여호와개념과 똑같은 하느님을 이미 한국사람들은 수천 년 전부터 가지고 있었기 때문이었다. 그래서 기독교의 야훼를 한글로 번역할 때 한국인들이 믿고 있는 '하느님'으로 할지 아니면 '여호와'로 할지에 대해 고민을 할 수밖에 없었던 것이다. 결국 그들은 포교를 쉽게 하기 위해서 '하느님'을 도용하여 '하느님 또는 하나님'으로 하다가 유일신 이미지가 더 강한 하나님으로 쓰게 된다. 이를 주도하였던 제임스 게일은 죽을 때가 되어서야 이를 회개하였는데 "나는 조선민족에 대하여 큰 죄악을 저질렀다. 우리는 여호와를 마치 그들이 믿어오던 신인 하나님인양 둔갑시켜 전도를 한 것이다. 그들은 내가 전한 여호와와 그들이 믿던 하나님을 구분하지 못한 채 그렇게 성서를 읽기 시작했다. 나는 정말로 큰 잘못을 저지른 것이다..." 결국 이런 상황을 초래한 것은 아브라함이 마고성에 애초에 있었던 하느님을 야훼로 둔갑시키면서 시작된 것인데 공자[115]와 게일은 죽을 때가 되어서나마 자신들의 잘못을 회개하고 죽었는데 정작 아브라함도 그랬을는지 궁금할 따름이다. ②하느님이 최고신이긴 했지만 이외의 자연신도 모두 포용했다. 음인의 포용이다. ③하느님은 나에게 이미 내려와 있으므로 내가 잘 수행하면 하느님과 같은 존재가 될 수 있다. 그리고 새는 하늘과 인간을 연결시켜주는 존재이다. ④(사람 또는 만물은) 윤회한다. 이생이 끝나면 내세가 있다. 마고성에서의 신앙을 요약한다면 대략 ①②③④ 정도가 될 것이라고 생각한다. 다만 ③은 ①이 너무 발전한 형태이므로 마고성에 있었을까 의문이 들지 않

---

114) https://www.youtube.com/watch?v=qWUDe6J1_to 참조
115) 공자는 은나라 출신인데 은나라는 동이족이 세운 나라였으므로 공자는 우리민족 사람이다. 탄생신화에 그의 어머니가 검은 용의 정을 몸으로 느끼고 공자를 임신했다고 나오는데 검은색과 뱀이 진화한 용이 나왔으므로 황궁씨계열이라는 것을 알 수 있다. 최근 유튜브를 보다 보니 공자가 중국사람인지 우리사람인지에 관한 영상들이 있었는데 그 대부분이 '우리는 공자가 우리민족 출신이라고 생각하지 않으니 중국사람들은 오해하지 말기를 바란다'는 내용이었다. 자신의 역사를 자신이 극구 부인하는 참 어의가 없는 웃픈 영상들이었다. 이런 것들은 모두 우리의 역사를 제대로 교육받지 못한 결과들인데 이와 유사한 일들이 하나둘이 아닌 것이 안타까우면서 답답하다.

을 수 없으나 ①②④는 한민족의 디아스포라로 세운 나라들의 사상을 살펴봤을 때 확실히 있었다고 생각한다. ③이 있었을 것이라고 추측하는 이유는 부도지가 선도계열의 책이고 그것은 우리민족의 기본사상이 선도라는 것을 말해주는데 이 선도의 기본사상이자 수련방법인 율려를 수행하게 되면 외부와 내부가 하나가 되어 움직이는 체험을 하게 되고 이런 일체감은 자연적으로 우주와 내가 원래 하나라는 사상을 낳았을 것이라고 생각하기 때문이다. 이 ③의 내용을 간략하면서 명확하게 말해주고 있는 것이 「삼일신고」이다. 이 책은 1906년 1월 24일 오후 11시 당시 헌신적으로 구국운동을 하던 나철이 서대문역에서 세종로 방향으로 걸어갈 때 한 노인이 다가와 "그대가 나철인가?"라고 묻고는 "내 이름은 백전으로 나이는 90일세. 나는 백두산에 계신 백봉선사의 제자인데 백봉선사가 그대에게 이것을 전하라고 해서 왔노라."고 하며 백지에 싼 무엇인가를 주고 총총히 사라졌다. 나철이 나중에 풀어보니 「삼일신고」와 「신사기」가 한 권씩 들어 있었다고 한다. 이 책이 언제 만들어진 것인지는 알 방법이 없으나 본인이 생각하기에 이것은 마고성에서부터 가지고 있었던 사상을 대단히 간단명료하게 정리해준 책이라고 생각한다. 길지 않으므로 전문을 풀이해보겠다.

○三一신誥[116)
   신(하느님 신. 이후의 신은 활자가 없으므로 편의상 神으로 표기한다.)
(하늘/인간/땅은 하나라는 하느님의 가르침)

1章. 天訓 : 하늘에 대한 가르침
主若曰 咨爾衆!
蒼蒼非天 玄玄非天
天無形質 無端倪 無上下四方 虛虛空空 無不在 無不容
   咨(아아. 감탄하여 혀를 차는 의성어 자) 爾(너 이) 倪(가장자리 예)

[주께서 이렇게 말씀하셨다. 아 너희 무리들아! 푸르고 푸른 것이 하늘이 아니며, 까맣고 까만 것이 하늘이 아니다. 하늘은 형질이 없고 시작과 끝이 없으며 상하사방도 없다. (하늘은) 허하고 허하며 공하고 공하여 있지 않는 곳이 없고

---

116) https://www.youtube.com/watch?v=JHtFQRlt7B4&t=84s 참조

수용하지 않는 것이 없다.]

2章. 神訓 : 하느님에 대한 가르침
神在無上一位 有大德大慧大力 生天 主無數世界
造牲牲物 纖塵無漏 昭昭靈靈 不敢名量
聲氣願禱 絶親見 自性求子 降在爾腦
　　牲(많을 신) 纖(가늘 섬) 昭(밝을 소) 禱(빌 도)

[하느님은 더 없이 높은 곳에 계시며 큰 덕 큰 지혜 큰 힘을 가지고 있어 하늘을 만들어 무수한 세계를 주관하신다. 만물을 만들었으나 먼지 하나 빠짐이 없으며, 밝고 신령하여 감히 이름 짓거나 헤아릴 수 없다. 소리 내어 기도한다고 볼 수 있는 것이 아니니 (또는 소리 내어 기도하면 반드시 볼 수 있으니) 스스로 그 본성에서 씨앗을 구하라. 이미 너희의 뇌에 내려와 있다.]

3章. 天宮訓 : 하느님의 궁전에 대한 가르침
天神國 有天宮 階萬善 門萬德 一神攸居 群靈諸哲護侍 大吉祥 大光明處
惟性通功完者 朝永得快樂

[하늘은 하느님의 나라인데 여기에 천궁이 있다. 만 가지 선으로 계단을 삼고 만 가지 덕으로 문을 삼으며 하느님이 기거하신다. 여러 신령들과 철인들이 보호하고 모시고 있는 크게 상서롭고 빛나는 곳이다. 오직 성을 통하여 일을 완수한 자들만이 알현하여 영원히 쾌락을 얻을 것이다.]

4章. 世界訓 : 세계에 대한 가르침
爾觀森列星辰! 數無盡 大小明暗苦樂不同
一神造群世界 神勅日世界使者 轄七百世界
爾地自大 一丸世界 中火震盪 海幻陸遷 乃成見象
神 呵氣包底 煦日色熱 行翥化游物繁殖
　　勅(칙서 칙) 轄(다스릴 할) 盪(부딪칠 탕) 呵(불 가) 翥(날아오를 저) 栽(식물)

[너희들은 저 무수한 별들을 보라! 그 수가 다함이 없고, 크고 작음과 밝고 어두움 그리고 (그 별들에 속하는 생명들의) 고락이 다르다. 하느님이 무수한 세계를 만드시고 그 세계로 칙사들을 보내 다스리게 하셨다. 너희들 땅이 스스로 크다고 생각하지만 하나의 구슬에 지나지 않는다. 지구 내부의 열이 격렬하게 움직여 바다와 육지를 만들었고 이내 (8괘 또는 64괘의) 자연현상들을 완성하였다. 하느님이 기운을 저 밑바닥까지 불어넣고 해를 비춰 따뜻하게 하니 (육지를) 걷고 날고 허물을 벗고 (물속을) 헤엄치는 생물들이 번식하게 되었다.]

5章. 眞理訓 : 진리에 대한 가르침

人物同受三眞 曰性命精 人全之 物偏之
   眞性 無善惡 上哲通
   眞命 無淸濁 中哲知
   眞精 無厚薄 下哲保 返眞一神
惟衆迷地 三妄着根 曰心氣身
   心依性 有善惡 善福惡禍
   氣依命 有淸濁 淸壽濁夭
   身依精 有厚薄 厚貴薄賤
眞妄對作三途 曰感息觸 轉成十八境
   感 喜懼哀怒貪厭
   息 芬란寒熱震濕
   觸 聲色臭味淫抵
衆 善惡淸濁厚薄 相雜 從境途任走 墮生長消病歿苦
哲 止感調息禁觸 一意化行 返妄卽眞 發大神機 性通功完 是.
  厭(싫어할 염) 芬(향기 분) 란(분과 상대되는 개념) 震(조(燥)의 의미로 쓴 것이라고 추측) 抵(닿을 저) 歿(죽을 몰)

[사람과 (그 외의) 만물이 꼭 같이 3가지의 진을 받았으니 성과 명과 정이 그것이다. 사람은 (삼진을) 온전하게 받았으나 만물은 일부만을 받아 만들어졌다. (태어날 때 받은) 진성은 선악이 없으며 최고의 철인이 통할 수 있고, 진명은 청탁이 없으며 중간의 철인이 알 수 있고, 진정은 후박이 없으며 하급의 철인이

지닐 수 있는 것이니 이 성명정을 돌이키면 하느님과 하나가 될 수 있다.

중생들은 미혹한 지경에 빠져 3가지 망령됨이 뿌리처럼 붙게 되니 심과 기와 신이 그것이다. 심은 성에 의지하니 선악이 있고 선하면 복을 받고 악하면 화를 받는다. 기는 명에 의지하니 청탁이 있고 청하면 장수하고 탁하면 요절한다. 신은 정에 의지하니 후박이 있고 후하면 귀하고 박하면 천하게 된다.

진과 망이 마주하여 3가지 길을 만드니 감과 식과 촉이고 이것들이 18가지의 경계를 이룬다. 감에는 기쁨/두려움/슬픔/성냄/탐냄/싫어함이 있고, 식에는 향기로움/(..)/차가움/뜨거움/건조함/습함이 있고, 촉에는 소리/색깔/냄새/맛/(음탕117))/감촉이 있다.

중생들은 선악과 청탁과 후박이 서로 섞여 경계를 따라 멋대로 내달리므로 나고 자라고 늙고 병들고 죽는 고통에 떨어진다. 철인은 감하는 것을 그치고 식을 고르며 촉을 금하려는 뜻을 일관되게 행하므로 망령됨이 진으로 돌이켜져서 하느님과 하나가 되는 기틀을 크게 일으키니 성을 통하여 일을 완수한다는 것이 이것이다.]

| 아리아인 | 陽人 | 직선적(전기력선) | 수직적/계급적:카스트 | 신중심 |
| 드라비다인 | 陰人 | 순환적(자기력선):윤회 | 수평적/평등적 | 인간중심 |

(이제부터 현재 인도의 주된 종교인 힌두교와 인도에서 탄생했으나 지금은 밀려난 불교에 대해 알아보자.) 인도에 처음으로 발을 디딘 사람들은 M130이었고 이들과 피를 섞은 드라비다인은 음인이었고 아리아인들은 백인과 피를 섞은 양인이었다. 음인과 양인의 장부는 다르므로 사고구조가 위와 같이 다르게 된다. 이것을 참고하면 이해가 쉬울 것이다. 힌두교는 브라만교에서 시작했으며 브라만교 최초의 경전은 BC1500년경부터 기록된 「베다(Veda)」라는 책이다. 베다는 '지식/지혜'를 뜻하는데 이것은 베다가 양인의 종교라는 것을 말해준다. 음인은 '생각이 끊어진 자리'를 추구하지 지식이나 지혜를 추구하지는 않기 때문이다. 베다는 신에게 드리는 단순한 기도문들을 모아놓은 책이다.

---

117) 불교의 육경(六境)에 의하면 법(法)에 해당하는데 음(淫)을 어떻게 해석해야 할지 모르겠다.

①베다에 맨 처음 나오는 것으로 보이는 신은 프라자파티이다. 태초에 원시바다가 있었다. 바다는 황금알을 만들어 품었고 그 안에서 프라자파티가 나왔다. (바다/알 모두 이 신화가 음인의 것임을 보여준다.) 그는 자신을 둘로 나눠 남자와 여자를 만들었고, 이들은 불/바람/해/달/새벽이라는 자식 신들을 만들었다. (음인신화에서는 자식들과 혈연지간이다.) ... 프라자파티는 화살을 맞고 소리를 지르며 하늘로 솟구쳐 올라갔다. (원주민인 음인이 누군가에게 패배했음을 암시한다.)

②인드라는 천둥과 번개를 지휘하고 비를 관장하는 아리아인들의 수호신이다. (아리아인들이 음인을 정복했다고 말하고 있다.) 머리카락과 피부는 황금빛으로 빛났다. (아리아인들은 기운이 몸통의 가장 위인 폐까지 상승하므로 신장기운이 약해져서 머리카락이 탈색된 백인의 유전자를 받은 양인이다.) 베다시대에 아그니와 바유와 함께 삼주신을 형성한다. (음인은 권력에서 배제되었다는 뜻이다.)

③브라만을 담당하는 신은 브라흐마나스파티이다. 그는 대장장이처럼 세상만물을 만든 창조주로서 대장장이가 일하는 것처럼 세상에 흩어져 있던 만물을 용접해 세상을 창조했다. (아리아인 중에 금속을 다루는 집단이 있었다.)

④비슈바카르만은 천지를 창조했을 때 두 팔로 날개를 만들어 뜨거운 천지를 부채질해 식히고 그것을 단련했으며 그를 도운 신들은 목수가 집을 짓는 것처럼 천지를 만들었다. (목재를 다루는 또 다른 무리가 있었다.) 비슈바카르만은 우주의 제사의식을 행하고 살아 있는 것을 희생시켜 제사에 바친 후에 마지막으로 그 자신을 바쳤다. (희생제를 했다는 것에서 아리아인들은 양인이라는 것을 알 수 있고, 비슈바카르만이 죽었으므로 목재를 다루는 무리는 권력에서 배제된 것이다.)

⑤태초의 인간 뿌루샤는 세상에 존재하는 모든 것이다. 신들이 뿌루샤를 희생하여 제사를 지내자 그의 몸에서 말/소/양 등이 태어났다. 그리고 천계와 우주에 걸쳐있는 거대한 뿌루샤를 분할했을 때 그의 머리는 브라만이 되고 양팔은 크샤트리아가 되고 두 다리는 바이샤가 되고 두 발에서 수드라가 되었다. (금속을 다뤘던 브라만무리가 목재를 다뤘던 무리를 꺾고 정권을 잡았고 카스트라는 계급제를 만들었다. 해체신화가 등장하는 것을 통해 생산력이 없는 부계양인들이 정권을 잡았다는 것을 재확인할 수 있다.)

여기까지가 베다의 핵심을 추린 것으로, 아리아인들이 드라비다인들을 정복하고 (아리아인 내부에서) 금속을 다루던 무리가 목재를 다루던 무리와의 권력다툼에서 승리하여 정권을 잡고 브라만을 최고위치에 두는 신분제와 브라만교를 만들게 된 과정을 보여준다. 원래 브라만이란 말은 찬미가 또는 제사를 가리키는 말이었으나 그들이 권력을 잡으면서 브라만이라는 말에 신비한 힘을 가미하면서 최종적으로는 '우주의 근본적 원리'까지로 확장시켰다. (양인의 엄청난 뻥이다...) 보통 뒤에 나오는 우파니샤드까지를 브라만교에 포함시켜서 브라만교가 힌두교로 전환된 시기를 샹카라의 베단타철학이 나오는 8세기로 보지만 우파니샤드는 음인사상으로 정확히 말하자면 브라만교에 포함되지 않는다. 다시 말해 브라만교는 오직 베다에만 국한한다는 것이다. 이 시대에 치중한 것은 브라만이 주재하던 제사의식이다. 브라만의 주술이 원주민이 가진 주술보다 더 복잡한 절차를 갖추었기 때문에 효과가 더 좋다는 것이다. 절차는 근엄했으며 희생제를 펼치고 베다의 구절들을 암송하여 뭔가 있어 보이게 만들었다. 가부장적이어서 여신은 취급되지 않았고 신은 위에 있고 인간은 아래에 있어 동떨어져 있었다. 그래서 음인인 드라비다인들이 반발했다. 그 반발했던 내용이 우파니샤드이다.

우파니샤드는 BC800년부터 나타나기 시작했는데 '스승에게 가까이 있어 귓속말로 전해 듣는'이라는 뜻이다. 다시 말해 음인의 사상이라는 뜻이다. 양인이었으면 혁명을 일으키거나 전쟁을 했을 것인데 음인이므로 (서지도 않고) 앉아서 (소리치는 것이 아니라) 귓속말로 소곤소곤 속삭이는 것이다[118]. '이건 아니지 않아요? 이렇게 안 배웠잖아요...' (답답한 혁명이지만 반발은 반발이다...) 맞다. 마고성에서 그렇게 안 배웠다. 마고성에서는 신과 인간이 그렇게 동떨어져 있는

---

118) 비인부전(非人不傳)은 음인의 지식전파방식으로 이런 폐쇄성이 결국 자신을 패배자로 이끌었다. 비인(非人)이든 시인(是人)이든 누구든지 배울 수 있게 지식을 퍼뜨려야 하는 것이지 자기가 판단하기에 '된 사람'한테만 자기의 지식과 권리를 넘겨주면서 음인국가들은 쪼그라들었다. 작은 것을 예로 들자면 지금의 역사학계가 딱 그 모양이다. 일제시대를 끝내고 자리를 차지한 쓰레기 식민사학 교수들 눈에는 쓰레기 제자들이 시인(是人)으로 보였을 것이고 그 대물림이 계속 되다보니 일제시대가 끝난 지 75년이 지난 지금에도 학교에서 식민사학을 배우고 있는 한심한 상황에 처해진 것이다. 이 책도 사실관계를 확실히 해야 하는 것들은 영어 위키피디아에 거의 전적으로 의지하고 있다. 자기가 알아낸 지식을 공개하고 특허로 그것을 보호해주면서 대가를 얻게 하는 구조는 지식의 재생산을 폭발적으로 가속화시킨다. 양인들의 이런 열린 자세가 음인들에겐 절대적으로 필요하고 배워야 할 점이다.

것이 아니라고 배웠다. 그들의 주장을 순서대로 풀어보면 다음과 같다.

①범아일체 : 범(梵)은 '우주의 근본적 원리'라는 의미의 '브라만'을 의미한다. 그런데 브라만교에서는 이 브라만이라는 것이 브라만[119]계층만이 도달할 수 있는 것인 양 세뇌하고 있는데 마고성에서는 어떤 사람이든지 수행을 잘 하면 하느님이 될 수 있다고 배웠으므로 누구나 브라만이 될 수 있다고 주장한다. 여기서 아트만(atman)이란 말이 대두하는데 산스크리트어로 '호흡/숨'을 의미하며 '절대 변하지 않는 초월적인 자아'를 뜻하고 한자로는 '아(我)'로 번역된다. 즉 신중심이었던 브라만시대에서 인간이 중심이 되는 사색의 장으로 발전시킨 것으로[120] 인간이 곧 우주의 근본원리가 될 수 있다는 사상이 되겠다.

②그리고 브라만의 직선적 사고에 반발하여 윤회를 주장한다. 흑소씨든 청궁씨든 황궁씨든 음인들은 내세를 믿어왔다. 하지만 양인은 한 번 죽으면 저승에서 다시 돌아오지 못한다고 말한다. 그래서 이에 반발하는 것이다.

③업(業) : 윤회를 한다면 다음 생이 어떻게 결정되는가 하는 문제에 봉착하게 되고 이번 생에서의 업적이 다음 생을 결정짓는다는 결론에 이르게 되었다. 이치에 맞는 삶을 살다 죽으면 다음 생에는 보다 존귀한 카스트로 태어나고 이치에 어긋나는 삶을 살면 다음 생에는 비천한 카스트로 태어난다는 것이다. (양인들은 다음 생에는 좋은 카스트로 태어날 수 있으니 이번 생은 그냥 비천하게 살더라도 참으라고 말한다.) 양인들은 좀 더 나아가 '자신의 직분에 순종적으로 일해야만 더 좋은 계급으로 태어날 수 있다'고 말한다. (사실 순종적으로 살아야

---

[119] '우주의 근본적 원리'라는 뜻도 브라만이고 카스트계급의 최고자리 사람들을 지칭하는 단어도 브라만이다. 그냥 자기가 윗자리를 다 먹으려다 보니까 다 브라만인 것이고 별 의미는 없다. 아리아인들에게 깊은 철학은 없었던 것이다. 따라서 서양철학이라는 것도 그리스철학까지는 우리의 철학이라고 할 수 있고 그 외에 독일/프랑스/영국 정도일 텐데 책을 읽어보면 복잡한 단어와 구조로 설명하지만 막상 '그래서 결론이 뭐지?'하고 물으면 별 게 없다. 그들은 직선적 사고를 하지만 우주는 순환적으로 운동하므로 이치에 맞지도 않는다. 이치에 맞지 않는 말을 분석적 사고로 복잡하게 풀어낸다한들 그게 이치에 맞겠는가? 그 있어 보이는 겉멋을 추종하는 음인들이 있기 때문에 대접받을 뿐이다. 그 분석적 사고가 빛을 발하는 분야는 과학 이외에는 없어 보인다. 한때 아리아인들의 칼이 좀 더 날카로웠고 그들은 폭력적이었기 때문에 그 기회를 놓치지 않고 드라비다인들을 다 쓸어버렸을 뿐이다. 그리고 브라만은 산스크리트어로 '힘'을 뜻한다. 양인을 의미하는 것이다.

[120] 그리스에서 인간중심의 헬레니즘이 일어난 것도 음인인 흑소씨가 있었기 때문이다.

더 좋은 계급으로 태어난다고 말하는 것이 업의 개념이 아닌데 말이다…)
　④해탈 : 범아일체를 이루는 경지가 이 시대의 해탈의 개념이 아니었을까 추측한다.

　BC563년에 석가모니가 태어나면서 우파니샤드의 내용에 첨삭을 가한다.
①아(我) : 브라만교에서는 아트만(atman)을 '절대 변하지 않는 초월적인 자아'라고 정의하는데 석가모니는 자신이나 다른 깨달은 이가 만들어낸 것이 아니라 여래가 세상에 출현하고 출현하지 않음에 관계없이 우주에 본래부터 존재하는 보편법칙인 연기법이 있다고 설하며 그 연기법의 구체적인 형태를 12연기법으로 세상에 드러내었다(「잡아함경」). 이 연기법에 따르면 '절대 변하지 않는 초월적인 자아'는 있을 수가 없으므로 '무아(無我)'를 주장한다. 즉, 무명(無明) → 행(行)→식(識)→명색(名色)→육입(六入)→촉(觸)→수(受)→애(愛)→취(取)→유(有)→생(生)→노사(老死).

　다른 여러 가지에 첨삭을 가했을 것이나 천학이므로 구체적으로 무엇인지 서술하지 못하겠고 마우리아왕조부터 쿠샨왕조가 멸망하는 서기375년까지 불교는 인도에서 번성하게 된다. 이에 불안을 느낀 아리아인들이 브라만교에 우파니샤드의 주장 그리고 몇 가지 불교교리와 드라비다족의 신들을 받아들이고 여기에 자신들만의 특색(바가바드 기타 + 신분제 강화 + 아트만 고수)을 가미하여 힌두교(=브라만교+우파니샤드+불교+드라비다+특색)라고 이름 붙여서 전파시킨다. 그 과정은 대략 이렇다.

　①윤회와 업은 인정하지만 무아(無我)는 인정하지 않는다. 아트만사상을 유지한다. 즉 아트만은 영원하여 소멸하지 않는다. 다만 몸은 생성/소멸된다. 아트만이 몸을 바꾸면서 윤회한다고 본다. (양인의 직선적 사고를 극명하게 보여주는 것이 아트만 사상이다. 이러니 양인철학이 자연이치와는 동떨어질 수밖에 없고 여기에 귀중한 시간을 낭비할 필요가 없는 것이다.)

　②'바가바드 기타'를 경전에 편입 : 이 책은 아르주나가 자기의 친형/친동생과 연합하여 사촌들을 죽이고 왕위를 빼앗는 것이 과연 정당한가에 대해 회의를 느끼자 그의 마부인 크리슈나가 조언과 충고를 하는 내용을 담고 있다. "전쟁의

목적이 단지 왕권을 찬탈하기 위해서가 아니라 불의에 맞서 정의를 회복하고자 하는 것이다. 그렇기에 너에게 부여된 의무(전쟁)를 성실히 수행함으로써 정의를 실현해야 하고 그런 사명을 너는 가지고 있다." 이 바가바드 기타는 700구절로 된 시로 이뤄져 있는데 원래 마하바라타의 일부분이었는데 (어떤 의도를 가지고) 힌두교 경전에 포함되면서 독립되었다. 이것은 주희가 「예기」에서 「대학」과 「중용」을 떼어내 4서를 만든 것과 그 의도가 정확히 일치한다. 주희의 목적은 유학의 이론적 배경을 만들고자 함이었고, 바가바드 기타는 카스트를 공고히 하기 위해서였다. 하지만 이 책에서는 '욕심을 버리고 평정심을 가진 상태에서의 행위를 권장한다'거나 '현실적이고 실천적인 철학이며 삶의 태도를 적극적으로 바꿔준다'는 측면에서 카스트합리화에 불과하다는 말만으로는 평가될 수 없는 인도철학정신을 대표하는 무언가가 있다고 현재는 평가하고 있는데 만약 이 책이 음인사회에서 나왔다면 그 평가가 정확히 맞는 것이지만 양인이 이룩해 놓은 수직적 사회가 불교에 의해 수평적 사회로 바뀐 상황에서 이를 다시 수직적으로 돌리려는 시기에 이 글을 다른 책에서 빼내어 경전으로 승격시킨 것이므로 위와 같은 평가를 할 수가 없는 것이다. 양인의 사고는 수직적이므로 항상 신분제를 만들려고 한다. 예컨대 공자가 君君臣臣父父子子(임금은 임금답고, 신하는 신하답고, 아버지는 아버지답고, 아들은 아들다워야 한다)라고 말한 의도는 개인이 자신의 위치에서 자신의 직무를 잘 수행하면 그 사회는 잘 굴러간다는 뜻으로 말을 했으나 뒤의 중국양인들은 이를 신분제를 강화하는 방향으로 해석하게 된 것을 들 수 있다. 공자가 주창한 원시유학에서는 신분제를 말하지 않았으나 중국인들이 최초로 왕권을 차지한 송나라에 이르러서 주희 같은 양인들이 원시유학을 곡해하여 수직적 사고를 투영한 성리학이란 것을 만들면서 신분제가 고착화한 것이고 이것을 금과옥조인양 모신 이가 이성계와 정도전이었고 가장 음인이 밀집해 있는 충청도의 위인 송시열이 정권을 잡으면서 조선은 자동적으로 패망의 길을 걷게 된 것이다.

③베다에서 푸라나(Purana)로 : 쿠샨왕조가 멸망하고 굽타왕조가 들어서자 베다에서 음인의 사상을 대거 수용한 푸라나체계로 변화하면서 민심을 얻으려 하였다. 따라서 이 푸라나에 실린 내용들에서 음인사상을 많이 볼 수 있다.

㉠가부장적 면모가 강한 베다에서는 여신이 중요치 않게 취급되었지만 푸라

나에는 새로운 여신들이 우주적 힘과 에너지를 갖춘 존재로 묘사되기 시작한다.

ⓒ베다의 근엄한 제의와 희생제, 멘트라 암송 등은 비교적 생명력을 잃고 매우 다양하고 자유로워졌다.

ⓒ베다시절에는 신과 인간의 관계가 기계적이었다면 푸라나 시대의 숭배자는 단순히 절차를 준수하는 존재가 아니며 적극적이고 개인적인 헌신으로 신을 사랑하는 존재가 되었다. 다시 말해 신과 동등한 위치로 바뀌었다는 것이다.

ⓔ베다의 다른 신들은 위상이 크게 추락하고 브라흐마/비슈누/시바 3대신이 3주신으로 등장한다. 이것은 마고성의 삼재사상을 표현하는 것으로 브라흐마는 베다시대부터 있었던 아리아인을 상징하는 신이 되겠고, 비슈누는 드라비다인을 상징하고, 시바 또한 그럴 가능성이 높다. 왜냐하면 비슈누와 시바는 모두 피부가 검거나 푸르게 묘사되기 때문이다. 이것으로 드라비다인들이 청궁씨이고 흑소씨의 일부도 인도 쪽으로 건너왔을 것이라는 사실을 추측할 수 있다. 특히 비슈누는 청궁씨라는 것을 확연히 알 수 있는데 그 근거의 첫 번째는 비슈누가 '유지의 신'이라는 것이다. 유지라는 것은 모성과 통하는 것으로 음인을 상징한다. 두 번째로는 비슈누가 타고 다니는 것은 가루다(garuda)라고 하는 태양의 새이며 비슈누는 할 일이 없으면 뱀 쉐샤(shesha)가 똬리를 틀어 만든 침대에서 시간을 보낸다. 그리고 비슈누는 시바의 죽은 아내인 사티의 몸에 화살을 쏘는데 그러자 사티의 조각이 떨어지는 곳마다 만물의 생기가 돋았다. 이것은 음인을 상징하는 그리스의 에로스신이 가지고 다니는 화살과 횃불의 연장선에 있다. 즉 이 에로스신화는 마고성부터 있었다는 말이 될 것이다.

| | 카스트 | 직업 | 성(性) | 구성 |
|---|---|---|---|---|
| 상위 카스트 | 브라만 | 승려/지주 | 티와라.. | 5% |
| | 크샤트리아 | *군인*/왕족 | 싱/조한.. | 10% |
| | 바이샤 | 상인/농민 | 간디/굽타.. | 15% |
| 하위카스트 | 수드라 | 농민/서비스 | 람/*마우리아*.. | 10% |
| | 제5계급 | 불가촉천민 | 나라야난 | *브라만여성*+수드라남성 |
| | 지정 부족 | | 스완글라 | 고립부족 |
| 비(非) 카스트 | 소외계급 | | 미탈/진달 | 40%. |

1947년에 법적으로 금지되었지만 현재도 여전히 작동하고 있는 카스트제도를 보면 몇 가지를 알 수 있다. ①무력숭상 : 군인은 왕족과 어깨를 나란히 할

정도로 위상이 높다. 이는 양인의 기운이 원심적으로 날뛰면서 나타난 자연적인 현상으로 무력을 숭상할 개연성이 높은 장부구조를 가지고 있는 것이다. 양인들은 이 무력으로 현재 지구 대부분 지역을 점령한 상태이고 현대 미국이나 영국에서 군인을 존중하는 것과 정확히 맥을 같이 한다. 그러니 미국이 자국군인들을 대단히 소중하게 여기는 것은 군인을 국민의 한 사람으로 보는 측면이 아니라 무력숭상이라는 측면에서 보는 것으로 역겨운 전통이라고 할 수 있다. ②사람의 성(性)만 알더라도 카스트를 알 수 있는데 '마우리아'라는 성이 수드라계급이라는 것에서 불교의 평등사상을 널리 전파했던 마우리아왕조에 대한 뿌리 깊은 원한이 있음을 알 수 있다. ③여성 천시 : 아무리 브라만이더라도 여성이라면 수드라에도 끼지 못하는 불가촉천민으로 좌천시켜버리는 여성천시사상을 볼 수 있다.

종합해보면 브라만교는 베다에서 푸라나로 넘어오면서 이미 생명력을 잃었으니 힌두교에서 양인의 철학사상은 직선적 사고를 보이는 아트만/카스트 개념 같은 것들을 제외하면 볼 수 없고 음인의 불교와 민속신앙이 주를 이룬다는 것을 알 수 있다. 결국 힌두교는 이 '절대 변하지 않는 초월적인 자아'를 뜻하는 아트만(眞我)을 끝까지 고수한 것인데 이 개념에서 양인의 직선적 사고를 볼 수 있고, 카스트에서 계급적 사고를 볼 수 있다. 주역이나 불교에서 우주는 한 순간도 같은 모습으로 있지 않고 항상 변화한다는 사상을 보여주는데, 이 아트만이 이와는 완전히 반대되는 절대 변하지 않는 자아를 신념처럼 주장한다는 것을 역으로 판단한다면 주역과 불교는 음인의 사상[121]이라는 것을 알 수 있고 더불어 음인과 양인이 얼마나 상반되는 사고방식을 가지고 있는지 알 수 있는 것이다. 이 아트만개념을 제외한다면 힌두교에서 베다의 모습을 그리 많이 볼 수가 없

---

[121] 석가모니는 석가족 출신이고 이 석가족은 아리안족으로 보기 때문에 석가모니는 양인집단에 속하게 된다. 만약 이것이 사실이라면 양인이 불교를 창시한 것인데 그것은 정말 놀라운 일이다. 양인으로서의 한계를 뛰어넘었을 뿐만 아니라 인류 최고의 철학체계를 세웠으니 최고의 칭송으로도 모자랄 지경이다. 다만 석가족의 활동무대였던 네팔과 인도북부는 마고성과 그리 멀지 않으므로 석가모니가 단군의 후손이라는 견해도 연구해볼 만한 주제가 될 것이다. 그리고 석가모니는 옆구리로 태어났다고 나와 있는데 이것은 부도지에서 생산하는 방식과 일치한다. 이것 또한 우리와 연관되는 내용이 될 것이다. https://www.youtube.com/watch?v=2l7vP2ZNgDs (8:00 참조. 다른 동영상에서도 가끔 언급된다.)

다. 따라서 힌두교를 브라만교가 발전한 형태라고 말하기보다는 왜곡된[122] 불교와 음인의 민간신앙이 융합한 형태라고 보는 것이 정확한 표현이라고 할 수 있다. 지금까지 설명한 인도의 종교와 신화를 간단히 총 정리한다면 양인이 음인들에게 종교를 주고 카스트를 얻은 것이라고 말할 수 있겠다.

이렇게 어떤 집단이든지 음인과 양인이 섞여있기 마련이고 피지배층은 권력을 잡은 집단에 반발하게 되는데 음인이 지도자인 청궁씨 집단의 평등주의가 꼴 보기 싫어 산속으로 들어가 버린 브라후이족은 양인이었으므로 그렇게 시원하게 다수인 청궁씨를 왕따 시켜 버린 것이었고, 양인이 권력을 잡은 중동과 유럽세계에서 핍박받던 음인들은 (우파니샤드처럼) 비굴 또는 은밀하게 소곤소곤 반항을 했는데 그 중 기독교에 반발했던 것이 바로 '영지주의'이다.

이 영지주의는 이집트와 그리스, 중동에 퍼져있던 수평적 사고를 하는 흑소씨 후예들이 수직적 사고관의 기독교를 마고성에서 배웠던 것들을 바탕으로 기독교를 비판한 사상체계이다. 그래서 영지주의 문서가 최초로 발견된 곳이 흑소씨의 터전이었던 이집트였으며 이곳에서 문서가 많이 발견되기도 하는 것이다. 영지주의가 수평적 사고를 하는 사람들의 사상이라는 것을 알 수 있는 근거는 첫째로 이들은 윤회를 인정한다는 것이다. 그래서 중세의 영지주의단체였던 카타리파(cathars)는 십자가를 원으로 둘러싼 태양십자가를 그들의 상징으로 사용했다. 그리고 그들은 사람의 무의식적 자아는 신성과 동일한 본질을 가지고 있지만 불행히도 타락했기 때문에 진정한 본질과 동떨어진 세상에 던져졌다고 말한다. 여기서 '사람의 무의식적 자아는 신성과 동일한 본질을 가지고 있다'는 말은 '사람이 하늘'이라는 삼일신고나 불교의 '누구나 부처의 씨앗을 가지고 태어난다'는 사고와 정확히 일치하는 것이다. 곧 '사람이 신이다'라고 말하고 있는 것이다.

불교얘기가 나왔으니 여기서 좀 더 나가서 부도지에서 말한 복본(複本)의 본(本)은 무엇일까를 생각해보자. 이 이야기의 시작은 윤회에서 시작한다. 그때의 수행자 또는 철학자는 '윤회를 한다는데 그럼 무엇이 윤회하는가'하는 문제에 다다를 수밖에 없었을 것이다. (이런 질문 후에 깨달았다기보다는 깨달은 후 이

---

[122] 주요한 점으로 아트만개념을 고수하므로 불교와 다르다.

것이 무엇인지를 캐들어 가는 역산을 했을 수도 있겠다.) 그 해답으로 나온 이론 중 하나가 바로 유식설(唯識說)이다. 앞에서 설명했듯이 인간의 마음(心)은 안식/이식/비식/설식/신식의 전5식과 제6식인 의식 그리고 제7식인 말라식 마지막으로 제8식인 아뢰야식으로 구성되어있다는 설이다.123) 이 제8식이 나오게 된 연유는 추측컨대 다음과 같은 순서를 거쳤을 것이다. "나를 이루는 것으로는 몸과 마음이 있는데 몸은 죽으면 썩어 없어지므로 육체는 윤회하는 주체가 아닌 것이 분명해 보인다. 그러면 마음을 구성하는 것 중의 하나일 것인데 마음은 어떻게 구성되는지 알아보자. '나는 홍길동이다'라고 생각하는 것을 의식이라고 이름 짓자. 이 의식은 마음을 구성하는 요소 중 하나일 것이다. 그런데 이 의식을 가지고 제어할 수 없는 것이 존재한다. 배가 고프면 밥을 먹어야 하고, 숨 쉬고 싶지 않아도 저절로 숨은 쉬어진다. 밥을 먹고 숨을 쉬면 내부에서는 자기들이 알아서 작업을 해서 기운이 생기게 한다. 내가 의식적으로 하고 싶다고 할 수 있는 게 아닌 존재들이 내 몸안에 있는 것이다. 내 의식이 제어하지 못하고 그들이 내 몸을 지배하니 내 의식보다는 층위가 높다는 것을 알 수 있다. 그것을 말라식이라 이름 짓자. 그런데 보고 듣고 냄새를 맡고 맛을 느끼고 피부에서 감촉을 느끼는 것 또한 내가 의식적으로 하고자 해서 그런 것이 아니라 눈을 뜨면 보이고 귀가 열려 있으면 자연적으로 들리는 것들이다. 그럼 이것들은 무엇인가? 아, 내부 장부들이 바깥의 상황을 파악하고자 몸 밖으로 그들의 안테나를 삐죽이 내민 것들이구나. 그러면 이들을 각각 안식/이식/비식/설식/신식이라고 이름 붙이자. 그럼 이들 중에 윤회하는 존재가 있는가를 살펴보자. 의식은 말라식보다 층위가 낮고 전오식은 말라식이 만들어낸 위성존재들이기 때문에 이들 중에서는 말라식이 가장 상위에 있는데 내부 장기를 다스리는 신(神)들이 윤회를 한다? 그렇다면 내부에는 육장육부라는 12개의 장부가 존재하는데 어느 장부의 신이 윤회한다는 말인가? 그렇다면 이 말라식 위에 하나의 식이 더 있다고 보는 것이 맞지 않겠는가? 그 식을 아뢰야식이라고 상정하자. 여기서 먼저 이 8가지의 식들이 어떤 순서로 생겨났는지 생각해보자. 먼저 아뢰야식이라는 설계도가 있었을 것이고 이 설계도에 따라 장부가 만들어지고 그와 동시에 말라식이

---

123) 부파불교의 설일체유부 등에서는 마음(心)은 안식/이식/비식/설식/신식/의식으로만 이뤄져 있다고 본다. 반면 대승불교의 유식유가행파 등에서는 위와 같이 8식으로 이뤄졌다고 본다.

생성되었을 것이다. 그 육장육부를 다스리는 신들은 생명을 유지하기 위해 외부에서 영양을 공급해 줄 존재가 필요했으므로 이를 위해 외부상황을 파악하기 위한 안테나를 외부로 내었으며 이들이 전오식이 되고 이 전오식을 총괄적으로 종합지휘할 지휘통제소가 필요하므로 의식이란 것을 만든 것으로 이해하면 될 것이다. 그렇다면 제8식이 제1~7식보다 먼저 전재되어야 하는 것이므로 윤회하는 것은 바로 이 제8식이라고 말할 수 있을 것 같다." 이렇게 유식학이 발달하지 않았을까 추측해본다.

윤회하는 종자(씨앗)인 제8식은 윤회라는 복잡하고도 구체적으로 알지 못하는 일을 수행하므로 과거부터 그 모습에 따라 많은 이름을 붙여왔다. 제1~7식이 선업과 악업을 제8식에 훈습(薰習)[124]하여 새로운 종자를 생기게 하거나 기존의 종자의 세력을 강화시키는 능력을 가지고 있으므로 '소장(所藏)'이라고 하며, 그 자신 안에 만유의 종자를 굳게 보존하고 유지하고 있으므로 '능장(能藏)'이라고도 하며, 말나식이 항상 제8식을 자신 내부의 영원한 자아로 오인하여 집착하므로 '집장(執藏)'[125]이라고도 한다. 그럼 과거에 했던 말과 행동들이 업이 되어 아뢰야식에 저장된다는 것인데 어떤 형태로 저장되는 걸까? 컴퓨터가 소프트웨어와 하드웨어로 구분되듯이 인간도 몸이라는 하드웨어와 정신이라는 소프트웨어로 이뤄진 것이라고 생각할 수 있고, 컴퓨터에 0/1이라는 전기신호로 저장되듯이 아뢰야식에도 어떤 형식으로 저장된다는 것인데 그 저장되는 것을 정보라고 부를 수 있다면 '정보가 어떤 형식으로 제8식에 저장된다'라고 가정할 수 있을 것이다. 그럼 일단 어떤 형식인지는 모르겠으니 '정보가 저장된다'라고 가정해보자. 지금까지를 요약해보면 '현생에서 인간이 제1~7식을 통해 쌓은 선업과 악업에 대한 정보를 제8식에 계속적으로 저장해놓고 그 인간이 죽으면 제1~7식은 사라져 없어지지만 제8식은 살아남아서 다른 제1~7식을 만들어서 계속 윤회한다'라고 말할 수 있겠다. 그러면 윤회하지 못하는 제1~7식과 윤회하는 제8식은 근본적으로 성격이 다르다는 것을 알 수 있다. 여기서 부도지의 한 구절을 인용해보자.

---

124) 증기를 쐬면 냄새가 몸에 배듯이 아뢰야식에 정보를 저장한다는 것이다.
125) 제8식을 아뢰야식이라고 말하는 것은 이 집장(執藏)의 의미를 가지고 있다.

朕世以前 但有呂音 實達與虛達分出 則律出於呂(짐세 이전에는 단지 려음만 있었는데 실달과 허달이 나뉘어 나가면서 률이 려에서 나왔다.) 여기서 실달을 현상세계를 구성하는 에너지/질량이라고 하고 허달을 정보라고 가정해보자. 그리고 려음에서 실달과 허달이 나왔으므로 '려음=허달+실달'이라고 볼 수 있고 이를 풀어서 말한다면 '정보를 가지고 있는 에너지 또는 질량이 려음이다'라고 말할 수 있다. '정보를 가지고 있는 에너지/질량'에서 정보(허달)가 분리되어 나오면 '정보가 없는 에너지/질량'이 되지만 이 둘은 원래 하나였으므로 분리된 정보와 에너지/물질을 하나로 보아 률이라고 할 수 있을 것이다. 따라서 '률음=허달+실달'인데(이 등식이 맞는 가정인지는 모르겠다.) 허달과 실달이 분리된 상태라는 차이가 있다. 그런데 제8식의 여러 이름 중에서 초찰나식(初刹那識)이란 것이 있는데 이는 우주만물이 생겨나는 최초 1찰나에 오직 제8식만이 존재하는 특성을 이름 지어 말한 것이다. 우주가 생겨나는 최초의 순간에 제8식, 즉 정보만 존재한다는 것이다. 다시 말해서 이 우주의 운동방식은 에너지/물질이 그냥 운동변화하는 것이 아니라 그것들이 가지고 있는 정보가 에너지/물질보다 먼저 움직이고 그 다음에 에너지/물질이 그 정보에 따라 움직이면 정보가 에너지/물질에 달라붙어 다시 려를 만드는 식으로 운동한다는 것을 보여준다. 이를 정리하자면 아래 표와 같다.

| 허달(虛達) | 정보. 제8식 |
|---|---|
| 실달(實達) | 에너지와 물질. 제1~7식 |
| 려(呂) | 허달과 실달이 미분리된 상태의 구심성 파동. 허달+실달 |
| 률(律) | 허달과 실달이 분리된 상태의 원심성 파동. 허달+실달(?) |
| 운동변화 | 려(呂) → 려에서 정보가 먼저 분리됨 + '정보가 없는 에너지/물질'의 원심성 파동인 률(律)이 탄생 → 정보가 률(律)에 붙어 구심성 파동인 려(呂)가 탄생 → 반복... |

만약 운동양식이 위와 같다면 정보는 운동법칙을 따르지 않아도 된다. 즉 정보는 빛보다 빠를 수 있다는 것이다. 황당하게도 이것은 상상으로 우주의 끝을 찰나의 순간에 다녀올 수 있는 현상을 설명하고 있는 것이 아닌가 생각해본다. 그리고 이런 부류의 설명들은 동양학에서 늘 해왔으며 일상생활에서도 볼 수 있다. '수능날이 되면 날씨가 갑자기 추워진다', '마음을 잘 써야 복을 받는다',

'마음을 비우고 방망이를 휘둘러라' 이것들은 모두 우리의 염원이 담긴 정보가 실달계(實達界)보다 먼저 움직여서 뒤따라오는 실달계의 움직임을 제어하기 때문이라고 말할 수 있다는 것이다. 그렇다면 여기서 정보만이 윤회를 거듭함에도 사라지지 않으므로 우주의 핵심본질은 에너지/물질이 아니라 허달계인 정보가 아닐까하는 생각을 하게 되고, 정보가 반영되는 실달계에서 대우주에서부터 소우주에 이르기까지 '우주의 구성은 陰陽三才로 되어 있고, 운동양식은 원운동과 표리운동을 동시에 한다'는 가정이 맞는다면 대우주와 소우주는 완전히 닮은꼴이므로 부도지에서 말한 최종적인 본(本)이라고 생각하는 다음과 같은 또 다른 결론에 다다르게 된다.

"대우주는 하나의 커다란 홀로그램이다."[126]

이렇게 우주가 하나의 홀로그램이라면 소우주는 대우주를 정확히 모사(模寫)하므로 만약 신이 인간을 만들었다면 인간도 그 신을 닮았기 때문에 원죄라는 것은 없는 것이다. 만약 인간에게 원죄라는 게 있다면 인간과 닮은꼴인 신에게도 원죄가 있을 것이기 때문이다. 죄 있는 신이라면 무슨 면목으로 벌하겠는가? 그리고 이런 논리기 아니더라도 신이 있는가 없는가하는 인간이 알 수 없는 문제는 애당초 할 필요가 없다. 그저 열심히 나쁜 짓 하지 않으면서 살면 그만일 뿐이다. 만약 이렇게 살았는데 신이 벌을 내린다면 그런 신은 신의 자격이 없는 것이고 자신을 구제해줄 신에 버금가는 다른 존재가 있어 구제해 줄 것이니 걱정을 할 필요가 없다. 그리고 천국이 있는지 없는지 같은 문제도 고민할 필요가 없으며 있다손 치더라도 그곳에 가고 못 가고는 자신의 수행에 달려있지 믿음에 달려있지 않을 것이다. 단지 믿지 않는다고 해서 못 간다면 그 종교가 없는 곳의 사람들은 또 어쩐단 말인가?[127]

탄허스님은 아뢰야식의 세계를 자유자재로 드나들었던 분이다. 적중한 예언을 많이 했다는 것에서 그것을 알 수 있다. 정보는 에너지/물질보다 선행하는 것이

---

[126] 홀로그램은 정보만으로 이뤄진 것이라고 가정한 문장이다.
[127] 러셀의 「종교는 필요한가」는 기독교에 들이는 수고를 줄여준다.

고 그 선행하는 정보의 세계로 들어가면 미래를 자연적으로 알게 되므로 예언을 할 수 있게 되는 것이다. 그런 스님이 '생각이 끊어진 자리'가 근본자리가 되는데 이 '성(性)자리'를 '사교(四敎. 유불선과 기독교)가 모두 말하였다'고 회통시켜 주신다. 즉 유교에서는 태극이[128] 성자리이므로 태극을 깨달은 사람을 각자(覺者)라고 한다. 노자학에서는 '천하모(天下母)' 또는 '현(玄)'이라고 표현한 것이 그것이며, 장자학에서는 '응제왕(應帝王)'편에 나오는 '혼돈'이[129] 성자리에 해당한다. 불교에서는 '최청정법계/비로자나불/법신불'과 석가모니의 '일자불설(一字不說)'이[130] 여기에 해당하며, 기독교에서는 '성부(聖父)'가 성자리이다. 사교는 생각이 끊어진 자리라는 근본자리에서 출발한 것은 같은데 그 사교가 나온 시공간이 달랐기 때문에 그때의 상황에 맞게 설명한 방식이 달랐다는 것이다. 따라서 달라진 말단은 핵심이 아니므로 그것을 볼 것이 아니라 출발점인 그 근본자리가 모두 공통적이었다는 것을 볼 줄 알아야 한다는 것이다. '출발점인 그 근본자리는 모두 공통적이었다'는 것으로 회통시켜 주는 것이다.

하지만 공부의 순서는 먼저 음인의 체용을 겸비한 시각으로 전체를 본 다음에 반드시 양인의 분석적이고 직선적인 시각으로 그 외연을 넓혀야하며 그 이후에는 다시 수렴하여 근원으로 돌아와야 한다. 만약 두 번째인 양인의 직선적인 시각으로 그 차별을 정확히 인식하는 단계를 거치지 않으면 다람쥐 쳇바퀴 도는 소리나 두루뭉술한 소리를 하게 된다. 예컨대 '水의 상태인 물이 에너지를 받으면 火인 수증기가 되고 식으면 다시 물이 되는데 물이 수증기가 되므로 물이 수증기와 같은 것이고 그러므로 水가 火와 같다고 말할 수 있으므로 돌고 돌아 그

---

128) 태극이 아니라 무극이라고 생각한다. 빈 원에는 극(極)이 없으니 무극이 된다. 대우주인 무극으로 소우주인 태극이 합치되게 수련하는 것이 핵심이지 않을까 한다. 무극은 빈 원에 해당하고 태극은 그 안에서 음양삼재가 운동하는 모습의 소우주를 표현한다고 본다.
129) "남해의 임금을 숙(儵)이라 하고, 북해의 임금을 홀(忽)이라 하며, 중앙의 임금을 혼돈(渾沌)이라 한다. 숙과 홀이 때마침 혼돈의 땅에서 만나게 되었다. 혼돈은 이들을 극진히 대접했다. 숙과 홀은 혼돈의 정성어린 대접에 보답할 궁리를 했다. '사람에게는 일곱 개의 구멍이 있어 그 구멍을 통해 보고 듣고 먹고 숨을 쉬는데, 혼돈한테는 이것이 없어 불편할 거야. 우리가 그를 위해 구멍을 뚫어 주자.' 숙과 홀은 날마다 혼돈의 몸에 구멍 하나씩을 뚫었다. 이레가 지난 뒤 혼돈은 죽고 말았다."
130) 부처님이 49년 동안 많은 설법을 했지만 한 마디도 설한 것이 없다는 것은, 불법의 깨달음은 언설(言說)이나 문자(文字)를 빌려서 표현할 수 없다는 말.

게 그거야'라고 동양학을 공부한 사람들이 생각할 수 있는데 다만 여기에 그치면 발전이 없게 된다. 水가 火인 것은 맞지만 동시에 水와 火는 엄연히 다른 상태이기도 하다. 어떻게 다른지는 분석적인 사고로 파고 들어가야 한다. 그저 '그게 그거야'하고 말아버리면 이 둘을 구별할 수 있는 방법이 없게 되는 것이다. 이 둘을 확실히 구별하고 난 이후에 다시 '물과 불이 다른 것이지만 결국 같은 것이다'라고 말을 해야 온전하게 아는 것이 된다는 것이다. 그래서 탄허스님도 사교의 근본자리는 같지만 말단에서는 차이가 있다는 것을 얘기하셨다. 즉 서양은 논리학을 사용해서 실증적이고 분석적인 방법을 바탕으로 지식이나 지혜를 추구하므로 '앎(Sophos)'을 '사랑(Philos)'하는 '철학(philosophy)'이라고 이름 붙이는 것인 반면, 동양은 생각이 끊어져서 모르는 바가 없어지는 경지를 추구하므로 '학(學)' 또는 '사상'이라고 이름 붙여야 한다. 칸트의 순수이성은 불성을 말하며 각자는 모두 순수이성을 가지고 있지만 법신불 개념을 제시하지 못했으므로 서양철학은 동양학에 비해 한계가 있다. 마찬가지로 기독교에서도 하나님이나 예수를 법신불로 제시하고 있지만 각 개인들은 예수를 통해서만 구원을 받을 수 있을 뿐 그들 자체가 법신불과 일체가 되지는 못하기 때문에 한계가 있다. 그래서 유교를 공부하는 데는 10년 걸리고, 노장은 도(道)에 대한 얘기가 많기 때문에 20년 걸리고, 불교는 근기가 좋으면 30년 근기가 떨어지면 300년 해야 하고, 기독교는 3년이면 되는데 재주가 좋으면 3달도 가능하다고 말했던 것이다.[131]

그러나 불교는 마고성의 선(仙)사상에서 나왔기 때문에[132] 이 둘은 같은 것을 말하고 있지만, 유교에서 성자리라고 말했다는 태극은 선사상이지 유학사상이 아니며, 기독교에서는 개인이 바로 하나님이라고는 절대로 말하지 않는다. 성자리가 같은 이유는 앞에서 설명했듯이 양인신화에도 음인신화적 요소가 등장하는 것과 같이 모계사회가 먼저 있었고 기독교의 하나님이라는 것은 마고할미가 부계사회로 가면서 하나님아버지로 변한 것이고, 태극은 원래 선사상이었던 것인

---

[131] https://www.youtube.com/watch?v=W9mRAjnmg6A 참고
[132] 마고성의 선사상 이후 수천 년이 지난 후에 불교가 태어났다. 비록 석가모니가 이 치를 분명히 설하셨다는 것은 대단한 것이기는 하지만 그 근원이 마고성의 선에 있었다는 것을 부인할 수는 없다고 생각한다.

데 유학이 권력으로 그냥 가져가 버린 것일 뿐이기 때문이다. (더 정확하게 말한다면 태극개념을 제시한 사람도 자신이 선학을 하고 있다고 인지하지도 못하고 있었을 것이다. 그리고 주역은 유학이 아니다. 주희가 멋대로 삼경에 편입시켜버렸을 뿐이다. 그리고 주희가 직접 삼경이 유학에 속한다고 말했는지도 궁금하다. 만약 말했다면 그는 정말로 천하의 도둑놈이다.) 탄허스님은 전라도 태생으로[133] 음인의 기질을 가지고 있으므로 마치 히타이트가 자신들이 정복한 나라의 신을 자신의 신전에도 모셨던 포용을 보여주는 것이지만 일반인이 그 차이점을 명확히 알고 있지 않은 상태에서 '유교가 불교고, 불교가 기독교고, 기독교가 유교니 모든 학문이 하나로 통해'라고 다 아는 것처럼 말하는 것은 대단히 위험하다. 정리하여 말한다면 선학에서 불교가 나왔고 주역(태극)은 선학이므로 선을 근본으로 하는 유불선은 하나로 통하지만,[134] 기독교는 음인의 마고를 양인의 아버지로 바꾼 것이므로 그들이 상징하는 근본자리가 같은 것은 맞으나 기독교가 성경에서 말하는 요지는 개인이 바로 하나님이 된다는 것이 아니라 개인들은 예수를 통해서만 구원을 받을 수 있다는 것이므로 전혀 같은 것이 아니라고 말할 수 있다. 같아지려면 성경을 다 뜯어 고쳐야 하는데 어떻게 같아질 수가 있겠는가? 그리고 음인에게 부족한 것은 이것과 저것을 정확히 가를 수 있는 분석력이므로 그것을 기르라고 말해야 하는 것이지 (음인이 항상 그러하듯) 굳이 모든 것을 포용하여 다른 것을 같다고 회통 칠 이유도 없다. 다르다면 어떻게 다르고, 어쩌다 다르게 되었는지 구별하여 알면 그뿐인 것이다. 흑소씨가 피지배층의 언어를 받아들이고 히타이트가 정복한 나라의 신을 자신의 신전에 모셔서 (그렇게 회통해서) 지금 어떻게 되었는가? 그러니 다름을 정확하게 분석해서 강조하는 것이 때로는 그리고 누군가에는 필수적일 수가 있는 것이라 할 수 있다. 그러면 구체적으로 선학과 기독교가 어떻게 다른지 부도지와 성경을 비교하여 알아보기로 하자.

구약은 부도지에서 이론적 배경을 따온 후에 마고성에서 구전되던 여러 신화

---

133) 성철스님은 경상도 태생이라서 양성적 성격으로 돈오돈수라는 화끈하게 딱 끊어지는 것을 주장하셨던 것이다.
134) 유불선에서는 소우주인 각구일태극(各俱一太極)/화신불(化身佛)/인간이 대우주인 통체일태극(統體一太極)/법신불(法身佛)/천(天)과 통한다고 말하므로 서로 통한다.

들을 섞고 여기에 유대인의 역사를 첨부한 책이다. 일단 구약을 창세기에 쓰인 신화측면에서 살펴보면 양인에 의해 쓰인 책이다. [태초에 땅/어둠/물이 있었다. (음인신화가 바탕이라는 것이다.) 빛이 있으라 하고 ... 하늘들이라고 부르셨다. (음에서 양이 생(生)하였다.) 사람을 만들자 ... 온갖 것을 다스리게 하자. ,,, 땅을 정복하라. (양인의 계급사상의 탄생이다.) 땅의 흙으로 사람을 빚으시고.. (천한 땅의 아무 곳에나 널려있는 흙으로 천한 사람을 만드는 양인사상이다.) ..갈비뼈로 여자를 만드시고.. (남자보다 천한 여자는 남자의 하찮은 뼛조각 하나로 만든 천한 존재이다. 그래서 성경에는 아들이름만 잔뜩 나열되는 것이다.) 뱀은 하나님께서 만드신 모든 들짐승 가운데서 가장 교활하였다. (음인이 가장 숭배하는 뱀은 양인신화에서는 가장 사악한 존재로 나온다. 밝은 곳에서 어두운 곳을 보면 아무것도 보이지 않으므로 악으로 규정하는 것이다. 여자를 꾀는 존재도 뱀으로 등장시킨다.) 그 여자가 열매를 따서 먹었고 남편에게도 주었으며 남자도 그것을 먹었다. (천한 여자는 고귀한 남자를 망친 원흉이므로 천대 받아 마땅하다는 남존여비사상이다.) 남편은 너를 다스릴 것이다. (양인의 남존여비이다.) 이 사람이 우리 가운데 하나와 같이 되어 선악을 알게 되었다. 이제 그가 손을 뻗어 생명나무의 열매를 따먹고 영원히 살게 해서는 안 된다. (인간은 우리 신과 같은 존재가 되어서는 안 된다는 말이다. 신과 인간의 분리이다.) 하나님의 아들들은 사람의 딸들이 아름다운 것을 보았다. (아들은 고귀한 하나님의 아들이고 딸은 천한 인간의 딸이다.) 그들은 자신들이 선택한 모든 여자들을 아내로 삼았다. (천한 여잔데 몇을 얻든 무슨 상관이 있겠는가...) 가나안은 셈의 종이 되어라. 가나안은 야벳의 종이 되어라. (양인의 계급사상이다.) 너희는 포피의 살을 베어 할례를 행하라. 이것은 나와 너희 사이에 세우는 언약의 표징이 될 것이다. (신에 대한 복종의 의미로 지구라트에서 행했던 제물의식의 변화된 형태로서 축소된 인신공양이다. 이것이 인신공양이라는 것은 "출애굽기 4-24절. 모세가 길을 가다가 쉴 집을 찾아서 하룻밤을 지내는데 여호와께서 그곳에 나타나셔서 그를 죽이려고 하셨다. 그러자 모세의 아내 십보라가 예리한 차돌 칼을 가지고 자기 아들의 포피를 베어 모세의 발에 대면서 "당신은 참으로 저에게 피의 남편입니다."하고 말했다. 그러자 여호와께서 모세를 놓아주셨다."라는 구절에서 확인할 수 있다.) 내게 남자와 관계를 맺지 않은 두 딸이 있소. 그 아이들을 당신들에게 내어 주겠으니 당신들 좋을 대로 하시오. (양인의 남존여비이다.)

아브라함이 자기 손을 뻗쳐 칼을 붙잡고 자기 아들을 죽이려고 했다. (자기보다 계급이 낮은 아들은 내 맘대로 할 수 있는 물건과 같다는 양인의 사고이다.)] 이상과 같이 구약은 양인이 쓴 글이라는 것을 책머리에 쓰고 있다.

|  | 부도지 | 구약 |
|---|---|---|
| 지은이 | 陰人 | 陽人 |
| 사고방식 | 순환적 | 직선적 |
| 창세의 주체 | 율려 | 말씀(logos) |
| 인간 창조 | 출산(혈통) | 창조(흙) |
| 낳는 부위 | 갈비뼈를 열어서 | 갈비뼈 |
| 신과 인간의 관계 | 부모-자식(혈연) | 창조주-피조물(주종) |
| 사상 | 神人합일 | 神人분리 |
| 인간존재 이유 | 響象을 수증 | 신에게 봉사 |
| 법 | 자재율 | 선악과 금지 |
| 타락의 계기 | 포도 | 열매 |
| 출성 결정권 | 인간 | 신 |
| 출성 이유 | 마고성 보존하고자 | 원죄에 대한 벌 |
| 신표 | 천부삼인 | 할례(피) |
| 지향 | 複本 | 구원 |
| 복복/구원 주체 | 인간 | 신/구세주 |
| 기본정신 | 인간중심 | 신중심 |

부도지와 구약은 마고성에서 두 책을 지은 시대까지의 역사를 적은 같은 종류의 책이므로 표에서 보는 바와 같이 많은 부분에서 구성이 비슷하다.[135] 다만 황궁씨는 음인이었고 모세(또는 아브라함)는 양인이어서 황궁씨는 (음인이 주도권을 잡고 있었던) 마고성에서의 일들을 있는 그대로 진솔하게 써내려간 것이고, 아브라함은 이를 뒤집어 자기 입맛에 맞게 각색한 것이다. 아브라함이 각색한 것들은 산만하게 흩어져 있는 듯 보이지만 사실 한 가지로 꿰어 볼 수 있다. 왜냐하면 사람이 다른 동물과 다른 가장 큰 특징은 직립함으로써 천지와 통하게 되고 장부가 천지를 닮아가면서 천지로부터 받아들이는 정보의 양이 많아지면서 뇌가 발달하기 시작했고 그 커진 뇌로 사고력을 발달시켰다는 것이기 때문이다. 따라서 그 각본의 가장 큰 뼈대를 이루는 원리는 양인의 직선적 사고에서 나왔

---

[135] https://www.youtube.com/watch?v=7wVw77VlYoM 부도지와 삼일신고에 대해 참고할 만한 채널이다.

다는 것이다. 이 직선적 사고의 결과로 신분/계급의식이 나오는 것인데 신-인간, 인간-자연, 지배-피지배, 왕-귀족-평민-노예, 남자-여자 등이 그 구체적인 모습으로 나오게 된다. 이런 관점을 염두에 두고 어떻게 각색되었는지 살펴보자. 먼저

①'말씀'은 파동인 율려를 변화시킨 것으로 사람이 내는 파동 중에 가장 특징적인 것이 언어이기 때문이다.
②양인은 신과 인간을 분리하기 위해서 신의 피가 섞이지 않은 흙으로 만드는 것이고 이브도 아담이 심포에서 낳으므로 이브가 갈비뼈를 열면서 나와야 하는데 아브라함은 부도지의 그 문장을 갈비뼈로 만든 것으로 잘못 이해했다.
③황궁씨는 그저 마트에서 보는 그 포도라고 사실대로 적었는데 모세는 무슨 이유 때문인지 선악과를 특정하지 않았다.
④선악과를 먹으면 눈이 밝아져서 선과 악을 알게 된다고 한 것은 백소씨가 포도를 먹어 실제로 시력이 좋아져서 황궁씨가 그대로 기록한 眼明을 추상적 의미로 해석한 결과이다.
⑤일곱째 날에 쉬면서 일주일이 7일로 만들어지는 것은 부도지에 나와 있는 一期有二十八日而更分爲四曜(1달은 28일로서 4수로 나눠진다)는 말과 일치한다.
⑥인간은 신의 지배하에 놓이게 되므로 에덴동산을 나오는 것도 인간의 의지로 나오는 것이 아니라 신의 명령으로 나오게 되며 구원을 받으려면 신에게 복종하고 믿음을 잃지 말아야 한다. 만약 믿음을 잃게 되면 "출애굽기 4-24절. 모세가 길을 가다가 쉴 집을 찾아서 하룻밤을 지내는데 여호와께서 그곳에 나타나셔서 그를 죽이려고 하셨다. 그러자 모세의 아내 십보라가 예리한 차돌 칼을 가지고 자기 아들의 포피를 베어 모세의 발에 대면서 "당신은 참으로 저에게 피의 남편입니다."하고 말했다. 그러자 여호와께서 모세를 놓아주셨다." 같이 신이 죽일 수도 있다. 할례를 하지 않았다고 (자신에 대한 믿음이 부족하다고) 신이 인간을 죽이려 하다니 당신은 이 구절이 이해가 되는가? 자신에 대한 믿음이 없다면 황궁씨/유인씨/환인씨/환웅씨/임검씨/부루씨/읍루씨가 입산(入山)했듯이 그냥 그를 떠나면 될 일이지 죽이려 한다? 그렇다면 이 구절과 사이비종교에서 탈퇴하려는 교인을 몽둥이질 하는 것과 무엇이 다른가? 내가 22살 쯤 되었을 때였을 것이다. 기독교에 사람들이 몰리는 것을 보고 거기에는 무엇이 있길래 저러

는가 싶어 성경을 읽은 적이 있었다. 그때는 2~3장을 넘기다가 덮었는데 27년이 지난 지금 다시 펴서 그때보다는 좀 더 읽고 여기에서 다시 덮었다.

● 아메리카

[마야문명(BC2000?~1697)]

[아즈텍문명(1428~1521)]

마야문명과 아즈텍문명을 이룩한 사람들은 신화로 판단했을 때는 1차출성한 사람들 중에서 북쪽으로 올라갔다가 동쪽으로 꺾어서 알래스카를 거쳐 남미까지 내려간 양인들로 보인다. 다만 아즈텍인들은 확실히 양인으로만 이뤄진 사람들로 보이지만 마야인은 음인도 상당수 포함한 집단으로 보인다는 점이 다른 점이라고 할 수 있다. 먼저 아즈텍신화를 살펴보면 [지금 세상은 네 차례 멸망하고 다섯 번째로 재생한 것이라고 본다. 첫 번째 시대는 거인이 살았던 흙의 태양시대였다. (거인이 나왔으므로 일단 양인이라고 생각할 수 있다.) 첫 번째 태양을 뜻하는 신인 테스카틀리포카는 물고기를 잡아서 땅을 만들고 인간을 창조했다. (물고기를 음인이라고 본다면 음인을 정복하고 양인이 정권을 잡았다는 말이 된다. 인간을 만들었다는 것도 자신의 피가 섞이지 않았으므로 양인임을 나타낸다.) 2~3번째 시대는 별 내용이 없고 네 번째 시대에 대홍수가 일어나 지상의 모든 것이 떠내려가 버렸다. (양인의 홍수신화이다.) 다섯 번째 시대의 태양은 '움직이는 태양'이라고 불렸다. 물로 뒤덮인 세계를 보고 신들은 세상을 다시 창조하기로 했다. 인간의 뼈로 인간을 다시 복원하고 먹을 것과 마실 것도 창조했다. 그런데 거만한 텍시스테카틀이 태양신으로 선출되었는데 그는 자신에게 충성을 맹세하고 피를 바칠 때까지 활동하지 않겠다고 선언한다. 그래서 인간들은

태양을 움직이기 위해서 인간을 제물로 바쳤다. (확실한 양인집단이다.)]

마야문명의136) 신화를 살펴보면, [하늘 아래 바다만이 존재했고 그 속에 구쿠마츠라는 커다란 뱀이 있었고 하늘에는 우라칸이라 불리는 하늘의 심장이 있었다. (바다가 모태가 되고 뱀이 신으로 숭배된다는 점에서 음인의 존재를 확인할 수 있다.) 구쿠마츠와 우라칸은 새 생명들을 창조하기 시작했고 그 두 신들은 동물들이 자신들에게 제물을 바치고 늘 찬양해 주기를 바랬다. (양인이 주도적인 집단임을 알 수 있다.) 하지만 동물들은 그러지 못했기 때문에 결국 신들은 진흙으로 한 명의 인간을 만들었다. (확실히 양인이 권력을 잡았다.) 하지만 너무 쉽게 부서져 버려서 이번에는 남자는 나무로 만들고 여자는 골풀로 만들었다. (남존여비 사상이다.) 그런데 이 나무인간들은 신을 섬기려 하지 않아서 신들은 송진비로 홍수를 일으켜 이들을 파멸시켰다. (양인임을 재확인할 수 있다.) 이후 옥수수로 만든 인간은 신들에게 영양을 공급하고 그들을 위해 제식과 희생을 잘 베풀었다. (양인이다.)] 그런데 마야문명유적지에서는 콩/고추/옥수수가 많이 발견된다. 콩과 고추는 태음인음식이고 옥수수는 소음인음식으로 모두 음인음식이라는 점이 특이하다. (단군신화의 마늘이 태음인음식이고 쑥이 소음인음식인 것과 동일하다.) 현재의 백인들이 매운맛을 전혀 못 먹는 것을 봐도 알 수 있지만 특히 고추는 매운 맛을 싫어하는 태양인이 도저히 즐겨 먹을 수 없는 음식으로 피부순환이 약한 태음인의 최기호품이고 부도지를 근거로 판단한다면 마고성시절 우리민족의 많은 수가 태음인이었을 것이므로 이 마야문명을 건설한 사람들 중에는 태음인도 많았다는 것을 추측할 수 있다. 음인음식이 출토되지만 신화는 양인의 것이므로 양인이 지배층, 음인이 피지배층에 있었으리라 추측할 수 있다. 다만 그 음인이 마고성출신이냐 아니면 요하/백두산문명 출신이냐는 확실하지 않다. 왜냐하면 이누이트족과 남아메리카의 잉카문명에서는 요하/백두산문명 출신들의 흔적이 발견되기 때문이다.

이누이트인(에스키모인)들은 음인인데 마고성출신이 아니라 요하/백두산문명에서 아메리카대륙으로 넘어간 M130으로 보인다. 그 이유는 마고성에서 가지고

---

136) 마야력은 마고력과 마찬가지로 1년이 13개월 28일로 같다고 한다. 이외에도 연구하면 두 문명의 공통점이 많이 나올 것이다.

떠났던 것들을 (깊이 연구하면 찾을 수 있을지도 모르겠으나) 최소한 신화 속에서는 볼 수 없기 때문이다. [세드나는 아름다운 소녀였는데 아버지가 정해준 신랑에게 시집가기를 거부해서 화가 난 아버지가 딸을 개의 신부로 줘 버렸다. 개와의 결혼생활이 힘들었던 세드나는 아버지에게 도움을 요청했고 아버지가 세드나를 구출하는 과정에서 세드나는 바다에 빠져 죽어 저승인 아들리분을 다스리는 여왕이 되었다. 그리고 천상의 내세를 다스리는 타파수마도 여신이다. (바다/여자/여신은 모두 음인의 상징이다.)] 그리고 이누이트족이 가장 숭배하는 동물은 '곰'이다. (이 곰은 단군신화에 나오는 곰족137)을 연상할 수 있으므로 M130의 가능성이 높다.) 그리고 여성샤먼의 경우 반인반웅(반은 사람, 반은 곰)의 모습으로 나타난 동굴의 수호신인 토르나르숙과 성관계를 해야 곰이 여인에게 주술적 능력을 부여한다. (여성/동굴/성관계 그리고 아버지가 없는 것들이 모두 음인을 상징한다.) 그리고 이누이트족의 활동무대인 알래스카와 중앙아메리카 사이에서는 마야문명에서 확인했듯이 음인과 양인이 섞여 살았는데 요하/백두산문명 출신 집단은 음인이 주된 세력이면서 양인의 흔적은 그다지 보이지 않으나 마고성 출신 집단은 양인이 주된 세력이었으나 음인 또한 적지 않았다는 차이가 있다.

[노르테 치코 문명(BC3700~1800)]   [잉카제국(1200?~1533)]

---

137) https://www.youtube.com/watch?v=IKFSXGv53Eg 호랑이족의 후손은 여기 있다. 단군과 함께 고조선을 건국한 곰족의 분파가 알래스카까지 퍼져나간 것을 보면 당시 곰족과 호랑이족은 작은 부족수준이 아니라 큰 집단이었을 것이라고 추측할 수 있다.

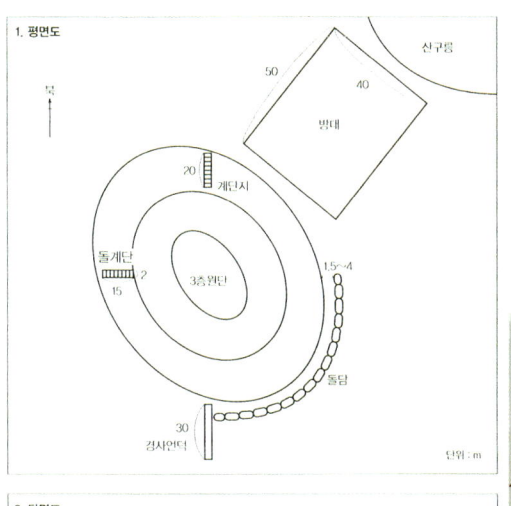

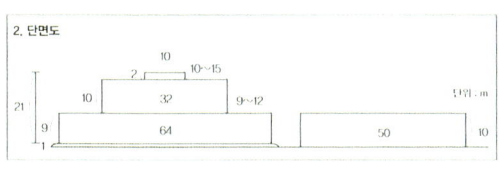

[백두산문명유적.
「백두산문명과 한민족의 형성」143쪽]

[백두산문명과 일치하는
천원지방(天圓地方)]

 이누이트인들이 마고성에서 출발한 사람들이 아니라 요하문명터나 백두산문명권에서 출발한 M130일 것이라고 추측하는 근거 중 또 하나는 이번에 설명할 카랄 수페(caral supe)138)를 건설한 사람들 때문이다. 이집트 피라미드와 수메르 지구라트가 건설된 시기와 비슷한 BC3000년경에 지구반대편의 페루 해안가에서도 크기가 작지 않은 피라미드가 건설되고 있었다. 지역이름을 따서 노르테 치코(Norte Chico)문명이라고도 하고 가장 큰 유적지가 발견된 강이름을 따서 카랄 수페 문명이라고도 한다. 이 문명의 특징으로는 "①여자의 지위가 높았다. 여사제 무덤에서 많은 부장품이 나오는 것으로 보아 여성의 지위가 높았음을 알 수 있다. ②마야/아즈텍/잉카문명에 비해 인신공양의 흔적이 거의 없다. ③편두를 했다. ④같은 남아메리카문명인 잉카가 산 위에 건설된 것과 달리 5개의 강을 끼고 건설되었다. (반드시 물을 끼고 도시를 세웠던 한민족의 특성을 보여준다.) ⑤카랄 수페에서는 고조선에서 사용되었다고 전해지는 결승문자가 발견된

---

138) https://www.youtube.com/watch?v=l3Kj0l9d_Ok 참조

다. ⑥결정적으로 이 문명터의 특징인 원방은 정확하게 백두산문명에서 발굴되는 것과 일치한다. 천원지방(天圓地方)으로 천지를 모사한 것이고 여기에서 사람이 제사를 지내면서 천지인 삼재가 하나가 된다는 삼재(인내천)사상을 구현한 것이 된다." 여성의 지위가 높았던 것으로 M130은 음인이었음을 짐작할 수 있다. 하지만 이 음인 역시 잉카에 흡수당한 것으로 보인다. 물론 마고성을 출발한 사람들이 요하/백두산문명을 거쳐 여기까지 올 수도 있지만 아프리카에서 계속 해안가를 내달려왔던 M130이 해안가에 지은 유적이라고 보는 것이 자연스럽지 않은가 생각한다.

이 카랄 수페를 만들었던 음인들과 마야/아즈텍문명의 음양인들이 합하여 페루/볼리비아의 고원지대에서 잉카제국의 수도인 쿠스코를 세운 것으로 보인다. 잉카건국신화는 여러 가지가 전해진다. 그 중 한 가지는 [창조의 신 비라코차에겐 4명의 아들과 4명의 딸들이 있었고 이들이 동굴에서 나와 인간계로 내려왔다... 다른 신화는 태양의 신인 인티는 티티카카호수에서 망코 카팍과 마마 오콜로를 창조하여 그들에게 새로운 도시를 건설할 것을 명한다. 그들은 지하동굴로 쿠스코까지 여행하여... (이 두 신화에서 공통적으로 동굴이 등장하는데 이는 음인을 상징한다.)] 다른 신화에는 [태양과 달의 아들 콘과 그의 형제 파차카마는 인류를 만들었고 또한 한 쌍의 남녀를 창조하였는데 여자가 태양광선에 의해 사내아이를 낳자 콘은 그 아이를 죽여 그 시체에서 여러 가지 작물이 돋아나게 하였다. (아들 콘은 양인이 먼저 권력을 잡았다는 것이고, 태양광선으로 사내아이를 낳은 것은 음인이 정권을 찬탈했다는 것이며, 사내를 죽여 시체에서 작물이 돋아나게 한 것은 다시 양인이 정권을 찬탈했음을 암시한다.) 그 어머니는 콘에게 복수하기 위해 다시 태양에 의해 사내아이 비차마를 낳은 후 파차카마에게 살해되었다. (다시 음인의 정권찬탈 → 양인의 전복.) 그 뒤 파차카마는 장성한 비차마에게 쫓겨 호수로 뛰어들었다. (최종적으로 음인정권이 수립되었다.) 비차마는 어머니를 다시 살아나게 한 다음 파차카마가 만든 인류를 멸망시키고 태양으로부터 금/은/구리의 세 알을 얻었다. (양인들을 대량 숙청하고 음인들이 확실한 우위를 차지한다.)]

이렇게 잉카의 기초를 세운 사람들은 음인으로 보인다. 여왕과의 근친혼을 통해서 권력을 세습했다는 기록은 이를 더욱 확실하게 한다. 하지만 건국 당시부터 음인과 양인의 계속되는 권력전복이 있었음을 암시하는 신화에서도 알 수 있듯이 잉카제국 내의 음인과 양인 사이의 권력다툼은 계속되었던 듯하다. 잉카인들은 이집트인들처럼 내세를 믿었다. 죽음의 세계는 천상에 있다고 믿어 죽은 자는 무덤 곁에 켜진 불빛을 따라 나흘 밤낮 동안 어두운 길을 걸어 하늘에 오른다고 생각했다. (이것으로 보자면 마고성출신의 음인도 상당수 있었던 듯하다.) 또 다른 신화에 의하면 [그들의 세상은 네 단계에 걸쳐 오늘날에 이르고 있는데 첫 번째 세상은 비라코차의 인간시대였다... 두 번째는 신성한 인간시대였다... 지친 태양에게 힘을 주기 위해 인간들이 제사와 제물을 바쳐 태양을 다시 돌게 하였다... (양인신화인데 아즈텍신화에서 태양을 돌게 한다는 것이 나오는 것과 통하므로 아즈텍인들이 포함되어 있음을 알 수 있다.) 세 번째 세상은 전쟁의 인간시대였다... 결국 지금의 네 번째 세상인 오늘에 이르렀다... 태양신 인티의 계시에 따라 대홍수가 일어났다. 페루의 산악지방에는 고운 심성을 지닌 목동형제가 살고 있었다. 몇 달 동안 비가 내려 온 세상이 파괴되고 인간들의 울부짖음이... 어느 날엔가 태양신 인티가 나타나 미소를 지으니 물이 사라졌다. (양인의 홍수신화이다.)]

잉카신화만을 보자면 음인과 양인의 계속되는 정권찬탈이 일어났고 마고성에 근원하는 음인과 양인에 더해 M130까지 더해지는 복잡한 양상을 띤다는 것을 알 수 있다. 이는 다시 말해 자세한 기록이 남아있다면 아메리카의 역사도 아시아/유럽만큼이나 복잡했을 것이라는 사실을 말해준다. 추가적으로 「최초의 남자」에 그려진 유전자지도에는 M130이 중앙아메리카를 넘지 못한 것으로 그려지는데 천원지방을 나타내는 카랄 수페와 마야문명에서 발견되는 결승문자는 요하/백두산문명에서 출발한 M130도 남아메리카에 있었음을 증언해주고 있으므로 보다 정확한 유전자검사가 필요할 것으로 보인다. 사족을 달자면 본인이 세계여행을 할 때 볼리비아의 어느 호텔에서 정말 깜짝 놀랐었던 기억이 난다. 보통 남미원주민들은 키가 작고 얼굴도 우리와 비슷하긴 하지만 어딘가 좀 달라서 그냥 보면 다른 점이 눈에 보인다. 그런데 그때 카운터에 앉아 있었던 여자의 얼굴은 완전히 한국사람이었다. 그리고 볼리비아는 음인의 나라일 것이다. 음인의 나라는 역사를 길게 볼 때 국경이 늘어나는 경우가 거의 없었다. 그래서 지금까지 살아남은 국가가 별로 없다. 음인이 대다수인 국가가 별로 없기 때문에 우리나라가 전 세계 대다수를 차지하는 양인국가들의 사람들이 볼 때 '저들 풍습은 이상하다'고 말하는 것이다. 볼리비아의 국경도 현재에 이르기까지 계속해서 줄어들었다. 결국 칠레한테 태평양으로 통하는 해안까지 빼앗기면서 지금은 내륙국가로 전락해 있는 상태이다. 음인국가인 우리나라도 지금 같이 식민사학에 찌들고 동북공정에 제대로 맞서지 못하며 미국이 무슨 구세주인양 의존하면서 비자주적이고 비굴하게 산다면 이 좁은 한반도에서도 사라져 결국 중국이나 일본에 점령당할 가능성이 농후하다고 볼 수 있다.

● 인도유럽어족

　인도유럽어족인들은 마고성에서 오미의 변을 일으켜서 1차로 출성한 후 북쪽으로 올라가서 M45를 획득하고 서쪽으로 이동하다가 M173/M17을 획득한 후 그대로 서진하여 유럽을 들어가거나 남러시아초원으로 남하하여 쿠르간문화를 만든 사람들이다.[139] 이들은 그 후 대략적으로 켈트족/슬라브족/게르만족으로 나눠지는데 켈트족은 동시대의 알렉산드리아/바빌론/아테네/로마인과는 아주 다르게 잔인하고 야만스러운 반유목생활을 하며 근근이 살았으며 거의 항상 전쟁상태에 있었다. 즉 로마제국이 성립되었을 때가 되어도 그들의 문화수준은 한참 뒤떨어져 있었다는 것이다. 켈트족들이 영국과 아일랜드로 넘어가는 시기가 되어서야 비로소 건국신화가 보이므로 이들의 신화를 연구하는 것은 그다지 의미가 없어 보인다. 슬라브인들 또한 AD862년까지 어떤 종류의 문자가 있었는지조차 입증되지 않을 정도로 슬라브 민족에 관한 역사는 단편적인 역사적 기록을 확인하는 것 이외에는 거의 얻을 수 없다. 불가리아의 민화를 통해 내려오는 이야기와 러시아 북부지방에서 내려오는 비슷한 줄거리의 신화를 잠깐 살펴보면, [최초의 세계에는 물밖에 없었고 두 마리의 맷새가 있었다. (물/새는 음인의 상

---

[139] https://www.youtube.com/watch?v=aQ283N_ZdKY 인도유럽어족의 전파. 여기에서 아르메니아/히타이트/리디아/그리스를 아나톨리아어파나 그리스-아르메니아어파로 묶은 것은 틀린 것이다. 인도유럽어족은 마고성에서 북쪽으로 올라갔다가 다시 내려온 사람들이 사용한 언어이고 아르메니아/히타이트/리디아/그리스어는 마고성에서 남쪽으로 내려간 사람들의 언어이기 때문이다. 게르만/켈틱/슬라브/이란/인도의 이동경로 정도만 참조하면 될 것이다. 그리고 이란/인도인들은 마고성에서 북쪽으로 올라간 적이 없었던, 따라서 백인으로 되었던 적이 없는 사람들일 가능성이 높다.

징이다.) 하얀 새와 검은 새에는 각각 신과 악마가 타고 있었다. 악마는 신의 명령으로 바다 밑에서 한 줌의 흙을 가져왔다. 그 흙으로 신은 천사/꿀벌/인간 등을 만들고 악마는 산양/이리 등을 만들었다. (확연한 선악이분법과 흙으로 인간을 만드는 양인신화이다.) 신과 악마는 각각 병사를 만들어 전쟁이 시작되었고 신이 승리한다. (악마는 음인의 상징이고 신은 양인의 상징이었음을 알 수 있다. 양인이 권력을 쥐었다. 밝은 곳에서 어두운 곳을 보는 양인의 시각으로는 무엇이 있는지 알 수 없는 어두운 곳은 악이 되면서 음인을 상징한다. 지금까지는 몰랐었겠지만 그들이 늘 강조해왔던 악(惡)이라는 단어가 당신을 지칭하는 말이었다...) 천상에서 떨어진 악마의 군대는 물의 정령, 숲의 정령, 집의 정령이 되었다. (패배한 음인들의 추락을 말한다. 슬라브 전역에서는 이 물/숲/집의 정령에 관한 많은 이야기들이 내려오는데 이것들은 그들 문화의 바탕을 이루게 해줬던 음인의 범신론적 상징들이다. 하지만 시간이 지나 양인이 정권을 잡으면서 양인을 상징하는 (유일)신이 이들을 이겼다고 말하는 것이다.)]

 단지 게르만족의 신화만이 마고성신화와 많은 연속성을 보이므로 이를 살펴보도록 하겠다. 게르만어족에는 독일/영국/노르웨이/덴마크/스웨덴 등이 포함되겠다. [얼음덩이에서 거인 이미르가 태어난다. (얼음은 水이므로 음인을 발하고 거인은 마고할미와 같은 음인의 신을 상징한다.) 그는 암소 아우둠라의 젖을 먹고 자란다. 그가 잠자면서 땀을 흘리면 겨드랑이와 사타구니 사이에서 사악한 서리의 거인들이 생겨난다. (겨드랑이는 자궁과 연결되는 심포경락이 흐르는 부위이다. 사실 율려를 수행하다 보면 경락을 발견하지 않을 수가 없었을 것이다. 오히려 경락을 발견하지 못하는 수준에서 깨달음을 얻는 것이 가능할까 궁금하다. 부도지에서 성경 그리고 북유럽신화에까지 연결된 모티브이다. 거인들은 음인을 상징한다.) 아우둠라가 얼음덩이를 계속 핥자 그 속에 갇혀있던 신들의 시조인 부리가 모습을 드러냈다. (음인의 속박을 받던 양인이 해방되었다.) 부리의 아들 보르는 거인족의 딸과 결혼하여 오딘/빌리/베의 삼형제를 낳고 이들이 이미르를 죽인다. 이때의 엄청난 피에 빠져 거인들이 전멸하는데 오직 베르겔미르만이 살아남는다. (양인의 정권찬탈이다. 홍수신화와 삼재사상이 보인다.) 이미르의 시체가 자연을 만든다. (양인의 해체신화이다.) 세 명의 신은 나무와 덩굴로 사람을 만든다. (피가 섞이지 않은 것으로 하찮은 인간을 만든다.) 썩은 이미르의 몸

똥이에서 나온 구더기는 난쟁이족의 시원이 된다. (기운이 횡격막 위에 있어 높은 곳에서 내려다보기 때문에 계급적 사고를 가지는 것이라고 이해는 하지만 이들의 계속된 무식한 행동들에 인내심이 바닥나기는 한다. 이 수직적 사고는 수렴적 사고를 하지 못하므로 체(体)를 보지 못하고 용(用)에 빠지게 된다. 하지만 정작 그 사람들은 이것을 이해하지 못하고 단지 눈에 보이는 체구에 매몰되어 눈을 부라리며 인종차별을 하는 것인데 예(禮)라는 것이 무엇인지 교육받지 못한 미개한 자들의 한심한 행동이라 할 수 있다.) 인간은 신을 위해 노동을 하는 존재이므로 미드가르드라는 곳에 살고 이 주위를 이미르의 눈썹으로 제방을 쌓고 그 바깥으로 바다가 에워싸고 그 바다에는 우주뱀이 살게 하여 (노예처럼) 가둬놓는다. 신들은 미드가르드의 중앙에 있는 가장 높은 산의 정상에 신전을 짓고 살며, 주신(主神)인 오딘은 거기서도 가장 높은 아스가르드에서 산다. (양인의 신분제이다.) 신들은 날마다 시합을 벌이거나 연애를 하면서 재미있게 살고 주위에는 보물이 넘쳐흐르고 인간들은 뼈 빠지게 일을 한다. (마블코믹스의 영화 '토르'의 내용이다. 별다른 철학은 없다. 그냥 때리고 부수고 죽이고 장난치는 양인들의 천성일 뿐이다. 이 신화에서 배울 게 딱 한 가지 있다. 오딘은 지혜를 찾고자 스스로 자기 몸에 창을 찔러 저승으로 가서 저승의 지혜까지 획득하고, 미지의 지식을 얻기 위해 거인의 나라인 요툰하임으로 여행을 떠난다. 비록 '생각이 끊어진 자리'가 아니라 '지식/지혜'수준이긴 하지만 무시할 수 없는 힘을 가지고 있으므로 이런 적극적인 자세는 배울만하다.)]

라그나로크는 '신들의 몰락'을 의미한다. 마고성에서 출발했던 다신교의 신들은 사라지고 기독교의 유일신으로의 전환을 의미한다. [핏빛 수탉, 황금빛 수탉, 검붉은 빛의 수탉이 힘차게 울어대며 라그나로크의 시작을 알린다. (수탉은 천손사상을 가졌던 음인을 상징한다. 음인들의 반격이 시작되었음을 말한다.) 묶여 있던 거인들이 튀어 나오고 우주뱀 요르문간드도 육지로 올라오고, 늑대 펜리르(거인의 자식이다)와 로키도 합세한다. (거인/뱀/괴물/늑대 모두 음인의 상징들이다. 로키의 아버지는 거인족 파르바우티이므로 로키는 음인이며 오딘이 아들로 입양한 것이다.) 거인들과 괴물들이 아스가르드의 무지개다리를 건넜다. (알고 보니 '토르'에 나오는 괴물들이 나와 당신을 상징하는 것이었다…) 오딘은 펜리르에게 잡혀 먹히고, 오딘의 아들 비다르는 펜리르의 입을 찢어 죽인다. 토르는 요르문간드를 죽이지만 토르도 뱀의 독에 죽고 만다. 로키와 하임달은 서로의 무기에 찔려 죽고, 결국 신족 프레이와 불의 나라 거인 수르트만 남고 모두 죽는다. 둘이 싸운 끝에 수르트만 남는다. (음인이 이겼다는 것이다.) 수르트는 불로 세상을 모두 태워버린다. 신들의 세상은 이렇게 종말을 고한다. 종말의 대재앙 이후에 세례를 받고 새로운 세계가 태어났다. 죽었던 신들이 새롭게 태어났고 라그나로크에서 용케 살아남은 두 사람의 남녀의 후손들로 세상은 다시 넘치게 될 것이다. (과거의 미신들은 사라지고 기독교의 유일신한테서 세례를 받은 새로운 양인과 그 노예들로 세상이 다시 시작한다.)] 거인이 이겼는데 신과 인간이 다시 세상의 주인이 된다... 뭔가 앞뒤가 맞지 않는다. 따지고 보면 거인/신/인간이 전과 같이 모두 존재하게 되는 것이고 전과 다른 것은 세례뿐이므로 유일신 체계로의 전환을 말하는 것 같다.

신화측면에서 보자면 켈트족은 자료가 없어서 마고성출신인지 확언할 수 없고 슬라브족은 마고성과의 연결고리가 조금 보이고 게르만족은 확실히 연결되어 보인다. 하지만 이들은 모두 인도유럽어를 공통으로 쓰는 사람들이기 때문에 같은 출신들이라고 봐도 큰 무리는 없을 것 같다. 이들은 마고성에서 살던 사람들 중에서는 가장 양적인 사람들로서 미리털이 탈색되어 검지 않으며 폐가 강하여 코가 크고 간이 약하여 신(神)이 저장되지 않으므로 눈 또한 큰 사람들에 해당한다. 이들이 양인에 해당한다는 것은 이런 외모와 폭력성만 봐도 알 수 있는 것이므로 따로 설명하지 않겠다.

● 우랄어족

외모만 보면 인도유럽어족을 쓰는 사람들과 비슷해 보이지만 음인에 속하는 사람들이 우랄어족에 속하는 사람들이다. 현재 핀란드/에스토니아/헝가리에 사는 사람들이 우랄어족의 80%를 차지하고 북극 쪽에 일부가 살고 있다. 이들이 음인이라는 것은 우랄어를 살펴보면 알 수 있다. 접미사를 변화시키는 교착어에 해당하며, 남성/여성/중성을 구분하지 않는 평등성을 가졌으며, 모음조화 현상이 있다. 핀란드어의 경우 모음은 8개이고 자음은 13개로서 자/모비율이 1.6으로 굉장히 낮다. (이 사실은 약간 의외이다. 백인인데 황인보다 낮은 1.6이라니...)

다만 격변화를 많이 해서 어순은 별의미가 없기는 하지만 현재는 보통 주동목을 쓴다. 단어의 접미사를 보면 이것이 주어인지 목적어인지를 알게 되므로 어순이 의미가 없다는 말인데 이 현상으로 음인언어가 양인언어로 변화하는 경로 중에 접미사를 발달시켜 어순을 포기하는 경우도 있다는 것을 알 수 있다.

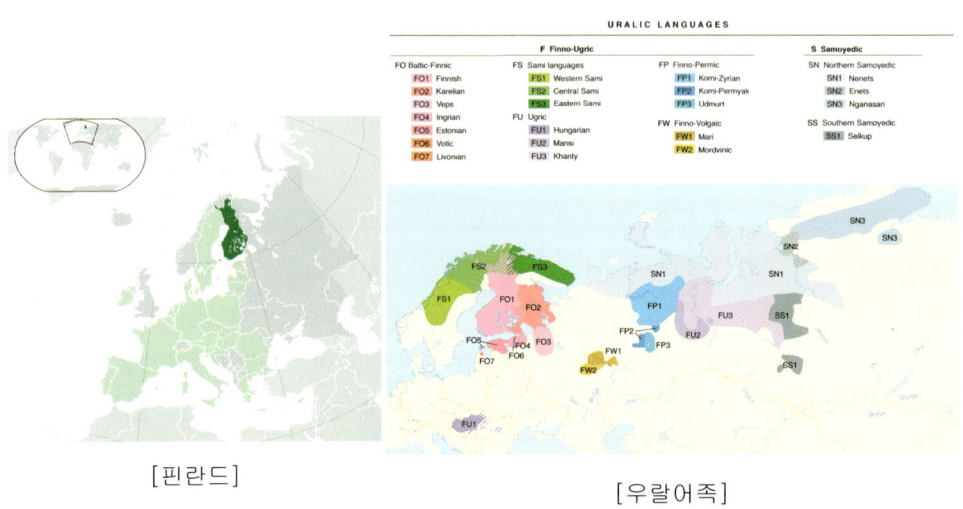

[핀란드]   [우랄어족]

[태초에 물과 하늘뿐이었다. 하늘에게 일마타르라는 딸이 있었고 그녀가 물에서 헤엄치다가 새 한 마리가 쉴 곳을 찾고 있는 것을 보았다. 그녀가 물 밖으로 무릎을 드러내자 새가 일곱 개의 알을 낳았다. (물/딸/새/알 모두 음인신화라는 것을 말해준다.) 알이 깨지면서 대지/하늘/달/별/태양이 되었다. 어느 날 일마타르는 최초의 인간인 배이내뫼이넨을 낳았는데 그 아버지는 바다였다. (피를 섞은 인간을 낳았고 아버지의 이름이 없으니 모계사회임을 나타낸다.) 배이내뫼이겐은 하늘의 큰 곰에게 척박한 땅을 기름지게 하는 방법을 알려달라고 요청한다. (단군신화의 곰이 여기에도 나온다.)] 곰신앙이 마고성에 있었을지는 의문이다. 사마르칸트보다 위도가 좀 더 높은 곳에서 곰신앙은 생겨나지 않았을까 추측한다. 물/딸/새/알/곰 모두 우리신화와 핵심을 공유하고 있으므로 핀족과 우리는 마고성시절부터 아주 가까운 사이였던 것 같다.

● 황궁씨의 여정

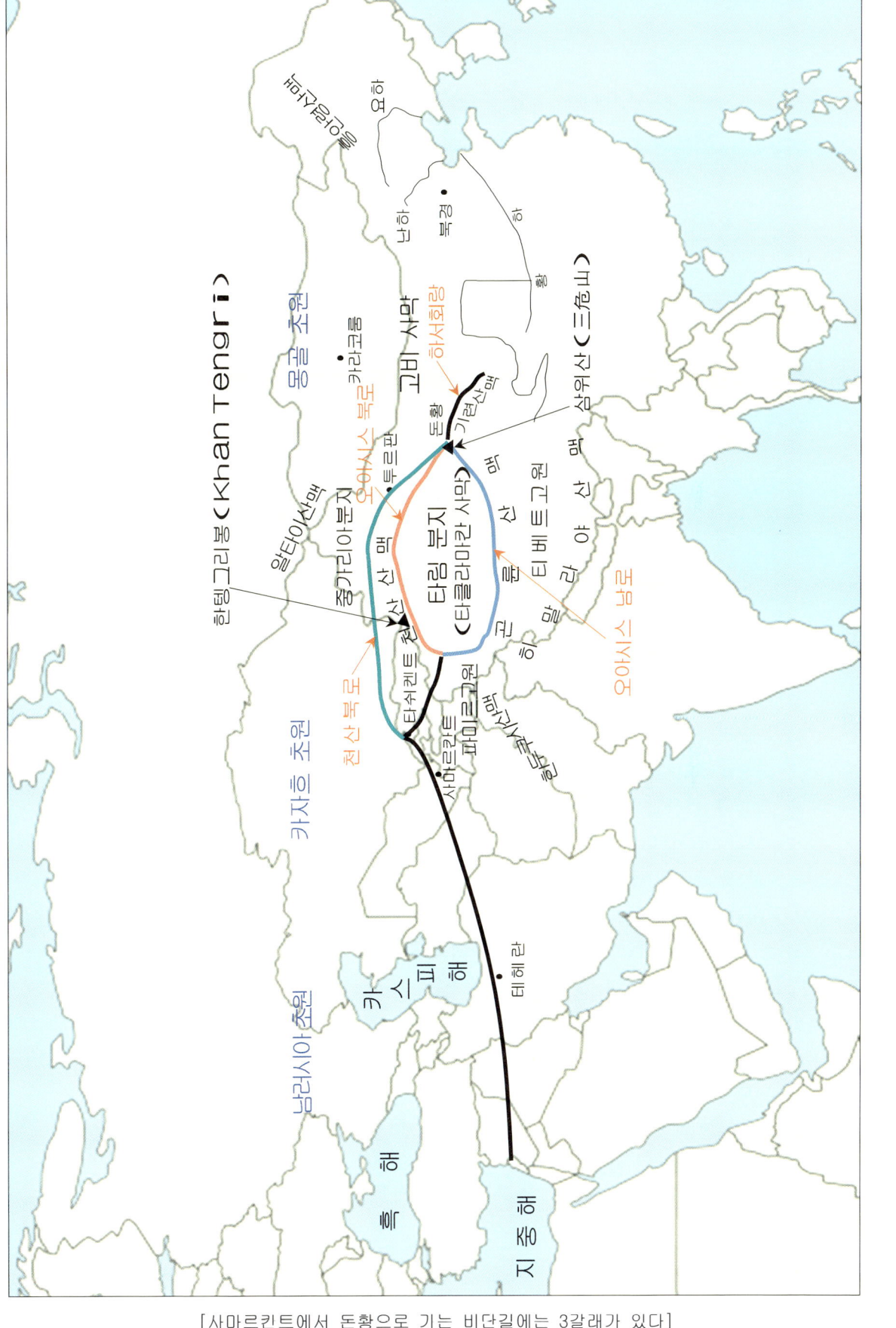

[사마르킨트에서 돈황으로 가는 비단길에는 3갈래가 있다]

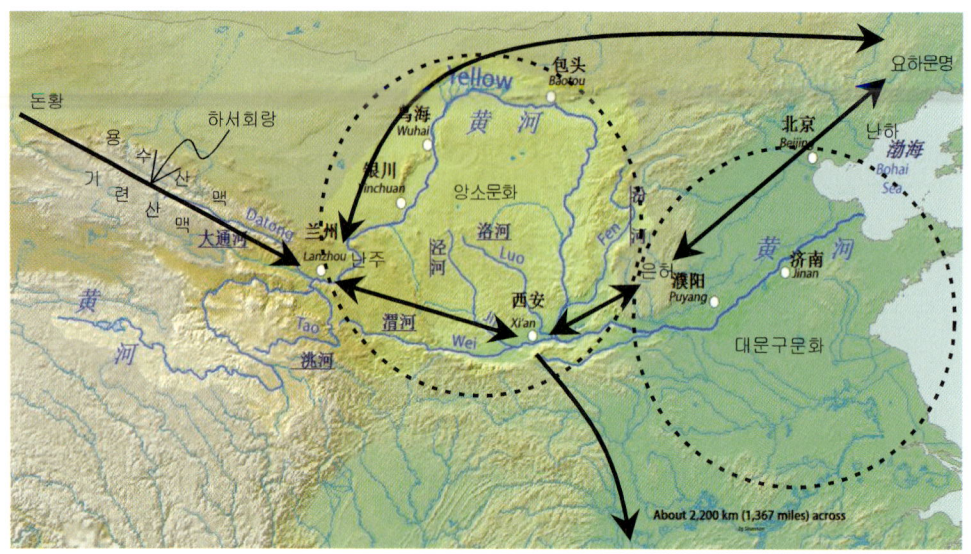

[돈황에서 하서회랑을 지나면 난주에 다다르고 여기서 북쪽으로 강을 따라 가는 길과 서안으로 가는 길로 나뉜다]

　　마고성에 살던 황궁/백소/청궁/흑소씨는 같은 문화를 누리던 하나의 연합체였었다. 연합체라고 표현하는 이유는 그 모임의 최고 목표가 권력을 잡는 것이 아니고 인간 목표 달성이었기 때문이다. 현대 사회에는 그렇게 큰 조직이 그런 다소 초현실적인 목표 아래 모이는 경우가 없기 때문에 그런 집단을 부르는 적당한 단어가 없으므로 그냥 보편적으로 말해서 국가라고 해도 크게 틀리지 않을 것이다. 따라서 이 네 집단은 하나의 국가를 이뤘던 형제들이었을 뿐만 아니라 동일한 언어를 사용했던 한민족이었으므로 한민족의 역사는 그 마고성에서부터 시작하는 것인데 그 형제들 중에서 현재 한반도에 살고 있는 우리의 직접조상이 되는 황궁씨의 이동을 살펴보자. 이 이동을 살펴본다는 것은 결국 우리의 고대사를 탐구하는 여정이 될 것이다. 하지만 지금 대한민국이라는 나라를 이루고 있는 사람들은 단지 마고성에서 출발했던 사람들로만 이뤄진 것이 아니고 아프리카에서 해안로를 따라 들어왔던 사람들도 포함하므로 아프리카에서 동북아시아로 오는 4가지 정도의 길에 대해서 먼저 살펴보자. 첫 번째로는 M130이 걸어 왔던 해안로를 따라 남부아시아대륙을 통과하는 길이 있고 그리고 M9가 걸었던 비단길과 초원길이 있고 마지막으로 M45에서 갈라져 나온 M242가 걸었던 타이

가로드와 초원길이 있다. 즉 해안로/비단길/초원길/타이가로드 이 4가지 길 이외의 다른 길을 통해 동서로 이동하는 것은 지형적으로 대단히 힘이 들 수밖에 없는데, 먼저 그 지형에 대해서 개괄적으로 알아보자.

푄현상으로 인도양에서 많은 습기를 가지고 올라오는 공기가 힌두쿠시산맥/파미르고원/히말라야산맥을 타고 오르면서 많은 비를 쏟아버리기 때문에 이들 산맥 북쪽에는 건조한 기후대가 형성될 수밖에 없다. 즉 힌두쿠시산맥 북쪽에는 시르다리야강과 아무다리야강 사이의 대부분을 차지하는 키질쿰사막이 있고, 아무다리야 서쪽에는 카라쿰사막이 있다. 곤륜산맥과 천산산맥 사이에는 타림분지가 있는데 타림분지의 대부분은 타클라마칸사막이 차지하고 있고 타클라마칸사막 동쪽으로는 동서로 길게 고비사막이 자리하고 있다. 그리고 북위 50°이상의 한대지역으로 올라가면 기온이 낮아 증발량은 적어지는 반면 북쪽에서 내려오는 습기는 많아지므로 타이가 삼림지대가 생겨난다. 그래서 이 삼림지대와 사막 사이에 대략적으로 북위 40~50°사이에 풀이 자라는 초원지대가 생기게 된다. 고비사막 위쪽에는 몽골초원이 알타이산맥과 흥안령산맥 사이에 펼쳐져 있고, 키질쿰사막 북쪽과 알타이산맥 서쪽으로는 카자흐초원이 있으며, 카자흐초원 서쪽에는 남러시아초원이 있다.

비단길은 3갈래로 길이 나있는데 사마르칸트에서 출발해서 타클라마칸사막 남쪽에 있는 오아시스를 잇는 오아시스남로를 따라가는 길과 북쪽의 오아시스를 잇는 오아시스북로를 따라가는 길 그리고 알타이산맥과 천산산맥 사이에 있는 중가리아분지를 따라가는 천산북로가 있다. 이 길들은 모두 돈황에서 만나게 되는데 이 사마르칸트와 메르브 사이에서 M9가 생겨났을 것이며 마고성 또한 이곳에 있었을 것이다. 사마르칸트에서 서쪽의 비단길은 카스피해 남쪽을 따라 지중해에 이르게 되는데 이곳이 M89의 탄생지(근처)로 추측된다. 돈황에서 동쪽으로 가는 길은 하서회랑(河西回廊)이라고 부른다. 河西는 '황하의 서쪽'이라는 의미이고, 回廊은 '가늘고 좁은 복도'라는 의미로서 남쪽에는 기련산맥(祁連山脈)이 있고 북쪽에는 용수산맥(龍首山脈)과 그 너머에 고비사막이 있어서 두 산맥 사이에 난 길 이외에는 사람이 다닐 수 있는 길이 없는 것이다. 대략 난주(蘭州)에서 돈황에 이르는 길을 말한다. 하서회랑이 끝나는 곳에 난주가 있고 황하를 따라 북쪽의 오르도스 지역으로 가거나 동쪽으로 곧장 서안으로 갈 수 있다.

미래에 기술이 발달하면 바뀔 수도 있지만 현재까지의 유전자연구결과에 의하면 황궁씨가 마고성을 출발했을 BC6898년경에는 이미 한국인과 중국인의 최초의 유전자들이 태어났을 때였다. 그래서 먼저 그들의 이야기를 해야 할 것 같다. M122는 M175에서 1만 년 전쯤에 갈라져 나온 이후에 급격히 빨리 퍼져나가서 현재 중국남성 절반 이상이 가지고 있는 유전자형이다. 즉 M175 중에서 중국대륙 기후에 아주 잘 적응한 형질이 나타났는데 그가 바로 M122라고 해석할 수 있는 것이다. 그렇다면 M122는 급격한 변화를 특징으로 하는 토기운을 타고난 것과 중국대륙에서 발생했다는 사실로 판단한다면 중국인의 최초의 조상으로 판단할 수 있겠고 M175는 이와는 다른 형질을 나타낼 것으로 보이는데 이들은 과연 어떤 형질을 유전자에 새겨놓은 것일까?

우리 땅에서 자란 대표적인 기약(氣藥)인 인삼의 약효는 세계에서 가장 좋다. 중국/미국/유럽에서도 인삼은 자라지만 기(氣)를 보(補)하는 기능이 우리 인삼만 못하다. 그러면 기와는 속성이 반대인 혈의 경우, 대표적 혈약(血藥)인 당귀는 어떨까? 우리의 토종당귀는 약재로 쓰이지 못한다. 혈(血)을 보(補)하는 기능을 전혀 하지 못하기 때문이다. 터가 양적이어서 혈약이 기화되므로 먹으면 촉촉한 것이 아니라 메마르다. 신토불이라고 항상 좋은 것이 아닌 것이다. 그러면 당귀는 어디 것이 좋을까? 중국당귀가 가장 좋다. 중국땅이 음적이기 때문에 당귀의 약효가 좋은 것이다. 즉 M122는 혈이 강한 중원의 기운에 적응한 형질을 유전자에 기록해 둔 것이고, M175는 기가 강한 만주와 한반도의 기운에 적응한 형질을 유전자에 기록한 것이다. 한반도는 기가 강한 땅이므로 강한 기를 그대로 흡수한 식물들이 자라므로 그것을 먹고 자라는 동물 중에서는 기가 약한 동물들이 잘 자라는 것이고, 중국내륙은 혈이 강한 땅이므로 강한 혈을 그대로 흡수한 식물들이 자라므로 그것을 먹고 자라는 동물 중에서는 혈이 약한 동물들이 잘 자란다는 것이다. 이것이 앞에서 설명한 根于中者 命曰神機 神去則機息, 根于外者 命曰氣立 氣止則化絶의 구체적인 의미가 되겠다. 즉 신기(神機)는 동물과 같이 자기 내부에서 기운을 스스로 만들어내는 생명체를 말하고, 기립(氣立)은 식물과 같이 외부에서 받은 기운으로만 살아가는 생명체를 말한다. 그러면 M175

와 M122가 구체적으로 어디에서 발현했는지 생각해보기로 하자.

M175는 한국인의 30%가 보유하고 있는 변이형으로서 이것은 M9로부터 나왔는데 그 장소는 아마도 만주에서 한반도에 이르는 지역이었을 것이다. 그렇게 추측하는 이유는 나중에 M175에서 나오는 M122를 분석해보면 알 수 있는데, M122는 지금으로부터 1만 년 전쯤부터 급속히 인구수를 늘려나가 현재 중국남성의 절반 이상이 이 표지형을 갖고 있다. 이런 급속한 변화속도는 '土'의 전형적인 특성이다. 탄소고정이 이뤄지고 나서 생명으로 향하는 문이 급속히 빨리 열리는 것이나, 중성자별에서 무수히 많은 원소들이 탄생하는 것을 보면 이 土가 변화를 주재해서 급속한 수적 팽창을 만들어낸 것이라고 추측할 수 있는 것이다. 그러므로 M122는 토성(土性)을 가진 인종이라는 것을 알 수 있고 이때 인구수가 급속히 팽창했던 민족은 중국민족이었으므로 M122는 중국인을 의미하는 유전자형이 되는 것이다. 그리고 중국에서 번성한 M122가 M175에서 나왔다는 것은 M175가 발생한 곳은 중국대륙의 천지(天地)와는 다른 성격의 지역이라는 의미이다. M175는 태평양판과 유라시아판이 부딪치면서 뿜어내는 강한 기에 의해 만들어진 변이형이다. 태괘(兌卦)에서 설명했듯이 음인 물의 운동은 양인 온도와 압력에 의해서 일어난다. 해양판이 대륙판 밑으로 들어가면서 발생하는 엄청난 열과 압력이 지각판을 뚫고 상승하는데 한반도는 퇴적암이 아니라 마그마가 굳은 화강암으로[140] 이뤄진 땅이므로 기가 지구내부에서 저항 없이 지표로 바로 분출되므로 강하다고 할 수 있다. 대략적으로 일본 땅으로 솟는 기운이 가장 강하므로 그 기운을 받고 살아야 하는 일본인은 가장 음적인 소음인이 많으며, 대륙쪽으로 들어오면서 그 기는 약해져 한반도에서는 태음인이 잘 자라며 그 변이형은 M175가 되고, 중국내륙으로 들어서면 음혈(陰血)이 강해지므로 그것을 먹고 자라는 중국인은 양적인 소양인이 가장 많아지며 그 변이형은 M122가 되는 것이라고 할 수 있다. 요약하자면 M175는 기온에 적응하여 나타난 변이형이 아니고 급격히 강해진 기(氣)에 대항하여 나타난 변이형이라는 말이 되

---

[140] 화강암은 마그마가 굳은 것이므로 지구내부의 기운이 직접 지상으로 분출되므로 기가 강한 것이고, 퇴적암지대가 아니라서 석유가 나오지는 않지만 음인에게 가장 필요한 양기(陽氣)를 얻을 수 있다는 장점이 있다. 석유는 돈으로 살 수 있으나 양기는 돈으로 사지 못하니 황궁씨의 선택이 옳았다고 봐야 하겠다.

겠다. 그러므로 M175가 태어난 곳은 요하문명터보다는 더 동쪽에 있는 백두산이나 인삼의 약효가 좋은 개성 인근이었을 것이고 인간이 살기 좋은 곳은 기나 혈이 편향적으로 강한 곳이 아니라 음양이 균등한 곳이므로 변이형을 획득한 M175는 다시 요하문명터로 활발히 이동한 것이라 볼 수 있다. (즉 한반도보다는 만주가 기혈(氣血) 측면에서 볼 때는 더 좋은 땅일 가능성이 많다.) 그러면 M122가 태어난 곳은 구체적으로 어디일까?

앞에서 말했다시피 M122는 1만 년 전쯤 土기운이 강한 곳에서 태어났다. 土기운이 강한 곳이었을 것이라는 추측을 근거로 위치를 유추해보면 ①土기운이 강한 황하를 끼고 있으면서 ②중심부로 들어갈수록 좀 더 강해지는 土기운의 특성을 감안하면 대륙의 중심부일 것이며 ③토질이 좋아서 (특히 당귀)농사가 잘 되는 지역이 바로 M122가 태어난 장소일 것이다. 그렇다면 황하중류 어디쯤이 아닐까 비정해 볼 수 있다. 황하를 끼고 있으면서 당귀가 잘 자라는 곳, 그곳은 바로 감숙성이다. 당귀의 주산지에 대해 「명의별록」에서는 감숙성 임조현(臨洮縣)산이 가장 좋다고 기록되어 있다. 「신농본초경집주」에서는 가장 좋은 것은 감숙성 임조현산이고 그 다음은 섬서성 순읍현산이며 안휘성 화현산은 당귀가 비싸질 때 어쩔 수 없이 쓴다고 되어 있다. 「당본초」에서는 감숙성 탕창현, 「본초강목」에서도 감숙성 민현당귀가 최고라고 기록하고 있다. 이상에서 볼 수 있듯이 감숙성이 당귀산지로 가장 유명하고 여기에서 '섬서성 → 안휘성' 같이 동쪽으로 갈수록 품질이 나빠지다가 한반도에 이르러서는 재배가 불가능해져 버리는 것이다. 지금 한반도에서는 본초서에 적혀 있는 당귀가 아니라 품종이 다른 일당귀 밖에 재배할 수 없으며 그 약효 또한 중국당귀를 전혀 따라가지 못할 뿐만 아니라 토종당귀라는 또 다른 품종은 보혈기능을 완전히 상실하여 처방전의 당귀에 해당하는 약재가 아닌 다른 것이 되어버렸다. 이렇게 감숙성 근처에서 최초의 중국한족은 태어난 것이다. 정리해보면 M175는 '한국인 표지형'으로 만주~한반도에서 태어났고, M122는 '중국인 표지형'으로 감숙성에서 태어났다. 그리고 M175에서 M122가 탄생하므로 한국인은 중국인의 조상이라고 말할 수 있는 것이다.

그런데 왜 M175가 M130에서 생겨나지 않고 M9에서 생겨났을까? 그 이유는

M130에서 백인이 생겨나지 않은 이유와 대동소이하다. M130이 이동한 해안로에는 수분이 충분했으므로 M130은 항상 외부로부터 수분을 공급받을 수 있었고 그 수분 때문에 체온/기혈(氣血) 같은 변화에 민감하게 반응하지 않았던 것이다. M9는 M130보다 물을 충분히 가지고 있지 못한 상태이므로 쉽게 변화한 것이다. 그래서 M130은 아라비아반도쯤에서 생겨난 이후로 북극까지 이동하는 동안 변이형이 나타나지 않았던 반면 M89는 북극에 이르는 동안 M9/M175/M45/M242 등의 많은 변이를 거친 것이다. 이것은 다시 말해 M9계열인 M175(한국인)/M122(중국인)/M173(백인)들이 쉽게 끓어오르는 성격을 일정 정도 가지고 있다는 것을 방증하는 것이다.

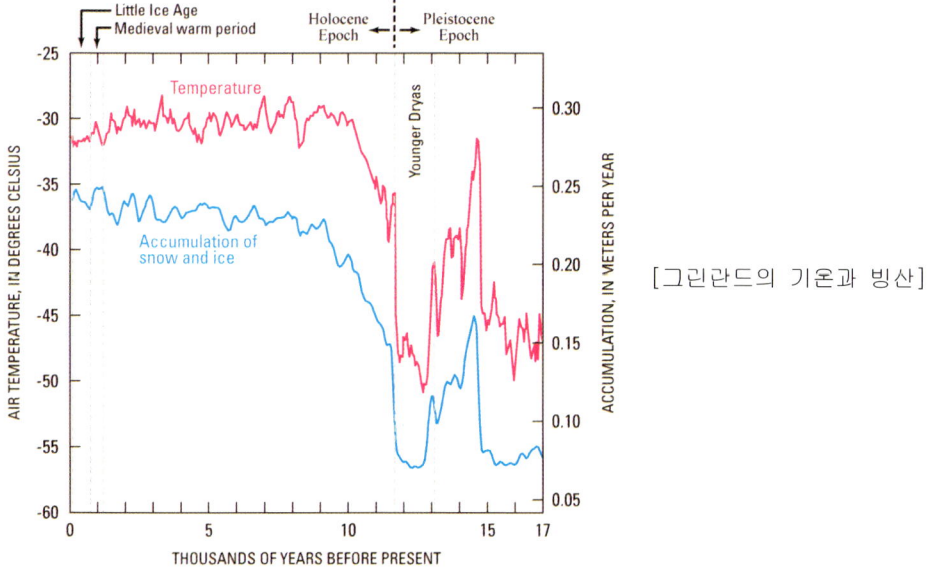

[그린란드의 기온과 빙산]

표의 가로축에 나와 있는 연대는 핵무기가 사용되어 대기 중의 탄소동위원소의 비율이 인위적으로 변하기 시작한 1950/1/1일을 0(present)으로 봤을 때의 년대를 표시한 것으로 BP(brfore present)라고 쓴다. 따라서 BP15000년까지 빙하기가 지속되다가 갑자기 기온이 오르기 시작하는 BP14690 ~ BP12900까지를 Bølling-Allerød(도대체 어떻게 읽는 건지...) 온난기라고 한다. (BP14000년경부터 하강하기 시작하기는 하지만 BP12900까지는 BC14690년 전에 비해서는 높기 때문에 온난기에 포함시키는 것 같다. 식생이 유지되기 때문일 것이다.) 그러다가 급격히 기온이 하강하는 것을 볼 수 있는데 이렇게 기온이 빙하기 수준으로 떨어진 BP12900 ~ BP11700까지를 younger dryas라고 한다. 이때 이후로 지구의 기온은 현재 수준으로 오르기 시작했다. 따뜻해지다가 갑작스럽게 추운 드라이아스기가 찾아온 이유에 대한 설명으로 ①Bølling-Allerød의 온난화로 북미/북유럽의 빙하가 녹고 이 바닷물보다 가벼운 담수가 대양으로 흘러가서 해류에 영향을 주므로 적도의 따뜻한 열을 고위도로 실어 나르지 못했다는 설명이 있고 ②지름 수십 km의 소행성이 빙하에 충돌하면서 순식간에 대홍수가 발생하여 북반구에서는 대홍수가 발생하였고, 바다에서는 지진/해일이 일어났으며 분진이 섞인 비가 내리면서 기온이 하강하여 대형포유류가 많이 멸종하였다는 설명 외에 ③화산폭발로 발생했다는 이론도 있다. 이 중에서 소행성충돌이 맘모스 같은 대형포유류의 멸종을 설명하기에 적합한 것으로 여겨지며 신화 속에 등장하는 대홍수와도 연결되는 면이 있다.[141]

다시 시간을 거슬러 올라간 BP14690년 사마르칸트 유역은 그 당시 인류가 아주 많이 모여 있는 곳이었다. 그렇게 말할 수 있는 근거는 유전자지도를 보면 M9에서 동남북으로 사람들이 많이 이동하면서 다른 유전자가 발현되기 때문이다. 사람들이 여기를 중심으로 왕래했다는 것을 짐작할 수 있는 대목이다. 이후에 Bølling-Allerød 온난기가 찾아오면서 사람들은 추운 북쪽으로도 동물을 쫓아 많이 이동했을 것이고 타이가지대까지 올라갔던 사람들이 갑작스러운 드라이아스기가 찾아오면서 추측컨대 이런 상황에서 마고성에서 오미의 변을 일으켰던 백소씨 집단의 탈색된 머리털을 가진 눈 크고 코도 큰 사람이 탄생했을 것이다. 그러나 백인은 M173이며 이들은 3만 년 전에 생겨났다고 판단하므로 빙하기에 탄생했다고 보는 것이 좀 더 과학과 연결 짓기 무난한 가정이라고 할 수는 있겠다. 아무튼 황인에 이어 백인까지 모두 탄생한 상태에서 대홍수와 드라이아스기의 추위를 모두 견딘 마고성의 한민족은 BP11700을 끝으로 드라이아스기가 끝나고 기온이 상승하면서 그간 마고성에서 갈고 닦은 기술로 신석기혁명을[142] 일

---

141) https://www.youtube.com/watch?v=b45K681Hf-E 참조
142) 이 신석기혁명은 전 지구적 현상이었고 누가 처음 시작했는지는 모르지만 지금까지 발견된 최초의 볍씨는 오창에서 발견된 소도리볍씨이므로 신석기혁명을 일으킨 장본

으키고 농사를 짓기 시작한다. 그러나 결정적으로 사마르칸트는 위치가 좋지 않았다. 동쪽에는 파미르고원이 있고 서쪽에는 카라쿰/키질쿰사막이 펼쳐져 있는 좁은 지역에서 농사가 시작돼 인구는 증가하는데 더 경작할 농지가 없었던 것이다. 그래서 사람들의 성격은 점점 포악해져 갔을 것이고 더 이상 마고성이 지향하는 이상향은 그곳에서 실현될 수 없었다. 그래서 그 조직은 해체될 수밖에 없었고 구성원들이 동서남북으로 갈라져나가는 것은 자연적인 수순이었다고 할 수 있겠다.

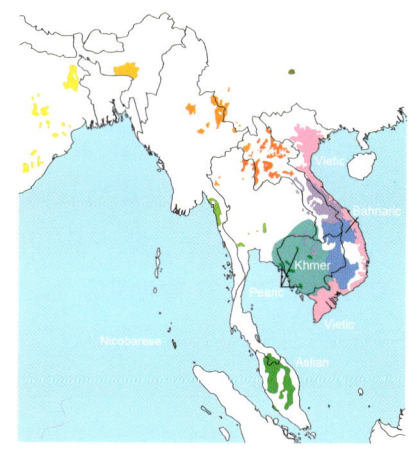

[오스트로아시아어족 중심에서 멀어지면서 약해진다]

BP11700년 즉 BC9800년경 지구에서 발달한 문화를 가지고 있었던 지역은 3곳 정도였다. 하나는 중동을 포함한 아프리카였고 또 하나는 사마르칸트유역의 마고성이었고 마지막은 해안선이 낮았던 빙하기 때는 하나의 대륙으로 연결되었던 순다랜드(sundaland)라고 불렸던 지역으로 현재의 동남아시아이다. 어떤 사람들은 이 순다랜드에 살던 사람들이 초거대문명을 이뤘었는데 기온이 올라 바닷물 수위가 높아져서 살 수 없게 되자 사람들이 이동하면서 4대문명을 일으

---

인이 우리와 연관되어있을 가능성은 많다. 2017년 국내에 '현대고고학의 이해'라는 이름으로 출간된 세계적 고고학 입문서에는 쌀의 기원지가 청주 오창으로 되어 있다. 오창시에서 발견된 '소도리볍씨'가 BC13000~15000년 전의 것으로 밝혀지면서 그전까지 최고(最古)볍씨였던 협서성 서안시 앙소문화의 대표지인 '반포유적'의 시대를 뛰어 넘은 것이다.
https://www.youtube.com/watch?v=yZDUM5uWO14&list=WL&index=3 동영상 참조

켰다고 생각하는데 신화를 보면 확실히 이 동남아시아는 마고성신화와는 다르므로 이들은 마고성에서 기원한 한민족의 후손들이 일으킨 나라가 아닐 가능성이 농후하다. (하지만 비슷한 것도 있어서 중국에서 밀려 내려온 사람들일 가능성은 많다.) 하지만 이들의 문명수준은 그다지 높지 않았던 것으로 보인다.

일단 그들의 출신성분은 현재 동남아시아의 언어들을 분석해보면 알 수 있는데 이들 언어는 크게 3가지 정도로 나눠 볼 수 있다. 오스트로네시아어족(폴리네시아/미크로네시아/멜라네시아 : 인도네시아/필리핀/말레이시아), 오스트로아시아어족(캄보디아/베트남), 크라다이어족(태국/라오스). 이 정도면 동남아시아는 거의 포괄한다고 보이므로 그 외의 언어까지 살펴볼 필요는 없다고 생각한다. 이들을 분석해보면 순다랜드 원주민으로 보이는 사람은 오스트로아시아어족 뿐이고 크라다이어족은 마고성 출성인들이 중국대륙으로 들어오고 남하하면서 밀고 내려오자 중국남부에 살고 있던 M130들이 태국/라오스로 쫓겨나면서 만들어진 것으로 보인다. 오스트로네시아어족은 이 두 가지 가능성을 모두 가지고 있으나 간빙기에 접어들면서 해수면이 높아지자 순다랜드의 해안가에 살던 주민들이 대만에 집중되었다가 이들이 재차 해양으로 진출하면서 만들어진 것으로 보인다. 이렇게 추측하는 이유는 필리핀어는 어순이 동주목인데 동주목은 아랍어에서나 볼 수 있는 것으로 이는 극렬한 양인에게서 볼 수 있는 것이며 이들은 전치사를 이용하며 뒤가 늘어지는 발음을 하지 않는 것으로 보아 강한 양인이라고 추측할 수 있고, 인도네시아는 주동목 어순에 모음이 필리핀의 5개보다 1개가 더 많은 6개이며 교착어를 사용하는 것으로 보아 같은 어족에 속하므로 양인일 것으로 보이지만 필리핀보다는 훨씬 약한 양인일 것으로 보인다. (교착어를 사용하므로 음인일 가능성이 많다.) 이에 비하여 크라다이어족은 모음이 라오스(16개)/태국(9개)로 월등히 많은 것으로 보아 음인으로 판단된다. 결국 오스트로네시아인들은 양인에 속하기 때문에 살기 좋은 해안가를 차지하고 있다가 해양으로 뻗어나갔고 크라다이인들은 음인들이라서 내륙지대로 밀려났다가 또 다시 한민족에 밀려서 남쪽으로 쫓겨나간 것이라 판단된다. 그리고 오스트로아시아어족의 분포지도를 보면 발화점인 캄보디아와 베트남남부를 중심으로 인도쪽으로 퍼지는데 중심에서 멀어질수록 그 세력이 약해지는 것을 볼 수 있다. 문화전파력이 작은 것이라고 볼 수 있다. 이 정도의 문화전파력과 동남아시아와 아프리카를 제외한 전지역에서의 신화들은 마고성의 공통요소를 가지고 있다는 사실을 비교하여 결론을 내린다면 이 순다랜드문화는 전 지구적으로 영향을 끼칠만한 힘이 없는 지역문화에 그쳤다고 말할 수 있다.

이에 더해서 오스트로아시아어족에 속하는 포랑족(布朗族)의 창세신화를 보면 거대한 그메이야신은 12명의 자식 신들과 함께 만물을 창조하기로 하고 여기저기 돌아다니던 중 리라라는 한 마리의 거대한 동물을 발견하고 그메이야는 리라의 껍질을 벗겨 천공을 만들고, 양쪽 눈알로는 별을 만들고, 살로는 대지를, 피는 물로 ... 마지막에 뇌수로 인류를 만들었다고 한다. 이는 반고의 해체신화와 비슷한 것으로 오스트로아시아어족 또한 순다랜드에서 출발한 것이 아니라 돈황으로 들어온 반고계열일 가능성도 있다. 그렇다면 순다랜드의 영향력은 더욱 작아질 것이다. 사실 이 모든 어족들이 순다랜드 원주민에서 파생한 것이라고 해도 그 영향력은 동남아시아를 조금 넘는 수준에 그치므로 마고성문명에 비할 바가 아니라고 결론내릴 수 있다.

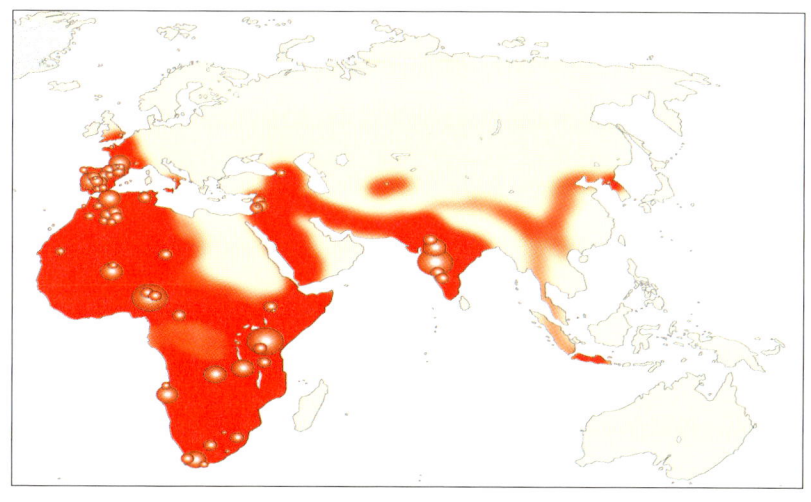

[아슐리안 주먹도끼 분포도]

위 그림은 구석기시대에 쓰였던 주먹도끼의 분포를 보여주는 그림이다. (숨은 그림 찾기이다. 무엇이 숨겨져 있는지 지금 찾아보자.) 주먹도끼는 전곡리에서 발견되기 전까지는 아프리카와 유럽에서만 발견되었던 것으로 그때까지 아시아에서는 주먹도끼보다 수준이 낮은 찍개만 발굴되고 있었다. 그래서 황인은 원래부터 지능이 낮은 열악한 인간들이었다는 주장의 근거로 제시되기도 했다. 하지만 전곡리에서 발견되면서 그런 주장은 사라질 수밖에 없었고 구석기는 신석기에 속하는 신락문화(요하문명)보다 훨씬 이전이다. 그런데 보이는가? 한반도와 요하문명터의 붉은색이 보이고 오르도스(황하)가 보이고 또 비단길(주변)이 보이고... 그리고... 마고성이 저기 있지 않은가... 카스피해와 천산산맥 사이에 빨갛게 칠해진 저곳이 바로 우리의 고향이었던 마고성 자리이다. 추가적으로 순다랜드의 중심지는 현재 자카르타가 있는 자바섬이라는 것을 알 수 있고 (색깔이 가장 진하다.) 북쪽으로의 이동경로가 보이는데 중국남부에서 비단길로 들어온 한민족한테 밀려서 다시 밑으로 내려오거나 인도 쪽으로 진출했다고 짐작할 수 있다. 구석기는 신석기혁명이 일어나기 전이고 마고성에 저렇게 빨간색이 칠해졌다는 것은 본인의 추측대로 구석기시절 마고성은 인류최고의 문화지역이었다는 것을 알 수 있으며 저 자리에서 빙하기와 드라이아스기를 견딘 후에 발달한 문명을 가지고 동서남북으로 출성을 했던 것이다.

황궁씨 집단의 여행경로를 탐색하려면 한반도에 살고 있는 우리들의 기원을 말해야 하고 그러려면 환단고기를 언급하지 않을 수가 없으니 이제는 환단고기를 정리하고 넘어가야 할 때가 된 것 같다. 이 환단고기는 「삼성기 상」, 「삼성기 하」, 「단군세기」, 「북부여기」, 「태백일사」를 하나로 묶은 책인데 이 원본들에 후대의 누군가가 가필한 책이라고 볼 수 있다. 먼저 우리나라의 시조를 여자인 마고에서 남자인 환인으로 바꿨다는 사실과 조대기의 부권(父權)에 대한 기록으로 판단한다면 환단고기를 이루는 이 책들은 아프리카에서 마고성까지 이어진 모계를 부계가 누른 이후에 나온 역사서라고 판단할 수 있다. 朝代記 曰 安巴堅 遍視金岳三危太白 而太白 可以弘益人間 乃命雄 曰如今人物業已造完矣 君勿惜勞苦 率衆人 躬自降往下界 開天施敎 **主祭天神 以立父權**... (환단고기(안경전 356쪽)). 이 부계사회로 넘어간 시기는 최소한 여기에 나와있는 대로 환웅이 태백산에 배달국을 세운 때가 될 것이다. 이렇게 모계에서 부계로 넘어가는 것은 앞의 유럽/중동에서 살펴봤듯이 당시 지구적 흐름이었고 우리도 그 흐름에서 벗어나지 못했던 것이라고 봐야겠다. 부계사회로 전환한 이후에 신분계급이 강화되고 그런 의식이 큰 집단으로 확장되면서 제일 먼저 중앙집권적 권력을 탄생시킨 인물이 요(堯)라고 부도지 15장에서 말하고 있는 것이다.

 그런 저본들에 가필자가 첨가한 내용은 몇 가지가 되는데 한민족의 기원과 관련한 부분만이 본인의 관심이므로 그것만을 말한다면 가필자는 우리의 기원이 시베리아 혹은 바이칼호수라는 학계의 (바보 같은) 주장에 너무 경도되어 있었던 듯하다. 이를 설명하자면, 「삼성기 상」에는 "降童女童男八百於黑水白山之地...謂之桓國(동남 동녀 800명을 흑수백산의 땅에 내려 보내 ... 환국이라 하였다.) 桓雄氏...降於黑水白山之間...國稱倍達(환웅씨...흑수와 백산의 사이에 내려와 나라를 배달이라 칭하였다.)"라고 기록되어 있다. 백산은 당연히 백두산이고, 흑수는 검은 강으로 한자로는 흑룡강이라고 불리는 아무르강을 염두에 둔 단어라는 것을 알 수 있다. 아무르강의 서쪽 발원지는 바이칼호수 근처가 된다. 그런데 黑水白山之地와 黑水白山之間의 차이가 무엇인가? 아무런 차이가 없다. 가필자가 나라들이 세워진 정확한 위치를 모르므로 바이칼/아무르강/백두산 지역들을 두루뭉술하게 다 걸치게 표현한 것이라고 생각한다. 사실 이 문장들이 가필을 거치지 않은 문장이라고 본다면 흑수를 아무르강이 아니라 흑해로 볼 수 있고 그렇다면 환국은 기록과 같이 흑해에서 백두산에 이르는 나라라고 해석할 수 있고 무난한 표현이라고 볼 수 있다. 하지만 배달국은 동북아시아의 요하문명터에서 백두산을 중심으로 한 지역으로 좁아진 때였으므로 黑水白山之間이라고 흑해를 언급할 수 없는 시기였으므로 이것 또한 맞지 않는 것이다. 따라서 본인은 이 「삼성기 상」은 가필자가 의도를 가지고 가필한 흔적이 있는 책이라고 생각한다. 이렇게 자신의 의견을 가장 먼저 내세운 후에 가필자는 자신이 가필하지 않은 「삼성기 하」를 배치했다. 이 하권은 부도지 내용과 정확히 일치하며 이 책과 유전자 그리고 한의학과 동양철학을 결합시키면 우리의 고대사는 정확히 그려낼 수 있다. 태백일사에는 삼성기 하에 나와 있는 반고에 대한 내용이 없고 단군왕검이 아사달에 도읍하였는데 아사달은 지금의 송화강이라고 적고 있다. 가필자는 또 다시 시베리아/바이칼로 엮고 싶어서 송화강 근처에 있는 하얼빈을 아사달이라고 말하고 있다. 하지만 부도지에 나와 있듯이 우리의 지도자였던 황궁씨~읍루씨는 모두 선도(仙道)인 율려를 수련한 분들이었고 13-1에서 설명한 대로 인삼의 약효가 좋은 기(氣)가 강한 자기장터에 부도를 세웠다고 쓰고 있으며 이것이 정확한 표현이다. 왜냐하면 황궁씨 집단에는 음인이 다수를 차지하고 있었고 그들에게 모자란 것은 양기(陽氣)였기 때문이다. 그러나 하얼빈은 너무 추워서 인삼이 자랄 수가 없다. 그리고 대륙판과 해양판이 만나는 지점에서 너무 대륙 쪽으로 들어간 곳이므로 자란다고 해도 약효가 좋을 수가 없다. 따라서 결론적으로 환단고기에는 우리의 기원에 국한하여 말한다면 학계의 시베리아/바이칼기원설에 맞추려는 의도의 가필이 보이지만 「삼성기 하」는 원본을 그대로 간직한 것으로 보인다. 그러면 이제 황궁씨 집단의 이주경로를 탐색해보자.

황궁씨 집단의 1차출성자는 부도지에 의하면 반고인 것으로 보인다. 「삼성기 하」에 환웅이 나라를 세울 때 즈음 盤固者..欲分道而往..與共工·有巢·有苗·有燧... 至三危山(반고는 다른 길로 가길 원했다. 공공/유소/유묘/유수와 함께 삼위산에 이르렀다.) 즉 환웅은 음인들을 이끌고 태백산에서 나라를 세웠고, 반고는 양인들을 이끌고 돈황에 있는 삼위산으로 갔다는 것이다. 다시 말해서 삼국유사에 나와 있는 삼위태백이라는 표현은 삼위산과 태백산이라는 다른 두 지역을 의미하는 것으로 삼위산에 터를 잡은 반고는 오미의 변을 일으킨 양인들이었고 태백산에 자리 잡은 황궁씨는 음인집단이었다는 것이다. 삼위산에 도착한 반고는 일단 난주까지 전진하고 여기서 2~3가지 방향으로 분산했을 것이다. ①그대로 직진하여 서안(西安)까지 진출한 사람들이 있었고 ②난주에서 황하를 따라 오르도스지역으로 진행한 사람들도 있었을 것이다. 이 두 집단은 합심하여 앙소문화를 일으킨다. ③일부는 난주나 서안에서 남하하여 사천성/호북성/호남성/강서성 등지로 퍼진다. 일단 큰 그림은 이렇고 이제 반고가 왜 1차출성인인지부터 알아보자. (황궁씨와 같이 2차출성해서 다른 길로 들어왔을 가능성도 물론 있다.)

[아주 먼 옛날 이 세상은 검고 흐린 상태의 하나의 알로 이루어져 있었다. (음인신화라는 말이겠다.) 그 안에 한 사람이 웅크리고 있었으니 그가 바로 반고이다. 깜깜한 알속이 싫었던 반고는 어느 날 알을 깨버렸다. (알을 따뜻한 자신의 고향으로 생각한 것이 아니라 깜깜한 감옥으로 생각한 것이므로 음인사회에 대한 양인의 반발이라고 해석해야 한다.) 알속에 있던 무거운 것들은 가라앉고 가벼운 것들은 위로 치솟았다. 반고는 두 팔과 다리로 무거운 것들과 가벼운 것들을 떼어놓기 위해 안간힘을 썼다. 이때부터 반고는 키가 하루에 한 자씩 자랐

다. (양인의 거인신화이다. 양인세력이 점점 커져갔음을 말한다.) 무거운 것과 가벼운 것이 9만 리로 멀어지자 반고는 혼돈을 막았다고 안심하고 누워 휴식을 취했고 그 상태로 죽게 된다. 그의 두 눈동자는 해와 달이 되었고, 사지는 산, 피는 강, 혈관과 근육은 길....그의 몸에서 생겨난 구더기가 바람을 만나 인간이 되었다. (양인의 해체신화이다. 인간의 조상은 하찮은 구더기이다.)] 신화내용으로 반고가 양인이었음을 알 수 있고 음인인 황궁씨와는 생각이 너무 달랐으므로 다른 길로 가기를 청했던 것이다. 이들이 동시에 같은 날 출성했을 수도 있지만 반고는 1차출성한 사람들의 수장이었다고 보는 것이 맞을 듯하다. 출성일자가 달랐기 때문에 '다른 길을 청했다'라고 기록해둔 것 같다. 그래서 이 둘의 루트는 실제로 다를 수도 있지만 같은 길을 다른 시기에 걸었을 수도 있겠다.

[여와는 상체는 인간이고 하체는 뱀으로서 그녀는 황토를 반죽해 사람의 형태를 만들고 그 안에 생명을 불어넣었다. ... 여와가 인류를 창조하고 난 어느 날 하늘을 떠받치는 기둥이 부러지고 땅을 잇는 끈이 끊어져서 땅이 갈라지고 하늘이 무너졌다. 하천이 범람하고 해일이 밀려들었다. ... 홍수를 일으킨 흑룡을 죽이고... (황토로 인간을 만들었으니 양인신화이다. 여와의 모습은 수메르신화에 나오는 티아마트를 닮았다. 다만 양인이 권력을 잡고 있던 백소씨와는 달리 음인이 권력을 잡은 황궁씨신화에서는 여와가 죽지 않는다. 대신 여와보다는 급이 낮은 흑룡이 죽는 것으로 타협을 본 것 같다.)]
여와에 대한 다른 대홍수신화가 있다. [아버지는 빗줄기가 거센 어느 날 뇌공을 잡았다. 아버지는 이 뇌공을 쇠망태기에 가두고 향료를 사러 시장에 나가면서 남매에게 절대로 물을 주지 말라고 이른다. ... 남매는 뇌공의 간절한 소원에 못 이겨 뇌공의 입에 물 몇 방울을 떨어뜨려 주었다. 뇌공은 쇠망태기를 꿰뚫고 빠져나왔다. 뇌공은 남매에게 이빨을 하나 뽑아주면서 나중에 재난이 닥쳐오면 이것을 땅에 심어서 나오는 열매 속으로 숨으라고 말한다. ... 어느 날 비가 오더니 어느새 큰 바다를 이뤘다. 아버지는 자신이 만든 철선을 탔고 남매는 그 이빨에서 나온 박 속으로 숨었다. 물의 수위가 하늘에 닿자 아버지는 하늘의 문을 두드리면서 문을 열라고 소리친다. 이에 겁을 먹은 천신이 수신(水神)에게 빨리 물을 빼라고 호통치자 물은 순식간에 말라버리고 말았다. 아버지가 탄 철선이 땅으로 떨어져 산산조각 나면서 아버지는 죽고 말았으나 호리병은 탄력이

있어서 남매는 무사히 살아남았다. 하늘에 닿은 대홍수를 겪고 나자 대지 위의 모든 인간은 남매를 제외하고는 모두 죽고 말았다. (양인의 홍수신화이다.)] 이 남매는 복희와 여와라고 전해진다. 이 남매를 그린 복희여와도는 사마르칸트에서 천산북로를 따라 걸어서 돈황에 도착하기 바로 전 도시인 투르판에서 발견되었다. 다만 이 그림은 중국양인들의 세력이 강해지던 한(漢)나라 때 그려진 것이고 반고는 돈황의 삼위산에서 세력을 넓혔으므로 그 영향으로 투르판에서 그런 그림이 나왔다고 추측하는 것도 가능하겠다. 지금까지 확실한 것은 황궁씨와 반고는 성격이 다른 음양인이었고 정착한 지역이 태백산과 삼위산 지역으로 서로 달랐다는 것이 되겠다.

[상반신은 인간, 하반신은 뱀인 복희여와도]

일단 쉬운 문제부터 풀어보자. 난주/서안에 도착한 사람들이 남쪽으로 진출했다는 것은 신화를 보면 알 수 있다. 위에 설명한 뇌공의 대홍수신화는 사천성에서 전해오는 것으로 이러한 대홍수신화와 인류 재탄생신화는 중국 서남부 묘족(苗族)/장족(壯族)/요족(瑤族)에게서 볼 수 있으며, 운남성 서남부에 사는 라후족(拉祜族)에는 반고와 같은 거인해체신화가 전해온다. 이 외에 귀주성에 사는 수족(水族)과 운남성에 사는 더양족(德昂族)과 경파족(景頗族)에게도 비슷한 신화가 있다. 이를 정리해보면 사천성/귀주성/광서장족/운남성/호남성/광동성 등지에 양인신화가 내려오고 있으며 남쪽으로 내려온 이 사람들에게 밀려서 원래 이곳에서 살고 있던 M130은 동남아시아의 태국/라오스 등지로 이주하여 크라다이어족을 형성하게 된 것이다.

 그러면 다음 문제로 난주에서 서안으로 진출한 사람들과 북쪽의 오르도스지역으로 진출한 사람들이 합심하여 앙소문화를 일으켰다는 증거는 무엇일까? (물론 요하문명에서 이주한 사람들도 참여했을 것이다.) 이를 이해하려면 중국역사라고 불리는 한민족의 고대사를 개괄적으로 이해하는 것이 필요하므로 이를 먼저 설명하겠다. 동북아시아에서 지금까지 발견된 고대유적지 중에서 가장 오래된 곳은 황하문명이 일어난 황하중하류가 아니라 요하일대이다. 황하문명이 자신들이 일으킨 위대한 문명이라고 자부심을 가져왔던 중국인들은 요하일대에서 황하문명보다 훨씬 이른 문명을 발견하자 이 고대문명에 '요하문명'이라고 이름을 붙이고 중국사에 편입시키는 역사왜곡을 하고 있는데 이른바 '동북공정'이다. 그러면 이 요하일대에서 발견된 문명에는 어떤 것들이 있는지 알아보자.

| 신석기 | ① 신락(新樂)문화 | BC 8000~BC 7000 | 신석기와 청동기 倂用 | ⑦ 홍산(紅山)문화 | BC 4500~BC 3000 |
|---|---|---|---|---|---|
| | ② 소하서(小河西)문화 | BC 7000~BC 6500 | | ⑧ 소하연(小河沿)문화 | BC 3000~BC 2000 |
| | ③ 흥륭와(興隆窪)문화 | BC 6200~BC 5200 | 청동기 | ⑨ 하가점(夏家店) 하층문화 | BC 2000~BC 1500 |
| | ④ 사해(査海)문화 | BC 5600~ | | ⑩ 하가점(夏家店) 상층문화 | BC 1000~300년 |
| | ⑤ 부하(富河)문화 | BC 5200~BC 5000 | | | |
| | ⑥ 조보구(趙宝溝)문화 | BC 5000~BC 4400 | | | |

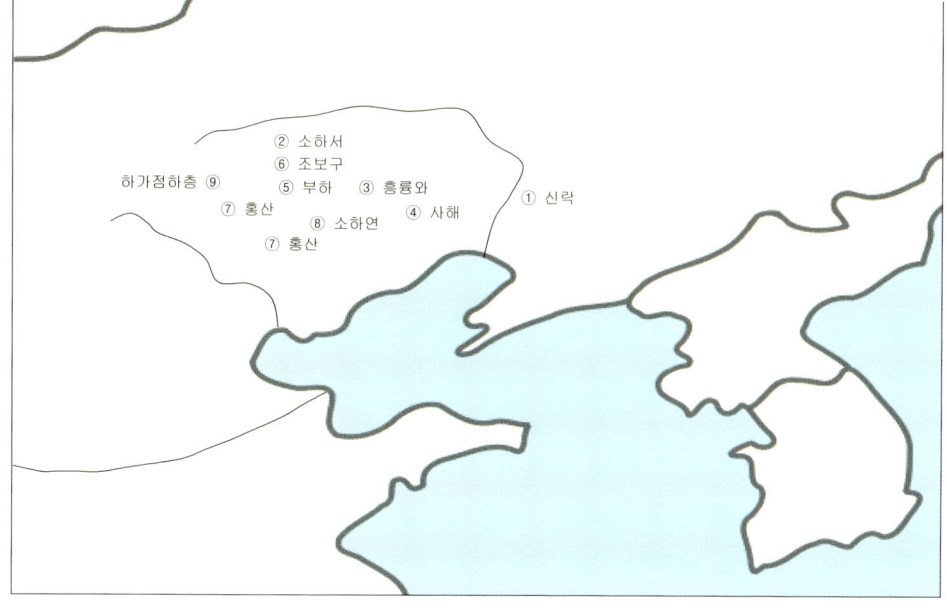

[요하문명]

|        | 황하 중류 | 황하 하류 | 발해만 |
|--------|---------|---------|-------|
| BC8000 |         |         | 신락문화 |
| BC7000 |         |         | 소하서문화 |
| BC6500 |         | 후리문화 | 흥륭와문화 |
| BC6000 |         |         | 사해문화 |
| BC5500 |         | 북신문화 | 부하문화 |
| BC5000 | 앙소문화 |         | 조보구문화 |
| BC4000 |         | 대문구문화 | 홍산문화 |
| BC3000 | 河南 용산문화 | 山東 용산문화 | 소하연문화 |
|        | 삼황(三皇) |         |         |
|        | 오제(五帝) |         | 하가점하층(고조선) |
| BC2070 | 하나라 |         |         |
| BC1600 | 은나라 |         |         |
| BC1046 | 주나라 |         | 하가점상층 |

[황하/발해만/한반도 일대의 문명]

표에 나와 있듯이 만주(발해만)지역에서는 최근 신락문화유적이 발굴되고 있으며 이를 이어서 여러 문화들이 생겨났다가 홍산문화로 크게 일어난다. 이는 후에 소하연문화, 하가점하층, 하가점상층문화로 계승된다. 황하중류에는 앙소문화가 있었고 이는 나중에 (하남)용산문화로 계승되고, 황하하류에는 후리문화→북신문화→대문구문화가 있었는데 이는 나중에 (산동)용산문화로 계승된다. 이 문명들을 통틀어 황하문명이라고 부르며 중국인들은 이 문명을 자신들이 이룩했으며 인류4대문명 중의 하나라고 자랑스럽게 생각하고 있는데 과연 그럴까?

현재 동북공정으로 우리역사가 강탈당하고 있는데, 사실 이번이 처음은 아니다. 일제시대에도 수많은 역사침탈이 있었다. 미국이 비록 우리나라를 해방시켜줬지만 그들도 결국 자신들이 아메리카에 정착하도록 도와줬던 인디오를 모두 학살하고 대륙을 차지했던 전력이 있는 집단일 뿐이었으니, 미군정도 자기나라를 팔아먹고 자기들에게 아부하는 이들이 김구선생 같이 하나 된 통일조국을 외치는 골치 아픈 이들보다 훨씬 다루기 쉽고 자신들의 이익을 취하는 데 편리했을 것이다. 그런 미군정의 은밀한 지원으로 집권한 이승만은 결국 친일파 처벌에 부정적인 입장을 담화로 발표하고, 반민족행위처벌법 개정안을 국회에 제출하는 등 반민특위(반민족 특별조사위원회)를 무력화하고 친일파를 적극 옹호하였다. 결국 반민특위에서 친일파 체포는 거의 이뤄지지 않았고, 친일파들은 일제시대 때 자신들이 지키던 자리를 굳건히 지키게 되었다. 역사학계도 예외가 아니라서 일제는 조선사편수회를 만들어서 식민사관으로 우리 역사를 날조했는데 여기에 참여했던 이병도/신석호 같은 이들이 서울대와 고려대교수로 재직하며 대한민국 역사학계의 대들보가 되면서 식민사학의 거대한 카르텔을 형성했다. 그런 교수들 밑에서 후속 식민사학교수들이 태어나서 더욱 똘똘 뭉친 것이 지금의 강단사학계라고 할 수 있다. 이런 시궁창 같은 환경 속에서 신채호선생의 계보를 이은 분이 윤내현교수이다. 출중한 중국어 실력으로 수많은 원전들을 일일이 고증하여 식민사학의 허구성을 조목조목 비판했으니, 식민사학자들은 게거품을 물고 반박하려 하나 그들이 교수가 될 수 있었던 이유는 역사에 대한 해박한 지식 때문이 아니라 담당교수의 비위를 맞추는 능력이 뛰어나서였기 때문에 아무도 윤교수의 주장에 정확한 자료와 고증으로 반박하지는 못했다. 그의 「고조선연구」의 요점을 간추려보면 신석기시대의 빗살무늬토기와 새김무늬 질그릇, 후기 신석기시대의 돌무지무덤, 청동기시대의 비파형동검은 만주와 한반도문화권의 공통점으로 황하유역문화와는 다르고, 이외에 여러 학술용어들을 고증해 본 결과 다음과 같은 고조선 강역도를[143] 얻을 수 있다는 것이다. "고조선의 중기인 BC16~14세기 이후 고조선의 북쪽 경계는 대체로 시금의 흑룡강 유역과 그 상류인 아르군강 유역이었으며 남쪽경계는 한반도 남부의 해안선이었다. 그리고 고조선의 세력은 필요에 따라 때로는 동북쪽으로 흑룡강을 넘어 연해주 지역까지 미치기도 했다... 이상과 같은 고조선의 북계와 남계에 대한 필자의 고증결과를 이미 확인된 고조선의 서쪽경계와 연결해보면 고조선은 북경 근처의 난하유역과 갈석산 지역을 중국과의 경계로 하여 지금의 하북성 동북부로부터 내몽골자치부 동부·요령성 전부·길림성 전부·흑룡강성 전부 및 한반도 전부를 그 강역으로 하고 있었음을 알 수 있다."[144]

---

143) 「고조선 연구」 (354/371쪽. 만권당)
144) 「고조선 연구」 (369쪽. 만권당)

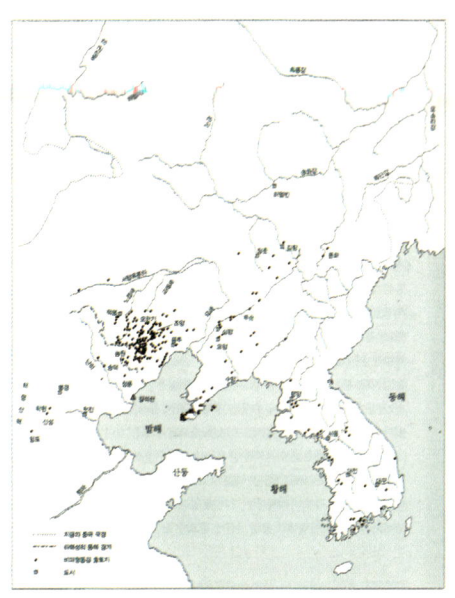 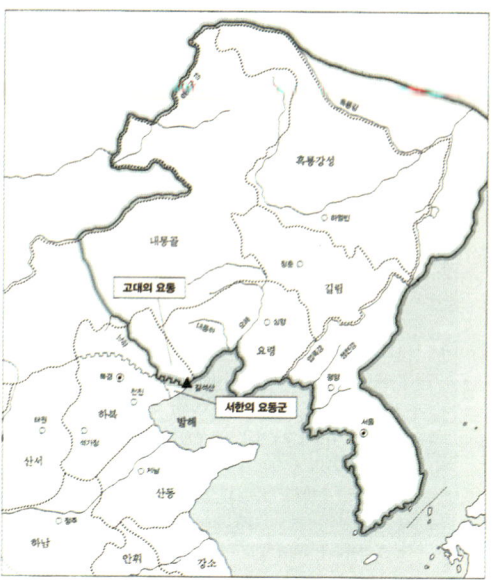

[비파형동검 출토지]    [고조선 후기의 강역도]

4·3사건은 3·1절 발포사건을 시초로 일어났다. 1947/3/1일 열린 3·1절 기념대회에서 기마경관이 타고 있던 말이 어린 아이를 치는 사고가 발생했다. 도민들은 경찰에 항의하며 사과를 요구했지만 경찰은 오히려 이들을 향해 총을 발포하며 강경 진압했다. 이 일로 국민학생, 젖먹이를 안고 있던 20대 여인 등을 포함해 민간인 6명이 사망했다. 이후 도지사가 반공성향이 강한 유해진으로 바뀌면서 경호원으로 서북청년단 소속 7명을 데려오는 것을 시작으로 1948/4/3일 도민들이 무장봉기를 시작한 직후에는 서청단원 1000명 이상을 경찰 혹은 경비대 자격으로 제주도에 파견했다. 서북청년회는 서북지역 월남청년들의 조직이다. 평안도를 관서(關西), 황해도를 해서(海西)라고 한 것에서 '서(西)'를 취하고, 함경도를 관북(關北)이라고 한 것에서 '북(北)'을 취하여 '서북(西北)'이라고 한 것이다. 이들은 고향에서 소련군정에 의해 박해를 받던 지주와 기독교세력으로 그 트라우마로 인해 철저한 반공주의자가 된 사람들이었다. (서청 출신 안두희는 1949년 경교장에 들어가 김구를 암살했다.) 이런 서청은 '우리는 이북에서 공산당에 쫓겨왔다. 빨갱이들은 모두 씨를 말려야 한다.'면서 제주도에 들어왔다. 곧 이들은 무장대를 진압하겠다며 곳곳에서 무장대뿐만 아니라 민간인을 대상으로

실인/폭행/고문/겁탈/약탈 등을 저질렀다. 서청출신 경찰 이윤도는 마을에서 가족 중 한 사람이 사라지거나 없어진 소위 도피자 가족을 지서로 끌고 와 고문했다. 그는 대원들에게 칼로 찌르라고 강요하더니 스스로 한 명씩 등을 찔렀다. 젖먹이도 예외는 아니었다.

> 도피자 가족을 지서로 끌고 가서 모진 고문을 했습니다.
> 그들이 총살터로 끌려갈 적엔 이미 기진맥진해서
> 제대로 걷지도 못할 지경이 됐지요.
> 이윤도는 대원들에게 그들을 찌르라고 강요하더니
> 스스로 칼을 꺼내어 한 명씩 등을 찔렀습니다.
> 그들은 눈이 튀어나오며 고꾸라져 죽었습니다.
> 그때 약 80명이 희생됐는데, 여자가 더 많았지요.
> 여자들 중에는 젖먹이를 안고 있는 사람도 있었습니다.
> 이윤도는 젖먹이가 죽은 엄마 앞에서 바둥거리자
> 칼로 아기를 찔러 위로 치켜들며 위세를 보였습니다.
> 그는 인간이 아니었습니다.
> <제주 4·3사건 진상보고서 中>

무장대와 상관이 없는 사람도 희생됐다. 4·3사건 당시 공무원이었던 고경흡씨는 양관표라는 인물이 무장대도 아니었는데도 서청 단원들에게 고문받다 숨졌다고 말했다.

> 양관표는 산에 안 올랐다.
> 나머지 사람들은 일본 등으로 도피해 버리고...
> 그런데 양관표가 서북청년으로 구성된 특별중대에 잡혀갔다.
> 나도 같은 시기에 잡혀갔었다.
> 피의자들이 막 두드려 맞으니까
> 몸을 움직이지도 못한 사람들이 수두룩했다.
> 나도 현장을 봤는데 눈물겨워서 말을 못하겠다.
> 그 장면을 보면, 그 어디 동족을 그렇게 할 수 있는가?

> 서북청년들이 그냥 막 몽둥이로 치니까 뼈가 부서져 버린다.
> (양관표의) 뻬기 디 부서저 비렸디.
> 생나무로 그냥 막 두드려 패니까.
> (양관표는 이 고문으로 인해 사망했다.)
> <제주 4·3사건 진상보고서 中>

서청은 공산주의자에 대한 극도의 혐오감과 증오감을 가진 반공단체였다. 이승만과 미국은 4·3사건 전후로 제주도를 '붉은 섬'이라고 표현하며 대다수 도민을 빨갱이로 규정했다. 서청을 파견한 후 이들에게 무기를 쥐어 주고 진압을 명령했을 때부터 참극은 예견돼 있었다. 서청이 제주에서 벌인 일은 만행/학살이라는 말로 다 표현할 수가 없다. 그들의 죄악은 기록되어야 하고 잊지 말아야 한다. 그러나 이 지옥도를 만든 책임이 서청에만 있는 것일까? 서청이 무소불위의 권력을 휘두를 수 있었던 것은 그들 뒤에 이승만과 미국이 있었기 때문이었다.

> 이승만과 미국은 강경작전을 앞두고
> 서북청년회를 아예 군경에 편입시켰다.
> 이는 사태를 더욱 악화시키고
> 대량 주민 희생을 초래하는 결과를 빚었다.
> 서북청년회 위주로 경찰이 재편됐고
> 군대에는 '서청중대'가 따로 편성됐다.
> 이승만과 미국의 후원 아래 제주사태의 최일선에 서게 된
> 서북청년회는 군·경 모두에서 무소불위의 권력을 휘둘렀다.
> <제주 4·3사건 진상보고서 中>

그리고 서청을 사주한 이승만과 조병옥은 모두 기독교인이었다. 서청단원들 역시 대다수는 공산당의 종교탄압을 피해 내려온 기독교인인 것으로 알려졌다. 이름만 대면 누구나 알 법한 유명 대형교회들이 서청을 간접적으로 지원하거나 몇몇 교인이 서청에서 주도적 역할을 한 기록도 있다.

> 1948년부터 1956년까지
> 제주도에서 좌익세력 토벌작전으로
> 당시 제주도민의 10%인
> 3만여 명이 학살당했고
> 그 중 90% 이상이 민간인이었다.
> <제주 4·3사건 진상보고서 中>[145]

무려 30,000명... 5·18 민주화운동 때 죽은 사람은 '고작' 2000명이 안 된다. 2천 명도 죽지 않은 사건은 많은 사람들이 알고 있지만 무려 3만 명이나 죽은 사건에는 대통령도 찾지 않고 아는 사람도 많지 않다. 힘없고 무지한 땅을 고향으로 삼은 탓일 것이다. 그런데 중국의 일개 성보다도 작은 이 한반도에도 차별이 이렇게 크게 존재한다면, 우리는 얼마나 더 작아져야 하나로 뭉칠 수 있단 말인가...

어머니는 참 지혜로우셨다. 내가 아무리 궁리해도 해답을 찾지 못해서 어머니께 여쭤보면 전혀 생각지도 못했던 아주 간단한 해답을 주셨는데 그런 일들이 자주 있어서였는지 나는 자연스럽게 '이런 어머니가 닮았을 외할아버지는 어떤 분이실까?'하고 궁금해 했던 적이 많았다. 한 번도 직접 뵌 적이 없었기 때문이었다. 어머니가 어렸을 적에 돌아가셔서 어머니도 기억이 가물가물 하셨을 것이다. 외할아버지는 당시 공산주의자로 몰려 한라산으로 도망친 이른바 '빨갱이'들한테 살해당하셨다. 그래서 외할머니는 혼자서 아이 넷을 키우시느라 무진 고생을 하셨는데... 한 여인이 홀로 감당하기엔 너무 긴 시간이었다... 그래서 나는 이승만 개자식과 미국놈들 그리고 양의 탈을 쓴 예수쟁이 늑대들을 용서할 수가 없다...

> 우선 그놈의 사진을 떼어서 밑씻개로 하자
> 그 지긋지긋한 놈의 사진을 떼어서
> 조용히 개굴창에 넣고

---

[145] https://www.youtube.com/watch?v=Kg69tzecHgw
4·3사건 관련한 내용은 위 동영상을 인용했습니다.

썩어진 어제와 결별하자
그놈의 동상이 선 곳에는
民主主義(민주주의)의 첫 기둥을 세우고
쓰러진 성스러운 學生(학생)들의 雄壯(웅장)한
紀念塔(기념탑)을 세우자
아아 어서어서 썩어빠진 어제와 결별하자

이제야말로 아무 두려움 없이
그놈의 사진을 태워도 좋다
협잡과 아부와 무수한 악독의 상징인
지긋지긋한 그놈의 미소하는 사진을……
大韓民國(대한민국)의 방방곡곡에 안 붙은 곳이 없는
그놈의 점잖은 얼굴의 사진을
洞會(동회)란 洞會에서 市廳(시청)이란 市廳에서
社會(사회)란 社會에서
xx團體(단체)에서 OO協會(협회)에서
하물며는 술집에서 음식점에서 洋靴店(양화점)에서
무역상에서 개솔린 스탠드에서
책방에서 학교에서 全國(전국)의 國民學校(국민학교)란 國民學校에서
幼稚園(유치원)에서
선량한 백성들이 하늘같이 모시고
아침저녁으로 우러러보던 그 사진은
사실은 억압과 폭정의 방패이었느니
썩은놈의 사진이었느니
아아 殺人者(살인자)의 사진이었느니

<우선 그놈의 사진을 떼어서 밑씻개로 하자 中> 김수영 作

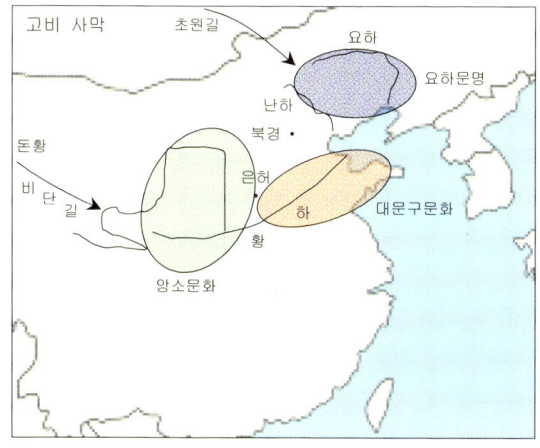

[요하문명/앙소문화/대문구문화. 은허는 앙소문화와 대문구문화의 중간에 위치한다.]

요하문명이 일어난 이후에 일어난 황하문명은 보통 용산문화를 말하는데 이 용산문화는 앙소문화와 대문구문화를 계승한 것이다. 앙소문화는 그림에 나와 있듯이 난주에서 서안에 이르는 지역을 중심으로 한 문화로서 반고가 들어온 지역과 정확하게 일치한다. 그리고 앙소문화와 비슷한 시기에 존재했던 대문구문화 사람들은 비교적 체격이 커서 남자 평균신장이 173cm나 되었으며(이것은 너무 크다. 자료가 잘못된 듯) 일반적으로 동이족의 선조로 여겨진다[146]. 동이족이 대문구문화를 세운 것이다. 후에 이 앙소문화와 대문구문화를 아우르는 용산문화가 나오고 하나라/은나라가 건국되는 것인데 여기서 이해의 편의를 위해서 이 문화들을 일으킨 주체들에 대해서 알아보고 넘어가자.

M130이 내륙로가 아니라 해안로를 따라 이동했던 건 당연한 결정이었을 것이다. 날씨가 추워 빙하기가 심해질수록 해안선은 육지에서 더 멀어지고 '고대의 고속도로'가 펼쳐졌을 테니 말이다. 배가 고프면 바다에서 먹을 것을 쉽게 구할 수도 있었을 테니 이동이 쉬울 뿐만 아니라 아사할 위험도 거의 없는 안전한 여

---

146) 현재도 한국의 성인 평균신장은 일본/중국을 뛰어 넘어서 호주를 제외하고 아시아 최고를 달린다. 이 이유는 2가지 정도로 추측해 볼 수 있는데, 첫째로 보통 추운지방 즉 위도가 높은 지역에 거주할수록 키가 크다. 왜냐하면 추운 날씨에 얼어 죽지 않으려면 열을 내야 하는데 열을 내는 기능을 발달시키다 보면 열의 팽창하는 성질에 따라 몸집이 커질 수밖에 없기 때문이다. 만주는 황하나 장자강, 일본열도보다 위도가 높다. 둘째로 우리는 태음인이 많고, 중국은 소양인, 일본은 소음인이 많은데 태음인의 체형이 맵시 없이 원기둥처럼 길쭉한 경우가 많다.

정이었을 것이다. 그렇게 고속도로를 질주하다 끝내 중국동부해안까지 오게 되었다. 때는 대략 4만 5천 년 전쯤이었다고 한다. 그러면 M130은 중국해안의 어느 곳에 터를 잡았을까? 해답은 당연히 먹을 것이 풍부한 곳일 테다. 바다가 있다는 것은 동일한 조건이었고 먹을 것이란 게 그 당시는 수렵/채집생활을 하던 때였으니 땅이 비옥해서 식물들이 잘 자라서 그 식물들을 먹고 사는 초식동물들도 많은 곳이 될 것이다. 땅이 비옥한 곳... 퇴적물이 쌓이는 강의 하구라는 결론이 나올 것 같다. 그래서 맨 처음 가장 남쪽의 양자강하구를 만났을 것이고 그 다음 황하하류 그리고 발해만 일대의 난하/대릉하/요하하류를 만났을 것이다. 그런데 그때는 석기를 쓰던 때라 큰 나무를 베면서 내륙 쪽으로 길을 내는 것은 쉽지 않았을 것인데 양자강하류는 아열대에 속해 수풀이 너무 우거진 양자강하류에 머물 수 있는 인원은 많지 않았을 것이고 황하와 발해만에 대부분 집중적으로 정착했을 것이다. 결론적으로 4만 5천 년 전쯤에는 M130이 황하하류와 발해만 일대에 터를 잡고 살고 있었다는 것이다. 그 후 수천 년이 지났을 무렵 발해만 유역의 M130은 어느 날 해안이 아니라 서남/서북쪽에서 걸어 들어오는 일단의 무리를 만나게 된다. 해안이 아닌 다른 방향에서 발해만 일대로 들어온 인간인 M9와의 첫 만남이었다. 그렇게 M9는 M130 무리와 섞여 살게 되고 시간이 흐르면서 그들은 점점 강역을 넓히게 되면서 결국 M9/M130은 한반도 안으로까지 들어갔고 여기서 M9는 M175를 획득하게 된다.

황하하류(산동반도)에는 M130, 발해만과 한반도에는 M130과 M175가 기본적으로 거주하고 있는 상태에서 이들은 수시로 해안로를 통해 이동했을 것이고 조금씩 내륙으로도 들어갔을 것이다. 이렇게 되면 M175도 산동반도 쪽으로 스며들게 되면서 비율의 차이는 있지만 두 곳 모두에서 M130/M175가 거주하는 형태가 될 것인데 당연히 발해만 일대에 M175가 많이 거주했을 것이다. 그러다 2만 년 전쯤 이번에도 서북쪽에서 (아니면 조금 더 북쪽에서) 소수의 무리들이 발해만으로 들어왔는데 M9가 들어왔던 방향에서 들어오긴 했지만 M9와는 조금 다른 외모와 문화를 가지고 있었는데 그 이유는 그들의 유전자형은 M242였기 때문이었다. 이때가 국가를 이루지는 못했지만 현재 대한민국을 이루는 구성원들이 처음으로 한자리에 모인 순간이었을 것이다. 이들이 정착한 순서대로 다시 한번 말하자면 M130이 가장 먼저 들어오고 다음에 초원길/비단길을 통해

M9(M175)가 들어오고 마지막으로 바이칼호수를 거쳐 M242가 들어왔다고 볼 수 있겠다. M175 그리고 M242는 제각각 색다른 외모와 문화를 가지고 왔기 때문에 발해만 일대는 문화적으로 가장 복잡한 수준에 이르렀을 것이며 유전자 pool 또한 풍부했을 것이므로 태어난 인간의 두뇌수준도 황하유역보다는 높았을 것이다. 2만 년 전쯤 그렇게 한반도민족을 구성하는 M130/M175/M242가 발해만 일대에 모여 살게 되었고 이들을 '북동이(北東夷)'라고 지칭할 수 있을 것이며 이들이 요하문명의 주인공이었다. 이와 대비해서 산동반도에는 발해만에서 M175가 일부 내려갔을 것이므로 다수의 M130과 소수의 M175 그리고 반고무리가 '남동이(南東夷)'를 구성하고 있었고 이들이 대문구문화의 주인공이었다. 즉 후대에 똑같이 동이족이라고 불렸지만 그 구성원들의 유전형질은 달랐던 것이다. 추가적으로 M130이 지나온 길은 중국해안과 아메리카까지 너무나도 광활하며 그 사이사이에 요하지역보다 입지가 더 좋은 곳도 있었을 테니 굳이 요하지역을 거점으로 삼을 필요가 없었지만(실지로 산동반도에서 대문구문화를, 남미에서는 카랄 수페를 일으켰다.) M175/M242의 경우에 요하문명터는 초원길을 다 지나고 초원보다 살기 좋은 곳을 만난 최초이자 막다른 장소였다. 동쪽으로는 발해만 때문에 더 나아갈 수 없고 남으로는 난하가 흐르고 있는데 요하지역이 살기에 나쁘지 않아 굳이 그곳을 버리고 위험한 도하를 감행할 필요가 없었던 것이다. (이보다 더 적확한 이유는 황궁씨 집단이 음인이 대다수였고 이들에게는 양기(陽氣)가 필요했기 때문에 요하문명터와 한반도에 자리 잡은 것이라고 부도지는 말하고 있다.)

요하문명유적에서 발굴된 것들 중에서 중원문화권에서는 보이지 않지만 한반도에서는 보이는 것들로는 다음과 같은 것들이 있다. "①빗살무늬토기 ②세석기 ③적석총 ④석관묘 ⑤치를 갖춘 석성 ⑥비파형동검 ⑦고인돌 등이 대량으로 발견된다. 이것은 모두 중원문화권에서는 보이지 않는 북방문화계통이다. 이들 중 빗살무늬토기는 뒤의 그림에서 보는 바와 같이 신석기시대에 초원길/타이가로드를 따라 동서로 전파되었다는 것을 알 수 있다. 그리고 적석총의 분포지역은 "①내몽골 동부에서 요서와 요동반도 일대 ②특히 평양 천도 이전의 고구려 중심지인 집안시 일대에 수천 기가 남아 있고 ③여명문화 유적이 있는 통화현 일대에도 수백 기가 새로 발견되었고 ④한강 유역의 한성백제 시기의 송파구 석촌

동 일대 ④일본에도 고구려와 백제계 유민들이 세운 것으로 추정되는 1,500여 기의 적석묘가 산재해 있다. 적석총 문화는 요하 일대에서 고구려 지역으로는 이동하지만 중원 지역으로는 내려가지 않는다."[147] 즉 앙소문화와 요하문명은 그 성격이 다르다는 것을 말하고 있으며 이것은 곧 그 문화를 일으킨 사람들의 성향이 다르다는 것을 말해준다. 따라서 앙소문화는 양인인 반고가 주체이며 요하문명은 음인인 황궁씨가 그 주체라는 가정이 성립하게 되는 것이다.

하지만 이 두 문명의 뿌리는 하나라는 것을 말해주는 유물이 있는데 그것은 바로 삼족오이다. 삼족오는 마고성의 삼재사상과 새숭배사상을 결합시킨 것으로 부도지에서는 오금(烏金)으로 나오고 마고성의 모범생인 흑소씨는 이집트에서 불사조(不死鳥)로 남겼으며 청궁씨는 가루다(garuda)로 남긴 것으로서 반고와 황궁씨의 공통분모가 된다. 먼저 삼족오가 많이 출토되는 지역을 찾아보면 "① 앙소문화 ②은허의 후가장묘 ③길림성 집안시의 무용총과 각저총 ④요령성의 벽화묘"가 있다. ③④는 고구려시대의 것이며, ②의 은나라는 동이족이 세운 나라이므로 쉽게 이해가 된다. ①의 앙소문화에서 발견되는 삼족오는 앙소문화가 삼재사상이 빈약한 중국인의 문화가 아니라는 것을 방증하는 또 하나의 증거라고 할 수 있다. 결국 앙소문화에서 발견되는 삼족오는 요하문명과 뿌리가 같으나 성격을 달리하는 사람들이 앙소문화를 일으켰다는 것을 말해주고 있는 것이라 할 수 있다. 이것으로 반고가 1차출성한 양인으로서 비단길을 통해 중원으로 들어온 후 앙소문화를 일으킴과 동시에 남쪽으로 양자강일대까지 퍼져나간 한민족의 후예들이라는 것을 설명하였으니 이번에는 황궁씨의 이동경로를 알아보자.

황궁씨의 경로는 17-5~6의 天山之南 ... 其地 有因氏之鄕也 後代壬儉氏 率諸人出於符都而不在 故堯乘其虛而襲之라는 구절로 유추해봐야 하는데 임검씨가 태백산에 부도를 건설하기 전에 황궁씨 집단이 있었던 장소가 천산의 남쪽인 황하중류라고 해석하는 것이 가장 자연스러운 것 같다. 하지만 위에서 설명했듯이 고조선후기의 강역이 난하까지였고 그 이전은 더 컸을 것이므로 황궁씨의 영향력이 황하중류까지 미쳤다고 해석하는 것이 황궁씨가 이 황하중류를 거쳐서 들

---

147) 「동북공정 너머 요하문명론」 85/301쪽. 우실하

어왔다고 해석하는 것보다 더 옳은 해석일 수도 있다. 모든 것이 확실하지 않은 현재로선 이 두 가지 가능성을 모두 열어놓고 루트를 짜는 것이 합당할 것이므로

①황궁씨가 황하중류를 거쳐 왔다면 반고와 같은 길인 천산북로로 들어왔는데 들어온 시기가 다르다고 해석할 수가 있겠다. 즉 난주까지 들어와서 북쪽으로 오르도스를 거쳐 요하문명터로 들어갔거나, 서안에서 요하문명터로 들어갔다는 것이다.

②만약 (반고와 다른 길을 갔다는 「삼성기 하」문장에 얽매어서 해석하자면) 마고성에서 천산북로를 따라 투르판까지는 같이 왔다가 반고는 그대로 삼위산으로 진행하고 황궁씨는 북쪽으로 이동해서 초원길로 들어선 이후에 동쪽으로 요하문명터까지 걸어갔을 가능성도 있다. 일단 요하문명터에 도착한 사람들은 이후 황하 쪽으로 세력을 넓히게 되므로 天山之南을 굳이 이동하면서 거치는 경로로 해석하지 않아도 될 것이다.

③이 외에 반고와 달리 마고성에서 북쪽으로 가서 초원길을 만나자 해가 뜨는 동쪽으로 바다를 만날 때까지 걸어서 요하문명터에 도착하는 경로가 있겠다.

④황궁씨 집단 중에 앙소문화/요하문명을 건설한 사람들과는 달리 마고성에서 북쪽으로 출성한 후 초원길에서 황궁씨와 헤어져서 서쪽으로 이동한 무리도 있었다. 이들은 황궁씨와 같이 출성했지만 무슨 이유 때문인지 초원길에서 헤어진 것으로 보인다. 이들은 바로 위에서 살펴본 빗살무늬토기를 가지고 서쪽으로 영국까지 진출해서 거석문화를 일으킨 사람들이다. 먼저 이들에 대해 살펴보자. (밑에서 설명하는 빗살무늬토기가 황궁씨와 관련 있다는 가정 하에서 말한다면 황궁씨는 투르판에서 초원길로 넘어왔든 아니면 처음부터 초원길로 들어왔든 최종적으로는 초원길로 요하문명터에 입성한 것 같다. 물론 빗살무늬토기가 황궁씨의 전유물이 아니므로 이 가정이 틀릴 수도 있다.)

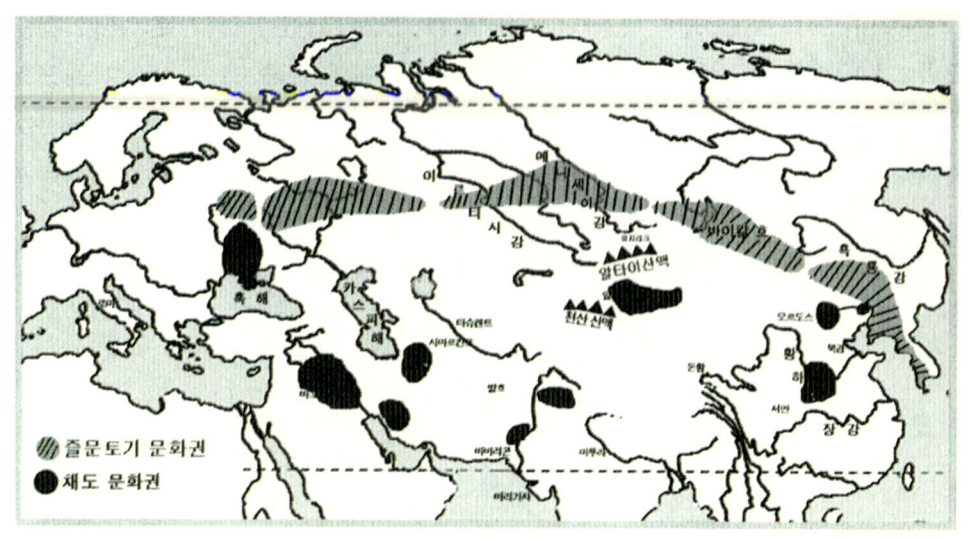

[신석기시대 즐문토기(빗살무늬토기) 분포도. 이 그림으로만 판단한다면 빗살무늬는 황궁씨, 채도는 백소씨/흑소씨/청궁씨와 관련이 있겠다.]

마고성문명의 위치와 그 구성원들의 정체에 대해서는 몰랐었지만 그 존재에 대해서 정확히 알고 있었던 사람이 있었다. 사실 스톤 헨지가 거석문명에 속하고 이것은 황궁씨의 작품이라는 것을 그의 이동루트로 보아 미루어 짐작하고는 있었다. 그러나 좀 더 객관적인 근거를 제시하면서 설명하려면 그에 대해 또 공부를 해야 돼서 사실 이 부분은 생략하려고 계획 중이었는데, 이 책을 마무리하면서 읽은 맨 마지막 책인 「성서」 바로 전에 읽은 「1세대 문명」(크리스토퍼 나이트 지음)이 이것에 관한 내용이었고 그 지은이가 마고성문명이 존재했었고 거기에 이름까지 적당하게 붙인 것을 보고 적잖이 놀랐었다. (내 수고를 덜어줬으니 고맙다.) BC5000~4000년에 마고성에서 황궁씨와 같이 2차출성하여 초원길에서 동쪽으로 진출하여 요하문명을 건설하는 무리와는 반대로 서쪽으로 진출했던 집단은 스칸디나비아만 일부와 발트해 연안 제국에서부터 스페인 북부 그리고 영국제도 전역에 걸쳐 350톤까지 나가는 바위들로 천문과 관련한 구조물들을 세웠다. 이 돌들은 비슷한 시기인 BC4000년경부터 유행했던 고인돌과 청궁씨의 거석문화와 상통하는 유물들인 것인데 이것이 흑소씨/백소씨의 소(巢)에 대응하는 황궁씨/청궁씨의 궁(穹)의 실체인 것이다. 유럽 거석문명을 일군 사람들이 황궁씨 집단 중의 한 무리라는 것은 그들이 빗살무늬토기를 사용했었다는 사실에서 알 수 있다. (그리고 음인이라서 기록을 남기지 않았다는 것도 그 답답한 성격에서 나오는 공통점이 되겠다.) 빗살무늬는 태양숭배와 관련 있는 것으로서 삼족오의 배경과 천손사상의 바탕이 되는 그 태양을 토기에 그린 것이겠다. (토기 밑에서 쳐다보면 햇살이 뻗어나가는 모습이 된다.) 이 건축물들의 대다수는 태양/달/별의 배열을 하고 있는 것으로 밝혀졌는데 이 천문학기록은 우리가 왜 천손민족이 되었는지를 설명해준다. 이는 부도지에 나와 있는 천부(天符)사상 그리고 마고력과 삼일신고의 천(天)사상과 통하는 것이라 하겠다. 아니 소급하여 생각해보면 우리가 하늘을 그토록 숭상했던 이유는 하늘에서 무엇을 얻었기 때문일 것이다. 그게 무엇이었는지를 아는 것이 우리의 천(天)사상의 근원을 헤아리는 일이 될 것이다.

TV가 없던 그 옛날 해가 지면 사방은 칠흑 같은 어둠에 휩싸이지만 하늘에는 반짝반짝 빛나는 별들이 무수히 많이 박혀있는 것을 볼 수 있었을 것이고 이들이 시간이 지나면서 해와 똑같이 동에서 서로 이동하는 것을 관찰했다. (천산과 가까운 곳인 안나푸르나 베이스캠프에서 밤하늘의 별을 본 적이 있는데 손에 잡힐 듯이 가까우면서 눈이 부실 정도로 빛난다.) 이 하늘에서 맨 처음에 시간을 도출해내다. 그 결과로 마고력 같은 달력이 나오고 이 시간에서 길이를 도출해낸다. 마고인들은 (하늘을 관찰한 결과) 지구가 자전방향으로 공전을 하기 때문에 1년에 365번이 아니라 366번 자전한다는 사실을 알았다. (이 사실을 근거로 원을 366도로 나눴던 것은 황궁씨/청궁씨/흑소씨가 주류였고. 백소씨는 360도라고 생각했다.) 그래서 원이 360도가 아니라 366도로 나눠진다고 생각했다. 그래서 길이의 기준단위를 만들기 위해 하늘의 시간을 이용하여 지구의 자오선을 측정하는 장치를 고안했다. (마고인들이 어떻게 지동설을 알았으며 자오선을 측정하는 정확한 방법을 어떻게 알았느냐고 묻지 마시라, 내가 닿을 수 있는 수준이 아니다...) 먼저 스톤 헨지와 같은 원형구조물이나 익숙하게 만들 수 있는 원을 만들고 그 원을 366등분을 한 후에 그 1/366에 해당하는 길이만큼의 두 기둥을 세운다. 실에 돌멩이를 매달고 구멍 뚫은 나무에 이 추를 고정시킨 다음에 금성이 이 기둥 안으로 들어오면 돌멩이를 흔들기 시작해서 기둥을 빠져나갈 때까지 진자가 366번 흔들리는 진자의 길이를 구한다. 그 공식은 "$T = 2\pi\sqrt{\dfrac{L}{g}}$ [T(주기), L(진자의 길이), g(중력가속도)]"가 되겠다. 그 진자길이의 2배가 '거석야드(MY)'라고 불리는 기준길이가 되는데 지구자오선을 366도로 나누고 1도를 60분, 1분을 6초로 나눴을 때 나오는 1초길이의 1/366에 해당하겠다. 즉 "지구자오선 둘레 = 40010km = 366 x 6 x 60 x 366MY"가 되고 "1MY = 0.8296656m"에 해당한다. (금성은 지구공전궤도 안에서 공전하므로 그 운동이 독특하다. 이 금성이 탄생이나 부활과 관련되는 것은 음인의 윤회사상과 관련이 있으므로 366진법은 음인인 황궁씨/청궁씨/흑소씨와 관련이 깊고 양인인 백소씨에게는 윤회사상이 없었으므로 금성을 기준으로 하지 않아 360진법을 사용한 것이라 추측할 수 있다.) 크레타섬에서 발견된 파이스토스원반은 당시 사용되던 366일과 실제 365.25일짜리 태양년 간의 차이를 보정하는데 사용된 것으로 여기서 도출할 수 있는 미노스피트는 0.3036m로서 '1000 X 0.3036(미노스피트) = 366 X 0.8296656(거석야드)'라는 관계가 성립하므로 흑소씨가 366진법을 사용했다는 것을 알 수 있다.

기준길이를 만들었으므로 여기서 부피와 중량을 정할 수 있게 된다. 한 변이 10cm인 정육면체에 들어 있는 물의 용량은 1리터이고 중량은 1kg이듯이 1/10 거석야드인 거석인치(8.296656cm)를 한 변으로 하는 정육면체는 571.08cc가 되는데 이는 1.005파인트(영국부피단위)와 같다. (일치한다는 말이다.) 그리고 4거석인치를 한 변으로 하는 정육면체를 물이 아니라 보리알로 채워서 중량을 재보면 1.005파운드가 된다. (일치한다는 말이다.) 이 영국파운드의 1/400은 인더스문명에서 발견된 1.13g의 추와 거의 비슷하며, 또 다른 1.37kg의 추는 '3x영국파운드'가 된다. 즉 청궁씨도 366진법의 거석야드를 사용했다는 것을 알 수 있다. 하지만 수메르인들의 분석력과 당돌함은 이때도 지금과 같았던 모양이었다. 시간을 구하는 기준은 (자신들의) 부족한 음기를 보충해주는 달이 되어야 한다고 주장한다. (태음력이다.) 즉 1달은 30일이고 1년은 12달 = 360일이므로 (공전궤도인) 원은 366이 아니라 360으로 나눠야한다고 주장한다. (60x6=360이므로 합리적인 주장이었다고 생각하지만 이것이 과연 옳은 것인지는 장담할 수 없다.) 1달과 1일도 360으로 나눠서 '1달 = 360시간', '1일 = 360게시'라고 정의하여 1시간은 달이 1도 공전하는 시간으로 정하고, '1게시 = 24x60x60/360 = 240초'로 사용하게 된다. 그리고 금성이 원을 360등분한 1도를 움직이는 동안 진자가 240번 왕복할 때의 길이인 99.88cm를 기준길이로 사용한다. 당시 많이 기르던 보리를 이 길이 만큼 붙여서 세어보았더니 (우연찮게) 딱 360개가 되었다. 그래서 세이(보리알)라고 이름 짓는다. 즉 360세이 = 99.88cm. 수메르인들은 길이단위가 나왔으니 36세이를 한 변으로 하는 정육면체의 부피를 기준부피로 정하고 여기에 물을 채운 중량을 기준중량으로 정하게 된다. 지금까지의 내용을 정리해보면 다음 표와 같게 된다.

|  | 원 | 1도 | 1분 | 진동수 | 진자길이 | 한변 | 부피 | 중량 |
| --- | --- | --- | --- | --- | --- | --- | --- | --- |
| 음인 | 366도 | 60분 | 6초 | 366 | 1/2MY | 1/10MY | 1핀트(물) | 1파운드(곡식) |
| 양인(白巢) | 360도 | 60분 | 60초 | 240 | 360세이 | 36세이 | 1리터(물) | 1kg(물) |

※MY(거석야드), 핀트와 파운드는 영국식 단위

   정리해보면 마고성 때는 음인인 황궁씨/청궁씨/흑소씨가 사용하는 366진법의 도량형과 양인인 백소씨가 사용하는 360진법의 도량형체계가 있었는데 권력을 잡은 백소씨 후예들이 프랑스혁명 후에 SI단위에서 미터법을 채택하면서 백소씨의 360진법으로 현재는 사용하고 있는 것이라고 할 수 있다. 여기서 더 나아가 지구와 달 그리고 태양의 중량까지 측정하게 되며 최종적으로 지구의 호흡을 측정하여 그것과 공명하는 관을 제작하여 마고성에서 그들의 직책이었던 **提管調音**을 위한 관을 제작한다. 「1세대문명」에 따르면 지구는 86164초의 행성일당 한 번 자전하는데 지구는 366도, 60', 6"로 나눌 수 있어서 1초당 1.53" 만큼 회전하므로 1.53"/초가 되고 이것은 560Hz가 되고 음계 상 C샤프 조금 위의 음이 된다고 한다. (1.53 x 366 = 560이긴 하지만 이 계산이 왜 나왔는지 모르겠다.) 이 음들은 호주원주민과 아메리카 인디언들 그리고 아프리카에서 흔적을 많이 찾아볼 수 있다고 한다. (아프리카와 인디언은 이해가 되지만 호주에서 발견된다면 마고성에서 사용한 음은 이 음이 아닐 수도 있다. 만약 이 음이 맞다면 마고성의 연원은 아슐리안 주먹도끼를 쓰던 때로 소급되어야 하겠다.)

   황궁씨는 (비단길 또는) 초원길을 따라 동으로 동으로 끝없이 걸어 기운이 화평한 가운데 웅장하게 펼쳐진 요하문명터에 자리를 잡았다. 사마르칸트에서 중앙아시아 초원을 지나 몽골초원을 거치면서는 기온이 바뀌는 것도 아니고 천지의 기운이 특별히 바뀌지도 않는다. 동서로 한없이 풀들만 자라고 있다는 것이 그 증거가 된다. 그러나 발해만을 만나는 순간 황궁씨는 기운이 크게 바뀌는 것을 느꼈을 것이다. 이 요하문명터가 사람이 살기에 최적이라는 것을 그도 알았던 것이다. 그래서 황궁씨가 이곳에 도착하기 전부터 이미 그곳에는 M130/M175/M242가 그들만의 문명을 일구고 있었다. 요하문명을 세운 우리민족구성도 우연인지 필연인지 삼재로 되어있다. 북쪽(초원길/타이가로드)에서 온 M175/M242, 남쪽에서 온 M130 그리고 중앙(비단길)에서 온 M175. 앞에서 설명했듯이 자연이 달라지면 그 기후에 적응하려는 노력의 결과로 인간의 장부도 달라진다. 그렇다면 이 3종류의 인간들의 장부도 다 달랐을 것인데 황인종 내에서 만들 수 있는 모든 다양성을 획득한 것이 우리민족이라는 것을 알 수 있으며 이 다양성 때문에 우리민족의 두뇌가 우수한 것이 아닐까 생각해본다. 왜냐하면 지능이라는 것이 두뇌 하나만 향상시키고 싶다고 할 수 있는 것이 아니라 모든 내부장기들의 기능이 좋아야지만 그 총화로서 지능이 발달할 수 있는 것이기 때문이다. 다시 얘기해서 장부의 정기(精氣)가 정밀해져야지만 두뇌를 포함한 신(神) 또한 정밀해질 수 있다는 것이다.

황궁씨가 출성한 때를 BC6898년으로 가정한다면 홍산문명 이전부터 황궁씨의 영향력이 발해만 일대에 끼쳤을 것으로 보이는데 이때까지 북동이족(M130/M175/M242)이 만든 문화는 중원보다 우세했다. 시기적으로도 2000년 이상 앞서 있었으며 그 결과 요하문명에서 중원으로 수출된 것들이 많았다. 채색토기는 앙소문화에서 처음 생겨서 만주지역으로 전파되었다는 게 정설이었으나 조보구문화유적에서 가장 오래된 그림이 그려진 채도가 발굴되었고, 중국인들에 의해서 '중화제일봉'으로 명명된 최초의 봉황 모양의 토기도 나왔다. 그리고 점치는 문화는 부하문화에 있었고 중국에서 가장 오래된 '점을 치던 뼈'인 '복골'이 발견되었다. 동물의 견갑골에 구멍을 뚫고 불에 구워서 치는 점을 '골복'이라고 하고, 골복을 한 뼈를 '복골'이라고 한다. 부하문화의 골복이 중원으로 내려가 은나라에서 널리 퍼지고 은나라 후기로 가면 뼈에 갑골문을 음각하는 갑골점으로 바뀐다. 즉 이 갑골문과 이후 소하연문화에서 발견된 도부문자는 한자의 기원이라고 할 수 있다.

요하문명터에 도착한 사람들은 처음에는 만족하면서 살았을 것이다. 하지만 황궁씨/유인씨를 거쳐 환웅씨에 이르자 이미 사람들의 마음은 닥해져가기 시작했고 그 흐름은 대세가 되어가고 있었으니 사람들 마음속에서 욕심이 점점 더 커져갔을 것이다. 황하유역에는 기름진 땅이 많았고 기후도 더 좋았기 때문에 요하문명터 사람들 중 일부분은 좀 더 잘 살려는 욕심으로 황하유역으로 이주하고 있었다. 환웅족속 중에도 그런 사람들이 늘어나기 시작했고 그들 중 유명한 사람으로 5대 태우의(太虞儀)환웅의 아들인 복희가 있었고, 이후 역시 배달국에서 갈라져 나온 소전(少典)씨의 아들인 신농이 있었고 이 소전씨의 다른 후손인 황제(黃帝)가 있었다. 즉 M175가 중국내륙으로 이주하기 시작한 것이다. 처음 이주를 시작한 것은 배달국이 생긴 다음이 아니라 그 한참 이전이다. M175가 한반도/만주에서 대략 3만 5천 년 전에 생겼으므로 이때부터 조금씩 이주를 시작했다고 봐야할 것이다. M175가 이주한 곳은 황하유역의 기름진 땅이었으므로 이 황하줄기를 따라 정착했을 것이고 시간이 흐를수록 더 내륙으로 들어갔을 것이다. 그러다 약 1만 년 전 쯤에 황하를 따라 이주하던 M175는 화산(華山)과 멀지 않은 감숙성에 다다랐고 한 M175가 어느 날 M122를 획득해서 최초의 중국인이 되었다.

이렇게 화산 근저의 감숙성에서 처음 태어난 M122는 이후 급속하게 번성하기 시작한다. 이른바 화산의 화(華)자를 쓰는 화하족의 역사가 태동한 것이다. 이렇게 태동하기는 했지만 송나라를 건국할 때까지 M122는 M175의 지배하에 놓이게 되는데 이 민초들인 M122를 이끌어 처음으로 M175를 꺾은 사람이 바로 황제(黃帝)였다. 황제는 동이족인 소전씨의 아들로서 고향은 하남성 신양시라 하기도 하고 산동성 곡부라고도 하는데 송나라 때 곡부에 황제의 탄생지를 기리는 큰 비석을 세운 것으로 보아 곡부라 볼 수 있을 것 같다. 황제가 비록 동이지역에서 태어났지만 성장은 섬서성에서 했는데 춘추시대의 「국어」를 보면 황제가 '성어희수(成於姬水)'라고 되어 있으며 희수는 지금 화산 근처를 흐르는 위하(渭河)라고 비정하고 있다.[148] 즉 동쪽에서 태어나서 서쪽에서 성장한 것이다. 이 황제가 화산을 중심으로 번성하기 시작한 M122를 이끌기 시작한 것이다. 시간이 지날수록 황하의 비옥한 토지와 온화한 날씨를 바탕으로 중국내륙의 농업생

---

148) https://www.youtube.com/watch?v=LTyjK6nhyvU 심백강 TV 참조

산성이 커지면서 인구 또한 폭발적으로 늘게 되었고 결국 배달국의 생활수준과 비등하게 되면서 배달국은 지금까지 우위를 누려왔던 집단으로서 위기의식을 느끼게 되었고 (BC2707년 즉위한) 제14대 자오지환웅, 즉 치우천왕은 급속히 커져가는 이 내륙세력을 견제하고자 원정길에 오른다. 그래서 화산을 중심으로 커가는 M122를 규합한 황제와 치열한 싸움을 하게 되고 하남성/하북성/산동성/강소성을 직접 지배권 하에 복속시키게 되지만 결국 황제에게 패함으로써 M175는 중국대륙에서 힘을 잃기 시작한다. M175는 한반도/만주까지의 천지에 특화된 형질이었고 내륙으로 들어갈수록 그 형질은 힘을 잃어 결국 M122로 다시 변해 버리게 되므로 M175가 중국내륙에서 번성할 수 있는 기반은 애초에 없었다. 그렇게 M122와 M175의 1차전쟁은 M175(황제)를 수장으로 한 M122의 승리로 끝나게 된다. 이때 유전자분포 상황을 정리해보면, 동부해안지역에는 M130을 위주로 하면서 M175가 꽤 많은 수를 차지하고 있었고 M122는 아직 소수에 그쳤다. 하북성으로 올라갈수록 M175가 많아져서 M130과 비슷해지고 동북3성으로 가면 M175가 더 우위에 있고 M130이 그 다음이었고 M122는 거의 없었다고 할 수 있겠다. 중앙과 서쪽인 섬서성과 감숙성에서 M122가 급속히 커가고 있었고 M130이 그 다음이었으며 M175는 쇠약해지고 있었으나 아직까지는 동쪽에서 계속 수혈하고 있고 임금을 포함한 상류층은 여전히 M175가 차지하고 있었다.

황제에게 패한 후 배달국은 쇠퇴해갔다. 과거 배달국이 누렸던 우위는 점점 약해져 갔다. 황하의 비옥한 토지에서는 막대한 식량을 생산해냈고 그에 따라 인구와 문화수준이 발달해서 결국 배달국을 추월하게 된다. M122는 대륙에서 떠오르는 별이었고 M175는 지는 해였다. 이런 상황에서 중원에서 동쪽으로 좌천당하는 집단이 발생한다. 이 집단이 누구인지 명확하진 않으나 확실한 것은 이들이 사마르칸트에서 비단길로 들어온 세력이라는 것이다. 여러 정황으로 볼 때 그 집단은 반고를 따라 들어왔던 공공족으로 보이며 이들이 전욱과의 싸움에서 패한 후에 하가점하층문화를 이루고 있던 배달국의 마지막 세대들과 연합하여 BC2333년에 새로운 나라를 세우게 되었으니 그것이 바로 '고조선'이었다.

삼국유사에는 자장이 문수보살에게서 받은 "너희(=신라) 국왕은 인도의 찰리종족의 왕이며, 동이공공(東夷共工)의 족속과는 같지 않다"는 신탁이 전해진다.

여기서 가장 쉬운 문제인 동이족은 북동이를 말하는 것으로 파악한다. 그러면 공공족은 누구인가? 공공족은 환단고기의 기록에 의하면 반고를 따라 비단길로 황하중류로 들어온 무리들이다. 이들이 고조선을 세운 주요한 인물들 중 하나라고 생각하는 이유로 앞의 문수보살의 언급 말고 다른 것이 있는데, 부도지에서는 임검씨가 '태백산'에 부도를 세웠다는 기록밖에 없는데 왜 환단고기에는 환웅씨가 '삼위태백산'에 배달국을 세웠다고 기록했는가하는 질문에서 그 힌트를 얻을 수 있다. 즉 고조선을 건국하여 단군신화를 기록한 주체들이 마고성에서 비단길을 걸어 삼위산으로 들어왔기 때문이라는 것이다. 이에 더하여 부도지의 저자인 황궁씨의 전고자는 오미의 변을 일으킨 반고의 도착지를 굳이 기록할 필요성을 느끼지도 못했을 것이지만, 황궁씨가 초원길로 들어와서 반고가 어디에 처음으로 정착했는지를 몰랐을 가능성도 있다. 따라서 고조선을 건국한 주체로서 마고성에서 삼위산으로 들어온 사람 중에서 전욱과의 권력투쟁에서 패하여 북경으로 축출당하는 공공이 단군신화를 지었을 가능성이 커지는 것이다. 그러면 마지막으로 신라왕족의 뿌리라는 찰리종족의 정체는 누구인가? 부도지의 맥통이 신라로 이어진다고 부도지의 저자가 밝히고 있으므로 신라왕족은 황궁씨의 피를 가지고 있을 수도 있지만 청궁씨 집단의 일부가 애초에 황궁씨 무리에 끼어서 늘어놨거나 (뒤에 설명한대로) 아리안에게 밀린 M20을 후에 재회했을 가능성도 크다.

이때 단군은 나라를 마한(馬韓), 진한(辰韓), 번한(番韓)의 셋으로 나눠 진한은 단군이 직접 다스리는 구역으로 두고, 한반도에 해당하는 마한에는 웅씨의 후손이, 중국 방면에 해당하는 번한에는 치우의 후손이 다스리도록 했다. 여기서 M122와 국경을 맞대게 된 번한의 영토는 M122와의 싸움으로 굉장히 유동적이었는데 치우가 하남성/하북성/산동성/강소성을 직접 복속시켰으나 황제에게 패하면서 그 영향력이 줄어들 수밖에 없었으며 고조선 후기로 가면 난하를 경계로 그 이남으로는 고조선의 영향력이 닿지 않는 상황에 이른다. 그리고 고조선을 세운 황궁씨의 후예들은 청궁씨의 후손(M20/드라비다인)을 재회했을 가능성이 있다. M20은 사마르칸트유역에서 남하하여 인더스문명을 창조하고 영위하던 중 BC1500년 경 북부에서 침입한 아리아인들에게 밀려 현재의 인도남부로 이주했고 일부는 뱃길로 또 일부는 해안로(미얀마/말레이시아/중국동부해안)를 따라 이주하였고 결국 고조선이 있던 만주에도 이르렀을 것이다. 이렇게 유추할 수 있는 근거로 첫째는 한국어가 타밀어와 비슷하기도 하지만 미얀마어와도 매우 유사하며 미얀마에도 우리의 전통놀이들이 그대로 있다고 한다.149) 둘째로 고인돌이 있다. 드라비다인에게는 거석(巨石)문화가 있는데 지금까지 고인돌이 발견된 곳으로는 복건성/절강성/산동반도/요동반도/길림성(모두 동부해안지역들이다) 그리고 한반도전역과 일본의 규슈지방이 있으며 한반도와 요동반도의 고인돌은 고조선시대에도 많이 만들어졌으니 M20이 아리안한테 밀려 내려온 시기와 비슷하다. 즉 M20이 해안로를 따라 이주한 곳들을 따라 고인돌문화를 남긴 것이라고 보면 되겠다. M20이 이렇게 고조선에 합류했을 것이라고 추측하는 것은 자연스러운 발상이라고 할 수 있지만 이것을 확실히 알 수 있는 방법은 M20이 현재 우리의 유전자에 어떻게 남아있는지를 알아보는 것이 될 것이다. 그리고 뱃길로 들어온 M20으로는 금관가야를 건국한 김수로왕의 부인이 되는 '허황옥'이 있다. 이 허황옥이 가져왔다는 파사석탑과 장신구들의 화학적 구성성분들이 인도남부에서 생산되는 것들과 일치한다는 연구결과가 있으니 신라왕족에 국한한 것이라면 굳이 고조선으로까지 소급할 필요도 없을 것이다. 그리고 허황옥이 바다 건너 먼 곳에서 왔다는 것은 엄연한 과학적 사실임에도 불구하고 남한의 강단사학계는 이를 인정하지도 연구하지도 않으니 이 사람들의 국적은 과연 어디인지 궁금할 뿐이다.

고조선이 만주에 세워질 때 중국내륙에서는 하은주가 들어섰는데 하나라는 「신주사기」에 나와 있는 대로 전욱의 아들인 우가 세우고, 은나라는 제곡의 아들인 설이 세우며, 주나라 또한 제곡의 배 다른 아들인 후직이 세운다. 주나라 시조까지는 사마천에 의하면 모두 황제의 후손이 되는데, 황제는 BC3240년 안부련 환웅 때 요하문명터에서 이주해온 소전의 후손이므로 주나라까지는 계보가 확실한 동이족국가가 된다. 그래서 은나라의 시조인 설의 신화를 살펴보면 [그의 모친인 간적은 어느 날 친구와 수영하러 나갔는데 제비가 날아와서 알을 낳아 떨어뜨린 것을 발견하고 알을 먹었다. 그러자 순식간에 임신해서 달을 채우고 아이를 낳았는데 그 아이가 바로 설이다.] 제비/알로 보면 확실히 음인신

---

149) https://www.youtube.com/watch?v=h0Ks54sTNw4 참조.

화에 해당한다는 것을 알 수 있다. 그런데 주나라시조인 후직의 신화를 보면, [후직의 어머니인 강원은 어느 날 평원으로 놀러 나간 곳에서 거인의 발자국을 발견했다. 순간 마음을 빼앗긴 그녀는 거인의 발자국을 밟았고 얼마 안 있어 임신을 하며 1년이 지나서 후직을 낳았는데 아무리 생각해도 상식적인 방법으로 태어난 아이가 아니어서 도랑의 얼음 위에 버렸는데 새들이 날아와서 날개로 아이를 덮어 따뜻하게 보호하였다. 이것을 본 강원은 이 아이가 평범한 아이가 아니라 신 같은 존재라고 생각하고 아이를 데려와 소중하게 양육했다.] 거인이 나오므로 양인신화인데 뒤에 새가 또 나온다. 이것은 추측컨대, 제곡과 간적 사이에서 설이 나오고, 제곡과 강원 사이에서 후직이 나오는데 제곡은 황제로부터 내려오는 부계이므로 동이족이 확실한데 왕비인 강원과 간적은 출신이 어디인지 불명확하다. 따라서 신화만으로 판단한다면 간적은 음인이고 강원은 양인인데 이런 신화상징은 마고성에서 기원한 것으로서 (M175에서 나온 M122는 쓰기 힘든 표현법이므로) 간적은 황궁씨계열이고 강원은 반고계열인 것으로 보인다. 은나라의 제후국이었던 주나라는 황제(黃帝)가 성장했던 섬서성의 위수(渭水)유역에서 M122를 기반으로 하면서 M175를 지도자로 하는 황제시절과 똑같은 구도로 은나라를 무너뜨리고 주나라를 세우게 되는데 이번에는 황제 때보다 더욱 M122의 목소리를 높이게 된다. 바로 자신들이 세상의 중심이라는 주체성을 천명하게 된 것이다. 즉 주나라의 수도인 낙양을 중심이라 칭하고 이외의 지역을 오랑캐의 땅으로 정의한 것이다. 그래서 이때부터 동이/서융/남만/북적이라는 용어가 탄생하게 된다. 이때 동이는 둘로 나눠볼 수 있는데 난하 이남의 동부해안지역인 산동성/하남성/강소성/안휘성에 있던 동이는 반고무리에 더하여 M130이 주류에 M175가 부류인 '남동이'가 되고, 하북성과 동북3성에 있던 동이는 M175가 주류에 M130이 부류이며 M242가 약간 섞여 있는 '북동이'가 되는 것이다.

진나라/한나라까지도 이 상황은 계속 된다. 진시황의 탄생신화에는 알이 등장하니 M175(황궁씨계열)로 보이고, 한고조의 탄생설화를 보면 한고조의 어머니인 유온이 어느 날 연못의 제방에서 깜빡 조는 사이에 신과 성교하는 꿈을 꿨는데 남편 태공이 제방에 있는 아내에게 가보니 용이 그녀 위에 있었다. 용은 뱀이 진화한 형태이므로 음인신화로서 한고조 또한 M175(황궁씨계열)인 것이 맞을 것이다. 그 후 위진 남북조시대에는 대륙의 중서부지역에서 M122를 수장으로 하는 나라가 건국되었으리라 추측하지만, 그 뒤의 수당 또한 고구려와 말이 통하는 북동이로 간주되는 선비국이 세우게 되고, 서기 960년에 이르러서야 비로소 M122를 수장으로 하는 최초의 통일왕조인 송(宋)나라가 세워진다. 이 송나라 때까지의 사정을 간략히 말하자면 은나라까지는 순전히 동이족 내에서의 파벌싸움이 대부분이었고 주나라에서 당나라까지는 동이족이 지배층으로 있고 중국인들이 피지배층을 이루는 상태에서의 싸움이었다고 말할 수 있는데 이는 마치 이집트나 히타이트/에트루리아에서의 흑소씨의 상황과 비슷한 것이었다고 할 수 있다. 송나라까지 오면서 M122는 비록 제왕의 자리는 이민족에게 내줬지만 인구수를 급속히 불림으로써 북동이와의 세력싸움에서 시간이 흐를수록 우위를 점하고 남동이를 차츰 흡수하게 된다. 고조선 후기에 중국과의 경계는 난하였으나 M122는 계속 북동이를 북쪽으로 밀어냈으며 발해가 망하고 고려가 들어섰을 무렵에는 발해가 있었던 지역까지 차지해서 그림과 같이 철령에서 공험진을 잇는 선까지 밀고 올라오게 된다.

[고려/조선의 북방경계(「이덕일의 한국통사」)]

이렇게 M122가 세력을 확장할 수 있었던 이유로는 급격한 인구수 증가가 가장 큰 원인이겠지만 이 사람들의 정신을 일깨워준 사람이 있었으니 그가 바로 공자이다. 공자는 동이족출신이다. 그는 주나라에 의해 멸망한 은나라의 후손들이 거주하는 산동성 곡부에서 태어났다. 곡부에는 현재 소호의 무덤이 있고 황제의 탄생비석도 있다. 그런 동이족의 고향에서 태어난 공자가 어떻게 중국인들의 정신적 지주가 되었을까?

공자의 사상은 「논어」라는 책으로 요약되어 있고 역사관은 「춘추」라는 책에 녹아있다. 그리고 이 춘추에 녹아있는 역사관의 핵심은 '주나라를 존중해야 한다는 존주론(尊周論)'이다. 주문화를 찬양하고 추종해야 한다는 것인데 주문왕/무왕/주공을 찬미하는 내용으로 가득 차 있는 것이다. 논어에도 공자의 존주사상을 알 수 있는 문장이 등장하는데 "周監於二代, 郁郁乎文哉! 吾從周! (주나라는 하·은 두 나라를 본받아 문화가 찬란하도다! 나는 주나라를 따르리라.)"거나 "甚矣 吾衰也! 久矣 吾不復夢見周公! (심하구나, 나의 노쇠함이여! 오래도록 나는 주공을 꿈에서 다시 뵙지 못하였다.)"라는 문장들이 있다. 얼마나 주공을 찬탄하고 흠모했으면 꿈에서 못 보는 것을 이렇게 아쉬워했겠는가. M122들이 처음 태어나 세력을 불리기 시작한 감숙성/섬서성을 기반으로 한 주나라를 찬양한다는 것은 이 중국세력과 척을 두고 있는 기존 세력인 동이족을 배척하는 논리로 발전할 수밖에 없었으니 존화양이(尊華攘夷 화하족을 존중하고 동이족을 물리친다.), 존왕양이(尊王攘夷 주나라 왕실을 높이고 동이족을 물리친다.) 화이관(華夷觀 중국이 세계의 중심이며 주변 국가들은 미개한 오랑캐라고 낮추어 보는 사상.) 등으로 발전하게 된다. 사실 주나라 왕실은 M175였으므로 존왕양이라는 말은 주장하는 바와 맞지 않는 틀린 말이며, 존주론은 존화론(尊華論)이라고 해야 맞는 말이 된다. 하지만 그때나 지금이나 중국인들은 자신의 근본이 누구인지 알지 못하므로 어떻게 이 용어들이 틀린 용어라는 것을 알겠는가?

M122의 인구수가 급속히 늘어나면서 비록 왕실을 차지하지는 못했지만 밑으로부터 소리를 점차 크게 내기 시작했고 왕실은 민심을 얻기 위해서는 M122의 비위를 맞춰줄 수밖에 없었으므로 한나라에 이르러 국가통치사상으로 공자의 유학을 채택하면서 화이관이 현재까지 이어오고 있는 것이다. 힘이 점점 강해지는 M122에 편승하여 한평생 잘 먹고 잘 살면 그만이라고 생각하는 동이족이 많아지면서 김부식이 북벌론을 주장한 묘청의 난을 진압하고 이성계와 정도전이 중

국에 사대하기로 마음먹으면서 이미 나라의 운명은 정해진 것이었는데 조선중기에 이르러 급기야 극단적인 친명사대주의를 주장하는 노론이 등장하기에 이른다. 이후 이들이 일제시대 때 친일세력이 되고 해방이 되어서는 친미반공주의자로 가면을 바꿔 써서 나라를 팔아먹고 민족의 주체성을 상실케 만들고 있는 현실에 이르렀다.

사실 유학이란 것이 2천 년이 넘는 세월 동안 숭앙받을 만큼 깊이가 있는 학문은 아니다. 공자가 자신의 도(道)는 일이관지(一以貫之 하나로 관통된다)라고 했는데 그것은 (공자가 아니라 제자가 한 말이지만) 충서(忠恕)라고 말하고 있다. 여기서 충(忠)은 임금이나 국가에 충성한다는 뜻이 아니라 '中+心'의 뜻으로 마음의 중심자리 또는 자기중심을 가지고 살아야한다는 말이겠고, 서(恕)는 누구를 용서한다는 것이 아니라 '如+心'의 뜻으로 '내 마음을 미루어 남의 마음을 헤아린다'는 말로 해석할 수 있는데, 그 마음이란 것을 제대로 이해하려면 불교를 공부해야 알 수 있는 것이지 공자가 말한 충서나 인(仁)의 개념만을 가지고는 마음의 구체적인 내용을 파악하기에는 깊이가 불교에 비해 너무 얕다. 물론 난무하는 춘추전국시대에 부국강병이 아니라 충서와 인 그리고 덕치(德治)를 강조했다는 측면에서는 뛰어난 사상가였으나 그 내용이 자연의 근원을 파고들지도 못했을 뿐만 아니라 정치적으로 부르짖었던 존주론도 끝내는 자신의 뿌리인 동이족을 멸망의 길로 이끌었다는 점에서 공자는 '동이족의 제1역적(逆賊)'이라고 할 수 있을 것이다. 그렇게 주나라를 찬양하던 공자도 죽을 날이 가까워져서는 자신의 주장에 잘못된 것이 많았다는 것을 깨달았는지 자신은 은나라사람의 후예라고 말하기도 하고 '子欲居九夷(나는 동이의 땅에 가서 살고 싶다)'라 하기도 했다. 그리고 '知我者 其惟春秋乎 罪我者 其惟春秋乎 (나를 알아줄 사람도 춘추를 통해서고 나를 비판할 사람도 춘추를 통해서일 것이다.)라고도 했는데 춘추의 존주사상이 중국인이 볼 때는 환영할만한 사상이지만 동이의 관점에서 볼 때는 당연히 비판할 수밖에 없는 역사관이므로 공자도 훗날 언젠가는 자신이 비판을 받을 것이라고 예상한 것이라 하겠다.[150]

환단고기에 보면 배달/고조선이 자신들의 옛 영토였던 중국대륙을 회복하려

---

150) https://www.youtube.com/watch?v=3-WLiUcbTGs&t=1340s 심백강 TV 참조

싸웠던 전투기록이 있는데, "①갈고 환웅이 하남성/하북성/산동성/강소성을 확보 ②치우 천왕이 하남성/하북성/산동성/강소성을 확보 ③단군 왕검이 하북성/산동성/강소성을 확보 ④단군 색불루가 산동성/강소성을 확보했다"가 다시 뺏겼다는 것이다. 이 지역들을 보면 처음에는 하남성/하북성/산동성/강소성을 확보했다가 나중에는 산동성/강소성으로 축소되는 것을 볼 수 있다. 여기서 2가지를 확인할 수 있는데, 첫 번째는 갈고환웅이 왜 중원지역인 산서성과 섬서성으로 진격하지 않고 해안위주로 공격했는가 하는 문제이다. 그 이유로는 산서성/섬서성이 중국인들의 발생지로서 그들의 힘이 가장 센 지역이기 때문일 가능성이 가장 크지만, 색불루가 하남성/하북성을 포기하고 산동성/강소성을 확보했다는 사실에 이르러서는 또 다른 생각을 할 수 있다. 단군은 율려를 수행하여 기감이 발달하였으므로 그들은 자신의 자손들이 어느 땅에서 잘 자랄 수 있는지를 알고 있었던 것이다. 사실 섬서성과 산서성은 점령한다손쳐도 음인에게는 불필요한 땅이요 단지 최대한으로 늘린다면 하남성/하북성까지가 기가 어느 정도 생기는 지역으로 음인이 건강하게 살 수 있는 지역이었으므로 여기까지 공격했던 것이고 나라의 힘이 다했을 때는 산동성/강소성 같이 해안지역으로만 집중했던 것이다. 이 전투기록과 안휘성의 당귀는 귀할 때만 쓰는 하품이라는 사실을 통해 기(氣)는 한반도에서 가장 강하고 만수로 가면서 소금씩 약해지다가 요하문명터와 중국해안인 산동성/강소성에서는 더욱 약해지며, 내륙으로 들어간 하남성/하북성/안휘성에서 음양이 평(平)해지는 것이 아닐까 추측해본다. 결국 위의 환웅들이 하남성/하북성/산동성/강소성을 회복하려고 애쓴 사실로 보아 우리민족이 미래에 회복해야 할 땅이 이 중국동해안과 동북3성을 포함한 지역이 될 것이다.

그 시절, 승자와 패자를 인간이 결정한 듯 보여도 사실은 자연이 선택했다고 말하면 억측일까? 그러나 본인은 그것이 역사 속에 숨겨진 진실이라고 생각하고 또한 이것이 바로 풍수지리설의 요지이다. 내가 천지를 바꿀 수 없으니 천지가 나를 잘 키워줄 수 있는 곳에 터를 잡아야 내 유전자가 번창할 수 있다는 논리이다. 앞에서 말했듯이 M122는 혈형(血型)이고 M175는 기형(氣型)이다. 따라서 M175는 기가 약한 음인이 많고 M122에는 혈이 약한 양인이 많은 것인데, 구체적으로 우리민족에는 태음인이 가장 많고, 중국한족에는 소양인이 가장 많고, 일본에는 소음인이 가장 많고, 백인에는 태양인이 가장 많은 것으로 판단한다.

체질을 판단하는 방법으로는 오링테스트/진맥/한약/문진 등이 있는데, 오링테스트는 피검자의 기감이 약한 경우 틀리는 수가 많고 여러 번 시험하면서 오는 근육의 피로감으로 인한 오차 그리고 매회 동일한 시험조건을 만들기 어렵다는 점 등으로 부정확한 경우가 있고, 진맥은 한의사의 역량에 따른 것이라 주관적인 견해가 주로 작용하여 객관적이지 못한 단점이 있어서, 이 중에서 가장 정확한 것은 체질한약을 복용해 보는 것이다. 한약이란 것이 우리가 일상적으로 먹는 음식 중에서 기운이 세거나 날랜 것들을 쓰는 것이므로 그 사람의 음식기호와 그에 따른 반응으로도 체질을 어느 정도 가늠할 수 있다.

태음인은 간대폐소(肝大肺小)하다. 간대(肝大)하다는 것은 간이 실질적으로 평균 이상으로 크다는 뜻이라기보다는 간기능이 강하다는 뜻이고, 폐소(肺小) 또한 폐기능이 약하다는 뜻이 된다. 간은 기운을 수렴시키는 역할을 하여 신맛과 기운이 통하므로 간이 약하면 신맛을 좋아하게 되고 강하면 싫어하게 된다. 폐는 발산시키는 역할을 하여 매운맛과 기운이 통하므로 폐가 약하면 매운맛을 좋아하게 되고 강하면 싫어하게 된다. 한국인들은 태음인이 가장 많기 때문에 신맛을 싫어하고 매운맛을 좋아한다. 그래서 음식에 고추를 많이 쓰고 식초를 덜 쓰는 것이다. 태양인은 태음인과 반대로 폐대간소(肺大肝小)하다. 폐대(肺大)하므로 매운맛을 싫어하고 간소(肝小)하므로 신맛을 좋아한다. 그래서 백인들은 매운맛에는 기겁을 하고 식초를 많이 쓰는 것이다. 그런데 특이한 점이 하나 있다. 태음인에게 가장 이로운 곡식은 밀이며 태양인에게 가장 이로운 곡식은 쌀이다.[151] 그런데 우리는 쌀이 주식이며 백인의 주식은 밀이다. 어떻게 이렇게 되었을까?

벼는 고온다습한 환경을 좋아한다. 그런데 유럽대륙은 위도가 높아 추운데다가 고온건조한 지중해성 기후여서 벼재배에 적합하지 않다. 그래서 냉대·반건조 지역에서도 잘 자라는 밀을 재배할 수밖에 없다. 태양인에 속한 백인들에게 밀은 상극이므로 이를 중화시켜 줄 음식이 필요한데 그들이 찾은 것은 '포도'였다. 포도는 신맛이 있어서 태양인에게 가장 적합한 과일인 것은 맞다. 그런데 포도

---

151) 「새로 쓴 사상의학」 200~203쪽 참조. 류주열 지음

를 그냥 생과일로 섭취하는 것이 아니라 포도주로 매 끼니 섭취하므로 체질적으로 열이 많은데 또 다시 술이라는 기름을 붓는 거라서 건강에 해로우므로 밀의 부작용을 덜어주기는 하지만 그 의미가 퇴색한다고 하겠다. 우리민족이 체질에 맞는 밀을 부식으로 하고 체질에 상극인 쌀을 주식으로 삼은 이유는 쌀이 밀보다 더 훌륭한 음식이라고 생각했기 때문이다.

稻米得天地之和 高下之宜 故能至完
[벼는 천지의 조화와 고하의 마땅함을 얻은 식물이므로 지극히 완전하다.]

한국인 모두가 태음인이 아니고 50% 이상은 다른 체질이며 이들에게 최상의 주식은 쌀이므로 쌀을 주식으로 삼은 것이다. 그리고 쌀이 태음인에게 해가 되는 것을 중화시켜줄 음식을 찾았는데 그것은 바로 '콩'이었다. 콩은 식물성 단백질이 풍부한 아주 좋은 음식인데다 거기에 흡수를 높여줄 발효까지 시켜서 된장/간장으로까지 발전시켰으니 백인들이 포도를 찾았으나 그것을 술로 만든 것에 비할 바가 아니다.

일본인 중에는 소음인이 가장 많다. 소음인은 신대비소(腎大脾小)하다. 신대(腎大)하다는 것은 비뇨생식기 기능이 강하다는 것이고, 비소(脾小)하다는 것은 소화기 기능이 약하다는 것이며 비장에 해당하는 단맛을 좋아한다는 것이다. 이 또한 즐겨먹는 음식으로 알아볼 수 있다. 그들이 좋아하는 것에는 참치회/김이 있고, 복날에는 장어를 먹으며 일본인이 좋아하는 한국음식 1위는 삼계탕이다. 덧니가 심하고, 세계 최고의 포르노공화국이라는 특색이 있다. 이 중에서 참치/김/장어는 모두 소음인에게 맞는 음식이다. 특히 삼계탕은 한여름철 땀을 많이 흘려 1년 중 가장 기운이 소진해 있는 때를 위해 음양균형을 생각하지 않고 "닭+인삼+대추"라는 소음인음식만으로 구성하여 소화기능을 살리고자 한 음식이다. 그리고 덧니는 턱을 관장하는 비위는 약해서 발달하지 못하는 반면 이빨을 관장하는 신장은 강해서 이빨이 좁은 공간에 많이 나다 보니 삐죽빼죽 튀어나오게 된 것이다. 흑인도 신장이 강하므로 소음인이 많아서 이빨이 백인보다 4개, 황인보다 8개까지 많을 수 있다. 다만 흑인의 골격은 크므로 덧니가 일본인만큼 많지 않을 뿐이다. 그리고 포르노는 성욕과 관련된 것으로 소음인은 비뇨생식기를 관장하는 신장이 강해서 성욕이 과다할 수 있고, 이 또한 흑인이 신장이 강해서 성기가 인종 중 가장 클 뿐만 아니라 성욕도 강한 것과 동일한 이치이다.

또한 일본의 북장단에는 3박자 리듬은 없고 2박자로만 이루어져 있다. 2는 음수 (陰數)이고 이는 곧 일본인이 태음인 아니면 소음인이라는 것을 보여주는데 위의 여러 가지 근거들과 더불어 매운맛을 싫어하므로 소음인일 가능성이 많은 것이다.

중국인 중에는 소양인이 가장 많다. 소양인은 비대신소(脾大腎小)하다. 비대(脾大)하므로 소화기기능이 강하고 신소(腎小)하므로 비뇨생식기 기능이 약하다. ①동아시아 중 근대화 이전부터 돼지고기를 많이 먹던 곳은 오키나와 중국뿐이다. 현재 돼지고기 생산량이 가장 많은 곳은 중국이고 이 생산량의 98%는 자국에서 소비하며, 이로도 모자라 주요 수입국이기도 하다. 한국에서의 육(肉)은 보통 소고기이지만, 중국에서는 돼지고기를 가리키며 소고기는 牛肉이라고 따로 쓴다. ②기름진 음식 : 중국음식은 대부분 기름에 튀겨 요리한다. 이 기름이란 것은 소화기가 튼튼하지 않으면 소화시키기 어렵다. 소화기인 비위가 발달한 소양인이기에 가능한 요리법이다. ③녹차 : 이 기름진 음식을 먹고 나서 마시는 것이 녹차인데 이 녹차는 소양인음식에 속한다. ④중국요리를 얘기할 때 중국에서는 두발 달린 건 사람을 제외하고, 네발 달린 건 책상과 의자 빼고 모두 먹는다는 말이 있듯이 요리가 엄청 발달해 있다. 식욕이 왕성해서 음식을 탐하므로 음식이 발달했다는 논리가 설득력이 있으므로 4체질 중 식욕이 가장 좋은 소양인일 가능성이 큰 것이다. 그리고 중국어에는 성조가 있다. 영어의 강세(accent)와 의미와 형태가 대동소이하다 할 수 있다. 강세를 쓰는 이유는 자신을 더 강하게 표현하고 싶어 하기 때문이다. 태양인과 소양인의 공통점은 양인(陽人)이라는 것이고 말 자체에 포함되어 있듯이 이들은 원심적으로 무엇을 표현하고 싶어 하는 체질의 사람들이다. 그 표현하는 것 중에서 인간이 가장 많이 쓰는 것이 바로 언어이므로 말을 강하게 발음함으로써 자신을 더 드러내 보이는 것이다. 중국인 옆에 있으면 귀가 따가울 정도로 시끄러운데 이런 양적인 성향이 중국대륙을 차지하는데 큰 역할을 했을 것이라 추측할 수 있다. 왜냐하면 큰 땅덩어리를 차지한 국가들을 살펴보면 대부분 양인들이기 때문이다. 백인 중에서 러시아인은 가장 추운 지방에 사는 가장 뜨거운 인간들이라서 땅덩어리가 그만큼 넓은 것이고, 그 외 큰 땅들인 북미와 호주도 백인이 차지했고, 소양인인 중국인이 그 다음이고, 음인으로서는 소음인인 일본도 우리나라를 시도 때도 없이 침범하고 중국대륙과 태평양으로도 침범해 들어갔는데(일본의 지배층에는 중국계의 양인이 많다.), 유독 우리나라만은 한 번도 남을 침범한 적이 없다는 것을 자랑(?)하고 있는 실정이다. 이것은 태음인이 가장 겁이 많다는 걸 보여준다. 그래서 체질을 쉽게 알 수 없는 어린이의 경우에 유치원에 가지 않겠다고 떼쓰는(새로운 환경을 두려워하는 것이다.) 아이를 보면 태음인일 가능성이 많다고 판단하기도 한다. 음인으로서 기(氣)가 약해서 중원에서는 힘을 쓰지 못한다는 주된 이유에 더해 이런 내성적이고 자존감 없는[152] 성격 때문에 중국대륙에서 한족에 패해 쫓겨났을 것이라고 생각한다.

● 최종정리

먼저 유전자 이동지도와 한민족의 디아스포라 그리고 한의학을 토대로 인종에 대해서 정리하고 넘어가자. 18세기 후반 독일의 인류학자였던 blumenbach는 세계 곳곳의 두개골들을 수집 연구한 결과 코카서스산맥 지역주민들이 세계에서 가장 아름답고 완전한 인종으로서 백인의 원류가 된다고 생각했고 그래서 이 사람 이후로 코카소이드(caucasoid)가 백인을 지칭하는 단어로 쓰이기 시작했다. 이 사람은 인도유럽어의 조상어로 생각하는 (하지만 틀린 가설이다.) 아르메니아어를 염두에 두고 이런 결과를 도출한 것이었을 텐데 앞에서 설명했듯이 이 코카서스산맥의 아르메니아는 백소씨의 후손이 정착한 곳으로 수메르인들이 자신을 '검은 머리의 사람들'이라고 지칭했다는 것에서 알 수 있는 것처럼 그들은 황인종에 속하는 양인이었지 백인이 아니었다. 이렇게 판단할 수 있는 기준은 앞에서 설명했듯이 흑인/황인/백인을 가르는 기준은 피부색이 될 것 같지만 이것은 2차기준이고 1차기준은 신장의 기운을 표출해주는 머리털이 된다. 그래서 대략적으로 흑인은 피부가 검고 머리털도 검으면서 곱슬이고, 황인은 피부가 누렇고 머리털은 검으면서 직발이고, 백인은 피부가 희고 머리털은 탈색이 된다는 것이 인종에 대한 좀 더 정확한 정의가 될 것이다. 그래서 마고성이 있었던 사마르칸트의 위도에서는 백인이 태어나지 않았을 것이고 여기에서 북쪽으로 올라가서 좀 더 추운 지역인 러시아 타이가지대에서 백인은 탄생했을 것이다. 그러므로 백인을 코카소이드라고 부르는 것은 틀린 말이 된다. 본인은 M45가 머리

---

[152] 폐가 작으면 폐가 다스리는 코 또한 낮게 된다. 콧대가 낮아진다는 말이고 이것은 보통 자존감 없음을 의미한다.

털이 탈색된 최초의 백인일 것이라고 추측하지만 이 사람이 동쪽으로 이동한 인디언들 중에 황인이 더 많았다는 사실에서 M45 역시 최초의 백인이었기 때문에 환경이 변하면 쉽게 황인으로 변한 것이 아니었나 생각한다. 그리고 이 인종을 어떤 유전자의 존재여부만으로 판단하는 것도 틀린 것일 수 있다. 왜냐하면 현재 어떤 유전자의 역할을 전부 규명하고 있지 못하기 때문이다. 예컨대 현재 이란과 인도에 사는 아리안들을 백인으로 구분하는데 아마도 그들이 인도유럽어를 쓰고 있다는 사실이나 M173/M17을 가지고 있기 때문일 것이라고 생각한다. 하지만 이 아리안들은 애초에 백인이 아니었다. 그들은 마고성에서 북쪽으로 출성한 것이 아니라 서쪽인 카스피해나 마고성 주위에서 지내다가 위에서 밀고 내려오는 M173/M17과 접촉한 결과로 그들의 유전자를 공유하고 있을 뿐일 가능성이 농후하기 때문이다. 인간이 만물의 영장이라지만 자신을 이루고 있는 장부에 대해 제대로 규명하지도 못하고 있을뿐더러 생명을 창조하는 것은 언감생심이다. 현재의 과학이 제대로 다룰 수 있는 것은 무생물에 국한하며 생물의 경우에는 그 기전을 완전히 파악하기까지 얼마나 많은 시간이 더 필요할 런지도 알 수 없는 수준이다. 그러므로 피부색뿐만 아니라 인체의 생리작용은 제7식인 말라식이 관장하는 것으로 이들에 대해 서술해 놓은 것이 (초과학적인) 한의학인 것인데 이것을 비과학적이라고 무시하면서 자신이 알고 있는 지식으로 내린 (예컨대) 인종에 대한 정의가 제대로 된 것이라고 단정한다면 그것은 무지와 오만 그리고 거기에서 나온 무례가 결합하여 표출되는 눈 찢기와 비슷한 주제 넘는 것이라고 할 수 있다.

우리민족의 시조는 마고할머니이다. 사람 위에 사람 없고 사람 아래 사람 없는 평등사상을 기반으로 마고성에서는 1세대문명을 일으켰으며 출성 후에는 4대문명과 아메리카의 여러 문명까지 이룩한 참으로 대단한 민족이다. 사실 본인도 이런 결론에 이르게 되리라고는 전혀 예상하지 못했다. 한의학을 공부하고 이 책의 앞부분에 나와 있는 '결론'에 이르기까지 15여 년이 걸렸고 그 결론으로 여러 사회문화를 일관되게 파악할 수 있다는 사실만으로도 만족했었다. 이 역사부분은 백인문화를 논리적으로 설명하고자 하는 과정에서 인종이 어떻게 나오게 되었는지를 설명하게 되면서 곁가지로 다루게 된 것으로 모든 이야기를 품고 있었던 부도지는 한의학과 동양철학을 어느 정도 알고 있었던 본인에겐 하룻

밤에 읽는 아라비안 나이트였고 따라서 우리의 고대사의 큰 그림을 아는 데는 단 하루가 걸렸을 뿐이었는데 이 일이 오히려 더 큰 일이 되어버린 것 같다.

이제 모든 여행을 끝냈으니 최종적으로 한민족이 이룩한 문명과 음양인에 대해서 정리를 해보면 다음 표와 같은데,[153] 이 표에서 황궁씨는 대한민국인들의 주를 이루지만 마고성에서 중원으로 들어올 때와 요하문명에서 중원으로 인구이동이 있었고 M122의 직접조상은 한반도 부근에서 태어난 M175이므로 중국의 형성에 지대한 공헌을 했지만 현재 중국인들은 이들과 다른 양인이므로 '(중국)'이라고 표현한 것이고, 반고무리 중에 공공족은 고조선건국의 주역일 가능성이 있으나 현재 대한민국의 주류는 음인이므로 '(대한민국)'이라고 표현하였다. 범인(凡人)들은 미래를 알지 못하므로 과거로부터 배우는 수밖에 없다. 그림을 보면 양인인 1차출성자들과 백소씨 그리고 반고무리가 전 세계의 대부분을 차지하고 있다는 것을 알 수 있다. 음인인 흑소씨는 그리스에 자취를 남기고 있을 뿐 나라를 잃어버렸고, 청궁씨는 아리안들한테 밀려서 인도남부로 쫓겨난 상태이고, 황궁씨 후손인 우리도 중국에 밀려서 한반도에 찌그러져있는 상태이다. 한민족의 후손 중 현재 제일 잘 나가고 있는 사촌은 양인인 백소씨 중에서도 가장 양적인 아브라함의 후손이 될 것이다. 단지 돈을 잘 버는 것이 인생을 잘 사는 것은 아니지만 흑소씨 같이 나라도 없이 사라지는 것이 더 낫다고는 결코 말할 수 없으니 우리는 흑소씨의 역사에서 가르침을 얻어야 한다. 이집트/크레타/히타이트/에트루리아 모두 남녀가 평등했으며 평화로운 나라였다. 피지배층의 언어를 수용했으며 정복한 나라들의 신마저 자신의 신전으로 데려와 위로해줬던 마음씨 따뜻했던 형제였다. 하지만 현재 그들은 그리스에서 중하위층으로 어렵게 살아가고 있다. 한때 지구의 반지름을 측정했고, 3800년 동안 세계에서 가장 높은 건축물을 지었던 과거의 영광은 사라지고 자신의 몸 하나 누일 집도 없는 처참한 신세가 되어버린 것이다. 현재 황궁씨의 후손인 우리도 이와 비슷한 처지에 놓여있다. 한때 중국대륙 전체를 호령했었지만 양인인 중국인들한테

---

[153] 이 나라들은 본인이 눈에 띄는 것만 단시일 내에 찾은 것이고 찾아보면 훨씬 많을 것이다. 페니키아 같은 나라도 유대인과 연관되지 않을 수가 없을 것이고 우랄어족도 추가되어야 하는데 이들은 어디서 갈라져 나온 사람들인지 특정 짓지 못해서 집어넣지 않았을 뿐이다.

[한민족의 디아스포라 : 1차출성(빨강), 황궁(검정), 백소(파랑), 청궁(파랑), 흑소(검정), M130(점선)]

| 마고성 | 출성 직후 | | 후속 국가 |
|---|---|---|---|
| 황궁 | 유럽거석(황궁) | 陰人 | → 유럽해안/영국/아일랜드 |
| | 요하문명(황궁) | 陰人 | → 백두산문명(M130) → 이누이트 → 카랄 수페 |
| | | 陰人 | → (중국)/대한민국 |
| | 황하문명(반고) | 陽人 | → 중국/(대한민국) |
| 백소 | 수메르문명 | 陽人 | → 미탄니 → 우라르투 → 아르메니아 |
| | | | → 이스라엘(아브라함) |
| | | | → 트로이 → 로마 |
| | | | → 프리기아 → 아르메니아 |
| | | | → 미케네문명 → 그리스 |
| 청궁 | 인더스문명 | 陰人 | → 인도/스리랑카/동남아시아/(신라) |
| 흑소 | 이집트문명 | 陰人 | → 크레타문명 → 그리스 |
| | | | → 히타이트 → 리디아 → 에트루리아 |
| 1차 출성 | | 陽人 | → M45 → M173 → 유럽인 |
| | | | (→ M45 → M173 → M17 →) 이란/인도 |
| | | | → M45 → M242 → M3 → 마야/아즈텍/잉카 |

  밀리고 일본인들에게도 밀리고154) 미국인들한테 농락당해서 현재 한반도라는 귀퉁이로 찌그러져 있다. 미국이 심어놓은 친일매국노의 뿌리가 정치/언론/대학/기업 등에 단단히 뿌리박고 있으며 국민들은 이들에 의해 세뇌당해 어느 것이 옳은 길인지 갈피를 못 잡고 있다. 이 좁아터진 땅에서 누군가 심어놓은 지역주의조차 벗어나지 못해서 전라도사람은 전라도당을 찍고 경상도사람은 경상도당을155) 찍는 한심한 수준에서 벗어나지 못하고 있다는 것과, 통일은 필요 없으며

---

154) 일본인은 소음인이 다수지만 중국과 대만에서 이주한 양인들이 다수 지배층으로 있다. M122의 변이형이 중국/일본에서 많다는 것은 일본에도 중국인과 같은 소양인이 소음인보다는 적지만 그래도 많다는 것을 보여준다.

155) 경상도당을 '보수'라고 칭하고, 전라도당를 '진보'라고 말하는 것은 틀린 것이다. 사실 이렇게 말하는 것보다 '보수/진보'라는 말 자체가 어떤 고정된 것을 말하는 것이 아닐 뿐만 아니라 성질이 상반되는 것을 가리킬 수도 있다는 점에서 대단히 불명확하면서 위험한 단어라고 말하는 것이 더 정확한 표현인 것 같다. 아마도 어느 언론인한테 물어봐도 보수와 진보의 정확한 개념을 대답하지 못할 것이다. (대답은 하겠지만 정답과는 거리가 멀 것이다.) 왜 그런지 살펴보자. 이들의 사전적 의미는 보수(保守. 새로운 것을 반대하고 재래의 풍습이나 전통을 중히 여기어 유지하려고 함)이고 진보(進步. 역사 발전의 합법칙성에 따라 사회의 변화/발전을 추구함)이다. 지금 경상도당을 보수당이라고 칭하는 핵심적인 이유는 그들이 고려 중기부터 태동한 성리학에 바탕을 둔 양인적 사고방식에 기반한 문화를 지지하기 때문이다. 그런데 이것은 경상도인들이 양인이어서 우연히 이 둘이 합치한 결과일 뿐이다. 만약 현재가 고려 중기이고 고려 전기의 모계사회적 풍습을 고수하는 것이 보수가 되는 상황에서는 전라도당이 보수당이 되는 결과가 된다. 즉 지켜야 할 전통이 어떤 특성을 가지고 있느냐에 따라 보수/진보의 내용이 달라지므로 이 단어들이 가리키는 내용 또한 달라질 수밖에

없다는 말이다. 따라서 경상도당을 보수당이라고 말하는 것은 부정확하고 양인당(陽人黨)이라고 하고 전라도당은 음인당이라고 해야 맞는 표현이 된다. 그리고 또한 이 보수와 진보는 직선적 사고에서 나온 단어라고 파악할 수 있는데 우주의 이치는 순환적이므로 이치에 맞지도 않는 단어이다. 예컨대 남녀평등이 진보적 사상인가? 하지만 이 평등이란 것은 이미 이집트/히타이트/인더스/요하문명에서 지금보다 훨씬 더 완전하게 이뤘던 가치이다. 과거 음인/모계사회의 평등에서 시작해서 양인/부계사회의 불평등을 거쳐 이제 또 다시 평등을 외치고 있는 상황에서 보니 양인/부계사회의 불평등에 비해서 지금 외치고 있는 남녀평등이 진보적 사상으로 보이는 것일 뿐 실상은 BC3000년 또는 마고성시절 또는 원숭이에서 분화했던 그 어느 시절로 돌아가자고 외치는 보수적 사상일 뿐이다. 또 다른 예로 달나라까지 여행하고 양자역학까지 탐구하고 있는 현대기술이 과거보다 더 진보한 것이 아니냐고 말할지도 모르겠다. 그러나 만약 이것이 확실한 진보라고 말할 수 있다면 '최신의 물리학을 아는 사람이 가장 진보한 사람인가?'라는 물음에 '그렇다'라고 말할 수 있어야 하겠는데 선 듯 그러지 못하는 이유는 인간의 삶의 목적 자체가 그런 물질적 세계의 발달 자체에 있지 않기 때문일 것이다. 따라서 이 '보수/진보'라는 단어는 온 이치를 꿰지 않고서는 정확한 의미를 알 수가 없는 단어이므로 아예 쓰지 않는 것이 좋다고 생각한다. 모르면 안 쓰면 되는 것이지 괜히 아는 채 하면 불필요한 혼란만 가중시킬 뿐이다.

경상도당을 양인당이라고 불러야 한다는 것은 현재 그들을 보수당이라고 부르는 것에 대응해서 한 말이지 그들이 진정 양인다운 면모를 보이기 때문인 것은 아니다. 가부장적으로 집안에서는 여자와 자식들 위에서 군림하면서 대장노릇을 하려 하지만 정작 국가차원으로 확장했을 때는 한미동맹이 무너지면 나라가 금방 없어지기라도 하는 것처럼 호들갑을 떠는 한편 일본에서 흘러나오는 꿀을 빨아먹으려는 양아치노릇이나 하고 있을 뿐이니 '비루한 매국적인 양인당'이라고 불러야 하고 전라도당 역시 '비루한 매국적인 음인당'이라고 불러야 한다. 이렇게 불러야 하는 예들은 찾아보면 수도 없이 많을 테지만 이 책을 인쇄하기 바로 전인 2021/4월에 있었던 일이 있다. 전라도당의 민형배 외 11인이 교육기본법 교육이념에서 '홍익인간'을 삭제하는 개정안을 발의한 것을 들 수 있다. 수백 만 명이 밤을 밝혀가면서 바꾼 촛불정권이라는 문재인정권에서 하는 짓이라는 게 식민사학의 주장을 따라 자신의 뿌리가 되는 고조선을 기어코 지우고자 한다는 것이다. 이런 상황에서 경상도당이 진정한 보수라면 우리나라에는 홍익인간보다 더 보수적인 것은 거의 없기 때문에 그게 무슨 망발이냐면서 들고 일어나야 정상인데 한 마디 논평 없이 조~용~하다. 국민들이 유튜브에서 다시 듣고일어날 뿐이다. 이것이 말해주고 있는 것이 무엇인가? 이 두 정당은 모두 해방 이후 미국이 살려 준 친일세력들이 세운 매국정당이라는 공통분모를 가지고 있다는 것이고 우리는 5년 마다 틀린 예문 2개 중에서 맞는 답을 찾으려고 애쓰고 있는 중이라는 것을 말하고 있는 것이며 또한 지금 쓰이고 있는 '진보/보수'라는 단어가 '나도 모르고 너도 모르니 그냥 대충 얼버무려서 편 가르기용으로 악용하고 있는 얼마나 불명확하여 위험한 단어'인지를 알 수 있다.

이 상황을 타개하려면 먼저 국민들이 깨어나서 지역주의를 타파하는 것이 우선이겠고, 지역에 기반하지 않고 정책에 기반하는 정당들이 새롭게 탄생해야 한다. (음인은 구심적으로 자신의 근원을 고수하려는 성향이 강하다. 만약 이것을 넘어서는 단계까지 간다면 우리나라는 초일류국가가 되어 있을 것이라 장담할 수 있다. 자연적인 수순이므로 저절로 되어 있을 것이다.) 이미 노동자들의 권익을 주장하는 지역이 아닌 정책에 기반한 정당이 있으나 그들의 주장은 시대가 지나 이미 효력을 상실했다. 노동자들의 권익은 상승할 만큼 상승했으며 임금도 충분히 높아 보인다. 이런 상황에서 사업주보다 노동자를 우선하는 것은 옳지 못해 보인다. 사업주가 시장에서 살아남는 것이 우선이고 그러려면 기술력이 중요한 것인데 이 기술력이란 것은 대부분 연구실에서 나오지 생산현장에서 나오지는 않는다. 예컨대 이미 만들어진 자동차부품을 조립하는 것은 초등학교조차 졸업하지 않더라도 아니 중학생만 되어도 할 수 있지만 그 부품의 소재/모양/수치 등을 결정하는 일은 대학교를 졸업해도 할 수 없는 경우가 많다. 그리고 (그 정당이 주장하고 있는지는 모르겠으나 노동자인권을 말하면 보통 재벌을 안 좋게 보는 경향이 있으므로) 재벌을 해체해서는 우리나라는 힘을 쓰지 못한다. 음인은 구심력이 강하므로 여럿이 뭉쳤을 때 큰 힘을 발휘한다. 따라서 우리가 강대국이 되기 위해서는 어느 선까지는 대기업이 필수적이라는 말이 된다. 이 대기업문화에서 문제가 되는 것은 음인성향으로 자신의 가족에게만 경영권을 물려주려는 데 있다. 과거 모계사회에서 근친상간에 근친상간을 하고 또 다시 근친상간을 해서 결국 멸망했던 것과 똑 같은 행태인 것이다. 따라서 경영승계권을 법으로라도 일정 정도 가족 이외로 흘러가게 강제하는 것이 (음인사회에서는) 필요할 텐데 가장 이상적인 형태는 유한양행의 창업주인 유일한님의 승계철학이라고 할 수 있겠다. 이 분에 대한 설명은 구차한 것이 될 것이므로 그의 유언장으로 이를 갈음한다.

유언장
1. 손녀인 유일링에게는 대학졸업 시까지 학자금으로 1만 불을 준다.
2. 딸 유재라에게는 유한공고 안에 있는 묘소와 주변 땅 5천 평을 물려준다. 그 땅을 동산으로 꾸미고 결코 울타리를 치지 말며, 중고교 학생들이 마음대로 드나들게 하여 그 어린 학생들의 티 없이 맑은 성신에 깃든 젊은 의지를 지하에서나마 더불어 느끼게 해 달라
3. 그동안 일해서 모은 내 소유 주식 14만 941주는 전부 "한국사회 및 교육원조 신탁기금"에 기증한다.
4. 아내 "호미리"는 딸 "재라"가 그 노후를 잘 돌보아 주기를 바란다.
5. 아들 유일선은 대학까지 졸업시켰으니 앞으로는 자립해서 살아가거라.
6. 아무에게 돈 얼마를 받을 것이 있으니, 얼마는 감해주고 나머지는 꼭 받아서 재단 기금에 보태라.

이 분이 내가 말한 '음인의 지혜를 갖춘 양인'에 정확히 부합하는 표본이라고 할 수 있다. 음인의 지혜를 갖췄다는 것은 그가 미국에서 항일집회에서 연설을 도맡아 했다는 것과 동양인임에도 장학금을 받으면서 미시간대학교를 졸업했다는 사실 그리고 미국에서 식품회사를 차려서 잘 살고 있었음에도 일제시대였던 1926년에 귀국했다는 사실에서 올바른 가치관과 지혜를 엿볼 수 있으며, 그가 '국가/교육/기업/가정, 이 모든 것은 그 순위를 정하기가 매우 어려운 명제들이다. 그러나 나로 말하면 바로 국가 교육 기업 가정의 순위가 된다'라고 말한 것에서 그가 양인(陽人)이었음을 알 수 있다. 자신으로부터 원심적으로 멀어지는 순서를 중시했기 때문이다. 그는 '비루한 양인'이 아니라 '음인을 이끌 자격이 있는 제대로 된 양인'이었고, 우리는 여기서 그가 평양태생이라는 것에 주목할 필요가 있다. 우리는 북한이 미국에 고자세로 나가는 것에 대해 이러쿵 저러쿵 말을 하지만 본인이 누차 말했듯이 남한<북한<만주 순으로 판의 경계선에서 멀어지면서 기가 약해지므로 양인이 건강하게 살 수 있는 환경이 되어 양인이 활개를 칠 수 있는 것이며 그런 바탕에서 유일한 박사 같은 분이 나오고 고구려의 기

우리만 잘 먹고 잘 살면 그만이라는 생각들이 시간이 지날수록 커져가고 있는 것들이 그 방증이 되겠다.

| | 장점 | 단점 |
|---|---|---|
| 양인(陽人) | 적극적으로 개척함(원심적) | 용(用)에 치우친 직선적인 사고 |
| 음인(陰人) | 체용을 겸비한 종합적인 사고 | 비자주적이다(구심적) |

이 모든 것들의 근본원인은 음적인 기질에 있다. 음적인 기질 자체가 나쁜 것은 전혀 아니다. 음양인 모두 장단점을 가지고 있는데 음인의 단점이 자칫 음인의 존립자체를 결정지을 수 있다는데 문제가 있는 것이다. 사고가 구심적으로 흐르기 때문에 말과 행동 또한 구심적으로 흐를 수밖에 없다. 포용하고 수용하는 것까지는 괜찮은 것이지만 줏대 없는 데까지 가면 안 되는 것이다. 국가라는 우주나 개인이라는 우주가 제대로 존재하려면 척추 같은 기둥이 제대로 서 있어야 튼튼한 것인데 기둥까지 흥청망청이라면 결국 무너질 수밖에 없다. 인구수는 전라도를 능가하지만 정당 하나 없는 충청도를 보라. 전라도와 충청도의 차이는 무엇인가? 그리고 대부분의 대통령을 배출해서 대한민국을 쥐락펴락하는 경상도와 전라도의 차이는 또 무엇인가? "충청도 < 전라도 < 경상도 < 북한 < 만주=중국동해안 < 중국내륙" 순으로 사람들이 양적인 것이다. 만약 대한민국 국민들이 충청도민 같이 "정당 없이 살아도 괜찮아유~ 포기하면 편한거유~"라고 생각하는 때가 오면 이 나라는 중국이나 일본 또는 미국 등의 식민지가 될 것이다. 그 '정당'이 '통일'과 '국가'라는 개념으로 확대될 것이기 때문이다. 시진핑은 전 세계에 "한국은 우리의 속국이었다"라고 선언했다. 이 말은 상황이 허락한다면 언젠가 쳐들어오겠다고 천명한 것이나 다름이 없다. 언젠가 북한이 붕괴하면 중국이 무력으로 쳐들어올 것이고 우리는 강대국의 처분이나 기다리면서 남의 일인 양 눈 멀뚱멀뚱 뜨고 있는 사이 중국이 북한을 접수하고 나면 (정치/언론들은 북한은 원래 우리 땅이 아니라고 헛소리로 거들겠지...) 바로 남한까지 밀고

---

상이 나올 수 있으며 북한의 패기가 나올 수 있는 것이다. (이러면 누군가는 나보고 빨갱이라고 헛소리를 할런지도 모르겠다. 고마 해라 북풍은 마이 써먹었다 아이가...) 그러나 이것을 다시 한번 생각해보면 이 사실들은 우리가 고토(故土)를 반드시 회복해야 하는 또 다른 근거가 될 것이다.

들어올 수 있다는 말이고 그 얘기를 공개적으로 한 것이다. 그때 후회하면 늦는다.

　우리는 중국인들의 조상이며 전세계문명의 기초를 세운 민족이다. 마음은 따뜻하고 머리는 총명하며 가치관을 제대로 정립했을 때 그 어떤 사람들도 이루지 못하는 일을 해낼 수 있는 저력을 가지고 있다. 4대문명을 일으킨 과거를 가지고 있을 뿐만 아니라 한강의 기적으로 그 가능성을 이미 재차 증명했다. 하지만 음인이 다수를 차지하고 있다는 것이 문제인데 문제의 원인을 정확히 알고 있으면 해답 또한 명확해지는 것이다. 음인이기 때문에 양적인 사고를 강화해야 하는 것인데 그 핵심 단어는 '자주'이다. 친미도 우리의 길이 아니며 친중도 우리의 길이 아니다. 단지 우리의 힘으로 서서 당당히 걸어가는 것만이 우리가 힘써 해야 할 일이다. 그러나 또 하나 음인이 비록 여러 장점을 가지고 있지만 양인이 앞장서서 음인을 이끌지 않는다면 음인들만으로는 자존심 강한 국가를 만들거나 영토를 확장시키기엔 무리이다. 즉 음인들을 제대로 이끌어 줄 양인들이 필요한 것이다. 하지만 이 한반도는 음인이 살기에 적합한 기가 강한 땅이기 때문에 역으로 양인들이 건강하게 살기는 어려운 땅이다. 건강한 양인이 태어나야 그가 음인의 우수한 사상을 공부해서 음인들을 이끌어 기업을 확장시키고 영토 또한 확장시킬 수가 있는 것이다. 충청도에 당이 없는 이유는 기가 너무 세서 음인은 건강하게 자라지만 건강하고 총명한 양인은 나오기가 힘든 땅이기 때문이다. 그러니 그런 제대로 된 양인들이 태어나고 자랄 수 있는 땅이 필요한 것이다. 그 땅이 바로 기와 혈이 평(平)하여 치우천왕이 수복하고자 했던 만주와 중국동해안지방이다. 중국은 양인의 도를 넘는 욕심으로 너무나 많은 소수민족들을 정복하면서 영토를 넓혔다. 물극필반(物極必反)은 자연의 순리이며 중국의 과거역사 또한 이것이 이치임을 증명해주고 있다. 자본주의가 더욱 거세지고 양인들의 계급적 사고로 중국의 부익부 빈익빈이 커지면 그 사회는 더 이상 버티지 못하고 분열할 것이다. (수직/계급적 사고를 하는 양인들은 부익부 빈익빈을 당연하게 받아들이기 때문에 빈부격차는 음인사회보다 양인사회에서 더 크다. 인더스문명의 균형을 그 자리에서 생겨난 인도와 파키스탄이 21세기까지 달성하지 못하고 있는 것과 미국의 불균등이 우리나라보다 더 큰 것 등이 그 증거가 된다.) 그때가 오기 전에 먼저 통일을 해야 할 것이고 그 다음에 만주를 되돌려

받는 것이 영토확장의 끝이 아니라 시작이 되게 만들어야 한다. 그 다음에는 치우천왕이 회복했던 하남성/하북성/산동성/강소성을 반드시 회복해야 우리민족은 음양인을 고루 갖춘 단단한 반석 위에 서게 될 것이다. 이 땅들은 우리의 잃어버린 땅인 것이므로 그 과정은 침략이 아니고 '고토(故土)의 회복'이 될 것이며 우리가 항상 '자주적'으로 바로 선다면 그 날은 언젠가 오게 되리라 생각한다. 왜냐하면 우리에겐 음인의 저력(底力)이 있기 때문이다.

## 흑인/황인/백인

이 세상이 복잡다단하고 무질서해 보여도
알고 보면 하나로 꿰어 볼 수 있다.

사람들이 만든 문화라는 것도 매우 다양해 보이지만
그 속을 들여다보면 단 하나의 원리로 이뤄진 것들이다.

한 나무의 이파리들은 무수히 많고 다양하지만
결국 하나의 기둥줄기로 수렴되듯이
흑인/황인/백인문화는
그들의 육장육부라는 기둥줄기가 만들어낸 다양한 이파리들인 깃이다.

## 9.흑인/황인/백인
●문자(한글과 알파벳)

언어와 문자는 다르다. 문자는 언어를 표현하는 도구이고 언어는 문자가 생기기 전에도 존재했던 것이기 때문이다. 예컨대 한국어를 한글이 아닌 알파벳으로 표기할 수도 있는 것이다. 그렇다면 언어와 그 언어를 표기하는 문자는 완전히 별개일까? 그건 아닐 것이다. 영어를 쓰던 사람들은 알파벳을 만들어내고 한국어를 쓰던 사람들은 한글을 만들어낼 수밖에 없다. 이것을 알아보기 전에 먼저 오직 인간만이 고차원의 언어를 사용할 수 있는 이유에 대해 알아보자.

소리는 후두/인두/혀/이빨/입술/코 등을 이용해서 만들게 되므로 결국 복잡한 언어체계는 이 기관들을 얼마나 자유롭게 움직일 수 있는지와 두뇌의 발달정도에 달려있다고 볼 수 있겠다. 여기서 인후와 코는 폐가 다스리고, 혀는 심장이 다스리며, 입술은 비장, 이빨은 신장이 다스린다. 즉 내부장기가 얼마나 발달해 있는지에 따라 음(音)을 만들어내는 능력에 차이가 생긴다고 볼 수 있는 것이다. 이미 설명했듯이 인간만이 직립보행을 함으로써 장부가 자연이치에 완벽하게 녹아들어 그 기능이 다른 동물들에 비해 월등히 빼어날 수 있었고 그 결과 발성기관들을 두뇌의 지시에 따라 자유자재로 움직일 수 있게 됨으로써 복잡한 언어체계를 가질 수 있게 된 것이다. 그러면 백인과 황인의 장부구조에 따라 이들의 문자는 어떻게 다른지 알아보자.

유럽에서 쓰이는 말들은 대부분 알파벳을 기본으로 하고 있다. 알파벳 기호들을 나라나 민족마다 달리 발음하면서 각기 다른 언어를 이루는 것일 뿐 그 바탕은 알파벳에 있는 것이다. 그 알파벳과 한글의 자음/모음을 살펴보자.

| | | | 개수 |
|---|---|---|---|
| 한글 | 자음 | ㄱㄴㄷㄹㅁㅂㅅㅇㅈㅊㅋㅌㅍㅎ | 14 |
| | 모음 | ㅏㅑㅓㅕㅗㅛㅜㅠㅡㅣ | 10 |
| 알파벳 | 자음 | b c d f g h j k l m n p q r s t v w x y z | 21 |
| | 모음 | a e i o u | 5 |

앞에서 설명했듯이 자음은 陽에 해당하고 모음은 陰에 해당한다. 그래서 아들 자(子), 어미 모(母)자를 쓰는 것인데, '가'를 발음해 보면 'ㄱ'의 입모양이 먼저

만들어지고 'ㅏ'의 입모양이 나중에 만들어지는 것을 일 수 있다. 즉 자음이 먼저 나가므로 陽에 해당하고(양이 생(生)한다.) 모음이 뒤에서 완성하므로 음에 해당한다.(음이 성(成)한다) 한글의 경우에는 자음과 모음의 비율이 비슷한 반면 영어의 경우에는 자음이 모음에 비해 월등히 많다. 이것은 백인의 기운이 양인 횡격막 위에 몰려있기 때문이다. 양이 음보다 더 강한 것이다. 그에 비해 황인종인 우리들은 기운이 인체의 중간인 횡격막 부근에 몰려 있으므로 음양이 균등한 것이다. 이렇게 자음과 모음이 불균등할 경우에 생기는 문제점이 있다. 모음이 여러 음가를 가져야 한다는 것이다. 대략적으로 a는 '아/어/에이', e는 '이/에/어', i는 '이/아이', o는 '오/어', u는 '우/어' 정도의 음가를 가지고 있다. 그래서 예컨대 우리 자동차업체인 hyundai(현대)를 읽을 때 읽을 수 있는 경우의 수는 u(2)xa(3)xi(2)=12가지 정도가 된다. 발음하는 관습에 따라서 12가지까지 나오지는 않지만 복수 개의 경우가 있다는 건 확실하다. 구체적으로 써보면

| u | a | i | | u | a | i | |
|---|---|---|---|---|---|---|---|
| 우 | 아 | 이 | 히운다이 | 어 | 아 | 이 | 히언다이 |
| | | 아이 | 히운다아이 | | | 아이 | 히언다아이 |
| | 어 | 이 | 히운더이 | | 어 | 이 | 히언더이 |
| | | 아이 | 히운더아이 | | | 아이 | 히언더아이 |
| | 에이 | 이 | 히운데이이 | | 에이 | 이 | 히언데이이 |
| | | 아이 | 히운데이아이 | | | 아이 | 히언데이아이 |

'현대자동차'를 모르는 사람한테 hyundai라고 쓰고 한번 읽어보라고 하면 위 12가지 중 한 가지로 발음을 할 텐데 어느 발음이든지 가능하므로 자기하고 틀리게 발음한다고 해서 당신은 틀렸다고 말할 수가 없다. 하나의 자음이나 모음이 하나의 음가를 가지지 못하므로 이 사람은 이렇게 저 사람은 저렇게 발음할 수 있는 것이다. 이렇듯 제각각으로 발음하여 통일되지 않으니 이 문제를 해결하고자 그들이 고안해 낸 것이 발음기호라는 것이고 사전의 각 단어 옆에 일일이 이 단어는 이렇게 읽는 것이 표준이라고 알려주어야 하는 우스운 상황이 벌어지는 것이다. 그리고 이런 음가의 모호성이 야기하는 또 다른 불편함은 모든 단어의 음과 철자를 통째로 외워야 한다는 것이다. '티쳐'라는 발음의 철자가 ticher인지 techer인지 teecher인지 외우지 않고서는 도저히 쓸 수가 없기 때문

이다. 외우지 않고서는 '티'가 tea일 거라고는 쉽게 예상하지 못할 것이다. 서양 문화에서 말하는 다양성에 대한 강조는 이런 언어의 모호성에서 받는 영향을 받았을 수밖에 없다. 언어의 불완전함 때문에 하나의 단어를 여러 가지로 발음할 수 있어서 나와 다르게 발음하는 사람이 틀렸다고 얘기할 수 없으니 (어쩔 수 없이) 그렇게 발음할 수도 있다고 인정할 수밖에 없는 것이다.

그러나 한글은 다르다. 자음과 모음이 거의 균등하게 있으므로 자음과 모음이 단 하나의 음가만을 가질 수 있게 되었고 따라서 하나의 단어는 발음규칙에 따른 단 하나의 음만을 갖는다. '선생님'이라는 단어를 이 사람이나 저 사람이나 단 하나의 음으로 발음하는 것이다.

영어나 한글이나 모두 표음문자로서 음(音)을 표현하는 글자이다. 하지만 영어는 양에 너무 치우친 탓에 균형과 조화를 잃었고 그 결과 표음문자이면서 음(音)을 표현하는데 한계를 드러낼 수밖에 없는 것이다. 자음이 많은 것은 내부 장기가 양에 치우쳐 있으므로 성향도 양적으로 변해서 겉으로 화려하고 멋있게 표현(발음)하려는 데서 생긴 현상이다. (언어 또한 내부 장기의 한 표현일 뿐인 것이다.) f같이 입술을 문다든지, th같이 혀를 이빨 사이에 낀다든지 하는 것들이 자기를 드러내려는 양이 너무 과해서 발음방법이 참 기괴한 수준까지 이른 것들이라 할 수 있다. 결국 언어와 문자가 동떨어진 것이 아니라는 말이다. 백인의 장부가 陽에 치우쳐져 있으므로 언어도 자음이 많을 수밖에 없고 이런 언어를 표현하는 데는 자음이 많은 문자가 적합할 것이니 알파벳체계를 고안하게 된 것이다. 그리고 황인종들이 모두 한글과 같이 자모음이 균등한 언어를 쓰는 것은 아니다. 황인종 중에서도 陽이 더 강한 민족과 陰이 더 강한 민족이 있기 마련이고 그에 따라 그들이 쓰는 문자도 다를 것은 불문가지(不問可知)이다.

양이라는 것은 원심적으로 퍼져나가는 기운이므로 백인들은 자음을 모음보다 더 많이 쓰는 것 이외에 강세(accent), 몸짓, 얼굴표정을 과장되게 함으로써 자신의 의사를 공격적으로 표현하는 것이다. 외국인들이 한글을 들으면 '웅얼웅얼' 거리는 것 같다고 말한다. 그럴 수밖에 없는 것이 그들은 단어 하나를 말할 때도 자음을 많이 써가면서 멋있고 장황하게 발음하려 하고 추가적으로 강세를 둬서 그 부분을 강조하고, 얼굴로는 오만가지 표정을 지으며, 때로는 어깨까지 으쓱하면서 공격적으로 표현하는데 비해, 한글은 음양이 균형을 이루므로 양인 자음이 치고 나가려면 음인 모음이 뒤로 잡아끌고, 음이 뒤로 물러서려면 양이 앞으로 밀고 나간다. 그래서 발음소리가 나가려는가 싶으면 들어오고 높아지려는가 싶으면 낮아지므로 그들 귀에는 도무지 시원스럽게 들리지 않는 것이다. 하지만 음양이란 것은 균형을 이뤄야 하는 것이다. 남녀 간의 균형, 몸의 좌우 간의 균형, 상하 간의 균형, 장(臟)과 부(腑)의 균형이 깨지면 그 생태계는 병이 들 수밖에 없는 것이다.

한글은 자타공인 세계최고의 표음문자이다. 세계문자올림픽에서는 연속 1위를 했으며, 유네스코는 해마다 세계에서 문맹퇴치에 공이 큰 이들에게 '세종대왕 문해상'을 주고 있다. 그에 반해 알파벳에 기초한 언어는 양에 너무 치우쳐서 불균형한 그래서 병든 언어라고 할 수 있다. 한글이 1류라면 영어는 2류나 3류 정도가 될 수준인데 1류언어를 쓰는 사람들이 하류언어를 섞어 쓰거나 영어에 자신의 하나뿐인 인생을 모두 바치는 웃지 못할 일들이 이 땅에서는 비일비재하게 볼 수 있으니, 자신에게 흙 묻은 귀한 다이아몬드가 있다는 것을 알지 못하고 반짝이는 유리구슬을 쫓는 격이라 안타깝기 그지없다. 인생의 목표가 돈이라면 영어가 취업에 도움이 되므로 이해가 되지만, 순수하게 영어라는 언어를 연구하기 위해 영문학에 인생을 바치는 것은 시간을 허비하는 것이라 하겠다. 영어는 하나뿐인 인생을 바칠 만큼 그렇게 훌륭한 언어가 아니기 때문이다.

이와 같은 원리로 설명할 수 있는 재미있는 학설이 있다. 한글과 영어가 원래는 같은 언어였다가 영어가 새롭게 변화되어 나갔다는 학설인데, 그 증거로 'G원리'[156]라는 것을 제시했다. 영어의 모음 앞에는 본래 g가 존재했었는데 이 g가 사라졌다는 것이다. 예를 들어 '귀'를 나타내는 ear의 앞에는 g가 있어 원래 gear였고 이는 한글의 '귀'와 상통한다는 것이다. 원래는 gear(귀)라고 발음하는 언어를 모두가 썼었는데 백인들이 g를 탈락시켜서 ear(위→이어)라고 발음하게 됐다는 것이다. 이것도 위와 같은 원리로 설명할 수 있다. g는 연구개음으로서 목구멍의 시작지점인 후두와 매우 가까운 곳에서 조음된다. 즉 陽인 자음 중

---

156) 「영어 한국어 언어전쟁」 (천병석 저, 북랩)

에서는 陰에 속하는 것이다.[이것을 양중지음(陽中之陰), 즉 양 중에서는 음에 속한다고 한다.] 그런데 백인은 양을 위주로 하는 인종이다 보니 입을 크게 벌려 발음하려는 경향이 강하므로 연구개성질이 약화될 수밖에 없었다고 풀이할 수 있다. 언어가 어떻게 변화해왔는가를 연구할 때 이와 같이 하면 될 것이다.

빅뱅 후 양인 에너지가 나타났고 이 양에서 음인 물질이 탄생했다. 하지만 이렇게 하나의 우주가 탄생한 후에는 음이 기준이 된다. 그러면 어느 시점부터 음이 기준이 되는가 하는 문제를 생각해보면, 土가 생긴 이후에는 순환이 생기므로 土가 1차기준이 된다는 것은 확실해 보인다. 水는 중력에 따라 밑으로 흐르려고만 하고 火는 중력을 거슬러 위로 치솟으려 하므로 水火는 그대로 둔다면 서로 따로 놀게 된다. 火라는 에너지를 水에 끌어당길 수만 있다면 水가 밑으로 흘러서 쓸모없어지는 것을(엔트로피 상승) 방지할 수 있을 텐데 그것을 해주는 무언가가 없는 것이다. 이 역할을 해주는 것이 바로 土인 것이다. 土가 火를 水에다 공급하므로 水라는 질량에 농축된 에너지를 그냥 폐기하지 않고 쓸 수 있게 해주고 그 水에서 발생한 火로 아까 사용해서 줄어든 水를 채우기 위한 먹이활동을 해서 水를 채우면서 다른 한편으로는 상승한 火 중에서 사용하지 않은 것은 다시 수렴해서 폐열(廢熱)을 재활용하는 것이라고 할 수 있겠다. 이것이 앞에서 설명한 수승화강이라는 원운동에 대한 단편적인 생각이 되겠다. 결국 水火가 위아래로 급격하게 이별하면서 에너지가 쓸모없는 형태의 에너지로 변하는 것을(엔트로피 상승) 늦추면서 지속적으로 조금씩 水에 농축된 에너지를 활용하려는 의지에서 생명은 탄생한 것 같다. 그 정확한 기준은 더 상세하게 확정짓지 못하겠으나 사람은 흑인에서 시작했으므로 언어 또한 음인의 언어에서 시작한 것이 확실하다. 그러므로 인류 최초의 언어를 찾으려면 아프리카언어 중에서 가장 음적인 언어를 찾으면 그것이 바로 태초의 언어일 가능성이 높은 것이다. 그러면 음인과 양인의 언어가 어떻게 다르고 어떻게 변해왔을지를 알아보자.

| 문자체계 | | | | | | |
|---|---|---|---|---|---|---|
| 상형문자 | 표의문자 | 표음문자 | | | | |
| | | 음소문자 | | | 음절문자 | |
| | | 아브자드 | 알파벳 | 자질문자 | | |
| | | | 아부기다 | | 반음절문자 | |

··음운 = 음소(분절음운) + 운소(비분절음운 또는 초분절음운)

··음소(音素) : 자음/모음/반모음을 말한다.

··운소(韻素) : 소리의 높이/강세/박자 등을 말한다.

··음소문자(자음과 모음을 표시하는 문자가 있고 이들이 조합하여 형태소를 이루는 문자)

··아브자드(자음만으로 표기하는 문자. 페니키아/아랍/아람/히브리/시리아/우가리트 문자)

··아부기다(아브자드에서 모음을 추가한 문자. 브라흐미/태국/크메르 문자)

··알파벳(그리스문자의 첫 번째 글자인 알파와 두 번째 글자인 베타를 이으면 알파벳이 되므로 그리스문자에서 파생한 문자라고 보면 되겠다. 그리스/라틴/키릴/국제음성기호)

··사실문자(음소보다 더 작은 개념인 '변별자질'이 문자에 구현된 문자. 한글)

··변별자질 : 의미 차이를 나타낼 수 있는 음성 특질. 말을 어렵게 썼는데 요점은 자음/모음이 만들어지는 위치/방법 등을 말한다. 자음의 변별적 자질은 조음(調音) 위치에 따라서 양순/설단/전설/비강 등으로 나뉘고, 발음방법에 따라서는 장애음/향음의 차이, 연음성/경음성/기음성의 차이, 정지성/마찰성/파찰성의 차이 등이다. 모음에서는 혀의 위치를 변별자질로 할 때 전설모음/중설모음/후설모음 등으로 분류되며 입술모양에 따라서는 원순성과 평순성으로 나뉜다.

먼저 문자가 만들어진 역사에 대해 개괄해 보기로 하자. 말로 하는 언어는 陰에 해당하는 언어에서 陽에 해당하는 언어로 발전했는데 이를 표시하는 문자가 처음으로 만들어진 곳 중의 하나인 중동은 지구에서 가장 양적인 언어를 쓰는 셈족과 음적인 언어를 쓰는 한민족이 부딪치면서 혼란이 커진 것이다. 사람이 가장 먼저 만든 문자는 중동과 동북아시아에서 만들어진 상형문자였다. 중동에는 양인인 셈족이 있었고 그들의 언어는 양적인 언어였으므로 이집트의 상형문자는 음에 해당하는 표의문자로 발전하지 못하고 양에 해당하는 표음문자로 발전하게 된다. 반면 동북아시아에서는 음인이 주도권을 삽고 있었기 때문에 표의문자로 발전하게 된다. 표의문자는 문자가 지칭하는 것이 속에 품고 있는 뜻을 나타내는 문자이므로 음에 속하고, 표음문자는 밖으로 발성되는 음을 표현하는 것이므로 양에 속한다. 따라서 체(体)인 음에서 출발해서 용(用)인 양으로 나가는 것이 순서이므로 표의문자를 먼저 만들고 표음문자를 만드는 것이 자연의 이치에 맞는 것이다. 그러므로 한자를 먼저 만들고 한글을 만든 우리민족의 문자 사용 순서가 맞는 것이라고 할 수 있다. 그런데 이집트에서 상형문자가 양인인 셈족의 입김으로 깊이 있는 표의문자로 발전하지 못하고 단순히 음만을 표현하는 수단으로 전락하여 우주가 품고 있는 이치를 표현하는데 한계를 갖게 된다. 그래서 이집트문자는 '상형문자 + 표의문자 + 표음문자'의 성격을 모두 갖게 되면서 최초의 음소문자라고 보지 않는다. 첫 단추가 잘못 꿰어진 것이다.

그 후 양인인 셈족과 백소씨 중에서 가장 양적인 아브라함이 속한 유대인의 뜻대로 하찮은 모음은 집어치우고 자음으로만 표기하는 아브자드를 BC15세기에 처음으로 페니키아인이 만들게 된다. 예를 들어 'ㅇㄴ ㅁㅇ ㅇㅇ ㅇㄸㄱ ㅆㄱ ㅇㄸㄱ ㅇㅇㅁㅇㄴ ㄱㅇ? ㅇㄱ ㅁ ㅇㅇㅁ ㄴ ㅁㅇㅇ ㅂㅈㅎ ㄱㄹㄱ ㅇㅂㄹㅎㅇ ㅁㅎㅇ'라고 썼다는 것이다. (그리고 아브라함이 말했다. 저걸 못 읽는 이유는 당신의 믿음이 약하기 때문이라고…) 이렇게 표기한 사람들은 페니키아/시리아/아랍/히브리/아람/우가리트인이었고 이들은 아주 강한 양인들이라고 보면 되겠다.

이 아브자드는 2가지 경로로 퍼지게 되는데 ①알파벳 : 하나는 그리스인들이 페니키아문자에 모음을 추가해서 그리스문자를 만들고 에트루리아인들이 이 그리스문자를 가지고 라틴문자의 기초를 세우게 되고 이와는 별도로 슬라브인들도 그리스문자로 키릴문자를 만들게 된다. 이 그리스문자에 기초한 문자들을 알파벳이라고 한다. ②아부기다 : 양인이 만든 자음만으로 이뤄진 아브자드는 당연히 모음이 많은 음인의 언어를 표기하기에는 부적합 했고 아브자드에 모음을 추가한 형태인 아부기다를 만들게 된다. 브라흐미/태국/크메르 문자가 있다.

그 후 음소문자의 최종판이라고 할 수 있는 한글이 등장하는데 한글은 자음과 모음이라는 음소를 아무 의미 없이 만든 것이 아니라 자연의 이치인 발음기관과 가획(加劃) 그리고 천지인 삼재의 원리로 만들었기 때문에 음소보다 한 단계 더 정밀한 '변별자질'까지로 그 영역을 확장한 문자로서 자질문자에 속한다. 쉽게 설명해서 알파벳 abcd는 서로 아무 연관 없이 도출된 표시일 뿐이지만 ㄴㄷㅌ 은 발음기관을 본 떠 ㄴ을 만든 후에 획을 하나씩 더하여 만든 것이라는 말이 다. 국제음성기호도 자질문자에 속한다. 이런 한글을 '한글은 알파벳의 일종이 다'며 알파벳의 하위개념에 넣겠다고 그리고 한글이 다른 문자보다 나을 게 없 으며 그냥 언어를 표기하는 문자 중의 하나일 뿐이라고 미일빠들은 열심히 홍보 중이다.[157]

   다시 언어로 돌아와서 음인의 교착어에서 양인의 굴절어로 어떻게 변화하는지 알아보자. BP11700년 즉 BC9800년경 지구에서 발달한 문화를 가지고 있었던 지역 중 하나인 중동을 포함한 아프리카의 언어는 아프리카에서 태어난 가장 음 적인 교착어가 인류태초의 언어임과 동시에 아프리카언어의 근원이 되고, 이 언 어가 최종적으로 흑인태양인이 쓰는 자음으로만 표기하는 문자인 아랍어라는 굴 절어로 바뀐다. (순다랜드언어는 생략한다.) 그리고 이 아프리카언어보다 훨씬 차원이 높은 음인의 언어를 한민족이 만들었고 그 언어를 마고성에서 사용하였 다. 그 모습은 황궁씨/백소씨/청궁씨/흑소씨들이 이주하여 처음으로 사용한 언어 에서 찾아야 하는데 백소/흑소씨의 언어는 사라졌으니 청궁씨/황궁씨에서 찾을 수밖에 없는데 청궁씨 언어인 타밀어보다 한글의 자/모비율이 더 낮으므로 한글 이 최초의 언어의 모습을 가장 많이 가지고 있을 것이며 현재 서울말은 인위적 으로 만들어진 가장 표현력이 떨어지는 말이므로 각지의 사투리와 고대어가 마 고성시절의 언어의 모습을 가지고 있을 것이며 이 모습이 산스크리트어에 있다 고 하니 연구할만한 가치가 아주 많다고 할 수 있다.[158] 산스크리트어는 남성/

---

157) https://namu.wiki/w/%EC%95%8C%ED%8C%8C%EB%B2%B3 나무위키는 미일빠 들이 열심히 활동하는 놀이터다. 그래서 환단고기 내용도 여기에서 발췌했다. 나무위 키에서 '알파벳'에 들어가 보면 '한글이 알파벳의 일종'이라고 나와 있다.
https://www.youtube.com/watch?v=rS3DFmjvTvU&t=2s 이 동영상에서도 같은 말을 하 고 있다. 음소문자를 알파벳이라고 (가끔씩) 말을 하므로 한글을 알파벳의 하위개념으 로 밀어 넣으려고 한다. 자질문자도 알파벳이고 음소문자도 알파벳이고 그리스문자도 알파벳이란다... 양인들이 하는 짓이란... 힌두교의 브라만이 좋은 건 모두 갖다 붙인 것과 같은 것이다. 이런 흐름에 편승하는 위와 같은 미일빠들이 더 한심한 거겠지 만...

여성을 구분하고 인도유럽어의 기원이 되기도 하지만 음인인 드라비다인의 입김이 강하게 작용한 언어이므로 모음이 상대적으로 많고 주목동어순을 가지므로 마고성언어/드라비다어인 음인언어가 아리안어인 양인언어로 바뀌는 중간단계의 언어라고 볼 수 있다. 결론적으로 우리 사투리와 드라비다어 그리고 산스크리트어를 연구하면 마고성에서 썼던 언어의 모습을 짐작해 볼 수 있을 것이다.[159]

| 陰人 | 陽人 |
|---|---|
| 교착어 | 굴절어 |
| (접두사)접미사 | 전치사 |
| 남성/여성X | 남성/여성O |
| 모음(모음조화) 多 | 자음 多 |
| 주목동 | 주동목 → 동주목 |

언어연구의 시작은 교착어에서 시작한다.[160] 그러면 교착어와 굴절어는 어떤 말들인가? 교착어는 단어의 중심이 되는 형태소(어근)에 접두사와 접미사를 비롯한 다른 형태소들이 덧붙어 단어가 구성되는 언어를 말하고, 굴절어는 문장 속의 문법적 기능에 따라 단어의 형태가 변화하는 언어이다. 교착어의 어근에 접두사가 붙는 것은 부차적인 것이고 접미사가 붙는 것이 핵심이다. 즉 (한글의 경우) '어근에 사동/피동/높임/시제/상/종결' 등을 붙여 표현하는 것이다.[161] 음인이므로 말의 앞에서 결론을 내리지 않고 (상황을 봐가면서) 뒤에서 결론을 내리는 형태라고 할 수 있다. 이런 교착어가 굴절어로 바뀌는 과정은 이렇다. 수평적 사고를 하는 음인에서 기혈중심이 횡격막을 뚫고 올라가면서 수직적 사고를 하는 양인이 탄생했고 이들은 말의 뒤에서 결론을 내는 교착어가 마음에 들지 않았고 힘에서 분명한 차이가 나는 남녀가 꼭 같이 대우받는 것을 이해할 수가 없었다. 그래서 ①남녀를 구별하기 위해 남녀에 따라 단어를 변화시켜서 이를 알 수 있게 하였다. ②새로운 단어를 만들거나 단어를 변화시킬 때 자음을

---

158) https://www.youtube.com/watch?v=tR9r5EjM_4c 이외 여러 동영상 참조.
159) 그러니 요하문명 조각출토물에서 산스크리트어가 나오는 것은 어쩌면 당연한 것이겠다. 「동이 문명 기원사략」(강상원 지음)
160) 그래서 대략적으로 아나톨리아어파는 흑소씨 언어이고, 원시 인도유럽어로 불리는 것은 백소씨 언어라고 할 수 있다.
161) https://www.youtube.com/watch?v=h0Ks54sTNw4&list=WL&index=62 참조

모음보다 더 많이 사용한다. ③자음/모음 중에서 보다 陽부위에서 조음되는 것들을 더 사용한다. 이것이 가장 복잡한 변화일 텐데, 앞에서 설명했듯이 발음기관들의 구조를 음양으로 나눴을 때 양부위에서 조음되는 음들을 더 많이 사용한다는 것이다. 예컨대 앞의 그리스에서 음양인에 따라 ā가 ē로 바뀌고 안 바뀌는 것과 같은 것을 말한다. ④뒤의 결론을 내리는 접미사를 사용하지 않고 이를 점점 앞으로 끌고 와서 전치사를 사용해서 미리 결론을 말한다. ⑤어순은 나를 위에 두고 남을 아래에 둬서 주동목으로 하고 양성(陽性)이 강할수록 동주목으로 바꾼다. 따라서 음인의 영향력이 남아있던 고대 그리스어의 어순은 주목동이었는데 현대 그리스어는 주동목으로 바뀌게 된 것이고, 힌디어와 산스크리트어는 음인인 드라비다족의 영향력으로 주목동가 된 것이다. 한자의 경우에도 음인인 황궁씨가 처음 한자를 만들었을 때는 주목동이었는데 소양인인 중국인들이 대세가 되기 시작하면서 주동목으로 바뀌게 된다.

● 그림(동양화와 서양화)

[동양화]　　　　　　　　　　[서양화]

서양에는 유화로 대표되는 서양화가 있고 우리한테는 주로 먹을 써서 그리는 동양화가 있다. 여기에도 마찬가지로 陽이 陰보다 많은 백인의 특성과 음양이 균등한 황인의 특성이 고스란히 녹아있다.

유화에는 일단 여백이 없다. 그리고 덧칠하고 덧칠하고 덧칠해서 그림을 완성한다. 마지막으로 색이 다채롭다. 먼저 여백이라는 것은 어떤 표현이 가해지지 않은 상태를 말한다. 사람이 어떤 의도를 가지고 붓을 놀려서 표현하는 것이 양이라면 그렇지 않고 표현되지 않은 채로 그대로 놔둔 곳, 즉 여백은 음에 해당한다. 여백이 없고 붓칠만 가득하다면 양만 있고 음은 전혀 없는 것이다. 그리고 색이 다채롭다는 것도 양에 속한다. 반면 동향화에서 쓰는 먹의 까만색은 水의 색으로 모든 것이 수렴됐을 때의 색이다. 블랙홀이 까만 이유도 음인 질량이 너무 커서 빛마저 수렴시키기 때문이며, 몸에서 가장 음적인 장기인 신장도 기운을 가장 깊은 곳으로 수렴시키기 때문에 검은색과 짝지어진다. 따라서 검은색은 음을 상징하는 것이다. 그러므로 유화라는 것은 양으로 가득 차서 음이라고는 전혀 없는 그림이라고 할 수 있다. 그에 반해 동양화는 음인 여백과 양인 붓칠이 공존할 뿐만 아니라 양인 붓칠마저 음인 검은색으로 그려서 양이 과해지는 것을 경계한 것이다.

여백은 우리에게 편안함을 준다. 어머니보다 아버지에게서 더 편안함을 느끼는 사람이 얼마나 될까? 보통의 경우 어머니의 품을 더 따뜻하고 편안히 쉴 수 있는 공간으로 느끼는 이유는 음의 성질이 무엇을 받아주는 것이기 때문이다. 양이 강한 아버지는 자신에게 무언가를 강요하고 지시하고 공세적으로 표현하지만 음이 강한 어머니는 자신이 무엇을 하든 다 포용하고 이해해주기 때문에 편안함을 느끼는 것이다. 그래서 양이 가득한 유화를 보면서는 정신이 각성되고 편안함을 느끼지 못하지만 음양이 균형을 이룬 동양화를 보면 마음이 안정되면서 편안해진다.

서양예술가 중에 유독 미친 사람들이 많이 나오는 이유도 양이 과다한 것과 일맥상통한다. 미친다는 것은 정신이 분열된다는 것이고, 분열이라는 것은 음인 수렴과 반대되는 것으로 양에 해당하기 때문이다. 일평생을 양적인 행위를 하고 어떻게 하면 양을 더 표현할까라는 생각에 골몰하므로 수렴하는 음이 부족하게 되고 결국 미쳐버리는 것이다. 그런데 이를 두고 예술혼이 지극하다느니 대단한 예술정신이라느니 하는 것은 우스운 얘기일 뿐이다. 그 미친 예술가는 너무 양에 치우친 삶을 살아서 음양균형이 깨지면서 병에 걸린 것이다. 음양은 균형을 이뤄야한다는 자연의 이치를 모르고 양인 표현만이 음인 침묵보다 아름답다고 외치며 양적인 표현에 정신을 다 쏟은 결과 병자가 된 것이다.

●음악(거문고와 바이올린. 트롯/재즈/락)

[거문고]

[바이올린]

　바이올린의 몸통은 단풍나무로 만들고, 거문고나 가야금은 오동나무로 만든다. 단풍나무는 유지력이 강한 나무이고, 오동나무는 흡음력이 강한 나무이다. 즉 단풍나무는 현이 만들어내는 음을 길게 유지하는 능력이 강한 것이고, 오동나무는 그 음을 재빨리 흡수해서 음을 제거하는 능력이 강한 것이다. 그림에서의 여백이 아무 것도 칠해지지 않은 상태를 나타내듯이, 음악에서의 여백 또한 어떤 음도 발생하지 않은 정적상태를 나타낸다. 그러므로 단풍나무를 쓴 의도는 소리가 나는 양적인 상태를 계속 유지하려는 것이므로 陽이 과다한 백인의 장부상태와 부합하는 것으로서, 더 정확하게 표현하자면 내부 장기가 양에 치우쳐져 있으니 그렇게 표현하라고 몸에게 지시하고 있는 것이다. 마찬가지 논리로 오동나무를 거문고와 가야금에 사용한 선조들의 의도는 소리가 나는 양적인 상태를 가급적 빨리 수렴시켜 음양을 조화시키려는 것이다. 소리를 계속 발생시켜 양이 너무 강해지는 것을 경계한 것이다. 그런 바이올린을 평생 켠다면 정신이 분열되지 않을 수 있을까? 그러나 또한 만약 정신이 분열되지 않는다면 서양음악을 제대로 하지 않은 것이라는 델레마에 빠지게 되는 것은 아닐까?

[흑인의 재즈]

[백인의 rock]

흑인은 하복부 쪽에 기운이 많으므로 엉덩이를 씰룩거리면서 노래한다. 신장의 물기운이 많으므로 목소리가 촉촉하며, 신장은 장기 중 가장 깊은 곳에 있으므로 목소리 또한 깊다. 그래서 흑인이 가장 잘하는 음악은 재즈나 블루스 같이 엉덩이를 씰룩거리면서 깊은 저음으로 노래하는 장르이다.

백인은 흉부에 기운이 많으므로 머리를 흔들면서 노래한다. 폐의 기운이 많으므로 목소리가 크고 우렁차지만 火로 인해 水가 말라 있으므로 목소리가 메마르다(허스키하다). 그래서 백인이 가장 잘하는 음악은 머리를 마구 흔들면서(Headbanging) 고음의 허스키한 목소리를 내지르는 락(rock)음악이다.

황인은 오목가슴 부위에 기운이 많고 음양을 겸비했으므로 재즈도 가능하고 락음악도 가능하지만 중요한 것은 마음(가슴)으로 노래한다는 점이다. 사람의 감정을 두드리는 음악을 할 수 있다는 것이다. 그런 점에서 가장 가까운 장르는 트롯(또는 발라드일 수도 있겠다.)이라고 할 수 있겠다.

● 식사(수저와 포크/나이프)

[숟가락(陽)
젓가락(陰)]

[숟가락(陽)
포크(陽)
나이프(陽)]

우리는 식사를 할 때 숟가락과 젓가락을 쓰고, 백인들은 숟가락/포크/나이프를 쓴다. 이것도 지금까지와 똑같은 이치로 풀 수 있다. 숟가락/포크/나이프의 공통점은 1개로 이뤄져 있다는 것이고, 젓가락은 2개로 이뤄져 있다. 1개라는 것은 이들의 위치를 표시하려고 할 때 1개의 좌표만 있어도 된다는 것이다. 이들의 몸통을 따라 좌표계를 그으면 이들의 위치를 표시할 수 있다. 즉 자유도가 1이다. 그러나 젓가락은 2개이므로 1개의 좌표계로는 젓가락의 위치를 모두 표현할 수 없다. 2개의 좌표계가 필요하다. 젓가락 몸통을 따라 2개의 좌표계를 그어도 되고, 임의의 2개의 좌표계를 그어도 무방하다. 즉 자유도가 2이다.

숫자 1은 陽에 해당한다. 짝이 없어 불안정하므로 조용히 구심적으로 방안에 들어 앉아 있지 못하고 원심적으로 이곳저곳을 들쑤시고 나다니게 되므로 양에 속한다. 가장 명확한 증거는 앞에서 설명했듯이 짝이 없는 자유전자가 되겠다. 하나의 오비탈에는 스핀이 정반대인 전자 한 쌍이 존재해야 화학반응을 잘 일으키지 않는데 전자가 1개밖에 없으면 다른 원소와 반응하려고 여기저기 들쑤시고 다닌다. 그래서 홀수는 양에 해당하고 짝수는 음에 해당하므로 동양에서는 양인 숟가락과 음인 젓가락을 균등히 쓰는 반면 서양에서는 오로지 양만을 사용하고 있다는 것을 알 수 있다. 음양이 균형을 이루지 못하면 그 태극체는 위태롭게 된다. 인체에서는 병이 나고 자연에서는 재난이 일어난다. 火가 너무 치성한데 水가 없으면 산불이 일어나듯이 말이다. 그러므로 서양의 식탁은 조화는 없으면서 양에 속하는 겉치레만 잔뜩 끼어있는 모습이다. 뭐 포크와 나이프는 어디에 어떻게 놓고, 냅킨은 어디에 놓고, 식사순서는 어떻고 저떻고... 진작 음식과 도구에 있어서는 조화를 잃어 버렸으면서 겉으로 보이는 것들만 화려하고 요란스럽게 하는 것이다. 따라서 우리가 젓가락을 버리고 비싼 레스토랑에서 칼질을 하면서 흐뭇해하는 것은 고차원의 세계에서 내려와 저차원의 세계를 비싼 값을 치르면서 스스로 만족해하는 참 우슬픈 현실인 것이다.

젓가락을 포기하는 것은 높은 차원으로 도약할 수 있는 많은 것을 포기하는 것이다. 젓가락을 쓰려면 하나의 젓가락과 다른 젓가락의 힘의 방향을 반대로 놀릴 수 있는 능력이 필요하다. 이것은 두뇌의 고도한 균형능력이 필요한 동작이다. 아이들이나 외국인들이 젓가락질을 못하는 이유는 이렇게 두뇌를 균형적으로 쓸 수 있는 능력이 부족하기 때문이다. 陽은 단순하다. 남자들의 심리가 여자에 비하면 아주 유치하게 단순한 것이 한 예가 되겠는데 여자들의 머릿속은 쑥대밭처럼 복잡하기 마련이다. 이것도 모두 인간이 자연을 닮은 때문인데 하늘에서 우리가 보고 느낄 수 있는 것은 구름이나 바람/천둥/번개 정도 밖에 없는 반면 땅에서는 나무/흙/돌/강/자동차/건물 등등으로 많으며 나무 하나에도 참나무/소나무/떡깔나무/후박나무/은행나무/종려나무..... 헤아릴 수 없을 정도로 많은 종류가 있다. 그래서 땅을 많이 닮은 여자의 머릿속은 복잡한 것이다.[이것을 명리에서는 지장간(地藏干)으로 표현한다.] 그런 복잡함이 있어야 한 손에서 두 방향의 다른 힘을 줄 수 있는 것이다. 젓가락을 포기하고 포크로 생활하겠다는 것은 자신의 두뇌를 그만큼 균형이 없는 陽만 가득한 상태로 만들겠다는 것이다. 양인 숟가락의 단순함과 음인 젓가락의 복잡함이 어우러져야 상황에 맞는 수저질이 가능한 것이지 양인 숟가락/포크/나이프만 사용하면 단순함의 함정에 빠질 수밖에 없는 것이다.

● 무용(한국무용과 발레)

[발꿈치가 먼저 닿는 한국무용]

[발가락으로 서는 서양무용]

서양의 발레와 우리의 전통무용의 차이점은 무엇일까? 위와 똑같은 논리로 설명할 수 있다. 수증기라는 것은 고체인 얼음이 陽인 에너지를 받아 액체가 되고 그 액체가 다시 에너지를 받아 기체가 된 상태이다. 그러므로 수증기는 가장 양적인 상태인 것이고, 얼음은 가장 음적인 상태이다. 따라서 火(수증기)라는 것은 水(얼음)에 에너지를 가장 많이 가한 상태를 말하는데 에너지는 양에 해당하고 양은 원심적으로 멀어지는 성질이 있으므로 지구질량중심에서 멀어지며 위로 상승하게 된다. 이것을 인체에 대입한다면 횡격막 위가 양에 해당하며 여기가 발달한 사람이 바로 백인이다. 기운이 상승하는 성향이 강하므로 높아지려 하고 빨라지려 하고 더 멀리 뛰려고 한다. 올림픽표어처럼 말이다.

발레도 마찬가지다. 발끝으로 서려는 것이 더 커 보이고 높아지려는 몸부림이 아니고 무엇인가? 그런데 발끝으로 서려면 발바닥근육과 여기에 연결된 종아리근육이 몸 전체를 떠받쳐야 하는데 이게 몸에 무리가 가지 않겠는가? 당연히 근육만으로는 힘이 달리니 뼈 자체로 지탱하기 위해서 발뼈들이 변형을 일으키게 되고, 그 변형된 발사진을 보고 우리는 또 얼마나 훌륭한 예술혼이냐고 떠들어댄다. 이것은 미친 음악가/미술가가 병에 걸린 것일 뿐인 것처럼, 잘못된 운동으로 몸을 망친 것일 뿐이다. 발을 디딜 때는 우리 전통무용처럼 뒤꿈치부터 디뎌야

한다. 왜냐하면 뒤꿈치는 강한 정강뼈와 바로 연결되어 있으므로 체중을 안정적으로 무리 없이 받쳐줄 수 있기 때문이다. 그러면 기괴한 발의 변형 없이도 깊은 예술혼을 표현할 수 있다. 나이가 70을 넘어서도 말이다. 발레는 발끝으로 체중을 지지해야 하니 30살만 넘으면 벌써 힘들어진다. 예술이란 것이 20대 청춘시절에만 할 수 있는 것이었나?

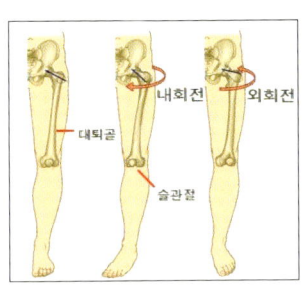

[고관절을 최대한으로 외회전시키는 발레동작]

그리고 발레하는 사람들이 걷는 모습을 보면 양반걸음처럼 팔자걸음으로 걷는 것을 볼 수 있다. 고관절이 외회전 되어 있어서다. 고관절이 외회전 되었다는 것은 엄지발가락이 몸중심 바깥으로 회전되는 방향으로 다리가 회전되어 있는 것을 말하는데 이것도 중심에서 바깥으로 원심적으로 멀어지는 것이므로 陽에 해당한다. 따라서 에너지를 많이 소모하게 되는 운동형태이다. 앞에서 설명했듯이 음양은 절대적인 수치보다 균형이 중요하다. 인체 상하의 균형 그리고 좌우의 균형, 이 균형이 깨지면 병이 온다. 좌우의 경우에 두 다리를 비교해보면 상대적으로 외회전이 많은 쪽과 내회전이 많은 쪽이 있다. 내회전이 많은 쪽은 외회전이 많은 쪽보다 기운이 튼튼한 편에 해당한다. 그래서 내회전 쪽에 병이 오면 비교적 쉽게 해결된다. 왜냐하면 내회전 쪽은 기운이 튼튼할 뿐만 아니라 넘치는 기운을 빼주는 치료는 쉽기 때문이다. 그런 반면 외회전쪽에 병이 오면 고질병이 되기 쉽다. 왜냐하면 기운의 소모가 커서 항상 허약한 상태이기 때문이다. 치료하자면 기운을 보태줘야 하는데 그게 말처럼 쉬운 것이 아니다. 쉬운 예로 위암에 걸렸을 때 위를 잘라내는 것은 쉽다. 잘 소독해서 감염이 되지 않게 하고 큰 혈관/신경을 피한 상태라면 초등학생한테 가위를 쥐어주고 '자 이 선을 따라서 자르면 되는 거야'라고 가르쳐 주면 의사가 자르나 초등학생이 자르나 별반 차이가 없다. 그러면 병든 위를 건강한 위로 대체하는 것은 쉬운가?

아직까지는 불가능하다. 넘치는 것을 비우는 것은 쉬워도 비워져 있는 것을 채우려면 힘들게 노동해서 채울 것을 쌓아지만 비로소 채울 수 있는 것이다. 그것이 단순한 물건이 아니고 복잡한 기능을 가진 인체장기일 경우에는 현대에도 불가능한 것이다. 그렇게 외회전된 발레수들의 걷는 모습은 보기에도 좋지 않을 뿐만 아니라 건강상에도 몹시 해롭다. 하면 할수록 몸이 망가지는 것이 과연 올바른 예술인가? 아니다. 그건 그저 몸을 혹사시키는 잘못된 예술일 뿐이다.

● 음식(매운맛과 신맛)

　폐가 강하면 간이 약하게 되어 있다. 이것은 폐가 金에 속하고 간은 木에 속해서 金克木하므로 간이 약해진다고 설명할 수도 있지만, 폐의 개(開)기능이 강하니 표리운동에 있어 그와 대척점에 있는 간의 합(闔)작용이 약해질 수밖에 없다고 말할 수도 있다. 폐는 개하므로 매운맛이 여기에 해당한다. 매운맛을 먹으면 기운이 열을 내면서 밖으로 뻗어나가 땀구멍을 열고 땀을 내므로 개작용과 같아서 폐에 배속되는 것이다. 반대로 간은 합하므로 신맛이 여기에 해당한다. 신맛을 먹으면 기운이 안으로 수렴되어 가두어 들이므로 합작용과 같아 간에 배속되는 것이다. 그러므로 백인은 매운맛을 싫어하고 신맛을 좋아한다. 백인음식에 고춧가루는 전혀 없고 식초가 많은 이유이다. '죽기 전에 먹어 봐야 할 음식'이나 '세계유명요리' 같은 순위에 우리음식은 없고 동남아나 중국음식이 많은 이유는 동남아요리에 신맛이 많은데다 우리나라에는 간이 강한 태음인이 많아서 고춧가루가 들어간 음식이 대부분이기 때문이다. 그 순위를 정하는 주체가 백인이 많기 때문에 그들의 입맛에는 식초가 들어간 태국음식이 맞지 고춧가루가 들어간 우리음식에는 기겁을 하는 것이다.

　그리고 백인들이 생선을 많이 안 먹는 이유는 폐가 강하여 생선의 비린내를 싫어하기 때문이다. 앞의 오행귀류표에 보면 木에는 조(臊. 누릴 조)가 배속되고, 金에는 성(腥. 비릴 성)이 배속된다. '누리다'는 말은 '동물의 고기나 털 따위의 단백질이 타는 것처럼 매우 역겹다'는 뜻이고, '비리다'는 말은 '물고기의 생살이나 비늘, 육류의 피에서 나는 역한 냄새나 맛이 있다'는 뜻으로 보통 누리다는 육고기, 비리다는 물고기의 냄새를 가리키는 것으로 보인다. 따라서 폐가 강한 백인은 육고기가 타는 '누린 냄새'가 좋아서 고기 굽는 냄새에는 환장하지만, 물고기나 콩/두부에서 나는 '비린 냄새'에는 속이 뒤집힐 수밖에 없는 것이다. 하지만 바다는 지구의 70%를 차지하며 최초의 생명이 바다에서 태어났는데 거기에서 나는 재료들을 쓰지 않고 어떻게 사람을 건강하게 살찌울 수 있는 음식문화를 만들 수 있단 말인가.

음식은 황인종의 수준이 가장 높다. 어떤 백인이 황인의 음식을 이해하지 못한다면 그 이유는 그들이 이해하기에는 황인의 음식수준이 너무 높기 때문이다. 음식수준은 낮은 반면 백인들이 힘쓰는 분야가 있으니 바로 겉치레다. 나이프/숟가락 놓는 위치, 포도주 따르는 법, 음식을 접시에 갖가지 모양으로 담아내는 plating 같은 것들이 그것이다. 물론 보기 좋은 떡이 먹기에도 좋은 법이다. 하지만 음식의 본질은 재료와 조리법 그리고 만드는 사람의 마음에 있는 것이지 갖가지 잔재주로 진열하는데 있지 않다. 그러니 백인이 우리음식에 대해 이러쿵저러쿵 주제 넘는 소리를 한다면 이렇게 한 마디 해주자. "너~나 잘 하세요~"

● 머리털(흑발과 금발)
　內經曰 "腎主髮"(내경에서 "신장이 머리털을 주관한다"라고 하였다.) 어떻게 그것을 알 수 있을까? 남성이 대머리가 많은 이유는 남성호르몬 때문이다. 그런데 그 남성호르몬은 고환에서 분비되고 전립선이나 음경 등의 발육을 촉진하며 남성의 2차성징을 나타내는 역할을 한다. 남성호르몬이 성기능과 연관되어 있는 것인데 이 성기능은 정(精)을 다스리는 신장과 관련되어 있다. 이 정에는 정액이 포함되어 있는데 성기능이 좋으려면 정액이 충분히 생산되어야 할 것이기 때문이다. 따라서 정을 관리하는 신장이 머리털을 주관하는 것이다. 그러면 정은 어떻게 만들어지는 것인가?

우리는 음식과 산소를 소화시켜서 몸을 구성하는 성분들을 만드는데 이 음식과 산소로부터 처음 만드는 것은 침/땀 같이 밀도가 작은 진액으로서 이들의 밀도는 낮으므로 陽에 속하여 원심성이 강하므로 혈관 밖이나 몸의 외곽에 있게 된다. 이 진액이 한번 응축되어 밀도가 높아지면 陰의 구심성 때문에 점점 몸안으로 들어오게 되는데 혈관 안으로 들어와서 혈액이 되고, 좀 더 응축되면 관절이나 뼛속으로 들어가서 관절액이나 골수가 되는 것이다. 이렇게 응축되는 과정의 끝에 정(精)이 만들어진다. 골수나 뇌수, 정액이 정(精)에 속하는 것이라 할 수 있다.

다시 설명해본다면 땀<혈액<정액 순으로 밀도가 높아지므로 점점 음이 강해지면서 몸의 중심으로 들어간다. 땀은 혈장성분이 많고 혈장의 대부분은 물이다. 그래서 땀은 비 오듯 나올 수가 있다. 혈액은 혈장에 혈구가 더해진 것으로 혈구에는 백혈구/적혈구/혈소판 등이 있다. 질량이 더욱 모여 액체인 혈장에 고체인 혈구가 더해진 형태가 혈액인 것이다. 마지막으로 농축된 형태인 정액은 혈액보다 더욱 압축된 것이다. 그래서 땀은 물같이 줄줄 나오고, 혈액은 좀 더 점도 있게 또르륵 흐르고, 정액은 끈적끈적 해서 잘 흐르지 않는 것이다. 그리고 땀은 원심적으로 혈관 밖에 존재하는 혈장이 나오는 것이고, 혈액은 좀 더 구심적으로 혈관 속에서 흐르는 것이고, 골수는 이보다 더욱 구심적으로 뼈 속에 존재하며, 정액도 부고환에서 구심적으로 흐르지 않고 저장되어 있는 것이다. 그리고 신장은 인체의 가장 깊은 곳에 위치한 장기이므로 이 정을 신장이 다스리는 것이다.

그래서 신장이 강한 흑인의 머리색은 항상 검은색이다. 금발의 흑인을 본 적이 있는가? 금발은 신장의 기운이 약해져서 생긴다. 그래서 신장의 색이 검은색이므로 인간이라면 머리털은 검은색이어야 신장이 튼튼한 것이다. 그러나 황인의 경우에는 신장이 가장 강한 흑인보다는 약하므로 대체로 검은색이지만 신장이 약해서 갈색을 띠는 사람이 있으며, 백인은 체질적으로 신장의 기운이 많이 약하므로 갈색보다 더 색이 바래져서 금색을 띠는 경우가 많은 것이다. 그리고 정은 가장 구심적으로 농축된 형태이므로 밀도가 가장 높은데 금발을 가진 백인은 신장이 약해서 강하게 농축시키지 못하므로 정의 밀도가 흑발인보다 낮다. 그래서 건강한 긴 흑발은 무게감 있게 찰랑거리는 반면 금발은 무게감이 없어 찰랑거리지 못하고 바람에 모래처럼 흩날리게 되는 것이다. 그리고 금발은 모발 자체가 약하기 때문에 자주 머리를 감는 것조차 힘든 경우가 많다.

● 이름/날짜

[성을 먼저 쓰는 동양]   [이름을 먼저 쓰는 서양]

우리는 체(体)를 중시하므로 성(性)을 앞에 쓰고 용(用)인 내 이름을 뒤에 쓴다. 반면 서양에서는 용(用)을 중시하므로 자기 이름을 앞에 쓰고 성(性)을 뒤에 쓴다. 날짜도 마찬가지다. 년이 월보다 근본에 해당하고, 월이 일보다 근본에 해당한다. 그래서 우리는 연월일시 순으로 쓴다. 그러나 서양에서는 보통 월일년 순서로 쓴다. 사실 용을 우선해서 쓴다면 원칙적으론 일월년 순서로 써야할 것 같지만 어찌된 게 월일년 순이다. 이건 무엇 때문일까? 용을 기준으로 삼으면 이런 혼란이 있게 된다. 근본이 아닌 것을 근본으로 삼았을 때의 혼란인 것이다. 왜냐하면 용이란 것이 넓히면 계속 넓힐 수가 있기 때문인데 날짜도 마찬가지다. 년월일까지만 있는 게 아니라 시간도 있다. 그러면 시일월년 순서로 써야 한다. 그런데 또 어찌 된 게 시는 보통 맨 뒤에 쓴다. 그래서 보통 월일년시로 쓰는데 어떤 사람은 일월년시로도 쓴다. 그냥 기분 내키는 대로 막 쓰는 것이다. 그리곤 이것 또한 다양성의 표현이라고 말할 것이다.

그런데 이렇게 제각각 쓴다면 2/3/19의 경우 2월3일인지 3월2일인지 헷갈리게 된다. 그래서 그들이 생각해낸 것이 '월은 그냥 영어로 쓰자'였던 것이다. Jan, Feb, Mar... 그러면 Feb/3/19라고 쓰던지 3/Feb/19라고 쓰게 되므로 모두 알아볼 수 있게 된다는 것이다. 그리고 년에 해당하는 것은 4글자로 쓰는 경향이 있는데 혹시 모를 혼란을 피하자는 것이다.

결국 Jan/Feb/Mar/Apr/May/Jun/Jul/Aug/Sep/Oct/Nov/Dec를 외우지 못하는 사람은 날짜를 쓰지도 못하는 상황이 생기게 된 것이다. 월의 철자를 외우지 못해서 날짜도 쓰지 못한다니 이 얼마나 한심한 표기법인가! 우리는 12/2/30이라고 쓴다면 금방 2012년 2월 3일인 줄 알아듣는다. 하지만 서양인들은 전혀 알아먹지를 못한다. 2003년 2월 12일일 수도 있고, 2003년 12월 2일일 수도 있으니 고개를 갸웃거릴 것이다. 어쩌면 2003년을 3이라고 딸랑 한 글자로 쓰는 경우는 본 적이 없다고 말하는 사람이 대부분일지도 모르겠다. 날짜 하나 쓰는 것이 이렇게 어려운 것일 줄이야...

이와 같이 용(用)은 기준이 될 수 없다. 용(用)을 기준으로 세상을 볼 경우에는 무엇이 근본인지 모를 뿐더러 온 세상을 번무(繁茂)하는 용(用)으로 가득 채우게 되어 세상을 혼란에 빠뜨릴 뿐이다.

● 장부도(臟腑圖)

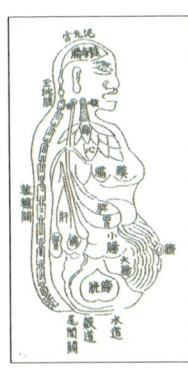

[体가 되는 몸통을 강조한 동의보감의 장부도]

[用이 되는 사지를 강조한 서양의 해부도]

인체를 보는 동서양의 관점차이는 이 장부도와 같이 확연히 다르다. 근대해부학의 창시자라는 베살리우스의 그림에는 근육이 자세하게 묘사되어 있는 반면 내부장기가 없으며 동의보감의 그림에는 내부 장기만 있을 뿐 팔다리는 아예 없다. 왜 이렇게 다른 것일까? 지금까지의 논리와 똑같은 방법으로 설명할 수 있다. 인간이 이룬 문명이란 것은 내부장기가 그렇게 하도록 지시한 것들의 집합이고 백인과 황인의 내부장기의 강약은 각기 정해져 있으므로 문명의 구석구석이 하나의 이치로 설명될 수밖에 없는 것이다.

위와 같이 체용으로 풀면 된다. 체(体)란 근본을 말하고 용(用)은 쓰임을 말한다. 나는 부모님으로부터 태어났으므로 부모님이 체요 나는 용이 되겠다. 내 자식은 우리부부로부터 났으니 내가 체가 되고 자식들은 용이 되겠다. 냄비 속의 물이 증발해서 온 방안을 가득 채운 상태는 용이 되고 냄비 속에 액체상태로 있었던 물이 체가 되겠다. 그래서 양이 극성해져서 모든 것들이 발산된 상태인 火는 용이 되고, 그 발산된 기운들이 수렴되어 응축된 水는 체가 된다. 그 수렴된 수가 다시 에너지를 받아서 火가 되면 그것은 다시 용이 되는 것이다. 팔다리는 잘라내도 생명과는 전혀 상관이 없다. 그리고 몸통보다 사지가 몸중심에서 먼 곳에 위치하면서[陽] 수의근을 써서 의도한 동작[陽]들을 만들 수 있다. 그러나 몸통에는 인체의 핵심인 육장육부가 있기 때문에 몸통을 잘라내면 인간은 죽는다. 그러므로 사지는 용이 되고 몸통은 체가 된다.

앞에서 설명했듯이 밝은 곳(火)에서 어두운 곳(水)를 보면 어두운 곳에 뭐가 있는지 알 수가 없다(백인의 시각). 하지만 어두운 곳에서 밝은 곳을 보면 밝은 곳은 환히 잘 보일 뿐만 아니라 어두운 곳까지 볼 수 있게 된다(우리의 시각). 이것이 동서양문명을 해석하는 가장 근본적인 해석법이 된다. 백인들은 무엇이 근본인지를 인식하지 못한 채 다채로운 용(用)의 세계에 함몰되어 있는 것이다. 반면 우리는 무엇이 근본이 되는지를 명확히 알고 있었으니 그 근본이 되는 체를 중시하게 된 것이다. 그래서 백인들은 용이 되는 사지와 근육을 강조하게 된 것이고, 우리는 체가 되는 장부를 강조하는 장부도를 그리게 된 것이다.

● 피부

신장이 강한 흑인의 피부가 가장 매끄럽다. 선인장의 잎을 보라, 얼마나 매끄러운지를… 火가 많아서 水가 메마른 백인의 피부가 가장 거칠고 메마르다. 황인은 그 중간이다. 백인은 火가 강한 인종이고 화는 가장 양적인 기운이며 빠르기로 치면 가장 빠르다. 그래서 백인아이를 보면 굉장히 빨리 성숙해지는 것을 볼 수 있다. 중학생만 되어도 벌써 성인과 구별할 수 없을 정도가 돼버린다. 부도지(6-7)에 나와 있는 命期早熟이 이런 현상을 말하는 것이다. 즉 전고자가 백인한테서 이런 현상을 본 것을 그대로 적어놓은 것이다. 하지만 몸속에 촉촉한 물기가 부족하므로 피부에 주름이 아주 빨리 생긴다. 그래서 20대 후반만 되도 벌써 중년이 돼버린 듯한 외모를 갖게 되는 것이다. 피부는 아기와 같이 물을 잔뜩 머금고 있어야 매끄러운 것이고, 노인 같이 물기가 없게 되면 쭈글쭈글 주름이 생기게 된다. 따라서 피부는 흑인>황인>백인 순으로 매끄럽다.

● 코

폐는 호흡기계통을 다스리므로 폐가 가장 강한 백인의 코가 가장 높다. 추운 지역 태생이라 공기를 데우기 위해서도 발달했을 것이다. 그리고 코는 관상학에서 자기자신으로 해석한다. 그래서 콧대가 높은 사람은 자존심이 강한 것으로 해석한다. 실제로 백인의 자존심은 상상을 초월한다. 날짜표기법도 우리의 표기법을 쓰면 아주 편하고 아무런 오해의 소지도 없을텐데 3/Feb/2012라는 한심한 표기법을 고집하는 것으로도 충분히 알 수 있지만 이것조차 우습게 만드는 것이 있다. 그것은 바로 도량형이다.

과거 세계 어느 나라에나 자기들만의 도량형이 있었다. 우리도 길이는 촌(寸)/척(尺)/장(丈), 무게는 돈(錢)/근(斤)/관, 부피는 홉(合)/되/말 등을 옛날부터 써왔다. 세계에는 너무나 많은 도량형 체계가 있어서 서로 소통하는데 문제가 있으니 전 세계적으로 공통적으로 쓸 단위체계를 만들었는데 그것이 SI unit이다. 길이는 m(미터), 시간은 sec(초), 무게는 kg, 온도는 K(켈빈)을 쓰자는 것이 그것이다. 그래서 세계 대부분의 나라들은 이에 따라 자신들의 도량형을 폐기하고 SI단위를 사용하고 있으나 유독 영국과 미국만은 자신들이 옛날부터 써왔던 단위를 고집한다. 길이에서는 인치/피트/야드/마일을 쓰고 무게는 파운드를 쓴다. (마고성문명을 유지하고 있는 것은 갸륵하지만 남에게 미치는 피해가 막대하니 이건 아니다.)

공대에 들어가면 갑자기 고등학교에서는 보지 못했던 단위들을 같이 쓰게 되는데 보통 영국식단위라고 부르고 영국이 식민지로 삼았던 나라들에서 쓰이는데 미국이 가장 대표적이다. 예를 들자면 압력단위인 psi(pound per sqaure inch. '프사이'라고 읽는다)가 있다. 이 단위의 SI단위로는 Pa(파스칼)이 있다. Pa이 있는데 굳이 psi를 쓰는 것이다. 그러면 psi를 Pa로 변환해야 하는데 그게 참 복잡하다.

압력은 단위면적에 작용하는 힘의 세기이므로 '압력=힘/면적'이 되고, 힘은 뉴턴법칙에 따라 F=ma가 된다. 그러면 SI 단위계로는 압력(Pa)=힘(N)/면적($m^2$)이 된다. 즉 1Pa=1N/1m²=(1kg·1m/s²)/1m²이다.

　이것을 영국식단위로 바꿔 보면 1psi=1lbf/1in²인데 영국식단위에서 N에 해당하는 단위로 pdl(파운달, lb·ft/s²)이 있으나 압력을 구할 때는 이 파운달을 쓰지 않고 lbf(pound force, 파운드포스)를 쓴다(이건 또 뭐냐.. 공대를 졸업한 나도 헷갈리는 일이다...). lbf는 kgf(kilogram force)에 대비되는 단위인데 1파운드의 질량을 중력가속도로 움직이는데 필요한 힘의 양을 말한다. 그리고 중력가속도도 우리가 흔히 알고 있는 9.8m/s²을 피트로 고쳐서 32.174ft/s²을 써야 하고, 1lb(파운드)=0.453592kg, 1ft(피트)=0.3048m, 1in(인치)=0.0254m이므로 이들을 대입하여 다시 쓰면
1psi=1lbf/1in²=(1lb·32.174ft/s²)/1in²=(0.453592kg·32.174x0.3048m/s²)/(0.0254m)²=6894.7(kg·m/s²)/m²=6894.7Pa

　이해가 되시는가? 사실 공대에 다니면서는 왜 이 단위를 같이 써야하는지 그 이유를 정확히 알지 못했는데 지금에는 확실히 말할 수 있다. 혹자는 "그거야 힘 쎈 사람 마음이지 뭐~"라고 말하겠지만 힘이 있다고 모두 세상 사람들을 쓸데없는 것에 시간과 에너지를 허비하게 하지는 않는다. 힘이 있으면 있을수록 더욱 더 약하고 못사는 사람들을 배려하는 마음이 있어야 하는거지 "딴 사람들이야 불편하던가 말던가 내가 상관할 바 아니고 내가 편한 것을 내가 쓰겠다는데 무슨 문제야!"라는 생각으로 미국/영국인들은 고집을 부리고 있는 것이다. 이 단위로 골치 아팠던 것은 체(体)는 모르고 용(用)만 알고 있는 코 큰 외눈박이 사람들의 자존심 때문이었던 것이다. 이런 것을 두고 맹자는 덕(德)으로 정치했던 고대 제왕들의 왕도(王道)와 비교하면서 힘으로 신하와 백성들을 통치한다고 하여 패도(覇道)라고 불렀다. 반면 우리는 폐가 약한 태음인이 가장 많으므로 폐가 다스리는 콧대가 낮아서 우수한 문화를 가지고 있음에도 불구하고 자존감이 바닥을 긴다. 우리는 머리가 뛰어나서 다방면에서 두각을 나타냈다. 한자를 만들었고 최고의 표음문자인 한글도 만들었으며 인류역사상 유래가 없는 경제성장도 달성했고 음식문화도 최상이다. 그런데 외국의 좋은 것은 받아들여야겠지만 항상 자기 것은 깔보고 외국 것은 더 높이 쳐준다.

● 때밀이

　때를 밀어야 될까 말아야 할까? TV에 양방의사가 나와서 때는 각질이고 시간이 지나면 스스로 탈락되는 것이니 애써 밀어낼 필요가 없다고 말하는데 안 밀어도 되는 게 아닌가? 이렇게 TV에 나와서 얘기하는 것들은 백인기준이라고 생각하면 거의 맞는다. 왜냐하면 양방의사들이 참조하는 논문들의 대부분은 서양에서 임상실험을 해서 발표하는 것들이기 때문이다. 백인들은 폐가 발달해서 피부의 기능이 굉장히 원활하다. 그래서 그들은 때를 벗겨내지 않아도 전혀 갑갑함을 느끼지 않는다. 그러나 간이 강하고 폐가 약한 태음인이 많은 우리나라 사람들은 피부기능이 그다지 원활하지 못하다. 그래서 매운맛을 먹어 폐를 도와줘서 피부를 열어주어야 비로소 살 것 같은 기분이 드는 것이다. 우리가 매운맛을 수시로 찾고 며칠만 먹지 않아도 그리워지는 것처럼 인간은 모두 자신의 약한 부분을 매일 보충하려 이것저것을 한다. 그래서 백인들도 매일 신맛을 찾고 간으로 영양이 들어가는 포도주를 들이키는 것이다.

　음식 말고 피부의 부담을 덜어주는 것이 바로 때를 밀어주는 것이다. 각질이 피부 위로 두껍게 쌓여 있으면 약한 피부가 개합하는게 힘들게 되는데 그 각질을 없애주면 피부가 홀가분함을 느끼는 것이다. 실제로 폐병에 걸리게 되면 때가 많이 쌓인다. 그러니 때를 밀었을 때 본인의 컨디션이 좋아진다면 본인의 폐기능이 좀 약해졌다고 생각하면 되고 적당한 간격으로 때를 밀어주는 것이 좋다. 한의학에서 때를 자주 밀라는 말을 지금까지 어느 원전(原典)에서도 본 적은 없다. 오히려 일 년에 한두 번 정도만 목욕을 하라는 글귀가 종종 보일 정도다. 하지만 이에 대한 본인의 생각은 위와 같다. 소양인이 많은 중국인들은 백인 같이 때를 미는 것이 불필요할지도 모르겠다. 그래서 중국인이 쓴 책 내용을 우리나라 사람이 비판 없이 인용했을 가능성이 크다. 태음인이 많은 우리나라 사람들의 경우에는 위와 같이 하는 것이 맞다고 생각한다.

● 물

　또 다른 양방의사가 나와서 "하루에 아무 것도 섞지 않은 물 1~2리터는 마셔야 합니다"하니 하루에 물을 그렇게 벌컥벌컥 마셔야 한다고 생각하는가? 이것도 마찬가지로 백인기준이다. 설명했듯이 백인은 추운지방에 특화된 인종으로서 인체 내의 火를 최대한 끌어 올린 장부구조를 가지고 있다. 따라서 火를 제어할 水가 항상 모자란다. 이것은 그냥 자연의 이치이다. 겨울이 다가오면 나무들은 어떤 일을 하는가? 자신이 가지고 있는 물을 최대한 배출시킨다. 왜? 얼어 죽지 않으려고... 사람도 마찬가지다. 추운 지방에서 얼어 죽지 않으려면 몸속에 물을 가급적 적게 보유하고 불을 많이 가지고 있어야 하는 것이다. 그래서 추운 날에 소변이 자주 마려운 것이다. 백인이 물을 마시면 화기(火氣)가 그 물을 소모시키기도 하지만 원래 신장이 약해서 물을 오랫동안 가둬두지도 못한다. 그래서 물이 몸속에 오래 남아 있지 못하므로 수시로 물을 보충해 주어야 하는 것이다. 황인종보다 훨씬 많이 필요하다.

이것은 해외여행을 다녀보면 쉽게 알 수 있다. 배낭여행자들을 보면 대부분이 백인들이고 그들의 배낭에는 항상 2리터 생수통이 꽂혀있었다. 여자도 예외가 아니었다. 우리나라 사람 중에 여행하면서 2리터 생수통을 배낭에 꽂고 다니는 사람을 본 적이 있는가?(나는 보지 못했지만 아마도 있을 것이다. TV에서 먹으라고 했으니 말이다...) 물을 그렇게 많이 마셔야 건강해지는 사람은 백인뿐이다. 황인은 적당히 목이 마르기 전에 마셔주는 정도면 충분하다. 흑인은 어떻겠는가? 물이 그다지 필요 없는 인종이다. 선인장에 물을 자주 주면 어떻게 되는가? 뿌리가 썩어버린다. 흑인이 백인만큼 물을 마시면 큰 병을 얻게 되고 황인만큼 물을 마시면 작은 병을 얻게 된다. 가장 적게 필요하다는 말이다.

그런데 해외여행을 하다보면 여행자들 중에 백인이 가장 많고 그 다음이 황인이고 흑인은 거의 볼 수가 없다. 흑인 중에도 부자가 많을 텐데 왜 흑인여행자들은 가뭄에 콩 나듯 밖에 볼 수 없는 것일까? 본인이 8개월 동안 호스텔에서 자주 묵었었는데 흑인을 같은 도미토리에서 본 적은 중동의 어느 나라에서가 유일했다. 흑인 배낭여행자를 그렇게 볼 수 없었던 이유는 흑인의 기운이 몸통의 제일 아래에 있는 하복부에 몰려있기 때문이다. 기운이 아래로 묵직하게 짓누르니 한 장소에 머물기를 좋아하는 것이다. 소음인이 많다고 생각되는 일본인들이 우리나라보다 잘 사는데도 불구하고 해외여행을 우리보다 하지 않는 이유도 흑인이 여행을 즐겨하지 않는 이유와 같다. 편하게 즐기는 관광이라면 이들도 하겠지만 특히 어깨에 배낭을 둘러메고 하는 여행을 하는 흑인은 8개월 동안 한 명도 보지 못한 듯하다. 흑인이나 일본인이나 집안에서 성생활을 즐기는 것을 최대의 낙으로 삼는 것 또한 소음인의 특징이다. 뜨거운 사막, 작열하는 태양 아래서 여기저기 떠돌아다니는 것이 생존에 도움이 될까? 예컨대 사막 한 가운데서 축구를 한 게임 한다고 상상해보자. 탈수와 열사병으로 큰 병에 걸릴 것이다. 그저 선인장처럼 물을 가득 머금은 채 생존에 도움이 안 되는 쓸 데 없는 동작들은 생략한 채 조용히 앉아 있는 것이 최상의 방책인 것은 당연하다.

 백인에겐 백인한테 맞는 생활법이 있고, 황인에겐 황인한테 맞는 생활법이 있고, 흑인에겐 흑인한테 맞는 생활법이 있는 것이다. 이런 구분 없이 일괄적으로 이렇게 하는 것이 좋다고 말할 수 있는 것도 아주 간혹 있을 수 있겠으나 대부분 그 양생법은 각각 다르며, 다를 수밖에 없는 근본 이유는 내부장기의 강약이 다르기 때문이다.

● 눈 [찢어진 눈과 사백안(四白眼)]

 백인은 양이 음보다 강하므로 밝은 곳에서 어두운 곳을 보는 시각을 가졌으므로 밝은 곳만 볼 수 있고 어두운 곳에 무엇이 있는지 알지 못한다. 외눈박이인 것이다. 그러므로 밝은 곳에 모든 기운을 쏟으므로 밝은 곳을 파악하는 것에는 누구보다 능하지만 원륭한 사고를 갖지 못한다. 반면 우리는 어두운 곳에서 밝은 곳을 보는 시각을 가졌으므로 어두운 곳과 밝은 곳 모두를 볼 수 있는 원륭한 가치관을 가지고 있다. 체용(体用)을 겸비한 것이다. 그러므로 가치관의 완성도를 따지자면 균형 잡힌 시각을 가지고 있는 황인이 외눈박이 시각을 가진 백인보다 낫다고 할 수 있다. 그러나 이런 가치관의 완성도란 것은 현실에서 쉽게 무시당할 수가 있는데, 상대가 이런 것에 무지하면서 무례하다면 더욱 그렇다. 백인이나 흑인은 장부의 기운이 양과 음 어느 한쪽으로 쏠려 있으므로 중용을 잃은 대신 강한 장부가 인체의 크기를 불균형적으로 키운다. 마치 만화 주먹대장처럼. 그래서 이들은 황인보다 체구가 크다. 그래서 이들은 신체적으로 자신보다 왜소한 황인을 멸시하는 경우가 있는데, 가장 많이 쓰는 것이 눈을 찢는 행동이다. 이것은 무식하면서 힘만 쎈 사람이 무례하게 구는 것이 어떤 것인지를 가장 극명하게 보여주는 것인데 그 이유를 설명해보자.

인체의 겉을 봐서 속의 상황이 어떤지를 가늠하는 학문을 관상학(觀相學) 또는 상학이라고 한다. 이 상학에서 가장 중요시하는 것은, 즉 사람을 볼 때 가장 먼저 보는 것은 그 사람의 신기(神氣)가 어떠한가를 보는 것이다. 그래서 달마선사가 지었다는 관상책에는 "제1법 상주신(第一法 相主神, 첫 번째로 상법은 신을 주로 본다.)"이라고 쓰고 있다. 이 신이라는 것은 앞의 정기신(精氣神)에서 잠깐 언급했던 것으로 '생명에너지' 정도로 풀이할 수 있지 않을까 싶다. 사람을 보면 뭔가 흐리멍덩해 보이거나 또릿또릿해 보이는 그런 것을 말한다. 그러면 그 신은 어떠해야 좋은 것일까? 책에는 '신기가 충만하면서 숨겨져 있어야 한다'고 쓰여 있다. 몸속에 생명에너지가 가득 들어차 있으되 그것들이 밖으로 줄줄 새지 말고 사용해야 할 때 쓸 수 있게 몸속에 고요히 저장되어 있어야 한다는 것이다.

그렇다면 그런 신을 가장 잘 볼 수 있는 부위는 어디일까? 바로 눈이다. 그래서 달마선사는 "제2법 신주안(第二法 神主眼, 두 번째로 신은 눈에서 주로 본다.)"이라고 적고 있다. 그래서 '몸이 천 냥이면 눈이 구백 냥'이라는 말이 있는 것인데 그만큼 눈이 중요하다는 것이다. 신기는 충만하면서 숨겨져 있어야 한다고 했는데 그러면 눈이 어떻게 생겨야 그럴 수 있을까? 우리가 무엇을 가방에 넣고 잘 보관하려면 지퍼를 잠그듯이 눈도 이와 마찬가지다. 눈이 왕방울만 해서는 무엇을 저장한다기보다는 줄줄 새는 느낌을 받게 되고, 눈이 지퍼 같이 생겨야 잘 저장할 수 있을 것 같은 느낌을 받을 것이다. 그래서 달마선사는 눈의 모양이 갖추어야 할 조건으로 세이장(細而長, 가늘고 길어야 한다.)을 말하고 있다. 한마디로 찢어진 눈이 가장 좋은 눈이라는 말이다(단 신기가 충만해야 한다.). 그래서 가장 격이 높은 눈으로 용안(龍眼)을 드는데 용이란 임금을 상징하므로 임금이 될 정도로 좋다는 말이 되겠다.

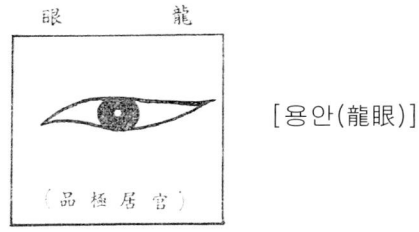

[용안(龍眼)]

·시결(詩訣)-선(善)히 그 신명(神明)을 통(通)하는도다.
·상론(詳論)-보주(寶珠)가 날린 듯이 빛나면서도 동요(動搖)하지 않고 찬 연못의 가을물결 같이 맑으며 신기(神氣)를 통(通)함이 성(聖)스러운 듯하며 부귀(富貴)하고 명예(名譽)를 천하(天下)에 떨치니 스스로 이 인간(人間)의 주옥(珠玉)같이 아름다움인 것이다. (「상학진전」 399쪽)

그렇다면 찢어진 눈이라고 놀리는 그들의 눈에 대해서는 어떻게 말하고 있을까? 백인들이 말할 때 보면 눈을 똥그랗게 뜨는 것을 볼 수 있는데 그것이 극에 치달으면 흰자위가 상하좌우(上下左右)에 모두 보이게 된다. 이런 눈을 사백안(四白眼)162)이라고 하는데 이에 대해 달마선사는 이렇게 설명하고 있다. 上下不白 上白多必奸 下白多必刑 [눈동자의 위와 아래에 흰자위가 보여서는 안 된다. 만약 위에 흰자위가 보이면 반드시 간사하고, 아래에 흰자위가 보이면 형액(刑厄)이 있다.]

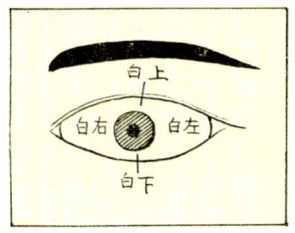

[사백안]

흰자위가 위에 보이든 아래에 보이든 모두 눈모양에서는 가장 꺼리는 모양이 이 삼(사)백안인데 성격이 거칠고 험악한 데가 있으며 자기 욕망을 위해서는 수단과 방법을 가리지 않는 음험한 면이 있다고 말하고 있다. 보통 죄수들의 눈을 유심히 보면 이런 백안(白眼)을 가지고 있는 경우가 심심치 않게 많다.

이렇듯 가늘고 길게 찢어진 눈이야말로 신기만 충만하다면 최상의 눈이라 할 수 있고, 똥그랗게 치뜨고 있는 눈이야말로 가장 위험한 인간이 가진 것이라 할

---

162) 上下左右에 흰자위가 모두 보이는 눈은 사백안(四白眼)이고, 좌우와 위 또는 아래에서 흰자위가 보이는 눈을 삼백안(三白眼)이라고 한나. 삼백안도 사백안과 대동소이 하다.

수 있는데 현실에서는 이런 것에 무지한 흉폭한 인간이 자신의 성질을 이기지 못하고 그대로 살벌한 신기를 뿜어내며 눈을 찢는 행위를 하고 있는 것인데, 이런 행위를 하는 것 자체만 보더라도 이런 인간이 얼마나 사악한 신기(神氣)를 가지고 있는지 알 수 있는 것이다.

추가적으로 눈의 뚜렷한 흰자위는 인간만이 가진 특징이다. '흰자위'라는 것은 각막으로 보호되는 홍채와 동공 부위를 제외한 공막부위가 투명한 결막을 통해 보이는 것이다. 비록 다른 동물들도 흰자위를 가지고 있지만 그 부위가 넓지도 않고 백색이 아닐 때가 많다. 왜 그럴까? 지금 학계에서는 그 이유를 '협력적 눈가설'이라고 해서 시선의 방향을 타인에게 알기 쉽게 함으로써 협조적인 행동을 원활하게 하기 위해서라고 설명하는 모양이다. 다시 말해서 눈짓으로 대화하기 위해서 눈을 더 잘 보이게 하려고 검은자위와 흰자위의 경계를 선명하게 만드는 방향으로 진화했다는 것이다. 하지만 이것은 눈이 완벽하게 육장의 기운을 겸비하고 난 후 생겨난 일을 설명하고 있는 것이지, 왜 흰자위가 생겼는가에 대한 해답은 아니다. 그 이유를 간단하게 설명하자면, 인간이 직립보행을 시작하고 폐가 육장 중에서 가장 높은 곳에 위치하면서 천(天)과 상응(相應)하여 그 기능이 자연을 거의 완벽하게 모방하게 되므로 폐가 자신의 색, 즉 주파수를 표현하게 되면서 공막이 하얗게 된 것이다. 즉 공막의 흰색은 폐가 만들어낸 것이다. 따라서 직립보행을 하는 동물은 지구상에 인간이 유일하므로 인간만이 흰자위를 가지게 된 것이다.

대우주 속에 그를 닮은 소우주가 있는데 닮았다는 것은 그 속을 흐르는 이치 또한 같다는 것을 말한다. 인간도 그 우주의 한 예이므로 인간이라는 대우주가 육장육부로 이뤄졌듯이 그 대우주의 일부인 눈이라는 소우주도 그 육장육부가 모두 관여하여 만든다. 자세히 말하자면 눈동자는 신장이 만들고, 검은자위는 간이 만들고, 흰자위는 폐가 만들고, 눈꺼풀은 비장이 만들고, 그 눈꺼풀이 연결되는 눈의 대소자(大小眥)는 심장이 만든다. 눈을 만드는 장부들이 자연을 완벽하게 모방하여 그 기능이 온전해져야 눈에 신기가 충만해지고 그때야 비로소 눈이 구백냥의 값어치를 하게 되며 개체의 모든 정보가 눈 속에 담기게 되는 것이므로 눈만 봐도 척 알게 되는 '협력적 눈가설'이 비로소 작동하게 되는 것이다.

그러면 왜 폐가 흰자위를 만들었다고 단정할 수 있을까? 한의학책에는 간단히 白睛屬肺(흰자위는 폐에 속한다)라고만 말하고 있지만 생각해보면 왜 그런지 대략적으로 짐작이 간다. 공막은 안구 앞쪽에서는 투명한 결막으로 덮여 있지만 뒤쪽에서는 안구의 가장 바깥층을 차지하고 있다. 폐라는 것을 인체의 가장 밖에 있는 피부기능이 몸속으로 들어간 것이라고 생각한다면 이 둘은 가장 바깥에 위치하고 있다는 공통점이 있는 것이다.

● 서양문화에서 배울 점

사실 서양문화에서 배울만한 것은 몇 가지 안된다.
그들이 만든 예술에 진정으로 심취하게 되면 미칠 것이고,
그들이 만든 운동에 진정으로 심취하게 되면 온 몸이 병들 것이고,
그들이 만든 음식은 그다지 수준이 높지 않으며,
그들이 만든 언어 또한 한글에 비하면 한참 뒤떨어지는 삼류소설 같은 것일 뿐이다.

황인종은 음양을 겸비한 중용을 타고 났기 때문에 모든 면에서 흑인이나 백인보다 치우지지 않는 균형추를 몸안에 갖고 있는 것이다. 그래서 대부분의 경우 황인종의 문화가 자연의 이치와 맞닿아 있는 것이므로 그 풍습을 유지하며 살아가면 되지만 흑인과 백인은 기운이 극단적으로 치우친 인종들이라서 몇몇 분야에서 특출 난 재능을 발휘한다. 그런 면들을 우리가 흡수해서 발전시키면 되는 것인데 그 중 가장 눈에 띄는 것이 바로 백인들의 분석적 사고력이다.

분석이란 것은 사고를 논리적으로 하나하나 떼어내서 생각하는 것을 말하는데 이것은 화기(火氣)가 발휘되어 나타난 능력이다. 한 방울의 물에 陽인 에너지가 가해지면서 수증기가 되면 부피가 어마어마하게 커지는데 그 물방울 하나를 수증기분자 하나하나로 쪼개어 보는 능력이라고 비유하여 이해하면 되겠다. 분석력은 과학분야에서 뚜렷이 나타나는데 공대 다니던 시절 수많은 수식들을 보면서 감탄했던 적이 한두 번이 아니었다. 도대체 이런 수식 전개를 어떻게 하는 건지 나로서는 그야말로 넘사벽이었다. 이 분석적 사고력 덕분에 백인은 과학을

크게 발전시킬 수 있었고, 그 결과 현재 세계의 패러다임을 쥐락펴락 하고 있는 것이다. 그들의 언어/예술/운동/음식 분야들은 수준이 떨어져도 이 분석력으로 창출한 돈의 무게와 수준 낮은 것들도 수준 높은 것으로 여기는 그들의 높은 콧대 그리고 백인들이 만든 것이니 우리 꺼보다는 낫겠지 하고 생각하는 우리의 낮은 콧대가 합쳐져서 그들 문화가 대접받고 있을 뿐이다.

이 분석적 사고력만큼은 우리가 꼭 힘써 발전시켜 나가야 할 능력이다. 동양학 분야도 이 분석력이 가해져야 한 단계 뛰어넘는 수준에 도달할 수 있으리라고 생각한다. 본인이 공대를 졸업하고 나서 다시 한의대에 입학했던 이유가 동양학에 대한 관심도 많았지만 회사 내에서 기술자에 대한 대우가 좋지 않았다는 것도 이유 중의 하나였다. 내가 근무했던 부서는 설계팀이었는데 설계라는 것이 갖가지 계산으로 적절한 재질을 선택하고 두께를 선정하며 각 부분이 오차 없이 조립될 수 있게 부품의 수치 하나하나를 일일이 점검해야 하는 공업회사의 핵심이라고 할 수 있는데 승진은 오히려 날마다 회식으로 술이나 퍼마시는 총무과나 파워 있는 인사과 같은 곳에서 하다 보니 참 무기력해져 갔다. 이렇게 상업을 홀대하는 관습이 유학이 들어온 이후부터 생겼는지 아니면 우리민족 본래의 성향인지는 모르겠으나 반드시 고쳐져야 한다고 생각한다. 과학발전이 없이는 절대 부국강병을 이룰 수가 없기 때문이다.

두 번째로 배울 점은 적극적이고 진취적인 자세이다. 세계여행을 하다보면 백인들은 이 지구를 자신들의 놀이터 마냥 헤집고 다니는 것을 볼 수 있다. 50대 동네 아줌마도 혼자서 세계일주를 하면서 돌아다닌다. 그렇게 스페인은 남미를 자기 언어영역으로 만들었고, 영국은 호주/뉴질랜드/미국/캐나다를 자기영역으로 만들었다. 식민지시대에 온 지구를 제 영토로 삼은 백인제국은 그 덕분에 현재 편안히 자기 말을 쓰면서 온 지구를 돌아다니는 것이다. 이런 것들은 분석력으로 쌓은 과학기술과 진취적 자세 그리고 악랄함이 더해져서 만든 것들인데 타산지석 삼을 만하다고 생각한다. (다만 패도가 아닌 덕치를 발휘해야 할 것이지만...)

이외에 어떤 것들이 있을지 잘 떠오르지 않는다. 뚜렷하게 떠오르지 않는다는 것은 그다지 강렬하지 않기 때문일 것이다. 소소한 것들이 있을지언정 중점을 두고 배워야 할 것은 위 두 가지로 충분하다고 생각한다.

## 10. 맺음말

마고성문명은 그 당시 지구상에서 가장 발달했던 이른바 1세대문명이었다. 이 문명은 다만 천문을 관측해서 정확한 달력을 만들고 지구의 반지름을 측정할 수 있을 정도로 과학이 발달했다는 점에서만 놀라운 것이 아니라 사람이 어떻게 해서 태어나고 어떤 목표를 가지고 살아가야 하는가를 정확하게 제시했다는 점에서 더 놀라운 문명이었다고 생각한다. 사람이 태어나서 잘 먹고 명예를 얻고 남들 위에서 군림하면서 사는 것을 추구하기보다는 지구를 포함한 대우주와 같이 호흡하면서 결국 대우주와 하나가 되는 것을 삶의 목적으로 삼았다는 것이 더 놀랍다는 말이다. 그렇게 자연과 친숙하고 통찰력 있는 선조들이었으니 그 자연이 태어나고 운동변화하는 이치를 역(易)이나 선사상 등으로 고스란히 남겨놓을 수 있었던 것이고 단군신화에서 홍익인간/재세이화라는 더 이상 높을 수 없을 만큼 훌륭한 국훈을 제시할 수 있었던 것이다.

하지만 음인이 다수를 차지하다 보니 사고가 계속 구심적으로 흐르게 되어 새롭게 중국땅에 적응한 중국인들에게 밀려서 한반도 구석으로 내몰리게 되었고 이 좁은 한반도로 내몰렸음에도 정신을 못 차리고 동족 내부에서 자란 몇몇 권력욕에 눈이 먼 세력들에 의해 동족이 갈려져 있는 상황이다. 여기에 미국이 심어놓은 친일파들이 정치/경제/언론/대학 등의 요직을 차지하여 미국이 없으면 나라가 망할 것처럼 떠들어대고, 한편에서는 일제시대의 식민사관을 수호하려고 온갖 추잡한 짓들을 벌이고 있다. 4대문명을 포함한 인류의 대부분 문명들의 기초가 된 1세대문명을 이룩했던 사람들의 후손들이라 머리가 총명해서 한강의 기적을 이뤄 경제적으로는 풍족해졌으나 정신적으로는 여전히 일제시대를 살고 있으며 친미에 목매달고 있으니 이 모든 현실들을 꿰뚫는 단 하나의 원인은 음인의 구심적 사고 때문이라고 판단할 수 있다. 어머니처럼 포용하고 따뜻한 마음을 쓰는 것은 음인의 좋은 점이 되지만 이게 만능인 것은 아니다. 정복한 나라의 신을 자신의 신전에 모셔 제사지내 줬던 마음씨 좋았던 흑소씨는 현재 나라도 없이 어느 곳에선가 흔적 없이 살아가고 있다.

원인을 정확하게 파악할 수만 있다면 그 병을 치료할 방법도 명확해진다. 즉 음인의 기질이 강해져서 이런 상황에 몰렸으니 양인의 기질을 강화시키면 된다. "자주적으로, 원심적으로"라고 간추릴 수가 있겠다.

명리학 책에 "陽干從氣不從勢 陰干從勢無情義163)(양간은 氣(뿌리)가 있으면 氣를 따르고, 세력을 따르지 않는다. 음간은 강한 세력이 있으면 쉽게 따라가 버리며, 정과 의리가 없다.)"라는 말이 있다. 양간(陽干)은 陽이므로 자신의 뿌리가 조금이라도 있으면 그것을 바탕으로 자주적으로 서 있으려고 하지만, 음간(陰干)은 자신에게 튼튼한 뿌리가 있어도 자신보다 좀 더 강한 뿌리(즉 세력)가 있으면 자신의 뿌리를 버리고 그 세력을 따라가 버린다는 설명이다. 여기서 양간은 남자/陽人/낙락장송 등에 해당하고, 음간은 여자/陰人/덩굴 등에 해당하는데 이 문장 또한 자연을 제대로 갈파한 명문장이라고 생각한다. 다시 설명하자면 양간에 속하는 낙락장송 같은 갑목(甲木)은 자신이 주체가 되어 어떻게 하든지 자주적으로 튼튼하게 서려고 노력하지만, 음간에 속하는 담쟁이덩굴 같은 을목(乙木)은 자신이 주체적으로 서려는 생각은 하지 않고 어디 빌붙을 데가 없나 항상 찾는다는 것이다.

하나의 독립된 나라는 일차적으로 소나무처럼 굳건히 서 있어야한다. 만약 덩굴처럼 다른 나무에 빌붙어 있는 나라라면 독립국가가 아니고 예속된 국가, 즉 식민지일 뿐이다. 따라서 미국의 일개 주나 중국의 일개 성이 아니라 하나의 독립국가로 남아있길 바란다면 자주적으로 서있어야 하는 것이므로 친미를 할 것인가 친중을 할 것인가를 먼저 궁리할 것이 아니라 어떻게 하면 자주적 역량을 키울 수 있는지를 고민해야 한다. 우리는 1세대문명의 기반을 다진 음인이 다수

---

163) 간지(干支)는 천간(天干)과 지지(地支)를 말하고, 천간은 갑을병정무기경신임계를 말하는데 여기서 갑을은 木에 속하고 병정은 火, 무기는 土, 경신은 金, 임계는 水에 속한다. 그리고 1/3/5/7/9에 위치한 갑병무경임은 양간(陽干)이라 하고, 2/4/6/8/10에 위치한 을정기신계는 음간(陰干)이라고 한다. 예컨대 갑(甲)은 木에 속하면서 陽에 속하므로 갑목(甲木)이라고 표현하고 낙락장송 같이 우뚝 솟은 나무에 비유한다. 을(乙)은 木에 속하면서 陰에 속하므로 을목(乙木)이라고 표현하고 나무를 기둥 삼아 타고 오르는 덩굴에 비유한다.

를 차지하고 있으므로 총명한 두뇌와 따뜻한 마음씨를 가지고 있다. 다만 자주적으로 시련는 자립심과 사○○와 ○○를 ○○○으로 ○○시키려는 노력이 부족하다.

 따라서 친미도 우리의 길이 아니고 친중도 우리의 길이 아니며 자주만이 우리가 가야 할 유일한 길이다. 그리고 음인의 단점을 보완해 줄 양인이 중요한데 이 한반도는 기가 너무 강하여 음인의 재능을 겸비한 건강한 양인이 나오기가 매우 힘든 터전이다. 따라서 먼저 통일을 하고 만주를 돌려받은 후에 여기에 그치지 말고 치우천왕이 수복했던 하남성/하북성/산동성/강소성을 수복해야 한다. 우리민족이 선택받은 민족이라고 말하고 싶지는 않으나 뭔가 특이한 구석이 있는 사람들인 것은 맞는 것 같다. 내가 그때 굴러들어온 것이 호박이었음을 단박에 알 수 있었던 것은 그것을 알아볼 수 있는 안목을 갖추고 있었기 때문이었듯이 지혜를 갖춘 음인이 고토(故土)를 수복하려고 원심적 사고를 굳게 가지고 있으면 그날은 반드시 올 것이라고 생각한다.

## 글을 마치며...

送孟東野(맹동야를 보내며)                    한유(韓愈) 지음

凡物不得其平則鳴이라.
草木之無聲을 風撓之鳴이며
水之無聲을 風蕩之鳴이라.
 其躍也는 或激之며, 其趨也는 或梗之며, 其沸也는 或炙之라.
金石之無聲을 或擊之鳴이라.

무릇 사물은 공평함을 얻지 못하면 운다(소리를 낸다).
풀과 나무는 원래 소리가 없지만 바람이 흔들면 소리를 내고
물도 소리가 없지만 바람이 휘몰아치면 소리를 낸다.
 물이 솟구치는 것은 무엇이 물을 격동시키기 때문이고
 세차게 흐르는 것은 무엇이 물을 가로막았기 때문이며
 끓어오르는 것은 물을 가열했기 때문이다.
쇠와 돌도 소리가 없지만 두들기면 소리를 낸다.

人之於言也亦然이니 有不得已者而後言이라.
 其謌也有思이요 其哭也有懷라.
凡出乎口而爲聲者는 其皆有弗平者乎라!

사람이 말을 하는 것도 이와 같아서 부득이한 것이 있은 후에야 말을 하게 된다.
 노래하는 것은 생각이 있기 때문이요,
 우는 것은 마음에 회포가 있기 때문이다.
무릇 입에서 나와 소리가 되는 것은 모두 평정하지 못한 것이 있기 때문이리라!

樂也者는 鬱於中而泄於外者也니 擇其善鳴者而假之鳴이라.

金石絲竹匏土革木八者가 物之善鳴者也라
維天之於時也亦然하니 擇其善鳴者而假之鳴이라.
　　是故以鳥鳴春하고 以雷鳴夏하고 以蟲鳴秋하고 以風鳴冬하니
　　四時之相推奪도 其必有不得其平者乎이라.

음악이란 것은 마음 속에 답답하게 쌓여 있던 것을 밖으로 풀어내는 것이니 잘 우는 것을 고른 후 이를 빌려 울게 하는 것이다.
　쇠/돌/실/대/박/흙/가죽/나무 8가지가 만물 중에서 잘 우는 것들이다.
하늘에서 일어나는 계절의 변화 역시 이와 같으니 잘 우는 것을 고른 후 이를 빌려 울게 한다.
　그러므로 새로 봄의 소리를 내고, 우레로 여름의 소리를 내며, 벌레로 가을의 소리를 내고, 바람으로 겨울의 소리를 내니
　사계절이 서로 바뀌어 나타나는 것도 반드시 그 평정을 얻지 못했기 때문이리라.

其於人也亦然이라.
人聲之精者爲言이오 文辭之於言은 又其精者也니 尤擇其善鳴者而假之鳴이라.
　其在於唐·虞엔 咎陶·禹가 其善鳴者也니 而假之以鳴이라.
　　　　　夔는 弗能以文辭鳴이나 又自假於韶以鳴이라
　夏之時엔 五子가 以其歌鳴하고 伊尹鳴殷하고 周公鳴周이라,

사람에 있어서도 또한 그러하다.
사람의 소리 가운데 정밀한 것이 말이 되고 말을 표현하는 문자라는 것은 더욱 정밀한 것이니 잘 우는 이를 더욱 잘 고른 후 그들을 빌려 소리를 내게 했다.
　요순시대엔 고요와 우가 소리를 잘 내는 사람인지라 그들을 빌려 소리를 내게 하였다.
　　기는 문장으로는 울지 못했으나 순임금의 음악인 소를 빌려 소리를 냈다.
　하나라 때에는 오자가 노래로 소리를 냈고, 이윤은 은나라의 소리를 냈고, 주공은 주나라의 소리를 냈다.

凡載於詩·書·六藝는 皆鳴之善者也라.
　周之衰에 孔子之徒鳴之하니 其聲大而遠이라
　　　傳曰"天將以夫子爲木鐸"을 其弗信矣乎리오!
　其末也엔 莊周以其荒唐之辭鳴이라.
　楚는 大國也로되 其亡也에 以屈原鳴이라,
　臧孫辰·孟軻·荀卿은 以道鳴者也이라.
　楊朱·墨翟·管夷吾…鄒衍·尸佼·孫武·張儀·蘇秦之屬은 皆以其術鳴이라.
　秦之興엔 李斯鳴之라,
　漢之時엔 司馬遷·相如·揚雄가 最其善鳴者也라.

무릇 시경/서경 등 육경에 실린 것들은 모두 소리를 잘 낸 것들이다.
　주나라가 쇠퇴할 쯤에는 공자의 무리들이 소리를 냈는데 그 소리가 커서 멀리까지 들렸다.
　　　논어에서 말한 '하늘이 장차 공자를 목탁으로 삼으려한다'는 말을 믿지 못하겠는가?
　주나라 말기에는 장자가 황당한 글로써 소리를 냈다.
　초나라는 대국이었으나 나라가 망하자 굴원이 소리를 냈다.
　장손진/맹가/순경은 도로써 소리를 낸 사람들이다.
　양주/묵적/관이오/…/추연/시교/손무/소진 등의 무리는 모두 술법으로 소리를 냈다.
　진나라가 흥할 때는 이사가 소리를 냈다.
　한나라 때에는 사마천/사마상여/양웅이 가장 소리를 잘 낸 사람들이었다.

其下魏·晉氏엔 鳴者不及於古나 然亦未嘗絶也라.
　就其善鳴者라도 其聲淸以浮하고 其節數以急하며 其辭淫以哀하고 其志弛以肆하며
　其爲言也엔 亂雜而無章이었으니 將天醜其德하여 莫之顧邪런가? 何爲乎不鳴其善鳴者也!
唐之有天下엔 陳子昂·蘇源明·元結·李白·杜甫·李觀이 皆以其所能鳴이라.

위진시대로 내려오면서 소리가 옛사람들에 미치지 못했으나 여전히 끊이지는 않았다.

   소리를 냈다는 사람들조차도 그 소리가 맑은 것은 들뜨고, 음절이 빠른 것은 급하며, 표현이 지나친 것은 슬픔에 빠지고, 뜻이 느슨한 것은 방자함에 빠지고,
   그 말들이 난잡하면서 멋이 없었으니 하늘이 그 시대의 덕이 추해짐을 보고 그들을 돌보지 않은 것인가? 어찌하여 소리를 잘 내는 사람들로 하여금 소리 내게 하지 않았던 것인가!
당나라가 천하를 가진 뒤에는 진자앙/소원명/원결/이백/두보/이관 등이 모두 자기들이 잘 하는 것으로써 소리를 냈다.


其存而在下者로서 孟郊東野가 始以其詩鳴이니
   其高出晉・魏하며 不懈而及於古하고 其他浸淫乎漢氏矣라.
從吾游者로는 李翺・張籍이 其尤也니 三子者之鳴信善鳴矣라.
抑不知天將和其聲하여 而使鳴國家之盛邪런지
   抑將窮餓其身하고 思愁其心腸하여 而使自鳴其不幸耶런가!
三子者之命則懸乎天矣니 其在上也를 奚以喜며 其在下也를 奚以悲리오?
東野之役於江南也에 有若不懌然者라 故吾道其命於天者以解之한다.


오늘날 살아있으면서 아랫자리에 있는 사람 중 맹동야가 비로소 시로 소리를 냈으니
   그 수준이 위진 때 사람들보다 뛰어나며 게을리하지 않으면 옛사람에 미칠 수 있겠고, 그 밖의 작품들도 한나라 때 작품수준에 가깝다 할 수 있다.
나에게서 배운 사람으로는 이고와 장적이 매우 뛰어나니 세 사람의 소리는 진실로 좋다.
하지만 알 수 없는 것이니, 하늘이 장차 그들의 소리를 온화하게 하여 국가의 성대함을 노래하게 할 것인가?
   아니면 그들을 힘들고 배고프게 하고 마음과 속을 시름에 잠기게 하여 자신의 불행을 스스로 노래하게 할 것인가?
세 사람의 운명은 하늘에 달려있는 것이니,
   어찌 그들이 윗자리에 있다고 해서 기뻐하고, 아랫자리에 있다고 해서 슬퍼하

겠는가?
동야가 지방인 강남으로 발령받아 감에 내켜하지 않는 것 같은 기색이 있어 나는 그의 운명이 하늘에 달려있다고 말하며 이를 풀어주고자 한다.

이 글을 지은 한유(韓愈)는 당나라를 대표하는 문장가로서 당송8대가 중 한 사람이다. 796년 선무군에서 난이 일어나자, 절도사 동진을 따라 부임하여 관찰추관을 맡아 지내는 동안 맹동야와 서로 교우하였다. 그리고 맹동야는 50세가 되어서야 진사에 급제하였는데 대체로 일생을 곤궁하게 보내어 자신이 겪었던 곤궁한 생활의 감상과 인생에 대한 우수(憂愁)를 읊고 있는 시가 많다.

'송맹동야서'는 맹동야가 늦은 나이에 지방관리로 좌천되자 한유가 그를 달래려 쓴 글이다. 글의 뒷부분에 三子者之命則懸乎天矣라 하여 이들의 미래가 자신의 노력이 아닌 운명에 의해 결정될 거라고 말하는 것으로 해석될 소지가 있으나, 이것은 유학자로서 관습적으로 천(天)에 빗대어 쓴 표현으로 해석하는 것이 맞을 것이고, 한유가 핵심적으로 하고자 했던 말은 '지방관리로 내려가더라도 자네의 노력 여하에 따라 추후에 결과가 정해지는 것이니 너무 상심치 말고 직분에 충실하게.' 정도가 될 것이다. 좀 더 적극적으로 해석하자면 '자네가 지방으로 발령받은 것은 하늘이 자네에게 시련을 주어 더 큰 일을 할 수 있게 담금질을 하는 것이니 이것을 발판 삼아 큰 도약을 하길 빌겠네.'가 될 것이다.

인생을 살다보면 누구에게나 시련은 찾아온다. 그 시련에 누구는 좌절하고 누구는 이겨내서 더 큰 사람이 되기도 한다. 그 결과를 결정짓는 것은 바로 자기 자신이 되는 것인데, 앞에서 말했듯이 명리에서 인정승천(人定勝天)을 말하는 것이나 사상의학에서 자신의 약점을 보완하며 부단히 노력하라는 말이 모두 한유가 말하고자 하는 것과 통하는 것으로 보인다.

有不得已者而後言(이루지 못한 것이 있은 후에야 말을 하게 된다). 이 책도 20여 년 동안 내면에 차곡차곡 쌓여 있던 것이 2~3달이라는 짧은 기간 안에 쏟아져 나온 글이다. 불과 1년 전까지만 해도 책을 쓰게 되리라고는 생각지도 못했을 뿐더러 이런 여러 분야를 다루는 책이 나오리라고는 본인도 예상하지 못했었다. 그전까지는 방향을 알 수 없는 망망대해에서 그저 뭔가를 구해보려고 끊임없이 뒹구하는 과정의 연속이있을 뿐 밝은 미래를 암시해주는 어떤 것도 보지 못했었다. 그래도 그 시련에 좌절하지 않고 내 스스로 '내 인생의 不平之鳴'이라고 말할 수 있는 결실을 낼 수 있는 오늘까지 와 준 자신에게 수고했다고 말해주고 싶다.

# 참고문헌

고깔모자를 쓴 단군, 정형진, 백산자료원
기원의 탐구, 짐 배것, 박병철 옮김, 반니
기의 여행, 이경숙, 구름
내과학(steps to internal medicine), 新谷太, 정담
대산 주역강의, 김석진, 한길사
상학진전, 이정래, 우정출판사
동북공정 너머 요하문명론, 우실하, 소나무
동서의 문화와 창조, 김상환 외, 이학사
동의보감, 휴머니스트
마음의 여행, 이경숙, 정신세계사.
명리진수전서, 이정래, 우정출판사
백두산문명과 한민족의 형성, 정경희, 만권당
살아 있는 지구, 곽영직, 지브레인
새로 쓴 사상의학, 류주열, 물고기숲
생명과학(이론과 현상의 이해), 대표역자 김명원, 라이프사이언스
성경, 고영민, 쿰란출판사
세계의 신화전설, 요시다 아츠히코, 혜원
스트링 코스모스, 남순건, 지호
신주 사기, 한가람 역사문화연구소
신화를 알면 역사가 보인다. 최희성, itembiz
신화의 책, 필립 윌킨슨. 지식갤러리
실크로드를 달려 온 신라왕족, 정형진, 일빛
아틀라스 중앙유라시아사, 김호동, 사계절
양자세계 여행자를 위한 안내서, 케네스 포드, 김명남 옮김, 바다
엘러건트 유니버스, 브라이언 그린, 승산
영어 한국어 언어전쟁, 천병석, 북랩
우리 조상은 아프리카인이다, 스티브 올슨, 몸과 마음

우리는 모두 2% 네안데르탈인이다, 우은진, 뿌리와 이파리
유전자 인류학, 존H 릴리스포드, 이경식 옮김, Human&Books
음양오행설의 연구, 양계초·풍우란, 신지서원
이덕일의 한국통사, 이덕일, 다산초당
인류의 오디세이, 만프레트 바우어, 이영희 옮김, 삼진기획
인류 진화의 역사, 로빈 매키, 다림
인류의 기원, 이상희·윤신영, 사이언스북스
인체 구조와 기능, Elaine marieb, 최명애 편저, 계축문화사
주역(유가의 사상인가 도가의 사상인가), 陳鼓應, 최진석 옮김, 예문서원
중동신화여행, 김헌선, 아시아
중앙유라시아 세계사, 크리스토퍼 벡위드, 소와당
중국철학사, 김충렬, 예문서원
지구시스템의 이해, FrederickK Lutgens, 박학사
지질학 생태학 생물학으로 본 지구의 역사, 유리카스텔 프란치, 세용출판
천년왕국 수시아나에서 온 환웅, 정형진, 일빛
최초의 남자, 스펜서 웰스, 사이언스북스
프리만 생명과학, Scott Freeman, 바이오사이언스
행성지구 46억 년의 역사 지구의 기억, 이언 플리머, 삼인
환단고기, 안경전, 상생출판
황제내경의 기원, 余自漢, 김기왕 옮김, 일중사
Wikipedia(영어판)
1세대 문명, 크리스토퍼 나이트, 청년사
다음 지식백과
네이버 지식백과
이덕일 역사TV(유튜브채널)

동서양 일이관지

2021년 5월 7일 초판 인쇄
2021년 5월 14일 초판 발행

지은이 : 오응탁
펴낸 곳 : 나르샤 출판사
출판등록번호 : 제 2021-000035 호
출판등록일자 : 2021년 4월 19일
주소 : 서울특별시 관악구 신원로3라길 11
전화 : 031-504-2508

ISBN 979-11-974594-0-5  03150

값 32,000원
※ 잘못된 책은 서점에서 교환해 드립니다.